잊을 수
없는
세 — 월

잊을 수 없는 세 — 월

김정평 지음
김혜영 옮김
서성애 감수

...

독립운동가
김철남과
그 일가의 삶

긴소

타국에서도 조국을 지키기 위해
등불이 되었던 독립운동가
김철남(金鐵男, 1895~1952)

이 책은
이렇게 만들었습니다

중국에서 20대의 대부분을 보냈고 중국과 사업을 하며 성장하고 있는 한국인으로서 한국과 중국이 서로를 더 잘 이해하고 더 가까워지는 데 무엇이든 역할을 하고 싶었습니다.

중국 내 조선족의 삶을 통한 항일의 역사를 이해하고 근·현대 중국의 변화를 안다는 것, 특히 중국 내 항일 독립운동가와 그 가족분들의 삶을 들여다보는 것은 한국이 중국을 알아가는 좋은 한걸음이라고 생각합니다.

그런 의미에서 김정평 선생님을 알게 된 것은 큰 행운이었습니다.

이 책의 저자, 김정평 선생님을 처음 뵌 것은 2018년 겨울이었습니다. 중국한국인회 사무총장으로 일을 하고 있는 동생에게 어느 날 연락이 와 '형님이 평소에 생각하던 좋은 프로젝트가 있다'며 김정평 선생님에 대한 소개를 해 주었습니다.

독립운동가이자 유공자인 故 김철남 선생의 큰아들로, 아버지의 이야기와 자신이 중국에서 겪어온 이야기를 책으로 출판하고자 하는데 태산에서 뜻을 함께할 수 있겠냐는 제안이었습니다.

　마침 다음 해가 3·1운동 100주년의 해라 태산도 무엇인가 역할을 하고 싶었기에 당장 만나 뵙겠다고 하였습니다. 한 주가 지나 베이징으로 출장을 가 왕징에 있는 중국한국인회 사무실에서 김정평 선생님께 처음 인사를 드렸습니다. 그때의 그 첫 만남은 아직도 잊을 수가 없습니다.

　거동이 불편하실 정도로 힘들어 보이셨지만 우렁찬 목소리와 위트 있는 말씀들, 고난의 이야기들을 호탕한 웃음을 섞으시며 유머러스하게 풀어내시던 재치, 과거를 회상하시며 보여주셨던 뜨거운 눈물과 가늘지만 따뜻했던 두 손. 그 진실된 울림에 동해 그 자리에서 출판에 대한 후원을 약속드렸습니다.

제작하는 과정에서 순조롭지 못했던 부분이 있어 아쉬움은 있지만 이 책을 출판하고자 했던 원 취지와 의미에는 변함이 없다고 생각합니다.

한국과 중국은 많은 점이 닮았고 또 많은 점이 다릅니다. 혐한(嫌韓), 혐중(嫌中)이라는 이름으로 이야기되는 현상들은 서로에 대한 이해 부족과 서로 미워하는 마음들에 의해 조장된 경우가 많다고 생각합니다.

이 책을 통해 두 나라의 국민들이 서로를 이해하며 가까워지는 데에 조금이나마 도움이 되기를 진심으로 바랍니다. 또한 이 책이 나오기까지 애써주신 김도인 회장님, 류원식 대표님, 김혜영 님, 성혜진 님, 정수진 님 그리고 김정평 선생님을 도와주신 중국 현지의 많은 분들께 감사의 말씀을 드립니다.

2021년 3월
태산 대표이사 김신재

프롤
로그

산소는 탁 트인 공원묘지에 자리했다. 사방이 짙푸른 송백 나무로 울창한 가운데, 금박으로 글자를 새긴 비석이 석대와 함께 줄줄이 늘어서 있었다. 숙연하긴 해도 무거운 분위기는 아니어서, 생을 마감하고 안식하기에 좋은 장소였다.

우리 오 남매 가족은 생화가 가득 놓인 무덤 앞에 둘러선 채, '자부김철남(慈父金鐵男), 자모이쑤쥔(慈母易素君)의 묘'라고 두 줄로 새겨진 비문(碑文)을 하염없이 바라보았다.

묘비에는 부모님의 존함이 모두 새겨져 있으나, 사실 안에는 어머니만 안치되어 있다. 아버지의 묘는 '문화대혁명' 시기에 어디론가 이장되었다가 결국 소실되고 말았다. 어쩌면 아버지는 진작부터 이곳에 오셔서 어머니를 기다리고 계셨던 건지도 모르겠다. 어머니의 유골과 아버지의 영정사진을 함께 안장할 때, 나는 아버지가 생전에 쓰셨던 글을 어머니의 '침대' 옆에 두었다. 이것으로 어머니가 외롭지 않기를 바라면서.

두 분을 방해하고 싶지 않았던 우리는 이내 조용히 산소를 떠났다.

부모님의 합장묘
(베이징 13릉 판룽산 공원묘지)

우리 가족은 차를 타고 판룽타이(盤龍臺) 공원묘지를 나섰다. 아들은 말없이 운전에 집중했고 뒷좌석에 앉은 처와 며느리는 이따금 어린 손자에 대한 얘기로 소곤거렸다. 요 며칠 어머니의 장례를 치르느라 심신이 지쳐 있었기에 일이 끝나자 극도의 피로감이 몰려왔다. 졸음이 쏟아져 눈이 저절로 감겼다. 몽롱한 가운데 얼마 전 이곳에 우리 묘지를 사두었다던 아내의 말이 떠올랐다.

"……부모님 산소와 가깝잖아요. 나중에 아이들이 찾아오기도 편할 거고요……."

나는 본래 수목장을 원했다. 꽃에 대해 잘 모르기도 했고 무엇보다 꽃보다 나무를 훨씬 더 좋아했으니까. '하지만 부모님 곁에 묻히는 것도 좋겠지……' 이런저런 생각을 하며 조금씩 잠이 들었다.

차가 시내로 진입하자, 멈췄다 가기를 반복하는 바람에 선잠이 달아났다. 또다시 상념에 빠진 채로 집에 도착했으나 잠은 오지 않았다. 차 한 잔을 들고 책상 앞에 앉아 한참 생각에 골몰했다. 서랍에서 노트를 꺼냈다. 어쩌면 진작 했어야 할 일인지도……. 2014년, 어느덧 계절은 여름에 접어들고 있었다.

차례

일러두기

∘ 이 책의 글은 독립운동가 김철남의 아들 김정평의 글을 번역한 것이다.

∘ 본문에 인용한 김철남 관련 사료는 원본 표기를 그대로 두는 것을 원칙으로 한다.

∘ 한자 어휘는 가능한 한 우리말로 풀어 쓰고, 필요할 경우에만 괄호 속에 넣어 병기했다.

∘ 문학작품의 제목, 책, 잡지, 논문, 신문, 자료집은 『　』로, 영화, 공연, 노래, 미술작품 제목은 《　》로 표시했다.

∘ 중국 인명이나 지명은 신해혁명을 기준으로 그 이전은 한자 독음, 그 이후는 중국어 발음으로 표기하는 것을 원칙으로 하되, 한자 독음대로 적은 경우도 있다.

∘ 역사적 사건으로 인해 실명을 거론하기 어려운 인물은 ×××로 표현했다.

01 / 가족

아버지

나는 이(異)민족으로 구성된 가정에서 장남으로 태어났다. 우리 가족이 이민족으로 이루어진 것은 특별한 사회·역사적 배경 및 우리 가족의 '창립자'인 아버지와 밀접한 관계가 있다. 아버지는 존경스러운 삶을 사셨다. 개성이 넘쳤고 인생과 예술을 사랑하는 혁명가이기도 했다. 아버지의 일생은 격정시대의 한 편의 감동적인 드라마였고, 나의 출생은 그 드라마 속 작은 에피소드에 불과했다.

아래는 아버지가 생전에 쓰셨던 약력에서 일부를 옮겨 적은 것이다.

1895년 가을, 나는 조선 황해도 신천군 읍내의 어느 한 부유한 가정에서 태어났다. 우리집은 신천군에서도 대가족에 속할 만큼 식구가 많았다. 아버지는 육형제였는데, 큰아버지와 셋째 큰아버지, 다섯째 작은아버지는 신천군 관청의 관리였고, 둘째 큰아버지는 장사를 하셨다. 우리 아버지는 농사도 짓고 장사도 하셨다. 아버지 형제들 모두 부유한 편이라 신천군에서 제법 명망이 높았다. 그러나 갑오청일전쟁 발발 후, 일본 제국주의의 조선 침략과 국권 찬탈로 관청에서 일하던 조선인 다수가 쫓겨나고 상인들도 일본상회에 밀려 파산했다. 농촌의 토지는 일본의 동양척식(東洋拓殖) 주식회사가 싼값에 강제로 사들였다. 이때부터 조선의 경제는 완전히 일본 제국의 손아귀에 떨어졌다. 조선의 농업과 상업은 갈수록 쇠퇴했고, 우리집은 나의 유년기부터 궁핍해졌다.

나는 어릴 때 몸이 약하고 잔병치레가 많아 학교에 갈 수 없었다. 당시에 아버지께서 『동학선습(童學先習)』, 『사략초권(史略初卷)』, 『대학(大學)』 등 고서를 가르쳐 주신 덕분에 글자를 익히고 책을 읽을 수 있었다. 열세 살이 되어서야 신천군에 있는 기독교 학교에 입학했지만, 갈수록 어려워진 형편 탓에 학업을 중단할 위기에 처했다. 다행히 학교 측 배려로 근로장학생(주로 방과후 교실 바닥 닦기, 책상 정리하기, 등갓 닦기 등 일을 했다)이 되어 학비를 감면받았고, 졸업한 후에는 군청에서 일하며 학비를 모았다.

이후 상경하여 경신학교(儆新學校)에 입학했다. 당시 미국인 목사 호러스 호턴 언더우드(Horace Horton Underwood, 원한경)의 총애를 받아, 그에게 직접 영어를 배워 실력이 금방 늘었다.

아버지는 어릴 때부터 할머니를 따라 교회에 다녔다. 이미 습관이 되었기에 경성에 와서도 주일마다 교회에서 예배를 드렸고 성가대도 섰다. 찬양할 때면 풍부한 감성이 고스란히 드러났기에 성가대의 선창을 맡거나 낭송도 자주 했고, 신도들도 그런 아버지를 좋아했다. 언더우드 목사는 병두[1]가 영재라는 사실을 발견하고는 방과후 영어를 비롯하여 바이올린 등을 가르쳤고, 여러 문학작품을 소개하여 그가 예술적·문화적 소양을 풍부하게 기르도록 도와주었다.

어느 날, 언더우드 목사는 아버지와 함께 서 씨 성을 가진 한 신자를 만났다. 이날 아버지는 영어 과외 자리를 소개받아 작은 수입도 벌게 되었고, 서 씨 집 네 자매와도 인연을 맺게 되었다.

아버지는 매주 한 번이나 두 번 서 씨네를 방문하여 영어를 가르쳤다. 그러나 네 자매 중 둘째인 현자는 수업보다 음반에 실린 노래를 해석하거나 가르쳐 달라고 조르기 일쑤였다. 두 사람은 과외가 끝나면 항상 담소를 나누었다. 제법 광범위한 주제로 대화를 나누었는데, 특히 일제 침략에 대해서는 번번이 울분을 토했다. 네 자매는 아버지의 생활에 남달리 관심이 많았다. 그녀들에게 병두는 똑똑하고 친절하며 재주도 많고 아는 것도 많은 데다 남을 잘 배려하는 친구였다. 그래서 네 자매는 병두와 헤어질 때면 늘 아쉬워했고, 특히 현자는 한 번도 빠뜨리지

1 / 역주 : 아버지(김철남)의 아명

가 족

않고 병두를 배웅했다.

과외 시간은 두 시간이었다. 이는 학비를 벌기 위한 수단이면서 아버지의 일상에서 가장 따뜻하고 유쾌한 시간이었다. 게다가 병두와 현자 사이에 깊은 감정이 싹트는 시간이기도 했다.

당시 1912년은, 1910년 한일병합조약 체결로 일본이 조선에 대한 군사 지배를 강화하기 시작할 때였다. 이때부터 한국의 황민화와 민족말살을 위한 일본의 식민 통치가 한층 강화되었다. 일본은 정치, 군사, 경제는 물론이고 역사와 문화에까지 마수를 뻗쳤는데, 심지어는 한국어 사용마저 금지시켰다. 1914년 대학에 진학한 병두는 망국의 슬픔과 고통을 뼈아프게 느끼기 시작했다. 학교에는 불철주야 학생을 감시하는 일경이 있었다. 그들은 학생이 약간의 애국심이라도 드러내는 언행을 하면, 모조리 잡아 가두는 통에 학생들은 말 한마디도 자유롭게 할 수 없었다. 시대가 이러한데 '학업'이 무슨 소용인가? 당시 김병두는 민족, 문화, 전통의 상실과 타국의 노예로 전락한 망국의 비극과 아픔만 절절히 느낄 뿐이었다.

아버지께서는 중국으로 건너가기 며칠 전 겪었던 일을 말씀해 주셨다. 생각만해도 가슴이 쓰리던 그 일은 아버지가 대학생 때 일어났다. 학우 두 명과 학교로 돌아가는 길이었는데, 앞쪽에 열두세 살쯤 된 여자아이가 있었다. 그때 맞은편에서 일본 군인 두 명이 담배를 피우며 웃고 떠들면서 그쪽으로 걸어오고 있었는데, 아이가 그들 옆을 지나가려하자 일본군인 하나가 그 아이의 머리채를 덥석 잡아당기더니, 불씨가 있는 담배꽁초를 아이의 얼굴에 힘껏 문질러대는 게 아닌가! 아이는 날카로운 비명을 내질렀고 일본 군인들은 사람이 아닌 듯 잔인하고 광적인 너털웃음을 터뜨렸다. 이에 피가 머리끝까지 솟친 아버지는 순간 눈이 뒤집혀 그대로 덤벼들려고 했지만, 학우들이 필사적으로 말렸다고 한다.

그 사건은 아버지에게 씻을 수 없는 치욕과 슬픔을 남겼다. '일본인은 언제든 우리 무고한 조선인을 능욕할 수 있구나. 그저 재미 삼아!' 그날 본 잔인한 장면은 그의 가슴에 비수를 꽂았고 조국의 복수와 광복을 위해 살아야겠다고 결심한 계기가 되었다. 아버지는 몇 날 며칠 잠을 이루지 못하다가 결국 중국으로 넘어가

혁명에 뛰어들기로 마음먹었다. 먼저 신천으로 가서 부모님께 작별인사를 하고 한성에 돌아와 언더우드 목사에게 자신의 결심을 솔직하게 털어놓았다. 언더우드 목사는 아버지의 뜻을 전적 지지하면서 중국에 있는 목사 친구에게 전할 추천장을 쓰고 병두에게 여비도 챙겨주었다.

이튿날 아버지는 서 씨 집에 작별인사를 하러 갔다.

갑작스러운 소식에 네 자매는 깜짝 놀라고 말았다. 반세기가 훨씬 지난 1992년 어느 날, 누군가 내게 이날 일을 말해 주었는데, 놀란 자매들은 병두를 부둥켜안고 펑펑 울었고, 현자는 멍한 얼굴로 덩그러니 서있었다고 한다. 병두는 자신을 에워싼 자매들을 물리고 얼빠진 사람처럼 하염없이 눈물만 흘리는 현자에게 다가가 그녀의 손을 꼭 잡았다. 긴 시간 침묵하다가 북받치는 감정을 억누르며 차분하게 한마디를 건넸다.

"현자야, 잘 있어."

현자는 병두를 뚫어지게 바라보다 한참 뒤에야 간절한 눈빛으로 말했다.

"꼭 돌아와야 해!"

1916년 초, 경성을 떠나 홀로 부산을 찾은 병두는 선원으로 일하며 친구를 사귀었고 중국으로 가는 화물선에 오를 기회를 얻었다. 구슬픈 기적 소리와 함께 배가 부두에서 조금씩 멀어졌을 때, 그는 짙은 안개 속에서 신음하는 조국을 바라보며 하염없이 뜨거운 눈물을 쏟아냈다…….

아버지는 중국에서 김철남으로 개명했다. 막상 중국에 도착하고 보니 의지할 사람이 아무도 없었다. 언더우드 목사가 써준 추천장을 손에 들고 우여곡절 끝에 푸저우(蒲州)의 상우교당(尙友敎堂)에 찾아가 그 교당에서 일하며 중국어를 익히고 중국 친구들도 사귀었다. 당시 중국은 군벌 간 혼전이 치열했는데, 이 국면을 지켜보던 아버지는 군사지식과 전투경험을 쌓는 것만이 조국의 광복을 실현하는 가장 현실적인 방법이라고 판단하여 입대를 결심했다.

푸저우에서 허쉬푸(何敍甫) 등에게 소개받아 광둥(廣東)으로 갔고, 푸젠성의 팡성타오 (方聲濤) 사단장 휘하에서 예비군민이 되었다. 사단의 사령부 참모는 푸저우 출신의 양쯔

가 족

밍(楊子明)이었는데, 육군대학과 일본사관학교를 졸업한 데다 학벌이 우수하고 품행이 방정했기에 후망성타오 사단장에게 깊은 신임을 받았다. 양 참모는 퇴근 후 매일 군사학을 가르쳐줄 만큼 유독 나를 아꼈다. 일 년 남짓이 되었을 때, 그는 나더러 군사학교 졸업생과 비슷한 수준이라며 칭찬하기도 했다. 민국 7년(1918년) 광둥원민군(廣東援閩軍)이 결성된 후, 후망 사단장이 총사령관으로, 양 참모는 제39단 단장으로 임명되었다. 당시 양 참모가 나를 통보관으로 임명하여 입대 후 처음으로 군직을 맡게 되었다.

이듬해인 1919년에 한국에서 3·1 운동이 일어났다. 나라 안팎으로 한국인들이 들고 일어나 일제에 항거하는 조직을 만들어 활동했다. 바로 이 무렵 상하이에서 대한민국 임시정부가 수립되었다. 이 소식을 접한 아버지는 감격하며 곧장 상하이로 달려갔고, 임시정부에 가입해 독립운동을 시작했다. 그러나 복잡하고 급변하는 시국에 경제적 지원은 부족했고, 국제환경이 열악한 데다 인적·물적 자원도 태부족이라 임시정부가 활동을 펼치기는 매우 어려웠다. 그런데다 성원 간에 의견과 주장이 달라 내부 분열의 조짐까지 보였다.

아버지는 이 사태가 지속되어 혁명운동에 차질이 빚어질까 염려하여 뜻이 맞는 동지 열아홉 명과 함께 단합을 도모하기 위한 혁명조직인 한인구락부(韓人俱樂部)[2]를 계획했다. 그는 한인구락부의 발기인으로 성명서를 발표, '애국, 충성, 통일, 자유, 공평, 정의, 인도'의 이념을 강조하고, 분열 및 상호 공격 중지, 친목과 단합을 촉구했다. 한편, 상하이 바오캉리(寶康里) 65호 민단사무소에서 정기회의를 열어 의견을 나누기도 했다.[3] 그러나 결국 이마저도 성공하지 못

1916년 중국으로 건너가 독립운동에 투신한 아버지(좌)와 그의 한국 전우들

2 / '한인친목구락부'라고도 함
3 / 전후 일본 정부기관이 소장한 문서에서 당시 일본 특무기관이 발송한 한인구락부의 활동 정보를 찾음

했다. 바로 이때, 중국 혁명운동의 정세가 달라지기 시작했다.

1922년 6월, 광둥성 성장(省長)이자 육군 총사령관인 천중밍(陳炯明)이 군인 4천 명을 동원해 쑨중산을 광저우에서 쫓아냈다. 상하이로 내몰린 쑨중산은 혁명 근거지 재건이라는 사명을 위해 1923년 3월 광저우로 내려와 그곳에 육·해군 대원수부(陸海軍大元帥府)를 세우고 대원수로 취임했다. 광둥 둥강(東江)에는 여전히 천중밍의 군대가 주둔하고 있었다. 1926년 6월 16일 자 『조선일보(朝鮮日報)』는 쑨중산과 함께 호법(護法) 전쟁에 뛰어든 김철남의 활동을 보도했다.

1924년 쑨중산이 북벌을 외치며 광둥에서 황푸군관학교(黃埔軍官學校)를 세웠고 혁명가들이 이곳으로 구름떼 같이 몰려들었다. 총리는 쑨중산이, 교장은 장제스(蔣介石)가, 당 대표는 랴오중카이(廖仲愷)가, 정치부 주임은 저우언라이(周恩來)가 맡았다. 이때 조선과 중국은 모두 일본 제국주의 침략을 받은 터라 일본을 공공의 적이라 여겼고, 중국 혁명에 참여하는 것도 조국 독립을 위한 투쟁이라 생각했다. 그리하여 아버지는 결연하게 황푸군관학교에 들어가 중국 혁명에 합류했다.

이때 쑨중산이 먼저 호법군(護法軍)을 이끌고 스룽(石龍)으로 가서 전투를 벌였다. 호법군 병사 중에는 조선 동포가 두 명 있었는데, 바로 김철남과 박태하(朴泰河)였다. 두 사람은 참전할 때마다 승리를 거두며 혁혁한 전공을 세웠다. 육군 중위였던 김철남과 비행대 실습 사관이었던 박태하는 총탄이 빗발치는 최전선에서 목숨을 걸고 싸웠다. 중국 병사와 군관, 모두가 그들의 용맹함에 감탄을 금치 못했다. 쑨중산이 광둥을 점령했을 때, 이 둘의 영향이 컸다.

1925년 쑨중산은 중국 공산당과 협력해야 한다는 주장을 받아들여 중국 국민혁명군(國民革命軍)을 조직해 북벌에 착수했다. 아버지는 황푸군관학교에서 첸다쥔(錢大鈞)이 단장으로 있는 3사단에서 부단장으로 지내다가 후에 예젠잉(葉劍英) 사단으로 옮겨 소령, 부단장을 맡아 동벌과 북벌 전쟁에 연이어 참전했다. 중국 동지, 한국인 전우들과 함께 일제를 몰아내고 일본의 앞잡이가 된 군벌을 타도하겠다는 공동의 목표를 위해 있는 힘껏 싸웠다. 당시 수많은 조선의 동지가 전쟁터에서 목숨을 잃었고, 이들을 기리기 위해 한국어로 비문을 새긴 기념탑이 광저우에 세워져 있다.

1927년 북벌전쟁이 승리로 끝났고, 아버지는 북벌군 총사령부의 참모 본부로 파견됐다.

1928년 북벌군이 장시성(江西省) 난창시(南昌市)에 진군했고, 이때 아버지는 이쑤쩐(易寶珍, 본명 이바오전)이라는 진취적인 중국인 여성을 만나 사랑에 빠져 이내 부부의 연을 맺었다. 이후 사령부가 난징으로 옮겨가면서 아버지도 그곳에서 가정을 꾸리게 됐다.

1929년 내가 태어났고, 이후 일년에

북벌전쟁 승리 후 결혼한
아버지와 어머니 이쑤쩐

한 명씩 동생들이 줄줄이 태어났다. 4년도 안 된 시간에 남동생 둘, 넷째 여동생, 다섯째 남동생(넷째 여동생이 요절하여 넷째가 됨)이 생겼다. 1937년 항일전쟁이 일어나기 직전 여섯째 남동생이 태어났으나 피난 중에 병을 얻어 치료 시기를 놓친 바람에 요절하고 말았다. 당시 어머니는 일곱째 아이를 뱃속에 품고 있었고, 1938년 봄, 후난성(湖南省) 헝양시(衡陽市)에서 아버지가 그토록 바라던 딸이 태어났다. 1929~1938년까지 10년도 채 되지 않는 시간에 4남 1녀 오 남매가 탄생한 것이다.

중국으로 혈혈단신 망명한 조선인 젊은이가 중국인 여성과 결혼하여 마치 묘목이 잎이 무성한 나무로 자라는 것처럼 우리집도 대가족을 이루었다. 우리는 이 대가족의 '창립자'를 '바(爸)'가 아닌 '데(爹)'라고 불렀는데, 나는 이 호칭이 참 적절하다고 생각한다. '爹'는 '아비 부(父)' 밑에 '많을 다(多)'가 붙어 있지 않은가! 대가족인 우리집에 딱 맞는 호칭이었다.

우리 기억 속의 아버지는 호방하고 열정적인 사내대장부였다. 승마, 사격은 물론 다방면에서 재주가 많았다. 전해들은 바로는 당시 중국 영화계의 황제로 불린 조선인 배우 김염이 아버지에게 영화를 찍자고 부추기기도 했지만, 아버지가 거절하셨단다. 영화배우가 되는 것도 좋지만, 아버지가 중국에 온 목적은 그게 아니었기 때문이다.

아버지는 한국에 대해 말씀하실 때면 언제나 눈이 반짝반짝 빛났다. 안중근 의사와 윤봉길 의사를 매우 존경하여 책상 위에 사진을 모셔두기도 했다. 그들이 목숨을 걸고 일본의 총리대신 이토 히로부미와 시라카와 대장을 암살한 이야기는 귀에 딱지가 앉도록 들었다. 하지만 당시 어렸던 우리에게 더 멋있게 보였던 사람은 한국의 체육인 손기정이었다. 일본은 1936년 베를린 올림픽에 일본 대표로 손기정 선수를 강제로 내보냈고, 그는 마라톤에서 치열한 경쟁을 뚫고 금메달을 차지했다. 시상대에 오른 손기정 선수는 돌연 가슴에 단 일장기를 뜯어내고 자기가 만든 태극기를 꺼내 수많은 관중 앞에서 팔을 높이 들고 "I am Korean! 만세, Korea!(나는 한국인이다! 한국, 만세!)"를 외쳐 경기장에 있던 관중은 환호와 박수를 보내지 않을 수 없었다고 한다.[4] 한 편의 소설 같은 마라톤 영웅의 이야기를 들을 때면 우리는 저절로 뜨거운 피가 끓어올랐다.

아버지는 일제에 당한 핍박과 설움이 마음속에 켜켜이 쌓여 있던 터라 자식들이 약자를 괴롭히면 호되게 꾸짖었고, 반면에 우리가 강한 사람 앞에서 비굴하게 행동하는 것도 끔찍이 싫어하셨다. "강자 앞에 약하고 약자 앞에 강한 것은 망국의 노예와 다름없다!"며, "사람은 약자를 보호하고 괴롭혀서는 안 되며 정의감을 가져야 한다!"고 가르치셨다. 이는 아버지 일생의 굳은 신념이었던 것이다.

아버지가 집에 계신 날에는 저녁을 먹고 어김없이 노래를 불렀다. 우리는 아버지의 선곡에 따라 《Home, home, sweet home》과 《형제여, 함께하자》라는 노래를 자주 불렀다. 아버지가 이 노래를 어디서 배웠는지는 잘 모르겠지만, 어쨌든 가사는 이러하다.

---

4 / 편집자주 : 실제로는 침울한 표정으로 고개를 숙인 채 작은 월계수로 가슴팍에 그려진 일장기를 가렸다고 전해짐

형제여, 함께하자

하늘의 비익조처럼

땅속의 연리지처럼

네가 동으로 간다 하면 나는 서로 가지 않으리

마음을 같이 하고 힘을 모아

형제여, 함께하자

함께 하면 외인의 괴롭힘에 두려울 것이 없다!

아버지는 가사 속 '비익조'와 '연리지'의 뜻을 알려주었지만, 그때는 우리가 너무 어려 이해하지 못한 채 발음만 따라 불렀다. 그래도 우리 형제가 단합하여 서로 사이좋게 지내기를 바라셨던 아버지의 마음만은 느낄 수 있었다.

아버지는 자녀들에게 의식적으로 음악에 대한 흥취를 배양하셨는데 그렇다고 우리를 음악가로 키우고자 했던 것은 아니었다. 그저 "음악을 사랑하거라. 음악은 사람을 지혜롭고 선량하게 만들어 준단다"라고 자주 말씀하실 따름이었다. 아버지는 《아리랑》,《금강산》,《도라지》와 같은 구성진 한국 민요를 가르쳐 주셨는데, 한국어를 모르는 우리는 주로 멜로디를 흥얼거렸다. 우리가 한국어로 부를 수 있는 유일한 노래는 《반달》이었다. 해방 후, 1950년 아버지는 《반달》을 중국어로 번역하고 아이들이 이해하기 쉽게 곡명을 《샤오바이촨(小白船)》으로 바꿨다. 훗날 나는 베이징 노동인민문화궁에서 문예에 관심 있는 초·중학생에게 이 노래를 가르쳤다. 이 아이들이 각자 학교로 돌아가 노래를 퍼뜨리면서 TV에도 소개되는 등 인기를 얻었고, 이후 소학교 음악 교과서에 실리기도 했다. 이 노래를 들으면 자애로운 아버지가 떠오르고 한국에 대한 민족적 감성에 젖어 든다. 후에 나는 이 노래를 관현악곡으로 편곡 연주했다. 《샤오바이촨》은 일개 동요이지만, 순수하고 아름다운 상상과 심오한 정서를 담고 있어 계속 부르다 보면 마음이 영롱한 아름다움으로 채워진다. 항일전쟁 시기, 우리 가족이 쓰촨성 충칭시로 피난을 갔을 때에도 아버지께서는 유성기와 레코드판을 샀으니, 그가 음악을 얼마나 사랑하는지 충분히 짐작하고도 남는다. 이 같은 아버지의 남다른 열정과 집착 덕분에 우리 형제는 어려서부터 서방 클래식 음악을 자주 접했다. 그중 우리가 즐기던 곡은 드보르작(Dvorak)의 교향곡 《신대륙》 제2악장(고향에 대한 향수가 짙게 밴 곡)이었다. 이 곡은 아버지가 가장 자주 들었던 곡이기도 했다.

아버지는 명품이라 할 수 있는 바이올린(프랑스 'Stainer') 한 대를 갖고 있었다. 이 바이올린은 1927년 상하이의 프랑스 조계지로 망명했을 때, 경매회사에서 구입한 것인데 피난길에 올랐을 때에도 계속 가지고 다닐 만큼 소중히 여기셨다. 음악에 대한 아버지의 애착을 고스란히 엿볼 수 있는 대목이다. 아버지의 바이올린 실력은 비록 아마추어 정도였지만 바이올린에 대한 우리들의 흥미를 자극하기에는 충분했기에 나와 둘째, 셋째 남동생은 아버지께 바이올린을 배웠고, 레코드판 더미에서 많은 바이올린 명곡을 찾아 들었다. 이를테면 하이페츠(Jascha Heifetz), 크라이슬러(Fritz kreisler), 엘만(Misha Elman) 등 세계 유명 바이올리니스트의 신들린 연주에 감탄했다. 그로 인해 훗날 우리 형제는 자연스럽게 음악가의 길을 걷게 되었으니, 아버지는 우리의 계몽 은사나 다름없었다.

아버지는 한국에 대해 많은 것을 알려주었다. 한국의 물이 얼마나 맑고 투명한지, 한국의 배가 얼마나 크고 달콤한지, 어여쁜 아가씨를 비유할 만큼 사과가 예쁘다는 것 등, 그리고 깨끗한 물과 신선한 과일 덕분에 한국의 아가씨가 세계에서 가장 아름답다고 말씀하셨다. 아버지는 중국어, 일어, 영어, 한국어 등 4개 국어를 하셨는데, 그중 한국어가 가장 뛰어난 표현력과 음악성을 지닌 언어라고도 말씀하셨다. 안타깝게도 우리 오 남매는 먼 타국의 학교를 다녔기에 한국어를 배울 기회가 없었다. 오직 《반달(샤오바이촨)》만 한국어로 부를 수 있었다. 하지만 이 노래는 우리의 마음속에 음악에 대한 애착과 한국에 대한 사랑을 심어주기에 충분했다!

우리 가족의 수호신

지금까지 사랑과 희생, 고난과 의지로 우리집을 만들고 지켜온 사람은 바로 어머니였다.

언젠가 어머니의 앳된 모습이 담긴 낡은 사진 한 장을 본 적이 있는데, 뒷면에 '나의 사랑, 나의 소녀'라고 적혀 있었다. 필적을 보니 아버지가 쓰신 것이 분명해 보였다. 어머니가 아버지를 만난 건 겨우 열아홉 살, 총명하고 어여쁜 여학생이었을 때였다. 어머니는 당시만 해도 장시성에서 상당히 개방화된 학교였던 바오링(寶靈) 여자학교에 재학 중이었다. 그때는 만인이 북벌혁명군을 우러러보는 시대였고 특히 청년들 사이에서 동경의 대상이나 다름없었다. 1927년 북벌군이 승리하여 난창(南昌)에 진주했고 군중의 열렬한 환호를 받았다. 당시 북벌군은 열정 가득한 학생들과 다양한 방식으로 왕래하고 교제했는데, 이러한 역사적 배경에서 두 분의 만남은 자연스럽게 이루어졌다.

어머니의 본명은 이바오전이었다. 외동딸이라 다소 응석받이로 자랐지만, 영리한 데다 용감하고 승부욕도 강했다. 말쑥하게 생긴 북벌군 장교는 이런 어머니의 마음을 단숨에 사로잡았다. 아버지는 다른 사람에게 부탁해 자신의 마음을 전했고 어머니는 금방 그의 마음을 받아들였다. 교제하면서 서로의 마음이 깊어졌고 이국(異國)의 연인과 부부의 연을 맺기로 결심했다. 얼마 후 북벌 총사령부가 난징으로 이전하게 되었고 두 분은 출발 전에 혼례를 올렸다. 이는 1927년의 일이었다.

어머니는 친정에서 며칠 지내다가 남편을 따라 난징으로 이사해 보금자리를 꾸리고 신혼생활을 시작했다. 고속 승진으로 집안 형편이 나아지자, 아버지는 정원이 딸린 널찍한 집을 샀다. 옛날 사진에서 아버지와 어머니가 탁구를 치거나 말을 타고 나들이하는 모습을 본 적이 있다. 심지어 어머니는 나를 뱃속에 품고 운전을 배우기도 했다(당시에는 제법 시대를 앞서가는 일이었다). 당시에 아버지의 중국인 동료와 친구를 제외하고 우리집을 자주 찾는 손님은 주로 조선인들이었다. 아버지는 어머니가 손님 대접이 빈틈없고 주방 일꾼도 잘 부리는 데다 음식솜씨도 훌륭하다고 칭찬하셨다. 워낙 유쾌한 성격이라 식사 자리에서 사람들과 곧잘 어울렸고 중간중간 한국어 몇 마디도 건네셨다고 한다. 두 분께는 이 시기가 가장 평화롭고 행복한 시간이지 않았을까.

조국을 깊이 사랑한 아버지는 출세와 부를 쫓는 사람이 아니었고, 조국의 광복과 독립운동에 마음을 쏟았다. 당시 아버지가 할 수 있는 일은 한국의 독립운동을 정치적으로 지지하는 것과 중국으로 망명해 독립운동에 동참하는 동포를 돕는 일이었다. 아마도 경제 사정이 그들보다 조금 더 나았기 때문에 가능했을 것이다. 훗날 중국공산당 중앙위원회 민족사무위원회 주임이 된 조선족 원정이(文正一)도 아버지의 도움을 받은 사람이었다. 그는 해방 후 갖은 방법으로 아버지의 행방을 수소문하다가 내가 김철남의 아들이라는 사실을 알고 찾아왔었다. 자신이 중국으로 망명했을 때 우리집에 묵었다가 아버지의 도움으로 홍취(紅區)[5]에 갔다고 했다. 베이징대 동양어과 마차오췬(馬超群) 교수 또한 당시 난징에서 아버지의 도움을 받은 젊은이 중 하나다. 우리집은 중국으로 망명한 조선의 독립운동가들이 잠시 몸을 의탁하거나 사람을 모으거나 여비를 구하는 하나의 '근거지'가 되었다. 이 '근거지'에서 실질적으로 중임을 맡은 사람은 김철남의 아내였다. 이

아버지의 충실한 조수이자
반려자였던 어머니 이쑤쥔

아담한 여인은 놀라운 열정으로 똘똘 뭉친 사람이었고 남편을 사랑하고 깊이 이해하는 아내였으며, 그가 희구하는 조국 해방이라는 이상을 응원하고 희생을 감내하는 조력자였다. 나중에 어머니는 형편이 어려워졌을 때도 뒷문으로 나가 옷가지를 맡기고 빌린 돈으로 다시 독립운동가를 도왔다고 한다.

당시 어머니는 학교를 갓 졸업하고 결혼하여 가정을 꾸린 터라 무척 어린 나이였기에 그 누구도 어머니 내면에 자리한 강단과 열정을 보지 못

5 ╱ 역주 : 공산당의 혁명 근거지

가족

했다. 겉보기에는 연약하고 안락한 생활에 젖은 공주님 같지만, 사랑하는 남편이 정치적 위험에 빠졌을 때는 넘치는 기지와 침착함으로 용감하게 맞선 사람이 어머니셨고, 남편을 구하겠다는 일념으로 동분서주한 끝에 결국 성공한 사람도 바로 어머니셨다. 아버지도 몰랐던 어머니의 일면이었다.

어머니께 전해 들은 바로는 당시 이런 일이 있었다.

1927년 장제스(蔣介石)가 공산당과 협정을 파기하고 숙청에 돌입했다. 아버지는 중국으로 망명한 조선인 항일운동가를 도왔고, 그 가운데는 정치적 사상과 배경이 다른 인물도 있었다. 예컨대, 공산당원도 있었고 우리집을 거쳐 공산당 근거지나 소련으로 건너간 사람도 있었으며, 조선인도 여럿 우리집에서 모였다. 당시 아버지는 이미 사령부의 부관처(副官處)로 발령받아 지도층과 접촉이 잦았기에 아버지가 하는 일이 자연스레 특무 기관의 의심을 샀고, 감시를 받기 시작했다.

그러던 어느 날 두 사람이 둥베이(東北)에서 왔다며 우리집을 찾아왔다. 소련으로 가기 위한 여비를 빌리기 위해 김철남 선생을 뵙고 싶다고 했다. 어머니는 그들 중 한 명이 얼마 전에도 여비를 빌리러 왔었다는 사실을 알아챘다. 복잡한 정치 투쟁은 잘 몰랐지만 오랜 시간 여러 사람을 만나다 보니 사람 보는 눈이 생겼고, 남편을 생각하는 마음과 여자의 육감으로 아버지에게 주의를 주곤 했었다. 며칠 전에 왔던 사람이 느닷없이 다른 사람을 데려와 아버지를 찾는다? 어머니는 심상치 않은 예감에 곧장 경계하며 그 둘을 손님방으로 안내했다.

"그이는 지금 외출 중입니다. 늦는다고 했어요."

어머니의 말에도 두 사람은 자리를 잡고 앉았다. 기다리겠다는 의미였다. 어머니는 사람을 시켜 차를 내오라고 한 후, 그들이 들으라는 식으로 하인에게 물었다.

"그이는 들어오셨니?"

"아니요. 아직 안 오셨습니다. 오늘 많이 늦는다고 하셨어요."

어머니는 의문의 손님이 서로 눈빛을 주고받는 모습을 보고 자신의 직감이 맞다고 확신했다.

"이왕 오셨으니 식사라도 하고 가시지요. 제가 부엌에서 안주상을 내오겠습니다."

부모님과 한국 전우 이상정(좌)

손님방을 나온 어머니는 서둘러 안방으로 뛰어가 아버지에게 전화를 걸었다.

"지금 수상한 사람들이 찾아와서 당신을 기다리고 있어요. 제가 다시 연락할 때까지 들어오지 마세요."

손님방으로 돌아가던 어머니는 아버지의 조선인 친구인 손두환[6]과 이상정[7]이 손님방으로 들어가는 모습을 보았다. 곧장 달려가 두 사람을 불러내려고 했지만, 이미 늦은 뒤였다. 그 수상한 '손님'들이 먼저 손 선생과 이 선생에게 다가가 서류를 내보이며 말했다.

"김철남은 오늘 못 보겠군. 당신 둘은 우리와 함께 갑시다!"

그들은 어머니께 이런 말을 남겼다.

"다시 만날 기회가 올 거라고 전해주시오."

그들은 손 선생과 이 선생을 문 앞에 세워 둔 차에 태우고는 급히 떠났다. 어머니는 곧바로 아버지에게 전화를 걸어 자초지종을 설명했다. 손 선생과 이 선생을 잡아갔으니 임무를 다한 것일 테고, 잡혀간 두 사람도 한국인이니 큰 일은 없을 터였다. 그래도 아버지는 당분간 집을 떠나 상하이 프랑스 조계지에 있는 병원에 입원했고, 어머니를 통해 북벌혁명군 동료와 상관에게 도움을 요청했다.

아버지는 이렇게 화를 면했지만, 어머니는 얼마나 곤혹스러우셨을까. 어머니는 아버지가 북벌군에 있었을 때 알고 지내던 교도단(教導團), 예팅독립단(葉挺獨立團), 사령부의 전우와 상관들을 분주히 찾아다니며, 김철남이 어떤 정치적 활동

---

6 / 편집자주 : 1895~?. 사회주의 운동가이자 독립운동가. 1919년 대한민국 임시정부 수립 후 임시의정원 의원과 군법국장을 맡음
7 / 편집자주 : 1896~1947. 별칭 '연호'. 중국에서 활동한 독립운동가로, 김철남의 집을 방문할 당시 아내 권기옥(독립운동가)도 동행했던 것으로 전해짐

가족

에도 개입하지 않았으며 그저 망명한 동향 친구나 지인들을 도와준 것뿐이니 사실을 증명해 달라고 부탁했다. 동료와 상관 중에는 우리집에서 술을 마시고 마작을 하며 함께 시간을 보냈던 사람들도 있었고 이들은 아버지를 '철남 동생'이나 '김형'으로 부르며 친하게 지냈었다. 하지만 막상 난처한 상황에 놓이니 다들 자신에게 '불똥'이라도 튈까 싶어 몸을 사렸다. 그래도 어머니는 포기하지 않고 이곳저곳을 정신없이 쫓아다녔다. 당시 뱃속에 나를 품고 계셨기 때문에 쓰러질 정도로 힘든 상황이었다. 축 늘어지는 몸을 이끌고 북벌 당시에 아버지가 있었던 교도단의 첸다쥔 단장을 찾아간 어머니는 아예 눌러앉아 버렸다. 첸다쥔은 어머니의 뚝심에 감동해 결국 아버지를 돕기로 했다. 그는 김철남이 북벌 당시 세웠던 공적을 이유로 그의 사면을 촉구했고, 덕분에 아버지가 면직과 대기발령 징계를 받는 것으로 사태는 일단락되었다. 아버지는 그제야 자유의 몸이 되었고, 그간 고생한 아내와 재회했다.

얼마 후, 난창에 있는 친정으로 간 어머니는 1929년 4월 4일에 나를 낳으셨고, 만 한 달이 지난 후 난징으로 돌아왔다.

면직된 상황에서도 종종 아버지를 감시하는 자들이 찾아왔고, 집안 형편도 예전만 못했다. 그러나 한바탕 곤욕을 치른 아버지와 어머니는 서로에 대한 마음이 더 깊어졌고, 세상에 나온 첫째 아이 덕분에 사는 재미를 느끼며 기쁘게 지냈다.

아버지는 빠듯해진 형편 탓에 집을 세놓고 자동차, 피아노 등 귀중품을 내다 팔았다. 이후 '싼산리(三山里)'라는 주택가에 자리한 새집을 빌려 전보다 소박하게 살았다. 내 기억으로는 대로변에 위치한 싼산리 1호에 살았는데, 여기서 어린 시절을 보냈고, 마루제(馬路街) 소학교를 다녔다.

어머니는 아버지보다 훨씬 어리고 몸집도 아담했기 때문에 아이를 많이 낳았어도 젊어 보였다. 어릴적 나는 어머니가 제일 예쁘다고 생각해서 누군가 '나중에 커서 누구랑 결혼할래?'라고 물으면 한결같이 '엄마랑!'이라고 대답했다.

아버지께 들은 바로는 내가 어렸을 때 급성 뇌막염에 걸려 하마터면 죽을 뻔했단다. 어머니는 '희망이 없다'는 의사의 말에 오열하면서 그의 하얀 가운을 붙잡고 무릎을 꿇은 채 아이를 살려달라고 애원했다고 한다.

"한 번, 한 번만 다시 봐주세요. 꼭 살려야 해요!"

어머니에게 감동한 의사는 속는 셈 치고 최선을 다해보겠다고 다짐했는데, 놀랍게도 정말 나를 살려냈다! 의사도 간호사도 입을 모아 이건 기적이라고 했다. 어린아이는 보통 척수를 뽑아내는 수술을 견디지 못하는데, 이 아이는 그걸 견뎌냈다며 말이다. 어머니는 당시를 회상하며 이렇게 말씀하셨다.

"네가 처음에는 의식이 없다가 조금씩 회복하기 시작했단다. 척수를 뽑을 때마다 네가 목이 터져라 '엄마, 엄마' 하고 울부짖으면서 발버둥치는 바람에 간호사들이 몰려와 너를 힘껏 눌렀지. 나는 마음이 아파 그 모습을 차마 볼 수 없었단다……."

아마도 극심한 고통이었을 것이다. 물론 지금은 그 고통에 대한 기억이 없지만, 수술 후 내 이마의 땀을 닦아주시던 어머니의 손길과 온기는 아직도 마음에 남아 있다.

의사 선생님은 내가 퇴원한 후에도 후유증을 걱정하며 틈날 때마다 나를 찾아오셨고 아버지, 어머니와 친구가 되셨다. 의사 선생님은 어린아이가 그토록 극심한 고통을 견뎌낼 거라고 상상도 못 했다며, 아마도 아이가 스스로 자기 생명을 구한 것일지도 모른다고 말했다.

나는 저승사자와 싸워 이긴 사람이었고, 그런 나를 이 세상에, 어머니 품으로 다시 데려온 사람은 바로 어머니였다.

할머니

죽었다 다시 살아났기 때문일까. 이후에 나는 어머니를 더욱 애틋하게 생각했고 스스로도 한층 성장했다. 이유는 몰라도 나는 혼자 있는 것과 책 보기를 좋아했는데, 특히 주변에 새로운 인물을 관찰하는 일이 재미있었다. 마침 그때 특별히 내 호기심을 자극하는 사람 몇 명이 우리집을 찾았다. 아버지가 말씀하시길 그들은 손님이 아니라 우리 친척이라고 했다. 그런데 그들은 내가 알아듣지 못하는 언어로 말했다.

나의 한무니(할머니)

친척 중 노인도 계셨는데, 아버지는 그분을 '할머니'라고 부르라고 하셨다. 어린아이의 눈에 할머니는 당시 우리 삶에서 가장 신기하고 다정한 분이셨다. 상냥한 할머니는 빙그레 웃으며 내게 말을 건네셨지만 나는 한국어를 알아듣지 못했기 때문에 '무슨 말인지 모르겠어요'라고 답했다. 하지만 할머니도 이해하지 못하셨는지 어쩔 수 없다는 듯 웃으시며 내 머리를 쓰다듬으셨다.

당시 아직 복직하지 못했던 아버지는 시간적 여유가 있는 틈을 타 남동생 상두(商斗)를 닦달하며 부모님과 김구 선생의 어머니를 중국으로 모셔오라고 했다. 왜놈의 압제에서 벗어나 안전하고 편안한 곳에서 지내시다가 광복 후에 조국으로 돌아가는 것이 좋겠다고 생각해서였다. 그러나 할아버지는 연로하신 탓에 중국에 오신 후 얼마 되지 않아 병으로 눈을 감으셨다.

할머니는 언제나 절대적인 주권을 가진 '영토'-커다란 침대-에 조용히 책상다리를 하고 앉아 계셨다. 깔끔하게 정리한 침대의 머리맡에는 돋보기와 낡아빠진 갈색 표지의 성경이 한 권이 놓여 있었다. 할머니는 독실한 기독교 신자로 식사 전에 반드시 감사 기도를 올리고 일요일마다 예배드리러 교회를 찾았다. 전쟁으로 피난길에 올랐을 때는 성경책을 든 채로 중얼중얼 기도하고 찬송가 한두 곡을 부르며 혼자 예배를 드리셨다. 언어가 달라 평소 말씀이 별로 없으셨지만, 할머니는 유쾌한 분이셨다. 가끔은 자기도 모르게 우스갯소리를 하셨는데, 우리가 어리둥절한 표정을 짓자 할머니는 혼자 멋쩍게 웃으시며 별일 아니라는 듯 손을 휘휘 저으셨다.

삼촌은 할머니와 전혀 달랐다. 그는 우리 형제가 가장 좋아하고 심지어는 숭배하는 인물이기도 했다. 그는 '김철군(金鐵軍)'이라는 이름(분명 아버지께서 지어주셨을 것이다. 삼촌의 본명은 상두였다)처럼 젊고 준수한 데다 장난기가 다분했다. 삼촌은 우리 형제에게서 중국어를 배웠는데 실력이 금방 늘고 발음도 정확했다. 뭐든지 다 잘하는 사람 같았다. 하루는 우리 앞에서 사격 솜씨를 뽐낸 적이 있었다. 그 실력이 어찌나 대단한지(우리집에는 아버지가 장난감으로 사주신 공기총이 한 자루 있었다) 방 한쪽 구석에서 건너편 창턱에 올려 둔 연필깎이의 작은 구멍까지 맞추는 게 아닌가! 그야말로 신묘한 실력이었다. 삼촌은 하모니카로 어떤 노래든 다 연주했다. 특히 바이올린을 연주하면서 손가락을 떨었다!(그때 우리는 '비브라토'라는 기교가 있는지 몰랐다) 그가 손가락을 떨면 바이올린에서 아름다운 선율이 흘러나왔다! 그래서 우리는 삼촌의 바이올린 연주를 좋아했다. 하지만 얼마 지나지 않아 아버지는 삼촌을 군에 입대시켰다.

일본이 '침범화북(侵犯華北)'을 외치던 당시, 삼촌은 부대를 따라 전방으로 갔다. 아마도 쑤이위안성(綏遠省)이었을텐데 어쨌거나 전방에 배치된 것이다! 삼촌이 떠난 후, 할머니는 미친 사람처럼 변했다. 삼촌은 할머니가 애지중지하는 자식으로 어려서부터 한시도 곁을 떠난 적이 없었다고 아버지께서 말씀하셨다. 그런데 그런 자식이 전쟁터에 나갔으니, 두렵고 마음이 아픈 건 당연한 일이었다. 온종일 아버지에게 화를 내시던 할머니는 결국 정신병을 얻고 한밤중에 뛰쳐나가 삼촌을 찾으며 '상두야, 상두야!' 하고 소리를 지르셨다. 그때마다 아버지는 할머니를 찾아내 위로하고 정신병원에서 치료를 받게 하셨다. 할머니는 큰고모와 작은고모가 중국으로 건너온 후에야 위안을 얻고 차츰 호전되셨다.

할머니의 미소를 되찾아 준 것은 다름 아닌 작은고모의 결혼이었다. 작은고모의 남편은 비행기 정비사였는데, 소련에서 유학한 후 중국 공군에 재직 중이었다. 한국에 있을 때 작은고모와 약혼한 상태여서 그녀가 중국으로 건너오자 바로 혼례를 올렸던 것이다(한국의 전통 혼례로 치러졌다). 할머니는 결혼식장의 상석에 앉아 신랑과 신부의 절을 받으셨는데, 그 순간 어두운 구름이 걷히고 밝은 해님이 모습

가 족

을 드러낸 듯 할머니가 환히 웃으셨다.

남편을 먼저 떠나보낸 큰고모는 두 딸을 데리고 우리와 함께 살았는데, 큰고모의 딸들은 친근하면서도 재미있었다. 둘 중에 큰 딸 복옥은 우리보다 나이가 많았고, 작은딸 복희는 내 둘째 남동생 샤오바오(小寶)와 동갑이었다. 우리는 금세 친구가 됐다. 큰고모는 말수가 적었으나, 늘 할머니 곁에 앉아 도란도란 이야기를 나누며 말동무가 되어 주셨다. 바느질할 때면 노래를 흥얼거렸는데, 간드러진 목소리가 아주 듣기 좋았다.

큰고모가 소리 높여 노래를 부를 때는 마치 전축을 틀어놓은 것만 같았다. 나와 남동생 둘은 삼촌보다 큰고모를 더 좋아해서 틈만 나면 노래를 불러 달라고 졸랐다. 그리고 큰고모가 노래를 다 부르고 나면 한목소리로 외쳤다.

"더, 더!"

그러면 큰고모가 웃으며 대답했다.

"하나 더?"

우리는 세차게 고개를 끄덕이며 박수를 쳤다. 큰고모는 무슨 노래를 부를까 생각하는 듯 눈을 감았고, 우리는 조용히 기다렸다. 이윽고 구성진 목소리가 흘러나왔다. 우리는 눈 한 번 깜빡이지 않고 큰고모를 바라보았다. 아름다운 음성에 취한 채 가사는 몰라도 풍부한 감성이 가득 담긴 노랫소리와 은은하게 울려 퍼지는 선율에 흠뻑 빠졌다. 사실 내용은 안중에도 없었다. 선율만으로도 감동적이었다. 큰고모가 불렀던 《아리랑》은 내게 깊은 인상을 남겼다. 그전에도 아버지나 삼촌이 같은 노래를 불렀지만 큰고모처럼 '한(恨)'이 담겨 있진 않았다. 아리랑을 통해 한국인을 이해했다고 느낄 만큼 이 곡은 내게 큰 영향을 끼쳤다.

나는 속으로 참 이상하다고 생각했다. '어째서 아버지와 삼촌은 모두 노래와 음악을 이토록 좋아하실까? 큰고모는 또 왜 이렇게 노래를 잘하시는 건지……. 혹시 조선인들은 모두 음악을 좋아하고 노래를 즐겨 부르는 걸까? 그렇다면, 할머니는? 할머니도 노래를 잘하시나?'

그렇다! 할머니도 노래를 잘하셨다. 다만 소리 높여 부르는 노래가 아니라 조용조용 읊조리듯 부르는 노래였다. 나는 할머니가 동생들을 재울 때 나직이 불러 주시던 자장가를 좋아했다. 물론 한국어로 부르셨는데, 단조로운 가락에도 불구하고 꽤 '중독성'이 있었다.

'자장 자장 우리 아기, 자장 자장 우리 아기'

이 노래를 계속 듣고 있으면 차츰 마음이 가라앉으면서 따스한 어머니 품속에 안긴 듯하다가도 어렴풋한 우수가 깃드는 느낌도 든다. 나는 수십 년간 마음속에 묻어 두었던 이 자장가를 1991년 아버지와 그의 전우들에게 바치는 교향곡《국상(國殤)》의 제2악장 〈장례(葬禮)〉에 삽입했다.

나는 할머니와 교회에 가는 것을 매우 좋아했다. 그곳에 가면 성가대 찬양을 들을 수 있었기 때문이다. 매력적인 노랫소리와 귀를 즐겁게 하는 풍금소리를 듣고 있노라면 모든 생각이 사라졌다. 그 순간에는 하나님이 어떤 분인지는 잘 몰라도 내 손을 잡은 할머니의 온기만은 또렷하게 느껴졌다.

어린 시절을 회상하며

곰곰이 돌이켜보면, 어린 시절에는 누구나 별난 상상이나 이상한 꿈을 꾼다. 나는 그것이 분명 생명이 싹트는 것이라 생각한다. 그러다 미래의 어느 순간, 불현듯이 희미한 추억이 되어 떠오르는 환상……

_____ 연못 표류기

뜨거운 여름, 수업을 마친 나는 깨끗하게 씻은 후 온몸에 땀띠약을 뿌렸다. 상쾌한 기분으로 '화홍궈(花紅果)'[8]를 한 입 베어 물며 마음 가는 대로 발걸음을 옮기

8 / 역주 : 사과와 비슷한 과일

다가 습관적으로 정바오(正寶)의 유모가 '대사당(大祠堂)'이라고 부르는 곳에 이르렀다(당시에는 그곳이 '대지당(大池塘)'인 줄 알았다). 유달리 고요한 그곳에는 사람도 별로 없었다. 담장을 따라 작은 길이 있었는데, 담장 안에 있는 나뭇가지가 담을 넘어 길가까지 뻗어 나와 있었고, 폴짝 뛰면서 손을 뻗으면 뽕나무에 달린 오디에도 손이 닿았다. 작은 길을 따라 걷다보면 너른 잔디밭이 나오는데 그곳에 아주아주 커다란 연못이 있었다. 푸르고 맑은 연못에는 가장 깊은 곳까지 닿을 만한 나무 발판이 놓여 있었다. 사람들은 그 발판에서 다이빙을 하고 채소를 씻거나 빨래를 했는데, 저녁 무렵이라 사람 하나 없이 아주 조용했다.

나는 조심스레 발판 끝까지 걸어간 후 먼 곳을 응시했다. 시원하고 상쾌한 바람이 스치자, 잔잔히 일어난 물결이 발판까지 밀려와 말뚝과 부딪치며 동그랗게 퍼져 나갔다. 나는 뱃머리에 선 채 앞으로 향하는 것 같은 느낌이 들었다. 끊임없이 부는 바람은 더할 나위 없이 상쾌하고 편안했다. 그리고 조금씩 환상에 빠져들었다. 나는 망망대해에서 어디로 가야 할지 모른 채 혼자 표류하는 중이었다.『로빈슨 크루소』,『걸리버 여행기』,『인어공주』등 특별한 이야기의 장면들이 머릿속을 어렴풋이 스쳐 지나갔다. 나는 정말 이대로 표류하며 어디로든 떠돌고 싶었다.

"가오바오(高寶)!"[9]

그때 갑자기 멀리서 유모의 목소리가 들려왔다.

"밥 먹자!"

이렇게 환상이 깨졌다.

나는 지금도 배를 타고 꿈꾸었던 그때의 그곳으로 가고 싶다.

기차가 좋아

어린 시절, 우리집에서 그리 멀지 않은 곳에 작은 철로가 놓여 있어 기적 소리를 자주 들을 수 있었다. 이 소리는 특히 밤에 더욱 또렷이 들렸다.

---

9 ／ 역주 : 가오바오는 필자의 별칭

나는 동생들과 자주 철길 주변에서 놀았는데, 저 멀리서 기차 소리가 들리면 재빨리 레일 위에 작은 돌을 올려놓았다(철로 옆에는 그런 돌이 아주 많았다). 어느 때는 동전을 올리기도 했다. 그리고 냉큼 뛰어 내려와 노반에서 기차가 오기를 기다렸다. 기차가 덜컹덜컹 쏜살같이 지나가고 나면 다시 후딱 올라가 자리를 살폈다. 그리고 떡처럼 납작해진 돌과 얇게 찌그러진 구리 동전을 보며 환호했다.

좁디좁은 레일 위에서 누가 넘어지지 않고 빨리 걷는지 내기도 하고, '쿵푸'를 한답시고 동생들과 겨루기도 했다. 그때 우리는 이른바 '철로대협(鐵路大俠)'이 되어 동화책 속 협객처럼 머리에 두건(베갯잇)을 두르고, 어깨에 망토(침대보)를 걸친 채 뛰어다녔다. 레일 위에서 훌쩍 뛰어올라 양팔을 펼치면 어깨에 걸친 망토가 날개처럼 퍼덕였고, 눈을 가늘게 뜨고 번개처럼 날쌔게 움직이면 진짜 레일 위를 날아다니는 '철로대협'이 된 것만 같았다!

나는 어려서부터 기차에 대한 애정이 남달랐다. 한창 놀다가도 기차가 지나가면 두 손을 모아 입에 대고 '어이! 어이!' 하고 소리를 지르고, 기관사에게 손을 흔들면서 멀어져가는 기차를 아쉬운 표정으로 바라보곤 했다.

어른이 된 지금도 밤새[10] 글을 쓰거나 잠을 이루지 못할 때, 이따금 고요한 밤을 뚫고 기차의 기적소리가 들리는 듯하다. 희미한 기적 소리는 어딘지 처량하게 들려, 쓸쓸하고 아련한 그리움을 남긴다. 마치 내가 그때 꿈꾸던 그곳으로 가자고 손짓하는 듯하다…….

돌아보면 지금껏 기차를 참 많이도 탔다. 일반석, 침대칸, 완행, 급행, 특급 등등 피난길에도, 연주하러 갈 때도, 강의를 하거나 오랜 벗을 만나러 갈 때도 모두 기차와 함께였다. 특히 중도에 정차하는 기차를 탔을 때는 잠시 내려 가볍게 몸을 풀고 신선한 공기를 마셨다. 또 치킨과 맥주를 사서 우연히 만난 사람과 친구보다 더 진솔한 이야기를 나누기도 했다. 목적지에 도착한 후, 잘 가라고 손을 흔들면 다시는 만날 일이 없는 사이임에도 말이다. 이것이야말로 기차에서만 만날 수 있는 '길 위의 인연'이 아닌가. 사람과 사람의 소박한 만남, 이 얼마나 좋은가.

10 / 역주 : 중국에서는 '야간열차를 운전하다'라고 표현함

가족

아쉽게도 지금의 기차는 너무 빠르고 모양도 유선형으로 너무 멋들어졌다. 내 어린 시절의 기차와 철로대협보다 시시하고 재미도 없다.

_____ 나의 '하얀 누에'

어느 날 밤, 아버지와 어머니가 갑자기 신바람 나는 목소리로 나를 부르셨다. 그리고는 나를 안고 의자 위에 서서 서랍장 위에 깔아둔 큰 종이를 가리키셨다. 누에나방 몇 마리가 날개를 퍼덕이고 비틀비틀 기어 다니면서 누런 알갱이들을 잔뜩 내어놓고 있었다. 어머니는 작은 소리로 이 '알갱이'가 새끼 누에가 될 것이고, 이것을 낳은 나방이 바로 알갱이의 엄마라고 말씀하셨다.

"그럼 애네들의 엄마는 어디서 왔어요?"

내가 호기심 어린 얼굴로 물었다.

"이 나방들은 네가 예전에 뽕잎을 따와서 먹여주었던 그 새끼 누에들이란다. 여기 이 새끼 누에들이 뽕잎을 배불리 먹고 하얀 고치실을 토해내서 그걸로 집을 만든 다음 그 안에서 쿨쿨 자는데, 그러다가 번데기가 되는 거야. 그리고 번데기가 다시 제 고치를 뜯고 나오면 바로 여기 날개가 있는 나방으로 변하는 거지. 나방 엄마 말이야. 지금은 나방 엄마가 알을 낳고 있는 거란다. 여기 누런 알들이 커서 또 하얀 누에 새끼들이 될 거야! 이것 좀 보렴, 누에 새끼를 하나 낳는 것도 얼마나 힘든 일이니."

"아! 알겠어요. 그러니까 여기 작은 알갱이들이 누에로 변해 매일같이 뽕잎을 먹으면서 자라면 하얀 새끼가 된다는 거죠?"

신기해서 다시 물었다.

"와, 근데 어쩜 이렇게 신기해요? 몇 번이나 변신하는 거잖아요?"

아버지가 웃으며 말씀하셨다.

"신기하지? 이 녀석들이 우리한테 좋은 물건을 준다는 거, 알고 있니? 저기 달걀처럼 하얀 고치가 보이지? 저게 바로 실이란다. 우리가 쓰는 그 실 말이다!"

아버지가 고치를 부수고 거기서 하얗고 반짝이는 실을 꺼냈다.

"이것 봐라, 이게 바로 실이야. 이걸로 비단을 만들어서 옷을 지을 수 있단다. 정말 신기하지 않니?"

"네가 뽕잎을 따다 주었으니 아마 너에게 아주 고마워할 거야."

진지한 어머니의 말씀에 나는 알 수 없는 뭉클함을 느꼈다. 그래서 그날 이후로 아주 열심히 뽕나무를 찾아다녔다. 뽕나무는 대사당이 있는 곳에 가장 많았는데 학교만 마치면 으레 그곳으로 가 책가방을 가득 채울 정도로 뽕잎을 땄고 열심히 '내 새끼들'을 먹였다. 나는 작은 알갱이의 성장 과정을 모두 지켜보았는데, 그것들이 커서 누에가 될 때 제일 귀여웠다. 하얀 누에들이 움츠렸다 폈다를 반복하며 뽕잎을 맛있게 먹는 모습을 보면서 어떻게 하면 싱싱하고 푸른 뽕잎을 더 많이 가져다줄지 고민하곤 했다.

그날, 아버지와 어머니가 한밤중에 나를 불러 나방 엄마가 '알갱이'를 낳는 모습을 보여주신 것은 나도 나방의 성장에 일조했으니 그 후손이 탄생하는 순간을 함께할 자격이 있다고 생각하셨기 때문이리라. 생명이란 이렇게 이어지는 것이었다.

이 푸른 뽕잎과 하얀 누에의 이야기는 내가 어렸을 때 했던 일 중 가장 의미 있는 일이었다. 생명의 탄생, 성장과 지속에 대한 일이니 말이다. 물론, 그때는 이런 생각을 하지 못했지만, 어쨌든 나는 누에의 탄생과 성장을 보았고, 함께했다. 그리고 그것은 내게 잊을 수 없는 기억으로 남아 생명을 사랑하는 사람이 되도록 해주었다. 그리고 성인이 된 후, '봄누에는 죽어서야 실 뽑기를 그친다(春蠶到死絲方盡)'라는 구절을 읽었을 때 그 뜻을 더욱 잘 이해할 수 있었다.

가족

02 / 항일전쟁

"호외요, 호외!"

"호외요, 호외!" 갑자기 터져 나온 소리가 거리를 쩌렁쩌렁 울렸다.

"호외요, 호외! 일본군이 완핑청(宛平城)을 포격했는데 우리 군이 루거우차오(蘆溝橋)에서 반격했답니다!"

'호외'를 외치는 소리, 라디오 진행자의 격정적인 목소리, 분노 섞인 고함과 욕설, 구호를 부르짖는 함성이 뒤엉켜 난징 전체가 들끓었다!

'루거우차오 사건' 이후, 아버지는 딴사람이 된 것처럼 늘 격앙되고 어딘가 침착하지 못한 모습을 보였다. 집에는 온종일 라디오 방송 소리가 끊이지 않았다. 이른 아침, 문 앞에서 "신문이요!" 하는 소리가 들리면 내가 제일 먼저 뛰어나가 신문을 받았고, 아버지는 내게 고맙다는 눈인사도 없이 그길로 신문을 탐독했다.

당시 아버지는 인사이동으로 근무지가 바뀐

1937년 항일전쟁 발발 후
방공총감부로 전근한 아버지

상태였다. 군사위원회에서 해임된 후 중앙군관학교에서 일본어 교관으로 계시다가 급변하는 정세에 다시 군사위원회로 배치되었다. 듣기로는 새로 발족한 항공위원회 방공총감부(防空總監部)로 이동했다고 한다. 그때, 아버지가 말했다.

"전쟁을 준비해야겠어."

이후 아버지께서는 자주 집을 비우셨고 저녁도 거의 밖에서 드셨다.

얼마 지나지 않아 거리를 뒤흔드는 소리가 또 울려 퍼졌다. '8·13 사변'을 알리는 호외 신문이 발행된 것이다. 상하이로 진공한 일본군을 제29로군이 무찔렀다는 내용이 담겨 있었다.

이 사건으로 우리 학교는 준비 중인 아동극 《소소화가(小小畫家)》의 연습을 중단시켰다. 내가 좋아하던 작품이라 마음이 언짢았던 기억이 난다. 나는 아직도 《소소화가》에 수록된 노래 가사 중 일부를 기억한다. '하루에 세 번 울고, 사흘에 아홉 번 우네. 매일 울고 매일 찡그리니 사는 게 무슨 재미가 있나……?' 물론 지금은 이 노래를 부를 필요가 없다. 정말로 울게 된다면, 그건 조국을 위해 싸워야 할 때일 것이다!

그날 아침, 학교는 수업 대신 전교생을 운동장에 집합시켰다. 단상에 오른 교장 선생님은 일본 제국주의가 동북 3성을 집어삼키고 이제는 화북 5성까지 노리고 있다고 말씀하셨다. 이때, '쑤이위안(綏遠)'이라는 단어가 들렸다. 나도 알고 있는 지명이었다. 삼촌이 쑤이위안 전방에 있었기 때문이다.

"7월 7일, 일본이 또 우리의 완핑성을 포격했습니다. 놈들이 넘어서는 안 될 선을 넘은 것이지요! 루거우차오에서 우리 중국군이 왜놈들을 혼쭐을 내줬습니다! 흥, 우리 중화민족이 어디 그렇게 만만한 민족입니까?"

교장 선생님의 목소리는 갈수록 높아졌다.

"여러분도 우리나라를 사랑하지요? 그러니 우리도 항일운동에 힘을 보태야 합니다. 돈이 있으면 돈으로, 힘이 있으면 힘으로 돕는 겁니다. 전쟁에 나갈 순 없지만, 기부금을 모을 순 있어요. 일본군을 몰아낼 전투기를 살 수 있도록 말이죠!"

그때는 라디오에서 매일같이 '돈이 있으면 돈으로, 힘이 있으면 힘으로!', '한 사람이 1위안씩 모으면 4억 위안이 된다! 전투기를 사서 일본을 무찌르자!', '항공구국(航空救國)!' 등의 구호가 흘러나왔다. 나도 어머니께 1위안을 받아 모금 활동에 참여했다. '항공구국' 복권도 불티나게 팔렸다.

어쨌든 사람들은 온종일 초조한 마음으로 어수선한 하루하루를 보냈다.

'8·13 사변' 발발 후 며칠이 지나 아버지는 간만에 가족과 저녁 시간을 보냈다. 식사와 함께 술도 곁들이면서 다소 상기된 표정으로 말씀하셨다.

"진즉에 싸워야 했어. 이 순간만 기다렸다고!"

그리고 쑤저우(蘇州)에 다녀와야겠다고 하자 어머니께서 걱정스레 물으셨다.

"거긴 상하이랑 가깝잖아요?"

나 역시 긴장했다.

"그렇지. 전방과도 그리 멀지 않고. 하지만 별일은 없을 거야."

아버지가 조금 뜸을 들이다가 내 머리를 쓰다듬으시며 말을 이었다.

"가오바오도 데려갈까 하는데, 가서 직접 보여주려고."

"안 돼요! 절대! 너무 위험해요!"

어머니께서는 바로 반대하셨다. 그때 나는 고작 아홉 살이었으니 어머니가 반대하는 것도 당연했다. 아버지가 웃으며 대답했다.

"걱정 마. 별일 없을 거야. 내가 옆에 있잖아. 가오바오는 남자잖아. 전방에 가보지 않고서는 사내대장부라 할 수 없지! 너무 걱정하지 마."

쑤저우의 여정

아버지와 어머니가 어떻게 합의를 보았는지 모르겠지만, 어쨌거나 나는 아버지를 따라 전방으로 갔다.

이날, 아버지는 완전무장을 하고 허리춤에 리볼버 권총을 차셨는데, 걷는 모습마저 민첩하고 기개가 넘쳐 보였다. 아버지는 가는 내내 내 손 한 번 잡아주지 않앓고, 나중에는 나를 근무병에게 맡기셨다. 나는 이토록 거대한 '진짜' 열차는 처음 타보았기에 모든 것이 신기했다. 아버지는 젊은 장교 두 명과 함께 찻간 중간쯤에 앉아 이야기를 나누었고, 나는 궁자오팅(龔照亭)이라는 이름의 근무병과 함께 뒤쪽에 앉았다. 호기심 어린 눈으로 찻간 내부의 각종 설비와 장식을 자세히 살폈는데, 뜻밖에 예쁜 식당 하나가 눈에 띄었다. 근무병이 간단한 음료와 과자를 갖다 주었고, 우리는 이야기를 나누기 시작했다. 그는 꽤 재미있는 사람이었다. 말할 때마다 금니가 보이길래 어찌 된 일이냐고 물으니 어렸을 때 싸우다가 이가 부러졌는데 군인이 되고 나서 보기 안 좋아 박은 것이란다.

"진짜 금이에요?"

그가 웃었다.

"하하, 가짜야. 아주 오래전에 네 아버지의 도움으로 박은 거지. 정말 좋은 분이셔."

"아, 전 또 진짜 금인 줄 알았어요."

"금은 금이야. 순금이 아닐 뿐이지. 아, 근데 넌 어째서 여기 와 있는 거니? 위험하잖아?"

내가 득의양양하게 대답했다.

"아버지께서 전방에 가보지 않고서는 사내대장부가 아니라면서 절 이곳에 데리고 오셨어요."

궁자오팅이 웃으며 말했다.

"오, 정말 대단한데? 좋아, 내가 네 경호원이 돼 줄게!"

그는 정말 내 경호원이 되어주었다. 그리고 그가 없었다면 나는 난징으로 돌아오지 못했을 것이다.

쑤저우에 도착한 우리는 한 게스트 하우스에 묵었다. 안에는 온통 군인뿐이고, 1층은 죄다 사무실이었는데, 전화가 쉴 새 없이 울려 대는 것이 한눈에 봐도 정신없었다. 아버지는 자주 '순찰'을 나갔는데, 나를 데리고 나간 건 딱 한 번이었다. 작은 군용차를 타고 전방 주둔지에 도착하니 멀지 않은 곳에서 포성이 들렸

항 일 전 쟁

다. 우리는 차에서 내렸고 아버지는 나에게 차 옆에 꼼짝 말고 있으라고 당부하시고는 장교 두 명과 함께 앞쪽에 있는 방위선으로 가셨다. 잠시 뒤 돌아오셨지만 다시 반대편으로 가셨고 얼마 지나지 않아 포성이 연이어 터지기 시작했다. 군인 여럿이 빠르게 뛰어갔다. 이번에는 아버지도 내 손을 잡고 이동했고, 잠시 뒤 아까와는 다른 엄청난 폭발음이 터졌다. 내 몸이 본능적으로 와들와들 떨렸고, 아버지는 내 손을 꼭 잡았다.

"무섭니?"

"아니요. 하나도 안 무서워요."

아버지가 웃으며 말했다.

"조금 무서운 것 같은데? 그래도 나름 전방까지 왔는데 아무 느낌이 없다면 아깝지 않겠어?"

내가 미소를 짓자 아버지가 말을 이었다.

"전방은 전방이야. 완전히 다르지."

이때, 궁자오팅이 다가와 아버지와 몇 마디를 나누더니 나를 다시 군용차로 데려갔고, 우리는 먼저 그곳을 빠져나왔다. 아버지를 기다리는 동안에도 공습경보와 폭발음이 끊이지 않았고, 다급하게 움직이는 병사들의 구둣발 소리도 이어졌다. 걱정과 초조함이 커지기 시작할 즈음 아버지가 돌아오셨고, 곧장 궁자오팅부터 부르셨다.

"상황이 급변하고 있다. 철수한 부상병들이 많아서 기차가 아주 붐빌 거야. 이곳에 더 있다가는 돌아가기 힘들어질 테니 자네는 내 아들 녀석을 데리고 먼저 난징으로 돌아가. 조금 있다가 내 마누라한테 전할 편지를 줄 테니 가져가게. 난 며칠만 더 있다가 돌아갈 테니 걱정 말라고 전하고."

아버지께서는 내게도 당부의 말씀을 전하셨다.

"이제 너도 군인이야. 네 총사령관은 궁 아저씨니까 명령을 잘 따르도록 해."

이튿날, 궁자오팅은 공문 한 통을 들고, 나와 함께 기차에 올랐다. 기차 안은 이미 사람들로 꽉 찼고 출발 시간을 한참 넘긴 터라 부상병은 갈수록 늘어났다.

사람들이 앉을 자리가 없어 옥신각신하자 헌병이 나타났다. 누군가 우리 쪽을 가리키며 뭐라 말했고 이내 헌병이 다가왔다. 궁자오팅이 공문을 꺼내 보이며 몇 마디를 소곤거렸다.

"둘이 한자리에 같이 앉도록 하시오!"

헌병은 이 말만 남기고 자리를 떠났다. 기차는 이곳에 올 때 탔던 것과 달리 등받이가 있는 나무 의자가 줄지어 있었다. 드디어 기차가 움직이기 시작했다. 찻간은 앉을 자리가 없어 서 있는 사람이 적지 않았다. 누군가 내 자리를 보더니 억지로 비집고 들어왔다. 나는 어쩔 수 없이 한쪽 엉덩이를 든 채 궁 아저씨에게 바짝 기대어 앉았고, 아저씨도 등받이에 기대어 서 있었다. 밤이 깊어지자 아저씨는 좋은 방법을 생각해냈다. 나를 좌석 위에 있는 선반에 눕혀 놓고 자기 겉옷을 돌돌 말아 베개를 만들어주었다. 그리고 내가 떨어지지 않도록 자신의 행전을 풀어 선반에 묶어 위로 고정했다.

"내가 지켜보고 있을 테니 좀 자도록 하렴. 조금만 더 가면 난징에 도착할 거야."

나무로 된 선반 위는 짐들로 빽빽하여 다리를 펼 수 없을 정도로 비좁았고 머리맡에는 전등도 있었는데 불빛은 흐릿했다. 고개를 돌려 아래를 내려다보았다. 군인으로 꽉 찬 찻간은 아수라장이었다. 앉을 자리가 없는 군인은 대부분 바닥에 앉거나 등받이에 기대어 갔으므로 이렇게 누워 있는 것만으로 충분히 호사라 할 수 있었다. 다만 찻간을 가득 채운 담배 연기와 땀 냄새는 정말이지 고역이 따로 없었다. 그래도 꾸역꾸역 참다 보니 어느새 잠이 들었다. 잠에서 깼을 때는 난징에 거의 도착할 즈음이었다. 이렇게 '전방의 여정'은 끝이 났다. 이날 난, 전쟁을 직접 보거나 총을 쏴 보지도 않았다. 그저 포성만 듣고 붐비는 군 열차에 탄 게 고작이었다. 그러나 전쟁은 이미 내 마음속에 보다 구체적인 현실이 되어 있었다. 아버지가 날 데리고 간 이유가 바로 이것 때문이었으리라.

피난

늦은 밤 느닷없이 공습경보가 울렸다. 귀신의 울음소리처럼 소름 끼치는 경보소리와 함께 모든 불빛이 삽시간에 꺼졌다. 그렇게 도시 전체가 짙은 어둠에 파묻힐 때, 나는 전쟁의 공포를 느꼈다. '삑——! 삐——익!' 요란한 경적에 텅 빈 거리를 황망하게 뛰는 사람들의 발소리가 섞여 있었다……. 멀리서 폭탄 터지는 소리까지 이어지자 세상이 종말과 마주한 듯했다.

아버지가 난징으로 돌아오기 전, 우리는 아버지의 지시대로 적군의 포격을 피하고자 난징 외곽에 있는 위화타이(雨花臺)의 한 농가로 이사했다. 나는 아직도 그곳에 핀 백란화와 옥란화 나무, 정원 안 화분 수백 개에 심은 말리꽃을 기억한다. 바람에 실려 코끝을 간지럽히던 짙은 향기까지도.

어머니는 틈틈이 짬을 내어 유모와 함께 시내로 돌아가 필요한 짐을 챙겼다. 나도 어머니를 도우러 함께 간 적이 있었는데 소파, 옷장 등 가구와 여러 잡동사니는 그대로 제자리에 있었다. 마치 우리가 금방이라도 집에 돌아올 것처럼 말이다.

쑤저우에서 돌아온 아버지에게서 기별이 왔다. 소속 기관이 철수하지만, 우리에게 올 수는 없다고 했다. 항일전쟁 초기에는 지역마다 방공 시스템이 제대로 갖춰지지 않았었는데, 아버지가 신설된 방공총감부에서 하신 일이 바로 각 요충지에 방공 조직을 구축하고 지휘하고 조사하는 것이었다. 특히 공항의 방공 체계를 수립하고 개선하는 일에 심혈을 기울였다. 당시 아버지는 일 때문에 사방팔방 바삐 돌아다니셨기에 어머니가 온 가족을 데리고 피난길에 올라야 했다. 그러니 어머니가 얼마나 힘드셨겠는가? 물론 어머니는 침착하고 용감한 분이지만, 그때는 뱃속에 6~7개월 된 아이까지 품고 계셨다. 게다가 두 살도 안 된 여섯째 동생 궈바오(國寶)가 아픈 상태였고, 할머니는 정신병을 앓고 난 후 종종 오락가락했다. 나를 포함해 건사해야 할 아이도 넷이나 됐다. 맏이인 나도 당시에 고작 아홉 살에 불과했다. 노인과 아이, 임신부에 환자까지, 어머니를 도울 만한 사람은 정바오의 유모뿐이었다. 군대로 따지면 그야말로 오합지졸이 따로 없었다.

난징을 떠나던 그날, 혼란한 상황에 걱정을 누를 길이 없었다. 짐을 가득 실은 말과 수레, 무겁게 짐을 짊어진 사람의 행렬이 거리를 가득 채웠고, 크고 작은 차들은 쉴 새 없이 빵빵거렸다. 강 둔치에 도착해서는 더 정신이 없었다. 우리는 아버지가 보낸 근무병의 호위를 받으며 지정된 부두로 향했다. 거기서 푸커우(浦口)로 가는 배를 탄 다음 예약한 기차를 타야 했다. 온 가족이 나룻배에 짐을 싣고 배가 출항하려는데 할머니가 보이지 않았다. 다급해진 우리는 각자 흩어져 할머니를 찾기 시작했다. 어머니는 급한 마음에 나를 다시 부둣가로 보내 할머니를 찾아보라고 했다. 나는 목이 터져라 할머니를 부르며 몇 바퀴를 돌았지만 끝내 할머니를 찾을 수 없었다. 그때, 출항을 알리는 기적 소리가 울렸고 나는 어쩔 수 없이 배가 있는 곳으로 달리기 시작했다. 내가 배를 향해 정신없이 뛰어가는 도중 배가 조금씩 움직이기 시작했다. 어머니와 가족들이 뱃머리에서 나를 향해 소리쳤다.

　　"뛰지 마! 뛰지 마!"

　　그러나 나는 이미 있는 힘껏 발을 구른 상태였다. 한쪽 발로 배를 밟고 다른 한 발은 아직 물 위에 떠 있었다. 가족들이 내 손을 힘껏 잡아당긴 덕분에 배 위로 데굴데굴 굴렀다. 막 한숨을 돌리려는데 위층 선실에서 누군가 소리쳤다.

　　"대체 누구네 할머니요?"

　　알고 보니 배에 오른 할머니는 막무가내로 계단을 올라 조종실까지 가신 것이었다. 우리는 화도 나고 원망스럽기도 했지만, 천만다행이라며 가슴을 쓸어내렸다. 잃어버린 사람도 없고 물에 빠진 사람도 없으니 이만하면 천운이랄 수 있었다.

　　우리는 무탈하게 푸커우 기차역에 도착했다. 기차에 올랐을 때 나의 '총사령관'인 궁자오팅과 다시 만났다. 아버지께서 우리를 도와 짐을 옮기라고 보내셨단다. 어떤 것이 우리 짐인지 내가 잘 알았기에 어머니는 나더러 가서 궁 아저씨를 도우라고 하셨다. 이렇게 나는 기차에서 '궁 사령관'과 재회했다. 이번에 우리가 탄 기차는 화물을 나르는 양철 기차였다. 아저씨와 나는 재회의 기쁨에 함박웃음을 지었다. 화물칸에는 우리 둘뿐이라 계속 재잘대며 이야기를 나누었다. 기차가 '덜컹' 하고 움직이기 시작했고, 우리는 짐 더미 위에 누웠다. 화물칸은 밖에서 문을 잠그게 되어 있어 공기가 말할 수 없이 답답했고, 기차가 흔들대는 탓에 속이 계속 울렁거렸다. 아저씨는 그런 내게 여러 가지 이야기를 들려주었다. '미부인에게 장가든 유비', '손오공 삼타백골정' 같은 이야기는 아직도 기억이 생생하다. 이것이 내가 기억하는 첫 피난길의 여정이었다.

우한(武漢)에 도착한 지 얼마 되지 않아 차를 갈아타고 다시 후난(湖南)의 형양(衡陽)으로 갔을 때 '궁 사령관'이 말했다. 아버지께서 정식 사령관으로 승진하셨다고. 바로 형양 방공사령부의 사령관이 되신 것이다.

작은 동생의 죽음

온 가족이 형양에 도착했을 때, 아버지는 정거장에서 일찍부터 우리를 기다리고 있었다. 기차에서 내려 곧장 승합차를 타고 큰 정원이 딸린 곳에 도착했다. 그곳은 헝양현 현장(縣長)의 저택이었다. 정원을 가로질러 들어가자 이층집이 보였고, 후원에는 커다란 화원과 텃밭이 있었다. 우리는 2층을 쓰기로 한 후 짐을 정리했다. 먼 길을 고생스럽게 온 탓에 도착하고 며칠은 잠자고 쉬는 것이 일과의 전부였다. 남동생의 병세는 갈수록 심각해졌다. 몇 날 며칠 열이 가라앉지 않자 어머니는 남동생과 한 방에 묵으며 돌보았고, 의사도 불렀다. 당시 아버지는 당직으로 계속 집에 없었다.

며칠이 지났다. 한밤중 나는 어수선한 발소리에 잠에서 깼다. 어머니는 흐느끼며 쉰 목소리로 무어라 말씀하셨고, 누군가 아래층으로 다급하게 뛰어가는 듯한 소리도 들렸다. 이튿날 새벽이 되어서야 간밤에 궈바오가 고열에 경련을 일으켜 아버지와 의사를 모셔왔다는 사실을 알게 됐다. 나는 남동생을 보기 위해 몰래 들어가려고 했지만, 유모가 방문을 닫아버리는 바람에 밖에서 기다릴 수밖에 없었다.

'궈바오'는 막내의 아명이었다. 우리는 유달리 순하게 생긴 동생을 좋아했다.

머리숱은 적었지만, 머리통이 크고 눈도 초롱초롱했다. 귀바오는 놀아 달라는 듯 내 손가락을 잡고는 놓지 않았고, 할 말이 있는 것처럼 앙증맞은 입을 삐죽삐죽 내밀었다. 나와 동생들은 막내가 크면 우리보다 더 똑똑할 거라고 말하곤 했다. 내가 침대맡에서 "아이, 예쁘다"라고 말하면, 귀바오는 알아들은 듯 방긋 웃었다……. 그런데 동생은 전쟁이 난 후 아프기 시작했고, 포대기에 싸인 채 어머니 품 안에서 피난길에 올랐다.

원래는 조용하고 따뜻하고 깨끗한 병원 침대에 있어야 했다…….

원래는 인자한 의사와 천사 같은 간호사가 부드럽고 세심한 손길로 열을 재고, 진찰을 하고, 주사를 놓고, 약도 먹이며 병마와 싸우는 동생을 보호해야 했다…….

원래는 어머니 품에 있어야 했다. 아버지의 다독임을 받으며 편히 쉬어야 했다. 그래서 털고 일어나 그토록 빛나던 눈으로 이 세상을, 이 형들을 바라보며 웃어야 했다…….

원래는 그랬어야 했다…….

그런데 전쟁이, 그 참혹한 전쟁이 어리고 생기 넘쳤던 생명을 잔인하게 밟아버렸다. 전쟁을 일으킨 살인자들은 우리 가족을 찌르고 영영 아물지 않는 상처를 남겼다.

반짝이던 눈은 영원히 감겼고 미소 짓던 입술도 굳게 닫혔다. 동생의 영리한 머리를 마지막으로 보았을 때, 나는 깨달았다. 세상에서 가장 참혹한 것은 갓난아이의 주검이라는 사실을. 심장이 잘게 조각나고 온몸이 바들바들 떨리는 순간이었다.

비통함에 사무친 날들이, 눈물에 얼룩진 나날이 이어졌다. 그때 나와 동생들은 모두 어렸기에 삶과 죽음에 대해 잘 알지 못했지만, 그 어린 심장으로도 슬픔의 무게를 느낄 수 있었다. 나는 이미 호호백발 늙은이가 되었지만, 지금도 수십 년 전 그날을 떠올리면 창백하고 어린 몸이 눈앞에 아른거려 가슴이 찢어진다.

다행히 얼마 지나지 않아 따스한 햇볕이 우리집을 다시 비췄다. 인간에게는 슬품을 견디게 하는 기쁨과 행운과 용기가 있지 않은가.

대가족을 건사해야 하는 무거운 짐을 지고 뼈아픈 상실을 경험한 가냘픈 여인, 친애하는 우리 어머니는, 놀랍게도 다시 굳게 일어서서 새로운 생명을 탄생시켰다. 갓난아이는 어머니 뱃속에서 나오자마자 우렁찬 목소리로 '응애응애' 울었고, 이 울음소리는 무겁고 울적한 마음을 깨부쉈다. 어린 생명은 우리 가족에게 큰 위로였고 기쁨이었다. 슬픔을 뚫고 웃음소리가 터져 나왔다. 그렇게 여동생이 태어나면서 궈바오를 잃은 슬픔의 그림자도 차츰 걷히기 시작했다.

아버지가 여동생에게 지어 주신 이름은 그야말로 걸작이었다. '평화를 사랑하는 아이', 바로 '아이핑(愛平)'이었다! 전쟁을 반대하고 평화를 사랑하라고 지은 이름이었다.

아버지께서 감개무량한 표정으로 말씀하셨다.

"너희 엄마는 정말 위대한 사람이야!"

내 생각도 그랬다.

정원에서의 항일운동

_____ 꼬마 전략가

피난의 경험을 비롯하여 매일 듣고 보고 마주한 현실은 항일에 대한 우리의 열정을 끊임없이 자극했다. '팔백 명의 항전용사' 업적, '타이얼좡(臺兒莊) 대전' 승리는 입에서 입으로 전해졌고, 《적의 포화를 무릅쓰고》,《중국은 죽지 않는다》,《총을 겨누며 행진》 등의 노랫소리는 끊임없이 귓가에 맴돌았다. 우리는 이런 환경에서 자랐고, 그 바람에 애국심은 물론이고 적에 대한 분노와 증오도 날로 깊어졌다. 그리고 이는 당시 어렸던 우리에게 풍부한 상상력이 더해진 현실 속 행동으로 분출되었다. 현장님 저택의 후원과 텃밭은 우리가 점령한 가상의 전쟁터였다. 여기서 '우리'는 샤오바오, 리바오(麗寶), 나와 현장님의 아들 두 명과 친척 한 명, 일꾼의 아이 하나까지 제법 규모가 있었다. 우리는 온종일 화원에서 막대기를 휘두르다가 지치면 정원 안에 있는 커다란 주방에 가서 남은 밥, 고추장, 김치 등을 비벼 먹었다. '군사회의'도 자주 열어 전시 상황에 대한 정보를 나누고, 왜놈들을 쳐부술 전략과 전술을 연구하기도 했다. 그러다 정말 놀라운 전술을 고안해냈는데, 다들 눈부신 성과를 거둘 전술이라고 굳게 믿었다. 이제는 그 비밀전술을 말할 수 있다(당시에는 군사기밀이었다). 그것은 바로 '스프링 신발을 신고 기관총을 쏘는 것'이다. 구체적으로 설명하면, 강력한 스프링을 장화 밑창에 붙여 스프링 신발을 만드는 것이었다. 장화를 신고 풀쩍 뛰어올라 공중에 뜬 순간에 땅 위, 참호 안에 있는 적을 총으로 쏘면 된다. 정신을 차린 적군이 위를 올려볼 즈음, 우리 군사들은 이미 아래로 내려와 있을 테고, 땅에 발이 닿자마자 다시 튕겨 올라가 추가 사격을 하면, 왜놈들은 그저 멀뚱히 고개를 들었다, 내렸다만 반복한 채 정신을 못 차릴 터였다.

"다 죽어! 죽어!"

우리는 그 모습을 상상만 해도 배꼽을 잡을 정도로 웃음이 나왔고, 이 엄청난 신무기를 개발했다는 생각에 무척 신이 났다. 그 후에 누군가가 스프링 신발에 '전기'를 추가하자는 의견도 나왔다(물론 전기로 작동하는 것이 무슨 개념인지 제대로 아는 사람은 없었다. 어쨌거나 엄청 대단하리라 생각했다). 공격할 때 선후를 구분해야 한다는 제안도 나왔다. 번갈아 뛰어야 왜놈들이 방어할 수 없을 것이란 게 이유였다. 이 의견은 만장일치로 통과됐다. 이 정도면 전술과 스프링 신발이라는 신식 무기에 대해 대체로 잘 설명한 것 같다. 어쨌든 우리는 '진짜 사령관'인 아버지에게 말씀드렸고, 아버지는 흥미롭다는 얼굴로 연신 고개를 끄덕이셨다. 우리가 물었다.

"이것도 항일운동이 맞죠?"

아버지가 칭찬하듯 말씀하셨다.

"당연하지!"

우리는 환호성을 지르며 폴짝폴짝 뛰었다. 당시에 뭐라고 환호성을 질렀는지 기억이 나지 않지만, 지금이라면 'yeah!'라고 하지 않았을까 싶다. 그리고는 손가락으로 '승리의 브이'를 그렸겠지!

아버지 칭찬에 잔뜩 고무된, '전략가'이자 '사령관'이자 '전사'인 우리는 열정이 더 뜨겁게 타올랐고, '지뢰전'과 같이 새로운 아이디어도 끊임없이 고안해냈다. 그때는 《지뢰전》이란 영화가 나오기 전이라 정말 '지뢰전'이 있다는 사실을 알지 못했다. 그러니 이것은 순전히 우리 머릿속에서 창조한 생각이었다!(만약 참고한 것이 있다면, 동화책『삼협오의(三俠伍義)』에 나오는 덫에 걸려 죽은 백옥당(白玉堂)뿐일 것이다) 우리는 텃밭에 있는 원두막 밑에 몰래 함정을 팠다. '구렁'이라고 부르는 게 더 정확할 것 같다. 어쨌든 땅을 파고 나서 얇은 대나무 조각으로 다리를 만들어 구렁 위에 올려놓은 다음 신문을 덮고 흙으로 가렸다. 적이 이 위를 밟는 즉시 밑으로 떨어져 우리의 포로가 되는 것이다. 우리는 실전 연습을 해보기로 했다. 먼저 몇 사람이 함정을 몇 개 파 놓은 다음 나머지 사람이 왜놈 흉내를 내며 원두막을 수색했다. 그런데 갑자기 울음소리가 울려 퍼지기 시작했다. 모두 달려가 보니 왜놈 역할을 했던 현장님의 아들이 구렁에 빠져 그 안에 있던 똥을 밟은 것이다! 우리는 배꼽이 빠지게 웃으며 소리쳤다.

"깔깔깔, 왜놈이 똥 지뢰를 밟았다! 왜놈이 똥 지뢰를 밟았어!"

마치 실제 전투에서 승리를 거둔 것 같은 기분이었다.

_____ "전쟁은 전쟁이야"

그날 아침, 갑자기 삼촌이 나타났다. 군장을 한데다 모습도 조금 변한 탓에 삼촌이 먼저 나를 부르고 나서야 누군지 알아보았다. 나는 기쁜 마음에 소리를 지르며 달려가 삼촌의 허리를 꽉 안았다. 그러다 엉덩이 뒤쪽에 찬 권총에 손이 닿았는데, 전사의 본능인 걸까, 삼촌이 재빨리 내 손을 잡아 떼어냈다. 엄청나게 빠른 동작이었다! 삼촌에게서는 땀내, 담배 냄새, 총을 닦을 때 쓰는 기름 냄새가 뒤섞인 진짜 군인의 냄새가 났다.

가족 모두 응접실에 모였다. 아버지는 삼촌이 온다는 것을 미리 알고 계셨기에 딱히 놀란 기색은 없었다. 아버지가 한국어로 '어머니를 뵙고 왔냐'고 물었다. 나는 한국어 몇 마디 정도는 알고 있었다. 특히 '엄마'와 같은 한국어는 아버지가 할머니를 부를 때 썼던 단어라 모를 리가 없었다. 삼촌이 고개를 끄덕였다.

"학교 다녀올게요! 삼촌, 어디 가는 거 아니죠?"

"이러다 늦겠다. 어디 안 갈 테니 얼른 다녀와. 조금 이따 보자."

나는 손을 흔들어 인사한 뒤 학교로 뛰어갔다. 그러나 마음속은 삼촌 생각으로 가득했다. 할머니께서 얼마나 기뻐하실까 싶으면서도, 무엇보다 그에게서 전쟁담을 듣고 싶었다.

드디어 수업이 끝났다. 집에 돌아온 나는 가방을 내려놓자마자 삼촌을 찾았다. 그런데 어머니 말씀이 삼촌은 일 때문에 외출했고 늦게나 돌아올 거란다. 알고 보니, 삼촌은 잠시 들른 것이었다. 작은 고모부가 힘을 쓴 덕분에 윈난(雲南) 공군기지로 전출되었는데, 새로운 근무지로 이동하는 도중에 할머니를 뵈러 왔다고 했다. 할머니와 잠시 시간을 보내고 쿤밍(昆明)으로 갈 예정이었다.

우리 형제는 돌아온 삼촌을 에워싸고 전쟁담을 들려 달라고 졸랐다. 성화에 못 이긴 삼촌이 딱 한 마디를 뱉었다.

"전쟁은 전쟁이야. 이야기할 게 뭐 있겠어?"

그러나 우리는 거기서 포기할 수 없었다. 어렵사리 진짜 전쟁터에서 돌아온 사람을 만났는데 그리 쉽게 놔줄 수 있겠는가? 삼촌은 우리가 조르고 또 조르자 다시 입을 열었다.

"말 그대로 전쟁이지. 낮이나 밤이나 쉬—익, 쿵! 쉬—익, 쾅! 포탄 아니면 폭탄이고, 아니면 다다다다 기관총이지. 무기를 내려놓지 않으면 적의 얼굴조차 볼 수 없어. 오로지 상대가 쏘거나 내가 쏘거나 그것뿐이니까."

"그런 거 말고요! 삼촌이 일본 놈들을 혼내줬어요?"

내가 재촉하듯 단도직입적으로 물었다. 우리가 가장 궁금해하는 것이었다.

"일본 놈들? 내가 어떻게 했을 것 같아?"

우리는 한목소리로 외쳤다.

"혼쭐을 냈겠죠?"

삼촌이 내 머리를 쓰다듬으며 대답했다.

"물론이지!"

"어떻게 놈들을 발견했어요?"

"있잖아. 적군이 참호 안에 있고 나 역시 참호 안에 있다고 치자. 그런 상태에서 놈들이 나한테 한 발만 쏴도 놈들은 죽은 목숨이나 다름없어. 왜냐고? 총을 쏠 때 총구가 번쩍 하잖아. 그럼 놈들의 위치가 단박에 노출되는 거지. 생각할 필요도 없이 그쪽으로 총을 갈기면 돼. 그럼 대갈통이 뻥! 뚫리고 그 즉시 염라대왕 만나러 가는 거지! 내가 총을 얼마나 잘 쏘는지 너희들도 봤잖아? 그치?"

우리는 한껏 흥분한 채 소리쳤다.

"이게 바로 전쟁담이죠!"

"이건 전쟁담 같은 게 아니야. 전쟁은 말 그대로 전쟁일뿐이야!"

삼촌이 일어나라며 툭툭 쳤다.

"이제 그만 자러 가라. 내일 학교 가야지."

_____ 형산 꼭대기

형산현에 있는 형산은 중국의 5대 명산 중 하나로 형양에서 그리 멀지 않은 곳에 있다. 삼촌은 형산을 가리켜 중국의 웅장함을 보여주는 상징이라며 이번 기회에 가보지 않으면 두고두고 후회할 것이라고 했다. 삼촌은 소탈하고 남자다웠다. 그는 형산에 놀러 가는 게 아니라고 못을 박고는 그곳에서 중국의 위대한 기상을 깨닫고 일본이 얼마나 하찮은 존재인지 느껴보겠다고 했다. 그것 역시 일본과 싸우는 것이라고 하면서 말이다. 그러더니 이내 이렇게 말했다.

"뭐, 놀 때는 또 놀아야지!"

삼촌이 내 머리를 쓰다듬으며 웃었다. 그는 바로 이런 사람이었다. 아버지가 쑤저우에 나를 데리고 갔던 것처럼 삼촌도 나와 함께 형산에 가고 싶어 했다. 누가 형제 아니랄까 봐, 아버지와 삼촌은 전쟁을 코앞에 두고도 근심하기보다는 호기롭고 유쾌했다. 그래서 형산 등반은 내게 여행을 넘어 특별한 기억으로 남아 있다.

그 주 토요일, 우리는 아침 일찍 집을 나서 기차를 탔고, 두 시간이 채 지나지 않아 목적지에 도착했다. 때는 초여름이라 등산하기 참 좋은 계절이었다.

우리가 산에 오르기 시작할 즈음, 쨍쨍한 햇살과 함께 선선한 바람이 불어왔다. 마음이 탁 트이고 상쾌하기 그지없었다. 웃고 떠들며 산 중턱에 도착했을 때는 점심시간이 거의 다 된 시각이었다. 머리가 땀으로 흠뻑 젖어 아침에 입고 나온 털조끼를 벗었다. 마침 산길 옆 사찰이 눈에 띄었다. 안에는 '반산정(半山亭)'이란 찻집이 있었는데, 산의 중간지점이라는 뜻이었다. 우리는 여기서 차를 마시며 간식으로 싸간 빵으로 대충 배를 채웠다. 찻값을 치르며 거기에 있던 동자승에게 하산할 때 찾으러 올 테니 짐을 맡겨도 되는지 물었다. 그가 정중하게 대답했다.

"네, 그러시지요. 이곳에 짐을 맡기는 여행객들이 꽤 있답니다."

우리는 벗은 옷과 불필요한 물건들을 모두 자루 하나에 넣어 스님에게 건넸다. 그리고 스님이 건넨 차패(茶牌)에 우리 이름을 남긴 후, 다시 산을 오르기 시작했다. 산은 갈수록 높아졌고, 길은 갈수록 가팔라졌다. 어떤 곳에서는 길 양쪽으로 깊이를 알 수 없는 숲의 바다가 펼쳐졌다. 이미 지쳐 있던 나는 점점 힘이 빠졌다. 가다 서기를 반복하다 보니 속도도 눈에 띄게 줄었다. 가는 길에 사찰 두 곳이 더 보였으나 그냥 지나쳤다. 삼촌은 일단 산 정상에 있는 옥황관(玉皇觀)에 갔다가 하산할 때 이 두 사찰을 들르자고 했다. 조급해하는 삼촌을 보자 괜히 어린 아이를 데려왔다고 후회하는 건 아닐까 걱정스러웠다. 나는 삼촌의 도움 없이 혼자 오르려고 무던히 애를 썼지만, 마음과는 달리 걸음은 점점 무거워졌다. 세 걸음 걷다 멈추고 다섯 걸음 걷다 쉬었다. 간간이 길가에 있는 바위 위에 앉아 일어나지 않으려고도 했다. 마침내 산꼭대기에 있는 옥황관에 올랐을 때는 이미 날이 어둑어둑해지고 있었다. 본래 계획은 당일치기로 다녀오는 것이었지만, 이미 불가능한 일이 되고 말았다. 옥황관의 주지 스님이 말했다.

"날이 어두워져 더는 움직이기 힘들 터이니 우선 식사나 하시고 좀 쉬시지요. 방도 깨끗하니 묵는 데 불편함이 없을 것입니다. 오늘 밤은 이곳에서 묵으시고 내일 천천히 내려가는 게 좋을 것입니다."

삼촌은 바로 결정을 내린 듯했다. 우리는 절밥으로 든든하게 배를 채웠다. 반찬은 풀밖에 없었지만, 꿀맛이었다. 식사 후, 삼촌은 더 어두워지기 전에 가까운 곳에 있는 남천문(南天門)에 다녀오기로 마음먹었다. 남천문은 형산에서 가장 높은 곳에 있었고 천궁으로 가는 문이란 뜻을 지녔다. 얼마나 높고 또 얼마나 험준할지 짐작이 가는 이름이었다. 그곳에 서서 아래를 굽어보면 망망한 구름바다가 펼쳐지는데 무서워 벌벌 떨릴 정도로 아무것도 보이지 않았다. 높은 곳에서 끝없이 탁 트인 사방을 보고 있으니 마치 내가 금방이라도 증발할 것처럼 너무도 작아 보였다. 형언할 수 없는 경외감이 온몸에 퍼졌다. 그날의 풍경과 인상은 지금까지도 머릿속에 아주 선명하게 남아 있다.

옥황관의 손님방으로 돌아온 우리는 금세 곯아떨어졌다. 이튿날 동틀 무렵, 나는 추위에 잠이 깼다. 삼촌은 아직 꿈나라에 있었기 때문에 혼자 밖으로 나갔는데, 그 순간 너무 놀라 얼어버리고 말았다. 가옥, 전당, 정원, 나무까지 온통 새하얀 눈으로 덮여 있는 게 아닌가! 이게 어찌 된 일이지? 초여름이라 낮에는 옷을 홀딱 벗어 던지고 싶을 정도로 더운데? 순간 떨리는 몸을 이끌고 방으로 들어가 삼촌을 깨웠다. 입을 다물지 못하는 건 삼촌도 마찬가지였다. 이때 동자승이 우릴 찾아왔다. 세안 후 식사하라고 말할 참이었는데 우리의 놀란 모습을 보고는 웃음을 터트렸다. 그는 눈이 많이 내려 걸어가기 힘들 테니 여기서 며칠 더 묵었다가 날이 개면 그때 출발하라고 권했다. 식사하면서 고민하던 삼촌이 갑자기 젓가락을 내려놓으며 혼잣말을 중얼댔다.

"음, 아니야. 눈이 멈췄을 때 가야 해. 바람도 멈췄으니 지금 가는 게 낫지. 날이 개면 눈도 녹아 길이 미끄러워질 거야."

삼촌은 주지 스님과 잠시 이야기를 나눈 후, 내게 갈 채비를 하라고 일렀다. 그리고 동자승에게 승복을 두 벌 빌렸다. 우리는 승복을 입은 서로의 모습을 보며 자지러지게 웃었다. 이건 영락없이 큰 스님과 작은 스님이 아닌가! 삼촌은 식비와 숙박비를 계산한 후, 새끼줄과 대지팡이까지 받았고 감사 인사를 나누고는 곧장 하산 길에 올랐다. 삼촌은 문을 나서자마자 매우 진지한 표정으로 내게 말했다.

"지금부터 두리번거리지 말고 발밑을 똑바로 보렴. 나를 따라서 천천히 걸으면 돼. 여기 산길은 가파른 데다 양옆은 낭떠러지야. 절대로 한눈팔면 안 돼. 넘어질 것 같으면 바로 날 잡아야 한다. 내려가는 동안 무조건 내 말에 따라야 해. 알겠니?"

삼촌이 내 허리를 묶은 새끼줄을 힘껏 잡아당겨 보면서 한마디 덧붙였다.

"네가 미끄러질 것 같으면 내가 이걸 잡아당길 거야. 만에 하나 발을 잘못 디디면 천 길 낭떠러지로 떨어질 수 있어. 여기서는 시체도 못 찾아."

오후가 되자 바람이 멈추고 날이 개기 시작했다. 우리가 산 중턱쯤 내려왔을 때 날은 이미 화창했고 태양도 머리를 쭉 내밀고 있었다. 별 탈 없이 '반산정'에 도착한 우리는 승복을 벗은 후, 차패를 건네고 맡겨 둔 짐을 찾았다. 삼촌이 말했다.

"스님 둘이 환속했네?"

삼촌은 말해 놓고 웃음을 터뜨렸다. 여름에 대설이 내리다니, 그것 참 이상한 일이었다. 그보다 더 이상한 건 산 위에는 눈이 내리고 산 아래서는 해가 쨍쨍하다는 점이었다.

전쟁의 화마가 몰아닥쳤던 시기에 형산에 오른 일은 내게 깊은 인상을 남겼다. 이후로 다른 산에도 올라가 보았지만, 그때와 비교하면 그저 큰 공원이라 느껴질 정도로 별 감흥이 없었다. 형산만이 대자연의 광활함과 위대함, 아름다움과 신비함을 깊이 깨닫게 해주었고, 진정한 경외심을 선사했다. 그날의 나는 어느새 조금 더 성장해 있었다.

항 일 전 쟁

피난의 대장정

한 치 앞도 내다볼 수 없을 만큼 급변하는 것이 바로 전쟁일 것이다. 우리는 헝양현 현장님의 저택에서 조금씩 적응하며 전시(戰時)에만 느낄 수 있는 '재미'를 찾아가고 있었다. 마치 이렇게 버티다 보면 조만간 전쟁에서 승리를 거두고 다시 난징으로 돌아갈 수 있다고 믿는 듯이. 그러나 우리 군이 다시 밀리기 시작했다. 아버지께서는 명령을 받고 즉시 다른 곳으로 배치되셨기 때문에 어머니가 대가족을 이끌고 이동해야 했고, 그렇게 멀고 먼 피난의 대장정이 시작되었다. 먼저 광시(廣西) 구이린(桂林)으로 가서 류저우(柳州)를 지나 산을 넘고 구이저우(貴州) 구이양(貴陽)에 도착했다. 그리고 다시 쓰촨(四川)으로 이동해 먼저 충칭에 들렀다가 청두(成都)로 향했다. 힘들고 고단하고 위험천만한 대장정이었다.

그때 겪은 일들을 여기에 낱낱이 설명할 수는 없지만, 돌아보면 노인과 아이들까지 열 명쯤 되는 우리 가족은 다른 수많은 가족처럼 왜놈들의 전투기 아래에서, 밤낮없이 쏟아진 폭탄 세례에서 목숨을 부지한 생존자였다.

_____ 화를 피하다, 구이린

우리는 광시 구이린에 도착해서도 짐을 일부만 풀었다. 언제 출발 통지가 내려올지 모르기 때문이었다. 공습은 끊이지 않았고, 경보가 울리면 즉각 주변 교외로 뛰었다. 방공호 내부는 축축하고 답답했다. 그래서 사람들은 입구 주변에 서 있다가 전투기가 가까이 오면 어쩔 수 없이 방공호로 들어갔다. 이렇게 며칠이 지나자 긴장이 풀어져 경보가 울려도 피신하는 게 성가시게 느껴졌다. 더구나 조금씩 '설마 폭탄이 내 위로 떨어지겠어?'라고 요행을 바라는 마음이 생겨났다. 때마침 며칠간 장마가 이어지면서 공습이 잠시 멈췄고, 우리는 더 안일해졌다. 날씨가 반짝 개인 그날은 구름 한 점 없는 파란 하늘이 펼쳐졌다. 예전 같았으면 벌써 교외로 피신할 준비를 끝냈겠지만, 이제는 공습 여부만 이리 재고 저리 재고 있었다. 바로 그때, 귀신 울음소리 같은 공습경보가 울렸다.

"방공호로 가야 해요?"

우리는 집 앞에서 오목을 두며 어른의 결정을 기다렸다. 노인들은 그냥 가만히 있고 싶어 했다. 잠시 망설이던 어머니가 결단을 내렸다.

"그래도 가는 게 좋겠구나. 오늘은 칠성암(七星巖)으로 가자. 며칠 전부터 가고 싶어 했는데 못 갔잖니. 그러니까 오늘은 칠성암으로 소풍 가는 셈 치자. 검사겸사 공습도 피하고. 어때?"

"좋아요!"

우리는 신바람이 나서 냉큼 대답했다. 원래는 한창 오목 두는 재미에 빠져서 공습경보를 듣고서도 움직이기 싫었지만, 칠성암으로 가자는 말이 너무 반가운 나머지 환호성을 질렀다. 우리는 바로 필요한 물건을 챙기고 문을 잠근 다음 인력거를 몇 대 빌려 곧장 칠성암으로 향했다.

칠성암은 사람들로 북적였다. '관광'도 하고 '피난'도 할 겸 겸사겸사 온 것일 터였다. 우리는 바위굴에 들어가 기암괴석이 빚어낸 신비한 세계를 구경했다. 핏빛과 화마로 얼룩진 바위굴 밖의 세계는 진즉에 잊어버렸다. 바위굴 구경을 마치고 나와서는 노점에서 파는 유자와 사탕수수 같은 각종 먹거리에 정신이 팔렸다. 즐거운 시간을 보내니 공습도 폭격도 까맣게 잊은 것이다. 우리는 경보가 해제된 후 아쉬운 마음을 뒤로 한 채 집으로 돌아왔다. 그런데 뭔가 이상했다. 우리 집이 온데간데없이 사라지고 기와 조각과 벽돌 부스러기만 나뒹굴고 있는 게 아닌가……. 왜놈들이 떨어뜨린 폭탄이 하필 우리가 오목을 두던 그곳에 떨어진 것이다. 칠성암에 가지 않았다면 바로 이곳이 우리의 무덤이 되었을 터였다. 집은 무너졌지만, 다행히 짐들은 무사했기에 폐허 속에서 짐을 거의 다 파낼 수 있었다.

어른들은 말없이 쑥대밭이 된 집을 뒤졌다. 산산이 조각난 기왓장과 벽돌 파편이 부딪치는 소리만 들렸다. 어른들은 우리가 물건을 찾아낼 때마다 보석을 발견한 것처럼 기뻐하며 소리치는데도 꾸짖지 않았다.

저녁 무렵, 여관을 찾은 우리는 깨끗이 씻은 후 식당으로 향했다. 이때 남동생 둘이 환호성을 질렀다.

"앗싸! 외식이다!"

어른들은 아이들의 철없는 행동에도 꾸짖기는커녕 딱하다는 표정으로 머리를 쓰다듬었다. 그날 우리 가족은 구사일생으로 살아났고, 뼈아픈 교훈을 얻었다. 요행을 기대하지 말 것! 전쟁은 전쟁이다!

_____ 구사일생, 구이양

구이린에서 출발해 류저우를 거쳐 구이양에 도착한 우리는 그곳에서 한 달 가까이 머물렀다.

구이양은 말 그대로 해를 보기 힘든 곳이었는데, 어쩌다 해가 나온다 치면 바로 경보가 울렸기 때문에 공습을 피하기 위해 산속으로 들어가야 했다. 우리가 머무는 곳 부근에는 아버지 소속 기관의 꽤 괜찮은 방공호가 있었는데, 아버지께서 진즉에 우리 가족을 부탁해둔 상태였다.

이른 아침부터 꿀빛 태양이 내리쬔 날이었다. 아니나 다를까 소름 끼치는 경보가 '삐—익, 삑—!' 하고 울어 댔다. 어머니께서는 우리에게 크고 작은 짐들을 나눠 들게 하고는 방공호로 들어가라고 말씀하셨고, 방공호 안으로 몸을 숨긴 후 인원을 확인하셨다. 그런데 아뿔싸! 또 할머니가 보이지 않았다! 어머니는 나더러 얼른 집으로 가 할머니를 찾아보라고 하셨다. 그러나 아무리 찾아도 할머니는 보이지 않았다! 방호단(防護團)이 달려와 어서 방공호로 들어가라고 소리쳤다. 어느새 전투기는 하늘에 떠 있었다. 나는 방공호를 향해 죽어라 뛰었고, 전투기는 폭탄을 떨어뜨리기 시작했다. 방공호 입구에 도착한 찰나, 귀가 찢어질 듯 날카로운 굉음과 함께 폭발로 인한 폭풍이 나를 동굴 안으로 밀어버렸다. 거대한 폭발음이 울렸고 방공호 문은 그대로 '쾅' 닫혔다. 백 분의 일초라도 늦었다면 나는 이 세상 사람이 아니었을 터였다. 동굴 안은 칠흑같이 어두웠고, 모두 죽은 듯이 숨을 죽이고 있었다. 그렇게 한참이 지났을 때, 갑자기 누군가가 고함을 내질렀다.

"으악! 이러다가 질식하겠어!"

순간 너 나 할 것 없이 방공호 문으로 우르르 달려가 어깨로 받치고 손으로 밀기 시작했다. 얼마 지나지 않아 뒷문이 철커덩 하고 열리더니 눈부신 햇살과 함께 신선한 공기가 훅 하고 들어왔다. 사람들은 기다렸다는 듯 상쾌한 공기를 마음껏 들이마셨다. 전투기가 지나간 지 한참이 지나서야 '부—우—' 하고 해제경보가 울렸다. 뒷문을 열지 않았다면 나중에 알게 된 충칭의 터널 대참사가 일어났을지도 모른다.

우리는 완전히 녹초가 된 채 집으로 돌아왔다. 그런데 이게 웬걸, 할머니가 집에서 채소를 다듬고 계신 게 아닌가! 머리끝까지 화가 난 어머니가 혼자 마음대로 돌아다니시면 어떡하냐며 할머니를 타박하기 시작했다. 그런데도 할머니는 의기양양한 표정으로 가족을 바라보며 산에서 캔 나물을 내보이셨다.

"고사리……."

알고 보니 산나물을 캐러 산에 다녀오신 거였다.

"고사리? 고사리요? 하마터면 가오바오가 죽을 뻔했다고요!"

어머니가 화가 나 소리쳤지만, 할머니는 전혀 알아듣지 못한 채 멀뚱멀뚱 앉아 계실 따름이었다.

며칠 후, 아버지가 사람을 보내셨고, 우리는 장거리 버스를 타고 충칭으로 향했다. 그때가 벌써 4월 말이었다. 충칭에 거의 도착했을 때, 일본군이 연일 충칭을 폭격하고 있다는 소식이 들렸다. 우리는 긴장의 끈을 놓지 않으면서도 어서 빨리 충칭에 도착해 아버지와 함께 청두에 가고 싶었다. 그곳은 이번 대장정의 종착지였다.

_____ 대폭격의 잔재, 충칭

충칭에 도착하자 전투기 소리가 끊이지 않고 들렸다. 우리는 해제경보가 울린 후에야 충칭으로 들어가 양쯔강 난안(南岸)에 당도했다. 그곳에서 앞서 온 부대의 대원이 우리를 기다리고 있다가 충칭의 난안 단쯔스(彈子石) 연강(沿江)에 자리한 초가집을 임시 거처로 마련해 주었다. 어머니와 유모는 바닥에 자리를 깔고 먼저 어르신부터 눕혔다. 아이들도 바로 옆에 다닥다닥 누웠고, 나와 샤오바오, 리바오가 멍석 하나를 같이 깔고 누웠다.

그때 정바오(正寶)와 여동생이 열이 나기 시작했는데, 여동생은 구토까지 했다. 할머니께서 손바닥에 침을 뱉은 다음 여동생 발바닥을 힘껏 문지르며 말씀하셨다.

"이렇게 하면 괜찮아질 게다."

하지만 체온은 38도가 넘었고 주변에는 약국이나 의무소도 없었다.

식사 시간이 됐다. 누군가는 동냥아치처럼 사발을 하나 들고 문밖에 쪼그리고 앉아 밥을 먹었다. 어머니는 끼니도 거른 채 칭얼대는 여동생을 안고 이리저리 왔다갔다 하며 어르기도 하고 달래기도 했다. 그러다가 내가 밥을 다 먹고 나자 나를 불렀다.

"가오바오야, 어쩔 수 없이 네가 약을 사러 시내에 다녀와야 할 것 같구나. 여기 비탈길을 내려가면 바로 항구가 있어. 거기에서 배를 타면 된다. 아저씨 한 분도 가신다니 같이 가거라. 아스피린도 좋고, 열을 내리는 약이면 뭐든 좋아. 알겠니?"

내가 "네" 하고 대답하고 바로 길을 떠나려는데, 어머니가 당부하듯 말했다.

"돈 조심하고."

나는 고개를 끄덕였다. 병사들이 메고 다니는 탄알 주머니 모양의 천으로 등을 휘감고 있었는데, 그 안에 '위안다터우(袁大頭)'[1] 몇 개를 넣고 꿰맨 것이었다. 가는 내내 조심하고 또 조심하느라 여간 불편한 게 아니었다.

옆에 있던 아주머니가 말씀하셨다. "공습경보가 이제 막 해제된 터라 아직은 많이 혼란할 게야. 시내에 폭탄이 터져 죽은 사람도 많대. 그러니 너도 조심해야 한다."

사실 지금 생각해보면 참 어이없다. 폭격에 많은 사람이 죽어 나가고 험한 꼴을 당해도 딱히 도와줄 사람도 없는 마당에 아직 열 살도 안 된 아이한테 혼자 배를 타고 방금 폭격을 당해 시체가 쌓여 있는 곳으로 가서 약을 사 오라고 하다니! 역시 어머니는 대단한 분이었다.

1 ／ 역주 : 민국 초년에 발행된 화폐로 위안스카이의 얼굴이 새겨진 1위안짜리 은화

하지만 어쩌겠는가? 의사도 약도 없는 상황에서 고열과 구토에 시달리는 어린 자식이 둘이나 있는데 그냥 손 놓고 죽게 만들 수는 없지 않겠는가? 이미 자식 하나를 잃은 마당에 또 이런 상황이 닥치니 어찌 두렵지 않겠는가? 그러니 어머니도 어쩔 수 없이 고육책을 쥐어 짜낸 것이었다.

양쯔강에서 탄 페리는 난징이나 우한에서 타본 적이 있던 터라 낯설지 않았다. 서로 밀고 밀릴 정도로 사람이 많았기 때문에 나는 쇠기둥에 바짝 붙어 움직이지 않았다. 왁자지껄 정신없는 와중에도 이름은 모르지만, 타박상에 붙이는 고약을 파는 소리가 들렸다.

배가 부두에 닿자 심장이 튀어나올 정도로 배가 세차게 흔들렸다. 땅에 발을 딛는 순간 화약 냄새가 코를 찔렀다. 함께 배를 타고 온 아저씨가 내 손을 잡고 가파른 돌계단을 오르기 시작했다. 숨이 턱까지 차올랐다. 큰길에 다다르자 폭격으로 무너진 집과 온갖 잡동사니, 산산이 부서진 기왓장과 벽돌 파편이 어지럽게 흩어져 있었다. 아저씨는 헤어질 때가 되자 길을 잘 외워 두라고 당부하시고는 나를 혼자 보내셨다. 나는 만나는 사람마다 약국이 어디 있는지 물었지만, 모두 정신이 반쯤 나간 듯 고개를 젓거나 뭐라뭐라 알 수 없는 말을 늘어놓았다. 그러다 어떤 아주머니 한 분이 약국 몇 집이 모여 있는 곳을 알려주었다. 약국은 문은 연곳도 있었고 닫은 곳도 있었다. 문을 연 약국 두 곳에 들어갔더니 모두 "씨가 말랐어!"라고 말했다. 내가 무슨 말인지 몰라 우두커니 서 있자 옆에 있던 사람이 "다 팔렸다는 말이야"라고 가르쳐 주었다……. 조급증이 치민 나는 그길로 이곳저곳을 정신없이 뛰어다니다가 길을 잘못 들어섰다. 아직 불타고 있는 집 한 채가 눈에 들어왔다. 전봇대는 비스듬히 쓰러져 있었다. 여기서 고개를 든 나는 전봇대 위에 걸린 잘린 다리를 보았다! 순간 깜짝 놀라 몸이 휘청했다. 나는 고개를 떨구고 한달음에 항구까지 뛰어갔다. 표도 사지 않고 배에 올라 북적이는 사람들 사이에서 눈물만 닦아냈다. 그때 인민복을 입은 할아버지가 왜 우냐고 물었고, 나는 사실대로 대답했다. 할아버지가 탄식하며 말씀하셨다.

"아이고, 약을 사 오라고 어린애를 이런 곳에 혼자 보내다니!"

내가 동생들이 아프고 열도 나는데 약이 없어서 그랬다고 하자 할아버지가 잠시 생각하시더니 한숨을 쉬셨다.

"배에서 내리면 이 할애비와 같이 가자!"

단쯔스 부두에 도착한 후, 나는 약을 주겠다는 할아버지를 얌전히 따라갔다.

내가 초가집으로 돌아왔을 때는 이미 땅거미가 진 다음이었다. 멀리서 어머니가 보였다. 어머니와 나는 누가 먼저라고 할 것도 없이 동시에 소리를 질렀다. 어머니는 달려와 나를 부둥켜 안고 울부짖었다.

"가오바오, 내 새끼, 돌아왔구나, 돌아왔어. 돌아왔으면 됐다, 이제 됐어."

어머니는 약에 대해서는 묻지도 않았다. 나는 울며 어머니에게 약을 건넸다.

"엄마, 약……."

어머니께서도 나를 끌어안고 한참을 우셨다.

어머니는 하얀 아스피린 한 알을 반으로 쪼갰다. 반 알은 정바오가 물과 함께 삼켰고, 반 알은 할머니께서 잠든 여동생을 깨워 먹이셨다. 여동생은 약을 먹고 다시 잠들었는데 얼굴에 땀이 흥건했다. 노르스름하고 가느다란 머리카락이 땀에 젖어 여동생의 이마에 붙어 있었다.

"엄마."

"응?"

"오늘 죽은 사람을 봤어요. 일본 놈들 때문에 죽은 사람이요. 너무 무서웠어요."

어머니는 나를 꼭 끌어안은 채 계속 고개를 저으셨다. 마치 '아무 말 거라. 아무 말도 하지 마……'라고 달래는 것 같기도 했고 '미안하다. 모두 엄마 탓이야'라고 자책하는 것도 같았다.

그때의 일은 뇌리에 또렷이 각인되었다. 아버지가 부재한 상황에서는 내가 가장이었기에 어머니의 약 심부름은 잘못이 아니었다. 분명 나았어야 했고, 나도 괜찮았다. 중요한 사실은 동생들에게 약을 구해줬다는 것이었다. 그때 약을 준 할아버지는 내게 천사나 다름없었다.

어둠이 짙게 깔린 시각. 단쯔스 기슭에 서니 강 너머 충칭 시내가 보였다. 이곳저곳에서 짙은 연기가 피어오르고 이따금 시뻘건 불길이 맹렬하게 치솟으며 하늘을 밝혔다. 그리고 아버지는 이삼일이 지난 후에야 충칭으로 오셨다. 우리는 한시라도 빨리 충칭을 떠나기 위해 차량 세 대에 나누어 탄 후 동시에 청두로 출발했다.

_____ 대장정의 종착지, 청두

산을 휘감은 채 굽이굽이 이어진 도로를 지나면서도 '죽음의 절벽' 아래로 차가 전복되는 일 없이 구이양에 도착했다면, 가슴 앞에 '열 십(十)'자를 그리며 하나님께 감사 기도부터 드려야 할 것이다. 게다가 5월에 충칭에 도착해 칠일 밤낮으로 폭격을 당하면서도 살아남았다면, 부처님께 감사의 절이라도 올려야 하지 않을까 싶다. 우리 가족은 아마도 독실한 기독교 신자인 할머니와 불교 신자인 외할머니 덕을 톡톡히 본 듯하다. 평생 덕을 쌓으며 살아오신 두 분 덕분에 하나님과 부처님께서 우리 가족을 보우해 주신 것이리라. 우리는 무사히 구이양에 도착했고, 천만다행으로 충칭의 대폭격도 피했다. 구이린에서 기적적으로 화를 면했던 일은 말할 것도 없다.

사실 '대장정'의 종착지인 청두로 향하는 길도 그리 순탄치만은 않았다. 외할머니께서는 대대(大隊)를 따라가셨고 외삼촌과 나는 아버지 말씀대로 고사포(高射砲)[2]를 끄는 군용 차량에 올랐다. 지휘를 맡으신 아버지는 대열의 맨 앞에 있는 지프차에 탔고 외삼촌과 나는 맨 뒤에 있는 고사포를 끄는 군용 트럭에 탔다. 그런데 운전사가 장시간 운전으로 피곤했는지 깜빡 잠이 들었고, 이내 트럭은 비스듬히 도로 아래쪽으로 기울기 시작했다. 천만다행으로 트럭이 끌던 고사포가 길가에 있는 큰 나무에 걸리면서 트럭을 잡아당긴 덕분에 차는 옆으로 넘어진 것으로 끝이 났다. 트럭에서 빠져나온 우리는 논두렁에 떨어져 온몸이 진흙 투성이가 된 것 말고는 어느 한 곳 다친 데가 없었다! 이 기적적인 일은 대체 누구에게 감사해야 한단 말인가? 아, 이번에는 옥황상제께 감사하면 되겠다! 얼마 전 형

2 / 역주 : 전투기 격추용 지상화기

산 꼭대기에 있는 남천문에 올라 푸른 하늘을 우러러보며 속으로 이렇게 생각했었다. '정말로 남천문에 올라 옥황상제를 뵈었으면 좋겠다'고. 아무래도 옥황상제께서 내 생각을 읽은 모양이었다. 이 어린 생명을 구하고자 총채를 휘둘러 트럭의 전복을 막아준 것이리라. 나와 외삼촌은 옷을 갈아입고 차를 바꿔 탄 후, 무사히 목적지에 도착해 가족과 만났다.

드디어 길고 힘들었던 피난의 대장정이 끝나고, 우리 가족은 어느 한 명 아프거나 다친 사람 없이 청두에 도착했다.

우리 가족은 공습을 피하기 위해 청두 신난먼(新南門) 외곽에 있는 농가에 자리를 잡았다. 남향으로 본채가 있고 양쪽으로 곁채가 있어 '요(凹)'자 형태를 띠었고, 마당은 볕이 잘 들었다. 우리는 본채를 썼다. 본채 중 방 한 칸은 응접실 겸 주방으로 썼는데, 아이들은 여기 식탁에 앉아 공부했다. 집주인은 마당에서 닭을 여러 마리 키웠는데, 커다란 수탉이 우두머리인 듯했다. 사방으로는 너른 농경지가 펼쳐졌고 그중 몇 마지기가 유채밭이었다. 흐드러지게 핀 노란 유채꽃은 거대한 황금 카펫을 깔아놓은 것처럼 반짝였다. 그 옆으로는 누에콩을 심어 놓았다. 논두렁 위에 핀 흰색과 담자색 완두콩 꽃은 짙푸른 논 위에 레이스를 수놓은 것처럼 보였다. 우리 가족이 살았던 곳 중에서 가장 사랑스러운 농장이었다. 아침에 등교할 때면 논두렁을 지나고 손수레 바퀴 자국이 난 흙길을 따라 신난먼 외곽에 있는 대교까지 걸었다. 다리 밑에는 맑고 푸른 진장(錦江)이 유유히 흐르고 있었다.

청두를 떠날 때 차마 발걸음이 떨어지지 않았다. 내가 청두를 무척 좋아했기 때문이다. 1963년, 창작 무용극 《량산거변(凉山巨變)》 때문에 쓰촨 량산에 가야 했는데, 청두를 지나면서 일부러 신난먼에 들렀다. 그러나 그곳은 이미 많이 변해 있었다. 화시대학은 있었지만, 난타이 소학교는 일찍이 폐교했고 난훙(南虹) 수영장도 온데간데없었다. 어린 시절 즐겨 찾던 곳도 많이 바뀐 모습이었다. 그래도 청두는 여전히 아름답고 사랑스러운 도시였다.

청두를 떠나 충칭에 있는 중학교에 진학한 지 1년이 지난 후 아버지의 인사발령 때문에 온 가족이 충칭으로 이사했다. 그리고 항일전쟁이 승리로 끝날 때까지 그곳에서 지냈다.

03 / 소년, 전쟁을 겪다

아버지는 늘 힘차고 빠르고 남자답게 걸었다. 그래서인지 누구든 한눈에 그가 군인임을 알아보았다. 함께 걸어도 내 손을 잡아주지 않았기에 나는 보폭을 맞추기 위해 자주 종종걸음을 쳐야 했다. 그렇게 걷다가 뒤처지면 얼른 뛰어가 걸음을 맞추는 일도 허다했다. 그러다 가끔씩 뒷짐을 지기도 했는데, 이는 천천히 걷겠다는 신호였고 나는 이를 '네가 쫓아올 때까지 기다리겠다'라는 암호로 받아들였다.

그렇게 아버지와 나는 청두에 있는 군용차 차고에 도착했다. 이곳에는 천막을 설치한 트럭 서너 대가 있었다. 첫 번째 트럭 앞에서 잡담을 나누던 몇몇이 아버지를 보고 바로 합죽하고는 제자리에서 기다렸다. 트럭에는 내 짐이 실려 있었다.

아버지는 나를 데리고 그들에게 다가갔다. 젊은 남녀 둘이 아버지와 한국어로 이야기를 나누었는데, 물론 나는 하나도 알아듣지 못했다. 젊은 여자가 친근하게 내 머리를 쓰다듬었고 내가 냉큼 피하자 빙그레 웃었다. 아버지는 이야기를 마친 후, 그들에게 편지 두 통을 건넸다.

운전사가 다가와 물었다.

"출발할까요?"

아버지가 나를 그 사람들 쪽으로 밀었다.

"여긴 박 삼촌, 여긴 민 이모다. 인사드려라."

나는 아버지 말씀대로 쭈뼛거리며 인사했다.

"앞으로 이분들 말씀을 잘 들어야 한다. 충칭에 도착하면 김신(金信)에게 입학 수속을 부탁하거라. 지금부터는 네 자신을 잘 챙겨야 해."

운전사가 내 이불 보따리, 여행용 가방, 옅은 갈색의 가죽 트렁크(1957년까지 나와 함께했다) 등을 트럭에 실었다. 박 삼촌과 민 이모는 아버지에게 인사를 건넨 후 내 손을 잡았다. 나는 제자리에 선 채로 아버지를 바라보았다. 눈물이 나올 것 같았다. 내 마음을 알아차린 아버지가 나를 보며 웃었다.

"가오바오, 사내대장부가 돼야지. 자기 몸은 자기가 잘 챙겨야 한다. 처음 집을 떠나는 거라 힘들 수도 있어. 그래도 절대 울어선 안 된다. 이 애비가 편지하마. 삼촌과 이모도 널 잘 돌봐 주실 게야. 내 아들, 곧 중학생이 되는구나. 자랑스럽다! 자, 이리 오너라. 한 번 안아보자!"

아버지는 나를 가볍게 안아주었다(마지막에 힘을 주었던 것 같다).

"이제 됐다. 그만 가거라."

내가 결연한 얼굴로 돌아서는데 아버지가 다시 나를 잡았다. 그리고는 평소 아꼈던 파커 만년필을 품에서 꺼내 내 손에 쥐여주었다. 만년필에서 아버지의 온기가 느껴졌다.

"가져가. 열심히 공부해야 한다."

내가 대답하기도 전에 나를 돌려세워 엉덩이를 팡팡 토닥였다.

"어서 가거라……. 출발!"

트럭의 천막 틈새로 멀어지는 아버지가 보였다. 엔진에 시동이 걸릴 때 아버지가 손을 흔들었다. 나는 내가 탄 차가 도로로 갈 때까지 아버지를 향해 힘껏 손을 흔들었고, 이내 아버지의 모습은 보이지 않았다.

박 삼촌이 나를 끌어 앉혔다.

"이름이 가오바오니?" 민 이모가 내 머리를 쓰다듬으며 상냥하게 물었다.

"아니요! 그건 어릴 때 이름이에요."

"전 진정핑(金正平)이에요!"

칭무관

_____ 국립 제14중등학교

칭무관(青木關)은 충칭에서 50여 리쯤 떨어진 작은 마을로 청위(成渝) 도로가 이곳을 지났다.

국립 제14중등학교[1]는 칭무관에서 여러 봉우리로 둘러싸인 위안자거우(袁家溝)라는 곳에 있었는데, 정확히는 넓은 곡저 평야에 자리했다. 바로 그곳에서 나는 중학교 생활을 시작했다.

매일 동틀 무렵, 골짜기에 깔린 짙은 안개를 뚫고 기상나팔 소리가 들렸는데, 어딘지 조금 처량하게 느껴졌다. 산골짜기의 여명은 조금 늦게 찾아왔기에 우리는 매일 아침 어스레한 운동장에서 국기 게양식과 아침 체조를 한 후, 열을 맞춰 식당으로 향했다. 당번이 밥을 담는 동안, 나머지 학생들은 문밖에서 노래를 불렀는데, '우리는 지금 타이항산(太行山)에 있다……'라는 노래였다. 식사 준비가 끝나면 순서대로 들어간 후, 한 식탁에 여덟 명이 둘러앉아 당번이 '차렷, 열중쉬어! 식사 시작!'을 외칠 때까지 기다렸다. 당번의 구호가 끝나면 식당은 그릇의 '달그락' 소리와 묽은 죽을 먹을 때 나는 '후루룩' 소리가 합창하듯 웅장한 '하모니'로 가득 찼다. 아침 반찬은 자차이(榨菜)나 소금에 절인 누에콩으로 다들 게 눈 감추듯 먹어 치웠다. 이렇게 아침을 먹고 나면 몸도 따뜻해지고 날도 이미 밝은 상태라 학생 모두가 활기찬 모습으로 교실로 향했다. 교실 안은 금세 시끌벅적해졌다.

이곳에 온 첫날 말라리아에 걸려 열에 시달린 터라 기운이 없었던 나는 조금 천천히 걸었다. 오늘도 열이 오를지는 모르겠다. 말라리아는 이틀에 한 번꼴로 발작주기가 꽤 정확했으나 이 역시 단정할 바는 못 되었다.

10월 늦가을, 눅눅한 날씨와 산속 찬 공기 때문에 병이 난 학생이 적지 않았다. 열두 살이 채 되지 않은 나는 반에서 제일 어렸는데도 '말라리아 대왕'이라고 불렸다. 수업 중, 갑자기 뼈마디에서 한기가 느껴지더니 이내 오한이 들기 시작했

---

1 / 역주 : 중국의 중등학교는 중학교 3년, 고등학교 3년으로 나눔

소 년, 전 쟁 을 겪 다

다. 또 시작이었다. 더는 참을 수가 없어 손을 들었다. 선생님은 이전부터 내 상태를 눈여겨봤는지 내가 말을 꺼내기도 전에 고개를 끄덕였다. 나는 그 길로 교실을 뛰쳐나가 양호실로 향했고 양호 선생님도 날 보자마자 다른 말 없이 바로 말라리아 치료제인 퀴닌을 건넸다. 나는 약을 손에 쥔 채 기숙사로 돌아왔다. 침대에 앉았고 너무 추워 두 팔을 가슴 앞으로 감싸 안았다. 양발을 버둥거려 대충 신발을 벗고 냉큼 이불속으로 파고든 다음 벗어날 수 없는 추위와 '전쟁'을 치렀다. 기관총을 쏘듯 이가 덜덜 떨렸다……. 정신이 몽롱한 가운데 누군가 내 위에 이불을 한 장 한 장 쌓아주는 것이 느껴졌다. 간신히 냉전(冷戰)을 견뎌내면 열전(熱戰)이 시작되었다. 40도의 고열은 내가 정신을 완전히 잃을 때까지 계속됐다. 끝없이 펼쳐지는 불바다에서 입이 마르고 혀가 깔깔했다…….

아침이 되었고 열은 이미 내렸다. 잠에서 조금 깰 즈음, 예의 그 처량한 기상나팔 소리가 하루의 시작을 알렸다. 중학교 1학년 때 나는 자주 아팠다. 말라리아는 오한과 고열이 지나고 좀 나아졌다 싶으면 걸신들린 사람처럼 극심한 허기가 찾아왔다. 때로는 지독한 피로감 때문에 꼼짝하고 싶지도 않았고 수업을 받기도 싫었다. 옷이나 양말을 빨 기운은 더더욱 없었다. 땀에 함빡 젖으면 그냥 마른 옷으로 갈아입었다. 당시에는 침대에 누워 뒹굴뒹굴 게으름을 피우며 소설 한 권을 탐독하는 게 제일 좋았다. 그러면서도 '그놈'이 또 찾아올까 두려웠다……. 생각해보시라. 이제 막 열한 살이 된 아이가 온종일 비리비리한 채 무기력증, 허기, 향수병에 시달리니 공부에 전념할 여력이 있겠는가? 이것은 정말 핑계가 아니었다. 소학교 시절에는 모든 과목에서 우수한 성적을 거둬 월반(越班)을 한 나였다. 그런데 중학생이 되고 나서 어문과만 높은 점수를 받았을 뿐 그 밖에 수학, 체육은 불합격을 받아 유급까지 당했다(당시 학칙에 따라 체육에서 불합격을 받으면 유급됐다). 유급생이라니!(춘계반이 있어서 다행이지 하마터면 1년을 유급할 뻔했다) 아, 어찌나 집이 그립던지! 특히나 어머니가 몹시 그리웠다. 이따금 울고 싶을 만큼…….

설상가상으로 나를 오랫동안 괴롭힌 일까지 있었다. 집을 떠나올 때, 아버지께서 주신 '파커' 만년필을 잃어버린 것이다. 나는 온종일 정신 나간 사람처럼 방안을 샅샅이 뒤졌다. 문제는 파커 만년필 가격이 아니라 아버지가 내게 주신 선물이라는 데 있었다. 아버지는 당신이 아끼는 만년필을 건네는 것으로 아들에 대한 기대를 표현하였다. 부자의 끈끈한 정이 담긴 보물이었으니 내게 얼마나 소중했겠는가? 도처를 이 잡듯 뒤졌다. 심지어 꿈속에서도 찾아 헤맸다. 한 번은 다층 건물 벽면에 달린 양철 재질의 하수도관 입구(조금 괴이했다)에 손을 넣어 만년필을 찾았는데, 순간 기뻐서 침대에서 팔짝 뛰었고 그 순간 '펑!' 하고 모든 게 사라졌다. 꿈이었다! 그 후로도 꽤 오랜 세월 나는 종종 파커 만년필 꿈을 꿨다.

어쨌든 내 중학교 생활은 그리 좋지 못한 상황에서 출발했다.

1년 후 여름방학이 되었을 때, 아버지의 전근으로 온 가족이 충칭으로 이사를 왔고 아버지는 나를 데리러 청무관으로 왔다. 아버지는 그간 나를 잘 돌봐 준 김 신에게 고마운 마음을 전할 겸 같이 식사하러 가자며 '하산(그때는 위안자거우에서 읍으로 나오는 것을 이렇게 불렀다)'을 청했다.

산에서 내려와 큰 도로에 도착했다. 도로의 양옆에는 새로 지은 집들이 줄지어 있었다. 대부분이 이층집으로 위층은 살림집, 아래층은 상점이었다. 읍내를 관통하는 도로는 동쪽 끝으로 기차역까지 연결되어 있는데, 이 거리를 신시가지라고 불렀다. 신시가지 아래쪽에 원래 있던 거리는 신시가지와 평행하게 형성되어 있었다. 집들은 하나같이 오래된 것뿐이고 노면에는 청석(靑石)이 깔려 있었는데, 이 거리를 가리켜 구시가지라고 불렀다. 구시가지에도 상점이 많았는데, 찻집과 술집은 물론 농기구와 식용유를 파는 집이나 한약을 파는 곳도 있었다. 그래도 썰렁하고 오래된 분위기 때문에 신시가지처럼 널찍하고 번화하지는 않았다. 특히 장이 서는 날이면, 신시가지 양쪽으로 사탕수수, 땅콩, 과쯔(瓜子)[2] 등을 파는 노점상이 거리 막다른 곳까지 쭉 늘어섰다. 그때마다 학생들은 떼를 지어 여기저기 '시식'하러 돌아다녔다. 돈을 쓰지 않아 좋았으나 노점상 주인들은 이 '메뚜기 떼' 때문에 머리가 아플 지경이었다.

2 / 역주 : 해바라기 씨 등에 소금과 향료를 넣고 볶은 것

소 년, 전 쟁 을 겪 다

신시가지에 자리한 '삼육구(三六九)'라는 상하이 요릿집은 그곳에서 꽤 '멋진' 고급 식당으로 술과 안주는 물론 엄청 유명한 갈비 국수를 팔았다. 간장을 베이스로 만든 고깃국에 면과 함께 큼지막한 갈비를 올린 요리인데, 맛도 좋고 양도 푸짐했다. 당시 칭무관에 자리한 오래된 노포(老鋪) 한 곳을 빼면, 삼육구가 가장 유명한 식당이었다. 김신 형과 나는 아버지를 따라 그곳에서 푸짐한 한 상을 받았다. 정말 만족스러운 식사였다!

김신은 대한민국 임시정부의 주석이자 독립운동을 이끈 지도자, 김구 선생의 둘째 아들이다. 당시 아버지는 중국군에 복무하면서 대한민국 임시정부를 이끄는 일도 겸하고 있었다. 이런 이유로 김구 선생과는 전우이자 황해도 신천군에 고향을 둔 동향이기도 했다.

_____ 장자 교정, 국립중대부중

2학년이 되었을 때, 국립 제14중등학교는 칭무관에 소재한 교육부가 관할하는 중앙대학 부속 중등학교로 바뀌었다. 고등학교는 계속 위안자거우에 머물렀고, 중학교는 펑자(彭家) 교정에서 장자(江家) 교정으로 옮겼다.

아, 장자 교정! 나는 반세기가 넘은 지금도 눈을 감으면, 칭무관 장자 교정에 있는 중대부중 중학교의 조감도가 머릿속에 그려진다. 이 가운데 운동장에서 교실까지 이어지는 완만한 언덕과 그 위로 놓인 계단길, 양옆으로 이어진 교실 건물은 아직도 선명하게 기억난다. 오른쪽 첫째 줄 교실에서 안쪽으로 들어가 두 번째 교실, 두 번째 창가 아래에 놓인 책상에는 세상에서 가장 아름다운 소녀가 앉아 있었다.

이미 70년 이상 세월이 흐른 지금, 지구상에 이런 곳이 있었다는 사실을 알거나 기억하는 사람은 아무도 없을 것이다. 그러나 내게는 꿈에서, 추억에서, 상상 중에 자주 찾는 곳이다. 그곳에 가면 나는 순식간에 생기발랄한 소년으로 변한다. 그리고 소년은 콩닥콩닥 널뛰는 가슴을 부여잡고 그 교실, 그 창가를 무심히 지나친다…….

다시 그때로 돌아갈 수 있다면 얼마나 좋을까! 그래서 나는 자주 그곳에 간다. 꿈에서, 추억에서 그리고 상상 중에…….

병마와 고독에서 완전히 빠져나온 나는 장자 교정에서 그야말로 아름다운 시간을 보냈다. 주먹다짐을 하거나 실수를 하거나 무단결석을 하거나 시험을 보거나 구멍 난 양말이나 짚신을 신거나 새 교과서가 없었지만…… 그래도 그 시절은 모든 것이 찬란했고 아름다웠다!

그것은 그때의 아름다움이 고통으로 빚어졌다는 아이러니한 사실 때문일 것이다. 전시에 이렇게 공부할 수 있는 학교가 있다는 사실은 그야말로 행복한 일이었다. 교실은 넓고 환했고 기숙사도 따뜻한 편이었다. 학교 식당은 '삼육구' 식당만큼은 아니어도 최소한 배곯을 걱정은 없었고, 명절 때는 여유가 되는대로 돼지고기를 잡아 입에 '기름칠'을 할 수 있었다. 무엇보다도 이때는 내가 말라리아와 영영 이별했다는 사실이 가장 중요했다. 당시 나는 건장하진 않아도 건강한 편이었다. 외롭거나 우울감이 잦아들고 웃음과 노래가 늘면서 제법 활발한 아이가 됐다. 그래도 조금 게으른 편이었다는 점은 인정한다. 하지만 공부 시간은 결코 짧지 않았다. 아니, 심지어는 여러 학우들보다 더 많이 공부했다. 이상하게도 나는 수학, 물리, 화학 등의 과목과는 좀체 친해질 수 없었다. 물론 좋아하는 과목도 있었다. 무엇이든 좋은 데는 이유가 없지 않은가.

선생님들　　　　우리 학교에는 존경스러운 선생님이 여럿 있었다. 어린 시절을 회상할 때면, 선생님들의 목소리나 모습이 눈앞에 그려지며 추억들이 굴비 엮듯 줄줄이 떠오른다.

나는 쉬허우런(徐厚仁) 음악 선생님을 참 좋아했다. 쉬 선생님은 국립음악학원 고급반 학생으로 우리 학교에서 학생들을 가르쳤다.

음악학원도 칭무관에 소재한 '라오관(老關)'이란 곳에 자리했는데, 이따금 산책하다가 들를 정도로 우리와 가까웠다. 듣기로 '라오관'은 당시 장헌충(張獻忠)[3]에게

3　／　역주 : 1606~1646, 명(明)나라 말기의 민란 지도자

　　　　　　　　　　　　　　　소 년, 전 쟁 을 겪 다

저항하던 이들의 피가 서린 곳이라고 한다.

쉬 선생님은 영화에나 나올 법한 30년대 초기 전형적인 지식인이었다. 장포(長袍) 안에 양복 바지를 입고 회색 털목도리를 가슴 쪽으로 늘어뜨린 모습은 고상하고 품위 있어 보였다. 머리카락이 흩날릴 때면 자기도 모르게 손을 들어 머리카락을 비스듬히 뒤로 넘기곤 했다. 온화하고 인자한 쉬 선생님은 조금 창백하고 우울한 인상이었다. 말하는 속도는 다소 느린 편이었고, 베이징 사람 특유의 발음이 듣기 좋을 만큼 부드러웠다. 나는 선생님이 노래할 때마다 느껴지는 풍부한 감성을 매우 좋아했다. 선생님은 당대 유행하던 항일 가곡 이외에도 황쯔(黃自), 샤오유메이(蕭友梅), 칭주(青主), 자오위안런(趙元任)과 같은 작곡가의 서정 가요도 가르쳐 주었다. 그는 음악과 가사를 꼼꼼하게 분석했고, 어느 때는 단순한 2성부 화음의 묘미를 느껴볼 기회도 마련해 주었다. 나는 선생님이 학생의 감정과 심미관을 존중하고 신뢰한다고 여겼다. 그렇기 때문에 예술에 대한 깊이 있는 설명과 조언이 가능한 것이며, 음악에 대한 선생님의 생각과 감정을 학생이 공감할 수 있었던 것이다.

선생님과 관련하여 내게 오랫동안 영향을 준 기억이 하나 있었다. 하루는 내가 선생님에게 어떤 작품을 좋아하는지 물으며 소개를 부탁한 적이 있다. 선생님은 한참을 진지하게 고민한 후에 "아주 많은데!"라고 대답했다. 그리고는 가장 먼저 슈베르트를 소개하더니《보리수》를 멋지게 불러주었다. 독일어 원어로 불렀지만, 그전에 먼저 내용을 설명해줬기에 학생들, 최소한 나는 무척 감동했다. 그리고 처음으로 슈베르트에 대해 조금 더 깊이 알게 된 나는 방학 때 집에서《미완성 교향곡(음반)》을 반복해서 들었고 이후 바이올린을 배울 때도 슈베르트의《세레나데》와《아베마리아》를 즐겨 연주했다. 어려서부터 음악적 소양을 길러 준 아버지를 제외하면, 음악을 가르쳐준 첫 번째 은사님이 바로 쉬 선생님이었다.

선생님은 항일전쟁이 승리로 끝난 후, 음악학원과 함께 난징으로 돌아갔다. 훗날 선생님을 뵈러 간 적이 있는데, 폐질환을 앓고 계셨다. 아마도 쓰촨에 있을 때부터 앓고 있었던 듯한데, 나중에 북부에 있는 고향으로 돌아가셨다는 얘기를 들었다. 나는 중학교, 고등학교, 대학에 이르기까지 여러 선생님을 만났고, 그중 장자 교정에 자리한 중대부중 선생님들이 인상에 가장 많이 남았다. 여기서도 한 명만 꼽자면 바로 쉬 선생님이었다.

그러고 보니 기하학을 가르쳤던 펑(彭) 선생님도 기억난다. 나는 수학과 같은 이과 과목을 가장 싫어했고 점수도 가장 낮았다. 그러나 아이러니하게도 펑 선생님을 매우 존경하고 좋아했다. 펑 선생님은 수업을 할 때 말 한마디도 허투루 하지 않았다. 쑤저우 사투리가 짙게 배어 나왔기 때문인지 글자마다 리드미컬한 느낌까지 들었다. 어느 때는 마치 단어들이 선생님의 입에서 '뿡' 하고 튀어나오는 것만 같았다. 그러니 듣지 않을 수 있겠는가. 다만 내가 들은 것은 수업 내용이 아니라 선생님의 목소리 톤과 표정, 성격과 이미지였다. 나는 선생님의 음성에 너무 몰입한 나머지 가끔 넋을 놓곤 했다.

펑 선생님은 '노인'의 범주에 들 만큼 나이가 꽤 많았는데, 그래서인지 걸음걸이도 점잖고 느릿느릿했다. 하지만 풍문으로는 상하이 세인트존스 대학교에서 수학할 때 뛰어난 축구 선수였단다. 선생님이 찬 공에 골키퍼의 다리가 부러졌고 이후 완치되었지만 선생님은 축구를 그만뒀다는 얘기도 있고, 선생님의 다리가 부러져 그만뒀다는 얘기도 있었다. 어느 것이 사실인지 알 수 없지만, 비척비척 걷는 모습만 보면 젊은 시절 축구장을 누빈 선생님의 모습이 전혀 상상이 가지 않는다.

졸업을 앞둔 마지막 학기, 자유 주제로 열린 작문 대회에서 나는 『내 마음속의 펑 선생님』이라는 글로 1등을 차지했다. 내가 쓴 글은 게시판에 붙었다. 어느 해 질 무렵, 나는 교실을 나오다가 아무도 없는 게시판 앞에 펑 선생님이 있는 것을 발견했다. 선생님은 게시판에 바짝 붙은 채 구부정한 자세로 안경 너머 보이는 내 글을 읽고 있었다. 한창나이 팔팔했던 모습과 지금을 비교하며 감정에 북받쳤을 것이리라.

어쩌면 그 글이 내 '무사 졸업'에 한몫했을지도 모른다. 졸업시험이 끝난 후 어느 날, 펑 선생님이 나를 교무실로 불렀다. 혼나겠구나 싶었는데, 예상 밖의 다정한 어조로 말했다.

"네 평소 성적을 봐서 이번 졸업시험 때는 제법 노력했더구나."

선생님은 나를 빤히 바라보았지만, 나는 마주할 용기가 없어 고개만 숙이고 있었다. 한참 뒤 선생님이 다시 말문을 열었다.

"합격시켜주마. 너도 졸업해야지. 하지만 졸업 후에는……."

그가 잠깐 뜸을 들이고는 말을 이었다.

"수학이 싫더라도 따라가려고 최대한 노력해야 한다. 그래야……."

선생님은 뒷말을 잇지 않았다. 아마 전하려던 뜻을 다 전했다고 생각하는 듯했다. 나는 선생님의 말씀을 끝까지 기다렸다.

선생님이 일어나더니 조금 상기된 목소리로 말했다.

"됐다. 그만 가보거라."

나는 잠시 망설이다 용기를 내어 말했다.

"선생님, 혹시 사진 한 장 주실 수 있을까요?"

선생님은 잠시 주저하다가 서랍 안에서 판지를 덧댄 반명함판 크기의 사진을 꺼냈다.

"선생님 함자도 같이 써 주세요."

나는 스승에게 느끼는 감정뿐만 아니라 까마득한 세월을 보낸 어른에 대한 존경심 같은 것도 가지고 있었다.

선생님은 거절하지 않고 사진 위에 천천히 이름을 써 주었다. 펑자츠(彭家慈). 선생님처럼 단정하고 가지런한 필체였다. 나는 사진을 받고 허리를 숙여 감사 인사를 드리고는 교무실을 나왔다. 그러나 선생님은 한동안 제자리에 서 있는 듯했다.

나는 그때 받은 사진을 계속 간직하고 있었는데, 아쉽게도 '문화대혁명' 때 내가 아끼던 다른 사진과 함께 모조리 불타버렸다. 하지만 나는 펑 선생님, 그 '노인'을 기억한다. 이제는 나 역시 (그때 펑 선생님보다 더 늙은) 노인이 되었지만, 칭무관 중대부중의 선생님을 떠올리면 어느새 개구쟁이 소년으로 돌아간 듯하다.

선생님께 짓궂게 장난친 일을 생각하면 미소가 저절로 떠오른다. 타오(陶) 선생님은 다양한 방법으로 재미있게 영어를 가르쳐 주셨다. 어느 때는 교과서에 수록

된 내용으로 간단한 역할극을 하기도 했는데, 'Long long ago……'로 시작하는 그리스 신화로 아폴로, 제우스, 비너스 등이 등장했다. 나는 '스핑크스의 수수께끼'로 조별 영어 역할극을 했던 것이 가장 기억에 남는다. 스핑크스를 맡은 친구가 책상 위에 엎드려 있었는데, 선생님이 "시작!"을 외친 지 한참이 지나서도 아무 말이 없었다. 타오 선생님이 "말을 해야지!"라고 다그치자 친구가 사자처럼 '어흥' 하고 포효했고, 교실은 삽시간에 웃음바다로 변했다.

선생님은 회화 연습을 위해 이따금 단어 한두 개를 던져주며 자유롭게 문장을 만들어보라고 했다. 타오 선생님은 젊고 꾸미기를 좋아했으며 가끔 화장도 하고 왔는데, 그날따라 새 원피스를 입은 선생님 모습이 무척 예뻐 보였다.

"Good morning, Sir."

학생들은 교실에 들어온 선생님에게 평소와 조금 다른 분위기로 인사를 건넸다. 수업이 시작되었을 때 선생님은 'How'를 넣어 문장을 만들어 보라고 했다. 다들 한창 생각에 빠져 있던 때, 내 머릿속에 문득 문장 하나가 떠올랐다. 내가 번쩍 손을 들자, 선생님이 손가락으로 나를 지목했다. 나는 장난기 다분한 표정을 지으며 큰 소리로 말했다.

"How beautiful you are today, teacher!"

순간, 선생님 얼굴이 홍당무처럼 빨갛게 달아올랐고, 친구들은 폭소를 터뜨렸다. 선생님도 웃었는데, 그 와중에도 진지하게 한마디 하셨다.

"Thank you! Sit down."

득의양양하게 자리에 앉자 옆에 앉은 친구가 나를 꼬집었다. 나머지 애들도 터져 나오는 웃음을 가까스로 참으며 낄낄거렸다. 결론적으로 타오 선생님의 수업 방식은 굉장히 효과적이었다. 최소한 학생들이 영어에 흥미를 느끼고 몇 마디라도 용감하게 뱉을 수 있게 됐으니 말이다.

당시 선생님들은 실력도 좋고 학생과의 관계도 좋았다. 일례로 물리를 가르쳤던 가오리톈(高力田) 선생님을 들 수 있는데, 나는 물리를 좋아하지 않았지만, 선생님이 들려준 시사 관련 얘기는 재미있었다. 당시 중국은 일본과 전쟁을 치르고 있었기 때문에 아이들도 전시 상황에 관심이 많았다. 우리는 가오 선생님이 시사와 관련하여 아는 것도, 열정도 많다는 사실을 잘 알고 있었다. 그래서 우리는 수업이 끝나기 십여 분 전부터 조르기 시작했다.

"선생님, 지금 어떻게 되어가고 있는지 얘기 좀 해주세요!"

"에이, 한 번만 해주세요. 한 번만요!"

"알았다!"

우리들 성화에 선생님도 흔쾌히 책을 덮어 교탁에 내려놓고 분필을 들었다. 칠판에 간선철도 몇 개로 이루어진 지도를 순식간에 그려놓고는 이 중 한두 곳에 동그라미를 그려 넣은 후 이야기를 시작했다. 아이들은 똘망똘망한 눈으로 선생님 말씀에 귀를 기울였다. 선생님은 구구절절 맞는 말만 했는데, 특히 왜놈과 싸워 이긴 이야기를 할 때면 우리는 흥분한 나머지 환호성을 질렀다. 이때는 큰 키에 안경을 쓴 산둥 출신의 가오 선생님이 늠름한 지휘관처럼 느껴져 다들 우러러 보았다. 수업을 마치는 종이 울리면 선생님은 손에 쥔 분필을 정확히 칠판 옆에 있는 분필함에 '툭' 던지고는 "오늘 수업은 여기까지!"라고 말했고, 우리는 한껏 고무된 얼굴로 손뼉을 쳤다.

체육을 가르쳤던 위(于) 선생님은 마르고 키가 컸는데, 특히 다리는 말도 안 되게 길었다. 그래서 우리는 선생님을 '젓가락'이라고 불렀는데, 선생님도 그 별명이 퍽 마음에 든 모양이었다. 또한 보이스카우트 선생님도 한 분 있었는데, 우리는 천(陳) 선생님을 선생님보다 교관님으로 부르길 좋아했다. 천 선생님은 학생 기숙사에 묵으면서 아침에는 기상 점호와 밤에는 취침 점호를 맡았다. 나쁜 놈을 잡으면 '구리 땅콩'⁴을 먹이라고 입버릇처럼 말씀하셨는데, 나중에는 이것이 선생님의 별명이 되어 버렸다. 뒤에서 자세히 이야기하겠지만, 나는 밤낮으로 기숙사 순찰을 돈 천 선생님 덕분에 화마 속에서도 운 좋게 살아남을 수 있었다.

우리가 중학교 3학년이 됐을 때, 젊은 여선생님 한 분이 새로 오셨는데, 성격이 쾌활하고 열정적이었다. 그녀의 주도로 선생님과 학생이 함께 참여하는 교외

---

4 / 편집자주 : 땅콩 모양의 탄환

활동을 시작하게 되었고, 그렇게 연극부가 탄생했다. 우리는 톈한(田漢)이 쓴 희곡 《남귀(南歸)》를 가지고 무대를 연출했다. 당시 여주인공을 맡은 선생님의 대사 중 '샤오샤오 더 란후뎨, 니페이, 니페이……(작고 작은 파란 나비야, 날아라, 날아……)'라는 부분이 있었다. 서정적인 대사였는데, 이 '후난(湖南)의 아가씨'가 아무리 연습해도 사투리 때문에 대사가 자꾸만 '사오사오 더 랑푸테, 니후이, 니후이……'라고 들리는 게 아닌가. 학생들은 이걸로 일주일간 웃음을 참지 못했다. 우리는 계속 '니후이, 니후이'[5]라며 선생님 발음을 흉내 냈다. 그러다가 선생님께 죄송하기도 하고 더는 재밌지도 않아 '후이' 타령을 멈췄다. 우리는 선생님이 한층 친근하게 느껴졌다. 다행히 그녀는 우리가 흉내 낸 것에 대해서 언짢아하기는커녕 자기가 생각해도 재밌다며 함께 웃어주었다.

이처럼 선생님들은 우리에게 지식은 물론이고 삶의 즐거움을 알려주었고 애국심도 일깨워주었으며 학우와 사이좋게 지낼 수 있는 환경을 만들어주었다. 반세기 남짓 세월이 흐른 지금도 동창을 만나 중학교 때 이야기를 나눌 때면 선생님 한 분 한 분에 대한 추억과 그리움에 흠뻑 잠긴다.

참혹한 전쟁으로 험난하고 고단했던 그 시절, 존경하는 선생님들이 우리를 성장시켰다!

수년이 지나 나도 한때 교직에 몸담았는데, 그때 선생님이라는 존재는 세상에서 가장 아름답고 인류에 공헌하는 바가 가장 큰 직업이자 사람임을 깨달았다.

반 친구들 우리는 같은 교실에서 공부하고, 같은 기숙사에서 지내고, 한솥밥을 먹으면서 희한하게도 끼리끼리 무리 지어 놀았다. 그렇다고 무리끼리 반목한 건 아니고 다 같이 사이좋게 지냈다.

중대부중은 장자 교정으로 옮긴 후 신입생을 모집하기 시작했는데, 개중에 전학생도 몇몇이 포함되었다. 전학생 대부분은 일제에 삶의 터전을 빼앗긴 후 피난

---

5 ／ 역주 : 후이(灰)는 '낙담하다'는 뜻

온 아이들이었다. 나는 하루 새에 상하이에서 온 우쭈이(嗚祖誼)[6], 왕유탕(汪幼唐)과 한패를 이루었다. 우리는 '샤장파(下江派)'로 불렸다(쓰촨 토박이가 아닌 양쯔강 하류에서 왔다는 뜻이었는데, 사실 정확한 표현은 아니다. 양쯔강 하류에서 온 학생은 더 있었지만, 따로 무리를 이루지는 않았기 때문에 우리가 '샤장파'로 불린 데는 다른 이유가 있다).

우쭈이는 전학 온 다음 날에 대형 사고를 치고 말았다. 내가 위층, 우쭈이가 아래층 침대에서 잠을 잤는데, 여름에서 가을로 접어드는 초입에는 늘 쓰촨 시골에 모기가 기승을 부려 잠을 이루지 못했다. 우쭈이는 모기향 반입을 금지하는 학칙을 알지 못한 데다 사고가 일어난 전날 밤에도 모기 때문에 잠을 설쳤기에 아무 생각 없이 모기향을 피웠다. 나도 오랜만에 잠을 푹 잤다 싶었고 우쭈이는 꿀맛 같은 잠에 빠져 거의 기절 수준이던 밤이었다. 그런데 그날 밤 우쭈이의 모기장에 불이 붙을 줄은 누가 예상이나 했겠는가? 무더운 날씨에 우쭈이가 이불을 걷어찼고 이에 모기장 자락이 모기향에 닿았던 것 같다. 시간이 갈수록 모기장이 까맣게 타들어 가 방안 가득 매캐한 연기와 함께 불이 옮겨붙기 시작했다. 당시 사감이었던 천 선생님이 야간 순찰 중 화재를 발견하고는 황급히 뛰어 들어가 불을 끄고 소리를 질러 학생들을 깨웠다. 나와 우쭈이도 얼른 빠져나와 불을 껐다. 모기장은 전소되었지만, 제때에 진압한 덕분에 큰 사고로 번지지 않았다. 다만, 큰 사고는 피했어도 '큰 잘못'에 따른 책임까지 피해가진 못했다. 우쭈이는 신입생이라 벌점 정도로 끝이 났지만, 재학생인 나는 그렇지 못했다. 그와 위아래층 침대를 쓰면서 학칙을 미리 알려주거나 말리지 않았으니, 말썽을 일으킨 장본인이 아니더라도 책임이 있다는 게 학교의 판단이었고, 그래서 나는 처벌을 받았다. 그 일이 있고 난 뒤, 우쭈이와 나는 생사고락을 함께한 전우가 되었고, 서로에게 못할 말이 없을 정도로 친한 친구 사이가 되었다. 그리고 지금까지 변함없는 우정을 이어가고 있다.

전학생은 반을 편성하기 위한 배치고사를 봐야 했는데, 나는 혹시나 우쭈이가 시험을 망쳐 1학년 반에서 수학할까 염려스러웠다. 이런저런 핑계로 교무실을 들

6 / 훗날 우이(吳詒)로 개명함

락날락한 나는 시험문제를 슬쩍슬쩍 훔쳐보았고, 이 시험문제는 '본의 아니게' 우쭈이에게 '유출'되었다. 바람대로 우쭈이는 나와 한 반이 되었고 내 짝꿍이 되었다.

우쭈이는 그림에 소질이 있었는데, 수업을 들으면서도 교과서에 그림을 그리는 '멀티태스킹'이 가능했다. 교과서의 페이지마다 위쪽이며 아래쪽이며 표지에까지 공백만 있으면 자유자재로 연필을 놀려 그림으로 여백을 채웠다. 그냥 연필로 쓱쓱 그리는 것 같은데, 금세 사람의 형상을 갖춰나가는 것이 마냥 신기했다. 보통 우리가 눈을 그릴 때는 큰 윤곽을 그린 후에 가운데 눈동자를 묘사하는데, 우쭈이는 호를 두 개 그린 다음 바로 아래에 동그란 점을 두 개 찍는 게 다였다. 그렇게만 해도 눈이었다. 그 위에 눈썹 두 개를 번갈아 그렸다. 그러면 어느새 뚝딱 생동감 넘치는 인물이 완성되었다. 특히 에롤 플린(Errol Flynn)이나 클라크 게이블(Clark Gable) 같은 할리우드 영화배우를 그릴 때는 팔자 수염도 그려 넣었다. 실물과 어찌나 비슷한지 감탄이 나올 정도였다. 이따금 자기 그림이 마음에 들 때면 '라라라라' 하고 외국 교향악의 멜로디를 흥얼거렸다. 그야말로 낭만파 예술가의 모습이었다!

우쭈이는 서유럽 클래식 음악을 좋아했는데, 이 역시 우리가 친구가 되었던 이유 중 하나였다. 우린 취향도 비슷하고 마음도 잘 통한 터라 금세 절친한 친구가 될 수 있었다. 그에게는 쭈머우(祖謀)라는 형이 하나 있었는데, 위안자거우에 있는 중대부중 고등학교에 재학 중이었다. 동생을 보러 종종 왔던 터라 나와도 안면을 텄다. 형은 꽤 유머러스한 사람이었고 음악적인 재능도 풍부했다. 이건 후일담이지만, 훗날 그 형도 나와 같은 일을 할 뻔했다.

당시 교내 급식 관리는 고급반 학생이 교대로 맡았다. 어릴 때부터 학생에게 관리 능력과 책임감을 길러주고, 조리사를 감시하여 급식의 질을 높이고자 했던 것이 학교의 취지였던 것 같다. 급식 위원은 보관, 조리사 감독, 구매 담당 등으로 나뉘었다.[7] 보관 당번은 당번 활동을 하는 한 달 동안 보관실에서 지내야 했다. 수업은 평소대로 받지만 일 때문에 수업을 빠져도 결석으로 처리되지 않았다. 지금

7 / 보관은 한 달에 한 번 당번이 바뀌고, 매일 한 번씩 확인함

생각해보면 전쟁 시기에 이러한 방침은 학생들이 실무능력과 생활력을 기르는 데 확실히 도움이 됐던 것 같다.

우쭈이가 보관 당번을 맡을 차례가 되어 보관실로 잠시 거처를 옮긴 적이 있는데, 우리에게 자유를 만끽할 공간이 생긴 셈이었다. 우리는 그곳에서 대화를 나누고 책도 볼 수 있었고, 밤에도 시간 맞춰 굳이 소등할 필요가 없었으며 아궁이에다 고구마를 구워 먹을 수도 있었다…… 그런데 우쭈이는 바로 여기서 널리 회자될 일화를 만들어냈다. 매일 구입한 재료를 보관실에 저장하면, 보관 당번은 해당 사실을 장부에 기록해야 했다. 당시 '식단'에서 일 년 내내 빠지지 않았던 호박(南瓜)은 거의 매일 장부에 올라왔다. 그런데 누가 발견했는지(아마도 나인 듯싶지만) 장부에는 죄다 '난과(南瓜)'가 아닌 '난좌(南爪)'로 적혀 있었다. 이 사실이 알려지자 불쌍한 우쭈이에게는 웃어야 할지 울어야 할지 모를 별명이 생겼다. 바로 남쪽의 발톱이란 의미의 '난좌'였다! 그런데 이 불똥은 뜻밖에도 애먼 사람에게까지 튀었다. 상하이 출신의 또 다른 전학생 왕유탕은 뛰어난 축구 실력을 자랑했다. 달리기나 드리블 실력은 그와 대적할 사람이 없을 정도로 훌륭했다. 몸놀림이 민첩하긴 하나 키가 작고 팔다리도 짧은 편이라 땅딸막한 것이 호박과 조금 닮은데다 우쭈이와 같은 상하이 출신이라는 이유로 달갑지 않은 '둥좌(冬爪)[8]'라는 별명을 갖게 되었다. 나는 왕유탕과도 아주 친하게 지냈다. 그는 인정 많고 착실한 데다 말수는 적어도 솔직한 성격이었다. 다만, 조금은 괴벽스러운 면도 있었는데, 일례로 짝사랑한 여자에게 혈서를 써서 고백한 적이 있었다. 당시 상대의 마음을 얻지 못했지만, 후회하지는 않는다고 했다. 이후에 그는 다른 학교로 전학을 갔다.

공교롭게도 두 사람은 연이어 전학을 갔다. 우쭈이는 예술가의 길을 가고자 국립예술전문학교[9]로 전학하여 유화를 배우기 시작했고, 왕유탕은 가족의 뜻에 따라 사교학원(社敎學院)으로 전학해 훗날 좋은 선생님이 되었다. 각자 학교는 달랐지만, 칭무관 장자 교정에 자리한 중대부중에서 키웠던 우리의 우정은 계속 이어졌다. '소꿉친구'인 우리는 호호백발이 된 지금까지 서로 왕래하며 지내고 있다.

---

8 / 식탁에 자주 오르는 식자재
9 / 충칭 판시(盤溪)에 위치함

유탕의 딸, 샤오윈(小雲)은 위챗에서 우리에게 '칭무관 삼걸(三杰)'이라는 채팅방 닉네임을 붙여주었다.

학창시절을 기억하면 교실에서 자습하던 모습이—특히 추운 겨울날 맑게 갠 하늘과 따스한 햇볕이 교실에 고이던 모습이—생생하게 떠오른다. 다 같이 조용히 앉아 숙제하고 있을 때면, 연필 떨어지는 소리, 바스락거리는 소리, 소곤대는 귓속말이 간간이 들려왔다……. 그러다 언제부터인지 누군가 노래를 흥얼거렸고 잠시 뒤 아름다운 소프라노 목소리가 작게 그 노래를 따라 불렀다.

"…… 그때 나는 어렸어, 나는 이야기하길 좋아했고, 너는 잘 웃었지……."

곧이어 아이들은 자연스럽게 두 파트로 나뉘어 콧노래를 불렀다. 바로 쉬 선생님이 가르쳐준 서정 가요인 황쯔의 《변스(本事)》였다. 아름다운 하모니가 교실을 가득 채웠다. 그 감미로운 음색의 소프라노는 누구였을까? 내 기억으로는 귀엽고 똘똘한 후환화(鄒完華)였다. 얼굴에 주근깨가 있던 그녀의 별명은 '샤오야오옌'[10]이었는데, 성격이나 이미지에 잘 맞는 별명이었다. 노래는 곧잘 했지만, 말을 뾰족하게 했기 때문이다(해방 후 상하이 오페라 하우스에서 일한다는 얘기를 들었다). 황령쑹(黃仍鬆)은 뭇 남학생의 마음을 흔든 학교 퀸이었다. 그녀 때문에 가슴앓이하는 남학생이 있을 정도로 인기가 많은 아이였다. 얼굴도 예쁘고 성격도 온순한 데다 작문, 연기 등 재능도 많았다. 더욱이 몸매가 날씬하고 다리도 길고 가늘어 '뜸부기'라는 별명을 얻었다(쓰촨 시골 밭에서 흔히 볼 수 있는 조류로 날개가 굉장히 화려하다. 잔잔한 물결이 이는 푸른 밭에 고고하게 바람을 맞으며 가늘고 긴 외다리로 서 있는 모습을 상상해 보시라). 황령쑹은 어여쁜 외모에도 전혀 거만하지 않고 시원시원한 성격을 지녀 기억에 오래 남았다.

같은 반이건 다른 반이건, 나는 제법 많은 친구의 모습과 목소리를 기억하고 있다. 이들 중에는 훗날 크게 성공한 친구도 있다. 학교 다닐 때부터 똑똑하고 공부를 좋아한 톈신디(田心棟)는 미국에서 참여한 연구 성과로 노벨상을 받았다. 늘 반짝이던 눈동자, 유난히 좁고 평평했던 엄지손가락의 손톱, 오른손으로 파커 만

넌필을 쥐고 막힘없이 글을 쓰던 모습이 아직도 머릿속에 선명하다. 디위안밍(狄源溟)은 언제나 볼그스름하고 작은 입술을 앙다물고 있었다. 눈빛은 조금 지나칠 정도로 자신감이 넘쳤고, 성적도 좋았으며 고집이 셌다. 해방 후 50년대 초에 베이징에서 우연히 그녀를 만난 적이 있는데, 둥청구(東城區)에서 간부로 일하고 있는 듯했다. 그날 만남 이후 연락이 끊겼다. 디위안밍은 나와 동년배라 이미 은퇴했을 테니 한번 얼굴이라도 보고 싶다.

이미 퇴임한 전 칭화대 총장 텅텅(滕藤)은 비교적 조용하고 공부를 열심히 하는 친구였다. 겨울이 되면 남색 물방울무늬가 있는 진홍색 스웨터를 자주 입었는데, 하얀 얼굴에 스웨터를 입은 모습이 부모님 말씀 잘 듣는 모범생 같이 보였다. 키가 작고 똑똑했던 차오뤼빙(曹履冰)은 이름만 보면, 아마 부모님이 '여리박빙(如履薄氷)', 그러니까 살얼음판을 걷는 것처럼 매사에 신중하기를 바라셨던 것 같다. 그러나 그는 이름과는 달리 행동거지가 신중한 편은 아니었다. 졸업을 맞이한 우리는 서로의 졸업앨범에 짧막한 글을 남겼는데, 아직도 그 내용이 기억난다. '반 전체가 비산현(璧山縣)으로 봄소풍을 갔다가 돌아왔을 때, 다들 너무 힘들어서 교문에 들어서자마자 체육관 바닥에 그대로 쓰러졌어. 손가락 하나 까딱하기 싫었는데, 목은 또 어찌 그리 마르던지. 그런데 하필 실내에 물이 없었던 거야. 그때 네가 혼자 식수실로 뛰어가서 물을 가득 담은 주전자 두 개를 가져왔고 우린 그 덕에 해갈할 수 있었지. 그날 참 고마웠어' 대략 이런 내용이었다. 차오뤼빙은 이 일을 두고두고 칭찬했다. 졸업앨범에 차오뤼빙이 남긴 글은 내게 특별했다. 보통은 응원한다거나 행운을 빈다는 내용으로 몇 줄 끄적이는 게 대부분인데, 차오뤼빙은 구체적인 일, 그것도 당사자인 나조차 잊어버린 소소한 일을 추억하며 쓴 것이었기 때문이다. 무엇보다 어린 시절 처음으로 친구의 진심 어린 칭찬을 받은 것은 그 어떤 상보다 더 값지고 소중했다. 그 친구의 격려와 칭찬 덕분에 나는 살아가면서 늘 그때처럼 행동하려고 노력했던 것 같다. 물론 그게 전부는 아니겠지만, 분명 내게 영향을 미쳤을 것으로 생각한다. 그래서 과거를 돌아보는 지금, 그 친구에게 고맙다는 말을 전하고 싶다!

내가 이 글을 쓰기 위해 자료를 모으던 도중 자랑스러운 업적을 남긴 친구 천 렌팡(陳廉方)이 우리 중학교 졸업앨범을 건네주었다. 거기에는 내가 그녀에게 남겼 던 글이 고스란히 남아 있었다(영인본 참조). 우린 이미 아흔이 넘었으니 무려 팔십 년이 넘도록 이를 간직했던 것이다. 우리의 역사와 우정을 소중하게 생각한 그녀 마음에 나는 진한 감동을 받았다.

세상이라는 거친 풍랑을 헤치며 한평생 부침을 겪어온 인생이었다. 세월은 무 심히도 흘러 어느덧 이렇게 많은 시간이 지나갔다. 나는 어린 시절 친구들을 일 일이 기억하진 못해도 그때를 떠올리면 하나의 완전한 추억이 되어 머릿속에 피 어오른다. 어느 날 황당하거나 유치한 일이 불현듯 생각날 때면 남몰래 피식 웃고 지나간다(젊은 사람은 알 수 없는 시간이 주는 선물이다). 지금이라면 상상도 못 할 당 시의 재미있는 일이나 흑역사까지도, 기억하는 것들이 많다.

그때는 지금과 비교하면 천양지차라고 할 만큼 물질적으로 대단히 가난했다. 그렇지만 누군가 '아이들은 인생의 쓴맛을 알지 못한다'라고 했던가! 우리는 빈곤 한 와중에도 나름의 재미와 즐거움을 누렸다.

전쟁이 한창이던 그때에 학교 대부분이 왜놈의 폭격을 피하고자 궁벽한 산간 지대에 세워졌다. 공습이 시작되면 수업은 듣고 있지만, 마음은 이미 다른 곳에 가 있었다. 특히나 공중전은 우리가 있는 산간지대 위에서 자주 벌어지곤 했다. '다다다다 다다다다' 기관총 소리와 '우웅—— 웅——' 전투기 추격 소리가 우리 가슴을 어찌나 쫄깃하게 만드는지……. 이쯤 되면 학생들은 더는 참지 못하고 교 실 밖으로 뛰쳐나갔고, 선생님도 마찬가지였다. 고개를 쳐들고는 전투를 관망하거 나 고함을 내질렀다. 그야말로 흥분의 도가니였다. 누군가 갑자기 "맞췄다! 맞췄 어!"라고 하면, 다 같이 "어디? 어디?" 하며 두리번거렸다.

"저기! 저기 있잖아!"

과연 일본 전투기 하나가 꼬리에서 하얀 연기를 뿜어내며 추락하고 있었 다……. 그때 느꼈던 희열이란! 이렇게 되면 수업할 필요가 없었다. 아니 하려고 해도 못 했다. 교실로 돌아온 아이들은 재잘재잘 쉴 새 없이 떠들어댔다. 지금처럼 TV나 라디오의 생방송 같은 것도 없었으니 그럴 만도 했다.

그때는 초콜릿이나 감자튀김, 요구르트나 아이스크림 등과 같은 간식도 없었다. 세상에 군것질을 싫어하는 아이가 어디 있겠는가? 사실 입이 너무 심심할 때는 아예 방법이 없는 것도 아니었다. 학교 뒷산에 '다선량(大紳糧)'[11]의 귤나무 과수원이 있었는데, 대울타리와 철조망 같은 것으로 주위를 두르긴 했지만, 우리는 귀신같이 구멍을 찾아냈다. 어두운 밤이 되자 우리는 속을 비운 베갯잇을 가지고 과수원에 잠입했다. 귤을 따는 사람, 귤을 담는 사람, 망을 보는 사람 등 각자 맡은 바에 따라 분주히 움직였다. 이윽고 베갯잇 두 개가 귤로 가득 찼다. 어떤 친구는 바짓단을 발목에 최대한 타이트하게 묶은 다음 허리춤으로 귤을 넣어 바지통 안으로 쑤셔 넣었는데, 바지 속을 꽉꽉 채운 귤 때문에 걸을 때 뒤뚱뒤뚱 걸었다. 한밤의 승리를 거둔 우리는 '만선의 기쁨'을 만끽하며 돌아왔다. 그때 우리는 '도둑질'이라는 개념이 전혀 없었고, 그것은 단지 스릴 넘치는 놀이에 불과했다. 그리고 대지주인 다선량에게 그깟 귤 몇 개 없어졌다고 뭐가 대수겠는가?

기숙사로 돌아온 우리는 열심히 귤을 까먹으며 신나게 웃고 떠들었다……. 먹을 만큼 먹은 우리는 남은 귤을 여학생들에게 나눠 주기로 했다. 그런데 맙소사! 다음 날이 되었을 때, 우리 중 누구도 아침을 먹지 못했다. 입안 전체가 시큰시큰한 것이었다! 이는 시큰대다 못해 아프기까지 했다! 도저히 씹을 수가 없었다. 귤이 덜 익었던 것이다!

'홍사오(紅苕)'[12]도 빼놓을 수 없다. 중국은 땅이 워낙 넓어 지역별로 고구마를 다르게 불렀다(이것 때문에 손자와 논쟁을 벌인 적도 있다). 고구마의 정식 명칭은 '수(薯)'이지만, '훙수(紅薯)', '바이수(白薯)', '산위(山芋)', '디과(地瓜)' 그리고 쓰촨에서 부르는 '훙사오'까지 다양했다. 이름만큼이나 먹는 법도 다양한데, 굽거나 찌거나 삶는 것이 기본이고 고구마칩, 고구마 스틱, 고구마 튀김, 고구마 탕수 등 조리법도 각양각색이었다. 쓰촨에서는 '저렴한' 고구마를 돼지에게 먹이기도 하는데, 그래서 쓰촨의 돼지고기는 특히 기름지고 맛이 좋다. 이만 각설하고, 본론으로 돌

11 / 쓰촨에서는 '지주'를 부르는 말
12 / 역주 : 고구마

아가자. 해마다 고구마 수확철이 지나면 남은 것은 우리 차지였다. 수업이 끝나고 야간 자율학습이 시작되기 전, 우리는 삼삼오오 모여 학교 근처에 있는 고구마밭으로 갔다. 그리고 뾰족하게 깎은 대나무 장대 같은 것으로 이곳저곳을 팠는데, 그러다 보면 '꼬마 고구마'들이 한 무더기나 나왔다. 어느 때는 제법 큰 것도 있었다. 우리는 도랑으로 가서 고구마를 깨끗이 씻은 다음 구덩이를 두 개 파고 그 안에 땔감을 쌓아 불을 피웠다. 고구마가 익기를 기다리는 동안 생고구마를 우걱우걱 씹어 먹었다. 달짝지근한 맛에 다들 웃으며 '달다!'를 외쳤다. 고구마가 다 익으면, 옷으로 싸서 다 같이 나눠 먹었다. 이것은 '도둑질'이 아니었고 단지 '먹기' 위한 것만도 아니었다. 이 과정 자체를 즐기는 순수한 '놀이'였다. 재미있는 일화는 또 있다. 매년 겨울이 되면 무를 뽑았는데, 쓰촨의 무는 날로 먹으면 조금 맵지만 수분이 많고 달짝지근했다. 우리는 어김없이 이 무도 맛있게 먹었는데, 다만 문제가 좀 있었다. 오밤중에 너나 할 것 없이 경쟁하듯 방귀를 뀌는 것이었다. '무 방귀'는 질식하겠다 싶을 정도로 지독했다. 이튿날, 아이들을 깨우러 온 사감 선생님은 코를 찌르는 악취에 깜짝 놀라 소리쳤다.

"아이고, 이게 무슨 냄새야! 이불 좀 햇볕에 말려, 오늘 당장!"

물론 이런 '흑역사' 외에도 연극이나 합창대회 등의 교외 활동도 활발하게 참여했다. 나는 예전에 반 대표로 웅변대회에 나간 적이 있었다. 선생님께서 써 주신 원고를 외워야 했는데, 원고의 어휘 수준이 높았던지라 외우기가 쉽지 않았다. 더구나 잔뜩 긴장한 탓에 결국 '청추부충(層出不窮)'[13]을 완전히 반대 뜻의 '청충부추(層窮不出)'로 바꿔 말했다. 순간 장내는 온통 웃음바다가 됐고 나는 부끄러운 마음에 쥐구멍에라도 숨고 싶은 심정이었다.

항일전쟁으로 삶이 팍팍한 시절임에도 우리는 낙담하지도 억눌리지도 않았다. '바바오판(八寶飯)'[14]도 거리낌없이 입에 넣었다. 늘 하던 대로 배불리 먹고 즐겁게 지내고 공부하고 전시 상황을 예의주시하면서 마지막에는 우리가 승리할 것이라

---

13 / 역주 : 계속 발생한다는 뜻
14 / 역주 : 쌀에 들어간 돌피, 모래, 왕겨, 쥐똥 등을 통칭하여 '바바오(八寶)'라 함

소 년, 전 쟁 을 겪 다

고 확신했다. 지금 돌이켜보면, 그때 우리의 고민거리는 지금처럼 많지도 복잡하지도 않았던 듯하다.

친구들끼리 서로 시기하거나 드잡이하는 일은 거의 없었다. 더욱이 경쟁할 것도 없었기에 늘 사이가 좋았고 똘똘 뭉쳤다. 동고동락이라! 이 얼마나 좋은가!

존엄을 위한 싸움　　　　젊은이에게 유쾌함이 내재된 본성이라면, 싸움질은 쉬이 지나칠 수 없는 '통과의례' 같은 것이다. 청부관에서도 중대부중 부근에 있는 음악학원 학생 간 유명한 패싸움이 벌어진 적이 있다. 싸움이 끝난 후, '전장(戰場)'을 조사하는데, 밭이며 길가 이곳저곳에 신발 여러 켤레가 나뒹굴고 있었다고 한다. 그것도 대부분 한 짝씩만.

나처럼 힘이 약하고 선비 기질이 충만한 아이도 '필사의 전투'를 치른 적이 있다. 중학교 때 나는 '문제아'로 보일 만한 구석이 있었다. 말라리아에 걸린 탓에 체육 과목을 통과하지 못해 유급당했고, '벌점' 기록까지 있었기 때문이다. 어쨌든 그래도 싸움은 하지 않았다. 그런 내가 '필사의 전투'를 치른 데는 그럴 만한 이유가 있었다. 학교에서 '중징계' 처분을 받긴 했지만, 값진 교훈을 얻기도 했다. 물론 어떻게 이해하느냐에 따라 다르지만.

겨울방학을 맞이하여 집으로 돌아온 나는 전전긍긍하며 아버지에게 성적표를 건넸다. 아버지는 돋보기를 쓰고 내 성적표를 꼼꼼하게 훑어보았다. 그리고 고개를 들어 나를 바라보았다. 나는 빰을 한 대 맞겠구나 싶어 천천히 고개를 숙였다. 그러나 한참이 지나도 아무 일도 일어나지 않았다.

"왜 징계를 받았니?"

나는 잠시 뜸을 들이다 모기만 한 목소리로 대답했다.

"싸워서요."

"왜 싸웠지?"

"왜냐하면, 그러니까, 음……."

"말해 보거라! 싸움할 용기는 있고 대답할 용기는 없는 게냐? 응?"

숨 막히는 정적이 흘렀다. 나는 얼른 대답하고 싶었지만, 말이 잘 나오지 않았다.

"어서 말하지 못해!"

아버지의 다그치는 목소리가 천둥처럼 울렸다.

"그게, 그러니까……"

나도 억울한 마음에 부아가 치밀어 소리가 커졌다. 대답할 용기가 없었던 것이 아니라 아버지의 마음을 상하게 하고 싶지 않았던 것인데. 어떻게 말해야 좋을지 몰랐던 나는 결국 이실직고했다.

"그 자식이 저를 가오리방쯔(高麗棒子)[15], 망국노라고 놀렸어요!"

말문이 터지자, 그동안 억눌렀던 마음이 거침없이 쏟아져 나왔다. 나는 격분하여 싸우게 되었던 이유와 과정을 설명하기 시작했다. '올드 블랙 조(Old Black Joe)'라는 별명을 가진 녀석이 다른 친구 하나를 괴롭혀서 싸움이 났는데, 그 녀석이 별안간 옆에 있던 벼루를 집어 내 옆에 있는 차오뤼빙의 책상에 던졌고, 그 바람에 먹물이 내 몸에, 작문 공책에 튀었던 것이다. 나는 깜짝 놀라 소리를 질렀다.

"악, 누구야! 망할 자식이!"

곧바로 표독스러운 목소리가 들렸다.

"내가 했다. 어쩔래? 가오리방쯔!"

나는 화가 머리끝까지 치밀어 올랐다.

"너, 또 그러기만 해봐……."

분노로 입이 덜덜 떨려 말을 잇지 못했다.

"또 그러면, 어쩔 건데?"

녀석이 시위하듯 소리쳤다.

"가오리방쯔! 이 망국노야!"

결국 폭발한 나는 녀석이 던진 벼루를 집어 다시 던졌지만, 아쉽게도 빗나갔다. 녀석이 곧장 나를 덮쳤고 그 길로 싸움질이 시작됐다. 피부가 검고 뚱뚱한 외모

15 / 역주 : '고려 몽둥이'라는 뜻으로 한국인을 폄하할 때 쓰는 말

때문에 같은 반 학생들은 그를 '올드 블랙 조'라고 놀렸다. 이 역시 우리가 자주 부르던 미국 작곡가 포스터의 가곡에서 따온 것이었다. 어쨌든 그와는 상대적으로 나는 마르고 약한 편이었기에 그에게 밀려 칠판 앞에서 버둥댔다. 그러다 칠판지우개가 손에 잡혔고 나는 그것을 얼른 집어 그의 얼굴에 힘껏 내리쳤다. 하얀 분필 가루를 뒤집어쓴 그 아이는 순간 백인이 되었고 옆에서 지켜보던 아이들이 폭소를 터뜨렸다. 다들 수업 종이 울렸다는 사실도 까맣게 잊고 있던 그때, '키다리 학생주임 선생님'이 교실로 들어오셨다.

그때의 싸움질로 게시판에 눈에 띄는 공고문 한 장이 붙었다. 내용은 대략 이러했다.

'타 학생의 본보기로 삼기 위하여 수업시간에 몸싸움을 벌인 3학년 학생 ×××와 ×××에게 각각 중징계를 내린다……'

내 이야기를 다 들으신 아버지께서는 한참 동안 아무 말씀이 없으셨다. 나는 고개를 숙인 채로 흐느끼며 발끝만 쳐다보았다. 아버지의 질책이 이어질 것이라 생각했는데, 뜻밖에 차분한 목소리가 들렸다.

"그래서 앞으로 또 싸울 거니?"

"아니요, 안 싸울 거예요."

아버지의 뜻을 헤아리지 못한 내가 우물쭈물 대답했다.

"왜 안 싸워?"

아버지의 목소리에서 위엄이 느껴졌다.

"잘 들어라. 앞으로 어떤 놈이 또 널 욕하거든 너도 싸워라. 그런 수모를 당하고 그냥 넘어갈 순 없지! 못 이길 것 같아도 싸워!"

말끝이 떨리고 있었다. 마음속 깊은 곳에서 아픔을 느끼신 것이리라! 아버지가 나를 힘껏 잡아당기고는 커다란 손으로 내 어깨를 꽉 잡았다. 나를 응시하는 아버지 얼굴이 여느 때보다 더 준엄했다.

이 순간 나는 다른 기억이 떠올랐다. 여름방학 때 일이었다. 정확한 날짜는 기억나지 않지만, 분명 어느 8월의 여름방학 중에 있었던 일이었다. 그날 저녁 식사

전에 아버지는 우리 형제자매를 식탁으로 불러 모았다. 그날따라 아버지의 목소리, 표정 모두 평소와 달랐다(그날 아버지는 출근도 하지 않았고 표정도 무겁고 침울하여 우리는 눈치껏 얌전히 굴었다). 우리는 바늘방석에 앉은 듯 불안한 심정으로 침묵을 지켰다. 이윽고 아버지가 회중시계를 꺼내 식탁 중앙에 내려놓은 후, 그것을 조용히 바라보았다. 무거운 분위기와 이어지는 침묵 속에 시곗바늘만 무심하게 째깍거렸다…….

한참이 지나 아버지는 터져 나오는 감정을 가까스로 억누르고는 잔뜩 가라앉은 목소리로 말을 꺼냈다.

"바로 지금 왜놈들 기마병이 한성에 당도했다……. 지금 우리는 나라를 잃었다."

우리는 모두 고개를 푹 숙인 채 째깍거리는 초침을 하염없이 바라보았다. 쥐 죽은 듯 고요한 시간. 낮게 흐느끼는 소리가 들렸다. 우리는 감히 고개를 들 수가 없었다. 아버지가 돌연 식탁을 홱 밀더니 침실로 뛰어 들어갔다. 문은 굳게 닫혔고 이내 구슬픈 울음소리가 흘러나왔다. 지금껏 한 번도 들어보지 못한 울음소리였다. 한참이 지나 어머니가 조용히 문을 열고 들어갔다.

그 후에 어떻게 되었는지 기억나지 않지만, 그때 기억은 머릿속에 자주 떠오른다. 아마 죽을 때까지 잊지 못할 것이다. 아버지에게 '망국'은 건드려서는 안 될 깊은 상처였고, 국치(國恥)는 망각해서는 안 될 치욕이었다. 시간이 흐르고 세상을 알게 된 우리는 일제에 대한 아버지의 피맺힌 원한을 더욱 잘 이해할 수 있었다. 사실 일본 침략자의 만행을 지긋지긋하게 겪은 중국인도 똑같은 심정을 느꼈다.

아버지는 중국으로 망명한 후, 곧장 중국 혁명의 중심이었던 황푸군관학교에 들어갔고 교도단, 국민혁명군에 일원으로 동벌과 북벌전쟁에 참전했다. 중국 혁명에 힘을 보태는 것 역시 조국의 독립을 위한 일이란 신념으로 온갖 위험과 고생을 무릅쓰고 용감하게 싸웠다. 아버지가 가슴에 품은 조국은 1910년 일본이 국권을 찬탈하기 전의 한국, 남북이 하나였던 한국이었다. 우리도 아버지와 같은 생각이다. 제2차 세계대전 종식 후, 미국과 소련에 의해 둘로 나뉘어 서로 적대시하는 국가는 그때의 한국과 다른 나라다. 아버지가 암으로 세상을 떠나신 것은 무정한 '38선'이 그의 조국을 갈라놓았기 때문이었다.

아버지의 자식인 우리에게 조국과 민족은 복잡하고 심오한 문제였다.

혈통으로 보자면 우리는 조선의 민족이다. 한국인의 피가 흘렀고 한국에 대한 뿌리 깊은 정서가 자리했다. 아버지 말고도 한국어만 알고 한국의 풍습을 따르는 순수 조선인인 할머니는 우리와 어릴 때부터 함께 생활해 왔다. 우리는 김치, 불고기, 비빔밥(가장 좋아하는 음식이다) 같은 한식을 좋아했고, 더욱이 어릴 때부터 《아리랑》,《반달》,《도라지》,《금강산》 등 한국 민요와 동요도 자주 불렀다. 매일 밤 할머니가 흥얼거리는 자장가를 들으며 잠이 들었다. 고모, 삼촌도 있고 자주 우리 집에 들러 아버지와 회의하고 정사(政事)를 논하고 술을 마시고 옛이야기를 나누고 민요를 부르고 전통무를 추던 아저씨와 아주머니도 있었다. 그러므로 한민족에 대한 우리의 정서는 아버지를 사랑하는 마음과 아버지의 교육을 통해 길러진 것이었고, 물론 혈통의 영향도 있었다.

아버지의 조국은 38선에 의해 둘로 나뉜 채 서로를 적대시하는 대한민국이나 조선민주주의인민공화국이 아니라 태어날 때부터 믿고 따른 한국이었다. 이런 이유로 아버지는 제2차 세계대전 종식 후 조국으로 돌아가지 않고 중국에 남았다. 동족이 서로에게 총구를 겨누는 모습을 도저히 받아들일 수 없었던 것이리라.

우리 형제자매의 국적은 모두 중국이다. 어머니가 중국인이라 그런 것도 있지만, 우리가 중국에서 살아왔기 때문이기도 하다. 아버지는 우리 삶, 성장의 역사와 현실을 고려하여 중국 국적을 선택했고, 그 선택이 옳다고 판단했다. 우리 몸 속에는 아버지, 한민족의 피가 흐르고 있지만, 동시에 어머니의 피, 즉 중국 한족의 피도 함께 흐르고 있다. 게다가 우리는 중국에서 자랐기 때문에 중국의 언어와 생활 풍습이 몸에 익었다는 것이 명백한 사실이다. 중국은 우리를 길렀고 키웠으므로, 우리는 중국도 깊이 사랑한다.

당시 나는 조선에 가본 적도 없었고 조선어도 못 했지만, 아버지의 조선인 친구나 동지가 우리집에 모일 때면 나 역시 그들의 일원이라고 느꼈다. 지금은 그때의 아버지보다 훨씬 늙어버린 노인이 되었지만, 아직도 그 옛날이 눈 앞에 펼쳐지듯 생생하다.

아버지의 한국인 친구 중 네다섯 명이 자주 우리집을 찾았다. 물론 어느 때는 더 많았고, 그중 수염이 있는 아저씨가 특히나 자주 들렀다. 그들은 연배가 비슷했다. 모여서는 늘 목소리를 낮춰 무언가를 의논했는데, 대단히 비밀스러웠다. 한국어를 모르는 나로서는 당시 어떤 이야기가 오갔는지 알 턱이 없지만, 어쨌든 굉장히 엄숙하고 진지한 분위기로 이루어졌다. 그러다가 가끔 고성이 오가기도 했다…….

나는 물을 떠 오는 등 심부름을 했기 때문에 방 한쪽 구석에 앉을 구실이 있었다. 그럴 때면 얌전히 앉아서 그들의 말에 귀를 기울였다. 아주 중요한 국가 대사를 논하는 것 같았고, 특정 문제에 대해서는 논쟁이 갈수록 격렬해져 모두가 자리를 박차고 일어나는 것으로 끝을 맺기도 했다. 물론 그러다가 조금 후에 다시 말씀을 나누셨다. 이런 식으로 이들의 논쟁은 늦은 밤까지 꼬박 이어졌다…….

시간이 얼마나 지났을까. 돌연 방 안이 밝아지더니 어머니가 들어왔다. 손에 들린 커다란 나무 쟁반 위에는 타닥타닥 불꽃을 뿜는 작은 화덕이 놓여 있었다. 어머니가 이것을 탁자에 내려놓으면, 다들 '역시 제수씨, 역시 형수님!' 하며 환호했다. 나는 어머니를 도와 소고기, 된장, 김치, 술 등을 날랐다. 분위기는 순식간에 달라졌다. 석쇠 위로 소고기가 한 점 한 점 올라왔다. 모두 바삐 젓가락을 움직였고, 머지않아 방 안이 온통 고기 냄새로 가득 찼다. 이때부터는 대화마다 웃음소리가 섞였다.

아버지가 잔을 들고 짧은 건배사를 하고는 친구들과 잔을 부딪쳤다. 그러면 다들 호응하듯 환호를 지르고는 단숨에 술을 들이켰다. 엄숙했던 분위기는 삽시간에 웃음소리가 대신했다. 잠시 후, 수염을 기른 김 씨 아저씨가 젓가락으로 상을 치며 노래를 부르기 시작했다.

잠시 뒤 다른 사람들도 손뼉을 치며 따라 불렀다. 할머니까지 들어와 팔을 높이 들고 덩실덩실 춤을 추면, 다들 방 안이 쩌렁쩌렁 울릴 정도로 추임새를 넣었다.

"좋—다!"

술 한 잔 입에 대지 않은 나조차 취하는 것 같았다. 장정들과 할머니는 빙빙 돌며 춤을 췄고, 친근하지만 뜻을 알 수 없는 노래에 나는 왈칵 눈물을 쏟았다. 조금 전까지 언쟁을 높이던 아저씨 둘은 이내 부둥켜안고 눈물을 흘렸다.

아, 조선인이었다! 나는 조선인으로서 가슴이 꿈틀대는 것을 느꼈다. 그들은 노래하고 눈물을 흘리며 고향을, 조국을 그리워하고 있었다! 아버지가 그들을 이곳에 불러모은 것은 그들에게는 '집'이, 조국이 없기 때문이었다! 우리는 언제쯤 조국으로 돌아갈 수 있는가? 언제쯤 그 짐승들을 몰아낼 수 있단 말인가?

"우리는 조선인이다! 우리가 조선땅의 주인이란 말이다! 일본 놈들아, 썩 꺼져라!"

그때 우리 조선의 형제자매, 할아버지, 할머니가 늘 노래를 부르던 이유를 알았다. 그것은 바로 나라를 잃은 슬픔 때문이었다! 그 슬픔을 노래로 승화한 것이다! 그래, 바로 그것이다! 나는 그때 아버지의 심정을 더 깊게 느낄 수 있었다. 나는 마음속으로 외쳤다.

'저도 조선인이에요! 사랑해요!'

전쟁 속 우리집
____ 가족이라는 무거운 짐

우리집은 조선인과 중국인, 두 민족이 함께 생활하는 조금 특별한 가정이었다. 집에서는 중국어로 의사소통을 했는데, 할머니께서는 한국어만 할 줄 아셨다. 하지만 지혜로운 어머니는 중국인임에도 할머니를 '어머니'나 '할매'라고 한국어로 불렀다. 한국어로 '어떻게', '이렇게' 등 간단한 의사 표현도 익혀 손짓만 조금 보태면 생활에 필요한 기본적인 소통은 가능했다. 어디 그것뿐인가? 어느새 김치까지 배운 어머니는 시어머니인 할머니한테 '이제 진짜 조선 며느리가 됐다'며 칭찬을 듣기도 했다. 아버지는 우리가 한민족을 잘 이해하고 가깝게 느끼기를 바랐는데, 특히 어머니에게는 그런 마음이 더 컸다. 다행히 어머니도 열심히 노력했다. 이는 특수한 가정환경 탓도 있지만, 누구보다 아버지를 깊이 이해한 어머니였기에 힘닿는 데까지 아버지를 돕고 싶었을 터였다. 어머니는 아버지의 한국인 친구를 자주 집에 초대했고, 불고기와 다른 한국 요리를 대접했다. 손님들은 칭찬의 말을 아끼지 않았다.

어머니의 어머니, 그러니까 외할머니는 전족을 한 중국 노인이었다. 외할머니는 손재주가 좋았는데, 전쟁 중이라 비단 자수는 필요 없었지만, 신발 바닥을 꿰매거나 재단하는 기술은 팍팍한 살림에 큰 도움이 되었다. 외할머니는 대여섯이나 되는 손주들의 신발을 손수 만들어주기도 했다.

친할머니와 외할머니가 대화를 나눌 때면 재미있는 상황이 벌어졌다. 특히 아주 사소한 일로 말다툼을 벌일 때는 너무 웃겨서 배꼽이 빠질 정도였다! 아이들은 학교 기숙사에서 생활하고, 아버지도 군 기관에서 근무했기에 집은 기관과 가까이에 위치했다. 이는 다른 말로 주변에 한국인 동포가 없다는 얘기였다. 아버지는 출장으로 자주 집을 비웠고 우리도 기숙사에서 지냈기 때문에 한국어를 접할 기회가 적었고, 배울 기회는 더더구나 없었다. 그러니 어머니가 할머니를 모시는 것은 정말 대단한 일이 아닐 수 없었다. 언어도, 생활 습관도 달랐지만, 아버지는 낙천적인 성격에 아이와 음악을 사랑했고 시끌벅적한 집도 좋아했다. 게다가 할머니 두 분께는 특히 잘하셨기에 서로 단합하여 화목한 대가족을 이룰 수 있었다.

물론 여기에는 어머니를 빼놓을 수 없다. 현명하고 강단이 강한데다 수완이 좋고 고생도 마다하지 않는 어머니는 가정의 대소사를 온전히 관장할 수 있는 최고의 주부였다. 그리고 어머니 옆에는 유능한 유모가 있었다. 항일전쟁이 발발했을 때, 유모는 우리와 함께 살고 있었던 터라 같이 쓰촨으로 피난했다. 궂은 일도 마다하지 않던 젊은 유모는 후에 충칭에서 어느 군악대의 대장과 중매결혼을 했다. 듣기로는 전쟁이 끝난 후에도 쓰촨에 정착했고, 살림살이도 제법 부유해졌다고 한다.

우리 형제는 넷째 남동생과 여동생을 빼고 모두 중학생이었다. 나, 둘째 그리고 셋째는 모두 한 살 터울이었지만, 아버지는 나를 훨씬 나이 많은 맏이로 여겼고 이런 이유로 내게는 제법 큰일을 맡겼다. 예컨대, "가오바오에게 다녀오라고 해야 겠어", "가오바오, 장 씨 아줌마한테 가서 좀 빌려오거라", "우리는 나갔다 올 테 니 동생들을 잘 돌봐야 한다" 등. 그러나 술을 받아오는 등 자잘한 심부름은 둘 째나 셋째에게 시켰는데, 항상 둘을 같이 부르셨다. 지금이라면 열하나, 열두 살 정도인 아이는 부모와 잘 떨어지려고 하지 않을 것이다. 그러나 당시 우리는 각자 집을 떠나 충칭에서 기차나 배를 타고 외지로 학교를 다녔다. 둘째는 창서우(長壽) 현에 있는 국립 제12중등학교를, 셋째는 허촨(合川) 현에 있는 국립 제2중등학교 를 다녔다. 어머니는 우리가 입을 옷가지, 요와 이불, 지필묵, 세면도구 등을 챙겨 주었다. 신발만 해도 짚신 외에 헝겊신이 최소 두 켤레 이상 필요했는데, 이는 모 두 어머니와 외할머니가 손수 만들었다. 겨울이면 양말은 최소 두세 켤레는 있어 야 했다. 이런 것들은 차치하더라도 아직 어린애가 집을 떠나 있어야 한다는 사실 에 어머니의 마음은 한없이 무거웠으리라. 더구나 집에 남은 아이 둘을 돌보고 어 른 둘도 혼자 봉양해야 했다.

전쟁으로 물자가 귀해지면서 물가가 폭등했는데, 이보다 더 위협적인 것은 일 본 전투기 공습이었다. 어머니는 공습경보가 울릴 때마다 비상식량과 옷가지를 챙겨 아이와 노인을 데리고 산골짜기나 방공호로 피신했다. 한때는 해가 뜨기만 하면 경보가 울려 아무것도 챙기지 못한 채 피신해야 했다. 이 지리멸렬했던 전쟁 으로 고도의 긴장감 속에 살아야 했으니 정신적인 스트레스가 얼마나 컸겠는가? 아버지는 주로 방공 체계를 조직하고 지휘하는 일을 했는데, 출장이 잦고 번번이 외지에 나가 있어 가족을 돌볼 형편이 못됐다. 그래서 사실상 어머니가 가족을 책임져야 했으니, 그 부담감과 스트레스가 얼마나 컸을까?

그러던 어느 겨울, 어머니는 끝내 몸져누우셨다. 고열은 쉬이 가라앉지 않았고 한밤중 하혈이 계속됐다. 몹시 다급해진 아버지는 근무지에 있는 군의관을 불렀 다. 그러나 어머니의 상태가 예사롭지 않았다. 아버지는 잠시 생각하더니 무언가 결단을 내린 듯 나를 부르셨다.

"가오바오, 엄마가 위독하시다. 지금 바로 시내로 가서 선(申) 선생님을 모셔오너라. 당장 와 달라고 부탁해야 한다. 할 수 있겠니?"

"할 수 있어요!"

나는 주저 없이 대답했다.

"집도 알고 있어요!"

아버지가 나를 믿고 있다는 생각이 들자 뿌듯한 마음이 들었다. 나는 10리 남짓 되는 길을 뛰기 시작했다. 뛰다 지치면 잠시 쉬고, 다시 뛰다가 숨이 턱까지 차오르면 다시 멈췄다. 그 길을 가는 동안 머릿속에는 온통 어머니 생각뿐이었다.

드디어 저 멀리 시내가 보였다. 한밤중인지라 큰길은 텅 비어 있었고, 가로등만이 희미하게 반짝이고 있었다. 나는 연신 하얀 입김을 뿜어냈다. 의사 선생님 댁에 도착했을 때, 나는 다리가 풀려 비틀거렸다.

그 결과 어머니는 응급처치를 받은 후 의사 선생님의 도움으로 다음 날 아침 일찍 병원에 입원했다. 나는 링거를 맞는 어머니의 침대 옆에 나란히 누워 내 피가 어머니의 몸속으로 한 방울씩 들어가는 모습을 응시했다. 뿌듯하고 뭉클했다. 쭉쭉 빠져나가라! 그래야 어머니가 깨어나고 다시 건강해지시지! …… 나는 차츰 잠에 빠져 들었다.

잠에서 깨어났을 때, 흐릿한 시선 뒤로 아버지가 보였다. 아버지는 면도도 하지 못한 듯 수염이 덥수룩했다. 몸을 구부려 어머니를 가만히 바라보는 아버지를 보며, 나는 마음이 따스해지는 걸 느꼈다. 그리고 이내 축축한 것이 눈가와 뺨을 타고 흘러내렸다.

_____ 뼈아픈 죽음

전쟁 중에 목숨을 잃는 일은 허다하다. 우리 가족도 전쟁이 막 일어났을 때, 여섯째 남동생을 잃은 아픔을 겪지 않았는가? 그러나 왜놈이 떨어뜨린 폭탄이 또다시 우리 가족을 재앙으로 몰고 가리라고는 전혀 예상하지 못했다.

1942년 여름, 돌연 일본의 공습 패턴이 달라졌다. 1차 전투기 공습이 끝나면, 끝났다고 생각한 사람들이 해제경보가 울리기도 전에 방공호를 나와 귀가를 준비했다. 그런데 바로 그때 2차 전투기 공습이 시작되었다. 이미 상공에 뜬 일본 전투기가 폭탄을 투하했다. 샌쉐(贤学)[16] 누나와 그녀의 아이들은 짙은 연기와 불기둥에 파묻혔고 깨진 기와와 벽돌로 폐허가 된 그곳에서 주검조차 갈기갈기 찢기고 말았다……

이후로 며칠 동안 집은 쥐 죽은 듯 고요했다. 할머니만 침대에 무릎을 꿇고 중얼중얼 기도를 올렸다. 신기하게도 폭격이 있던 날, 할머니는 누나 집에 있었는데, 전투기가 날아오기 직전 귀신에 홀린 듯 우리가 있는 방공호로 뛰어왔다. 조금만 늦었다면 누나의 가족과 함께 정말 하나님을 뵈러 갈 뻔했다.

이튿날 새벽이 되었다. 짙은 안개가 가시기도 전에 누나의 남편인 지쭝(基宗) 형이 청두에서 날아왔다. 그는 우리와 인사도 하지 않고 곧장 안방으로 향했다. 아버지는 한달음에 달려나와 지쭝 형을 와락 껴안았다. 두 사람은 한참 동안 그대로 서 있었다. 침묵 속에서 매형의 흐느낌만 들려왔다. 그렇게 한참이 지나 지쭝 형이 핏발 선 눈에서 눈물을 닦아냈고 조용히 가방 하나를 아버지에게 건넸다. 그가 울먹이며 말했다.

"아내와 아이들이 생전에 쓰던 물건과 사진들이 들어 있습니다. 가지고 계세요. 앞으로는 충칭에 자주 들르지 못할 것 같습니다. 제 아버지와 지롄(基蓮)을 잘 부탁드릴게요."

아버지는 힘껏 고개를 끄덕이고는 그의 어깨를 토닥였다. 아버지는 건네받은 가방을 옆에 있던 어머니에게 맡긴 후 매형을 배웅하러 나갔다. 문 앞에 이르렀을 때 매형이 나를 보며 손을 단단히 붙잡고 말했다. 목소리에서 쉿소리가 났다.

"가오바오, 많이 컸구나. 나중에 보자."

매형과의 재회는 전쟁이 난 후 난징에서 대학에 다닐 때 이루어졌다. 당시 형집에 갔다가 재혼한 형수를 만났는데, 굉장히 예의가 바른 분이었다. 문득 나를

---

16 / 역주 : 손두환(孙斗焕)의 아들 손기종(孙基宗)의 아내. 손두환은 김철남의 의형으로, 저자(김정평)는 그의 아들인 손기종은 기종 형, 그의 아내는 샌쉐 누나라고 불렀다.

안고 빙빙 돌리며 "비행기다! 비행기! 슝슝!"하며 놀아준 누나가 생각났다. 그때마다 깔깔대며 천진하게 웃었는데…… 갑자기 울고 싶어졌다…….

매형이 돌아간 후에도 아버지는 계속 말이 없었다. 저녁도 그저 술만 몇 잔 연거푸 들이켜더니 이내 의자에서 일어나 밖으로 나갔다. 어둠 속 우두커니 서 있는 아버지를 보며, 불안한 마음에 나가려는데 어머니가 말렸다.

"괜찮아. 지금은 그냥 아버지 혼자 있게 해드리자."

우리는 또다시 피눈물을 흘렸다. 아버지의 마음속에는 얼마나 많은 증오와 사랑과 고통이 자리했을까!

_____ 고생이라고 생각 마

아버지는 매사에 대쪽 같고 굳센 사나이였지만, 사실은 정도 많고 가슴도 뜨거운 남자였다. 어려서 집을 나온 아버지는 한성에 있는 교회에 다녔다. 그곳에서 성가대를 하고 바닥, 유리창, 등잣 등을 닦는 일도 했다……. 아버지는 그 교회 부속 학교에서 고학생 생활을 했다. 성실하고 똑똑했기에 언더우드 목사의 총애를 얻어 대학에 진학할 때까지 후원을 받았고 그 목사 덕분에 아버지는 수많은 지식을 익힐 수 있었다. 학교에서는 일어와 중국어를 배웠고, 영어는 목사가 직접 가르쳐 주었다. 이 밖에도 문학작품, 세계사, 음악 등도 배웠다. 특히 음악은 성가대 합창뿐만 아니라 서유럽 클래식 음반을 즐겨 들었고, 바이올린 연주법도 배웠다. 대학생이 된 아버지는 혼자의 힘으로 생활하고자 가정교사, 신문 판매, 가구 수리 등 여러 가지 일을 했고, 이를 통해 친구를 사귀고, 사회를 이해하게 되었다. 아버지는 우리에게 늘 '고생이라고 생각하지 마라. 사람은 어려움이 있어야 성장하니까'라고 말씀하셨다. 아버지는 고작 열 살 남짓 때부터 신앙과 의지의 힘을 쌓아 조국의 광복을 위해 싸우고자 중국으로 망명할 준비를 했다. 이 신념을 바탕으로 자식을 가르쳤고 우리 또한 이 신념을 가지고 살아가기를 바랐다. 무엇보다 우리가 어려운 일을 두려워하지 않는 강직한 성품을 갖도록 교육했는데, 이 때문에 어머니와 소소한 '갈등'을 빚기도 했다.

내가 칭무관에서 중학교에 다닐 때 일어난 일이었다. 학교는 우리집이 있는 충칭시에서 약 50여 리쯤 떨어져 있었는데, 그곳까지 직행하는 장거리 기차를 타면 됐다. 방학이 끝나 집을 떠날 때면, 으레 어머니께서 왕복 차비를 주거나 방학 전에 차비를 송금해주었다. 그러던 어느 날, 아버지가 말씀하셨다.

"혼자 걸어서 가보는 게 어떻겠니? 기차를 타지 않고 말이다."

내가 아직 어리다고 생각한 어머니는 즉각 반대했고 뒤이어 부부 싸움이 시작됐다. 아버지는 생각을 꺾지 않고 내 머리를 쓰다듬으시며 한마디 말만 남기고 자리를 떠났다.

"한 번 해볼 만 하잖아?"

방학을 맞아 집으로 돌아갈 채비를 하는데, '한 번 해볼까?' 하는 마음이 들었다. 마침 충칭 외곽 사핑바진(沙坪壩鎭)에 집이 있는 고등학생 친구를 알게 된 터라 그와 함께 걸어가기로 약속하고 아침 일찍 길을 나섰다. 우리가 걸음이 빠르기도 했고 중간중간 지름길로 앞질러 간 덕분에 점심 즈음에 거러산(歌樂山, 유명한 중미합작소가 이곳에 있었다)에 도착했고 시골 간이역에서 식사했다. 쓰촨에서는 커다란 밥그릇에 모자처럼 수북하게 담은 고봉밥을 가리켜 '마오얼터우(帽兒頭)'라고 하는데, 그 고봉밥에 고추장과 자차이를 반찬 삼아 맛있게 먹었다. 다시 길에 오른 우리는 처음엔 노래도 흥얼댔지만, 마지막에는 벙어리가 된 듯 입도 벙긋하지 않았다. 다리는 천근만근 무겁기 이를 데 없었다. 해 질 무렵, 친구가 먼저 사핑바에 도착했고 나는 더 가야 했다. 우리집이 있는 푸투관(浮圖關)은 샤오룽칸(小龍坎)에서 산을 하나 넘어야 있었다. 더구나 이제는 혼자 가야 했다. 날은 어둑어둑했고, 나는 꼼짝할 수 없을 만큼 지쳐 있었다. 우선 쉬어 갈 요량으로 잠시 멈췄는데, 시간이 갈수록 사방은 캄캄해졌다. 더는 지체할 수 없다고 판단한 나는 용기를 내어 산을 올랐다. 그러다 누군가가 그 산에 늑대가 있다고 했던 말이 떠오르자 갑자기 불안해졌다. 그런데 이게 웬일인가! 정말로 늑대와 마주쳤다! 등산로 주변에 있는 나무에 기댄 채 쉬고 있는데, 멀지 않은 풀숲에서 초록색으로 번뜩이는 커다란 눈동자가 보였다. 늑대의 눈동자가 분명했다! 나는 놀란 상황에서도 민간에 떠도는 쓰촨 속담이 생각났다. '늑대를 치려고 줄기라도 들면, 사람과 늑대 모두 감히 먼저 덤비지 못한다'는 것인데, 즉 늑대와 대치하는 상황에서 내가 '악!' 하고 먼저 위협하면, 늑대도 곧장 엎드리게 될 것이라는 뜻이었다. 나는 제법 굵은 나뭇가지 하나를 꺾었다. 눈을 딱 감고 마구 휘두르면서 한 걸음, 한 걸음 천천히 전진했다. 날카롭게 번뜩이던 초록 눈은 어느새 사라지고 없었다. 나는 방망이질하듯 뛰는 가슴을 부여잡고 나뭇가지를 휘두르며 그곳을 빠져나왔다. 온몸이 땀으로 흥건했지만, 조금도 지치지 않았다……. 집에 도착했을 때는 다들 나를 기다리다 지쳐 먼저 저녁 식사를 마친 시각이었다. 무슨 변고라도 당한 것이 아닐까 염려하던 차에 내가 나타나자 다들 소리를 지르며 기뻐했다. 늑대를 만난 이야기까지 풀어놓자 다들 정신이 나간 듯 멍해졌다. 그때, 나는 영웅이라도 된 듯한 느낌이었다.

그날 이후 나는 계속 걸어서 집에 왔다. 50리가 넘는 먼 거리였지만, 지름길로 가면 10리 이상 단축할 수 있고, 일찍 출발하면 날이 저물기 전에 도착했다. 아버지가 조금 격앙된 목소리로 날 칭찬했다.

"그래, 이 애비는 찬성이다!"

이제는 어머니도 거들었다.

"차비는 줄게. 그걸로 책을 사든, 영화를 보든 네가 알아서 쓰렴. 너한테 주는 상이란다!"

아버지가 나를 향해 웃으며 윙크했다.

이후 내가 출발할 때면 아버지가 짐을 챙겨주었다. 짐을 어떻게 메는지, 신발 끈은 어떻게 묶는지 일일이 알려주었고, 심지어 가느다란 밧줄까지 챙겨주었다. 먼 길을 갈 때 비상용으로 가지고 가면, 가끔 요긴하게 쓸 수 있다고 했다. 사실 정말로 짚신이 해져 벗겨진 적이 있는데, 이 밧줄로 묶어서 신고 간 적이 있었다. 이 밖에도 다용도칼, 물병 등도 챙겨 주었다. 기억으론 얇은 감기약 시럽통을 물병으로 썼던 것 같다. 아버지는 쉴 때 짐을 내려놓지 말고 나무 기둥에 기대어 위로 조금만 들어 올리고 있으라고 당부했다. 그렇게만 해도 어깨 하중도 줄고 다리도 좀 쉴 수 있다고 설명했다. 계속 걸어서 집에 오다 보면 천천히 익숙해질 거라는 말씀도 덧붙였다. '노병'의 경험에서 우러나온 조언이었다. 아버지 말씀대로 나중에는 걷기가 전혀 힘들지 않게 되었다.

이때의 경험과 신념은 훗날 내가 국립 제9중등학교(고등학교)에 다녔을 때도 영향을 미쳤다. 방학 때 하필 사공이 파업을 하는 바람에 집에 갈 날을 기약 없이 기다려야 했다. 나는 친한 친구 몇몇을 부추겨 채소를 운반하는 대나무 뗏목 주인과 흥정한 다음, 짐을 가지고 바로 출발했다. 뗏목은 강을 따라 장진구(江津區)에서 양쯔강까지 갔다. 도중에 배를 뭍에 대고 도보로 이동하기도 했고 뗏목 위에서 밥도 먹었다. 험난하기로 소문난 '샤오난하이(小南海)' 급류를 거쳐 하류를 따라 내려가 마침내 충칭에 도착했다. 그런데 육지에 오르자마자 온몸이 마비된 듯 움직이질 않았다! 다행히 뗏목 주인이 대나무 가마를 불러서 그걸 타고 집에 갈 수 있었다. 나는 이틀간 고열에 시달렸다. 뜨거운 햇볕에 화상을 입어 피부가 벗겨지고 벌겋게 부풀어 올라 등을 대고 누울 수 없었다. 나는 침대에 엎드린 채로 어머니의 꾸중을 들었다. 어머니는 마음이 아프기도 하고 화가 난 것도 같았다. 그래도 나는 어깨가 으쓱했다. '양쯔강 탐험기'가 탄생하지 않았는가! 아이러니하게도 고생을 훈장으로 여겼던 그때의 경험이 훗날 우파로 몰려 강제 노역을 하고, '문화대혁명' 시기 인민재판을 받고 노동개조를 당했을 때 크게 도움이 되었다.

아버지는 작은 것에도 만족할 줄 알았다. 저녁 식사에 반주를 곁들이고 편두, 마늘쪽 한 접시, 된장, 고추와 파를 올린 뜨끈뜨끈한 탕면 한 그릇이면 족했다. 그 탕면도 아버지의 보물 같은 딸과 '공유'했는데, 젓가락으로 국수 한 가락을 집어 둘이 양 끝을 물고 누가 먼저 빨아들이는지 시합했다. 결과는 불 보듯 뻔했다. 아버지가 힘을 빼면 여동생이 쏙 하고 면발을 빨아들였으니까. 아버지는 여동생이 맛있게 국수를 먹는 모습을 보며 일부러 울상을 지었고, 여동생은 으스대며 웃었다. 면을 다 먹으면 그릇을 들고 국물을 들이켠 후, 이마에 송골송골 맺힌 땀을 손바닥으로 닦아내고는 흡족한 얼굴로 말했다.

"아, 잘 먹었다!"

저녁 식사를 마치면 우리와 함께 노래를 부르거나 이야기를 나누었고, 특히 우리가 재잘대는 얘기를 조용히 들어주었다. 아버지는 언제나 칭찬할 거리를 찾아 우리를 칭찬했고, 특히 여동생에게는 더욱 그랬다.

아버지는 우리가 크면 어떤 사람이 될 것인지 농반진반으로 예측하기를 좋아했다. 이를테면, 여동생은 피아니스트가 될 거라고 확신했고, 셋째는 바이올리니스트가 될 것이라고 이 역시 확신에 차서 얘기했다. 둘째는 똑똑하고 생각이 깊고 세심한 성격이라 철학가가 될 것 같다고 예상했고, 아직은 어리지만 영리한 넷째는 아마도 은행원이 되지 않을까 조심스레 짐작했다. 그리고 나에게는 "맏형이니 정치가가 됐으면 좋겠구나"라고 했는데, 아마도 아버지의 뒤를 이어 한국의 독립을 위한 혁명운동에 헌신하기를 바랐던 것 같다. 아버지는 내가(우리가) 음악적 소양을 키우는 데 절대적인 역할을 했음에도 단 한 번도 내가 음악가가 되길 바란 적이 없었다. 바이올린은 내가 제일 먼저 배웠지만, 아버지가 보기엔 셋째보다 못했고 그건 나도 인정하는 사실이다. 나에게 책을 많이 보라고 강조하였으나, 그렇다고 문학가가 되라고도 하지 않았다. 어쨌든 우리의 장래에 관한 아버지의 유쾌한 예측에는 자식에 대한 이해와 기대, 희망이 담겨 있었다. 아버지는 이에 대해 자주 말했고, 종종 약간씩 바뀌기도 했지만 큰 틀은 변함없었다. 그러나 자식이 나중에 어떻게 크던 '고생을 고생으로 여기지 않는' 마인드, 독립심, 음악과 독서를 게을리하지 않는 마음이 우선시되어야 했다! 이것이 아버지의 가르침이었고, 삶의 여정에서 수시로 떠올린 교훈이었다. 그래서 나는 늘 아버지께 감사했다.

또 다른 세계

칭무관에서 중학교에 다녔을 때, 특히 장자 교정에서 지냈던 시간은 세상 모든 것을 새로운 눈으로 바라보고 삶의 의미를 깊이 성찰하던 시기였다. 그 당시 가장

소 년, 전 쟁 을 겪 다

매력적으로 내 마음을 단숨에 사로잡은 것은 문학이었고 그중에서도 특히 소설이었다. 소설이 만든 또 다른 세계는 소년에게 매혹적으로 다가왔고, 수많은 환상과 꿈틀대는 열정을 불러일으켰다. 일과 중 빼놓을 수 없었던 것이 문학 작품을 읽는 것이었고, 이는 여가시간 대부분을 차지했다. 다만, 그때는 책을 구하기가 어려웠기 때문에 선택할 수 있는 글이 많지 않았다. 기껏해야 교과서와 집에 있는 책 몇 권, 친구끼리 돌려가며 읽는 책이 전부였다. 칭무관 읍내에 자리한 '민중교육관' 안에도 도서실이 있었지만, 볼만한 책이 너무 적었고 종류도 무척 단조로웠다. 때때로 읍내에 있는 헌책 좌판에서 괜찮은 책 한두 권을 얻는 횡재를 만났다. 책을 가장 많이 가지고 있고 내가 읽기에도 적합한 책은 대개 고등학생, 정확히는 여고생이 가지고 있어 아는 친구를 통해서만 빌려 볼 수 있었다.

국어 수업만으로 문학에 대한 갈증을 충족하진 못하지만, 그래도 중국의 고전문학과 시가(詩歌)를 접할 기회였기에 내게는 소중했다. 특히 경전은 구구절절 주옥같고 의미도 심오하여 전통에 대한 나의 심미관과 역사적 정서에 상당한 영향을 미쳤다. 다만 아직 인생 경험이 많지 않은 어린 소년이 실생활과 거리가 있는 고전시가를 이해하고 공감하기에는 한계가 따랐다. 그래도 『서유기』, 『수호전』, 『삼국지』, 『봉신연의』, 『요재지이』, 『삼협오의』 등 줄거리가 있거나 긴장감 넘치는 고전소설은 재미있게 읽었다. 다양한 성격을 지닌 등장인물, 기승전결이 뚜렷한 이야기 구도는 독서의 재미를 고취하기에 충분했다.

어릴 때 아버지는 내가 칭찬받을 만한 일을 할 때마다 상으로 책을 사 주었다. 물론 장난감이나 사탕 같은 것도 종종 주기는 했다. 이 가운데 가장 큰 상은 삽화가 있거나 없는, 재미있거나 유명한 이야기책, 동화책이었다. 이 책들은 내게 가장 소중했다. 말 그대로 나는 책을 통해 가장 아름다운 즐거움과 기쁨을 누렸다. 내가 제일 재미있게 읽은 책은 안데르센 동화집이었는데, 그중 특히 『성냥팔이 소녀』가 좋았다. 아, 『로빈슨 크루소』도 좋아했다. 나중에는 빙신(冰心)[17]의 책이나 『셜록홈즈』, 『삼총사』 등 외국 작품은 정말 눈에 불을 켜고 읽었다. 한 번은 고등

17 / 역주 : 중국 한족 출신의 여성 현대 문학가

학교 선배에게 말로만 듣던 괴테의 『젊은 베르테르의 슬픔』을 빌렸는데, 여간해서는 진도가 나가질 않았다. 인물의 감정을 이해할 수 없는 데다 번역문의 스타일과 편지 형식의 스토리 전개 방식도 그다지 마음에 들지 않았다. 그래도 어렵사리 빌린 책이니 끝까지 보자는 생각으로 뚝심 있게 읽어 내려갔다. 사랑의 열병으로 죽음을 택한 결말은 눈물이 나올 만큼 감동적이었다. 당시에 이 책을 안고 베르테르처럼 자살을 택한 사람도 있었다는데, 그 역시 이해할 수 있었다. 그때부터 이와 비슷한 작품을 섭렵하기 시작했다. 『홍루몽』은 그 직후에 읽은 책이었다. 처음에는 삶에 대한 소소한 묘사, 특히 장마다 튀어나오는 시가는 너무 어려워 그냥 건너뛰었다. 그러다 고등학생이 된 후, 감정과 경험이 생기고 나서야 작품에 묘사된 정서, 특히 극중 인물의 감정을 이해하게 되었다.

누군가 나에게 중학생 때 가장 몰입했던 것과 가장 큰 깨달음을 준 것에 대해 물으면, 나는 주저 없이 독서와 문학을 꼽을 것이다. 물론 그 당시에는 이러한 인식 없이 그저 재미로 읽긴 했지만 말이다.

나는 문학작품이 아이가 성장하는 데 긍정적인 역할을 한다고 생각한다. 훌륭한 작품 속에 그려진 아름답고 신비롭고 기묘하고 감동적이고 진취적인 세계는 은연중에 아름다움, 선함뿐만 아니라 자기가 추구하는 목표에 대한 태도와 신념에 영향을 준다. 물론 기괴하고 복잡하고 각양각색인 허구의 세계에서 우리는 종종 길을 잃기도 하고 고개를 갸우뚱하기도 한다. 따라서 경험 있는 사람의 지도가 필요하고 책을 선정하는 것 역시 굉장히 중요하다.

중학교 2학년 여름방학을 보내던 어느 날, 어머니는 아버지가 겸직으로 일하는 시내 일터로 가서 수당을 받아오라고 시켰다. 심부름을 마치고 집으로 돌아오는 길에 싼롄서점(三聯書店)을 발견했는데 참새가 방앗간을 어찌 그냥 지나갈까. 나는 둘러보기나 하자는 심정으로 서점에 들어갔다. 그런데 보고 싶은 책이 어쩌면 그렇게도 많은지! 주머니 속에 두툼한 봉투까지 들어 있으니 도무지 참을 수가 없었다. 그래서 내게 '추파'를 던지는 수많은 책 중에서 두꺼운 책 두 권을 골랐다. 톨스토이의 『부활』과 하이네, 셸리, 실러, 괴테 등 유명한 시인의 작품이 실린 『소야곡』이라는 시집이었다. 그리고 집에 돌아와 우물거리며 어머니께 책을 두 권 샀노라고 말씀드렸다.

그 후 일주일이 지난 어느 날, 내가 책을 보고 있는데 아버지가 불쑥 다가와 물었다.

"『부활』, 다 읽었니?"

나는 아무 생각 없이 다 읽었다고 대답했는데, 어찌 된 일인지 아버지는 내가 그 책을 가지고 있다는 사실을 알고 있었다.

아버지가 다시 물었다.

"그래, 다 읽은 소감이 어때?"

나는 대답 없이 고개를 숙인 채 책만 봤다.

"네플류도프가 어째서 카추샤와 함께 시베리아로 갔지? 그건 생각해 봤니?"

"사랑 때문에요."

엉겁결에 대답했지만, 사실 확신은 없었다. 아버지가 고개를 끄덕이는 듯하더니 내 앞에 있는 의자에 앉아 한담을 나누듯 뜻밖의 말을 했다.

"진정한 의미를 이해하지 못했구나. 하긴 네가 어리니까."

그리고 잠시 어떻게 말할까 고민한 후 덧붙였다.

"세상에는 사랑 말고도 복잡한 문제가 아주 많단다. 종교, 신앙, 윤리 등 네가 아직 접해 보지 못한 것들이 말이다. 언젠가는 너도 알게 될 게야. 물론 지금은 아니고. 그래서 언제 어떤 책을 읽어야 할지, 직접 사서 읽어야 할지 등을 잘 고려해야 한단다. 물론 기왕 샀으니 한 번 읽어보는 건 괜찮아. 다 읽고 나서 일단 놔두는 거지. 이 애비한테 빌려주는 건 어때?"

아버지가 웃었고, 나도 따라 멋쩍게 웃었다.

"이 애비는 네가 재미있고 이해하기 쉬운 작품부터 읽었으면 좋겠다. 찰스 디킨스의 『두 도시 이야기』나 뒤마의 『삼총사』 같은 책 말이다. 위고의 『레미제라블』만 해도 훨씬 쉽고 재미있게 읽을 수 있을 게다."

나는 속으로 감탄했다. 아버지 말씀이 하나도 틀리지 않기 때문이다. 톨스토이의 『부활』은 어렵고 지루해서 그냥 넘긴 부분만 한두 군데가 아니었다. 내가 고집스럽게 완독한 이유는 책에서 나의 '부활'을 찾고 싶었기 때문이었다.

독서에 대한 시야를 넓히고 '신대륙'을 발견하게끔 이끌어준 것은 뜻밖에도 억울한 누명을 쓰고 선생님께 질책을 받은 사건 때문이었다. 구체적인 내막은 잘 기억이 나지 않지만, 어쨌든 수학을 가르친 샤오수모(蕭樹模) 담임 선생님에게 불려가 족히 한 시간 동안 혼이 났다. 나중에는 다리가 저리고 머리가 어질어질했다. 정신이 멍한 가운데 선생님이 어째서 혼을 내고 무엇을 질책하는지 전혀 귀에 들어오지 않았다. 그런데 '루딘'이라는 두 글자는 분명히 기억했다. 선생님이 득의양양한 표정으로 반복해서 그 단어를 뱉으셨기 때문이다.

"루딘! 너 이러다가 루딘처럼 되겠어! 무슨 말인지 알겠니?"

나는 최대한 빨리 그곳에서 벗어나고자 고개를 끄덕였다. 선생님이 그만 나가보라고 손짓했고 나는 냉큼 교무실을 빠져나왔다. 하지만 '루딘'이라는 두 글자가 계속 머릿속을 맴돌았다. 대체 누굴까? 나중에 국어 선생님인 이주(一株) 선생님이 루딘은 투르게네프라는 러시아 문학가가 쓴 소설의 주인공이라고 알려주셨다.

방학을 맞아 집으로 돌아온 나는 곧장 사촌 누나 푸위(福玉)를 찾아갔다. 누나에게는 리이팡(李義芳)이라는 친구가 있었는데, 시쳇말로 '문학청년'이었다. 나는 누나에게 루딘이 주인공으로 나오는 책을 빌려 달라고 부탁했는데, 그 책은 없다며 대신 투르게네프가 쓴 다른 책을 빌려주었다.

"이 책 정말 재밌어! 꼭 봐야 해!"

바로 『귀족의 보금자리』라는 책이었다. 나는 하룻밤 만에 책을 완독했다. 밤을 새우겠다고 샌 게 아니라 푹 빠져 읽다 보니 어느새 날이 밝아온 것이었다.

'…… 리자는 황급히 스쳐 지나갔다. 그를 보진 않았지만, 그와 가까워질 때 저도 모르게 눈썹이 파르르 떨렸다……' 인용문이 아니라 내가 기억하는 내용이다. 마지막 페이지를 넘겼을 때, 눈물이 왈칵 쏟아질 정도로 가슴이 시큰했다……. 책을 덮고 한참 지난 후에도 눈물범벅이 된 얼굴을 닦을 생각조차 못 했다.

그때부터 투르게네프의 책을 찾아서 읽기 시작했다. 손에 넣을 수 있는 책은 모조리 읽었다. 투르게네프를 시작으로 이어진 러시아 문학(나중에는 러시아의 음악)은 내가 가장 좋아하는 것이 되었다. 물론 그중 톨스토이나 도스토옙스키의 작품은 여러 번 읽어야 겨우 이해할 정도로 어려웠다. 특히 극중 인물의 이름을 기억하기가 쉽지 않았다. 그러다 나중에는 '사진식 기억법'을 발명했다. 혹은 애칭으로 기억하기도 했다. 그 긴 이름을 한 글자 한 글자 다 외우기는 너무 힘든 일이었다. 물론 나중에는 조금 수월해졌지만.

아무튼 이렇게 내 독서 세계가 확장됐다. 나는 세상에 훌륭한 책이 아주 많다는 사실을 깨달았다. 이때 즈음 내 독서 선택지도 늘어나기 시작했다. 그때 날 호되게 꾸짖었던 샤오 선생님께 정말 감사하다. 왜 꾸중을 들었는지는 잘 모르겠지만, 덕분에 값진 것을 얻었다. 선생님의 '비난' 덕분에 투르게네프를 알게 되었고, 세계 문학이라는 보물 창고의 문을 열어 새로운 세계를 엿볼 수 있게 되었으니 말이다. 그리고 마침 그때 나는 고통의 소용돌이에 빠져 있었다.

깨어진 베이페이구의 꿈

이 장은 따로 다뤄야 할 만큼 피해갈 수 없는 이야기이다. 줄곧 마음속으로만 써오던 이 이야기는 오랜 세월이 지난 지금, 왠지 글로 남기고 싶었다. 내 생에 가장 슬프고, 가장 잊기 힘들고, 가장 소중한 흔적에 관한 이야기이다…….

1942년 초가을, 개학 후 얼마 지나지 않았을 때의 일이다.

상쾌한 아침, 나는 여느 때처럼 식당에서 아침을 먹고 운동장을 가로질러 교실로 향했다. 깊은 산 속에서부터 구불구불 이어진 시내 위로 나무다리가 놓여 있었고, 나는 그 다리를 느릿느릿 건너고 있었다. 다리를 건널 즈음, 향긋한 내음이 코끝을 스치더니 여학생 하나가 내 곁을 쓱 지나갔다. 누군가 뒤에서 소리쳤다.

"잠깐만!"

나는 무의식적으로 고개를 들었다. 내 곁을 스쳐 지나간 여자아이가 옅은 미소를 띤 채 뒤돌아선 모습이 눈에 들어왔다. 찰나의 순간, 나는 내 안에 무언가가 일어났음을 직감했다. 시간이 그대로 멈췄고, 내가 정신을 차렸을 때는 그 아이를 뒤쫓아온 친구와 함께 오른쪽으로 돌아 교실로 들어간 뒤였다.

　'처음 보는데? 신입생인가?'

　예비종이 울렸다. 나는 황급히 교실로 향했다. 그러나 눈앞에 그 여학생의 모습이 아른거렸다. 내게 뭔가 심상치 않은 일이 일어난 것이 분명했다.

　온종일 시도 때도 없이 그녀를 다시 한 번 보고 싶었다. 방과후 활동시간, 거의 모든 학생이 운동장에 모였다. 나는 아무 생각 없이 어슬렁어슬렁 운동장 두 바퀴를 돌았다. 하지만 그녀의 모습은 보이지 않았다……. 이튿날 아침, 서둘러 아침을 먹고 어제 그 다리로 부리나케 달려갔다. 식당에서 교실로 가려면 반드시 그 길을 지나야 했다. 나는 예비종이 울릴 때까지 기다렸으나 그녀는 나타나지 않았다.

　'벌써 교실로 간 걸까? 아침을 안 먹었나?'

　그 후에 알아본 결과, 대충 동선을 짐작할 수 있었다. 그녀의 교실 맨 뒤편에 작은 언덕이 있었고, 그 위에 석탄재를 깐 좁은 길을 따라 올라가면 식수실이 나왔다. 식수실 오른편에는 순서대로 교사 식당, 교직원 기숙사, 여학생 기숙사가 자리했다. 반대로 식수실에서 이 좁은 길을 따라 내려가면 그녀의 교실이었다.

　나는 그 길을 가보기로 결심했다. 자습 시간이 끝난 후, 주전자를 들고 식수실로 향했다. 친구들 사이에 껴서 석탄재가 깔린 길을 따라 내려갔더니 그녀의 교실 복도가 나왔다. 가슴이 콩닥콩닥 뛰기 시작했다. 나는 길을 따라 걸으면서 창문 너머로 보이는 교실을 샅샅이 살폈다. 순간 숨이 멎었다! 그녀의 뒷모습이 보였다. 다리에서 딱 한 번 마주친 것이 전부지만, 나는 단번에 그녀를 알아보았다. 복도 창가 자리에 앉아 있는 여학생은 틀림없이 그녀였다!

　그날부터 내 동선에 변화가 생겼다. 매일 아침, 나무다리를 건넌 다음 오른쪽으로 꺾어 1학년 교실, 그녀가 앉은 창가를 향해 걸었다. 창가를 지나 끝까지 걸어갔다. 석탄재 길을 따라 식수실로 올라간 다음 왼쪽으로 돌아 곧장 우리 교실로 향했다. 이 길은 훗날 나와 그 창가에 앉은 사람만 아는 '비밀로'가 되었다.

그녀가 앉은 창가와 가까워질 때마다 내 가슴은 쉴 새 없이 쿵쾅거렸고, 다리는 후들후들 떨렸다. 그래서 나는 먼발치로 물러나야만 비로소 그녀를 오롯이 볼 수 있었다. 아직 어린 태가 나는 얼굴, 까맣고 반짝이는 두 눈, 양 갈래로 단정하게 땋아 내린 머리카락…… 표현이 서툴고 평범하다. 그러나 나는 이 이상 내 느낌을 표현할 수가 없다. 그녀는 무척 아름다웠지만, 내가 끌린 것은 단지 외모 때문만이 아니었다. 그녀의 모든 것이 나를 사로잡았다. 상투적이긴 하나 큐피드의 화살을 정통으로 맞은 것이다! 이 감정은 앞서 언급했듯 '무언가 심상치 않은 일'이었다.

그 후로 거의 매일, 나는 1교시가 시작되기 전에 그 아이에게 '눈인사'를 하러 갔다. 그녀가 앉은 창가에 닿을 즈음이면 주변을 둘러싼 모든 것이 빛을 잃었고, 오로지 두근대는 내 심장과 희미하게 보이는 그녀의 실루엣만 또렷해졌다. 창가를 지날 때는 금방이라도 심장이 터질 듯한 긴장감에 도망치듯 지나갔다. 괴롭기 그지없었다.

그러던 어느 날 멀리서 그녀를 바라보았는데, 갑자기 그녀의 눈길이 내게 던져졌다. 나는 그대로 몸이 굳었고 심장은 미친 듯이 뛰었다. 용기를 내어 다시 그녀가 앉은 창가를 향해 발을 내디뎠을 때, 그녀가 홱 고개를 숙였다. 그녀가 눈을 아래로 깔고는 가슴 쪽으로 내려온 양 갈래 머리를 두 손으로 꽉 쥐었다…… 아! 내게 눈길을 주다니. 나를 기다린 건가……? 이후 우리는 약속이나 한 듯 시선을 주고받았다. 그때의 기쁨과 행복이란!

나는 세상을 향해 행복하다 외치고 싶었지만, 실제로는 아무에게도 알리지 않았다. 그런데도 같은 반 친구 탕버리(唐博理)는 어찌 알았는지 눈치챈 듯 보였다. 그녀의 이름도 탕버리가 알려주었는데, 바로 리룽룽(李溶溶)이었다. 그녀는 리룽룽과 친한 듯했고, 종종 내 앞에서 리룽룽의 이야기를 꺼내곤 했다. 탕버리는 마치 누나처럼 나와도 친하게 지냈는데, 시원시원하고 상냥한 성격에 생각도 깊어 전체적으로 교우 관계가 좋았다.

아마 이듬해 봄이었을 것이다. 학교에서 베이페이구(北碚區)에 있는 베이온천으로 봄 소풍을 갔는데, 그곳까지 바로 가는 직통버스가 있었다. 당시 충칭은 관광 명소인 데다 지성인이 몰려드는 지역이기도 했다. 탕버리와 리룽룽의 집도 베이페이구에 있었기에 봄방학 때는 당연히 집으로 돌아갔다. 베이페이구에 도착했을 때, 탕버리가 나를 집으로 초대했다. 그녀의 집은 량유도서회사(良友圖書公司)를 운영했고, 가게는 베이페이구에 있었다. 수많은 책을 접할 기회라니! 관광지를 둘러보는 것보다 훨씬 더 구미가 당기는 일이었다. 원래는 학교에서 예약한 오후 5시 버스를 타고 돌아가야 했지만, '탕 누님'이 야간 버스표를 구해준 덕분에 따로 움직일 수 있게 되었다. 어찌나 기쁘던지! 참고로 탕버리는 이튿날 아침 버스를 탔다. 그녀의 집에는 흥미로운 책들이 가득했다. 함께 저녁 식사를 마치고, 그녀가 나를 정류장까지 바래다주었다. 버스가 막 출발하려는데, 학생 두 명이 헐레벌떡 버스에 올라탔다. 룽룽과 그녀의 단짝 친구였다. 나는 너무 기쁜 나머지 소리를 지를 뻔했다. 룽룽은 뒤에 앉은 나를 보지 못한 것 같았다. 두 사람은 버스 출입문 가까운 곳에 앉았다.

　　이윽고 버스가 출발했다. 날은 이미 어두웠고 희미한 달빛이 버스 안을 은은하게 비췄다. 더는 참을 수 없던 나는 용기를 내어 출입문 쪽으로 다가갔다. 우리는 인사를 하지도, 시선을 주고받지도 않았다. 공기마저 얼어버린 듯했다. 나는 한 손으로 룽룽이 앉은 좌석과 연결된 은색 기둥을 잡고 계단에 섰는데, 내 턱이 룽룽의 정수리에 닿을 듯 말 듯했다. 버스에는 다른 반 친구도 있어 함부로 룽룽에게 말을 걸 수도 없었다. 하지만 절호의 기회를 이렇게 놓칠 수는 없었다. 적어도 그녀를 향한 내 마음을 전해야 했다. 격렬하게 요동치는 마음을 힘겹게 누르다가 나도 모르게 앓는 소리가 새어 나왔다. 선율을 이루듯 면면히 이어진 소리는 룽룽에게 털어놓은 진심이었다. 내 작고 작은 목소리는 버스 엔진 소리에 묻혀 그녀의 귀에만 들렸을 것이다. 그러나 내 노래는 밤하늘의 달처럼 우리에게 긴 여운을 남겼다……. 룽룽의 머리카락에서 향기가 났다. 나는 그녀의 머리카락에 입을 맞추고 싶었다. 내 턱이 그녀의 정수리를 닿을락 말락 했으니 몸을 조금만 수그려도

　　　　　　　　　　　　　　　　소 년, 전 쟁 을 겪 다

바로 입을 맞출 수 있었다. 어쩐지 룽룽도 그것을 기대하는 것은 아닐까 생각이 들었다. 하지만 그 마음을 가까스로 억눌렀다. 자칫 내가 경솔한 사람으로 보이거나 그녀를 존중하지 않는 사람으로 오해를 받을지 모를 일이었다. 손잡이를 잡은 손을 아래로 조금만 내려도 기둥 하단을 잡은 룽룽의 손이 닿을 수도 잡을 수도 있었다. 하지만 이것도 감히 실행하지 못했고 실행해서도 안 되었다. 이것이 그녀에 대한 나의 사랑을 더럽힐 것만 같았다. 아! 이토록 어렵고 긴장되다니! 하지만 그만큼 행복한 순간이었다!

옆자리가 비어 있었음에도 자리를 옮기지 않은 룽룽이 참 고마웠다. 나는 목적지에 도착할 때까지 줄곧 서 있었고, 룽룽도 그 자리에 계속 앉아 있었다. 버스가 잠시 쉬어가려고 도중에 멈췄다. 다들 버스에서 내렸고 룽룽은 잠시 머뭇거리다가 내 옆을 지나쳤다. 하지만 이내 돌아와 자리에 앉았다. 나는 혹여 자리를 빼앗길까 봐 그대로 있었다. 단짝 친구도 눈치챈 마당에 그녀가 내 존재를 의식하지 못했을 리 없었다. 룽룽은 원래 앉던 자리로 돌아왔고, 이것이 내 마음을 받아줬다는 뜻은 아니어도 적어도 그녀 역시 지금 이 순간을 소중하게 생각한다는 뜻으로는 해석할 수 있었다. 우리는 그렇게 어느 봄을, 한 여정을, 달밤을 함께 보냈다! 나는 버스가 종점 없이 영원히 달렸으면 좋겠다고 생각했다.

드디어 청무관에 도착했다. 룽룽과 단짝 친구, 다른 반 친구들은 버스에서 내려 곧장 학교로 향했다. 나는 룽룽이 난처할까 봐 따로 걸었다. 짧지 않은 거리였고 다른 학생도 있었기에 그녀에게 접근하는 것이 어려웠다. '계속 이렇게 가슴앓이를 해야 하나? 이건 무슨 감정이지?' 나는 정류장에 홀로 멍하니 서서 버스 안에서 느꼈던 감정을 되뇌었다…….

이튿날, 교실에서 탕버리를 만났다. 그녀가 미소 띤 얼굴로 넌지시 물었다.

"어땠어? 별일 없었어?"

날 홀로 야간 버스를 태운 데는 다 이유가 있었던 것이다. 얼마 후, 나는 야간 자습을 마치고 유등(油燈) 불을 끈 후에 탕버리에게 오래전부터 리룽룽을 좋아했다고 털어놓았다. 탕버리는 진즉 알고 있었다며 "나는 너희 둘 다 정말 좋아. 둘이 잘됐으면 좋겠는데, 앞으로 어떻게 될지는 아무도 모르지"라고 했다.

그 당시는 어린 나이에 연애하는 일을 금기시했기 때문에 절대 용납되지 않았다.

졸업을 앞두고 있던 나는 마음이 조급했다. 룽룽을 보고자 자주 그 창가를 찾았지만, 매번 볼 수 있는 것은 아니었다. 나는 딱 한 마디라도 좋으니 룽룽과 이야기를 나누어 보고 싶었지만, 용기가 나지 않았다. 괜히 그녀를 난처하게 만들거나 남에게 들킬까 봐 걱정스러웠다……. 불면의 밤이 이어졌다. 아무리 애를 써도 잠이 오지 않을 때는 아예 일어나서 주방으로 갔다. 그곳은 밤새 불이 켜져 있어 책을 볼 수 있었다.

나는 내 비밀을 알고 있는 유일한 사람, 탕버리에게 내 마음을 털어놓았다. 그녀는 나보다 두 살이 많아 더 성숙했고 털털하니 남자 같은 기질도 있었다.

"학교 안에서는 절대 따로 만나면 안 돼. 룽룽이도 싫어할 거야."

'탕 누님'이 진지하게 말했다.

"너무 서두르면 일을 그르칠 수도 있어."

나도 그 점을 잘 알고 있었다. 내가 떠보듯 물었다.

"이제 곧 졸업이잖아. 룽룽은 여름방학일 거고. 이제 못 만날 텐데 어떡하지……."

탕버리와 룽룽의 집은 베이페이구에 있으니 혹시 그녀가 다리라도 놔주지 않을까 싶었다. 잠시 생각하던 탕버리가 말문을 열었다.

"음, 내가 룽룽과 이야기해보고 알려줄게."

내가 불안한 목소리로 물었다.

"룽룽이 나를 만나줄까?"

"아마도 만나줄 거야."

탕버리가 뭔가 알고 있다는 듯 웃음기를 띤 채 대답했다. 내가 너무 기쁜 나머지 폴짝폴짝 뛰려는데, 탕버리가 나를 말리며 덧붙였다.

"다시 한 번 말하지만, 지금은 시험에 집중할 때야. 앞으로 어떻게 될지 모르는 일이니까. 지금은 너무 자주 찾아가지 말고."

나는 탕버리에게 그러겠다고 대답했다. 그녀를 보러 가는 횟수를 최대한 줄였지만, 늘 머릿속에 룽룽의 모습이 떠올랐다. 그렇게 졸업이 다가왔다. 졸업생은 재학생보다 먼저 학교를 떠나야 했기에 나는 룽룽에게 쓴 편지를 탕버리에게 맡겼다.

정든 학교를 떠나는 길, 학교 관계자가 충칭으로 가는 짐이 많은 학생을 정거장까지 바래다주었다. 나는 마지막으로 한 번만 더 룽룽을 보고 싶었지만, 룽룽은 수업 중일 터였다. 나는 초조한 얼굴로 언덕을 오르락내리락하며 마음을 숨겼다. 그러나 이제 더는 지체할 수 없다는 생각에 그녀가 있는 곳으로 달려갔다. 마침내 그 창문을 지났고 그녀를 발견했다. 나는 눈짓으로 룽룽에게 작별을 고했고, 날 발견한 그녀도 눈빛으로 '잘 가!'라고 답해주었다. 나는 마지막으로 우리 둘만의 공간이던 길을 한 바퀴 돌았고, 다시 창가를 지나면서 공주님을 보았다.

여름방학이 시작된 지 얼마 지나지 않아 탕버리에게 답장이 왔다.

룽룽이랑 날짜를 정했어. 이번 주 일요일 아침, 충칭에서 자링강선(嘉陵江線) 배를 타고 베이페이구로 와. 부두에서 기다릴게.

나는 미친 사람처럼 기뻐 날뛰었다. 그러나 기뻐한 지 십 분도 지나지 않아서 곧 냉혹한 현실과 마주해야 했다. 생각해 보니 나는 땡전 한 푼도 없었던 것이다. 여유롭지 않은 형편에 큰돈을 달라고 하면, 더구나 어디에 쓸지 말하지 않는다면, 부모님이 얼마나 황당하겠는가? 그 돈을 어떻게 마련하지? 달콤한 생각에 빠져 차가운 현실을 간과했다. '왜 돈은 생각 못 한 거야? 어쩌지? 이미 약속했는데?' 다른 건 몰라도 배표는 반드시 구해야 했다!

지금 생각해 보면, 소소한 나들이에 불과하지만, 그때는 말 못 할 비밀이자 어린아이의 행동 규범을 한참 벗어난 일이었다. 우쭈이나 왕유탕도 내게 빌려줄 돈이 없었다. 이제 약속까지 이삼 일밖에 남지 않았다! 궁하면 통한다고, 나는 몰래 아버지의 친구인 쩌우(鄒) 아저씨한테 돈을 빌리기로 했다. 아저씨는 북벌 때 아버지와 함께했던 동료였다. 일전에 아버지가 쩌우 아저씨한테 돈을 빌린 적이 있었는데, 그때 내가 심부름을 갔고, 부모님과 함께 초대받아 간 적도 있었다.

아저씨에게는 나보다 나이가 많은 아들이 하나 있었는데, 건들건들하고 놀기 좋아하는 부잣집 도련님으로 나를 볼 때마다 거만한 태도로 일관했다. 내가 염치 불고하고 아저씨 댁을 찾았을 때, 하필이면 그 도련님도 집에 있었다. 쩌우 아저씨가 없어 아주머니한테 집에 급전이 필요하다고 말씀드렸고, 아주머니는 알겠다고 대답했다. 쩌우 아저씨는 외출 중이라 집에 없었기에 아들을 불러 돈을 가져오라고 시켰다. 그런데 아들은 지금은 일이 있으니 오후에 다녀오겠다며 짜증 섞인 목소리로 대답했다. 아주머니도 어쩔 수 없는 듯했다. 나는 일을 그르칠까 봐 얼른 대답했다.

"아, 오후도 괜찮아요, 기다릴게요."

아주머니는 시간이 남으니 점심을 먹고 가라고 했다. 그런데 막상 오후가 되자 형이 보이지 않았다! 나는 불안해서 견딜 수가 없었다. 그렇게 아저씨 댁에서 저녁까지 먹고 나자 급한 마음에 눈물이 나올 것만 같았다. 형은 오밤중에 돌아왔다. 이제 살았구나 싶었다. 내일 날이 밝자마자 바로 출발하면 시간을 맞출 수 있었다. 내가 황급히 돈은 어디에 있냐고 묻자, 그가 히죽거리며 말했다.

"에이, 뭘 그리 서두르고 그래. 오늘은 내가 한턱 내느라고 먼저 썼어. 내일 다시 줄게!"

나는 청천벽력 같은 소리에 다리가 풀렸다. 한량 같은 녀석은 그 말만 남기고 방에 쏙 들어가 버렸다. 조급증이 치밀어 올라 머리까지 아득했다. 당장 내일 아침, 룽룽이 부두에서 날 기다릴 텐데! 이 글을 쓰는 지금도 가슴이 덜덜 떨린다. 나는 아저씨 댁 응접실에 전화가 있다는 사실이 기억나 황급히 탕버리에게 전화를 걸었다. 걸고 또 걸었지만, 연결되지 않았다. 그때, 이 사달을 낸 장본인이 어슬렁거리며 다가왔다.

"오밤중에 무슨 전화야?"

"베이페이구에 거는 거예요, 급한 일이 있어서."

"히히, 안 될 거야. 이건 장거리 통화가 안 되거든."

순간 나는 정신이 희미해졌다. 화가 머리끝까지 치밀어 올라 그 녀석에게 따귀를 쏘아붙이고 싶었지만, 그는 몸을 돌려 그대로 가버렸다!

나는 응접실 소파에 넋을 놓고 앉아있었다. 이제야 냉정하게 생각해 볼 수 있었다. 이리될 줄 알았다. 먼저 탕버리에게 솔직하게 말을 해야 했는데……. 사정을 얘기한 다음 여비를 모으고 약속을 지킬 수 있을 때 날짜를 다시 정해야 했다. 하지만 당시에는 너무 기쁜 나머지 판단력이 흐려졌고, 무슨 변고라도 생길까 두려워 덜컥 승낙해 버린 것이다. 물론 그 악마 같은 놈과 마주치지만 않았어도 계획대로 됐을지도 모른다. 아니, 사실은 내가 악마고, 내가 미친놈이고, 내가 도둑놈이었다. 이제는 어떤 변명도 늦었을 터였다. 결과가 어떨지 생각할 겨를조차 없었다……. 그때 느낀 모멸감은 내가 자초한 것이었다!

나는 아저씨 댁에서 그날 밤을 꼬박 새웠다. 비극은 이미 예정되어 있었지만, 빈손으로 돌아가면 사과나 해명할 기회조차 없었기에 한없이 기다릴 수밖에 없었다. 젠장! 이렇게 돼도 싸지!

다음 날, 10시가 다 되었을 때, 아주머니가 아래층으로 내려오다가 나를 보고 깜짝 놀랐다. 왜 아직 안 갔냐고 묻는 아주머니한테 나는 돈을 받지 못했다고 짤막하게 대답했다. 아주머니는 사람을 시켜 아들을 불러왔다. 그런데 이 능글맞은 놈이 정말 몰랐다는 표정으로 발뺌을 했다.

"아이고! 까맣게 잊어버렸네. 잠깐, 잠깐만 기다려."

그리고 종종걸음으로 나갔다 오더니 내게 봉투를 하나 건네며 말했다.

"쏘리, 쏘리! 맞는지 세어봐."

아주머니가 없었다면 그 가증스러운 얼굴에 침이라도 뱉었을 것이다!

그때만 해도 어떤 운명이 기다리고 있을지 전혀 짐작도 못했다…….

나는 곧장 전화국으로 달려가 탕버리에게 전화를 걸었다. 어떻게든 해명하고 싶었다. 그러나 전화를 받은 종업원이 말했다.

"아가씨는 아침 일찍 나가서 지금 집에 안 계세요!" 전화는 바로 끊겼다.

나는 망연자실한 표정으로 전화국 안에 앉았다. 탕버리는 룽룽과 함께 베이페이구 부두에서 나를 기다리고 있을 터였다. 인제 와서 변명을 한들 무슨 소용이 있겠는가? 나는 깊은 절망에 사로잡혔다. 이젠 끝이야! 세상이 무너지는 기분이었다.

그날 밤, 왕유탕 집에서 하룻밤을 지냈다. 한숨도 자지 못한 채 이튿날 아침, 차오톈먼(朝天門) 부두로 가서 배를 탔다. 어제 탔어야 했던 배였다. 배는 경적을 두 번 울린 후 곧 출발했다. 나는 갑판에 서서 이른 아침 불어오는 강바람을 맞았다. 날씨는 흐리고 꿉꿉했다. 미안함, 자괴감, 후회, 불안, 뼈아픈 모멸감이 심장을 갉아 먹는 듯했다⋯⋯. 어떻게 사과해야 룽룽이 나를 용서해줄까? 사실 그녀가 용서해 준다고 해도 첫 약속을 이렇게 망쳐버렸으니, 어쩌면 모든 게 늦어버린 걸지도 몰랐다⋯⋯. 설마 이게 우리의 운명은 아니겠지?

드디어 베이페이구에 도착했다. 역시나 부두에는 나를 기다리는 사람이 없었다. 나는 불안한 마음으로 탕버리의 집으로 향했다. 가게는 아직 문을 열지 않았고, 대신 작은 문 하나만 열려 있었다. 문을 두드리자 종업원이 나와 기다리라고 했다. 그렇게 문 앞에서 가슴을 졸이며 기다린 지 몇 분 후, 탕버리가 나왔다.

"왔어?"

그녀는 화가 난 얼굴로 내게 퉁명스럽게 인사를 건넸다. 나는 고개를 푹 숙인 채 "응-"이라고 대답했다. 무슨 말을 해야 좋을지 몰랐다⋯⋯.

"앉아."

우리는 한참 동안 아무 말도 하지 않았다. 종업원이 가게 문을 열자 희뿌연 빛이 들어왔다. 우울한 날씨였다. 내가 목을 가다듬고 입을 떼려는데, 탕버리가 막았다.

"변명은 됐어. 왔으니까 그걸로 족해. 여기서 기다려. 룽룽한테 네가 왔다고 알려줄게. 어떻게 될지 나도 모르겠다."

탕버리는 종업원에게 차를 내오게 시킨 다음, 바로 집을 나섰다. 그제야 사태가 얼마나 심각한지 체감했다. 나는 할 말이 없었다. 변명한다고 해도 그건 단지 면피식 사과에 불과했다. 그녀를 붙잡고 미주알고주알 하소연할 수도 없지 않은

　　　　　　　　　　　소 년, 전 쟁 을 겪 다

가? 결국 내가 약속을 저버렸다는 사실은 변함이 없었다. 약속을 지키지 못한 이유는 이것저것 댈 수 있지만, 그게 어쨌든 룽룽뿐만 아니라 우리를 아끼고 응원한 탕버리에게도 상처를 준 꼴이 되어 버렸다.

생각을 정리하기도 전에 그녀가 급히 들어왔다. 나는 냉큼 자리에서 일어났는데, 아쉽게도 탕버리는 혼자였다. 룽룽은 같이 오지 않은 것이다. 탕버리의 안색이 어두웠지만 나는 감히 묻지 못한 채 그녀의 말을 기다렸다. 한참 정적이 흘렀고, 그 사이 탕버리는 냉정해지려고 애썼다. 화가 난 것이 아니었다. 그녀는 차갑게, 조금은 슬픈 목소리로 말했다.

"네가 고의로 약속을 깼다고 생각 안 해. 분명 이유가 있을 거야. 그렇지만 굳이 내게 설명할 필요는 없어. 네 마음이 어떨지 이해할 수 있으니까."

탕버리는 의자를 하나 끌어와 그 위에 털썩 앉았다. 어떻게 말할지 고민하는 눈치였다. 그러다 조금 격양된 얼굴로 입을 열었다.

"룽룽은 널 만날 수 없어. 고열로 쓰러졌거든. 어제 밤새 아파서 다들 난리가 났었대."

그때 돌연 탕버리가 울기 시작했다.

"야, 진정펑! 너 대체 어떻게 된 거야! 룽룽을 좋아한다며? 보고 싶다며? 사랑한다며? 무슨 일이 있었든지 뛰어서라도 왔어야지!"

탕버리는 갈수록 감정이 격해졌다. 나는 마음속으로 외쳤다. '잘못했어, 다 내 잘못이야! 미안해! 룽룽한테도, 너한테도!' 결국 나는 아무 말도 하지 못했다. 그녀는 냉정함을 되찾으려는 듯 잠시 숨을 골랐다.

"진정펑, 어제 룽룽이 널 얼마나 기다렸는지 알아? 얼마나 널 보고 싶어 했는지 아냐고? 정신이 나간 것처럼 보일 정도였어! 네가 꼭 올 거라고, 반드시 올 거라고 믿고 있었단 말이야……. 부두에서 널 기다리는데 비가 내리기 시작했어. 룽룽이 몸이 약한 거, 너도 알지? 집에 가자고 했는데 걔 싫다고 고집을 피우더라. 부두에서 배가 한 척, 두 척 들어오는 걸 지켜봤어. 제일 마지막에 내리는 사람까지 확인했지만, 넌 보이지 않았지. 그런데도 기다리고 또 기다리고……. 난 더는 못 버티겠더라. 여름에 비는 내리고, 강바람에 섞인 안개비가 옷을 적셨지. 강 위로 핀 안개는 어찌 그리 무겁던지. 추워서 몸이 떨렸어. 내가 그만 돌아가자고, 이제 들어올 배도 없다고 했지만, 끝까지 버티더라. 네가 올 거라고, 꼭 올 거라고 하면서! 다른 배편으로 올 수도 있는 거 아니냐고 했어. 너한테 빠져서 제정신이 아니었지. 그래, 나도…… 휴, 나도 그때 가게 일 때문에 갤 두고 먼저 돌아왔어. 그런데 그 맹추가 밤까지 널 기다리고 있었던 거야! 진정펑! 짐작할 수 있겠어? 걔가 널 얼마나 믿고 생각했는지? 게다가 고집은 어찌 그리 쇠고집인지……. 날이 어두워져서 걱정스러운 마음에 다시 부두로 갔는데 룽룽이 아직 거기에 있더라고. 내가 억지로 끌고 집에 갔어. 집에 가는 길 내내 울더라……."

탕버리도 눈물을 흘렸다. 나는 터져 나오려는 울음을 꾸역꾸역 삼켰지만, 마음에는 피가 철철 흘렀다. 탕버리는 한참이 지난 후에야 울음을 멈췄다. 그리고 천천히 덧붙였다.

"좀 전에 룽룽 집에 갔을 때 들으니까 걔 밤새 고열에 시달렸대. 왜 이렇게 됐냐고 물어도 아무 대답도 하지 않더래. 룽룽이 잠들고 그사이 누가 룽룽의 서랍을 뒤졌나 봐. 거기서 룽룽의 일기랑 네가 쓴 편지를 보고는 식구들 모두 화가 났지. 열이 내리고 룽룽은 혼도 나고 위로도 받았나 봐. 어쨌든 지금은 외출 금지야. 너랑 연락하지 못하게 하실 것 같아. 게다가……"

그녀가 뒷말을 삼켰다. 그리고 잠시 뒤 굳은 얼굴로 한 마디 덧붙였다.

"룽룽이 집, 아주 엄격해."

나는 그 말뜻을 이해할 수 있었다. 탕버리는 눈물을 닦은 후 방으로 들어가 따뜻한 차 한 잔을 내왔다.

"울지 마. 방금 심하게 말해서 미안해. 진정펑, 어쩔 수 없었어. 네가 까닭 없이 약속을 저버릴 사람이 아니라는 거, 나는 잘 알지만."

잠시 후, 탕버리가 안타까움이 섞인 한숨을 길게 내쉬었다. 그녀가 사진 한 장을 건넸는데 바로 룽룽의 사진이었다.

"가져." 탕버리의 눈가에 눈물이 그렁그렁했다.

지금 당장 그녀를 안고 "미안해"라고 말하고 싶었다. 그러나 사실은 미안함보다 고마움이 더 컸다. 탕버리는 나와 룽룽에게 너무나 고마운 사람이었다.

그녀에 대한 내 사랑의 깊이는 알 수 있지만, 그녀가 받은 상처의 깊이를 내가 알 수 있을까? 룽룽의 실망과 고통, 그녀가 받은 엄한 꾸중과 심리적 압박을 내가 느낄 수 있을까? …… 나는 룽룽을 잃더라도 영원히 그녀에게 용서를 빌며 살게 될 것이라고 직감했다.

나는 그날 돌아왔다. 다만 배가 아닌 장거리 버스를 타고 칭무관에 들렀다. 버스 안에서 룽룽과 함께 보냈던 아름다운 시간을 회상하면서. 내가 얼마나 그때의 추억을 재현하고 싶었는지 아무도 모를 것이다. 칭무관에 도착한 나는 장자 교정으로 향했다. 여름방학이라 학교에는 아무도 없었다. 나는 텅 빈 교실 앞을 천천히 거닐며 그녀를 바라보던 창가 앞에 멈추었다. 그리고 그 창문 난간에 기대어 내 마음을 모두 쏟아 넣듯 몸을 앞으로 깊게 구부렸다. 지난 일들이 하나둘 떠올랐다……. 한참이 지난 후 마지막으로 그 창가를 눈에 담았다.

차를 타고 충칭으로 돌아온 때는 이미 늦은 밤이었다. 나는 곧장 집으로 가지 않고 여느 때처럼 왕유탕 집으로 향했다(예전에도 방학이 되면 왕유탕 집에 들러 하룻밤을 놀다 오곤 했다). 그가 무슨 일이 있냐고 물었고, 나는 그저 술이 한잔하고 싶다고 말했다. 우리는 말 없이 배갈 한 주전자를 마셨다. 왕유탕은 말수가 적은 친구였다. 그는 위로하듯 내 어깨를 토닥이며 길게 한숨을 내쉬었다. 집으로 돌아가는 길에 강가를 지났다. 캄캄한 밤 아래서 양쯔강은 잔잔히 물결쳤고 양옆으로 늘어선 건물과 기슭에 정박한 배에서 새어 나오는 불빛이 그 위에 얼비쳐 반짝였다. 나는 잠잠히 강물을 바라보았다. 꽤 기묘한 풍경이었다.

나는 정신이 아득해졌다. 룽룽의 모습이 계속 눈앞에 아른거렸다. 펄펄 끓는 물처럼 온몸이 뜨거웠다. 미친 사람처럼 소리를 지르고 싶었다. '나는 꼭 룽룽을 다시 만나야 해! …… 아직 한마디도 못 해봤잖아. 룽룽이 내 이름을 부른 적도, 룽룽의 목소리를 들어본 적도 없다고! …… 난 반드시, 꼭 다시 룽룽을 만날 거야! 딱 한 번이라도, 딱 한 마디라도 좋아. 나를 부르는 목소리를 한 번만 듣고 싶어…….'

어디로 가시나이까

밤이 깊도록 잠이 오지 않았다. 나는 전등선을 낮게 잡아당기고 5W 전구에서 발하는 흐릿하고 노르스름한 불빛 아래에서 톨스토이의 『부활』을 읽고 있었다. 아니, 읽는다기보다는 책장을 하나하나 넘기는 게 고작이었다. 글자가 요정처럼 요리조리 날아다녔기에 눈에 들어오지 않았다. 내가 무슨 생각을 하고 있는지도 모른 채 눈앞에서는 룽룽의 모습만 계속 아른거렸다⋯⋯. 안개비가 부슬부슬 내리는 을씨년스러운 강가, 부두에서 홀로 절박하게 강물을 바라보고 있는 룽룽의 모습⋯⋯. 저 멀리 하얀 연기가 피어오르고 어렴풋한 기적소리가 귓가에 들릴 때 떨리는 기대감으로 가슴이 부풀어오른 그녀의 모습, 곧이어 찾아온 실망과 절망에 사로잡힌 그녀와 빗물에 젖은 눈물이 멍울지다 파리한 뺨을 타고 흐르는 모습⋯⋯. 강물도 더는 볼 수 없다는 듯 서둘러 흘러간다. 의아, 바람, 절망이 한데 얽히고설켜 그 어린 가슴을 헤집고 찔렀을 터였다. 나는 참을 수 없는 고통에 몸부림쳤다.

'룽룽! 룽룽, 날 용서해 줘, 제발⋯⋯'

질끈 감은 두 눈을 책으로 확 덮었다. 깊은 밤은 고요하고도 고요했다. 그리고 문이 조심스레 열렸다. 아버지였다.

"아직 안 자니?"

깜짝 놀란 나는 냉큼 일어나 책을 내려놓았다.

"잠이 안 와서 책을 보고 있었어요."

"무슨 생각 하느라?"

아버지는 멍석 카펫이 깔린 대나무 침대에 앉았다. 침대가 살짝 흔들렸다.

"내일 학교 갈 준비는 다 했니?"

"네, 짐이 별로 없어요."

아버지가 고개를 끄덕인 후 잠깐 뜸을 들였다.

"내 말은 여기가 준비됐냐는 뜻이다."

아버지가 이마를 가리키며 진지하게 나를 바라보았다.

"어째서 전학을 고집하는지, 말해 줄 수 있겠니? 물어볼 때마다 제대로 된 대답을 못 들은 것 같구나."

"말씀드린 그대로예요!"

아버지가 더 물을까 봐 냉큼 대답부터 했다.

"그냥 다른 학교에 다녀보고 싶어서요. 그리고 다들 국립 제9중등학교가 좋다고 하니까 가보고 싶기도 하고요."

"이유가 그것만은 아니잖니. 대충 짐작은 가는구나. 이 애비도 사랑하는 사람과 이별한 적이 있거든. 지금까지도 잊지 못하고 있지."

아버지는 다정한 목소리로 천천히 덧붙였다.

"전학도 좋지. 새로운 환경에서 새로운 친구를 사귈 수 있으니까."

아버지는 내가 보던 책을 들고는 한번 훑어보았다.

"부활?"

무언가 기억난 듯 살며시 웃었다. 아버지는 나를 한참 바라보더니 얼굴색을 진지하게 바꾸고는 말했다.

"가오바오, 하나 물어보자. 쿠오바디스?"

아버지는 어리둥절해 하는 나를 보며 잠시 생각하더니 다시 물었다.

"QUO VADIS, 무슨 뜻인지 알고 있니?"

"아니요."

정말 무슨 말인지 몰랐다. 나는 아버지가 내 방에 온 의도를 추측하고 있었다.

"폴란드어란다. 책 제목이기도 하고. 들어본 적은 있니?"

"아니요."

"쿠오바디스란 넓은 의미로는 어디로 가고 싶은지 묻는 말이란다. 무엇을 추구하는지, 목표는 무엇인지 이런 질문도 포함되지. 사람은 살다 보면 어디로 가야할까 고민할 때가 온다. 누구는 파도가 치는 대로 흘러가고 누구는 자신이 방향과 목표를 결정한다. 내가 너만 했을 때, 난 내가 어디로 갈지 정했어. 그래서 목표를 위해 고통과 고난을 견뎠지. 사람은 어떤 어려움과 좌절을 겪더라도 자기가 어디로 갈지는 확실하게 알아야 해. 그래야 길을 잃지 않고 삶을 의미 있게 살아갈 수 있거든."

아버지는 한참 말이 없었다. 자기 기억에 빠진 듯한 모습에 나 역시 묵묵히 기다리며 '쿠오바디스'라는 말을 떠올렸다. 아버지가 먼저 내 무릎을 치더니 짧게 한숨을 내쉬었다.

"가오바오, 요즘 힘들다는 거 잘 알고 있단다. 하지만 괜찮아. 새로운 학교에 가면 조금씩 나아질 테니."

아버지가 일어나 내 머리를 쓰다듬었다.

"내 말을 잘 생각해 보렴. 그만 자거라. 내일 일찍 일어나야지."

아버지가 방문을 열고 나갔고, 나는 그런 아버지의 등을 바라보았다. 갑자기 가슴이 뜨거워졌다.

'아버지, 사랑합니다!'

나는 홀로 방황할 때마다 아버지의 '쿠오바디스'를 떠올리며 마음을 다잡았다. 그리고 이튿날, 새로운 여정을 향해 발을 내디뎠다.

장진에서의 고등학교 생활

끝끝내 나는 영원히 잊지 못할 중대부중을 떠났다. 작은 언덕 위에 층층이 세워진 교실, 죽 늘어선 교실 중 바로 그 교실과 창가, 그 창가 아래 머리카락을 양 갈래로 땋아 내린 소녀, 순수하고 앳된 얼굴에 반짝이는 두 눈, 내가 창가로 다가가면 거의 알아채지 못할 정도로 파르르 떨렸던 소녀의 속눈썹……. 이 모든 것이 내 가슴에 깊이 뿌리내렸고, 그 뿌리와 줄기는 내 심장과 단단히 뒤엉켰다. 이렇듯 복잡한 마음을 안고 칭무관을 떠나 장진구(江津區)에 자리한 국립 제9중등학교로 왔다. 나는 알고 있었다. 시간이 얼마나 흐르든 새로운 세계에 이를 때마다 이런 내 마음이 그녀를 찾을 것을……

국립 제9중등학교의 제1분교는 오래된 대사당 안에 있었다. 활기찬 청년들로 가득 차 있음에도 여전히 암울한 기운이 잔류한 곳이었다. 정문 앞에서는 가지와 잎이 무성한 용수나무 한 그루가 지나온 세월을 말해주고 있었다.

당시 내 기분과 제법 어울리는 환경이었다. 나는 수업 외의 시간을 대부분 그 나무 아래에서 책을 읽으며 보냈다. 바진(巴金)의 『가(家)』, 차오위(曹禺)의 『원야(原野)』와 『뇌우(雷雨)』 그리고 쉬즈모(徐志摩)의 시를 즐겨 읽었다. 그때는 가오란(高蘭)의 『곡망녀소비(哭亡女蘇菲)』 같은 시를 낭송하는 것이 유행했는데, 나는 이를 암송하면서 자주 흐느껴 울었다. 그러다가 쉬쉬(徐訏)나 작자 미상의 애정소설이 대중의 사랑을 받기도 했다. 나는 책 속에 빠져야만 잠시나마 마음속에 검게 드리운 그늘에서 벗어날 수 있었다.

나이가 제법 있는 2학년생 왕자핑(汪嘉平)을 만난 건 순전히 우연이었다. 그날 나는 저녁을 먹고 난 후 혼자 아무도 없는 뒤뜰에서 바이올린을 연주했다. 한참을 연주한 후 잠시 쉬려는데, 정중한 박수 소리가 들렸다. 뒤를 돌아보니 한 남학생이 다가와 자기소개를 했다. 자기도 음악을 좋아한다며 내 연주를 자주 들었단다. 나는 이내 그가 누군지 알아챘다. 이곳으로 전학 온 첫날, 기숙사를 지나던 중에 두꺼운 안경을 쓰고 남색 장포를 입은 남학생을 보았다. 창문턱에서 노인의 머리 모양을 흙으로 빚는 모습을 보고 좋은 인상을 받았는데, 그 학생이 바로 왕자핑이었다. 우리는 이내 친구가 됐는데, 그를 통해 루쉰(魯迅)을 알게 됐다. 왕자핑은 루쉰의 책을 많이 소장하고 있었다.

고등학교라 그런지 이곳의 교풍은 중대부중보다 성숙하고 개방적이었다. 선생님은 예전보다 조금 엄격한 편이었지만 같이 지내다 보니 이내 친근해졌다. 학생들의 수업 외 활동도 더 자율적이고 활발했다. 교풍은 당시의 사회적 현실이 깊이 반영되어 독서를 권장하는 풍조가 짙게 나타났다.

나는 『아큐정전(阿Q正傳)』을 시작으로 루쉰을 알게 된 후, 그의 작품을 섭렵하기 시작했다. 『광인일기(狂人日記)』, 『공을기(孔乙己)』, 『화개집(華盖集)』 등 왕자핑이 가지고 있는 책은 모두 빌려 읽었다. 왕자펑에게는 규칙이 하나 있었는데, 그것은 빌린 책을 다시 빌려주면 안 된다는 것이었다. 그러던 어느 날 또 다른 루쉰 숭배자가 침대맡에 있던 책을 내게는 말도 없이 빌려 갔다. 그가 머리를 박고 독서에 몰두하고 있는데, 마침 책 주인인 왕자펑에게 발각되었고, 이에 나는 그의 '원성'을 들어야 했다. 내가 재차 '책을 훔치는 건 도둑질이 아니다'라며 항변도 하고 간청도 한 끝에 아무런 처벌도 받지 않았음은 물론 그 일로 평생의 친구, 주쓰주(朱思九)를 얻었다(아쉽게도 먼저 떠났다). 우리는 둘 다 루쉰의 팬이었다. 날카롭고 깊이 있는 판단력, 차가운 조소와 신랄한 풍자, 해학적인 문체는 진심 어린 감탄을 자아냈다. 우리는 한때 의미 있는 '허튼소리'를 담은 벽보 『납수(納粹)』(좋은 글을 한데 모았다는 의미)를 만들었는데, 이것은 당시 교내 '벽보 열풍'을 타고 쏟아진 벽보 중 가장 훌륭한 것으로 꼽히기도 했다. 우리가 루쉰을 모방했다고 비꼬는 친구도 있었지만, 우리는 상당히 기분이 좋았다. 한때 쓰주(思九)의 산문 『사(睗)』가 널리 인기를 끌었던 사실을 보면, 우리의 모방도 작지만 성과는 있었다고 생각했다.

하지만 돌이켜보면 그때 주로 읽었던 책은 19세기 후반에 주를 이룬 서양의 낭만파 문학 작품이었다. 투르게네프 외에도 발자크, 모파상, 위고 등 손에 잡히는 대로 '목숨을 걸고' 탐독했다. 내 머리맡을 차지한 책으로는 홍루몽과 루쉰의 산문 외에도 두껍고 옅은 남색 종이로 양장한 마크 트웨인의 『단편소설집』이 있었다. 곧 겉표지가 분리될 듯 너덜너덜해진 책이었다. 그때부터 시력이 떨어지기 시작했는데, 이불 속에 손전등을 켜놓고 밤새 책을 보는 일이 잦았기 때문이었다. 이렇게 주옥같은 작품들 하나하나가 내 마음에 드리워진 아픔과 서로 뒤엉켜서 하나가 되었다. 나는 작품 속의 인물들과 함께 울었고, 그들의 비극에 슬퍼하고 탄식했다. 그리고 그들에게서 위로를 얻었다. 타인에 대한 동정이 본인의 상처를 치료할 수 있다는 것을 깨달았다.

이따금 마음이 울적할 때면 아무도 없는 곳에서 홀로 바이올린을 연주했다. 바이올린을 연주하는 동안은 모든 것을 잊었다. 주로 음반을 통해 들었던 곡을 기억했다가 연주하곤 했는데, 어느 때는 마음이 내키는 대로 즉흥 연주를 하며 가슴 속 응어리를 쏟아냈다. 내가 날 위로하는 방법이었다. 한편, 나는 룽룽을 위한 곡을 쓰기도 했는데, 수년이 지난 후에도 가슴에 남은 연민 때문에 이 곡을 관현악으로 편곡한 후,《정사(情思)》라고 이름 붙였다.

_____ 크리스마스 선물

내 간절한 기도를 들기라도 한 걸까. 자책, 후회, 그리움에 몇 날 며칠을 지내던 어느 날, 룽룽에게 편지가 왔다.

정확히는 크리스마스 카드였다. 추궁도 원망도 없이 따뜻한 안부를 묻는 카드이자 행복을 비는 카드였다. 아이들이 재미 삼아 하는 게임인 '운명의 보드'도 같이 들어 있었다. 나는 여기서 너그러운 용서, 그리움, 사랑을 느낄 수 있었다. 그리고 내가 룽룽의 고통을 온전히 이해하지 못했다는 사실을 깨달았다. 룽룽은 내가 걱정돼서 조심스레 내 소식을 수소문한 후 카드를 보냈을 것이다! 나는 정말나 자신을 용서할 수가 없었다.

나는 소소한 미신이나 징크스를 믿는 사람이다. 예컨대, 아침에 일어나서 반드시 오른쪽 신발을 먼저 신는다. 어쩌다가 왼쪽 신발을 먼저 신으면 다시 벗고 오른쪽부터 신는다. 커피를 마실 때, 애용하는 은수저(원래는 한 쌍이었는데 하나를 잃어버렸다)가 있는데 가족처럼 느낄 정도로 아꼈다. 그런데 어느 날 은수저가 보이지 않았고 나는 사방으로 찾으러 다녔다. 무의식적으로 찾은 곳을 다시 뒤지기도 했다……. 은수저 찾기는 완전히 실망할 때까지 이어졌다. 나는 은수저의 분실을 불행의 전조와 동일시했다. 어쨌든 그녀가 보낸 게임 보드를 앞에 두고, 나는 잠깐 기도를 한 다음 그 위에 그려진 여러 길 중 하나를 골랐다. 종이로 길 끝에 불을 붙였다. 불꽃은 조금씩 위로 타들어 갔고, 나는 그 모습을 숨죽여 바라보았다……. 그런데 끝부분이 얼마 남지 않은 지점에서 불이 꺼져버렸다! 나는 가슴이 철렁 내려앉았다. 멍하니 한참 지켜보고 나서야 주변을 정리했다. 나는 운명의 계시 같은 것은 믿지 말라고 자신을 다독였다. 룽룽은 그저 날 위로하기 위해 보드를 보낸 것이었다. 그녀도 고작 이런 것으로 운명을 점칠 수 있다고 여길 리 없었다! 나는 몇 번이고 이렇게 되뇌었다.

룽룽의 카드에는 주소가 없었기 때문에 그녀가 어디에 있는지 알 길이 없었다. 아마 아직 중대부중에 있겠지만, 룽룽의 부모님께서 학교에 당부해둔 말이 있을 테니 학교로 편지를 부치면 룽룽이 곤란할지도 몰랐다. 그렇다고 또 탕버리에게 편지를 전해달라고 도움을 구할 수도 없었다. 룽룽의 부모님이 아주 엄격하신 분들이니 절대로 연락하지 말라고 신신당부를 했기 때문이다. 그렇다면 룽룽은 내가 장진 국립 제9중등학교에 있다는 사실을 어떻게 알았을까? 더구나 내가 고등학교 제1분교에 있다는 사실까지 알고 있다는 얘기인데, 대체 누가 알려준 걸까? 이제 우리는 이렇게 멀리 떨어져서 다시는 만날 수 없는 걸까? 고민을 거듭한 끝에 그래도 답장을 보내는 게 좋겠다고 생각했다. 혹여 누군가가 내 편지를 읽고 룽룽을 곤란하게 할까 싶어, 카드를 보내줘서 고맙다는 말과 답장을 기다리겠다는 말만 적어 중대부중으로 부쳤다. 매일 목이 빠지도록 답장을 기다렸지만, 감감무소식이었다…… 룽룽이 전학을 갔거나. 학교에서 편지를 압류하지 않았을까 싶다. 나는 보드의 결과를 믿지 않으려고 온갖 애를 썼다. 언젠가는 그녀를 다시 만날 것이고, 그녀의 목소리를 들을 날이 오리라 믿었다.

만약 그녀가 날 고통에서 끄집어내기 위해 카드를 보낸 것이라면, 나는 훌훌 털고 일어나 재회할 때까지 열심히 살아야 했다. 나는 차츰 다시 현실로 걸어 들어가기 시작했다. 물론 나는 여전히 혼자 있는 것을 좋아했다. 학교에서 멀지 않은 강에 가는 것을 좋아했고, 강에 뛰어들어 팔을 휘젓고 물살을 가르며 강 한복판에 있는 모래섬까지 헤엄쳐 가는 것도 좋아했다. 모래섬 위에 올라 강물과 하늘이 맞닿은 지점을 바라보면, '장강은 동으로 흐른다'로 시작되는 시조가 떠올라 가슴이 벅차올랐지만, 그보다는 '나는 장강 상류에 산다'는 회한이 더 자주 떠올랐다. 여기서 내가 좋아하는 이지의(李之儀)의 시 『복산자(卜算子)』를 읊어 본다.

나는 장강 상류에 살고

그대는 장강 하류에 살아

날마다 그대를 생각하나, 그대는 보이지 않고

함께 장강의 물을 마실 뿐이네

이 강물 언제쯤이면 멎고

이 한은 언제나 그칠까

단지 원하기는 그대 마음 내 마음 같아

서로 그리워하는 마음 저버리지 않는 것이네

＿＿＿ 웅변대회

항일전쟁 시기, 물자 부족으로 물질적인 생활은 어려웠지만, 정신적인 생활은 오히려 풍요로웠다. 전시라는 현실은 아이들을 단단하게 단련시켰기에 대부분 독립심과 생활력이 강했다. 학생들은 다채로운 문예 및 체육활동을 적극적으로 조직했고, 참여하는 아이들도 열정적이었다. 당시 국립 제9중등학교는 제법 유명한 학교로 양쯔강 상류에서 그리 멀지 않은 충칭시 장진현(江津縣)[18]에 위치했다. 국립 제9중등학교는 남녀 분교(分校)로 남학생은 고등학교 제1분교와 제3분교에서, 여학생은 더간(德感) 댐 끝자락에 위치한 제2분교에서 공부했다. 학교 본부도 제2분교와 같은 곳에 있었는데, 정문을 통과하면 사방이 짙푸르고 무성한 느릅나무와 홰나무로 둘러싸인 운동장이 나왔다. 나무 사이사이로 형형색색의 벽보와 좌담회, 구기 시합, 합창단 리허설 일정 등 공시 및 공고가 보였다. 평소에는 조용하지만 매일 저녁 식사가 끝난 후부터 야간 자율학습이 시작되기 전까지 삼삼오오 떼를 지어 어슬렁거리는 남학생들을 심심치 않게 볼 수 있다. 운동장 북쪽에는 사방을 둘러싼 담이 하나 있는데, 가운데에 큰 문이 달려 있다. 그 안이 바로 여학생 분교의 '후정(後庭)'으로 남학생은 출입이 금지되어 있다. 그러나 밤이 되면 깔끔한 차림의 여학생 무리가 청량한 향기를 내뿜으며 문에서 나왔다. 그 순간 운동장에

---

18 ╱ 역주 : 2006년에 '구(區)'로 바뀜

131

있는 남학생의 기대에 찬 시선이 일제히 그 문으로 쏠렸다. 곧이어 벽보 앞에서 남학생과 여학생이 소곤대는 소리, 농구 골대 아래에서 공을 주고받는 소리, 나무 그늘 밑에서 도란도란 대화하는 소리, 느닷없이 깔깔대는 웃음소리까지. 운동장은 순식간에 활기로 가득 찼다. 이것이 교정에서 가장 아름다운 풍경이었다.

1945년 봄, 우리는 제2차 세계대전의 승리를 목전에 두고 있었다. 온 세상은 '승리가 눈앞에 다가왔다' 하여 흥분과 감격에 고조되었고, 이런 분위기는 국립 제9중등학교에도 퍼졌다. 유럽의 전장은 끊임없이 낭보를 전해왔고, 이후에도 카이로 선언, 포츠담 회담 발표 등 희소식까지 들을 수 있었다. 승리를 예감하면서도 중국의 내전이 오래 이어질 수 있다는 불안감이 가중되기도 했다. 바로 그 시기에 학교는 제법 규모가 있는 웅변대회를 열기로 했다. 이에 각 분교와 학년에서 주제와 참가자를 정하며 적극적으로 준비하기 시작했는데, 나와 왕자핑이 고등학교 제1분교의 대표로 뽑혔다.

나는 아버지의 의견을 듣고자 원고를 아버지께 보냈다. 얼마 후, 아버지께서 회신과 함께 초고를 보내주셨는데, 편지에는 '우리 한국의 독립을 선전할 좋은 기회구나. 내가 뼈대를 세워보았으니 네가 다시 연설문으로 만들어 보거라'라고 적혀 있었다.

이때까지 조선, 즉 한국(Korea)에 대한 나의 역사 및 현실 인식은 일본 제국주의의 침략, 망국, 혁명 열사의 업적, 아버지께서 참여하셨던 독립운동 등 대체로 아버지께 들은 것이 전부였다. 나는 일제를 몰아내고 세계대전에서 승리하면 광복이 바로 실현되는 줄 알았다. 그러나 아버지가 작성한 초고와 현 사태에 대한 아버지의 분석을 통해 냉혹한 현실과 아버지의 깊은 시름을 이해하게 되었다. 당시는 아버지의 우려가 현실이 되기 전이었지만, 포츠담 회담에서 미국과 소련이 도출한 합의사항을 통해 아버지는 종전 후 미국과 소련의 신탁 통치를 받거나 분열될 조선의 미래를 예감하였다. 그러한 정신적 압박 속에서 아버지의 초조함은 극에 달했다. 일개 고등학교에서 개최하는 웅변대회지만, 중국인들에게 이해와 동정을 구할 좋은 기회라 여겼다. 이 자리에서 일본 제국주의라는 공공의 적을 타도하고 조선의 광복과 독립을 호소하기를 바랐다. 사실 아버지가 이런 웅변대회는 제로에 가까울 정도로 영향력이 없다는 것을 모를 리 없었다. 그런데도 아버지는 자기 아들이 중국인들 앞에서 조선의 광복을 위하여 목소리를 내는 것도 노력과 투쟁의 일환이라 여겼다.

실제로 1년도 채 지나지 않아, 이 비극은 가뜩이나 고단한 한국인에게 현실이 되어버렸다. 이른바, '이리 한 마리를 쫓아내고 호랑이 두 마리를 끌어들인 격'이었다! 예전에 이와 관련하여 절절한 슬픔을 묘사한 글 하나를 본 적이 있다.

> … 38선은 세계에서 유일하게 인위적으로 만든 경계선으로 본래 독립적인 통일국가를 강제로 분할하고 서로 다른 제도를 채택하게 하여 적대적 감정을 양산하였다. '세계에서 유일무이한 38선'은 언제, 어떻게 해야 지워질 것인가? 역사는 끊임없이 흐르고 변화하는데, 완전한 독립, 통일된 조국과 터전을 향한 한민족의 염원은 과연 언제 실현될 수 있을까?

열렬했던 나의 연설에 청중들은 뜨거운 반응으로 화답했다. 이어 왕자핑이 본래 연설하기로 한 원고 대신 현장에서 내 연설에 대한 생각을 밝히면서 청중들을 열광의 도가니로 몰아넣었다. 많은 학우와 청중의 감동을 불러일으킨 덕에 칭송이 자자했다. 나는 대상의 영예를 얻었고, 왕자핑은 명예상을 받았지만, 현실에 미치는 영향은 망망대해에 돌멩이 하나를 던져 물방울이 조금 뛴 정도에 불과했다. 그러나 이를 계기로 일제에 대한 증오가 더욱 깊어졌고, 아버지의 생각과 감정을 더 잘 이해하게 되었으니 내게는 좋은 경험이었다. 아버지는 내 연설에 매우 만족했고, 흥분을 감추지 못했다. 게다가 웅변대회는 나의 미래에 관한 아버지의 기대와 바람을 더 확고하게 다진 계기가 되었다. 아버지는 어머니에게 이렇게 말했다.

"우리 가오바오는 커서 정치를 해도 되겠어. 이번 웅변대회에서 증명됐잖소. 내 뜻을 계승할 자질이 충분하다는 것을. 조선의 독립을 위해서는 능력 있는 인재가 많이 필요해……."

처음에는 아버지의 말씀을 크게 마음에 두지 않았다. 아버지는 늘 자식의 미래를 점치곤 했기 때문이다. 당시 내가 이해하는 정치는 애국, 조국의 독립, 일제 타도에 국한되어 있었다. 하지만 나는 갈수록 문학과 음악에 빠져들었고, 이는 부자의 갈등을 야기했다. 이로 인해 나는 수많은 우여곡절을 겪게 되었다.

_____ 8·15의 밤

1945년 8월 15일, 항일전쟁이 승리로 끝났다.

피비린내가 진동하는 고난을 겪고 최후의 승리를 거머쥔 기쁨은 어떤 말로도 표현할 수 없었다! 환희에 찬 노랫소리, 목청껏 내지르는 고함, 한데 뒤엉켜 얼싸안고 웃으면서 울고, 울면서 웃는 사람들……. 모두가 완전히 미친 사람 같았다!

마침 여름방학을 맞이한 우리는 충칭시 시내로 달려갔다. 인산인해를 이룬 거리에는 특히 학생이 많았는데, 이 '어린' 청년들의 목소리가 제일 우렁찼다.

"이겼다!"

"일제를 쳐부수고 왜놈들을 쫓아냈다!"

어느 때는 귀가 먹먹할 정도로 큰 타악기 소리와 함께 쓰촨 특유의 욕이 쟁쟁하게 울렸다.

"개자식들! 꺼져라! 썩 꺼져……!"

미군들도 삼삼오오 무리를 지어 술병을 든 채 고래고래 소리를 지르고 노래를 불렀다. 그들은 만나는 사람마다 포옹했고, 여학생들은 부끄러워 숨거나 같이 웃음을 터뜨렸다. 이따금 미군과 팔을 잡고 노래를 부르는 사람도 있었다. 당시 어린아이들의 눈에 미군들은 좋은 친구였고, 자랑스러운 '영웅'이었다. 길 한복판에서는 위풍당당한 모습의 군대가 깃발을 들고 형형색색의 꽃가루와 현수막을 흔들며 유행하는 항전 가곡을 불렀다. '중국은 멸망하지 않으리……', '일어나라, 노예가 되길 원치 않는 자들이여……' 등이 들려왔다. 이때, 한 무리가 앞으로 나와 한껏 격양된 목소리로 "대도(大刀)로 왜놈들의 머리를 내리쳐라!"라고 외치자, 군대 전체가 박자에 맞춰 '쉭, 쉭, 쉭!'을 외쳤고, 결국 주위에 있던 군중들도 '쉭, 쉭, 쉭!' 하고 따라 하기 시작했다. 어찌나 통쾌하고 속이 후련하던지!

어느새 날이 밝아오자 하나둘 흩어지기 시작했고, 나도 집으로 향했다. 지치고 배고팠지만, 한껏 상기된 마음은 쉬이 잦아들지 않았다. 아버지와 어머니도 잠을 이루지 못한 채 자식들이 앞다투어 재잘대는 소리를 흐뭇하게 듣고 있었다. 사실 하도 시끄러워서 누가 무슨 말을 하는지 못 알아들었을 테지만.

승리의 기쁨은 며칠간 계속됐다. 이후 쓰촨으로 피난을 온 사람들은 귀향 문제에 대하여 고민하기 시작했다. 이런 상황에서 학교는 평소대로 수업 일정을 소화할 예정이었다. 우리는 조금 이해가 가지 않았다.

"전쟁에 이겼는데도 수업을 한다고?"

물론 우리는 각자 학교로 돌아갔다. 친구들과 만나 또 한 번 승리의 기쁨을 나눴다. 학교로 돌아오지 않은 학생도 있었고, 돌아왔다가 금방 떠난 학생도 있었다. 처음에는 도무지 수업할 마음이 들지 않았는데, 아마 선생님도 그랬던 것 같다. 항일전쟁에서 승리를 거두긴 했지만, 그렇다고 금방 예전으로 돌아갈 수는 없을 터였다. '수습구산하(收拾舊山河)'[19]라고, 모든 것이 제자리를 찾을 때까지 기다려야 했다. 곧장 귀향할 수 있는 자들은 소수의 고위층 관리나 부호일 뿐, 절대 다수인 일반인과 평범한 공무원, 직장인들은 적극적으로 준비하거나 인내심을 갖고 기다려야 했다.

당시는 면학 분위기가 여간해서 조성되지 않았기에 수업이 잘 진행되지 않았고, 관리도 그리 엄격하지 않았다. 그 와중에 친구 몇몇은 외출을 신청해 교외로 나가거나 집으로 돌아갔다. 나는 궁룽샹(龔龍翔), 주쓰주, 하(賀) 씨 형제 등 친한 친구 몇 명과 함께 기숙사를 나와 보관실로 이사했다. 우리는 내가 평소 바이올린 연습을 하던 보관실을 빌려 큰 장식장을 이용해 반으로 나눈 후, 대나무 침대 몇 개와 2인용 책상 두 개를 들여놓았다. 이곳은 자유롭고 독립적인 아지트로 재탄생했다. 우리가 마치 정의를 위해 모인 강호의 영웅 같았다. 어둠이 내리고 학교

---

19 / 역주 : '옛 산하를 모두 되찾다'는 의미

가 소등할 즈음, 우리는 보관실 문을 잠그고 큰 나무판으로 창문을 가린 다음 모기장을 쳤다. 한 줄기 빛도 샐 틈이 없었다. 나는 친구들과 밤이 깊도록 책을 읽고 대화를 나누고 포커를 하고 옛이야기를 했다. 장진은 충칭시에서 꽤 멀리 떨어져 있었는데, 장진현 내에 소재한 영화관이 워낙 적은 데다 만날 옛날 영화만 상영했기 때문에 영화에 대한 욕구를 채워주지 못했다.《그레이트 왈츠》,《애수》,《바람과 함께 사라지다》,《카사블랑카》,《누구를 위하여 종은 울리나》 등 40년대 미국 할리우드 영화는 중국 젊은이들에게 막강한 영향력을 끼쳤다. 비비언 리(Vivien Leigh), 잉그리드 버그만(Ingrid Bergman), 게리 쿠퍼(Gary Cooper), 에롤 플린(Errol Flynn) 등 유명한 영화배우들은 충칭의 산간 도시에 사는 하층민에게 문화적 욕구를 충족시켜주고 정신적인 위안을 제공했다. 전시에 국내에서 생산되는 영화는 수적으로나 질적으로 사람들의 필요를 채우기에 턱없이 부족했기 때문에 할리우드 영화는 흥미진진하고 동경할 만한 대상이었다. 대도시와 멀리 떨어진 장진현에서는 그림의 떡일 뿐이지만.

친구들은 아쉬운 마음을 어찌 달랠까 고민하다가 내가 영화를 생생하고 맛깔나게 설명한다는 사실을 생각해냈다. 친구들은 돈을 모아 나를 '대표'로 충칭에 보내기로 했다. 토요일 오후에 출발해서 일요일까지 영화를 연달아 서너 편 본 다음 일요일 마지막 배를 타고 돌아와 여느 때처럼 월요일 수업을 받고 그날 저녁에 영화 이야기를 해주는 일정이었다. 나는 기꺼이 친구들의 제안을 수락했다. 돈 한 푼 들이지 않고 영화를 본 나는 심혈을 기울여 영화의 내용을 설명했다. 어느 때는 배우의 표정이나 영어 대사를 그대로 따라 했는데, 친구들은 그런 내 모습에 박장대소를 터뜨리며 만족감을 드러냈다. 하지만 결국에는 밑천이 다 떨어졌는데 그래도 친구들이 계속 이야기를 해달라고 조르는 통에 어쩔 수 없이 이야기를 만들어내기 시작했다. 물론 좋은 점도 있었다. 의도하진 않았지만, 이를 통해 창의성을 키울 수 있었으니까. 당시 지어낸 이야기로 소설을 써서 벽보에 연재했는데, 이를 좋아하는 독자가 제법 있었다고 한다. 또 한 번은 작문 수업에서『동화(桐花)가 필 무렵』이란 제목으로 작문을 했는데, 룽룽에 대한 그리움이 감동적으로 잘 표현됐는지 선생님께 칭찬을 받았고 이후에도 친구들 사이에서 제법 유명해졌다. 그 바람에 나의 절친한 친구 궁룽샹의 연애편지를 대필해주기까지 했다. 상대방은 '전쟁도 승리로 끝났으니까 고향에서 다시 만날 날도 멀지 않았다'며 이내 답장을 보내왔다. 편지에는 남녀 간의 그리움을 상징하는 홍두(紅豆)도 들어 있었다. 행복감에 취한 궁룽샹은 붉디붉은 홍두를 손에 들고 바보처럼 배시시 웃기만 했다.

_____ 《만세사표》

1946년 봄, 새 학기가 시작될 무렵, 학교를 해산한다는 소식이 들렸다. 학교는 항일전쟁 승리를 축하하고 학교를 기념하기 위해 연극 한 편을 무대에 올리기로 했다. 스승을 향한 찬미를 노래한 장쥔샹(張駿祥)의 《만세사표(萬世師表)》라는 작품이었다. 이 작품은 이미 충칭에서 바이양(白楊), 진산(金山) 등 유명 배우들이 열연한 적이 있었다. 현실을 잘 반영하고 교육적인 측면에서도 의미가 있는 작품이지만, 연기 실력과 무대 기술 등으로 볼 때 청소년에게는 상당히 어려움이 따르는 시도였다.

지금 되돌아보면, 당시 충칭은 물자 부족과 하루가 멀다하고 빗발치는 전투기의 폭격 속에서 극도로 힘겨운 생활을 견뎌내야 했다. 하지만 그 와중에도 항전 문예활동은 다채롭고 활발하게 이루어졌다. 학생들은 방학이 되면 거의 모두 충칭시로 건너가 '각개전투'를 벌이면서 각종 문화·오락 활동으로 '몸보신'을 했다. 지금 생각하면 그때의 우리는 참 영악한 말썽꾸러기였다. 어느 때는 돈이 없어 표를 사지 못했는데도 몰래 들어가 연극을 보거나 음악회를 감상했다. 물론 이는 '천하무적 개구쟁이'에게도 꽤 조마조마한 모험이었다. 이와 달리 서점에서는 돈을 낼 필요도, 불안해할 필요도 없이 마음껏 마음의 양식을 채웠다. 나는 싼롄서점에서 시간의 구애를 받지 않고 보고 싶은 책을 실컷 골라 봤다. 한 번은 어떤 책을 오후 내내 읽었는데, 완독하지 못한 데다 그 책을 살 돈도 없었다. 계속 볼까 망설이던 차에 점원이 내게 작은 나무 의자 하나를 건네며 말했다.

"앉아서 천천히 보렴."

그러면서 내 목덜미 쪽 어깨를 가볍게 토닥였다. 장시간 책을 본 탓에 목덜미가 뻐근하다는 사실을 눈치채기라도 한 듯 말이다. 잊을 수 없을 만큼 감동적인 순간이었던 터라 쌴롄서점에 가면 지금도 도타운 정이 느껴진다.

당시 충칭에서는 음악회가 자주 열렸는데, 물론 집에서 음반으로 들을 수 있지만, 음악회에서 라이브로 듣는 연주는 차원이 달랐다! 관현악단의 라이브 연주는 생생하게 살아 움직였다. 단원들의 연주가 하모니를 이루며 청중들에게 모든 것을 쏟아내면 마치 나도 그들 중 하나가 된 듯한 느낌을 받았다……. 그때 충칭에는 '중화교향악단'이 유일했는데, 리바오전(李抱枕), 린성시(林聲翁) 그리고 리궈취안(黎國荃) 등이 지휘를 맡았다. 나는 이 악단을 통해 처음으로 현장에서 베토벤의 교향곡 제5번《운명》을 들었다. 연주에 완전히 몰입한 단원들이 무척 성스럽고 고귀해 보였다. 당시만 해도 내가 그들과 함께 연주하고 지휘까지 맡게 될 날이 오리라고는 조금도 예상하지 못했다!

그 시기에 나는 동생과 함께 바이올린을 배우고 있었는데, 마쓰충(馬思聰)이 바이올린 독주회를 연다는 소식에 마음이 설렜다. 값비싼 표를 살 돈이 없던 우리는 포기 대신 머리를 맞대고 방법을 쥐어짰다. 독주회는 대화(大華) 영화관에서 열렸는데, 연주회가 시작하기 전에 영화를 상영했다. 우리는 바로 그 점을 노렸다. 영화표를 사서 먼저 입장하고는 영화가 끝나 사람들이 퇴장했을 때 혼란한 틈을 타 화장실에 몸을 숨겼다. 얼마 후, 불이 모두 꺼지자 칠흑같이 어두운 영화관에 무서울 정도로 적막한 정적이 흘렀다. 나와 동생은 다시 몰래 공연장으로 들어와 몸을 웅크린 채 가운데 줄에 앉았다. 시간이 어찌나 더디게 흐르던지. 아직 어렸던 셋째는 기다리다 잠이 들었는데, 나는 감히 그곳에서 잠을 잘 용기가 없었다. 나중에는 배가 너무 고파서 조금씩 후회가 밀려왔다. 하지만 이미 문이 잠겼으니 나가고 싶어도 나갈 방법이 없었다. 그렇게 참다가 잠이 들었는데 동생이 나를 깨웠다.

"형, 누가 와."

과연 공연장에 불이 켜지고 청중들이 입장하기 시작했다. 우리는 비싼 앞쪽 자리에 앉아 있었는데 자리를 두 번 비켜주고 나니 독주회가 시작됐다. 연주가 시작된 이후, 앞자리로 오는 사람이 없었다. 덕분에 우리는 그 자리에서 중국 제일의 바이올리니스트 마쓰충의 연주를 감상할 수 있었다. 정말 감동적이었다! 특히 《사향곡(思鄕曲)》은 형언할 수 없을 만큼 아름다웠다. 현기증이 날 정도로 허기졌지만 그럴 만한 가치가 있었다!

할리우드 영화, 교향악 연주회, 마쓰충의 바이올린 연주와 비교하면, (합창을 제외하고) 전시 예술로 시대성과 대중성이 가장 뛰어난 예술 작품은 《색상풍운(塞上風雲)》, 《청년진행곡(靑年進行曲)》, 《마로천사(馬路天使)》, 《반야가성(夜半歌聲)》 등과 같은 영화를 포함한 희극 예술이었고, 그중에서도 으뜸은 연극이었다. 바이양, 장루이팡(張瑞芳), 수슈원(舒綉文), 샹쿤(項堃), 차오위, 장쥔샹 등과 같은 배우는 모르는 사람이 없었고, 학생들이 가장 동경하는 존재였다. 거리에서 공연하던 《당신의 채찍을 내려놓아라》라는 항일선전극과 《반간첩(反間諜)》, 《남귀(南歸)》 등의 단막극에서 시작해 《뇌우(雷雨)》, 《일출(日出)》, 《원야(原野)》, 《가(家)》, 《상해옥첨하(上海屋檐下)》, 《1만세사표(1萬古師表)》, 《굴원(屈原)》, 《호부(虎符)》 등의 장막극까지, 셀 수 없을 만큼 많은 작품이 대중의 뜨거운 사랑을 받았다. 영화광이자 음악광이면서 연극광이기도 한 나는 주머니 사정이 좋으면, 정식으로 표를 사서 관람했지만, 이따금 여의치 않을 때는 캉젠탕(抗建堂) 극장 '관계자'의 아들에게 '빈대 붙어' 감상하기도 했다. 그와는 우연히 알게 되었는데, 우리 둘 다 음악을 좋아하여 말이 잘 통했다.

한 번은 우쭈이와 함께 《울뇌(鬱雷)》[20]를 봤는데, 황뤄하이(黃若海)라는 배우가 바오위역을 맡아 연기했다. 큰 머리에 네모난 얼굴, 손발이 오그라들 정도로 어수룩한 연기는 홍루몽에서 가장 슬프고 아름다운 이야기를 엉망으로 만들어 버렸

20 / 홍루몽 속 인물 바오위(寶玉)가 결혼하고, 다이위(黛玉)가 자신이 쓴 시를 다 태우고 세상을 떠나는 부분을 각색한 작품

다. 어찌나 분통이 터지는지 이가 부득부득 갈렸다. 다이위의 죽음을 원통해하는 장면에서는 둘 다 야유를 보냈다. 그러다 우쭈이가 더는 못 참겠다는 듯 "진정펑! 차라리 네가 연기해!"라고 비웃기까지 했다.

그런데 놀랍게도 그 후에 정말로 국립 제9중등학교에서 내가 대형극《만세사표》에 출연하게 되었다!《만세사표》를 무대에 올리기로 한 후, 각 분교에서 준비에 착수했는데, 전교를 아우르는 연출팀을 조직했다. 대부분 웅변대회에서 두각을 나타냈던 학생들이 배우로 뽑혔고, 감독님이 배역을 나누어 주었다. 팡(方) 교수 역에는 왕자펑이, 그의 딸인 팡얼러우(方爾㜷) 역에는 당시 '학교 퀸'이었던 왕빙(王冰)이 낙점됐고, 나는 팡 교수의 학생이자 팡얼러우의 연인인 학생 린퉁(林桐)을, 귀엽고 영리한 중이친(鐘一琴)은 린퉁과 얼러우의 딸 샤오러우(小㜷)를 맡았다. 그리고 장자오쉬(張昭緒)가 또 다른 교수 역을 맡았다.

나는 중학생 때《반간첩》이라는 단막극에서 주연 중 하나인 '백 선생(특수 임무 요원)'으로 분한 적이 있었지만, 그때는 그저 재미 삼아 했던 일이었다. 당시 연습할 때는 효과를 맡은 사람이 없었다가 작품을 무대에 올리기 직전에 우리를 돕겠다고 자원한 친구가 그 일을 맡았다. '백 선생'이 위기의 순간 적을 향해 총을 쏘는 장면이 있는데, 효과 담당이 하는 일은 그때 무대 뒤에서 죽편(竹片)을 두들겨 총소리를 내는 것이었다. 평소 연습할 때는 효과 담당이 없었기에 내가 총을 쏘는 동작에 맞춰 입으로 '탕!' 하고 소리를 냈었다. 그런데 진짜 무대에서 효과를 맡은 친구가 줄거리에 익숙하지 않은 탓에 총소리를 한 박자 늦게 냈고, 나는 또 습관적으로 '탕!' 하고 소리를 냈다. 결과적으로 왜놈은 총을 '두 발'이나 맞고 쓰러졌고, 장내는 삽시간에 웃음바다로 변했다! 그때는 친목회에서 설날을 맞아 연극을 한 것이니 그런 소동이 벌어져도 그냥 넘어갈 수 있었지만 이번에는 달랐다.《만세사표》공연은 성대한 경축 활동으로 타지의 귀빈과 교우들을 초청하는 자리였다. 그러니 결코 애들 장난이 아니었고, 긴장을 늦출 수 없었다.

처음으로 모든 배우가 다 모인 날, 먼저 작품에 대한 감독님의 설명을 들은 후, 각자 대본을 읽고 대사를 외웠다. 초반에는 감독님이 극중 인물관계를 생각하면

소 년, 전 쟁 을 겪 다

서 대본을 읽게 했는데 다들 새어 나오는 웃음을 참느라 안간힘을 썼다. 전문 배우가 아니다 보니 우스꽝스러운 부분이 없지 않아서였다. 그러나 감독님의 지도와 주의를 받으며 차츰 극에 몰입하기 시작했다. 다만 몸으로 연기를 하면서 문제가 생겼다. 제2막 1장은 린퉁이 항일 학생 운동에 가담했다가 체포된 후 석방되어 팡 교수의 집으로 돌아오는 내용이었는데, 거기서 초조하면서도 기쁜 표정으로 그를 기다리던 연인 얼러우와 재회하는 장면이 나온다. 감독님은 린퉁과 얼러우에게 서로 달려가 부둥켜안으라고 주문했다. 그러나 서로를 향해 뛰어가던 나와 왕빙은 두 팔을 뻗은 후 동시에 제자리에 멈춰 서서 서로를 바라보지도 못했다.

"커트! 다시!"

감독님이 소리를 지르며 손을 흔들었다. 우리는 멋쩍은 표정을 지으며 자리로 돌아갔다.

"액션!"

이번에는 마음을 다잡고 서로를 향해 내달렸다. 그러나 서로에게 막 닿으려는 찰나 또 갑자기 바보처럼 멀뚱거리며 서버렸다. 한바탕 웃음이 터져 나왔다. 감독님은 어쩔 수 없이 그 장면을 건너뛰고 다음 장면으로 넘어갔다.

연습이 끝난 후, 감독님이 나와 왕빙을 부르셨다.

"다른 애들이 보니까 쑥스러워? 이제 다 갔으니까 다시 해보자. 레디, 액션!"

우리는 여전히 요지부동이었다.

"음, 그럼 나도 안 볼 테니 너희 둘이 연습해라."

감독님은 이 말을 남기고 손을 흔들며 자리에서 일어나셨다. 당황한 우리가 다급히 소리쳤다.

"할게요! 할게요!"

"좋다."

감독님은 문 앞에 서서 우리를 지켜보았다. 우리가 제대로 하지 않으면 바로 박차고 나가겠다는 일종의 으름장이었다.

결국 우리는 포옹하는 데 성공했다. 이제 그만 떨어질까 망설이는데, 감독님이 소리쳤다.

"아직! 움직이지 마라! 어떠냐? 쑥스러울 것도 없지?"

우리는 감독님을 따라 웃으며 손을 풀었다. 왕빙이 결연한 표정으로 말했다.

"내일은 더 잘할 수 있어요!"

왕빙은 나보다 당찬 아이였기에 분명히 잘할 수 있을 것이라고 생각했다.

이튿날, 예상대로 왕빙이 먼저 다가와 나를 격정적으로 꺼안았다. 나는 그저 왕빙보다 먼저 '얼러우!' 하고 대사를 뱉었을 뿐이었다. 이게 바로 '청춘의 풋풋함'이 아니겠는가!

연습 일정은 아주 빡빡했다. 우리는 긴 시간 동안 연극을 준비하며 극중 인물에게 빠져들었고, 평소에도 친하게 지냈다. 공연 당일, 우리는 마치 가족처럼 서로를 챙기고 있었다. 마지막 장면을 앞두고, 무대 뒤에서 옷을 갈아입었다. 나는 노교수로, 왕빙은 할머니로 분장했다. 우리는 서로를 바라보며 웃었다. 정말로 수십 년을 함께 한 사이처럼 느껴졌다. 막이 열리고, 무대 위에 아픈 얼러우가 나타났다. 얼러우는 침대에 몸을 반쯤 기댄 채로 스웨터를 뜨고 있었다. 그때 린퉁이 침실로 들어와 그녀의 곁에 앉았다. 나는 무의식적으로 손을 들어 얼러우의 새하얀 머리카락을 어루만지며 머리핀을 제대로 꽂아주었다. 왕빙도 스웨터를 뜨던 손을 멈추고 잠자코 기다린 후에야 대사를 했다. 공연이 끝난 후, 감독님은 우리가 고전했던 그 장면에 대해 칭찬을 아끼지 않았다. 연습 때는 실제 공연했던 동작을 요구한 적이 없었기 때문이다. 감독님이 어찌 된 일이냐고 물었고, 나는 저절로 몸이 움직였다고 대답했다.

"연기란 바로 그런 거란다. 자연스럽게 우러나오는 마음을 표현하는 거야. 그래야 진정성이 있고 보는 이에게 감동을 줄 수 있지."

감독님 외에도 제법 많은 친구가 그 장면이 너무 감동적이었다며 소감을 전해왔다. 연극은 그렇게 끝났다. 우리는 모두 아쉬워했다. 고별 간담회에서 마지막 인사를 나누던 우리는 모두 눈물을 흘리며 앞으로도 영원히 좋은 친구로 남자고 약속했다.

반세기도 더 지난 지금, 그 친구 중 내가 사랑한 '딸' 샤오러우(중이췬)가 먼저 세상과 이별했다. 해방 후, 베이징대학을 졸업한 중이췬은 농학원무공분원(農學院武功分院)에서 교편을 잡았다. 그러나 문화대혁명 시기, 고결한 심성에 고집이 셌던 그녀는 모욕을 참지 못하고 목을 매고 말았다. 1980년 무렵, 내가 베이징 영화제작소에서 악단 지휘를 맡아 녹음을 하던 때에 국립 제9중등학교 시절 중이췬의 절친한 친구였던[21] 스원신(施文心)을 우연히 만났는데, 그때 비로소 중이췬의 이야기를 전해 들었다. 마음이 무겁고 쓰렸다. 이미 떠난 사람에게 무슨 말이 소용 있겠는가? 그러나 일생을 돌아보게 되는 시점에서 이 이야기는 하고 싶다. 중이췬의 죽음에 마음이 무거웠던 것은 수년을 함께 지내며 서로를 깊이 이해했기 때문이다. 1950년, 내가 베이징에서 일하게 됐을 때, 중이췬은 베이징대학교를 졸업하고 학교 배정을 기다리는 중이었다. 그녀는 내가 그녀의 마음을 받아 주기를 바랐다. 중이췬은 룽룽을 향한 나의 사랑을 알았기에 그녀의 고백을 받아들일 수 없는 나를 이해했다. 게다가 베이징에서 룽룽을 우연히 만난 후, 나와 그녀에게 서로의 소식을 전해준 사람도 바로 중이췬이었다. 나와는 가망이 없다는 사실을 깨달은 그녀는 베이징을 떠나 베이징대학교 무공농학분원으로 갔고 그곳에서 학생들을 가르쳤다. 그 후 더는 중이췬을 만나지 못했다.

톈진(天津)에 사는 왕자핑이 나를 만나러 베이징으로 왔고, 그는 그때 중이췬이 세상을 떠났다는 사실을 알게 됐다. 그는 주체할 수 없는 큰 슬픔에 잠겨 한참을 울었다. 다음 날 왕자핑이 베이징을 떠났고 그 후로 오랫동안 나와 연락을 끊었다. 다른 친구에게서 왕자핑이 오랫동안 중이췬을 연모해 왔다는 사실을 전해 듣고 그를 보러 톈진으로 갔다. 그 후, 왕자핑이 내게 사진 한 장을 보냈다. 사진에는 홀로 먼 곳을 바라보며 상념에 잠긴 그의 모습이 담겨 있었는데, 뒷면에 그가 중이췬을 위해 쓴 시가 적혀 있었다.

---

21 ╱ 영화배우 거춘좡(葛存壯)의 부인이자 거유(葛優)의 모친

서리 내린 숲, 설원, 늦겨울, 황혼

무엇을 찾길래, 하염없이 하늘만 쳐다보는가?

충칭, 장진, 바이샤, 유옌

무대, 웅변, 호방, 매력

값비싼 포도주 석 잔 따라 놓고

화려한 선율을 감상하네

수많은 번개와 천둥이 지나가니

풋풋한 소년, 몇이나 남았는가

옛일 돌아보면 기쁨도 반, 슬픔도 반인 것을

누군가 말하지 않는가, 인생에서 어느 곳엔들 만나지 않겠느냐고

허나 기쁨과 슬픔, 만남과 이별은 예측할 길이 없으니, 서글프기 그지없어라

어디서 풍금 소리가 들리는가?

산은 높고 바다는 요원하니

하늘나라와 인간 세상, 달라도 너무 다르구나

갑작스러운 이췬의 부고에 눈물을 먹물 삼아 이 시(詩)를 적어 본다.

우리 세 사람의 영원한 우정을 기념하고자, 여기 사진 한 장을 보낸다.

왕자핑, 톈진에서, 올해 62세

왕자핑은 그 후로도 계속 울적하게 지냈다. 문화대혁명 이후 왕자핑도 세상을 떠났다는 비보가 들려왔다. 또 다른 친구, 얼러우(왕빙)는 아픈 남편을 일찍 떠나보낸 후 홀로 살았다. 상하이에서 그녀를 만났을 때, 아들이 똑똑하고 효심이 지극해서 그런가 혈색이 좋아 보였다. 그러나 나중에 치매에 걸렸다는 소식을 들었고, 전화를 걸었지만 이미 기억을 많이 잃은 듯했다. 《만세사표》 공연을 함께했던 친구 중 아직 살아있는 사람은 '린퉁'뿐이지만, 그도 이제는 백발의 노인이 됐다.

누구나 일생에서 가장 소중하고 잊지 못하는 시간이 있다. 내게는 그 시간이 바로 학창시절이었다. 특히 칭무관 중대부중이 있었던 장자 교정은 내게 아주 특별했다. 그때의 나날은 내 생애 가장 아름답고 찬란했으며 내 삶에 가장 큰 영향

을 주었다. 그때의 우리는 스스럼없이 친구가 되었고, 그때의 나는 감동과 지혜와 사랑이 충만한 독서의 세계에 빠져 지냈다. 그때 그 모든 것은 나와 함께 성장한 평생 잊지 못할 '지기(知己)'이다. 그리고 내 가슴속에 가장 깊게 박힌 것은 그 시절 창가에 앉아 있던 내 평생의 사랑이다. 평생 한 번뿐일 사랑을 그날 안개비가 내리고 차가운 바람이 불던 자링강에서 잃어버리고 말았다. 나는 그녀의 목소리도 듣지 못한 채 영영 이별했다. 유령처럼 꿈속에서만 맴도는 그녀. 나는 절망적인 마음으로 하나님께 간절히 기도했다. 제발 그녀의 한숨 소리라도 듣게 해 달라고······.

_____ 마지막 짧은 만남

모든 악장에는 인상 깊은 에필로그가 있어야 하는 법이다. 충칭을 떠나기 전날 밤, 장강 남쪽 연안에 있는 고모 댁에서 집으로 향하는 길이었다. 땅거미가 진 시각, 나는 사람들로 북적이는 길을 분주히 걷고 있었다. 그런데 그때 큰길 맞은편에 놓인 인도 위에 나와 반대 방향으로 한 여자아이가 걷고 있었다. 나는 순간 벼락 맞은 사람처럼 제자리에 멈춰 섰다. 룽룽이었다!

하지만 맞은편 인도로 가기에는 사람도 차도 너무 많았다. 나는 너무 긴장한 나머지 입이 떨어지지 않았다. 자다가 가위에 눌린 기분이었다. 그러다 문득 정신을 차리고 주위에 있는 행인들을 밀어내고 다급하게 길을 가로질렀다. 날은 이미 어둑어둑했으나 나는 룽룽을 제대로 보고 싶었다. 한 번 만난다고 무슨 큰일이 나는 것도 아니지 않은가! 하지만 길을 건넜을 때 그녀의 모습은 보이지 않았다. 나는 황급히 사방을 두리번거렸고, 결국 다시 그녀를 발견했다! 룽룽은 큰길 옆에 있는 작은 돌계단을 오르는 중이었다. 돌계단은 언덕 위에 늘어선 집들과 통했다. 나는 무작정 그녀를 쫓아갔다······. 하지만 어스름한 노을 아래에서 그녀의 뒷모습이 눈에 들어온 순간, 그녀는 대문으로 들어갔고 이내 문이 닫혔다.

그때 나는 왜 문을 두드리지 않았을까? 두드렸어야 했는데, 힘껏 두드렸어야 했는데! 왜? 대체 왜? 지금은 그 이유를 안다. 겁이 났기 때문이다. 단언컨대 나는 겁쟁이가 아니었다. 수많은 사람 앞에서 누구보다 열정적으로 연설도 했고 합창을 지휘하기도 했다. 나는 풍랑이 이는 양쯔강을 헤엄쳤고, 전투기가 폭탄을 떨어뜨리는 상황에서도 가족을 찾아다녔다. 여자와도 자연스레 대화했고 바이올린을 연주하거나 논쟁을 할 때는 위축되는 법도 없었다……. 그런데 단 한 사람, 룽룽 앞에서는 겁이 났다. 대체 무엇이 그토록 두려웠을까? 나는 그녀가 나 때문에 부모님께 혼나고 상처받을까 두려웠다. 나를 경솔하다고 생각하며 확 떠나버릴까 봐 두려웠다……. 그녀는 내게 너무 사랑스럽고 소중한 존재였기 때문이다. 약속을 지키지 못해 그녀에게 상처를 주었기에 내가 그녀를 속인 것으로 생각할까 봐 두려웠다……. 아마도 이러한 걱정이 켜켜이 쌓여 자신감을 잃은 겁쟁이로 변한 거겠지.

나는 크고 육중한 대문을 마주한 채로 어둠 속에 멍하니 서 있었다. 입이 바짝 마르고 텁텁했다. 절망의 넝쿨이 천천히 가슴을 옥죄어 왔다. 주르륵, 눈물이 흘렀다……. 우울한 어둠이 세상을 삼킨 그 시간에 나는 운명에 투항하듯 굳게 닫힌 문 앞에서 무릎을 꿇었다. 돌계단에 얼굴을 대고 그녀의 이름을 되뇌고는 그녀가 남긴 발자국에 입을 맞췄다…….

그 시절, 내 청춘은 '눈물 한 방울'로 농축되었다. 모래 한 알에서 세상을 본다고 하지 않는가? 돌이켜보니, 내 일생은 이 한 방울에 담겨 있었다. 성격, 품행, 생활, 꿈…… 어느 것 하나 여기서 벗어난 것이 없다. 내 삶에 뿌려진 이 사랑의 씨앗은 나와 함께 세월 속을 걸어갈 것이다.

04 / 나의 대학시절

귀향

_____ 재난

항일전쟁이 승리로 막을 내리면서 장장 8년이란 시간을 기다린 끝에 귀향의 꿈이 이루어졌다. 그러나 그동안 상상해온 것만큼 감동적이거나 기쁘지만은 않았다. 오히려 갖가지 사고와 불운이 이어지면서 우리를 깊은 실망과 근심에 빠뜨렸다.

전쟁이 끝난 후, 아버지는 퇴역하여 꽤 두둑한 퇴직금을 수령했다. 우리는 원래 여객선을 타고 난징으로 돌아갈 계획이었는데, 마른하늘에 날벼락과도 같은 일이 벌어졌다. 반평생 생사의 기로를 넘나들며 고생한 대가로 받은 퇴직금을 몽땅 도둑맞은 것이다. 경찰에 신고한 후 속을 푹푹 썩어가며 기다렸지만, 아무리 기다려도 감감무소식이었다. 우리는 결국 퇴직금을 찾을 가망이 없다는 사실

1945년 항전 승리 후 난징으로 돌아간 우리 가족

을 받아들일 수밖에 없었다. 다행히 중국 정부에서 한국 임시정부에 교민들이 탈 목조선박 몇 척을 내주어 장강 수로를 따라 귀향 길에 올랐다.

출발 당일, 하늘은 높고 구름이 없어 만 리가 한눈에 들어올 정도로 화창한 날씨였다. "출발——!" 소리와 함께 고향으로 향하는 여정이 시작됐다.

목조선 네다섯 척이 거센 장강의 물살을 가로지르며 나아갔다. 높다란 돛대, 웅장한 뱃머리를 자랑하는 대형 목조선은 아이들의 마음을 흔들기에 충분했다. 굽이쳐 흐르는 강물은 미래를 향한 무한한 상상력을 자극했다.

사흘이 지나고 싼샤(三峽)에 거의 도착할 무렵, 나는 재빨리 뱃머리로 올라갔다. 모든 것을 통째로 삼킬 듯 용솟음치는 파도가 선체와 뱃머리를 끊임없이 때리고 있었다. 배는 앞뒤로 흔들리면서 오롯이 앞을 향해 질주했다. 나는 뱃전을 두 손으로 꽉 잡고 잔뜩 긴장한 얼굴로 실눈을 뜬 채 앞을 주시했다. 금방이라도 숨이 멎을 것 같은 느낌이 이어졌다. 그러다 문득 수로가 보이지 않았는데, 갑자기 우뚝 솟은 절벽이 눈앞을 확 덮쳤다. 정신이 아찔해지더니 물보라를 머금은 차가운 바람이 얼굴을 스치고 지나갔고, 이내 정신이 아득해질 정도로 광활한 풍경이 펼쳐졌다……!

배는 굽이치는 강물을 따라 곧게 나아가다가 맹렬히 역류하는 물살과 맞닥뜨리고 말았다. 이번에는 배가 강변에서 멈췄고 우리는 인부들이 배를 끌어 방향을 바꿀 때까지 기다렸다. 얼마 후, 노련한 인부들의 우렁찬 구령과 함께 배가 다시 천천히 움직이기 시작했다. 뱃전에 엎드린 나는 뜨거운 태양 아래에서 웃통을 벗고 배를 끄는 인부들을 보았다. 온몸을 휘감은 밧줄을 어깨에 메고 거친 숨을 몰아쉬며, 상체를 앞으로 수그린 채 밧줄을 힘껏 끌어당기고 있었다. 팔뚝에는 시퍼런 핏줄이 툭툭 불거졌고 피부는 뙤약볕에 그을려 까무잡잡했다. 해변에 어지럽게 솟아 있는 돌 위에 단단히 딛고 선 두 발만 유독 하얬다……. 훗날 대학에 있을 때, 합창곡《견부곡(縴夫曲)》을 작곡하고 러시아의 유명한 민요《볼가강의 뱃노래》를 지휘하였는데, 그날의 장면이 머릿속에 그려지듯 선명히 떠올랐다…….

장강의 여정은 우한에 도착하는 것으로 끝이 났다. 동행한 사람들은 육지에 오르자 뿔뿔이 흩어져 제 갈 길을 갔다. 아버지는 먼저 난징으로 가셨고 우리는 우한에서 며칠을 보냈다.

아버지를 기다리며 우리 형제들은 난징으로 돌아가면 무엇을 하고 싶은지 얘기하고 또 얘기했다. 남동생들은 학교 갈 때 폼 나게 타고 싶다며 자전거를 갖고 싶어 했다. 그리고 나는 새까맣고 반짝반짝 윤이 나는 외관에, 아름다운 소리를 내는 피아노를 원했다!

아버지의 전화를 받은 우리는 한껏 들뜬 마음을 안고 난징으로 가는 기차에 몸을 실었다. 그러나 우리가 맞이한 것은 또 다른 모습의 불운이었고 이는 우리 집, 특히 아버지에게 잔인하다고 할 만큼 엄청난 충격을 안겼다.

일본을 몰아내자 또 다른 도적이 나타났다. 수많은 사람이 이들에게 당했거나 최소한 알고는 있었는데, 바로 '접수대원(接收大員)'이라는 관료였다. 이름만 다를 뿐 하는 짓은 일본의 도둑놈들과 다를 바가 없었기에 '겁수대원(劫收大員)'이라 불러도 무방했다. 이들은 국민당 정부가 파견한 당원들로 피점령 지역에서 가로채고 싶은 모든 재산을 '협박으로 몰수하는' 일을 했다. 이로 인해 아버지는 집과 땅을 전부 빼앗겼는데, 놈들은 그것도 모자라 우리보다 먼저 난징에 도착한 '신민만보(新民晚報)'에 금괴를 받고 우리집을 팔았다고 했다.

이는 퇴직금을 도둑맞은 것처럼 단순한 문제가 아니었다. 집과 땅은 우리 가족이 살아갈 기반이자 의식주를 해결할 밥줄이었다. 벼랑 끝에 내몰린 아버지는 지푸라기라도 잡는 심정으로 항의도 하고 제소도 하고 비난도 해보았지만, 아무런 소득도 얻지 못했다. 집문서며 땅문서며 모두 휴짓조각이 되어버렸고 어디 하나 호소할 곳도 없었다. 무법천지가 되어버린 세상에서 하늘도 땅도 우리를 돕지 못했다. 막다른 골목에 몰린 우리는 결국 울며 겨자 먹기로 '타협안'을 받아들였고, 상부에서 보상금을 받는 것으로 마무리했다.

우리는 어쩔 수 없이 청셴가(成賢街)에 있는 작은 집에서 셋방살이를 시작했다. 그나마 다행스럽게도 산전수전 다 겪은 아버지는 이런 절망적인 상황에서도 쓰러지지 않았다. '세상이 널 어디로 내동댕이치든 혼자 일어설 수 있어야 한다!' 아버지가 귀에 딱지가 앉도록 하신 말씀이라 기억이 생생했고 무엇보다 나는 이런 배짱을 가진 사람이 되고 싶었다. 우리가 이사한 그날 밤, 온 가족이 둘러앉아 식사했고 약주를 걸친 아버지는 우리를 쓱 둘러보며 웃었다.

"이것 봐! 나 김철남은 아들이 이렇게나 많다고!"

아버지는 막내를 안고 그 볼에 수염이 덥수룩한 얼굴을 비비며 말했다.

"내가 꼭 피아노를 사주마. 넌 장차 훌륭한 피아니스트가 될 게다!"

자신감에 가득 찬 목소리였다. 그때 우리는 세상 물정 모르는 어린아이였지만, 그 말을 철석같이 믿었다. 아버지가 한 말이었으니까! 당시 나는 피아노가 가장 갖고 싶었고 아버지도 사 주겠다 약속했다. 그때 동생과 나는 현실적인 어려움을 모를 만큼 어린 나이이긴 했다.

피아노를 갖고 싶었던 건 충칭에서 소학교를 다녔던 2학년 여름방학 때로 거슬러 올라간다. 하루는 친구들과 함께 러우이윈(樓翼雲)의 초대를 받아 집에 놀러 갔다. 그의 아버지는 유명한 번역가라 집이 부유한 편이었다. 집에 들어간 우리는 친구를 따라 넓은 응접실을 가로질렀다. 두꺼운 벨벳 커튼이 햇빛을 차단하여 방안은 어두웠다. 문득 방 한쪽에 놓인 반짝이는 피아노 한 대가 눈에 들어왔다. 러우이윈은 친구들을 데리고 곧장 위층으로 올라갔다. 그늘진 테라스에는 트럼프, 과자, 음료 등이 놓인 테이블이 있었다. 나는 포커를 할 줄 몰랐기 때문에 그저 친구들이 재미있게 노는 모습만 지켜봤다. 내 머릿속엔 온통 그 피아노 생각뿐이었다. 친구들이 포커에 푹 빠져 있을 때 조용히 아래층으로 내려갔다. 응접실은 텅 비어 있었다. 나는 한눈에 봐도 값비싸 보이는 피아노를 향해 곧장 걸어갔다. 잠시 주저하다가 결국 못 참고 과감하게 피아노 뚜껑을 열었다. 반짝이는 건반에 나도 모르게 숨을 삼켰다. 나는 홀린 듯 흰 건반을 손가락으로 지그시 눌렀다. '딩' 하고 울린 맑고 깨끗한 소리에 심장이 흔들리는 것 같았다. 소리는 아름답고 신비로웠다. 내 인생의 첫 피아노 '연주'인 셈이었다. 잠시 마음을 가라앉혔지만, 결국 또다시 건반을 하나둘 눌렀다. 갈수록 대담해진 나는 두 손으로 '장삼화음'을 만들었다. 그 소리는 뭐랄까…… 형언할 수 없었다. 그저 온몸이 빨려 들어가 그대로 녹아버리는 느낌이었다. 참으로 신비한 경험이었다. 나는 모든 걸 잊고 소리에 심취했다. 물론 그건 음악이 아닌 아무렇게나 짜 맞춘 다양한 음의 파편에 불과했지만 말이다. 러우이원이 날 찾으러 내려온 후에야 손을 멈췄다. 주인의 허락도 없이 피아노를 만졌기에 미안하고 겸연쩍었지만, 그는 수박을 먹으라고 불렀을 뿐, 딱히 개의치 않는 모습이었다. 이후에 나는 피아노 한 대를 사서 아름다운 음악을 연주하는 내 모습을 자주 상상하게 되었다.

하지만 그 꿈은 이뤄지지 않았다. 나는 평생 '조금만 더 일찍 피아노가 있었더라면……' 하고 생각했다. 물론 당시 아버지는 피아노보다 자식을 학교 보내는 것이 급선무였다. 둘째와 셋째 남동생은 중대부중(청무관에 있던 학교가 난징으로 옮겨 왔다)에 들어갔고, 넷째 남동생은 아직 어렸기 때문에 막내 여동생과 함께 소학교에 다녔다. 나는 1946년 여름방학 무렵에 있을 중앙대학의 신입생 모집 시험을 기다렸다. 나는 내심 음악과에 들어가고 싶었다.

이렇게 새로운 생활이 안정기에 접어들 즈음, 또 일이 터졌다.

점심때가 되어 동생들이 돌아오기를 기다리고 있었는데, 넷째 남동생이 숨을 헐떡이며 뛰어 들어와 소리쳤다.

"셋째 형이 차에 치었어!"

순간 눈앞이 아찔했다. 우리는 곧장 사고 난 곳으로 달음박질쳤다. 현장을 둘러싼 사람들을 비집고 들어가자 바닥에 쓰러진 셋째가 보였다. 둘째는 격분하며 경찰에게 호소하는 중이었다. 우리는 운전자에게 당장 병원에 연락하라고 다그쳤다.

당시 난징 중앙병원은 꽤 좋은 병원이었다. 내가 어렸을 때 뇌막염으로 죽음의 문턱까지 갔다가 응급 처치를 받고 살아 돌아온 곳이기도 했다. 그래서 그런지 막연하게나마 동생도 괜찮을 것 같았다. 우리는 경찰의 동행하에 운전자와 함께 입원 수속을 밟고 병원비를 수납했다. 셋째는 수술을 하고 골절된 왼팔에 깁스를 한 후 병실로 옮겨졌다. 다른 동생들은 오후에도 수업이 있었기에 먼저 돌려보내고, 나는 보호자로 병실에 남아 그제야 한숨을 돌릴 수 있었다. 적어도 생명에 지장은 없으니 그것만으로도 천만다행이었다.

병상을 지키며 마취에서 깨지 않은 동생을 바라보았다. 나는 영리한 데다 음악적 재능까지 뛰어난 셋째가 가장 좋았다. 셋째는 나보다 늦게 바이올린을 배웠지만 나를 금세 따라잡았다. 게다가 이호(二胡)[1]까지 손수 만들었는데, 좋은 소리를 내기 위해 구리철사를 감은 용수철을 기러기발에 끼우는 세심함도 있었다. 이호를 켤 때마다 부드럽고 아름답게 떨리는 소리가 났다. 나는 왼쪽 팔에 골절상을 입은 동생이 혹시나 앞으로 바이올린을 연주하지 못할까 몹시 걱정했다. 동생은 꽤 오랜 시간 잠에 빠져 있다가 어느 순간 눈을 천천히 뜨기 시작했다. 나는 황급히 괜찮냐고, 목이 마르진 않냐고 물었다. 동생은 조용히 나를 보며 괜찮다는 듯 엷은 미소를 지었고, 나는 그 모습이 안쓰럽고 사랑스러웠다.

하늘의 도움으로 셋째는 무사히 회복했다. 어린 나이라 회복이 빨랐던 듯싶다. 얼마 후 다시 바이올린을 잡았고 나도 큰 걱정을 덜 수 있었다. 하지만 항일전쟁이 끝난 후부터 우리집, 그것도 아버지한테 불운이 이어지는 것 같은 느낌을 지울 수 없었다. 지금까지로도 부족한 것일까?

한 가지 의구심이 들었다. '아버지는 어째서 한국으로 돌아가지 않는 것일까? 집안 형편도 어려운 데다 독립 후 조국으로 돌아갈 날만 손꼽아 기다려온 분이 아닌가? 만약……' 끝까지 답을 얻지는 못했지만, 아버지도 나름의 피치 못할 사정이 있겠지, 생각하기로 했다. 지금 당장은 생계와 학교 문제부터 해결해야 했고 또 언젠가는 답을 찾을 수 있을 거라 기대하면서.

_____ 아, 오페라!

그 시기에 나에게만은 '행운'이 찾아왔다. 그리고 그 행운은 지금의 나로 성장하는 데 큰 영향을 미쳤다.

충칭에서 소학교를 다닐 때 일이다. 2학년 여름방학 즈음, 아버지는 군악학교 성악반에 재학 중인 조선인 김인애(金仁愛) 누나를 집으로 초대했다. 우리는 누나

---

1 / 역주 : 중국 전통 현악기의 일종

나의 대학시절

가 부르는 노래를 참 좋아했다. 군악학교는 우리집에서 그리 멀지 않은 곳에 있었는데, 내가 음악을 좋아한다는 사실을 알아챈 누나가 종종 나를 군악학교에 데리고 가서 구경을 시켜주었다. 관악대가 연습하는 모습이 가장 흥미로웠다. 그때《경기병 서곡》,《윌리엄 텔 서곡》,《카르멘 서곡》그리고《아름답고 푸른 도나우》등과 같은 곡을 처음 들었다. 특히 지휘자의 솜씨에 두 손과 두 발을 다 들 정도로 감탄했다(후에 그가 이탈리아 유학파인 홍판(洪潘)이라는 사실을 알았다). 연습실 창문턱에 기댄 채 넋을 놓고 듣고 있다가 집에 돌아갈 생각도 잊게 되었다. 이는 LP판이나 음악회 연주와는 달리 음악이 직접 나를 어루만지는 기분이 들었다. 내가 선율과 하나 되는 느낌이랄까. 이들은 음악을 부분별로 쪼갠 후에 다시 합치면서 온전한 음악을 만들었는데, 그 신비로운 모습에 나는 음악에 더욱 빠져들었다.

항일전쟁이 중국의 승리로 종식된 후, 군악학교도 본래 있었던 난징으로 옮겨 왔다. 인애 누나는 난징에 와서도 우리와 연락했다. 그녀는 이미 그곳에서 일하고 있었는데 나를 데리고 가서 본인이 출연하는 오페라《추자(秋子)》[2]를 보여주었다. 나는 처음으로 접한 오페라에 마음을 완전히 빼앗겼다! 누나는 내게 합창단 가입을 적극적으로 권유했다. 그때 상하이에 잠시 머물던 러시아의 유명 작곡가 아론 에브샬로모프(Aaron Avshalomov)가 오페라《맹강녀(孟姜女)》공연을 위해 단원들과 난징에 올 예정이었다. 그녀는 마침 합창단에 공석이 있어 단원을 모집하니 지원해 보라고 했다. 합격하면 오페라에 출연할 수 있다는 말에 마음이 흔들려 그만 선뜻 수락하고 말았다. 그녀는 집에서 내게 발성법을 알려주었고, 동시에 오디션을 위한 곡으로 두 곡 정도를 연습시켰다. 오디션이 있던 날, 누나가 나를 연습 담당 지휘자[3]에게 소개했다. 오디션이라고 딱히 거창할 게 없었다. 약간의 발성과《희우(喜雨)》라는 노래 한 곡만 부르고는 합격 통보를 받았다.

예상치 못한 결과에 폴짝폴짝 뛰며 기뻐했다. 이후 이틀에 한 번씩 합창 연습을 하러 갔다. 당시 나는 베이스를 맡았는데, 첫 연습곡은 헨델의《할렐루야》였다. 상대적으로 익숙한 곡이라 별문제가 없었다. 그 뒤로 오페라 공연《추자》의

2 / 황위안뤄(黃源洛) 작곡
3 / 악단 지휘자 주충마오(朱崇懋)의 남동생

마지막 대합창과 하계 쉬안우(玄武) 호수에서 열린 노천 음악회에 참가했다. 얼마 후, 아론 에브샬로모프가 상하이 공부국(工部局) 교향악단, 주연 배우들과 함께 난징에 왔다. 당시 공부국 교향악단에는 거의 외국인 연주자들만 있었다. 그들은 리즈사(勵誌社)에 묵었는데, 그곳은 본래 국민당의 고급 클럽이었단다. 중국과 서양의 장점을 살린 건축물로 푸르고 정교한 정원에는 촘촘하게 잘 다듬어진 잔디가 깔려 있었다. 대강당은 정교하게 장식된 극장이었다. 연습 일정이 꽤 빡빡했지만, 합창 연습 자체는 딱히 어려울 게 없었다. 다들 지루한 모습으로 연습에 임한 반면에 나는 흥분을 감추지 못했다. 아론 에브샬로모프가 지휘하는 모습을 눈앞에서 보다니! 배우들의 노래를 듣다가 합창할 때가 되면, 나는 누구보다 더 열정적으로 노래를 불렀다. 하지만 솔직히 합창곡에서 너무 어렵게 만들었다 싶은 부분이 있었다. 어떤 부분은 듣기조차 힘들 정도였는데, 귀신 울음소리처럼 음의 높낮이가 없는 부분이 특히 그랬다. 그럼에도 불구하고 내게는 음악을 실제로 접하며 안목이 트이는 계기였다. 음악을 객관적으로 감상하고 직접 참여함으로써 음악을 느끼고 표현할 수 있었다. 아론 에브샬로모프는 러시아 작곡가지만,《맹강녀》를 만들 때 중국 특유의 민족적인 요소들을 작품에 녹여냈다. 예컨대, 주연 배우 중 대부분이 경극 배우였기에 소매를 뿌리치는 모습, 걷는 모습, 팔찌 줍는 모습, 슬피 우는 모습 등 중국 희곡의 전통적인 요소가 연출에서 다양하게 차용되었다. 악기, 화성, 합창 등에서 중국 민족음악의 특징과 서양의 현대적인 작곡기법이 절묘하게 어우러졌다.

　나는《맹강녀》를 감상하면서도 나름의 평가가 필요하다고 생각했다. 물론 많은 요소가 내게 매력적으로 다가왔지만, 어느 부분에서는 동떨어진 느낌이 들기도 했다. 바로 이 느낌 때문에 나는 이 작품을 분석하고 이해하고 싶었으며 심지어는 창작하고도 싶었다. 하지만 아쉽게도 시간이 그리 많지 않았다.

　《맹강녀》는 난징에서 여러 번 무대에 올랐는데, 한 번은 경비가 굉장히 삼엄했던 적이 있었다. 당시 합창단은 무대와 가까운 2층 측면에 앉아서 한 발자국도 움직이지 못했다. 막이 오르기 직전, 큰 홀 안에 있던 관중들과 수많은 외빈이 모두 조용히 일어섰다. 곧이어 장제스(蔣介石)와 쑹메이링(宋美齡)[4]이 수행원에게 둘러싸인 채 측문을 통해 들어왔다. 그들은 첫 줄 가운데 자리에 앉았다. 그때 악단석 한쪽에 있던 아론 에브샬로모프에게 다가가 묵례하고는 한쪽 무릎을 꿇고 쑹메이링이 내민 손에 입을 맞췄다. 공연은 인사가 끝나고 나서야 시작됐다. 아론 에브샬로모프가 단원들을 이끌고 해외에서(아마도 미국이었던 것 같다) 공연했을 때, 송미령의 후원을 받았다는 얘기를 들었다. 내가 소속된 합창단은 그가 난징을 떠난 후 얼마 되지 않아 해체됐다. 마침 개강날이 다가오고 있었다. 나는 합창단에서 급여와 함께 해산 수당까지 제법 두둑한 돈을 받았다. 이는 내가 인생에서 처음으로 번 돈이었기에 어머니께 드리는 것 말고는 마땅히 어떻게 써야 할지 알지 못했다.

어머니는 그 돈으로 내가 학교 가는 데 필요한 옷가지, 침구, 세면도구, 구두 한 켤레를 사 주셨다. 학교에서 요긴하게 쓸 거라며 모바도(Movado) 손목시계도 하나 골라 주셨다. 내가 직접 산 물건은 영어사전과 중고품 파는 노점에서 고른 유성기, 낡은 LP판 몇 장이었다. 전축은 상자 위에 나팔 모양의 확성기가 달린 것으로 손으로 돌리는 옛날식이었고 LP판은 내가 가장 좋아하는 고전 명곡들만 골라 샀다. 남은 돈은 나중에 쓸 요량으로 모아두기로 했다. 만약 그때 합창단 보수가 조금 더 많았더라면, 분명 아무것도 안 사고 바로 피아노를 한 대 집에 들였을 것이다.

_____ 음악의 전당에 입성한 행운아

나는 남은 돈으로 모험을 감행했다. 집에 알리지 않고 셋째를 데리고 상하이에 가서 음악전문학교인 상하이음악학원에 응시원서를 냈다. 다행히 응시기간 안에 등록을 마칠 수 있었다. 시험 당일, 셋째는 홀로 고사장 교실 앞 복도에서 시험에 대비하여 연습곡, 음계, 아르페지오를 연습했고, 나는 고사장 밖에서 초조한 마음

---

4 / 편집자주 : 송미령. 중국의 정치가로 대미관계에 큰 역할을 했으며, 훗날 대한민국의 독립을 지원한 공으로 건국훈장 대한민국장을 받음

으로 동생이 호명되기를 기다렸다. 고사장 밖으로 지원자가 나올 때마다 후다닥 달려가 담당자에게 동생 차례는 언제쯤 돌아오는지 물었지만, 돌아오는 대답은 늘 "기다리세요"뿐이었다. 그렇게 시간이 흘러 어느덧 해가 지기 시작했다. 어스름한 시각, 내가 안절부절하고 있을 때, '삐걱' 하고 문 여는 소리와 함께 누군가 "진즈핑(金治平)!"이라고 호명했다.

동생이 들어가자 다시 '삐걱' 하고 문이 닫혔다. 시험관의 목소리는 들리지 않았다. 동생이 연습한 곡만 들리더니 갑자기 뚝 끊겼고 나는 문틈에 바짝 붙어 안을 들여다보았다. 당시 주임 시험관[5]이 동생에게 다가와 몇 마디를 건넸고, 동생은 천진난만한 얼굴로 꾸벅 인사하고는 밖으로 나왔다. 그리고는 나를 향해 함박웃음을 지었다.

"합격이구나!"

이렇게 동생은 우리집에서 처음으로 음악의 전당에 입성한 행운아가 됐다.

난징으로 돌아온 우리는 아버지가 반대하지 않을까, 제멋대로 행동했다며 꾸짖지는 않을까 걱정했다. 그런데 오히려 무척 기뻐하면서 동생을 응원했고, 아버지가 좋아하는 모습에 우리도 덩달아 뛸 듯 기뻤다.

최초로 음악의 전당에 입성한 행운아, 셋째 동생 즈핑

하지만 내게는 그런 행운이 없었다. 아버지가 내게 기대한 바는 딱 두 가지였다. 어쩌면 근본적으로 한 가지일 지도 모르겠다. 그것은 내가 정치인이 되는 것이었다.

첫째, 아버지는 평생 조국의 독립을 위해 싸웠다. 그건 아버지의 이상이기도 했다. 그런데 조국이 두 나라로 쪼개졌다는 사실에 아버지는 극도로 실망하셨다. 아버지에게 진정한 독립, 진정한 광복은 통일된 국가를 의미했다. 그러면서 이는 앞으로 아버지가 계

5 ╱ 유명한 유대인 교수 푸화(富華)

속 추구할 목표가 되었다. 아버지의 아들인 나는 그 뜻을 이어가야 했으므로 정치학이나 법학, 아니면 최소한 정치 이론과 관련 있는 학과에 들어가야만 했다.

둘째, 아버지는 음악을 취미로 즐기면 된다고 생각했다. 문화적 소양을 기르기 위해서 조금 알고 즐기면 그만이라고 여겼으므로 전문적으로 음악을 공부하는 것에는 반대했다. 그때는 천재나 대가, 유학파가 아니고서는 입에 풀칠하기도 어려웠기에 음악으로 성공하겠다는 것은 그야말로 꿈에 불과했다.

"너는 장남이니까, 나중에 우리 가족을 돌봐야 하지 않겠니."

이 말은 날 고민에 빠뜨리기에 충분했다. 솔직히 나는 음악과 예술을 사랑할 뿐, 소위 말하는 천재는 아니었다. 그런데 내가 가장 싫어하는 것이 하필이면 정치였다.

어쩌지? 셋째는 이제 걱정 없는데, 나는? 나는 어떡하지? 나는 오랜 시간 갈등하고 고민한 끝에 절충안을 하나 생각해냈다. 어릴 때부터 문학을 좋아했던 나는 작가가 꿈인 적이 있었다. 중·고등학교 때도 글쓰기를 하면 곧잘 칭찬을 받았고, 대회에서 상도 받았었다. 그러니까 문학을 하겠다고 하면 아버지를 설득할 수 있을 터였다. 문학을 선택하면 첫째, 최소한 내가 가장 싫어하는 '정치'나 '정치인' 같은 것을 피할 수 있고, 둘째, 음악도 문학도 모두 예술이니까 두 가지를 융합해 가장 넓은 범위에서 음악에 접근할 수 있었다. 그리고 여차하면 음악으로 전공을 바꿀 수도 있었다. 물론 이 점에 대해서는 아버지께 곧이곧대로 말씀드리지 말아야 했다. 대신 문학을 선택하면 '정치' 관련 학과로 전과할 때 유리하다고 바꿔서 말씀드리는 게 나았다. 중국에는 '배우고 남은 힘이 있으면 벼슬을 한다'고, 문인들이 벼슬길에 오르는 전통이 있지 않은가? 이렇게 말씀드리면 아마 아버지께서도 내 생각을 받아 주실 터였다. 그래서 나는 국문학과를 선택했다.

친구 하나가 내게 이런 우스갯소리를 하기도 했다. 내게 문학은 정식으로 맞아들인 부인이고, 음악은 마음 깊이 사랑하는 연인이라고. 후에는 이들의 자리가 뒤바뀌었지만.

1946년 10월, 전쟁 종식 후 난징으로 다시 옮기느라 개강 일자가 늦춰졌지만, 나는 드디어 국문학과 신입생으로 국립중앙대학교에 입학했고, 딩자교(丁家橋)에 있는 신입생 생활관에서 대학 생활을 시작했다.

대학 생활

_____ 레코드 음악감상회

학기가 시작됐을 때는 이미 10월 하순이었다. 학부생들은 입학 수속을 마친 후 모두 딩자교에 있는 신입생 생활관에 묵었다. 신입생 생활관은 농과대학과 의과대학이 있는 곳이기도 했다. 남학생은 우천 체조장(농구장을 두세 개쯤 합친 크기로 체육관 안에 있었다)에 묵었는데, 구조가 아주 신기했다. 이층 철제침대를 이용해 벽이 없는 작은 침실 여러 개를 만들었다. 침대 4개를 서로 마주 보게 둔 다음, 가운데에 책상 두 개를 벽으로 삼아 놓아두어 작은 침실을 만들었다. 그 간이 침실이 총 몇 개나 되는지 세 보지는 않았지만 일련번호가 있어 침실 몇 개가 모여 구역을 이루고 종횡을 연결하면 하나의 큰 기숙사가 됐다.

신입생들은 벽 없는 침실에 금세 익숙해졌다. 특히 전쟁을 겪으며 피난으로 이리저리 떠돌아다닌 탓에 더욱 그랬다. 작은 침실로 이루어진 대형 기숙사는 서로를 이해하고 친구를 사귀는 데 이점이 많았다. 나만 해도 전공이 다른 학생과 교분 쌓기는 쉽지 않은 일이었다. 그러나 교통이 편리한 신입생 생활관에서 가장 처음 사귄 친구는 공과대에 재학 중인 다이궈화(戴國華)였다. 다이궈화는 후난성 창더시(常德市) 사람이지만, 표준어를 능숙하게 구사했는데, 특히 따로 말하지 않으면 성악과 학생이라고 생각할 만큼 뛰어난 테너였다. 그는 열정적이고 성실하고 정직하고 용감한 사람으로 훗날 나를 참 많이 도와준 친구였다. 우리 가족들도 그를 참 좋아했는데, 여동생은 그를 다이 오빠라고 부르며 잘 따랐다. 얼마 후, 나는 여러 친구와 어울리게 됐는데, 의과대학, 농과대학, 이과대학 등 전공도 다양했다. 그중에는 나와 평생 친구가 된 사람도 있다. 우리 기숙사가 그렇게 특별하지 않았다면, 같은 과목을 들었다 해도 친구가 되는 일이 절대 쉽지 않았을 터다. 물론 우리를 친구로 묶어준 또 다른 조력자가 있었는데, 이것은 바로 음악이었다.

나는 우리 기숙사의 첫 번째 '바이올리니스트'였다. 바이올린 소리는 어디서든 시선을 끌었다. 그러나 나는 크게 개의치 않고 방과후에 바이올린을 연주했다. 이후에는 조금 불안한 마음에 밤만 되면 아직 완공되지 않은 신축 건물에 들어가 연습했다. 그곳은 전기도 전등도 없었는데, 깜깜한 어둠 속에서 바이올린을 연주하는 것도 나름대로 운치가 있었다. 그런데 놀랍게도 바이올린 소리를 듣고 그곳까지 찾아온 사람이 있었으니, 바로 우리 기숙사의 두 번째 '바이올리니스트' 였다. 그는 의과대학 신입생인 린중밍(林中明)이었다. 린중밍은 먼저 다가와 내게 인사를 건넸는데, 자신도 바이올린을 켤 줄 안다고 했다. 아쉽게도 바이올린이 없어 내가 빌려주자 그는 무척 기뻐했다. 음악이 만들어준 인연이었다.

시간이 흐르면서 음악을 좋아하는 학생이 적지 않다는 것을 알았다. 불현듯 좋은 생각이 떠올랐다. 나는 전축과 LP판을 학교로 가져온 후, 심혈을 기울여 프로그램을 구상했다. 야샤 하이페츠(Jascha Heifetz), 프리츠 크라이슬러(Fritz Kreisler), 미샤 엘먼(Mischa Elman)과 같은 연주가의 바이올린 독주곡과 《페르시안 마켓》,《헝가리 무곡》,《카르멘 서곡》과 같이 쉽게 들을 수 있는 관현악곡에 《나이팅게일(콜로라투라 소프라노)》,《볼가강의 뱃노래(베이스)》 등의 성악곡 및 오페라 《까멜리아 레이디(이중창)》를 넣고, 교향곡 제2악장《신세계로부터》 등도 포함시켰다. 이 정도면 다들 좋아하겠다 싶었다. 나는 손수 등사판을 만들어 간단한 소개글을 담은 팸플릿을 만들었다. 날짜를 정하고 교실을 빌린 다음 포스터도 두 장쯤 만들어 린중밍에게 적당한 곳에 붙여 달라고 부탁했다. 제1회 음악감상회가 포문을 열었다.

감상회가 열리는 날, 나는 린중밍과 조금 긴장된 표정으로 교실에 앉아 청중을 기다렸다. 그런데 감상회 시작까지 30분쯤 남았을 때, 여학생 두 명이 조심스레 들어와 물었다.

"감상회가 여기서 하는 거 맞죠?"

"네! 맞아요. 들어오세요."

우리는 연신 고개를 끄덕였다.

첫 번째 청중을 시작으로 학우들이 연이어 들어왔다. 입장한 청중들은 조용히 팸플릿을 보면서 저들끼리 소곤거리며 감상회의 시작을 기다렸다. 그 사이, 청중들이 갈수록 많아지더니 금세 자리가 꽉 찼다. 나는 준비한 양초 두 자루에 불을 붙인 뒤 환영인사 몇 마디와 함께 감상회 시작을 알렸고, 린중밍이 불을 껐다.

교실은 그야말로 쥐 죽은 듯 조용했다. 지금 돌이켜보면 손으로 돌리는 중고 전축과 78회전 검은색 에보나이트 구식 LP판이 만들어내는 소리는 지금의 것과 비교가 안 됐다. 전축 바늘이 LP판 위를 회전할 때마다 계속 '지직, 지직' 마찰음을 냈지만, 음악은 그렇게 아름답고 감미로울 수가 없었다. LP판을 바꾸거나 뒤집거나 전축 바늘을 바꿀 때조차 다들 숨죽인 채 기다렸다.

마지막 곡이 끝나고 불을 켜자 박수가 터져 나왔다. 몇몇 학우들은 재빨리 다가와 정리를 도왔고 다음 감상회 일정을 묻기도 했다. "어떻게 이런 생각을 다 한 거야?", "정말 좋더라" 등 칭찬과 격려의 말도 아끼지 않았다. 나와 린중밍은 뿌듯한 마음에 서로를 바라보며 미소 지었다.

몇몇 학우들은 여운이 남는지 끝까지 남아 전축과 LP판을 기숙사까지 옮겨 주기도 했다.

"나는 토목공학과 다이궈화야. 이번 음악감상회는 정말 의미가 있는 것 같더라. 멋있던데."

다이궈화가 진심 어린 목소리로 말을 이었다.

"앞으로도 계속했으면 좋겠어. 나도 도울게."

"그럼 너무 좋지!"

내가 다이궈화의 손을 꽉 잡으며 말했다.

"내가 있는 곳은⋯⋯."

"알아."

다이궈화가 말허리를 잘랐다.

"네가 바이올린 연주하는 걸 들었거든. 내일 찾아갈게."

우리는 그렇게 친구가 됐다. 그리고 또 다른 친구가 뒤에서 손가락으로 내 어깨를 톡톡 치며 상하이 사투리로 말을 걸었다.

"네 옆이 내 침대라서 네가 준비하는 걸 봤는데, 좋더라. 진짜! 나는 심리학과 류스이(劉世熠)야. 앞으로는 나도 도울게."

이후 비정기적으로 감상회를 열었다가 돕겠다는 친구들이 늘어나면서 더 큰 교실로 장소를 옮겼다. 이때 누군가 아예 동아리로 만드는 게 어떻겠냐는 제안을 해왔다. 얼마 뒤 회의를 열어 운영위원을 구성했고, 신입생 생활관이라는 황무지를 개척한다는 뜻으로 동아리 이름을 '서사(鋤社)'라고 짓기로 했다. 회의는 내가 주최했고, 동아리 이름은 만장일치로 결정되었다. 그때, 류씨네[6]가 동아리의 로고가 있어야 한다며 생각해둔 게 있는 듯 말했다.

"트럼프 카드에 있는 검은색 스페이드를 우리 로고로 삼는 게 어때? 동아리 이름처럼 호미나 삽처럼 생겼잖아? 황무지를 개척한다는 뜻과도 잘 맞고. 이렇게."

류스이는 손가락에 찻물을 묻힌 후, 책상 위에 스페이드(♠) 모양을 그렸다.

"어때?"

모두들 "와아!" 하고 웃음을 터뜨리며 박수를 치자, '류씨네'도 득의양양하게 웃어 보였다. 그날 밤 스페이드가 그려진 음악감상회 포스터를 식당 입구에 붙였다. 신입생 생활관에 최초의 동아리, '서사'가 탄생했다.

사실 학우들의 적극적인 참여와 도움이 없었다면 서사는 지속되지 못했을 것이다. 나 혼자서 LP판을 공수하기에는 확실히 무리가 있었지만, 시간이 갈수록 LP판을 빌려주는 이들이 늘어나 명맥을 이어갈 수 있었다. 그중에는 《카르멘》과 《나비부인》 전 세트는 물론이고, 수많은 거장의 교향곡 및 협주곡도 있었다! 지금 같으면 그리 대단한 일도 아니지만, 1940년대에는 드문 일이었다. 의학대학 학과장의 아들인 치지밍(戚繼明)은 열정적인 회원이자 LP판을 제법 많이 소장하고

6 ／ 역주 : '류스이'를 이르는 말로, 상하이 사람은 '~씨네'라는 말로 이름 대신 부르기도 함

있는 친구였다. 피아노도 칠 수 있고 음악도 사랑하는 그는 집에 있는 LP판들을 끊임없이 빌려주며 서사의 감상회를 지원했다. 나는 서사의 활동, 주로 음악감상회에 대해 아주 상세하게, 심지어는 자질구레한 일들까지도 모두 기억한다. 이것이 내 대학 생활뿐만 아니라 인생 전반에 영향을 끼쳤고 장차 음악인으로 살아가는 데 중요한 역할을 했기 때문이다.

나는 감상회의 주최자로서 모든 곡의 내용, 형식, 역사, 유파는 물론 연주자와 성악가에 대한 평가까지 소개하고 설명하기 위해 끊임없이 공부해야 했다. 익숙하지 않은 곡은 반복해서 들었고 도서관에서 관련된 악보와 서적 등을 빌려 읽었다. 그러다 보니 어느새 동아리를 위한 것보다는 나 자신을 위해 공부했고, 그것이 무의식중에 나를 음악의 길로 한 걸음씩 이끌어가고 있었다. 물론 전공과목의 학점을 따기 위해 국문학과의 수업을 듣고 시험도 봤다. 나는 시간을 잘 활용할 수 있도록 수업 시간표를 효율적으로 짰고, 내가 좋아하는 교수님의 수업을 골라 들었다. 예컨대, 당시 후샤오스(胡小石) 학과장님 수업을 좋아했는데, 특유의 열정적이고 자유롭고 거침없는 스타일이 마음에 들었기 때문이다. 이 밖에 천서우주(陳瘦竹) 교수님의 소설 희극 수업도 좋아했다. 나는 문학을 사랑했다. 문학은 모든 예술의 예술이며, 음악과 함께 천사의 양쪽 날개와 같다고 생각했다. 그래서 나는 이 두 마리 토끼가 향하는 곳으로 걸어갔다. 그러나 내 '운전대'를 꺾게 만든 사건이 발생하고 말았다.

감상회가 끝날 무렵이었다. 나는 음악학과 학과장이자 유명한 음악가인 천훙(陳洪) 교수님이 뒷줄에 앉아 계신 것을 발견했다. 순간 기쁘고 들뜬 기분도 잠시, 뒤이어 긴장감이 찾아왔다. 앞서 내가 무슨 말을 했는지 기억하려고 안간힘을 썼다. 다행히 후반부에는 딱히 설명 없이 음악감상 후에 마무리될 터였다. 생각에 골몰하다가 마지막 곡이 끝났다는 것도 몰랐다. 옆에 있던 린중밍이 제때 전축을 꺼서 다행이었다. 청중들이 하나둘 일어났고 나는 천훙 교수님을 소개하고 싶어 큰소리로 말했다.

"여러분, 오늘 귀한 분이 발걸음하셨는데요. 바로 중국의 유명한 음악가이자 음악학과 학과장님이신 천훙 교수님이 자리를 빛내 주셨습니다. 음악에 대한 저희의 열정을 관심 있게 봐주셔서 대단히 감사합니다. 모두 환영의 박수를 부탁드립니다. 감사합니다!"

나는 말을 마치며 박수를 쳤다. 열렬한 박수에 교수님이 미소를 띤 채 자리에서 일어났다. 그를 존경하는 수많은 학생이 그를 에워싼 채 한껏 상기된 얼굴로 이야기를 나누었다. 나는 황급히 전축과 음반을 정리한 후 학우들이 빠져나가는 틈을 타 교수님 쪽으로 다가갔다.

"여기에 오실 줄은 몰랐어요. 저희 동아리에 관심을 가져 주셔서 정말 감사드립니다. 앞으로 자주 오셔서 많이 가르쳐 주세요. 사실 제가 음악에 대해 많이 알지도 못하고 그저 취미로 하는 거라……."

내 두서없는 얘기에도 교수님은 내 마음을 눈치챘는지 기분 좋은 웃음을 지으며 내 말을 잘랐다.

"하하, 그래. 좋은 일을 하는군. 방과후에 이런 음악 활동을 하다니 정말 멋있네."

교수님은 억센 광둥 사투리로 진지하게 덧붙이셨다.

"사실 음악학과에서 해야 할 일이긴 하지. 언제든 도움이 필요하면 찾아오게나. 아, 그리고 자네가 지휘하는 모습을 봤는데, 꽤 잘하더군. 작곡한 합창곡도 쓸 만하고. 헌데 어째서 음악학과에 들어오지 않았지?"

나는 교수님의 말씀이 무척 고맙게 느껴졌다. 어떻게 해야 내 상황을 잘 설명할 수 있을까 고민하다가 아버지의 바람을 교수님께 말씀드리는 것으로 대신했다.

교수님이 잠시 망설이다 입을 뗐다.

"음, 상황이 이해는 되는군. 하지만 자네가 다시 한 번 잘 생각해 봤으면 좋겠네. 이렇게 음악을 사랑하는데……. 아, 물론 신중히 결정해야겠지. 조급할 필요는 없네. 도울 일 있거든 나를 찾아오게. 알겠나?"

나는 제자리에서 교수님의 뒷모습을 바라보았다. 가슴이 흥분을 넘어 뜨겁게 달아오르기 시작했다……. 그때 나는 이미 음악에 대한 마음을 굳혔다.

그 후 서사는 회원이 더 늘어 딩자교[7]와 쓰파이루(四牌樓)[8] 두 개로 나뉘었다. 음악감상 외의 다양한 활동도 추가되면서 교내에서 제법 큰 예술단체로 성장했다. 물론 그에 따라 상황도 복잡해졌다. 단순히 나 혼자만의 열정으로 음악감상회를 계획했던 때와는 판이했다. 더구나 그 시기에 학생을 주축으로 민주화 운동이 왕성하게 일어나 사회 전반에 긴장감이 흘렀고, 정치적인 분위기도 갈수록 고조되었다. 서사와 회원들은 거칠게 휘몰아치는 역사의 흐름 속으로 자진하여 뛰어들었고 이는 동아리 활동에도 직접적인 영향을 미쳤다. 2학년이 됐을 때, 나는 청년합창단에서 지휘를 맡았고 그 과정에서 동아리 활동과 학생 운동이 긴밀히 연관되어 있다는 사실을 차츰 인식하게 됐다.

＿＿＿ 학생 운동

1946년 내가 대학생이 되고 얼마 지나지 않았을 때의 일이다. 미군이 베이징대학에 재학 중인 여대생을 성폭행한 사건이 발생해, 이에 격분한 학생들이 들고일어나 가해자를 규탄하고 미군의 철수를 요구하는 학생 운동이 발생했다. 그때, 우리 신입생들은 조직화된 활동을 벌였다기보다는 애국심과 열정, 분노의 발현으로 산발적인 시위에 동참하는 것이 대부분이었다.

그러던 와중에 정세가 변하면서 생활이 점차 어려워지기 시작했다. 항일전쟁이 끝난 후, 국민당 관료자본과 접수대원이 경제사회 전반을 통제하면서 인플레이션이 일어났다. 물가가 폭등하자 어쩔 수 없이 학업을 중단한 청년들이 쏟아져 나왔고, 교내에서도 현실에 대한 불만의 목소리가 강하게 터져 나오기 시작했다. 가난한 학생을 위한 모금 활동이 벌어졌고 민생을 돌보지 않는 국민당 정부의 탐욕과 부패를 성토하는 움직임까지 일어났다. 난징에 소재한 대학교의 학생들이 모두 활발히 참가했다. 서사도 소모임을 조직해 길거리, 상점, 식당, 영화관 등에서 모금 공연을 펼쳤다. 청년들의 진심 어린 마음에 감동한 사람들은 아낌없는

---

7 ／ 의학, 농학대학 및 신입생 생활관
8 ／ 학교 본부 및 기타 학과에 재학 중인 2학년 이상

지원과 신뢰를 보내주었다.

기타 연주를 담당하던 천웨(陳鏞)와 적극적이고 센스 있는 왕무짱(王慕臧)과 함께 소모임을 만들어 모금 공연을 했는데, 반응이 꽤 좋았다. 한 번은 고급 호텔에 들어가 먼저 주변을 쓱 둘러본 후 한 쌍의 '연인(우리가 보기에 그랬다)'을 타깃으로 잡았다. 차림새와 분위기로 보아 우리의 취지를 이해하고 지지해줄 듯 보였다. 연인에게 다가갔다. 천웨가 슈베르트 소야곡의 전주를 기타로 연주했고 그들 앞에 설 즈음, 내가 바이올린으로 슈베르트의 곡 중에서 사랑을 주제로 작곡한 곡을 연주했다. 연인은 대화를 멈추고 조용히 우리의 연주를 들었다. 그때, 우리 소모임의 홍일점인 왕무짱이 홍보 전단을 탁자 위에 올려놓았다. 그들은 전단을 훑어본 후 다시 우리의 연주를 감상했고, 연주가 끝나자 예의 바르게 박수를 쳤다. 이내 남자가 지갑 안에 든 지폐를 우리 앞에 전부 꺼내 놓으며 말했다.

"이게 우리가 가진 전부입니다. 실은 우리도 대학을 갓 졸업하고 고향으로 돌아온 지 얼마 안 됐어요. 우리 두 사람은 지난 몇 년 동안 떨어져 있다가 오늘 처음으로 데이트하러 나왔고, 워낙 오랜만이라 여기서 사치를 좀 부려본 거예요. 금액이 적어서 미안합니다."

남자의 솔직하고 감동적인 고백 앞에서 우리는 어쩔 줄 몰라 멍하니 서 있었다. 다행히 왕무짱이 진심 어린 표정으로 돈을 돌려주며 말했다.

"정말 감사하지만, 기부도 상황을 봐 가면서 해야죠. 그런 상황에서는……."

하지만 남자는 단호하게 돈을 돌려받을 생각이 없다고 밝혔다. 이에 왕무짱은 어쩔 수 없이 받은 돈 중에서 지폐 두 장만 빼고는 다시 말을 이었다.

"이 정도면 충분해요! 정말이에요. 감사합니다!"

나와 천웨는 약속이나 한 듯 다시 《소야곡》을 연주했고 왕무짱이 연주에 걸맞은 축복의 말을 건넸다.

"두 분 행복하세요!"

우리가 연주하면서 뒤돌아 가는데 아까 그 남자와 함께 있던 여자가 우리를 쫓아오더니 탁자 위에 놓여 있던 새 장갑 한 켤레를 왕무짱에게 건네며 수줍은 듯 말했다.

"저도 가진 게 없어서요. 이건 새 장갑이에요. 남자친구가 오늘 선물로 줬는데, 이거 가져가서 어려운 친구에게 전해주세요. 따뜻할 거예요."

여자는 말을 마친 후 곧바로 뒤돌아 달려 나갔다. 그때 우리가 무슨 말을 할 수 있었을까?

"젊은이는 누구나 뜨거운 마음이 있지!"

오늘날 사람들이 이렇게 노래하듯이 그 시대를 살던 우리도 젊은이의 뜨거운 마음에 감동한 적이 많았다. 한 번은 사탕을 사려던 아이가 우리를 보고는 사탕을 내려놓고 달려와 모금함에 돈을 넣으며 "형아랑 누나가 학교에 다닐 수 있으면 좋겠어요!"라고 말한 적도 있었다. 그 천진난만한 음성은 마치 '여기 우리도 있어요!'라고 외치는 듯했다.

학생 운동이 이어지면서 내 생각도 조금씩 바뀌고 성장해 나갔다. 그러나 처음으로 내게 큰 충격을 안긴 사건이 있었는데, 바로 '5·20운동'이었다!

5·20운동은 '반(反)기아, 반(反)내전'을 부르짖는 학생 운동이었다. 이것이 유독 내 가슴을 파고든 것은 아마도 우리집과 부모님, 특히 아버지가 그와 같은 고통 속에서 발버둥치고 있기 때문이리라. '기아와 내전에 반대한다'라는 구호는 수많은 사람의 절박하고 간절한 바람을 고스란히 담아냈기에 폐부를 꿰뚫었던 게 아니었을까 싶다. 이 운동에 참여하기 시작했을 때 나는 학생 운동이 가진 진정한 의미를 인식하지 못했다. 이것이 역사의 발전을 견인하는 힘이라는 것도. 그러나 앞서 두 차례의 경험을 통해 깨달은 바가 있던 나는 앞으로 있을 시위에 잔잔한 흥분을 느낄 수 있었다. 시위가 막 시작됐을 때, 나는 '신성한 행위'를 실천하듯 묵묵히 시위에 동참했다. 진링대학(金陵大學), 진링여대(金陵女大), 음악학원 등 갈수록 많은 학교가 시위에 참여하면서 규모가 날로 커졌고 우렁찬 구호는 여기저기서 쏟아지며 더욱 거센 파도를 일으켰다. 어느덧 내 목소리도 그 파도와 함께 물결치고 있었다. 대규모 시위대가 구러우(鼓樓) 대로에서 남쪽으로 움직일 때, 시위대 주변에서 서성이던 조직원이 달려와 황급히 내게 인쇄물을 건네며 말했다.

"구호 선창!"

그 순간, 나는 지령을 받은 전사처럼 한껏 격양되어 힘차게 구호를 외쳤다. 계속 앞으로 가던 중 돌연 앞쪽에서 떠들썩한 소리가 들리더니 갑자기 욕설과 고함, 드잡이 소리가 구호에 섞여 들려왔다. 그때 누군가가 우리 뒤쪽에 있는 시위대를 향해 큰소리로 외쳤다.

"조심해! 특무와 경찰들이 시위대 쪽으로 오고 있어! 경계하고 뭉쳐! 앞으로 돌격!"

시위대는 적진을 향해 돌격하기 시작했다. 처음에는 십여 명이 팔짱을 끼고 손을 잡은 채로 전진했지만, 특무들은 시위대 해산을 위해 소방 호스로 물기둥을 뿜어내고 곤봉을 사정없이 휘둘렀다. 한마디로 난투극이 벌어졌다. 시위대가 조금씩 흩어졌지만, 포위망을 뚫은 학생들이 다시 모여 통치자들이 우리의 목소리를 들을 수 있도록 중화민국 국민정부가 있는 곳을 향해 용감히 전진했다. 그러나 앞에는 말을 탄 기병들이 살기등등하게 길을 가로막고 서 있었다. 시위대는 멈춰 서서 묵묵히 기병들과 대치했다. 숨 막히는 긴장감이 흐르는 가운데 누군가가 소리쳤다.

"돌격!"

그리고 다시 한데 엉켜서 치고받는 소동이 일어났다! 시위대는 짧은 시간에 기병대에 의해 뿔뿔이 흩어져 쫓기기 시작했고, 뒤에 도착한 시위대도 차츰 해산되었다(어떤 사람은 학교로 돌아갔다). 물리적인 힘에서 우리는 그들의 상대가 될 수 없었지만, 맨주먹으로 용감히 맞선 청년들의 용기와 의지는 영원히 기억될 터였다. 구타를 당해 피를 흘리고, 쫓기고 무너졌지만, 우리는 실패하지 않았다! 난투극을 목도한 국민이 우리 편에 섰다는 점에서 승자는 우리였다. 그때 '기아와 내전에 반대한다'는 구호는 너와 나를 비롯한 모든 중국인의 외침이었다!

나는 기진맥진한 채로 집으로 돌아왔다. 집에 들어가자마자 어머니는 눈을 휘둥그레 뜨고 나를 바라보셨다. 알고 보니 가슴과 소매 쪽에 핏자국이 남아 있었다. 그것은 구타당한 학우를 구할 때 묻은 피였다! 나는 아무 일 없다고 어머니를 안심시켰다.

'5·20운동'이 일어난 후, 학교는 얼마간 불안감에 휩싸였다. '스파이'가 학생들 사이에 섞여서 동향을 감시하고 있다는 소문 등도 떠돌았다. 신입생 생활관은 여전히 조용했는데, 기말고사 후 여름방학을 맞아 집에서 이틀을 보냈을 때, 아버지께서 나를 방으로 부르셨다.

"왕유탕 만나러 우한에 갈 테냐?"

"네, 그럼요!"

왕유탕은 중학교 동창으로 충칭에 있을 때 우리집에 자주 놀러 왔었다. 아버지의 낯빛이 어두워졌고 나는 그 이유를 알고 있었다. 당시 아버지는 대학에 진학하지 못한 왕유탕에게 일자리를 약속했고, 이에 왕유탕은 난징으로 건너와 우리집에서 잠시 머물렀다. 아버지는 열정적이고 통쾌한 분이었다. 왕유탕의 딱한 처지를 보며 자식처럼 대해주었는데, 가족을 부양하기도 벅찬 상황에 이르자 일자리를 주선해 줄 수 없게 되었다. 이에 아버지는 심한 가책을 느꼈고, 어쩔 수 없이 그를 집으로 돌려보냈다. 왕유탕이 집으로 가기 전 아버지는 조용히 그의 어깨만 토닥였다.

아버지는 손가락으로 탁자 가장자리를 툭툭 치다가 다시 정신이 들었는지 내게 이렇게 말했다.

"며칠 뒤에 우한에 가는 사람이 있어. 널 데리고 갈 수 있다니 소식을 기다리자꾸나."

다음 날 밤, 어느 40대 아저씨가 나를 데리러 왔다. 지프차에 올라탄 후 아저씨는 아버지가 자신의 상사였을 때 많은 도움을 받았다고 말했다. 샤관구(下關區) 선착장에 도착한 우리는 화물선에 올라탔다. 아저씨는 나를 데리고 가장 꼭대기에 있는 선실까지 올라간 후, 얌전히 있으라고 당부했다. 나는 바로 침대에 누워 책을 읽었다. 아저씨는 늦은 시간이 되어서야 돌아왔는데, 아무 말 없이 바로 잠자리에 들었다. 배는 답답한 기적 소리와 함께 천천히 움직이기 시작했다.

이튿날 새벽, 하늘은 어스름했고 강 위로는 짙은 안개가 깔렸다. 나는 자리에서 일어나 위층 선실 문밖에 있는 갑판으로 올라갔다. 자욱한 안개 때문에 먼 곳은 잘 보이지 않았다. 이때 아래층 갑판에서 욕설과 호통, 신음 소리가 들려왔다. 날이 완전히 밝아오자 아래층은 더 소란스러워졌다. 나는 호기심에 몸을 구부려 아래층을 내려다보았는데, 누워 있는 사람, 비스듬히 서 있는 사람, 깁스를 하고 지팡이를 짚은 사람, 머리와 팔에 피 묻은 붕대를 칭칭 감은 사람 등 족히 수백의 부상병이 눈에 들어왔다……. 강바람을 타고 약 냄새와 피 냄새가 뒤섞여 올라왔다. 나는 다시 선실로 들어가 방을 정리하던 선원에게 무슨 일인지 물었다. 선원은 자기들도 무슨 일인지 잘 모른다며 그저 윗전에서 자신들에게 '비적(匪賊)'을 토벌하다 다친 병사들을 배에 태워 우한으로 돌려보내라고 했단다.

"아유, 그래도 저 사람들은 운이 좋은 거지. 아니면 길거리에 버려진 채 생사를 알 수 없는 신세가 됐을걸."

나는 의아하다는 표정으로 선원을 힐끗 바라보았다.

"참말이야."

선원이 목소리를 낮추며 말을 이었다.

"공산당을 공격한 사람이거든."

선원은 그 말만 남기고 자리를 떴다. 내가 무슨 생각을 하는지도 모른 채 가슴만 답답했다. 책을 읽으려고 했지만 눈에 잘 들어오지 않았다. 단조로운 엔진 소리와 함께 배는 천천히 물살을 갈랐지만, 귓가에는 마치 거센 파도처럼 용솟음치는 구호 소리가 들리는 듯했다.

'기아와 내전에 반대한다!'

참혹한 현장을 눈앞에서 목도한 나는 동정심과 슬픔을 느끼면서도 피비린내와 악취, 땀 냄새가 코를 찔러 짜증이 나는 등 복잡한 마음이었다. 그때의 나는 여전히 어렸다.

'5·20운동'은 내게 엄청난 충격을 주었다. 군경이 자행한 잔혹한 진압 앞에서도 용감히 외친 '기아와 내전 반대' 구호에 나와 우리 가족 모두는 열렬히 공감했다. 그것이 우리 마음의 외침이었으니까. 그런데 이는 또한 부상을 입고 타향을 떠도는 저 군인들의 외침이기도 하지 않았을까? 당시 나는 그저 정의감에 휩싸여 현실에 분노하고 흥분했을 뿐, 정치에 대하여 이성적인 판단을 하지 못했다. 그 당시 주변에서 일어나는 모든 일이 바로 역사적인 혁명의 일부분이라는 사실을 인식하지 못한 것이다. 그래서 그때의 난 혁명이 가진 진정한 의미를 깨닫지 못했다.

우한에 도착해 왕유탕과 재회하면서도 나는 여전히 혼란스럽고 울적한 기분에 사로잡혀 있었다. 나는 먼저 왕유탕의 아버지께 인사를 드렸다. 유탕은 두 번째 부인이 낳은 아들이어서 아버지와 나이 차가 많이 났다. 유탕의 아버지는 이미 백발이 성성한 노인이 되었지만, 신해혁명 당시 혁명가로서 활동했던 늠름하고 호탕한 기백만큼은 여전했다. 우리는 웃으며 이야기를 나누었다. 유탕의 아버지가 나를 반겨 주셨다. 다만, 어린 자식이 학업도 취업도 안 된 상황에다 자신도 더부살이하는 신세라 안색은 조금 어두워 보였다.

유탕은 말수가 적지만, 음악과 문학을 사랑했기에 우리 둘이 나눌 만한 이야기는 무궁무진했다. 그런데 이번에는 달랐다. 우리 둘은 작은 방에 앉아서 말없이 애꿎은 담배만 피워댔다. 어쩌다 말문이 트여도 몇 마디 오가면 금세 말이 끊겼다. 또 어느 때는 사소한 일이나 뜬금없는 말 한마디에 티격태격했다. 심지어는 재미로 시작한 몸싸움에 기진맥진해서 침대에 푹 쓰러질 때까지 뒤엉켜 싸우고는 한참을 말없이 그대로 있기도 했다. 이제는 나조차도 지금 내가 무슨 짓을 하는지 몰랐고, 계속 이러는 통에 예정보다 일찍 집에 돌아가기로 했다.

그 짧았던 시간을 되돌아보면 무의미한 지난 일로 여전히 내 기억 속에 자리 잡고 있다. 우리가 평소와 다르게 옥신각신했던 데는 분명 이유가 있었다. 아마도 우리 마음속 깊은 곳에 자리 잡은, 끝내 도움이 되지 못한 기성세대의 운명을 향한 원망과 번민 때문이지 않았을까. 거기에 억압받는 현실에서 방황하는 우리 세대의 운명도 한몫했을 것이다. 왕유탕은 대학에 진학하지 못한 채 집에서 고독하고 답답한 생활을 했으니 저도 모르게 화를 분출한 곳이 필요했었는지도 모른다. 그것이 이유 없는 몸싸움일지라도.

난징으로 돌아갈 때 유탕이 나를 우창구(武昌區)에 있는 기차역까지 바래다주었다. 유탕은 이별을 앞두고 짧은 한마디를 남겼다.

"상하이로 가서 어떻게든 한 번 해보려고."

1년 후, 유탕은 한 친구의 도움으로 상하이에 있는 쿤룬(昆侖) 영화제작소에 취직했다. 영화 촬영할 때 장대 마이크를 들고 현장에서 배우의 대사를 녹음하는 기술직이었다. 그로부터 얼마 후, 1948년 가을 무렵 유탕은 상하이에서 베이핑(北平)[9]으로 건너갔고, 베이징대학에 있던 나의 국립 제9중등학교 동창인 중이췬의 도움으로 류위안(流遠)으로 개명했다. 이후 해방구(解放區)[10]로 달려갔는데, 마침내 유탕은 '혁명'이라는 출구를 찾은 것이다.

_____ 111호

내가 우한에서 난징으로 돌아왔을 때는 마침 새 학기가 시작될 참이었다.

딩자교 신입생 생활관에서 쓰파이루 원창교(文昌橋) 기숙사로 옮긴 나는 이제 신입생 생활을 접고 진정한 대학생이 됐다. 그러나 나는 쓰파이루 교문을 지나 우뚝 솟은 둥근 천장의 대강당이 자리한 큰 교정을 보면서 낯설고 외로웠다. 딩자교 신입생 생활관이야말로 '고향' 같았다. 그곳의 모든 것이 너무 익숙하고 친근했다. 특히 2층 철제 침대로 벽을 만든 그 대형 기숙사가 너무 그리웠다. '딩자교 친구들은 모두 어디로 갔을까?' 나는 수많은 단과 대학이 몰려 있는 큰 교정에서 구면인 학우를 만날 때마다 반가워 물었다.

"지금은 어디에서 지내?"

그리고는 이내 '에휴' 하고 한숨을 쉬었다.

"진작 만났더라면 같은 방을 썼을 텐데, 아쉽다."

쓰파이루의 원창교 기숙사는 대여섯 명이 한방을 썼는데, 원하는 사람과 같은 방을 쓸 수 있었다. 지금은 우선 지낼 방부터 찾아야 했다. 방을 관리하는 사람을 따라 세 명이 쓰고 있는 방으로 갔다. 방에는 한 사람만 있었는데, 서로 인사

9 / 역주 : 베이징의 옛 이름
10 / 역주 : 중화 인민 공화국 성립 이전에 이미 공산당에 의하여 통치되던 지역

를 하다가 그가 같은 과의 3학년 선배라는 사실을 알아냈다. 이름은 잊어버렸지만 꽤 상냥한 선배였는데, 창백한 얼굴에 올백 머리를 한 채 남색 두루마기를 입은 모습이 '베이징 출신의 어르신'처럼 보였다. 같은 과이긴 해도 말이 잘 통하진 않았다. 한 번은 선배가 장헌수이(張恨水)[11] 이야기를 꺼냈는데, 『금분세가(金粉世家)』에 대해 침이 마르도록 칭찬을 늘어놓다가 읽어보지 못했다는 말에 의외라는 얼굴로 깔보듯 나를 쳐다보았다. 나는 그 방에서 며칠을 묵으며 선배가 애주가라는 사실을 알아챘다. 선배는 매일 아침 세수하고 책상에 앉아 침대 밑에서 술 한 병을 꺼내 유리잔에 가득 따랐다. 언뜻 보면 물을 마시는 것 같았다. 첫날에는 변명인지 자랑인지 모를 말을 내게 중얼거렸다. 방에 나 말고 다른 사람은 없었으니 아마 내게 한 말일 것이다.

"집에서 담근 거야."

선배는 냉큼 서랍에서 삶은 닭과 반찬 한 접시를 꺼냈다. 대체 왜 저러는지 모르겠으나 어쨌든 그는 손바닥을 마주 대고 삭삭 문지르더니 흐뭇한 표정으로 잔을 들고 술을 마시기 시작했다. 그때 나는 바이올린을 꺼내 닦고 조율하면서 선배의 반응을 살폈다. 다행히 화난 기색은 전혀 없이 그저 혼잣말로 투덜거리듯 한 마디를 뱉었다.

"양인들 물건이군!"

폄하하는 말인지 아닌지 분간이 안 됐지만 나도 신경 쓰지 않고 그저 바이올린 연습에 집중했다. 우리 방에는 선배와 나 말고도 두 사람이 더 있다고 들었지만, 며칠이 지나도록 코빼기도 보지 못했다. 제일 나중에 들어온 내가 계속 그 방에서 지낼 것인지 고민하고 있을 때, 신입생 생활관에서 만났던 류창장(劉長江)이 나를 찾아왔다.

"너랑 같이 방을 쓰고 싶다는 친구가 있는데. 한 번 생각해 볼래?"

"생각은 무슨! 지금 바로 옮길게!"

이렇게 제일 나중에 들어갔던 내가 제일 먼저 그 방을 나왔다. 내가 다른 방으

11 ／ 역주 : 중국 현대의 소설가

로 옮긴 후 얼마 지나지 않아 그 '어르신' 같던 선배가 행방불명인 것 같다는 소식이 들렸다. 그 선배가 '스파이'라는 말도 돌았고, 병 때문에 학교를 그만뒀다는 말도 있었다. 당시에는 후자일 거로 생각했다. 아침마다 그렇게 술을 퍼마셨으니 탈이 날 만도 했으니 말이다. 그런데 알고 보니 그는 정말 '스파이'였다! 이제 보니 룸메이트를 고르는 일도 여간 어려운 게 아니었다.

어쨌거나 나는 기쁜 마음으로 새로운 방에서 지내게 됐다. 바로 111호였다.

_____ 룸메이트

111호에는 법학과 두 명, 사학과 한 명, 유화를 배우는 예술과 한 명 그리고 국문학과인 나까지 총 다섯 명이 묵었다. 모두 초면이었지만, 방 친구들은 모두 나를 알고 있었고, 다들 같은 마음으로 나를 초대한 것이었다. 정확히 말하면 나를 구해준 것이지만. 나는 처음부터 바이올린을 켠다는 사실을 밝혔는데, 친구들이 너그러운 표정으로 말했다.

"우리도 알아. 수업이 있을 때는 방에 아무도 없을 테니까 그때 마음껏 연주하면 돼. 다른 때도 괜찮아. 우리도 들으면 되니까. 상황에 따라 그때그때 결정하자."

친구들의 말에 마음이 놓였다. 나는 얼른 침대에 짐을 풀었다. 입구와 가까운 쪽에 놓인 위층 침대를 썼다. 아래층 침대는 비어서 내 트렁크, 세면도구, 바이올린, 보면대 등을 올려놓았다. 세로로 붙인 침대에서 위층을 쓰는 장밍(章銘)과 머리를 맞대고 누웠다. 마주 보이는 벽에는 룽룽의 초상화를 걸었다. 깨끗하고 큰 눈에 조금 닫힌 입술, 앳된 얼굴에 양 갈래로 땋아 어깨 위로 늘어뜨린 머리카락까지. 침대에 누울 때마다 룽룽과 오래도록 마주 볼 수 있었다. 룽룽의 초상화는 내 절친인 우쭈이가 룽룽의 사진을 보고 그려준 것이었다. 우쭈이가 예술전문학원으로 가기 전에 청무관 중대부중에 있었기 때문에 룽룽을 직접 본 적이 있었다. 우쭈이가 그린 초상화는 실제 모습과 매우 흡사할 뿐만 아니라 룽룽의 천사 같은 모습도 고스란히 담겨 있었다. 그때부터 룽룽의 초상화는 늘 나와 함께했다.

방문은 중간에 있었다. 나는 문 한쪽 벽에 기다란 못을 하나 박고, 낡고 고장난 LP판의 가운데 구멍을 이용해 그것을 벽에 걸었다. 못에다가 바이올린 활을 걸고, 바이올린을 연주할 때는 바로 아래에 보면대를 놓고 악보를 보았다. 벽 정중앙에 있는 문에는 리팡(李方)이 걸어 둔 피카소의 〈모자를 쓴 남자의 초상〉 복제품이 있었다. 방문의 다른 한쪽 벽에는 무늬가 조각된 골동품 같은 거울이 걸려 있었다. 이것들로 장식된 벽면은 언뜻 모더니즘 예술 작품으로 보였다. 그곳이 바로 내가 대학 시절을 보낸 곳이었다.

　　책상 너머에 자리 잡은 사학과 친구 뤄청이(羅成義)는 쓰촨 사람이었는데, 나는 그와 쓰촨 사투리로 이야기 나누길 좋아했다. 하지만 그는 별 대답도 없고 말수가 적었다. 그리고 감기에 걸린 듯 늘 코가 막혀 있었다. 그는 수업에 갈 때를 제외하고는 나가서 노는 일이 거의 없었고, 방에 돌아오자마자 책상에 코를 박고 뭔가를 쓰거나 몇 날 며칠을 들여 등사판을 새겼다. 어느 때는 늦은 밤까지 한 번도 쉬지 않았는데, 그런 그의 집념에 혀를 내두를 지경이었다. 그러나 훗날 우연히 알게 된 사실이 하나 있다. 당시 중앙대학에 꽤 널리 읽히는 등사판 소형 신문이 있었는데, 크진 않아도 교내외의 실생활 및 정치 동향을 보도하고 간결하지만 의미심장한 비평을 실었다. 당시 가장 급진적이고 영향력 있던 '대공보(大公報)'를 모방한 듯이 이름을 '태공보(太公報)'라고 지어 유쾌하면서도 사상을 감추는 예리함이 돋보였다. 아마도 뤄청이가 태공보의 유일한 편집자이자 발행인인 듯싶었다. 처음에는 별 관심이 없었다. 나 역시 동아리를 운영하고 벽보를 발행하는 등 여러 가지 활동에 참여했고, 학생 운동에도 가담했기에 뤄청이가 하는 일이 딱히 궁금하지 않았다. 그러나 차츰 태공보의 신랄한 비평과 이를 은유적으로 표현하는 방식에 주목하기 시작했다. 특히 태공보가 '정치적인' 색채를 띤다는 점에서 다른 것들과 달랐다.

　　룸메이트 중 유쾌하면서도 존경할 만한 친구가 있었는데, 바로 법학과 3학년 선배인 자오웨이톈(趙維田)이었다. 자오웨이톈은 평소 점잖기는 했지만, 유머 감각이 뛰어났고 대단한 애연가였다. 나는 그가 브리지라는 카드놀이를 할 때 흥분하는 모습을 재미있게 지켜보곤 했다. 그는 한 손에 든 카드 몇 장을 부채꼴로 만들고, 다른 손의 검지와 중지 사이에 곧게 늘인 담배를 끼웠다. 그가 담배를 깊게 한 모금 들이마신 후 입을 앙다물면 마술이라도 부리듯 입가에서 실낱같은 담배 연기 두 줄기가 새어 나왔다. 더할 나위 없이 만족스러운 한 모금이었다! 자오웨이톈이 카드 한 장을 홱 던진 후, 'shit!' 하고 외칠 때는(그가 뭐라고 외쳤는지 누가 알겠는가) 카드놀이를 모르는 나도 압도되곤 했다. 그가 함께 카드놀이를 하는 상대는 대부분 정해져 있었는데, 내가 관찰한 바에 따르면, 다들 카드놀이를 하기 위해 우리 방을 찾는 것 같진 않았다. 그들은 모여서 고향 말로 어떤 일을 논의하는 것처럼 보였다. 한 번은 자오웨이톈이 먼저 내게 카드놀이를 하자고 말을 건넨 적이 있었는데, 내가 할 줄 모른다고 대답하니 그도 더는 강요하지 않았다. 그리고 "브리지를 할 줄 모르다니, 그러고도 대학생이야?"라며 비웃었다.

서사가 딩자교와 쓰파이루 둘로 나누어진 후, 회원이 더 늘었기에 동아리를 개편하기로 했다. 그런데 아무런 관련이 없는 자오웨이톈이 서사에 관심이 있는지 진지한 얼굴로 내게 말했다.

"네가 신입생 생활관에서 음악감상회를 열 때와 지금은 달라. 지금은 그때보다 상황이 훨씬 더 복잡해졌으니까. 조심해. 잘 모르는 사람에게 서사 운영을 맡기지 않는 게 좋아."

심지어 그는 임시로 서사에 가입하여 회의에 참석하고 조직을 구성한 다음, 얼마 후 바로 탈퇴했다. 자오웨이톈은 감탄을 자아낼 정도로 훌륭한 지도력을 지니고 있었다. 얼마 후, 나는 대학교와 고등학교는 완전히 다르다는 것을 깨달았다. 대학교는 꽤 복잡한 정치적 배경이 작용하고 갈등과 투쟁이 일어나는 곳이었다. 물론 지금은 그 사실을 잘 알지만, 그때의 나는 어리고 유독 그런 것에 관심이 없었다.

우리는 별 탈 없이 사이좋게 지냈고 당시 일어난 여러 가지 사회적 사건에 대해서도 말이 잘 통했지만, 삶과 사상 그리고 심미관에서 꽤 다르다는 것을 느꼈다. 룸메이트들은 중국 전통의 소박한 스타일로 실생활과 정치에 관심이 많았는데, 그들의 눈에 나는 좀 어리고 미숙한, 전형적인 낭만파로 비쳤을 것이다. 특히 문화, 예술 분야에서는 아름다움을 판단하는 기준이 서로 맞지 않아 갈등이나 마찰이 있긴 했는데, 그럴 때마다 웃어넘기며 다시 사이좋게 지냈다.

한 번은 리팡이 문에 걸어 둔 피카소의 〈모자를 쓴 남자의 초상〉에 대해서 논쟁이 벌어진 적이 있다.

"설명을 좀 해줘야 하는 거 아니야? 아무리 봐도 잘 모르겠어. 이 그림이 뭐가 좋다는 거지?"

이와 비슷한 논쟁은 여러 차례 이어졌다. 그러다 한 번은 리팡이 확실히 조금 격양된 얼굴로 큰소리를 냈다.

"나도 잘 모르니까 매일 보겠다는 거잖아! 이해가 안 된다고 나쁜 그림인 건 아니라고!"

리팡은 설명을 해주지도, 그림을 떼어내지도 않고 그대로 걸어 두었다. 내 생각에 리팡은 설명할 수 없었던 것이 아니라 설명을 해도 소용이 없다고 생각했던 것 같다. 그래서 아예 논쟁거리를 차단한 거겠지. 나는 속으로 리팡의 편에 섰지만 사실 나도 그 그림을 이해하지 못했고 좋아하지도 않았다. 하지만 나는 그 그림을 문에 걸어 두는 일에는 찬성했다. 내가 이해를 못 하는 것뿐이지, 피카소가 아무 의미 없이 그림을 그렸다고는 생각하지 않기 때문이다.

_____ 어느 길로 갈 것인가

룸메이트들의 논쟁은 계속 이어졌다. 예컨대, 누드화를 그려도 괜찮은가? 산수화 조화(山水花鳥畵)가 사대부 문인의 예술인가? 교향곡이 부르주아의 음악인가? 예술에도 계급이 있는가? 그렇다면 부르주아의 사랑과 프롤레타리아의 사랑이 근본적으로 다른 것인가? 인생의 목적은 무엇인가? …… 화두도 다양했다. 지금 보면 유치한 문제에 대한 것도 많았다. 어쨌든 나는 룸메이트들의 생각에 동의하지 못하는 경우가 많았는데, 그럴 때마다 친구들은 내 생각을 바꿔 놓기 위해 나와 논쟁을 벌이는 것 같다는 느낌이 들었다. 법률과 역사를 공부하는 친구들은 이성적인 판단에 능했다. 어느 때는 내가 예시를 들거나 감성적인 관점에서 반박하면 수긍하기도 했지만, 생각이 다른 부분에 대해서는 어쩔 수 없었다.

당시 나는 수업에서 다루는 노자와 장자, 주역 그리고 플라톤, 칸트, 쇼펜하우어와 같은 서양 철학가들에게 느끼는 바가 많았는데, 내가 매료된 니체도 현실과 동떨어지고 모순됐다. 생명에 대한 나의 가치관과 세상에 대해 갖는 의구심으로 볼 때, 아마도 나는 불가지론자에 속하는 듯했고 그 사실 때문에 자주 고민에 빠졌다.

한 번은 자오웨이텐이 먼저 나서서 아이쓰치(艾思奇)의 『대중철학(大衆哲學)』과 표지가 없는 『반뒤링론(反Dühring論)』을 내게 빌려준 적이 있었는데, 나는 그저 대충 훑어본 후 책장에 끼워 놓았다. 당시 나는 로맹 롤랑(Romain Rolland)의 『장크리스토프』에 푹 빠져 있었다. 로맹 롤랑은 그야말로 나의 우상이었다. 나는 그가 책으로 써낸 삶, 음악 그리고 사랑에 대한 세심한 감정은 물론이고 그의 모든 것을 다 이해할 수 있었고 공유할 수 있었다. 『장크리스토프』는 역시 로맹 롤랑이 쓴 『베토벤의 생애』와 함께 나에게 지대한 영향을 끼친 작품이다. 나는 확실히 19세기 이후 서양의 낭만주의와 리얼리즘 예술을 편애했다. 하지만 차이콥스키를 사랑하면서도 바흐의 《토카타와 푸가》를 들으며 감동의 눈물을 흘리기도 했다. 이에 내 사상에는 정해진 방향이 없으며 그저 탐욕스럽게 모든 아름다움을 흡수한다는 사실을 깨달았다. 아름다움은 나의 사랑이었다. 이런 점에서 나는 탐미주의자라고도 볼 수 있었다.

그즈음 뤄청이는 내가 루쉰의 책을 편파적으로 읽는다고 말했다. 내가 루쉰의 현실 비판과 사상에 역점을 두지 않고 예리하고 해학적인 문체와 의미심장한 문장에만 감탄한다고 지적했다. 뤄청이는 단대사(斷代史)를 결합하여 문장을 다시 읽어보면 루쉰을 더 깊이 이해할 수 있을 것이라고 조언했다. 그때 내가 루쉰을 열렬히 사랑하지만, 아직 얕은 수준에 머물러 있다는 사실을 깨달았다. 다른 작품과 작가에 대해서도 진지하게 생각하고 다시 읽어봐야 할 필요가 있었다. 이렇게 책꽂이에 꽂은 책이 계속 늘어나 책상 끝까지 모두 채워졌고, 자칫 잘못하면 바로 와르르 하고 바닥에 떨어졌다. 바닥에 어질러진 모습은 갖가지 생각이 얽히고설킨 그때의 내 머릿속을 그대로 보여주고 있었다.

그런데 더 큰 위기가 찾아왔다. 갑작스레 청년합창단의 지휘를 맡게 된 것이다. 지휘와 음악은 엄청난 힘으로 나를 끌어당겼다. 사실 합창단 지휘는 방과후 동아리 활동에 지나지 않지만 마침 미래에 대한 고민으로 골머리를 썩고 있던 내게는 엄청난 영향력을 행사했다.

청년합창단의 지휘자는 본래 음악대학의 젊은 교수이자 당시 난징의 진보 예술단체 '산가사(山歌社)'의 단원으로서 중앙대학의 학생 운동과 밀접한 관련이 있는 우쥔다(武俊達) 선생님이 맡았는데, 볼일이 생겨 잠시 자리를 비운 상황이었다. 지휘자를 기다리던 단원들은 조급한 마음에 일단 내게 리허설 지휘를 맡겼다. 나는 임시로 지휘를 맡아 리허설을 끝냈는데, 바로 그때 밖에서 박수 소리가 들렸다. 우쥔다 선생님이 돌아오신 것이다. 단원들이 박수 치며 안도하던 그때, 선생님이 깜짝 발표를 했다.

"여러분, 드디어 청년합창단에 걸맞은 청년 지휘자가 나왔습니다. 계속 밖에서 지켜봤는데, 여기 이 학생이 지휘를 잘하더군요. 앞으로도 이 학생에게 지휘를 맡기도록 하겠습니다."

갑작스러운 소식에 다들 수군대자 선생님이 한 마디 덧붙였다.

"걱정 마세요. 제 눈은 틀림없습니다! 앞으로도 여러분을 자주 보러 오겠습니다."

전체 단원이 박수를 치는 것으로 나는 청년합창단의 정식 지휘자가 되었다. 물론 지휘는 내게 너무나도 매력적인 일이었다. 이후 합창단의 책임자인 장후화(張滬華)와 자오스포(趙世佛) 등의 학우들이 다음부터 정식으로 리허설 지휘를 해달라며, 연습할 곡목과 연습 계획도 정해달라고 청했다. 이튿날, 나는 우쥔다 선생님을 찾아가 도움을 요청했다. 선생님은 흔쾌히 도와주겠다 약속했고, 내가 잘 해낼 거라고 격려했다. 선생님은 예전부터 나를 염두에 두었다고 말했다. 나는 선생님에게 작곡을 배우고 싶다고 했고, 선생님은 그 부탁까지 들어주었다. 그때부터 나는 마치 음악과 학생처럼 체계적으로 화성과 음악 형식 등 작곡 기법에 관한 이론을 공부했다.

돌아보면 고등학생 때 음악 창작에 대한 욕망이 있었는데, 웅변과 연극 등 다른 활동에 파묻히고 말았다. 그러다 아론 에브샬로모프의 오페라《맹강녀》에 출연하며 또다시 음악에 대한 꿈을 키웠다. 창작에 대한 욕심과 시도로 완성한 '작품'이 있었는데, 바로《섬부곡(纖夫曲)》이었다. 나는 청년합창단에서 이 곡을 선보였다. 당시 유행한 새로운 음악 사조도 접했는데, 수많은 민요가 대학 내에서 널리 퍼지고 있던 때였다. 이 중에서《주서구(走西口)》,《대판성의 아가씨(大坂城的姑娘)》같은 민요와 전율성이 작곡한《연수요(延水謠)》등은 선율이 무척 아름다워 나도 즐겨 들었다. 민요의 특징을 살린 작품을 만들고 싶다는 생각에 윈난성 민요《대전재앙(大田栽秧)》을 무반주 합창곡으로 편곡했으나 시창하는 도중에 실패를 직감했다. 서양의 전통 화성은 중국의 민요 가락과 전혀 어울리지 않았다.

나는 일전에 마판퉈(馬凡陀)[12]의 작품 중, 아들이 징용되기를 원치 않은 어머니가 자는 아들의 눈을 찔러 실명하게 만든 서사시에 무척이나 감동한 적이 있었는데, 그 이야기를 토대로 작은 오페라를 구상했다. 쓰촨 민요의 특징을 살려 음률을 활용해 희극적인 느낌의 곡도 썼지만, 결국에는 능력 부족으로 중도에 포기했고, 미완성으로 남은 작품은 그대로 서랍 속에 묻혔다. 그때 나는 수업 과목 중에서 필수 과목만 듣고 선택 과목은 그저 학점을 따기 위해 가볍게 들었다. 사실 정규 수업보다 독서에 치중했고 외국어과, 사학과, 철학과에서 내가 좋아하는 수업을 골라 청강하는 일이 잦았다. 그리고 교실보다 도서관을 훨씬 더 좋아했다.

지금 생각하면, 그때 혼란하고 복잡했던 머릿속과 룽룽을 향한 그리움에 따른 우울감이 정말로 나를 '퇴폐적인 정신병자'로 만들 수도 있었다. 다행히 나는 위대한 역사적 혁명의 시대에 살고 있었다. 좋게 말하자면 그것 또한 미숙한 한 청년이 성장하는 과정에서 반드시 통과해야 할 관문이었다. 당시 내게 가장 현실적

---

12 / 본명은 위안수이파이(袁水拍)

인 갈등은 바로 내 앞에 놓여 있던 두 갈래의 길이었다. 문학과 음악은 각각 나를 다른 길로 인도했다. 둘 다 내가 사랑하는 대상이자 많은 노력과 시간을 들여야 하는 대상이기도 했다. 대체 어느 길로 갈 것인가? 이것이 내가 결정해야 하는 급선무였다.

_____ 최후의 선택

1948년은 대변혁의 전초전으로 상황이 빠르게 변했다. 연초에 민주당파에서는 '장제스의 독재 정권을 뒤집겠다'는 공산당의 선언에 응했고 공산당은 국민당이 점령했던 옌안시(延安市)를 수복하는 한편, 국민당에 대한 전국적인 공세에 들어갔다.

5월의 난징은 이미 푹푹 찌는 여름이었다. 작년에 일어났던 '5·20운동'의 잔화가 아직 대중의 마음속에서 불타고 있을 때, '5·4청년운동'이라는 영광스러운 날에 '일본을 돕는 미국 반대'를 외치는 애국 운동이 일어났다. 난징에 있는 여러 대학의 청년들이 모두 중앙대학 딩자교 운동장에 모여 기념 대회를 열고 횃불을 밝혔다. 청년들의 애국심과 투쟁 의지를 담은 《오월의 꽃(伍月的鮮花)》 노랫소리와 우렁찬 구호 소리가 하늘 높이 울려 퍼졌다.

기념 대회가 끝난 후에도 여전히 도취된 나와 다이궈화는 쓰파이루까지 노래를 부르며 걸었다. 우리는 각자의 노고를 치하하기 위해 학교 옆에 있는 원창교의 한 점포에서 우육면을 한 그릇씩 먹은 후에야 기숙사로 돌아갔다. 내가 신바람이 난 채로 방문을 열었는데 무슨 일이 있는지 친구들이 말없이 나를 바라보았다. 한참 후, 자오웨이톈이 잔뜩 굳은 얼굴로 내게 물었다.

"런×× 학우 이야기, 들었어?"

"무슨 이야기?" 내가 의아한 표정으로 되물었다.

"정말 몰라?"

"그니까 뭘?"

나의 대학 시절

그때, 장밍이 살짝 격양된 표정으로 나를 똑바로 바라보며 말했다.

"의과대학의 런×× 학우가 자기 왼쪽 새끼손가락을 잘라냈어. 앞으로 다시는 바이올린을 켜지 않겠다고 말이야. 부르주아 예술과 결별을 선언한 거야! 이제 알겠어?"

너무 놀란 나머지 말문이 턱 막혔다.

"정말이야?"

믿기지 않은 듯 주저하며 물었다.

"안 믿는 거야? 아니면 믿을 수 없는 거야? 너 스스로한테……."

장밍은 말을 잇지 않았다. 나는 순간 어떻게 대답해야 좋을지 몰라 멍하니 서 있었다. 그러다 천천히 마음을 가라앉힌 다음 전혀 개의치 않다는 듯한 어조로 대답했다.

"내가 뭐? 걱정 마. 나는 그렇게 바보 같은 일은 안 할 테니까!"

"뭐? 바보 같은 일?"

"아니면 유치하다고 할까?"

"유치해?"

"응."

나는 조금 화가 났다. 자신의 새끼손가락을 절단하는 행동은 정말 이해가 안 됐다. 내 생각을 명확히 밝히는 것이 좋겠다는 판단에 나는 다시 입을 열었다.

"아마 충동적으로 저지른 일이겠지. 너희는 그 친구의 행동이 과감하고 용감하다고 생각하겠지? 근데 새끼손가락을 자르면 부르주아 예술과 결별하는 거야? 솔직히 그 친구가 그리 용감한 사람이라면 굳이 손가락까지 자를 필요가 없어. 손가락을 잘라서 바이올린을 켤 수 없게 되어야 자기 뜻을 관철할 수 있다는 얘기잖아? 분명 나중에 후회할 거야."

리팡은 자신과 상관없는 일이라는 듯 잠자코 침대를 정리했다. 개입하지 않겠다는 뜻이었다. 그런데 평소 논쟁에 끼어들지 않았던 뤄청이가 말문을 열었다.

"친구가 손가락을 잘랐다는데, 동정은커녕 비웃는 거냐?"

나는 이러다 큰 싸움으로 번지는 건 아닐까 걱정됐다. 사실은 내심 그 친구가 안타까워 한참 동안 입을 굳게 닫고 있었다. 얼마간의 정적이 흐른 후, 내가 진심을 담아 말했다.

"비웃는 게 아니야. 나도 그 친구를 생각하면 마음이 아파. 자신을 헤치는 가치 없는 행동('바보 같은'이라는 말이 튀어나오려다가 도로 들어갔다)을 했다는 사실이 안타까워 죽겠어. 내 생각은 너희와 다를 수도 있어. 니에얼(聶耳)[13]도 바이올린을 켜잖아? 그러니까 내 생각도 좀 이해해줬으면 좋겠어."

나는 방 친구들이 니에얼을 우러러본다는 사실을 알고 있었다.

그때 자오웨이텐이 나서서 감정싸움을 중단시키고는 온화한 어조로 말했다.

"자, 이제 그만하자. 일단 그 친구 행동의 옳고 그름을 따지는 것보단 부르주아 예술과 결별하겠다는 결심을 내보였다는 데 집중하자. 아마 오늘 기념 대회 때문에 런 학우가 너무 충동적으로 행동한 것 같아. 우리 같은 젊은 피는 쉽게 흥분하긴 하잖아? 자해는 당연히 잘못된 일이지만, 그를 비난하기보단 이해해줘야 해. 각자의 사상은 결국 자신이 책임지는 거니까."

어떤 친구는 이미 침대에 누워있었다. 자오웨이텐이 내 어깨를 토닥이며 말했다.

"김군, 너무 걱정하지 마. 바이올린을 켜는 건 네 자유니까."

나는 가까스로 미소를 짓고는 대답했다.

"무서워서 다시는 바이올린을 못 잡을 뻔했다."

모든 것이 다 지나간 듯 보였지만 사실은 아니었다. 교내에는 '손가락 절단 사건'에 대한 논쟁이 끊이지 않았다. 용감한 행동이라며 감탄하는 일부 학생들을 제외하고, 대부분 동정과 반대, 두 갈래로 나뉘었다. 룸메이트들은 먼저 그 친구가 부르주아 예술과 결별을 결심했다는 사실에 공감하고 칭찬하면서도 손가락 절단은 현명하지 못한 행동이었다고 판단하는 듯했다. 손가락 절단 사건에 대한 논쟁은 우리가 가장 첨예하게 대립했던 싸움이었다. 그래서 우리는 그 일에 대해 말하기를 꺼렸다. 나도 한동안 바이올린을 잡지 않았는데, 다른 사람을 자극하고 싶

---

13 / 역주 : 중국 현대 음악가로 공산당에 가입함

지 않았거니와 연주하고 싶은 생각도 없었기 때문이었다.

이 혼란이 빨리 지나고 다시 평온이 찾아오길 바랐다. 나는 탁자 앞에 앉아 두꺼운 자필 원고를 바라보았다. 내가 몇 날 며칠 동안 도서관에 처박힌 채 온갖 정성을 쏟아 써낸 졸업 논문『백거이의 풍격과 노선에 관하여』였다. 나는 무의식적으로 논문을 손이 가는 대로 뒤적이며 위아래로 흔들었다. 탈고를 눈앞에 두고 있었다. 얼마나 심혈을 기울였는지 떠나보내기가 아쉬울 정도였다. 나는 속으로 쓴웃음을 지었다. '이렇게 가다가는 어쩌면……' 나는 내 앞에 놓인 두 갈래의 길 때문에 그야말로 죽을 맛이었다. 어느 한쪽을 선택하지 않고서는 제대로 된 생활이 불가능했다.

나는 이제 더는 주저하지 않기로 했다. 천홍 학과장님은 내게 시험을 볼 필요 없이 바로 음악과 3학년으로 들어오면 된다고 했지만, 교장 선생님은 규정을 어길 순 없다고 반대했다. 다음 학기 개강 때 전과 처리가 되었기에 내 '결정'도 잠시 보류되었다.

그때 나도 모르게 상하이 음악학원에 재학 중인 셋째 동생 리바오가 떠올랐다. 리바오가 그곳에 갓 입학했을 때는 어색해서 그런지 말이 별로 없었다. 같이 어울리는 사람이라고는 스다정(史大正)이라는 친구가 유일했다. 스다정은 거장 감독 스둥산(史東山)의 아들로 피아노를 배우는 똑똑한 친구였다. 리바오와 함께 입학했는데, 리바오보다 몇 살 더 많아 조금 더 어른스러웠다. 지금은 두 사람 모두 많이 성장했을 터였다. 듣기로는 리바오에게 여자친구까지 생겼단다. 나는 냉큼 침대에서 내려왔다.

'여기서 혼자 죽치고 있지 말고 상하이로 가서 동생도 보고 생각 좀 정리하자.'

나는 차표 살 돈으로 먹을 것을 산 후, 입석 표를 들고 3등 객차에 올라탄 다음 화장실 쪽에 섰다. 이내 열차가 움직이기 시작했다. 나는 통로 쪽에 앉은 한 노부인과 눈이 마주쳤는데, 나보고 옆에 앉으라며 안쪽으로 자리를 옮겨 주었다. 나는 멋쩍게 웃으며 고맙다고 말한 후, 자리에 쓱 앉았다. 마땅히 할 얘기도 없던 터라 얼마 후 선잠이 들었다. 시간이 얼마나 지났을까. 누군가가 나를 쿡쿡 찔렀다. 눈을 떠보니 아까 그 노부인이 입을 삐죽대며 앞쪽을 가리켰다. 검표원이 인 파를 뚫고 천천히 이쪽으로 걸어오고 있었다. 나는 벌떡 일어나 화장실로 들어간 후 문을 잠갔다. 머릿속으로는 검표원에게 어떻게 대답할지 열심히 계산했다. 그 렇게 한참이 지난 후, 누군가가 문을 두드리며 헛기침을 했다. 문을 열어보니 옆 에 앉아있던 노부인이 가벼운 미소를 지으며 나를 바라보고 있었다. 나는 노부인 을 따라 웃으며 다시 자리에 앉았다. 그러자 노부인이 내게 사오빙[14]을 건네며 말 했다.

"자, 이거 먹으렴."

나는 또 웃어 보이며 사오빙을 입에 물었다.

상하이에 도착했을 때, 노부인은 내게 아주 큰 가방을 짊어지고 앞서 가도록 했고, 자신은 내게 바싹 붙은 채로 따라왔다. 그리고 있는 힘껏 사람들 틈을 비집 고 들어가서는 큰소리로 "아이고, 밀지 마요, 밀지 마세요" 했다. 나는 인파에 밀 려 역 밖으로 나올 수 있었다. 한쪽에 서서 노부인을 기다린 다음 여전히 가방을 든 채 버스까지 바래다 드렸다. 우리는 서로 다정하게 손을 흔들었다. 사실 열차 안은 북적이는 인파로 어수선했고 검표원의 검사도 매우 허술했다. 그러니 과장 을 조금 보태 표가 없는 사람이 절반은 되었을 것이다. 어쩌면 그 노부인도 그 절 반에 속할지도 모를 일이다. 사랑스러운 꼼수랄까!

나는 그렇게 상하이로 건너가 리바오를 만났다. 동생은 키가 좀 컸고, 더 준수 해 보였다. 말수가 적은 건 여전했는데, 나를 보고도 그저 웃으며 '형!' 하고 부른 게 다였다. 쓰촨 사투리도 여전했다. 일요일이라 수업이 없어 리바오는 나를 빈 교 실로 데리고 간 다음 잠시 기다리라고 말했다. 잠시 후, 동생이 꼬마 아가씨를 데 리고 들어와 조용히 말했다.

"우리 큰형이야."

정말 귀여운 아가씨가 눈앞에 서 있었다. 굵게 양 갈래로 땋아 내린 머리카락, 동그랗고 앳된 얼굴, 예쁘고 큰 눈까지, 똑똑하고 활발한 아이라는 사실을 한눈

---

14 ／ 역주 : 밀가루를 반죽하여 원형 또는 사각의 평평한 모양으로 만들어 구운 중국의 빵

에 알아봤다. 여자애는 발끝으로 사뿐사뿐 걸어서 창가에 있는 책상에 앉았다. 볕이 참 좋던 날이라 유리창에 고인 따스한 햇볕이 여자아이의 머리, 몸, 얼굴을 얼비쳐 반짝였다. 그 애 옆에 선 동생은 부끄러운 듯 살며시 미소 지었다. 아, 그때 카메라가 있었다면 분명 '선남선녀'나 '천생연분' 상을 받을 만한 걸작을 찍을 수 있었을 것이다.

편안하게 이야기를 나눈 후, 동생은 다시 나를 기숙사로 데리고 갔다. 어린아이들이 어찌 그리 재치가 뛰어나고 인생을 통달한 것 같은 지 나도 한 수 배울 정도였다. 녀석들은 자신들의 '보금자리'에 '바보들의 오두막집'이라는 이름을 붙였다. 그런데 그곳에 묵는 '바보들'은 전부 수재였다. 예를 들어, 바이올리니스트이자 박학다식한 친구로 훗날 나의 평생 친구가 된 차오빙판(曹炳范), 후에 중국 다성음악 이론의 권위자가 된 천밍즈(陳銘誌), 바이올리니스트이자 가극원악단의 수석 단원이었던 저우쑹(周崧)[15] 그리고 바이올리니스트였다가 후에 작곡가로 전향한 거광루이(葛光銳)까지, 이 한 무리의 '바보들'은 모두 나의 절친한 친구가 되었다. 그리 길지 않은 시간, 이 아이들과 이야기를 나눈 나는 헤어지기가 몹시 섭섭했다.

상하이에서 돌아온 나는 전과에 대한 결심을 확고하게 굳혔다. 내년까지 기다려야 하겠지만 그때부터 쓸 수 있는 시간을 모조리 음악 공부에 쏟아부으며 천홍 교수님의 지도를 받았다. 당시 교수님은 '푸가와 화성학'이라는 전문서적을 집필하는 중이었다.

이 시기에 나는 앞으로 내 삶에 지대한 영향을 미친 일을 했다. 물론 당시에는 전혀 인식하지 못했지만.

나는 중화교향악단 일요음악회를 보고 난 후에 떠오른 생각을 친구들과 의논했는데, 바로 서사에서 리궈취안(黎國荃)과 소프라노 쉬자성(徐嘉生)[16]을 초청해 합동 콘서트를 개최하자는 생각이었다. 내 제안은 만장일치로 통과됐다. 리궈취안은

---

15 / 생뚱맞게도 훗날 꿀벌 연구에 몰두하여 중국과학원, 소련생물학 학술지에 논문을 발표, 인공 양봉을 통해 꿀을 채취하는 신이론을 정립함
16 / 당시 난징에서 유명한 후이원(滙文) 여자중학교에서 음악을 가르침

중국의 유명한 바이올리니스트이자 중화교향악단의 수석 겸 지휘자였다. 나는 이 합동 콘서트가 큰 화제가 될 거라고 생각했다. 두 분은 대학생을 위해 연주하는 것은 당연한 의무라며 출연료를 받지 않겠다고 했고, 이에 우리는 큰 감동을 받았다. 두 음악가와 반주자를 초빙하는 등 필요한 경비를 마련하기 위해 입장료는 받기로 했다. 청중이 원하는 만큼 입장료를 내는 방식으로 단 10전이라도 감사히 받을 생각이었다. 부족한 경비는 서사 회원들의 기부금으로 채웠다. 우리는 고전음악의 전파는 물론 음악을 사랑하는 학생들에게 'LP판'에서 흘러나오는 음악이 아닌 진짜 라이브 음악을 들려줄 수 있다는 사실에 아주 큰 자부심을 느꼈다.

리궈취안과 쉬자성 선생님은 학생들의 열렬한 환영을 받았는데, 특히 리궈취안 선생님의 연주는 끝나고 나서 한참 동안 갈채가 이어졌다. 특별히 《유랑자의 노래(流浪者之歌)》를 연주할 때는 박수갈채가 끊임없이 쏟아지는 바람에 앙코르 연주까지 했다. 리궈취안 선생님은 한껏 고무된 모습이었다. 연주가 끝나고 무대 뒤편에서 우리가 준비한 차가운 맥주 한 병을 단숨에 들이켰다. 그는 앞으로 기회가 있으면 또 불러 달라고 말했다.

다음 날, 나는 여학생 한 명과 함께 꽃, 과일, 리궈취안 선생님이 좋아하는 맥주를 사서 선생님 댁을 방문하여 전체 학생을 대표해 감사의 뜻을 전했다.

음악회를 계기로 나는 이 음악가 친구를—선생님이라고 하는 게 더 맞겠다—알게 됐다. 리궈취안 선생님은 내가 음악 애호가이며 바이올린을 조금 켤 줄 안다는 사실을 알고 있었기에 먼저 당신에게 바이올린을 배우는 게 어떻겠냐는 제안을 했다. 기억하기론 첫 시간에 배운 곡은 헨델의 《라르고(Largo)》였다. 이후 둘째 남동생 중핑(仲平)도 그에게 바이올린을 배웠다.

리궈취안 선생님은 내 인생에서 중요한 사람이었고 내 미래에 대한 결정과 우리집안의 삶과 운명에도 큰 영향을 미쳤다. 돌이켜보면 음악학과로 전과하겠다는 결정에 명예와 이익을 쫓고자 하는 마음은 조금도 없었다. 그저 음악에 대한 사랑만이 있었다. 하지만 아버지께 일언반구도 없이 마음대로 밀고 나갈 수는 없는 일이었다. 아버지는 아들의 미래와 직접적으로 관련된 문제에 대해 '결재권'이자 최소한 '발언권'을 가지고 계신 분이 아닌가. 어찌해야 좋을지 몰라 미루기만 했던 일을 이제는 해결해야 할 때가 왔다.

_____ 마지막 선택

나는 저녁을 먹은 후, 집에 들러 아버지에게 전과 이야기를 드려야겠다고 마음먹었다. 집으로 향하는 길 위에서도 머릿속엔 온통 이 일에 대한 생각으로 가득했다. 있는 그대로 말씀드릴까? 아니면 복수전공을 하겠다고 할까? 나는 생각하면 할수록 입씨름이 벌어질 것 같다는 예감에 기분이 더 울적해졌다. 그냥 나중에 말씀드릴까? 이런저런 생각에 골몰하다가 어느덧 문 앞에 도착했다.

그런데 집에 들어가자마자 무언가 이상하다는 느낌이 들었다. 집안이 어수선한 데다 어머니는 열심히 짐을 꾸리고 계셨다. 아버지는 외출하고 집에 없었다.

"어머니! 저 왔어요!"

"오, 왔구나! 안 그래도 부르려던 참이었는데."

"이게 다 뭐예요? 무슨 일 있어요?"

내가 트렁크와 큰 보따리들을 가리키며 물었다.

"응, 우리 후난으로 이사한다."

순간 이사에 대한 이야기를 들었던 기억이 떠올랐다. 어떻게 된 일인지 자세히는 모르지만 지금 이런 상황에서 이사라니. 나는 펄쩍 뛰며 말했다.

"지금 후난으로 이사한다고요? 이게 대체 무슨……"

어머니는 내가 당황하는 걸 보고는 내 말을 잘랐다.

"원래 너하고 상의를 하려고 했는데, 이렇게 빨리 일이 진행될 줄 몰랐구나. 벌써 배편까지 잡아 두셨단다. 며칠 후에 바로 떠나야 해."

"이렇게 큰일을…… 어머니, 너무 성급하게 결정한 거 아니에요? 이사 얘기가 나온 지 며칠 되지도 않았잖아요? 어렵사리 쓰촨에서 난징으로 온 지 얼마나 됐다고 어떻게 얘기가 나오자마자 이사를 해요? 아버지는 확신이 있으시대요? 그 친구분, 믿을 만한 사람이에요?"

어머니는 조금 놀란 얼굴로 사정을 털어놓았다.

"아버지도 오래 고민하셨어. 그 친구분이 옛 동료라더구나. 너도 알잖니, 당분간은 한국으로 돌아가지 못하는 데다 여기서 일자리도 없다는 거. 아버지는 원래 농사짓는 일을 좋아하니까 둘이 얘기를 나누다가 한 명은 땅을, 다른 한 명은 자금을 들여 농장을 운영하자고 의기투합하게 된 거지. 농장 일을 하면서 마음 편하게 지내는 것도 좋고……."

"그럼 우리 가족은 이렇게 뿔뿔이 흩어지는 거예요?"

내가 의심에 찬 눈초리로 질문했다.

"가오바오!"

그때 갑자기 아버지가 들어와서 엄한 표정으로 나를 바라보셨다.

"난징에서 우리 가족을 먹여 살릴 방법이라도 있느냐? 있다면 어디 한 번 말해 보거라! 후난에서 농장을 하는 것이 유일한 방법이야! 농장이 뭐가 어때서? 일단 여동생과 정바오를 데리고 가고, 가구는 다들 필요 없을 것 같다. 나머지 일은 나중에 다시 생각하면 돼. 너와 샤오바오는 지금처럼 난징에 있고, 리바오는 상하이에서 열심히 공부하면 된다. 나중에 상황을 보고 어떻게 할지 다시 결정하면 돼. 그러니까 너희 셋은 이제 스스로 자신을 책임져야 한다!"

아버지의 단호한 한 마디에 나는 눈앞이 아찔했다. 벙어리처럼 아무 말도 하지 못한 채 그저 제자리에 서 있었다. 온 몸이 땀으로 흥건했다.

나는 이것이 잘된 일인지 아닌지 판단이 서지 않았지만, 어쨌거나 후난으로 이사하는 것이 능사는 아니라는 생각이 들었다. 상황이 여기까지 내몰렸는데 어째서 한국으로 돌아갈 생각을 않는 걸까? 나는 이를 악물었다. 마음속에서 치열한 투쟁이 벌어졌지만, 그래도 아버지에게 분명 이유가 있을 거라고 굳게 믿었다. 여동생은 내게 할 말이 있다는 듯 어머니에게 바싹 붙은 채로 나를 바라보고 있었다. 나는 여동생에게 다가가 쪼그리고 앉은 그의 손을 잡았다. 내가 다정하게 말을 건네려는데, 여동생이 갑자기 작은 손을 빼내더니 고개를 홱 돌리며 말했다.

"오빠랑 안 놀아!"

나의 대학 시절

나는 쓴웃음을 지으며 동생의 볼을 살짝 꼬집었다. 내가 가장 미안한 마음이 드는 사람은 바로 여동생이었다. 여동생은 똑똑하고 일찍 철이 든 데다 애교도 잘 부리는 귀여운 아이였지만, 막무가내로 떼쓰거나 심술을 부린 적이 없었다. 우리 가족이 충청에 머물던 시절의 이야기다. 여름이었는데 한 번은 부모님이 내게 시내로 심부름을 시켰는데 여동생이 한사코 따라가겠다며 졸라 댔다. 내가 엄청 많이 걸어야 한다고 겁을 줬지만, 여동생은 전혀 개의치 않았다.

"하나도 안 무서워! 절대 업어 달라고 안 할게."

실은 나도 여동생을 데리고 가고 싶은 마음이 있었기에 결국 함께 길을 나섰다. 그러나 얼마 지나지 않아 이내 후회가 밀려왔다. 어린아이에게는 아무래도 무리였다. 덥고 다리도 아픈 데다 갈증도 심했다…… 그때 어린아이 둘이 아이스크림을 맛있게 먹으면서 우리 쪽으로 걸어왔다. 뒤쪽에는 아이스크림 상자를 짊어진 아이스크림 장수까지 있었다. 여동생은 그저 쓱 한 번 훑어보고는 아무 일도 없었다는 듯 그쪽으로는 눈길을 주지 않았다. 나는 너무나 여동생에게 아이스크림을 사주고 싶었다. 그러나 불행히도 나에겐 돈이 없었다. 아이스크림은 커녕 '투명한 얼음으로만 만든 값싼 하드' 조차 사줄 수 없었다. 마음 한쪽이 아릿했다. 그런데 여동생이 내 손가락을 잡고 흔들더니 진지한 얼굴로 말했다.

"오빠, 나는 아이스크림 안 먹을래. 안 먹고 싶어."

순간 나는 여동생을 힘껏 안아주고 싶었다.

"이리 와. 업어 줄게."

내가 쪼그리고 앉으며 말했다. 그러나 여동생은 내 손을 뿌리쳤다. 그리고 오늘 나와 안 놀겠다고 외쳤을 때처럼 '싫어!'라고 소리쳤다. 아마도 '오빠도 우리랑 같이 갔으면 좋겠어'라는 말을 하고 싶었던 게 아니었을까.

여동생은 감정이 풍부하고 예민한 아이였는데, 내가 유달리 기억하는 일화가 있다. 기껏해야 네다섯 살쯤 됐을 때의 일이다. 내가 여동생을 데리고 《일강춘수향동류(一江春水向東流)》라는 영화를 보러 갔는데, 여동생은 아직 어려서 표를 살 필요가 없었기에 그냥 내가 앉은 의자 팔걸이에 앉았다. 나는 슬픈 인생살이에 대한 영화를 여동생이 이해할 수 있을까, 보다가 졸겠지 싶었는데, 여동생이 남자와 여자가 이별하는 장면에서 훌쩍거리며 눈물을 흘리는 게 아닌가!

넷째는 부모님을 따라 후난으로 가도 괜찮을 듯했다. 이제 좀 컸다고 철이 들어서 할머니가 안 계셔도 떼를 쓰지 않을 테고, 영리한 아이라 어머니 일을 거들기도 할 터였다. 나는 속으로 생각했다. '할머니는 삼촌을 따라 한국으로 가시고, 외할머니와 외삼촌은 전쟁이 끝난 후 고향 장시성(江西省)으로 가셨다. 이제 넷은 후난에, 둘은 난징에, 하나는 상하이에 흩어져 살겠구나.'

며칠 후, 후난으로 이사하는 가족들을 배웅했다. 어머니는 많이 야윈 듯했다. 지난 몇 년간 가장 고생한 사람이 바로 어머니였다. 전쟁이 끝나기만을 바라다 갖은 고생 끝에 난징으로 돌아왔으니 이제 좀 행복하게 살겠구나 싶었을 텐데. 일이 이렇게 될 줄 누가 알았겠는가. 그렇게 가족들을 떠나보낸 나는 텅 빈 마음으로 혼자 학교로 돌아왔다. 파김치가 된 몸을 침대에 뉘었다. 그렇게 멍하니 벽에 걸린 그 까만 눈동자를 바라보았다. 그녀도 나처럼 근심 어린 모습이었다.

_____ 재회와 이별

이후로 나는 흡사 '이중인격자' 같았다. 어느 때는 명랑하게 웃고 떠들거나 정신이 나간 사람처럼 바이올린을 켜고 음악을 듣기도 하다가, 또 어느 때는 돌연 바보 같은 짓을 하며 나 자신을 집요하게 괴롭히기도 했다.

나중에 룸메이트를 통해 알게 된 사실인데, 한 번은 내가 신발 끈을 풀지도 않고 한쪽 신발을 벗으려고 안간힘을 쓰고 있더란다. 불가능한 일을 하겠다고 미친 사람처럼 발길질을 하고 발버둥을 치고 이를 악물고 앓는 소리까지 내면서……. 친구들은 내 우스꽝스러운 모습에 키득거리다가 문득 심상치 않은 느낌에 나중에는 걱정스러운 마음에 나를 붙잡고 신발을 벗겨 주었다. 내가 '후' 하고 숨을 뱉었다. 얼굴은 땀으로 흥건했고 온몸에는 힘이 풀려 그대로 쓰러졌다. 듣기로는 한참이 지나고 나서야 천천히 제정신으로 돌아왔다고 한다. 친구들 사이에서는 내가 '지랄병'에 걸린 게 아니냐는 이야기까지 나왔다. 나는 부끄럽기도 하면서 내 머리가 어떻게 된 것은 아닌가, 진지하게 고민도 했다. 성질을 부리는 걸까? 아니면 심술? 어린애처럼 떼를 쓰는 건가? 누구한테? 당시 나는 깊은 수렁에 빠진 채 줄곧 '사람은 왜 사는가, 생명의 의미는 무엇인가'의 문제에 집착하며 자신을 괴롭혔는데, 그러다 수시로 무기력한 절망을 느꼈다.

나는 전에도 '히스테리' 상태에 빠졌던 적이 있었다는 사실이 기억났다. 바로 그해 베이베이에서 돌아온 후, 감정이 끝없이 폭발하더니 나중에는 의기소침한 상태에 빠져 며칠 동안 말을 잊은 채 지냈다. 나는 얼이 빠진 사람처럼 아무런 생각도 하지 않고 아무 감정도 느끼지 못했었다. 그 후, 국립 제9중등학교에 갔던 초기에 또 그런 상태에 빠졌었는데 이번처럼 심각하지는 않았다. 강한 자극이나 마음의 상처를 입는 일이 생길 때마다 그것을 토해내거나 풀 데가 없으면 나는 '인간은 대체 왜 사는 걸까?'라는 문제에 봉착했다. 이번에는 아마도 내 미래에 대한 아버지와의 갈등 문제와 가족의 불행한 상황 때문에 그 '지랄병'이 도진 듯했다. 특히 조국의 독립을 위해 타지를 떠돌며 일생을 투쟁에 바쳤음에도 결국 조선이 남북으로 갈라지고 가족도 뿔뿔이 흩어지고 말았다는 사실이 늘 호방하고 자신감 넘치는 아버지에게 얼마나 큰 충격이었을지 짐작할 수 있었다. 그런데도 내가 아무것도 할 수 없다는 사실이 마음을 짓눌러 가슴이 터져라 소리를 지르고 싶었다.

그런데 바로 그때 운명의 장난 같은 일이 일어났다. 베이징대학에 있던 중이췬에게서 편지 한 통을 받았는데, 둥안(東安) 시장에서 우연히 룽룽을 만났다고 했다. 중이췬은 내가 가지고 있던 룽룽의 사진을 본 적이 있고, 그녀와 나 사이에 있었던 일도 알고 있어 그녀를 쫓아가 진정핑을 아느냐고 물었단다. '그렇다'라는 대답에 중이췬은 내가 중앙대학에 있다는 소식을 전하면서 그녀의 주소를 물었다. 룽룽은 베이징시 톄스쯔(鐵獅子) 후퉁(胡同) 1호에 살고 있었다. 그녀의 소식을 들은 나는 한참이나 머리가 아찔했다. 밤낮으로 그리워해도 드넓은 세상에서 감쪽같이 사라진 사람처럼 아무런 소식도 들을 수 없었는데, 이렇게 갑작스럽게 나타나다니! 찾았다, 그녀를 찾았어……. 나는 터져 나오는 감정을 주체하지 못했다. 울고 싶었고 웃고 싶었다. 온몸이 부들부들 떨렸다. 운명아, 다시는 그녀를 잃게 만들지 마! 나는 애써 마음을 가라앉히고 며칠 밤을 공들여 룽룽에게 편지를 썼다. 어떻게 써야 좋을지 몰라 공책이 홀쭉해질 정도로 종이를 계속 찢어냈는데, 결국에는 한 장밖에 쓰지 못했다. 무슨 내용을 썼는지는 기억이 나지 않는다. 당시 감격에 겨워 마음마저 뒤죽박죽이라 기억하지 못하는 것 같다. 나는 한시라도 빨리 편지를 부쳐야겠다는 생각에 안달이 났다. 내가 그녀를 사랑하고 그리워한다는 것을, 다시 만나기를 고대하는 마음을 전하고 싶었다……. 편지를 보내고 나는 연옥에 갇힌 사람처럼 마음을 졸였다. 두 눈을 부릅뜨고 초상화에 그려진 그녀의 순결한 눈을 바라보며 기도하고 또 기도했다. 하늘도 내 기도에 감동한 것일까. 답장을 받는 데는 내가 우려했던 것만큼 그리 오래 걸리지 않았다. 편지에는 예전에 처음 받았던 편지의 것과 똑같이 바르고 예쁜 글자가 적혀 있었다. 나는 룽룽의 편지를 부여잡은 채 꿈에서 노니는 듯 둥둥 떠다니는 기분이었다. 편지를 읽어가며 나는 금세 그녀도 나를 잊지 않았다는 사실을 알아챘다. 룽룽은 나를 그리워하며 울적한 마음에 혼자 시산(西山)에도 다녀왔다고 했다. 나는 마치 꿈을 꾸는 듯 룽룽이 편지와 함께 보낸 사진을 바라보았다. 그녀는 외투를 걸친 채 홀로 베이하이(北海) 공원 다리에 기대서 있었다. 조금 더 성장한 모습에 흩날리는 긴 머리카락은 여전히 너무 아름다웠다! 내가 날 수 있다면, 쉬즈모(徐志摩)[17]처럼 비행기를 타고 베이핑으로 갈 수 있다면 얼마나 좋을까! 물론 조난당하는 일을 절대 없어야 했다. 난 아직 그녀를 다시 보지도, 그녀의 목소리를 다시 듣지도 못했으니까! 그녀를 만나 나를 부르는 목소리를 들을 수만 있다면 죽어도 여한이 없을 것 같았다.

당시 친구를 통해 들은 소문에 따르면, 베이핑(1948년)이 실질적으로는 이미 해방군에게 포위당했다고 했다. 해방군은 공격이 아닌 평화와 해방의 쟁취를 목표로 했다. 이에 베이핑에 있던 힘 있고 돈 있는 사람들은 그곳을 떠나 해외로 나가

---

17 / 역주 : 중국 근대의 시인, 사랑하는 여인에게 가기 위해 비행기를 탔다가 사고로 죽음

나의 대학시절

거나 타이완, 홍콩으로 건너갔다. 나는 마음속으로 간청했다. 룽룽, 제발 널 다시 만날 수 있는 마지막 기회를 잡을 수 있게 해줘! 나는 잔뜩 긴장한 채로 편지를 한 통 한 통 써서 기도하는 마음으로 연달아 보냈다. 그렇게 세 번째 또는 네 번째 편지를 부쳤을 때 사건이 발생했다!

룽룽의 두 번째 답장을 받은 나는 지옥으로 떨어졌다! 베이핑을 떠나기 직전에 급히 쓴 이별 편지에는 곧 공군 장교와 결혼해 그의 비행기를 타고 홍콩으로 간다고 적혀 있었다.

어떻게 이럴 수 있지? 나는 결국 참지 못하고 끝내 실성한 듯 통곡하기 시작했다. 눈물은 그칠 줄을 몰랐다. 사고력과 자제력을 완전히 잃은 나는 하염없이 눈물만 흘렸다. 운명은 어째서 이토록 나를 잔인하게 우롱하는걸까? 이제는 머나먼 외딴 세상으로 떠난다고? 전화가 사방으로 떨어지는 시국에 각자 다른 곳에 있으니 이 넓은 세상에서 다시 그녀를 찾기란 불가능한 일이었다. 갑작스러웠던 '재회'는 단지 마지막 이별을 위한 것이었단 말인가! 룽룽, 이제는 어디에서 널 찾아야 하는 걸까? 대체 어디에서!

그 순간 지난 일이 하나씩 떠올랐다. 칭무관, 시내에 놓인 나무다리에서 천사같이 순결하고 고왔던 그녀와의 첫 만남, 교실 창가에서 수줍은 듯 건네던 눈길, 장거리 열차에서 은은한 달빛을 받으며 룽룽을 위해 부르는 노래를 그녀가 들어주었던 일. 이슬비가 내리는 강가에 혼자 서서 마음을 졸이며 나를 기다렸을 룽룽, 보리 언니의 품에 안겨 절망감에 목놓아 울었을 룽룽. 나의 룽룽! 이 모든 고통은 내가 준 것이었다. 나는 단 한 번도, 짧은 한순간도 기쁨이나 행복을 그녀에게 준 적이 없었다……

오래 기다려도 소식 없던 내게서 편지를 받고 그녀도 설레는 마음으로 내게 편지를 썼을 것이다. 내게 더할 나위 없이 행복감을 안겨주었던 그 편지를 보내고 기쁨의 눈물이 채 마르기도 전에 이별 편지를 써야 했던 그녀의 심정은 어땠을까? 엄청난 용기가 필요했을 것이고, 엄청난 고통을 감내해야 했을 것이다. 이제 이번 생에는 다신 만날 수 없는 걸까? 나는 계속 침대에 누워 룽룽의 초상화를 응시했다. 그녀의 눈에서도 눈물이 흐르는 듯했다.

대체 얼마나 넋이 나간 채로 있었던 걸까. 나는 탁한 파도 위를 부유하는 듯한 느낌만 들었다. 마치 계속 룽룽의 손을 잡고 있는 듯, 귓가에 그녀의 목소리가 들리는 듯했다. '날 놓지 마.'

나를 깨우는 소리에 잠시 정신이 들었다가 기진맥진한 상태로 다시 깊은 잠에 빠져들었고, 밤새 고열에 시달렸다. 꿈속에서라도 룽룽을 만날 수 있다면 영원히 깨고 싶지 않았다.

"진정펑! 일어나! 이러다 큰일 나겠어!"

다이궈화의 목소리였다. 그는 다짜고짜 나를 침대에서 끌고 나와 외투를 입힌 후 어깨를 토닥이며 밖으로 데리고 나갔다. 내가 무언가를 물어보려고 입을 열려는데, 다이궈화가 아무 말 말라는 듯 손을 저었다. 우리는 그렇게 묵묵히 교정까지 걸었다. 나는 아주 오랜만에 교정을 찾은 듯했다. 오동나무가 아스팔트 길을 따라 양옆으로 곧게 줄지어 서 있었다. 한여름, 유연한 팔처럼 기탄없이 뻗어 나온 나뭇가지와 나뭇잎을 스치는 맑고 신선한 바람이 다정하게 소곤대며 그윽한 향기를 내뿜었다. 정신이 조금 맑아진 나는 달빛을 받으며 우뚝 솟은 둥근 지붕의 대강당까지 걸어갔다. 그곳은 내가 자주 찾던 장소였다. 다이궈화는 나를 돌계단에 앉힌 후, 담배에 불을 붙인 다음 천천히 빨아들였다. 담뱃불에 비친 다이궈화는 미간을 잔뜩 찌푸린 채 굳은 표정을 짓고 있었다. 그가 입을 열었다. 무거운 목소리였지만, 다정함이 묻어 있었다.

"네 심정이 어떨지 알아."

다이궈화는 멈칫하더니 다시 말을 이었다.

"하지만 이런 식으로 가다간 정말 큰일 나겠다, 인마. 네가 고통스러워한다고 현실이 바뀌기라도 해? 아니잖아. 특히 지금 같은 상황에서는 말이야. 네가 이렇게 자신을 학대하는 걸 룽룽이라는 애가 안다면 기분이 어떻겠어?"

나는 아무 대답도 하지 않았다.

"네가 마음을 다잡고 열심히 살다 보면 언젠가는 다시 만날 수도 있잖아?"

다이궈화가 진지한 얼굴로 나를 바라보며 말했다.

"만약에 룽룽을 다시 만난다면, 지금의 너처럼 의기소침하고 무능한 모습을 보고 싶어 할까? 그리고 나도 그런 친구는 싫어."

다이궈화는 내 팔을 힘껏 잡으며 덧붙였다.

"네가 계속 이러진 않을 거라고 믿어."

내가 담배를 꺼내 성냥으로 불을 붙이는데, 다이궈화가 '훅' 하고 불어 꺼버렸다.

"피우지 마."

그리고 일어나서 나를 잡아당겼다.

"가자."

나는 다이궈화를 따라 천천히 오솔길에 올랐다. 길가에는 키 작은 감탕나무가 자리하고 있었다. 나는 그 길을 따라가면 무엇이 나오는지 기억해냈다. 몇 발자국 더 가자, 합창 소리가 들려왔다. 자오위안런의 《해운(海韻)》이었다.

"소녀여, 왜 방황하는가……."

내가 제자리에 멈춰 섰다.

"너 아프다고 말해 뒀어."

내가 묻기도 전에 다이궈화가 말문을 열었다.

"다들 안부 전해 달라고 하더라. 너한테 무슨 일이 있었는지는 아무도 몰라. 장후화도 자세히 모르고. 너는 너무 마음이 약해."

다이궈화가 주먹으로 내 가슴을 툭 쳤다.

"오늘은 자기들끼리 알아서 파트별로 연습한대. 다음에 네가 오면 그때 다같이 불러본대. 인마, 이건 네가 해야 할 일이야!"

다이궈화는 갑자기 무언가 생각났다는 듯 화제를 돌렸다.

"아, 맞다! 내가 해야 될 일도 있었지! 하마터면 잊어버릴 뻔했네. 이제 개강했 잖아. 오늘 우연히 천훙 교수님과 마주쳤는데 네가 전과 수속을 했는지 물어보시 더라."

순간 땀 한 방울이 등줄기를 타고 흘렀다. 나는 우물거리며 대답했다.

"내일 할게."

이튿날 아침, 눈부시게 빛나는 햇살이 나를 교장실로 떠밀었다. 얼마 후, 교장 실에서 나온 나를 다시 따스한 햇볕이 반겨주었다. 나는 전과 통지서를 들고 총 총걸음으로 메이안(梅庵)으로 향했다. 이내 피아노와 노랫소리가 들렸다. 나는 제 자리에 멈춰 섰다. 불안한 마음으로 다시 나에게 물었다. '이 길로 확실히 정한 거 야?' 나는 잠시 움찔했지만, 더는 주저할 수 없었다. 나는 음악의 세계로 성큼 걸 어 들어갔다.

1949년

1949년 1월 1일은 아주 갑자기 다가온 듯했다. 사람들 혹은 내 머릿속에 온통 다 른 생각으로 차 있어 설을 잊어버린 탓이었다.

어쨌든 1월 1일이 되면서 새로운 한 해가 시작됐다. 1948년에 내 나이 끝자리 수가 '9'였으니 새로운 한 해가 도래했다는 것은 이제 나이의 앞자리 수가 바뀐다 는 뜻이었다. 1929년에 태어나 1939년에 열 살이 됐으니까 1949년에는? 스무 살! 이제 스무 살이 된다! 벌써 스무 살이라니, 그저 놀라울 따름이다.

스무 살이 되어도 사실 이전과 별로 다를 바가 없는 듯했다. 1939~1949년까 지 장장 10년이란 세월이 흘렀어도 말이다! 난징을 떠났다가 다시 난징으로 돌아 올 때까지, 그간 얼마나 많은 일이 있었는가! 마치 인간의 일생을 모두 겪어본 것 만 같다. 이러다 빨리 늙어버리는 건 아니겠지?

1949년 설날은 과거와 다른 해가 될 것을 암시했다. 1949년은 혼란스럽고 불 안했으며, 급변하는 역사적 시기를 맞이한 해였다. 고통과 희열이 뒤섞인 해이기 도 했다. 그때 난징에 있던 우리는 흥분과 격동, 긴장과 두려움에서 허우적댔다. 기존의 질서가 모두 무너지고, 도서관을 찾는 이도 손에 꼽을 정도여서 적막감이 흘렀다. 기숙사도 대부분은 텅 비었지만, 정반대로 사람들이 가득 찬 방도 있긴 했다. 교정 이곳저곳에는 삼삼오오 무리를 이룬 학생들이 교수님을 에워싸 세상이 어떻게 돌아가는지 물었다. 공금을 횡령하고 달아난 교장을 신고하기 위해 학부와 학과 대표회의의 대표단이 교육부를 찾아간 일은 어떻게 진행되고 있는지, '응변회(應變會)'가 결성된 후 어떤 조치를 취할 것인지 등 여러 질문도 함께 쏟아내고 있었다. 학생들의 최대 관심사는 학교 철폐 및 이전 문제였다. 한 마디로 1949년을 살아가던 우리는 혼란, 불안 그리고 기대 속에서 한 해를 보냈다.

1일 날 나는, 다이궈화를 기다렸다가 같이 외출할 생각이었는데, 나중에서야 그가 여자친구와 신정을 함께 보내기로 예약했다는 말이 떠올랐다. 다이궈화의 여자친구 인스창(殷士長)은 외국어학부 영어 전공으로 늘씬한 몸매에 하얗고 예쁜 얼굴, 자연스럽게 빗어 내린 긴 머리카락이 인상적인 상냥하고 우아한 아가씨였다. 다이궈화는 감정에 솔직하고 소중한 사람을 아낄 줄 아는 사내대장부라 그녀가 행복할 것이라 믿었다.

룸메이트들도 모두 나갔고 다이궈화도 오지 않을 터였다. 더구나 이제는 가족도 난징에 없으니 혼자서 고독을 즐기거나 문화공원 영화 클럽에 가서 잉그리드 버그만을 만나보는 것도 좋았다! 듣자 하니 거기서 잉그리드 버그만과 게리 쿠퍼가 주연을 맡은 《누구를 위하여 종은 울리나》를 상영하고 있었는데 헤밍웨이의 소설을 각색한 작품이라니 분명 볼만할 것이었다. 혼자서 영화를 보는 일도 그 나름의 재미가 있지 않을까 싶었다. 나는 학교를 나와 정처 없이 서성이다가 중산로(中山路)에 이르렀다. 넓고 고요한 아스팔트대로 주변으로 오동나무 가지가 반질거렸다. 인도 곳곳에 널려 있는 마른 잎은 스치는 바람을 따라 춤을 추다가 다시 담벼락 모퉁이나 나무 뿌리에 내려앉았는데 억울한 일이라도 당한 듯 함께 모여 바스락 소리를 냈다.

덜거덕덜거덕. 외로워 보이는 빈 마차가 내 곁을 지나갔다. 마부는 흘러내리지 않도록 양쪽 소매를 묶었는데, 고개를 숙이고 채찍을 쥔 채로 조는 것처럼 눈을 가늘게 뜨고 있었다. 덜컹덜컹…… 마차가 천천히 움직였다. 나는 룽룽과 함께 마차를 타고 가는 상상을 많이 했다. 덜컹거리는 바퀴와 말발굽 소리가 만들어내

는 평화로운 연주에 푹 빠진 채 어딘가로 향하는 그런 상상을 말이다……. 마차
는 시야에서 금방 멀어졌다. 나는 눈앞이 흐릿했다. 어찌 된 일인지 갑자기 학교
로 돌아가고 싶어 발길을 돌렸다. 그러다 갑자기 누군가와 부딪혔다.

"어?"

"어, 나야! 나 아직 기억해?"

정말 뜻밖이었다.

"왠일이야?"

나는 잠깐 숨을 돌리며 마음을 가라앉혔다. 꿈에서 깬 듯한 기분이었다.

주쓰주는 내가 국립 제9중등학교에 다닐 때 함께 '밀실'에서 생활하며 벽보도
같이 붙이고《Sweet Home》도 함께 부른 친구로 나처럼 루쉰의 열렬한 팬이기도
했다. 온화하고 소박한 성품에 떠벌리는 것을 좋아하지 않고, 수줍음 많고 썰렁한
유머를 즐겼다. 예를 들어 농담해놓고 옆 사람이 폭소를 터뜨리면, 정작 본인은
조금 부끄럽다는 듯 벙싯벙싯 웃는 게 다였다. 주쓰주는 부드럽고 풍성한 목소리
를 가졌는데, 낮은 목소리로 살며시 노래를 부르면 정말 듣기 좋았다. 아마 그것
도 우리가 친한 친구가 된 이유였을 것이다.

충칭 국립 제9중등학교에서 헤어진 후, 우리는 둘 다 난징으로 왔다. 주쓰주는
나보다 1년 늦게 왔는데, 역시 중앙대학에 입학해 농과대에 재학 중이었다. 주쓰
주는 공부가 세상에서 가장 쉬운 일일 정도로 머리가 좋았다. 특히 영어를 유창하
게 구사했는데, 팝송을 부를 때는 훌륭한 영어 실력에 부드러운 음성까지 더해져
특유의 우아함까지 느껴졌다. 'th'나 's' 발음이 들어간 단어를 말할 때는 혀를 입
술 사이에 두고 자연스럽고 신기하게 '스스' 소리를 냈다. 내 둘째 동생 중펑도 주
쓰주를 동경하여 그와 친하게 지냈다. 둘째는 주쓰주가 농기계학과를 선택했기 때
문에 자신도 같은 과에 진학했다고 말할 정도였다. 중펑은 자주 이런 말을 했다.

"쓰주 형은 똑똑하고 속정도 깊은 사람 같아. 어릴 때 내가 형 자전거를 잃어
버렸거든. 근데 형은 그것 때문에 부모님께 매를 맞았는 데도 날 원망한 적이 한
번도 없었어. 그땐 정말 너무 미안했지……."

이야기를 하다 보니 주쓰즈의 '흑역사' 하나가 떠오른다. 물론 어렸을 때 일이라 지금 생각하면 한 번 웃고 넘어갈 일이지만 당시에는 큰 실수였다. 대학교 1학년은 수업이 그리 많지 않았는데, 주쓰주 본인도 그리 신경 쓰지 않은 데다 왕복 스쿨버스까지 있었기에 딩자교에서 쓰파이루까지 나를 자주 찾아왔다. 한 번은 늦게까지 놀다가 그냥 쓰파이루에서 하룻밤을 보냈는데, 다음 날 늦잠을 자서 오후가 되어서야 딩자교로 돌아갔다. 신입생 생활관에 도착한 주쓰주는 어안이 벙벙했다. 알고 보니 그날은 신입생 전체가 시험을 보는 날이었던 것이다. 그 사실을 까맣게 잊은 채 밤 늦도록 놀다가 주요 과목 3개는 시험지도 못 봤으니, 그야말로 거센 후폭풍이 몰아쳤다. 강제 퇴학 조치가 내려진 것이다. 동생에게 주쓰주가 아버지에게 엄청 두들겨 맞았다는 말을 들었다. 그는 외출 금지령까지 내려져 두문불출하며 진링대학에 진학할 준비를 했다. 혼이 나긴 했어도 워낙 똑똑한 녀석이라 작정하고 공부해서 바로 그해 여름방학에 '전액 장학금'을 받으며 수석 입학했다!

오늘은 신정이라 참지 못하고 밖을 나온 것이었다. 우리집이 후난으로 이사 가지 않았다면, 바로 우리집으로 가서 술잔을 기울였을 것이다. 주쓰주는 조금만 마셔도 얼굴이 새빨개지면서도 술 마시기를 좋아했다. 우리 부모님도 주쓰주를 아주 좋아하셨다. 아버지는 중국어를 하실 때 어떤 발음은 늘 명확하지 않았는데, 같은 맥락에서 '주쓰주'를 '쥐시주'로 발음하시곤 했다. 내 여동생은 아예 '쥐 쥐쥐' 오빠라고 불렀다. 아쉽게도 지금은 그들 모두가 후난에 있고, 둘째마저 가족을 보러 후난에 가고 없었다.

"정말 아쉽다! 한 명도 못 보다니."

주쓰주가 말했다. 원래 우리집에 가서 가족들을 만나고 싶었단다. 특히 여동생이 자신을 '쥐, 쥐, 쥐'라고 부르는 소리를 듣고 싶었다고 했다. 그런데 아무도 만나지 못하다니, 주쓰주의 얼굴에 진한 아쉬움이 묻어났다. 그로부터 몇 년 후, 아내와 함께 베이징에 놀러 온 주쓰주는 그토록 보고 싶어 하던 우리 가족을 만났다. 다만 그때 아버지는 이미 세상을 등진 뒤라 보지 못했다. 주쓰주가 난징으로 온 후, 우리는 자주 만날 거라고 기대했다. 앞으로 같이 보낼 시간도 많았다. 그러나 주쓰주가 불치의 암에 걸릴 줄을 누가 알았겠는가? 그는 2006년에 눈을 감았다. 여기까지 쓰고 나니 유독 큰 코가 돋보였던 그의 얼굴이 눈앞에 아른거린다. 그가 나를 향해 입을 벌린 채 웃고 있는 듯하다……

그날 룸메이트들이 모두 나가고 없었기에 우리는 기숙사 안에서 마음껏 이야기를 나누었다. 물론 술도 적잖이 마셨다. 주쓰주는 몇 번이나 고개를 들어 룽룽의 초상화를 바라봤다. 그녀에 대한 내 깊은 마음을 잘 아는 그는 날 배려하듯 룽룽의 이야기를 묻지 않았다. 내가 고개를 숙인 채 아무 말도 하지 않는 걸 보고 그녀를 향해 술잔을 들고 나와 잔을 부딪친 다음 단숨에 삼켰다. 한밤중이 된 무렵, 거나하게 취한 주쓰주는 큰 입을 벌리고 아쉬운 듯 말했다.

"에휴, 그래도 돌아가야지."

나도 억지로 그를 붙잡지는 않았다. 우리는 이렇게 새해 첫날을 보냈다.

신정이 지난 후 상황은 더 빠르게 변했다. 장제스가 하야한 후, 국민당이 평화회담을 제안했다는 소문이 돌더니 며칠 뒤에는 베이핑이 해방됐다는 소식이 들려왔다. 사람들이 희소식에 열광하던 시각에 나는 홀로 그녀를 떠올렸다. 베이핑에서 어떻게 지내고 있을까? 나는 룽룽이 세상의 풍파에서 벗어나 평안하기만을 바랐다.

학생들이 무슨 생각을 하고 어떤 대화를 나누는지는 굳이 물어보지 않아도 알 수 있었다. 난징은 언제 해방을 맞을까에 대한 것일 테니까. 난징에 거주하는 학생들은 열심히 집에 들락거렸다. 그들이 접할 수 있는 소식이 비교적 많았기에 교내에서는 알기 어려운 소식을 열심히 퍼 날랐다. 예를 들어, 국민당 정부의 어떤 기관이 철수했는지, 경찰과 헌병 외에 팔에 띠를 두른 채 거리를 활보하는 자들은 누구인지 등과 같은 정보 외에도 삼삼오오 무리를 지은 군대와 부상병이 점점 많아져서 불안하다는 얘기, 금원권(金元券)[18]의 가치가 하루에도 몇 번이나 떨어지고, 물가가 2배, 4배로 뛰어 사람들이 사재기에 열을 올리고 있다는 소식 등도 전했다.

18 / 역주 : 국민정부가 1948년에 발행한 화폐

학교에서는 학부 및 학과 대표대회에서 결성한 웅변회가 임시로 학교 행정을 맡았다. 일전에 국민당 특무원들이 출몰해 중앙대학 학생 대표인 주청쉐(朱成學)를 잡아간 일이 학생들의 공분을 불러일으켰다. 학생들은 떼를 지어 정치범을 가두는 난징감옥 앞에서 시위하자 당국은 체포한 학생을 풀어주었다. 최근 정세 변화에 따라 경찰과 특무원들의 감시가 누그러지자 학생 운동이 활발히 일어나기 시작했다. 청년합창단도 소모임을 만들어 군중들 앞에서《해방구의 하늘(解放區的天)》,《산에는 좋은 곳이 있네(山那邊有個好地方)》,《단결이 힘이다(團結就是力量)》등의 혁명 가곡을 부르며 선전에 나섰다. 국민당의 헌병과 경찰이 우리를 쫓으며 감시했는데, 강제로 탄압하진 않아도 호시탐탐 우리를 노렸다.

난징은 온통 긴장과 불안에 휩싸였다.

이런 혼돈 속에서도 봄은 찾아왔다. 목련 꽃이 나뭇가지 끝에서 사람들이 자신을 올려봐 주기를 조용히 기다렸고 동문에 자리한 꽃밭에는 어제까지만 해도 잠잠했던 개나리 꽃이 손짓하듯 찬연하게 피었다. 길옆에 선 나무들은 가지마다 옅은 푸른 싹이 돋았다. 가장 흐드러지게 핀 것은 이름 모를 풀꽃으로 길가에 총총하게 박힌 꽃망울은 봄비가 그친 후 얼굴을 내민 해님이 자기의 미소를 더욱 눈부시게 빛내 주기를 기다렸다. 꽃과 초목들이 봄의 포옹을 기다렸다! 아, 4월이었다. 완연한 봄이 곧 난징을 찾아오겠구나! 봄과 피어 오르는 기대감을 따라 나도 활기차고 명랑해졌다. 합창 연습이 있을 때마다 조금 일찍 연습 장소에 도착했다. 다양한 학부에서 온 학생들이 여기저기에 모여 열띤 토론을 벌이는 데 나도 함께하기 위해서였다. 나는 귀를 쫑긋 세우고 친구들의 목소리에 온 신경을 집중했다. 정치에 대한 그들의 예리한 견해와 낙관적인 전망은 종종 내가 얼마나 어리고 무지하며 식견이 좁은지를 깨닫게 해주었다. 그간 현실과 동떨어져 살았다는 생각도 들었다. 나는 정치에 대한 열정이나 관심 없이 사랑을 잃은 절망과 고통, 멀리 후난 산골짜기에 계시는 아버지와 어머니에 대한 걱정과 근심에 사로잡혔고, 조국을 위해 일생을 바친 아버지에게 세상은 너무 가혹하고 불공평하여 시시때때로 화가 치밀어 올랐다. 나는 친구들과 함께 있을 때만 비로소 투지가 생기고 전쟁의 맹렬한 불꽃이 다가오고 있다는 사실을 느꼈다. 수십 명에 달하는 청년이 모여 한목소리로 《단결이 힘이다》를 부를 때마다 가슴이 뚫리는 것 같았다.

합창 연습을 끝낸 후 기숙사로 돌아왔다. 방에는 아무도 없었고 나는 혼자 책상 앞에 앉아 무엇을 할지 생각했다. 문득 가족에 대한 그리움이 몰려와 종이를 펴놓고 부모님께 편지를 쓰기 시작했다. 편지가 후난 산골짜기까지 전해질지는 모르겠지만, 어쨌거나 보내기만 하면 언젠가는 도착하겠지 생각했다. 나는 가족들이 몹시도 그리웠다…….

그때, 장밍이 불쑥 방에 들어왔다. 장밍은 큰 가방에서 소책자 몇 권과 인쇄물 더미를 꺼낸 다음 아주 진지한 얼굴로 내게 말했다.

"김군, 이걸 네 침대 요 밑에 넣어두고 그냥 평소처럼 자면 돼. 너는 신경 쓸 필요도, 알 필요도 없는 거야. 알았지?"

순간 나도 웃음기가 싹 빠졌다. 평소와 다른 어떤 '신성한 일'과 관련된 일이라 거절해선 안 될 것 같았다.

"알았어."

나는 침대로 올라가 장밍이 건네는 물건을 받은 다음, 요 하나를 젖히고 그 아래 있는 요 위에 물건들을 고르게 폈다. 아까 들어올린 요를 다시 깔고, 이불을 덮은 다음 누워서 몸으로 눌렀다. 그때, 자오웨이톈이 들어와 장밍에게 눈짓하자, 장밍이 고개를 끄덕였다. 자오웨이톈은 내 침대 앞에 서 있었는데, 키가 큰 편이라 마침 누워있는 내 얼굴과 마주했다. 그가 나를 보고 웃으며 시원스럽게 말했다.

"김군, 믿는다."

나도 살짝 웃으며 속으로 '당연하지'라고 대답했다. 얼마 후, 친구들이 기숙사로 돌아왔는데, 뤄청이만은 보이질 않았다. 벌써 이틀째였다. 나는 불안한 마음이 들었지만, 쉽게 물어볼 수 없었다. 기숙사 안에는 아무 일도 일어나지 않았고, 결국 나는 슬그머니 잠이 들었다.

다음 날에도 뤄청이는 나타나지 않았다. 나는 안 되겠다 싶어 뤄청이가 오지 않는 이유를 물었다. 다들 아무런 대답이 없자, 리팡이 하는 수없이 애매하게 대답했다.

"강 건너간 것 같아."

당시 '강 건너'라 함은 바로 훙취를 뜻했다. 내 생각에도 그곳으로 갔을 공산이 컸다.

그날 밤, 모든 것이 여느 때와 같았고 소등도 마친 후였다. 한밤중, 돌연 누군가가 정적을 깨고 문을 두드렸다. 문을 두드리는 소리가 크진 않았지만, 무언가 결연함이 느껴졌다. 문은 잠그지 않았기에 한밤중의 침입자가 쓱 하고 밀자 바로 열렸다. 사실 내가 문고리를 걸어뒀는데 자오웨이톈이 잠자리에 들기 전 문고리를 다시 빼놨다. 복도 전등에 비친 침입자는 총 세 명이었는데, 이들은 방에 들어오자마자 바로 문을 닫았다. 어둠 속에서 한 명이 손전등으로 먼저 나를 비췄다. 나는 실눈을 뜨고 몸을 일으킨 후 안경을 썼다. 손에 땀이 흐를 만큼 엄청난 긴장감에 심장이 쿵쾅댔다. 그는 나를 한 번 보더니 다시 누우라는 듯 손짓했다. 다른 두 사람은 손전등으로 방을 한 번 훑었는데, 그중 한 명이 손전등으로 자오웨이톈을 비추더니 작지만 엄한 목소리로 명령했다.

"일어나!"

동시에 다른 한 명이 장밍을 비추면서 말했다.

"일어나! 입 다물고."

나는 희미한 불빛 속에서 자오웨이톈이 침착하게 옷을 입는 모습을 훔쳐봤다. 장밍은 이미 옷을 갈아입고 침대에서 내려와 있었다. 그때 누군가가 입을 열었다.

"갈아입을 속옷과 세면도구를 챙겨라. 어서!"

다른 두 사람은 자오웨이톈과 장밍의 침대와 책상을 빠르게 뒤져 책 두 권을 꺼내 들었다. 그 순간 몰려오는 긴장감에 내가 깔고 있는 물건들을 필사적으로 내리누르며 온몸에서 느껴지는 떨림을 간신히 참았다. 내가 움직이는 소리에 혹시나 그들이 내 침대까지 뒤질까 봐 두려웠다.

자오웨이톈과 장밍은 당황한 기색 없이 아무것도 묻지 않고 묵묵히 침입자들만 지켜보고 있었다. 다만 장밍 손에 들려 있는 세숫대야가 조금 기울어지면서 양치용 컵이 부딪치면서 낸 작은 소리가 어둠 속의 정적을 깨뜨릴 뿐이었다.

"가자, 입 다물고."

자오웨이뎬이 내 침대를 지날 때 손전등 불빛에 비친 그의 얼굴이 보였다. 그는 안심하라는 듯 나를 곁눈질로 바라보고는 머리를 쳐든 채 밖으로 나갔다. 장밍도 그 뒤를 따라갔고, 마지막으로 나가는 사람이 문을 닫았다. 짙은 어둠이 방안 전체를 삼켜버렸고, 그 속에서 아무도 입을 열지 않았다.

이튿날 나는 일찍 일어났다. 기숙사 안에는 묘한 분위기가 감돌았다. 리팡은 아무 일도 없었다는 듯 행동했다. 어젯밤 일을 꺼내고 싶지 않거나 이미 예상했던 일이라 굳이 꺼낼 필요가 없다고 생각할지도 몰랐다. 아니면 자신과 관련 없는 일이라 무관심한 것일 수도 있었다. 하지만 나는 왠지 조금이라도 나와 연관된 듯싶어 두 친구의 상황이 궁금하고 걱정스러웠다. 오전 내내 방에 처박혀 내 침대를 지켰다. 다이궈화가 밥을 먹으러 가자고 불렀는데, 침대를 사수해야 하니 가지 않겠다고 했다. 결국 어젯밤 일과 내가 짊어진 책임에 대해 털어놓았다. 다이궈화가 잠시 망설이다가 말했다.

"음, 맞아, 그럴 수도 있어. 신중해야 할 일이긴 하다. 근데 어젯밤에는 너한테 관심을 두지 않았다니까 별일 없을 것 같은데? 침대를 뒤질 생각이었다면, 진즉에 뒤졌을 거야. 괜찮을 테니 안심해. 어쨌거나 계속 이렇게 침대만 끼고 있을 수는 없잖아?"

그의 말도 일리가 있었다. 나는 손을 뻗어 요의 안쪽을 만져보았다. '그것들'은 확실히 무탈하게 누워있었다. 나는 그제야 다이궈화를 따라 밥을 먹으러 나갔다. 그러면서 속으로 얼른 먹고 와서 바로 자야겠다고 생각했다. 엄밀히 말해, '몸으로 눌러서 잘 숨겨야겠다'가 맞을 것이다. 낮잠을 자본 지도 오래되기도 했고.

_____ 4·1 사건

화창한 4월의 봄이었다. 이때는 봄이 늦게 찾아왔는지 추운 날이 제법 많았다. 4월 4일에 태어나 나는 4월을 좋아했는데(그해는 4월 4일이 어린이날이었다), 1949년

4월은 평소와 전혀 달랐다.

4월 1일 이른 아침부터 학생들은 어제 받은 지령에 따라 모두 일찍 일어났다. 리팡은 내 침대 밑에 숨겨뒀던 인쇄물을 전부 꺼냈다. 한데 모인 학생들이 발걸음을 뗐다. 중앙대학의 학생들은 먼저 북쪽으로 가서 딩자교와 분교의 학생들을 모은 다음 계속 전진했다. 곧이어 연극영화대학, 음악대학, 진링대, 진링여대 등의 학생들까지 모였다. 시위대는 전진하면 할수록 더욱 커지고 위풍당당해졌다. 시위대가 지나가는 곳마다 행인들이 발걸음을 멈추고 인사하듯 학생들을 바라보았다. 어떤 이는 박수를 치며 시위대를 응원하기도 했다. 길 양쪽으로 자리한 집 안쪽에서는 사람들이 모든 창문을 열어젖히고 응원의 눈빛을 보냈다. 파도처럼 우렁찬 구호 소리와 장렬한 노랫소리가 난징에 드리운 어두운 안개를 걷어냈고 이내 눈부신 태양이 떠올랐다.

"내전 반대! 가짜 평화 반대! 우리는 진짜 평화를 원한다!"

시위대의 위용에 압도당한 승냥이들은 대낮에는 대부분 음침한 구석에 틀어박힌 채 학생들을 훔쳐봤다. 어떤 놈들은 삼삼오오 떼를 지어 평화적인 태도를 가장한 채 시위대와 멀지도 가깝지도 않은 거리에서 어슬렁댔다. 그들은 음흉한 눈빛으로 끊임없이 우리를 매섭게 노려보았다. 시위대는 두려움을 모르는 듯 계속 전진하며 우리가 가진 힘을 드러냈고, 이를 통해 시위의 목적을 달성했다. 승리를 거둔 학생들은 각자 학교로 돌아갔다. 그런데 바로 그때, 호시탐탐 학생들을 노리던 승냥이 무리가 트럭을 타고 총출동해 수가 적고 힘이 약한 소수 학교와 이미 흩어진 학생들을 에워싸고 잔혹하게 두드려 팼다. 우리가 소식을 듣고 우르르 몰려갔을 때, 놈들은 재빨리 구타당한 학생들을 '총통부'로 끌고 갔다. 우리는 물불을 가리지 않고 동지를 구해내기 위해 전력을 다해 총통부로 돌진했다. 그리고 리쭝런(李宗仁) 임시 총통에게 극악무도한 범죄자를 엄벌에 처하고 학생들을 즉각 풀어 달라고 요구했다. 그러나 악당들은 피비린내만 남긴 채 뿔뿔이 사라지고 없었다!

얼마 뒤 더 격분할 일이 벌어졌다. 어두운 밤, 이 승냥이들이 대비가 허술한 연극영화대학, 정치대학 등을 급습해 무방비 상태인 학생들을 해친 것이다.

공포와 정적이 난징 전체를 뒤덮었다. 밤이 되면 교내에 두려움과 불안이 번졌다. 실종되어 행방을 알 수 없는 학생들도 적지 않았다. 승냥이들이 물어간 것인지, 다른 학교를 돕다가 다친 것인지 알 수 없었다. 구조된 학생이 병원으로 옮겨졌지만 끝내 목숨을 거뒀다는 이야기도 들렸다. 이런 소식은 모두의 가슴을 크게 뒤흔들었다.

다이궈화는 내게 음악과의 장자팡(張家芳)이 사라졌다는 소식을 전했다. 다들 걱정이 이만저만이 아니었다. 장자팡은 얌전하고 연약한 여학생이지만, 유독 학생 운동에 적극적으로 참여했다. 그녀는 고집이 센 데다 극단주의 성향이라 더욱 걱정스러웠다. 나는 시위대가 마지막으로 행진했던 길을 따라가며 장자팡을 찾았다. 그리고 쥐 죽은 듯 고요한 밤하늘에 대고 그녀의 이름을 불렀다. 그렇게 깊은 밤이 되도록 돌아다녔지만 끝내 찾지 못했다. 기진맥진한 상태로 학교로 돌아왔는데, 한 친구가 장자팡이 이미 돌아와 있었다고 말했다. 다만 체력이 고갈되어 다른 친구의 기숙사에서 기절했다는 것이다. 그녀를 보러 간 나는 차마 깨우지 못한 채 옆에 앉아 지켜만 보았다. 그제야 마음이 놓였다.

해방 후, 장자팡은 중앙단교(團校)[19]로 옮겨졌는데 베이징에서 만난 적이 있다. 아마도 1951년 가을이었을 것이다. 하루는 장자팡이 우리 극원(그때는 베이징 인민 예술극원이었다)의 공연을 보러 왔다면서 나를 찾아왔다. 공연이 끝난 후, 그녀는 진지한 표정으로 자기를 바래다 달라고 했다. 무언가 이상한 낌새를 눈치챈 나는 그녀와 함께 조용히 걷기 시작했다. 장자팡은 줄곧 고개를 숙인 채 말이 없었다. 내가 참지 못하고 무슨 일 있냐고 묻자, 잠시 망설이더니 곧 결혼한다는 소식을 전했다. 뜻밖의 소식에 나는 아주 의아했다. 대학 시절부터 장자팡에게 남자친구가 있다는 말을 들었거나 이성에 대한 이야기를 들은 적이 전혀 없었기 때문이다. 그래서 엉겁결에 말이 나왔다.

19 / 역주 : 공산주의 청년단(靑年團) 간부를 배양하는 학교

"정말?"

장자핑은 작은 소리로 어쩔 수 없다는 듯 대답했다.

"응."

그리고 잠시 후에 한마디를 덧붙였다.

"조직에서 소개한 사람이야."

나는 그 한마디로 모든 것을 이해했다.

"그래서 하겠다고 했어?"

어떤 대답이 나올지 뻔히 알고 있었지만, 나는 묻지 않을 수 없었다. 장자핑이 웃으며 말했다.

"응, 이상하지?"

나는 한참 침묵을 지켰다. 확실히 이상하다는 생각이 들었다. 나는 사랑에 대한 그녀의 주관이나 그녀가 좋아하는 책과 음악 등에 대해 잘 알고 있었다. 그런 그녀라면 절대 동의할 리 없었기 때문이다. 그러나 그녀의 성격이나 사상적 성향을 보면, 혁명으로 자기 나름대로 결혼을 낭만화했을 것으로 생각했다. 결혼도 혁명을 위해 자신을 바치는 것이라 여겨 조직에서 필요하다 했으니 내키지 않아도 승낙했을 것이다. 그래서 그녀의 선택이 전혀 뜻밖은 아니었다. 나는 어떻게 대답해야 좋을지 몰라 입을 닫았고, 우리는 잠자코 길을 걸었다. 나는 장자핑을 전차에 태워 보내며 마지막 인사를 했다.

"행복해라!"

그녀가 내게 손을 흔들자, 전차가 덜컹대며 움직였다. 이후로 영리하고 아름다운 아가씨는 오랫동안 소식이 없었다. 내가 그녀의 '결혼'에 꺼림칙하지 않았다면, 그건 거짓말이었다. 몇 년이 지난 후, 교우회에서 내게 연락을 해 왔는데, 그때 우연히 장자핑의 소식을 들었다. 어느 날 장자핑을 만나러 중앙단교를 찾았는데, 그녀는 작은 나무 걸상에 앉아 옷 무더기를 빨고 있었다. 삐쩍 마른 데다 나이에 맞지 않게 초췌했고 머리는 약간 산발이었다. 장자핑이 뺨을 가린 머리카락을 축축한 팔뚝으로 걷어 올리며 나를 향해 인사했다.

"왔어? 앉아."

여전히 자신감 넘치는 미소와 함께 예쁘고 새하얀 이를 드러냈다. 그해 '4·1사건'이 일어난 후, 나는 우연히 그녀의 '정치신분'이 '지하조직원'이라는 사실을 알아챘다. 해방 후에 입당한 듯했다.

몇 년 전, 중앙대 음악과 교우회의 책임자인 홍무렌(洪慕蓮)이 새해 인사 겸 내게 전화 한 통을 했었는데 그때 장자평이 병으로 세상을 떠났다는 소식을 전해 들었다. 임종 때 아무한테도 자신의 소식을 알리지 말라고 했단다. 이 역시 완강한 성격의 그녀다웠다. 그녀가 결혼 후 어떤 마음으로 어떻게 살았는지 짐작할 수 있었다. 그러나 그녀에게 직접 묻는다면, 분명 웃으며 이렇게 반문할 것이다.

"네가 보기엔 어때?"

······ 하아, 그녀가 편히 잠들었기를 바란다.

실종된 친구를 찾아 헤매다가 학교로 돌아온 나는 힘도 없고 목도 말랐다. 기숙사에 들어가서 곧바로 양치용 컵에 수돗물을 가득 채워 단숨에 들이켰다. 시원한 맥주 한 잔을 마신 듯 상쾌했다.

수건으로 땀을 닦아내며 책상 앞에 앉아 담배를 피웠다. 당시에는 담배는 배운 상태였지만, 그리 많이 피우진 않았다. 방에는 나 혼자뿐이었다. 머릿속이 뒤죽박죽이었지만 차츰 오늘 겪었던 모든 일들이 마음속 깊은 곳에서 용솟음쳤다. 희생된 이들을 떠올리자 순간 슬픔과 분노가 몰려왔다.

마음을 가라앉힌 나는 펜을 들어 '아, 편히 쉬어라. 우리의 전우여'로 시작하는 시를 써 내려갔다. 첫 문장을 쓰고 나서 한참이 지나서야 다시 펜을 움직였다. 유독 글이 막힘없이 잘 써졌다. 그러다 어느덧 마음속에서 선율이 떠올랐다. 희생된 학생들을 애도하는 것 같았고, 엄숙한 선언과도 같았다. 슬픔도 분노를 쏟아내는 듯도 했고 나지막한 기도 소리 같기도 했다. 나도 모르게 마음을 따라 질주하기 시작했다. 머리로 생각해내는 것이 아니라 저절로 쏟아져 나오는 글자들을 내가 그저 옮겨 적기만 하면 되었다. 나는 한 편의 시이자 음악인 이것에 완전히 몰입했다. 소리 내어 읽는 부분도 있고 합창도 있었다. 그렇게 마지막으로 펜을 내려놓았을 때, 이미 여명이 밝아오고 있었다.

　작품 하나를 완성했다는 느낌이나 생각은 들지 않았다. 그저 이렇게든 저렇게든 아주 많은 글을 썼다는 느낌이었는데, 이 중에는 관련 없는 부분이나 문장도 있었다. 그러나 내가 작품을 만들어내야 한다는 사실만은 분명했다. 그래서 일단 자고 나서 이튿날 깨자마자 어제 써놓았던 글 내지 곡을 낭송과 선창이 있는 합창곡으로 만들었다. '4·1사건'으로 희생된 학생들에게 바치는 작품이었다.

　정리한 악보를 우리 청년합창단의 책임자 동지(나중에 그도 역시 당의 일원이라는 사실을 알게 됐다)에게 건네고 나니 의미 있는 일을 한 것 같았다. 지금 생각하면 그것이 내가 최초로 혁명을 위해 만든 작품이었다. 날짜를 계산해보니 공교롭게도 내 생일인 4월 4일이었다.

　며칠이 지나고 희생된 네 명의 친구를 기리기 위해 난징에 있는 대학과 전문대학이 공동 개최하는 추도회가 중앙대학 대강당에서 열렸다. 나중에 안 사실이지만, 음악대학에 재학 중인 슝(熊) 씨 성을 가진 학우가 연합합창단의 지휘를 맡아 내가 작곡한 《애도가(悼歌)》를 불렀다고 했다. 《애도가》는 낭독도, 합창도 있는 작품이었다.

　깜빡 잊은 것인지 아니면 다른 이유가 있었는지, 나는 추도회 참석 공지를 받지 못했다. 추도회가 다 끝난 후, 우리 합창단의 책임자 장후화가 잔뜩 흥분한 얼굴로 "정말 멋진 곡이야. 많은 이들이 네 곡을 듣고 감동해 눈물을 흘렸어. 정말 훌륭해"라는 말을 들은 것이 전부였다. 많은 친구가 내 작품에 대해 칭찬을 아끼지 않았다. 다만, 정작 나는 그 합창을 듣지 못했으니 무척 아쉬웠다. 더 아쉬운 점은 원고조차 남아 있지 않다는 사실이다. 하지만 죽은 이들을 위해 불타 없어졌다면, 그것으로 족하고 기쁘다.

_____ 난징 해방

4월 1일~10월 1일, 중화인민공화국이 수립되기까지 이 반년이라는 짧은 시간 동안 얼마나 복잡다단한 변화가 있었는지, 그야말로 천지개벽에 비할 정도였다. 그때를 돌이켜보면 가지각색의 일이 머릿속을 가득 채워 말로 다 하기 버겁다. 아마 사람이 평생 한 번 겪어볼까 말까 한 경험일 것이다.

4월 20일, 국민당이 공산당의 8가지 평화회담 조건을 거부하면서, 해방군이 전면적인 공격을 감행했고 번개처럼 빠르고 위협적인 전투가 시작되었다.

요 며칠간, 난징 시내에 있던 국민당의 주요 기관들이 앞다투어 철수했다. 나중에 안 사실이지만, 난징 당국은 최후의 일격을 준비했고, 철수하기 전에 '적색분자(赤色分子)'들을 일망타진할 비밀계획을 세웠다.

21일과 22일, 학교는 긴장감에 휩싸여 있었다. 다들 특무원의 습격에 대비하느라 경계심을 늦추지 않았고 일부 학생은 기숙사에 모여 대기했다. 동시에 당번을 정해 교대로 기숙사 주변을 순찰했다.

22일 포성이 점차 가깝게 들렸다. 포성이 울릴 때마다 우리의 마음에는 희열과 뒤섞인 긴장감이 솟구쳤다. 적들이 아무것도 모르고 있는 사이 22일 밤에 대군이 재빠르게 방어선을 뚫고 난징에 바짝 다가왔다. 적의 수비군은 황급히 후퇴하느라 최후의 일격, 암살, 체포 등 계획을 실행할 여력이 없었다. 오로지 자기 목숨만 보전하고자 재빠르게 도망가는 게 전부였다. 날이 밝기도 전에 텅 비어 쥐 죽은 듯 고요한 총통부와 난징성은 국민당 정권의 멸망을 상징적으로 보여주었다.

23일 새벽에 푸커우를 통해 신속히 강을 건넌 해방군이 샤관구 부두를 점거했다. 동틀 무렵, 장난(江南) 버스회사가 대형 버스 몇 대를 중앙대학으로 보냈다. 지령을 받고 대기 중인 학생들은 곧장 버스에 올라탔다. 버스는 힘껏 달렸고, 새벽이라 사람 하나 없는 큰길로 우리를 데려갔다. 나는 간간이 몸을 떨고 있었다. 새벽바람이 차서? 두려움 때문에? 물론 그럴 리 없었다! 흥분한 탓인 듯했지만, 그렇다고 그것이 전부는 아니었다. 새롭고 낯설고 신성한 존재와 곧 마주하게 될 때 느껴지는 미지의 '긴장감'이었다. 나는 빨리 그 존재와 만나고 싶었다. 그러면 모든 것이 태양이 뜬 것처럼 밝고 찬란해질 테니까.

그곳에 도착했을 때, 이미 준비를 끝낸 이들이 우리 학생들을 몇 조로 나누어 각기 다른 곳으로 보냈다. 해방군을 환영하는 자리였는데, 나는 거기서 해방군을 처음 보았다. 그곳에는 중대(中隊)쯤 될 법한 수백 명의 전사가 어깨에 비스듬히 기댄 총을 두 팔로 안은 채 책상다리를 하고 앉아 있었다. 우리는 십여 명이 한 조를 이루어 박수를 치며 외쳤다.

"해방군 여러분, 환영합니다!"

전사들도 큰소리로 화답했다.

"여러분의 응원, 감사합니다!"

우리를 데려온 담당자는 해방군에게 우리가 대학생이라고 소개했다.

"난징 인민을 대표하여 해방군 여러분을 환영합니다!"

열렬한 박수가 터져 나왔다. 우리는 각자 해방군에게 다가가 그들과 두 손을 맞잡고 말했다.

"수고 많으셨습니다. 해방군 동지!", "해방군 동지께 경의를 표합니다!"

그때, 앞줄에 앉아있던 키가 큰 군인 하나가 일어나 우렁찬 목소리로 외쳤다.

"둘째 줄! 꿀 먹은 벙어리인가! 한 곡 한다. 실시!"

"실시!"

곧이어 앞줄에 앉은 전사들이 함께 소리쳤다.

"둘째 줄!"

그들의 말이 떨어지기가 무섭게 둘째 줄에 앉아 있던 군인 하나가 일어나며 소리쳤다.

"하나, 둘!"

그 순간, 그곳에 모인 모든 전사들이 한목소리로 노래를 불렀다. 《해방구의 하늘》의 마지막 소절이 끝나자마자 또 누군가가 외쳤다.

"첫째 줄, 한 곡 한다. 실시!"

"첫째 줄, 실시!"

곧이어 첫째 줄에 앉은 군인들이 시원스럽게 화답하는 노래를 불렀다.

"우리는 백성이었던 군사……."

우리는 그 늠름한 기세에 감동했다. 마치 그들을 환영하기 위한 자리가 아니라 그들과 함께 즐기며 노래를 듣는 자리인 듯했다. 그때 예상대로 주변에서 누군가가 귀청이 떨어질 만큼 큰소리로 외쳤다.

"학생들도 한 곡 합니다!"

다들 마음의 준비를 하고 있었던지라 아주 재빨리 반응했다. 나는 손뼉을 치며 학우들의 합창을 지휘했다. 《단결이 힘이다》를 부르는 학생들의 목소리가 얼마나 우렁차던지 나조차 놀랄 정도였다. 지금껏 한 번도 학생들이 이토록 힘있게 노래하는 모습을 본 일이 없었다. 첫 소절을 다 불러갈 때쯤, 내가 박자에 맞춰 군인들을 향해 손짓하니 그 즉시 우렁찬 목소리가 봇물 터지듯 쏟아졌다. 이렇게 서로 한 소절씩 교대로 부르는 합창은 모두가 함께 있는 힘을 다해 마지막 소절을 부르는 것으로 끝이 났다. 모든 이가 흥에 겨워 '와! 와아!' 하고 소리를 지르며 힘껏 박수를 쳤다! 자신을 위해, 우리를 위해, 최초의 합창을 위해!

그때 해방군 집합을 알리는 호루라기 소리가 울렸다. 전사들은 신속히 일어나 정렬했다.

"학생 여러분, 또 만납시다!"

"해방군 동지, 안녕히 가십시오!"

"잘 가세요!"

해방군 전사들이 뛰어가자, '척, 척, 척' 하는 발걸음 소리도 차츰 멀어져 갔다. 나는 그들을 바라보며 생각했다. 드디어 만났다! 몇 분 전까지 상상 속에서만 느꼈던 미지의 긴장감이 이제는 호방하고 씩씩한 전사들에 대한 존경과 친근함으로 변해 마음을 따뜻하게 적셨다.

수백의 대군이 일제히 허리에 찬 북을 두드려 내는 소리로 하늘을 진동시키는 모습이 머릿속에 그려지는가? 물론 지금은 요고(腰鼓) 소리를 듣는 것쯤이야 예삿일이고, 영화 《황토지(黃土地)》에서 요고가 나오는 웅장한 장면도 멋지지만, 난 징이 해방을 맞은 첫날 들었던 북소리에 비할 수는 없었다. 해방군이 정식으로 입성한 그날, 거리에는 해방군을 환영하고자 모인 인파로 북새통을 이뤘다. 널찍 한 길 위로 허리에 북을 찬 무리가 난징 전체를 뒤흔드는 소리를 내며 모습을 드 러냈다. 그들이 위풍당당한 군사들을 이끌며 행진하는 그 순간, 나는 웅장한 북 소리에 마음을 온통 빼앗겼다. 그 강렬한 리듬에 나도 몰래 그들의 뒤를 계속 따 라갔다.

아마도 내가 이렇게 말하면 과장이 심하다고 할 수 있다. 그러나 글로만 보고 머리로만 생각한 일을 직접 겪은 나에게 북소리는 공산당을 알리는 종소리와 같 았다! 무한한 힘을 가진 북소리는 나를 뒤흔들고 흥분에 떨게 만들었으며 한순 간에 공산당을 느끼게 했다. 나는 뜨거운 피가 끓어오르는 것을 느끼며 마음에 경외감을 품은 채 나도 모르게 북소리를 따라 앞으로, 앞으로 나아갔다!

중국 공산당 중앙대학 지하 당 조직에서 교내에 있는 큰 교실을 빌려 일반 대 중과 공개적으로 만나는 대회를 마련했다. 나는 호기심 반, 설렘 반으로 한 번 참 석해 보기로 했다. 회의가 시작되기 전, 나와 옆자리 친구는 누가 나올지 조심스 레 추측해 보았다. 그때 사회자가 등장했다. 사회자는 퉁칭화(童清華)로 바로 우리 청년합창단의 리더였다. '아, 퉁칭화도 당원이었구나!' 사회자가 개회를 선언한 후, 강단에 처음으로 올라온 이는 놀랍게도 얼마 전에 체포됐던 우리 111호의 자오웨 이텐이었다! 깨끗한 회색 제복을 입은 그는 큰 키에 조금 여윈 듯 보였고 살짝 쑥 스러워하는 듯도 했지만 비범한 기개를 뿜내며 의젓한 모습을 드러냈다. 자오웨이 텐이 사회자를 힐끗 보며 고개를 끄덕였다.

"당 대표, 자오웨이뎬. 법학과 4학년 학생입니다."

퉁칭화의 소개를 받은 자오웨이텐은 목소리를 가다듬은 후 말문을 열었다.

"중국 공산당 중앙대학 학생지부를 대표해 학우 여러분께 우리 조직의 구성원 을 소개하겠습니다."

213

앗! 자오웨이톈이 당 대표? 놀라움과 기쁨, 또 이미 예상한 사실에서 오는 묘한 흥분까지 느껴졌다. 자오웨이톈이 소개하는 조직 구성원 중에는 내가 아는 사람도, 모르는 사람도, 아주 친숙한 사람도 있었고, 아예 예상 밖의 인물도 있었다. 왕궈청(汪國澄), 이 녀석이 바로 그중 하나였는데 원숭이처럼 까불고 말썽을 부리면서도 못 하는 것이 없는 친구였다. 미술학과에서 그림을 배우는 학생으로 서사가 주최하는 음악감상회를 위해 포스터를 많이 그려줬고, 시위대를 위해서는 표어와 만화 등을 그리며 용감하게 시위에 참가했다. 또한 생각은 해 봤지만, 그래도 설마 하고 지나쳤던 우리 합창단 리더 중 하나인 장후화도 역시 의외의 인물이었다. 장후화는 예쁘고 아담한 체구에 크고 반짝이는 눈을 가진 쓰촨 아가씨로 말도 빠르고 성격이 시원시원했다. 하지만 저렇게 작고 어린 사람이 공산당원이라니? 우리 곁에서 생활하던 평범하기 그지없는 이들이 어떻게 공산당원이 된 것일까? 대체 어떤 사람들이 무엇을 위해, 무엇을 하려고 당에 들어간 것인가? 바로 그들이 이 세상을 변화시키고 있지 않은가! 나는 이 모든 것이 신화처럼 느껴졌다. 이 세상을 바꾸기 위해 전장에서 생명을 걸고 용감히 싸운 해방군 전사들은 둘째 치고, 내 곁에 있던 문약하고 평범한 학생들도 새로운 세상을 위해 목숨을 아끼지 않았던 것이다. 시위 중에 피를 흘리며 희생당하고, 적에게 붙잡혔을 때도 침착했던 '범인(凡人)'들은 진심 어린 감탄을 자아냈다. 내가 용솟음치는 생각에 잠겨 있을 때, 자오웨이톈이 맺음말을 했다.

"이것으로 우리 조직원의 신분을 전부 공개했습니다. 우리가 공산당원이란 사실을 밝히는 것은 학생 여러분과 국민들이 우리가 누군지 알고, 우리를 감시하고, 우리를 도와주었으면 하는 바람이 있기 때문입니다. 당의 지도하에 우리는 혁명을 위해, 인민을 위해 봉사하며 교내의 일을 잘 처리할 것입니다. 오늘부터 우리 당 지부가 중앙대학 전체를 책임지고 일하도록 하겠습니다. 학생 여러분, 선생님들, 앞으로 많이 돕고 응원해주십시오!"

자오웨이톈이 말을 맺자, 당원 전체가 겸허하면서도 자신감에 가득 찬 모습으로 무대에 올라 허리 굽혀 인사했다. 청중들 사이에서 우레와 같은 박수갈채가 쏟아졌다. 사회자가 회의가 끝났음을 선언할 때까지 박수가 계속 터져 나왔다. 자오웨이텐과 당원들은 무대에서 내려와 청중들과 손을 굳게 잡았다. 내 앞에 선 자오웨이텐이 웃으며 내 어깨를 툭 밀쳤을 때, 나는 뜨거운 눈물을 글썽였다.

당원들을 공개한 다음 날, 자오웨이텐을 주축으로 당 조직이 활발히 활동하며 제1회 학생자치회의 지도자를 선출한다고 선언했다. 이에 각 학부와 학과에서 학생회를 이끌어갈 후보자 선정에 돌입했다. 중앙대학의 새로운 역사가 시작되고 있었다.

제1회 학생자치회 선거는 당 조직 산하의 준비위원회에서 준비를 맡았는데, 각 학부와 학과에서 후보자를 선정하고, 후보자로 선정된 학생은 소그룹을 만들어 유권자들에게 지지를 호소했다. 첫 번째 후보자는 당 대표 자오웨이텐으로 저절로 고개가 끄덕여지는 인물이었다. 그런데 상상도 못 한 일이 벌어졌으니, 바로 내가 후보자 중 한 명이 된 것이다. 나를 지지하는 소그룹은 홍보 활동에 열을 올렸는데, 특히 왕궈칭이 좋은 아이디어를 많이 냈다. 좀 웃기지만 녀석은 내 얼굴을 만화로 그려서 팻말에 붙인 다음 그것을 든 채로 소그룹을 데리고 다녔다. 왕궈칭이 그린 내 얼굴은 한때 큰 반향을 일으켰는데, 당시 유행한 만화 캐릭터 '뉴비쯔(牛鼻子)'를 따라 한 것이었다. 먼저 크기가 똑같은 원 다섯 개를 일렬로 그렸는데, 정중앙에 있는 동그라미가 내 코였고, 그 양 옆에 있는 원 두 개가 안경을 쓴 내 눈, 가장 바깥에 있는 원 두 개가 내 귀였다. 마지막으로 큰 원을 하나 그려서 작은 원 다섯 개를 연결한 다음, 입을 그려 넣었다. 심지어는 오른쪽 입가에 있는 반점까지 잊지 않았다. 이렇게 오관을 전부 갖추면서도 내 얼굴의 특징을 고스란히 담은 '큰바위 얼굴'이 탄생했다. 더구나 머리 위에 오른쪽에서 왼쪽으로 빗어 넘긴 내 특유의 가르마까지 완벽히 재현했다. 못생기긴 했어도 내 '상판대기'를 쏙 빼닮은 그림이었다. 그 그림 덕분인지, 놀랍게도 내가 가장 많은 득표수로 당선됐다. 자오웨이텐이 학생자치회 주석으로서 전반적인 업무를 주관하고, 나는 부주석으로서 문화·오락·체육 분야의 홍보를 맡았다. 그야말로 능력 밖의 일을 떠맡게 된 것이다. 나는 지도자가 되겠다고 생각해본 일이 전혀 없었다. '학생자치회 부주석이라니, 이것도 '관직'이라고 해야 할까? 내가 어쩌다가 '정치'를 하게 됐지?' 지도자, 관직, 정치 모두 내가 좋아하고 원하던 것은 아니었다.

자오웨이톈은 분명하게 '이것이 바로 정치'라고 답했다. 그가 말하는 정치는 한마디로 '인민을 위해 봉사하는 것'이었다. 내가 오른 '관직'은 학우들이 내게 모두를 위한 일을 해달라고 맡긴 자리였다.

"공산당은 인민을 위해 봉사하는 정치 조직이야. 네가 하는 예술도 역시 그렇지! 학우들은 그동안 너의 행실과 믿음을 바탕으로 너를 뽑은 거야. 모두를 위한 일을 해달라고, 혁명을 위해 일해달라고 말이지. 싫어?"

자오웨이톈이 웃으며 물었다.

"그럴 리가! 당연히 좋지!"

내가 힘껏 고개를 끄덕이며 대답했다.

"좋아, 일단 내일 네가 가줘야 할 곳이 있어. 맡을 일도 있고."

_____ 나의 첫 번째 혁명 임무

나는 청셴가 국민당 교육부에 주재한 해방군의 모 기관 정치부로 가서 임무를 맡으라는 지령을 받고 그곳으로 갔다. 해방군의 한 정치 간부가 나를 마중 나왔는데, 젊고 열정적인 사람이었다. 그는 내게 고맙다며 공손히 인사한 뒤, 그들이 먼저 관리 업무를 도와줄 사람을 하나 보내 달라고 학교 측에 요청했다고 덧붙였다. 그가 내게 맡긴 임무는 문학과 예술 분야에 열정을 품은 뛰어난 각 학교의 학생들을 조사해 명단을 만든 다음 그들의 상황을 정치부에 전하는 일이었다. 나는 효율적인 업무 수행을 위해 차를 쓸 수 있도록 운전을 맡아줄 샤오린(小林) 동지까지 소개받았다. 이 외에도 가장 큰 임무가 하나 있었으니, 바로 군악대를 관리하는 일이었다. 본래 국민당 해군부의 군악대였는데, 대장과 지휘자가 모두 도망쳤지만 아직 건재한 꽤 수준 높은 악단이라고 소개했다. 오늘 준비해서 바로 내일부터 군악대를 맡으면 된단다. 내가 악단을 관리해 본 경험이 없어 잘 할 수 있을

지 모르겠다고 하자, 그 정치 간부가 웃으며 대답했다.

"우리도 마찬가지예요. 당신을 추천한 사람이 당신을 잘 아는데 악단을 맡을 능력이 충분하다고 하더군요."

그 말을 한 사람은 분명 자오웨이뎬일 터였다.

학교로 돌아온 나는 마음이 복잡했다. 기쁘고 흥분되면서도 분에 넘치는 일을 맡은 것 같아서 영광스럽지만 두려웠다. 혹시라도 일을 그르쳐서 당의 신뢰를 저버릴까 불안했다. 그도 그럴 것이 이건 내 첫 번째 혁명 임무가 아닌가! 지프차를 타고 여러 학교를 누비고 다닐 때는 해방군의 일원이 된 듯한 기분이었다!

나는 원래 알던 대로 먼저 샤오린 동지와 함께 후이원 여중으로 가서 쉬자성 선생님을 만났다. 그리고 선생님께 예린랑(葉琳琅) 학생(이름은 정확히 기억나지 않지만 해방 후, 둥베이영화제작소에서 배우로 활동했다는 것만은 확실하다)을 소개해달라고 부탁했다. 그녀는 훌륭한 배우로 당시 난징의 여러 학교에서 명성이 자자했다. 그러니까 예린랑부터 명단에 넣기 시작하면 됐다. 이 밖에도 연극영화학원과 진링대학에도 들렀다. 예술 분야에 역량 있는 청년들이 대거 모인 음악학원은 이미 베이핑으로 옮겨가고 없었다. 물론 나는 중앙대학 음악과와 아직 건재했던 합창단 '중산(鐘山)'과 '칭녠(靑年)'도 명단에 넣었다. 이렇게 문학과 예술 분야에 뛰어난 청년들에 대한 명단을 작성하는 일은 비교적 수월하게 마쳤다. 그러나 전문적인 군악대를 맡아 관리하는 일은 훨씬 더 복잡하고 어려울 거라 생각만 해도 머리가 지끈거렸다. 이게 다 자오웨이뎬 때문이었다! 사실 지금 생각해 보면 내게 배우고 체험할 기회를 준 자오웨이뎬에게 고맙기 그지없다.

첫날은 천(陳) 간사를 따라 해군부 군악대와 만났다. 천 간사는 당시 군악대 대리(代理)인 터우터우(頭頭)에게 상황을 분명히 전달한 후, 앞으로 군악대의 모든 일을 나에게 일임하기로 했다. 그날부터 나는 생애 최초로 군악대 지휘라는 무거운 임무를 떠맡았다. 군악대를 만나고 돌아온 나는 생각할수록 두려운 마음이 커졌다. 이때 천 간사가 격려의 말을 건넸다.

"너무 걱정 마세요. 분명 잘 할 수 있을 겁니다. 혁명을 위해서는 어려움을 두려워하지 않는 정신이 필요한 법이잖아요. 정말 어려운 문제가 생기면 저와 상의하시면 됩니다."

이튿날 오전, 나는 마음을 다잡고 군악대를 찾아갔다. 그리고 처음으로 단원 모두가 모인 자리에서 내 진심을 전했다.

"저는 군악은 잘 모르지만 음악을 정말 좋아합니다. 어렸을 때, 충청에서 홍판 선생님이 지휘하시는 군악학교 군악대의 연주에 푹 빠져 집에 가서 밥 먹는 것도 잊은 적이 있습니다."

단원들 속에서 웃음이 터져 나왔다. 이때 어떤 사람이 "그때 저도 거기 있었어요!"라고 큰소리로 외쳤다.

"이제 제가 군악대 지휘라는 막중한 임무를 맡게 됐으니 여러분께 배울 수 있는 아주 좋은 기회를 만났다고 생각합니다. 저는 합창 지휘를 해본 적은 있지만 악단을 이끌어본 적은 없기에 여기서는 여러분과 함께 만들어나가고자 합니다. 해방군은 여러분의 실력을 믿습니다."

내가 말을 맺자 모두 박수를 쳤다. 나는 군악대가 연주했던 악보를 첫날에 받아 두고 꼼꼼하게 살폈다. 그중에서 《영병곡(迎兵曲)》은 예전에 들어본 적이 있는 데다 그리 어렵지 않아서 먼저 이 곡으로 연습하면서 상황을 보기로 했다. 《영병곡》으로 군악대와 합을 맞춰보니 느낌이 꽤 괜찮았다. 더구나 몇 가지 조언도 할 수 있었기에 이 정도면 괜찮겠다는 생각이 들었다. 하지만 혁명을 통해 해방을 맞은 마당에 계속 예전 곡만 연주할 수는 없었다. 그래서 나는 총보[20]를 가져다가 기존의 곡을 편곡해서 혁명 가곡을 만들어 보기로 했다. 그때 내가 고른 곡은 바로 해방군 행진곡이었다. 나는 관악기 연주법과 악기들을 조합하는 방법을 배운 적이 없어서 여러 관악기들의 음역, 음역의 구간, 조바꿈 등을 잘 몰랐다. 하지만 관현악곡은 대충 알고 있었기에 일부 관현악 총보(總譜)의 모음악보를 참고했다. 먼저 악단을 위한 악보[21]를 만든 다음 어떤 악기가 어떤 파트를 연주할지 단원들

---

20 / 역주 : 합주나 합창을 할 때, 악기별 또는 성부별로 된 여러 악보를 한데 모아 전체의 곡을 한눈에 볼 수 있게 적은 악보

21 / 역주 : 핵심적인 부분만 약기(略記)한 악보

에게 직접 결정하도록 했다.

내가 편곡한 작품을 선보였던 날, 단원들은 그야말로 열정적인 반응을 보였다. 누군가 "어, 뒷부분에는 연주할 게 없는데요?"라고 하면, 베테랑 단원이 "옥타브를 완전히 바꿔 놓았잖아요"라고 말했다. 그러다가 누군가 말했다.

"우리 얼둬(耳朶)[22]는 E 플랫이라 악보대로 연주하면 잘 안 어울려요."

내가 "얼둬요?"라고 어리둥절한 표정으로 묻자 베테랑 단원 하나가 대답했다.

"얼둬는 알토(alto)라는 뜻이에요. 우리 업계에서는 다들 그렇게 불러요."

나는 뒤를 돌아 그 '얼둬' 단원을 향해 말했다.

"악보를 보고 조를 바꾸는 것쯤은 다 하실 수 있잖아요, 아마추어처럼 왜 이러세요!"

나는 단원들을 이리저리 달래가며 연습을 시작했다. 단원들은 연주해 보더니 기뻐하며 말했다.

"음, 괜찮은데요? 진짜 같고!"

덩달아 기분이 좋아진 내가 말했다.

"진짜 같다니요?"

두 번째 연주에 들어가기 전, 나는 경중(輕重)과 강약(强弱), 크레셴도, 악센트 등에 주의해 달라고 당부했다. 이번에는 다들 더 진지한 태도로 연주에 임했는데 꽤 즐거워 보이는 데다 조금은 내게 탄복하는 눈치였다.

휴식 시간, 나는 터우터우와 베테랑 단원 두 명에게 조바꿈, 일부 악기의 음역 등에 대하여 가르침을 구했다. 그들은 내가 자신들의 조언을 받아 적자 아주 기뻐하며 이런 제안도 했다.

"보니까 타악기를 쓰지 않았더군요. 그러면 전체적인 힘을 고조시킬 수가 없어요. 타악기 연주자들에게 음악을 듣고 직접 타악기 악보를 만들도록 하면 틀림없이 훌륭한 곡이 탄생할 거예요. 사람들이 우리 군악대의 타악기 연주자들을 취고수(吹鼓手)[23]라고 부르는 거, 못 들어봤어요? 아, 먼저 타악기 연주를 듣고 난 다음

---

22 ╱ 역주 : '귀'라는 뜻
23 ╱ 역주 : 기세를 복돋우는 사람

에 익숙해지면 타악기를 어떻게 쓸지 금방 감이 올 거예요. 보아하니 지휘자님 실력이 꽤 좋은 것 같은데요? 지휘를 맡을 만하네요."

나는 그들에게 정말 많이 배웠는데, 더 중요한 점은 단원들과 나 사이에 우정이 싹트기 시작했다는 사실이었다. 그 과정에서 나는 한 가지 분명한 깨달음을 얻었다. 단원들은 국민당 산하의 군악대 소속이지만, 음악으로 밥벌이를 하는 사람들일 뿐 결코 공산당에게 원한을 품지 않았다. 그들을 존중하면, 그들도 분명 열심으로 보답할 터였다. 이것이 바로 정치 아닌가?

천홍 교수님은 내가 군악대 지휘를 맡았다는 사실을 전해 들으시고는 응원하며 내게 본인이 직접 번역 및 편집한 악기 조합법 강의 자료를 빌려주었다. 먼저 보고 있으면 나중에 그 내용으로 수업도 해주겠다고 말했다. 열심히 노력한 데다 단원들과 부딪치며 몸소 체득한 덕분에 내 실력은 꽤 금세 늘었다. 더할 나위 없이 소중한 기회이자 경험이었다. 후에 나는 그 경험 덕분에 베이징 인민예술극원에서 지휘봉을 잡자마자 정뤼청(鄭律成)의 대합창 《초원기병(草原騎兵)》을 위한 관현악 반주를 편곡할 기회를 잡았고, 호평을 이끌어냈다. 그뿐만 아니라 오페라 《장정》을 위한 악단을 꾸리고 편곡하는 데도 큰 역할을 했다. 이는 모두 군악대 지휘를 맡은 경험으로 일궈낸 성과였다.

당시 군악대의 지휘를 맡고 있었기에 학생회 활동에도 일조할 수 있었다. 학생회는 '10월 1일' 신중국 수립을 축하하기 위해 축하 공연 행사를 열었고, 나는 군악대 프로그램을 끼워 넣고 합창 반주곡을 편곡했다. 나는 당시 유행한 혁명 가곡 외에 승리를 기념하는 작품을 꼭 하나 선보일 생각이었다. 기존 곡에서는 적합한 작품을 찾기 어려웠는데, 그러다가 황위안러우의 오페라 《추자》 공연에 참여했을 때 불렀던 피날레 곡, '승리 대합창'이 떠올랐다. 축하 행사와 잘 어울리는 곡이었다. 나는 이 곡에 건국 기념의 뜻을 담은 가사를 넣은 다음 군악대의 연주를 가미했다. 그럴듯한 작품이 탄생했다. 클라이맥스 부분에 있는 테너 솔로 파트는 다이궈화가 맡아 멋지게 소화해냈다!

해군부 군악대는 축하 행사를 빛내며 우리와 함께 신중국의 탄생을 축하하는 혁명 가곡을 불렀다. 이로써 나는 첫 번째 혁명 임무를 훌륭히 수행했다! 그리고 첫 번째 혁명 임무를 완수한 내 앞에 새로운 세계가 펼쳐졌다.

국경절 축하 행사 기간에 난징에서 제1회 난징 문학예술 종사자 대표 대회가 열렸다. 나는 일개 학생임에도 불구하고, 문화예술 종사자 자격으로 초대를 받아 참가했다. 아마 내가 교내에서 벌인 문예 활동과 국민당 군악대를 맡아 지휘한 데 따른 인정과 보상 차원이었을 것이다!

난징과의 이별

인생은 언제나 양자강이나 황허(黃河)처럼 끊임없이 세차게 흐르면서 현실이라는 암초를 만나고, 위험한 소용돌이나 성난 파도와도 마주해야 한다.

그날, 아버지에게서 답장이 왔다. 결국 내가 가장 우려했던 일이 벌어지고 말았다. 아버지와 공동으로 농장을 운영하던 동료가 모든 자금을 싹 챙겨서 도망친 것이다. 온 가족이 후난에 발이 묶인 채 생계가 막막한 처지가 됐으니 이제는 최대한 빨리 난징으로 돌아와 살길을 찾는 방법뿐이었다. 아버지는 지금 당장 여비가 필요하니 방법을 찾아보라고 했다. 마음을 졸이며 고통스러운 시간을 보내고 계실 아버지와 타향에서 고생하고 있을 가족들을 생각하니 순간 정신이 아득해졌다. 간신히 마음을 진정시킨 나는 이제 다이궈화에게 도움을 청하는 방법밖에는 없다고 생각했다. 다이궈화와 마주했을 때, 나는 울음이 터지기 직전이었다. 다이궈화가 잠자코 편지를 끝까지 읽은 다음 잠시 생각하더니 크고 다부진 손으로 내 어깨를 잡으며 말했다.

"너무 속 태우지 마. 분명 방법이 있을 거야!"

농장에 대한 얘기를 들었을 때부터 이런 사고가 터지지 않을까 예감했다. 아버지가 동료를 쉽게 믿기 때문이다. 귀중한 자금을 논밭에 투자하다니. 어쩌면 그리도 쉽게 남은 밑천을 전부 다 거는 위험한 도박을 한단 말인가? 타고난 팔자라고 할 수밖에. 다른 방법이 없는 상황에서 강직한 성품의 아버지는 모험해야만 했을 터였다. 물론 나는 이 같은 실수를 비난할 수 없었다. 사실 내게는 이견을 말할 능력 따위 없었다. 나는 그저 무거운 짐을 짊어지신 아버지 밑에서 운 좋게 살아가는 자식일 따름이니까. 내가 할 수 있는 일은 그저 가진 것을 다 바쳐서 우리 가족을 지키는 것이었고, 지금 당장은 여비를 마련하는 일이 급선무였다.

나의 충직한 친구, 다이궈화와 함께 밤새 머리를 맞댄 끝에 노점을 열기로 결정했다. 바이올린, 전축, LP판, 고전 문학 양장본 일부와 영어사전, 낡은 양털 담요, 아버지한테 물려받은 낡은 양복 한 벌, 스웨터 등 팔 수 있을 만한 '재산'을 모두 챙겼다. 이 중 가장 비싼 물건은 당시 리즈사(勵志社) 합창단에서 받은 돈으로 어머니가 사준 모바도 손목시계였다. 이제는 그 시계를 사줄 사람을 찾아야 했다. 이튿날, 아침 일찍부터 다이궈화와 함께 신제커우(新街口)로 가서 사거리 옆에 있는 인도에 자리를 깔고 상품을 하나씩 진열했다. 다이궈화는 내게 노점을 맡긴 후, 잠시 자리를 비웠다.

노점을 열기로 했을 때, 나는 체면 따위는 안중에도 없었다. 다만 교내에 매판 자리를 깔자는 다이궈화의 의견은 받아들이지 않았다. 여러 억측을 양산할 수 있었고 내 사정을 딱히 여긴 학우들이 모금 활동을 벌이는 등의 '작은 소동'이 일어날지도 모를 일이었기 때문이다. 물론 '무슨 속셈으로 학생회 임원이 되자마자 노점을 여느냐', '화제의 인물이다' 등 이 일을 두고 왈가왈부하거나 비웃는 사람도 있을 터였다. 어쨌든 나는 학생회에 부담이 되는 일을 하고 싶지 않았다. 신제커우에 자리를 깔면 내가 노점을 열었다는 사실을 아무도 눈치채지 못할 것이었다. 일단 혼자서 힘닿는 데까지 해볼 생각이었다. 심지어 손님을 끌기 위해 바이올린까지 연주했는데, 사람들의 시선을 끄는 데는 성공했지만 정작 물건을 사는 손님은 드물었다. 드디어 첫 구매자가 나타났다. 아마도 학생인 듯했는데 잘 보관한 덕에 거의 새것과 다름없는 영어사전을 사 갔다. 점심 무렵, 멀리서 다이궈화의 모습이 보였다. 좋은 일이라도 있는지 싱글벙글 웃는 얼굴로 내게 손을 흔들었다. 다이궈화는 급할 때 쓰라고 부모님께서 주신 금반지를 팔았다고 했다. 더구나 값비싼 양가죽으로 만든 새 두루마기를 고향 친구에게 맡기고 돈을 빌려왔다. 거기다 그 고향 친구가 나를 돕고 싶다며 다이궈화의 손목시계와 내 손목시계를 다른 사람에게 맡기거나 팔아주겠다고 했단다. 절대 푼돈으로 팔지 않을 거라고 호언장담까지 하면서. 이렇게 융통한 돈을 모으자 여비로 쓰기에 충분했다. 나머지 문제는 일단 가족을 난징으로 데려오고 나서 다시 생각하면 될 터였다.

고맙다는 말은 당시 다이궈화에 대한 나의 마음을 표현하기에 턱없이 부족했다. 그나마 큰 은혜 앞에서 사사로운 인사치레는 하지 않는다는 뜻의 '대은불언사(大恩不言謝)'란 중국 속담만이 내 마음을 조금이라도 표현할 수 있을 것이다.

그날 기숙사로 돌아간 나는 짐을 꾸리고 있는 자오웨이톈과 맞닥뜨렸다. 111호를 떠난다는 뜻이었다.

"김군."

자오웨이톈이 하던 일을 멈추고 나를 침대에 끌어 앉혔다.

"나 다른 곳으로 옮기게 됐어. 여기를 사무실로 바꿀 수도 없고, 들락날락하는 사람도 많아서."

"응, 그렇지."

내가 설명할 필요 없다는 듯 얼른 대답했다.

"옮겨야지."

"여기서 같이 지낸 지가 벌써 4년이나 됐지? 떠나려니 정말 아쉽네."

자오웨이톈이 잠시 생각에 잠기더니 다시 말을 이었다.

"지난 몇 년간, 너 정말 많이 발전했어."

"쓸데없는 소리! 스무 살이나 되신 몸한테 무슨 헛소리야."

내가 조금 더 가까이 다가가며 대답했다.

"그동안 도움을 많이 받긴 했지. 너랑 친구들이 정말 많이 도와줬어. 정말……."

"뭐가……. 너를 여기 111호에 초대한 것도 다 생각이 있어서였어."

자오웨이톈은 어조를 바꿨다.

"우리는 널 믿어. 네가 열정적이고 정의감이 넘치는 사람이라는 걸 잘 알거든.

널 처음 보면 낭만파 예술가나 재능이 뛰어난 사람으로만 보여. 정치 배경이나 사상적으로도 편중되지 않는 사람말이야. 사실……."

"사상이 달라서 정말 많이도 싸웠지. 안 그래?"

내가 진지한 표정으로 중간에 끼어들며 말했다.

"맞아. 논쟁을 벌이는 건 아주 자연스러운 일이야. 그리고 바로 그 점 때문에 믿음이 가는 거지. 우리는 누구나 옳고 그른 생각을 하면서 발전해. 너와 우리 모두 함께 성장해가는 거야."

자오웨이톈이 내 손을 잡은 채 진심 어린 목소리로 말했다.

"넌 정말 빨리 성장했어. 늘 모두를 위해 아주 열심히 일했고, 학생 운동에도 적극적으로 참여했지. 하지만……."

그는 잠시 생각하더니 다 이해한다는 듯한 표정으로 말을 이었다.

"넌 어느 때는 감정에 치우쳐서 아주 약한 사람이 되어버리곤 해."

자오웨이톈은 고개를 들어 룽룽의 초상화를 힐끗 보았다.

"앞으로 너는 더 성숙한 사람이 될 거야. 학생회 임원 활동과 군악대 관리 경험은 모두 좋은 기회가 될 테고. 분명 더 많이 발전할 수 있을 거야. 난 믿어."

"믿어줘서 고맙다."

나는 코끝이 찡해지는 느낌이 들어 얼른 말머리를 돌렸다.

"리광이 벌써 조기 졸업하고 해방군 정치공작부에서 일한다며?"

나는 속으로 '집안 형편이 이렇게 어려운데 나도 일을 하는 게 좋지 않을까' 하고 생각했다.

"응, 그쪽에 사람이 많이 필요하대. 혁명 작업이 아주 빨리 진행되나 봐."

자오웨이톈이 다시 짐을 꾸리며 대답했다. 나는 작별 인사를 건넸다.

"그럼 일 봐. 난 메이안에서 수업이 있어서 가볼게."

나는 메이안에 도착하자 천훙 교수님과 마주쳤다. 건국 기념행사에 초대를 받아 베이징에 다녀오신 지 며칠 안 됐는데 오늘 처음으로 뵙는 것이었다.

"선생님, 오셨어요? 베이징은 어떠셨어요?" 내가 선생님을 따라 사무실로 들어가며 물었다.

"응, 잘 다녀왔다. 마침 자네한테 볼 일이 있었는데, 잘됐군. 베이징 문학예술 종사자 대표 대회에서 리궈취안 선생을 만났는데 자네 얘기가 나왔더군. 편지를 전해달라던데?"

선생님께서 편지 한 통을 건네며 말씀하셨다. 나는 얼른 봉투를 뜯어 편지를 읽기 시작했다. 선생님이 말을 이었다.

"아마도 자네를 베이징으로 불러 일을 맡기려는 것 같더군."

나는 편지를 읽으며 힘껏 고개를 끄덕였다.

"네, 맞아요. 베이징 인민예술극원이 생긴 지 얼마 안 돼서 사람이 필요하대요. 음악부랑 악단도 있고요."

"음, 나도 본 적이 있네. 하지만 환경이 그리 좋진 않아서……."

천훙 교수님이 말끝을 흐렸다. 선생님이 무언가 할 말이 있는 것 같아 잠시 기다렸다가, 편지를 다 읽고 나서 다시 입을 열었다.

"중화교향악단에 있던 사람들도 그쪽으로 오나 봐요."

"그런가? 자네는 어찌 생각하나?"

선생님께서 신중하게 결정하라는 듯한 어조로 물으셨다.

"음악과로 전과하기까지 많이 힘들었으니까 잘 생각해봐야 할 것 같습니다. 리 선생님께서 베이징은 수도라서 발전 속도가 아주 빠르다며 셋째까지 데리고 오는 게 어떻겠냐고 하셨어요."

"아, 그럼 잘됐군. 동생을 보내면 되겠어."

선생님께서 갑자기 무언가 떠올랐다는 듯 말씀하셨다.

"아차! 자네에게 말한다는 걸 깜빡했네. 우리 음악학부에서 학생을 모집하고 있는데, 오늘 입학시험이 있어."

나는 이 말을 듣자마자 기쁜 마음에 폴짝 뛰었다.

"아, 정말입니까? 둘째도 바이올린을 배우고 싶어 하는데, 시험을 볼 수 있을까요? 선생님, 좀 도와주세요!"

선생님이 시계를 보시며 대답하셨다.

"음, 좀 늦긴 했지만 내가 한 번 이야기해보지. 얼른 가서 동생을 데리고 오게!"

나는 곧장 자전거를 타고 둘째가 있는 딩자교까지 힘차게 페달을 밟았다. 그리고는 수업 중인 교실 창문을 살그머니 두들기며 진중펑을 좀 불러 달라고 부탁했다. 밖으로 나온 동생은 영문도 모른 채 내 손을 잡고 뛰었다. 허겁지겁 바이올린을 챙기다가 급한 마음에 케이스를 떨어뜨렸는데, 다행히 바이올린은 무사했다. 나는 동생에게 얼른 자전거를 타고 음악대학으로 가서 시험을 보자고 재촉했다. 솔직히 동생은 마음의 준비를 할 겨를도 없었다. 우리가 도착했을 때, 시험관들은 모두 식사를 하기 위해 자리를 뜨고 없었다. 다행히 천 교수님이 직접 식당에 가서 시험관들을 데려왔다. 당시 천훙 교수님은 음악대학 관현악과 주임도 맡고

중앙음악대학으로 전과한 후 현재 바이올린 교수로 활동 중인 둘째 동생

있었다. 시험은 곧바로 시작되었다. 동생은 준비라고 할 것도 없이 연습 중이던 곡과 음계 등을 연주했다. 천 교수님과 시험관들은 잠시 의논을 거친 후에 합격 소식을 전하며 잘 준비하라고 일렀다. 통지가 오길 기다리다가 며칠 내로 국립음악대학을 따라 톈진으로 옮겨간다는 이야기도 덧붙였다. 동생은 그제야 어떻게 된 일인지 눈치채고는 날아갈 듯 기뻐했다! 중앙대학에서 수업을 들을 필요 없이 그저 기다리다가 음악대학을 따라 톈진으로 가면 됐다. 나중에는 다시 베이징으로 거처를 옮겨 중앙음악대학으로 바뀌었다.

둘째 동생인 진중펑은 우리집에서 두 번째로 음악의 전당에 입성했다. 세상일은 이렇게 묘한 구석이 있다. 굳이 하고자 하지 않을 때는 이뤄지고, 오히려 하고자 할 때는 '문밖'을 서성이는 데 그치고 만다. 나중에 들으니 천 교수님은 내가 음악대학을 따라가지 않고 중앙대에 남기를 원하셨단다.

나는 동생을 딩자교 신입생 생활관으로 바래다주며 준비를 서두르라고 이른

226　　　　　　　　　　　　　　　　　　　　　　　　　　나의 대학시절

다음 다시 쓰파이루로 향했다. 기숙사로 돌아와 방문을 열어보니 다이궈화와 여자친구 인스창이 창가에 있는 침대에 앉아 도란도란 이야기를 나누고 있었다. 자오웨이톈까지 떠나면서 111호는 텅 비어 버렸다. 다이궈화가 물었다.

"다들 방을 뺐나 봐?"

"응, 이제 나만 남았어."

"그렇구나. 우린 널 기다리는 중이었어."

"왜, 무슨 일 있어?"

"인스창이 내일 떠나거든. 같은 학과 친구들도 같이."

"아, 나도 들었어. 외국어과랑 러시아과는 모두 베이징으로 옮겨 가. 베이징 외국어 전문학교랑 합쳐서 국립외국어학교를 만든다면서?"

"맞아, 외국어과 관리자들은 이미 지난주에 떠났어. 일이 이렇게 빨리 진행될 줄은 몰랐는데. 이제 첫 번째 팀 학생들이 내일 바로 출발해."

"왜 진작 말 안 했어, 송별회라도 열어 주고 싶었는데."

다이궈화가 진지한 표정으로 내 말허리를 잘랐다.

"송별회는 뭘, 괜찮아. 오늘 밤은 우리 둘이서만 보내고 싶어서 네게 부탁을 좀 할까 하는데."

내가 오해라도 할까 싶었는지, 인스창이 황급히 말을 이었다.

"아, 그냥 헤어지기 전에 대화 좀 나누고 싶어서. 이제 언제 다시 만날 수 있을지 모르니까."

나는 설명 따윈 필요 없다는 듯 인스창에게 손을 내저으며 흔쾌히 대답했다.

"부탁이라고 할 게 있나. 그냥 여기서 얘기해. 다들 나가고 나만 남았으니까. 나도 마침 전에 구해 놓은 집에 가봐야 하거든. 내일모레면 가족들이 도착하니까 미리 가서 정리를 좀 해둬야지."

"아, 아니야! 장소는 이미 정해 뒀어. 기숙사 건물에 있는 응접실에 있으려고."

기숙사 건물마다 입구 쪽에 응접실이 있다는 것은 나도 알고 있었다. 다만, 두 사람이 대체 뭘 하려는 건지 이해가 안 됐다. 내가 어리둥절해 하자 다이궈화가 얼른 말을 이었다.

"그러니까 우리는……. 다른 사람이 보면 어떻게 생각할지 모르니까 네가 도와줬으면 해."

"어떻게?"

"야간 보초 좀 부탁해. 얘들이 들어오지 못하도록 말이야. 문을 잠그긴 할 건데, 누가 들어오려고 하면 네가 막고 다른 곳으로 가라고 말 좀 해줘."

나는 그제야 이들의 뜻을 이해했다. 신중하면서도 나름 치밀한 계획이었다. 응접실은 개인 공간이 아닌 공공장소이기 때문에 하룻밤 차지한다고 비난받을 일은 없는 데다 먼저 맡아 두면 누가 오더라도 다른 곳으로 보내면 그만이었다. 다이궈화와 인스창의 지혜가 돋보이는 결정이었다. 이들이 원하는 것은 순수하고 행복한 둘만의 시간이었다. 이들을 이해하고 믿는 사람이어야만 문 앞을 지키는 '임무'를 맡길 수 있었다. 나는 이들이 나를 가장 적합한 사람으로 꼽았다는 사실이 무척이나 기뻤다.

나는 기꺼이 승낙했다. 밤에는 추우니까 옷을 잘 챙겨 입고, 누가 먼저 맡기 전에 얼른 응접실에 가 있으라고 말했다. 관리인에게는 이미 갔다 왔는지 응접실 열쇠를 위로 던졌다 받았다 했다. 내가 웃으며 말했다.

"나머지는 나한테 맡겨."

이 얼마나 소중한 하룻밤인가! 나는 이들이 둘만의 시간을 보낼 수 있게 된 것이 너무나 기뻤다. 그리고 이들이 오로지 서로를 바라보며 아무 걱정 없이 행복한 시간을 보낼 수 있도록 맡은바 본분을 다하겠다고 결심했다.

그날 밤, 관리인은 내게 열쇠를 넘겨주고 곧장 자러 갔다. 응접실 밖에는 긴 나무 의자가 있어서 피곤하면 누워서 쉴 수 있었다. 나는 혹시라도 무의식 중에 둘의 이야기를 도청하는 일이 없도록 의자를 맞은편으로 옮겼다. 복도의 전등불은 희미하고 어두워 책을 볼 수는 없지만 대충 글자는 쓸 만했다. 나는 룽룽과 만나는 장면을 상상하며 수필을 써 내려갔다. 내 마음과 생각처럼 글자들도 희미한 전등 아래에서 얽히고설키며 서로를 안아주리라 생각했다. 동이 트기까지 아직 한두 시간쯤 남은 시각, 다이궈화와 인스창이 살그머니 밖으로 나왔다.

"응? 왜 벌써 나왔어?"

"인스창을 좀 쉬게 해줘야 할 것 같아서."

인스창은 머리카락이 흐트러진 모습이 확실히 피곤해 보였다. 괜찮다고는 했지만 더는 무리였다. 나는 다이귀화의 마음을 이해할 수 있었다. 당연히 같이 있고 싶지만, 그녀를 사랑하고 아끼는 마음이 더 컸기에 그만 가서 쉬라고 그녀를 설득한 것이다. 인스창이 내 손을 꽉 잡으며 진심 어린 목소리로 말했다.

"고마워. 너도 가서 쉬어!"

그리고는 다이귀화와 팔짱을 낀 채로 밖으로 나갔다. 나는 그들을 뚫어지게 바라보았다. 그들이 건물 입구까지 다다랐을 때, 나도 모르게 마음속에 있던 말이 툭 하고 튀어나왔다.

"행복해라!"

다이귀화와 인스창이 꼭 다시 만나 영원히 함께하기를 진심으로 바랐다! 그 바람이 너무 큰 나머지 불쑥 밖으로 나와버린 것이다. 당시 그들을 축복해주고 싶은 마음이 너무 커서 입 밖에 냈던 그 말이 두 사람 운명의 어떤 조짐이 아니었을까 싶다.

나는 샤관 선착장에서 인력거 두 대를 빌려 짐을 실은 다음 가족들과 함께 구러우구(鼓樓區)에서 그리 멀지 않은 곳에 빌린 2칸짜리 집으로 향했다. 무거운 걱정은 잠시 내려 두고 다시 만난 우리 가족은 즐겁게 이야기를 나누며 재회의 기쁨을 만끽했다. 집에 도착한 우리는 신속히 짐을 풀고 그곳에 보금자리를 틀었다. 어머니는 주방에서 저녁을 준비했고, 나는 술을 준비했다. 그렇게 가족이 한자리에 모여 앉았다. 오랜만에 만난 아버지는 머릿밑이 예전보다 많이 보여 훨씬 나이 들어 보였다. 어머니도 조금 수척해진 것 같았는데 정신만큼은 여전히 또렷했다. 어머니는 늘 그랬다. 아무리 힘들어도 늘 정신을 가다듬고 모든 일을 척척 해나가셨다. 여동생과 정바오는 못 본 사이에 훌쩍 자라 있었다. 여동생은 계속 나와 어머니 곁에 앉아 있었는데 여느 때와 달리 기운이 없어 보였다. 잭이란 강아지를 그리워하는 것 같았다. 어머니한테 전해 듣기로는, 잭이 매일 저녁 동생이 하고 할 때까지 작은 언덕에 웅크리고 있다가 동생의 책가방을 입에 물고 주위를 빙빙 돌면서 집에 같이 오곤 했단다. 한 번은 엄청난 사고를 친 적도 있었다. 잭이 귀한 소고기를 그것도 커다란 덩어리째로 홀라당 먹어버린 것이다. 곧 닥칠 후폭풍을 직감한 잭은 똑똑하게도 동생만이 자길 보호해줄 거란 생각에 계속 그녀 뒤에 숨어다닌 적도 있었다. 그러니 이번에 난징으로 오면서, 기차역 주변에 있는 육교 반대편으로 잭을 유인하여 몰래 버려둔 채 황급히 기차에 올랐을 동생이 얼마나 슬펐겠는가? 기차가 승강장을 빠져나가기 시작했을 때, 동생은 창가에 엎드려 울면서, 죽을힘을 다해 기차를 쫓는 잭을 그저 바라보기만 했다고 한다…… 잭이 짖는 소리는 갈수록 멀어졌지만, 동생은 여전히 귓가에 맴도는 듯했다. "날 버리지 마! 제발!" 정이 많고 착한 아이에게 이번 일은 쉽게 잊히지 않을 것이다. 긴 시간이 필요하겠지.

지금은 사람이 처한 현실이 더 냉혹했다. 아버지는 여동생이 곧 학교에 들어가고, 정바오는 난징 철물점(예전에 아버지 집에 세 들어 산 적이 있었다)에 견습공으로 들어갈 것이라고 하셨다. 이 말을 듣고 내가 말을 꺼내려는 데 아버지가 곧바로 말을 덧붙였다.

"정바오에게 잘된 일이야. 나머지는 나중에 얘기하자."

잠시 침묵이 흘렀다. 아버지는 다시 진지한 표정으로 말씀하셨다.

"날 잡아서 다이궈화를 만나봐야겠다. 고맙다는 인사를 해야지."

이미 어머니와도 상의를 마친 건지 어머니는 내내 말없이 밥그릇과 젓가락을 옆으로 옮겼다. 마음속으로 이미 결정을 내린 나는 침을 꿀꺽 삼킨 다음, 리궈췬안 선생님이 나와 리바오에게 베이징 인민예술극원에 소속된 악단 일자리를 제안했다는 이야기와 내 장래에 대한 선택을 남김없이 모두 털어놓았다. 그러면서 아버지와 '상의'하고 싶다는 뜻을 내비쳤다. 아버지께서는 내 말을 듣자마자 벌떡 일어나셨다.

"상의할 것이 뭐가 있느냐?"

크진 않아도 결연한 목소리였다.

"베이징으로 가거라! 네가 리바오와 먼저 베이징에 가서 자리를 잡으면, 온 가족이 모두 베이징으로 가면 되니까."

그날 밤, 나는 리궈취안 선생님께 편지를 썼다. 그리고 리바오에게도 같이 베이징으로 가자며 일단 난징으로 오라고 썼다. 차오빙판, 저우쑹, 거광루이, 왕러(王砺), 왕위(王羽) 등은 물론이고 베이징 인민예술극원에서 일하고 싶은 친구들을 모두 데려오면 좋겠다는 말도 덧붙였다. 그 외에도 베이징 쪽에 연락해 상하이 음악대학으로 인사이동 공문을 보내 달라고 부탁했다. 당시에는 모든 기존의 질서, 이상 그리고 계획이 현실에 따라 바뀌었다. 리궈취안 선생님께 보내는 편지에는 나중에 부모님과 가족들도 베이징으로 이사할 예정이라고도 적었다.

얼마 후, 나는 긍정적인 답변이 담긴 전보를 받았다. 모든 일이 아주 순조롭게 착착 진행되었다. 그 후, 나는 중앙대 당 조직 지도층에 내 상황을 보고했다. 당시 자오웨이톈이 학교에 없었기 때문에 퉁칭화가 모든 일을 책임지고 있었다. 퉁칭화는 내 이야기를 듣고 도와주겠다는 뜻을 내비쳤다. 먼저 조직 내부에서 의논한 다음 구체적인 사항을 전달하겠다고 했다. 나는 또 바삐 천훙 교수님을 찾아뵀다. 교수님은 나를 보자마자 이렇게 말했다.

"어떤 결정을 내릴지 이미 예상하고 있었네."

그리고 내가 입을 열기도 전에 다시 진심 어린 표정으로 축하의 말을 건넸다.

"자넨 아주 잘 할 걸세. 내 장담하지!"

내가 남기를 바라셨던 사실을, 나는 잘 알고 있었다. 나는 감사하기도 하고 죄송스럽기도 한 마음에 무슨 말씀을 드려야 좋을지 몰랐다.

"저를 믿고 가르쳐주셔서 정말 감사합니다. 앞으로도 계속 열심히 공부할게요……."

"그럼! 그래야지! 자네는 분명 열심히 할 거야. 난 믿네."

선생님께서 확신에 찬 목소리로 말씀하셨다.

이튿날, 다이궈화는 퉁칭화가 찾고 있으니 어서 가보라는 말을 내게 전했다. 퉁칭화는 나를 보며 내 손을 움켜잡았다. 우리는 기숙사 밖에 있는 가로수길을 걸으며 이야기를 나눴다.

"네 상황과 베이징에서 받은 초청 서한을 잘 살펴본 결과 모두 찬성한다는 의견을 냈어. 혁명을 위한 일이자 네가 열렬히 사랑하는 일이기도 하니까. 다들 망설임 없이 베이징으로 가겠다는 네 의견을 받아들인 거지."

감격한 나는 퉁칭화를 바라본 채 한참이나 입을 열지 못했다. 그러다 끝내 목이 메인 채로 대답했다.

"학생회와 합창단을 그냥 두고 떠나게 돼서 정말 미안해. 이제……."

그러자 퉁칭화가 웃으며 대답했다.

"김군, 넌 그동안 우리를 위해 많은 일을 했어. 네 심정이 어떨지, 나도 잘 알아. 이제는 다른 곳에서 혁명을 위해 일하는 거야. 장소만 다를 뿐이지. 그러니까 미안해할 필요 없어. 집안 형편이 어렵다는 이야기도 다이궈화한테서 들었어. 가족들이 베이징으로 이사하는 문제는 내가 처리해볼 테니까, 너무 걱정하지 마."

그렇게 이야기를 나누던 우리는 벌써 기숙사 앞까지 다다랐다. 퉁칭화가 내 손을 잡고 흔들며 말했다.

"이제 가서 짐을 챙겨. 구체적인 내용은 곧 알려줄게. 나도 이만 가볼게."

111호의 문을 열자 친구들의 모습이 눈앞에 아른거렸다. 자오웨이톈, 장펑, 리팡, 뤄청이. 그들은 무언가 이야기를 나누는 것 같기도 하고, 논쟁을 벌이는 듯도 했다. 나는 잠시 멍하니 서 있고 난 후에야 안으로 들어갔다. 방안은 텅 비어 있었다. 위를 올려다보니 초상화 속 그녀가 나를 보고 있었다. 웃음이 섞인 표정이었다. 나는 침대 위로 올라가 그녀 앞에 무릎을 꿇은 채로 한참이나 묵묵히 그녀를 바라보았다. 그리고 조심스레 초상화를 떼어내 그녀의 얼굴을 살그머니 껴안았다. 여기서 그녀는 얼마나 오래도록 내 곁을 지켜주었는가! 나는 침대보로 초상화를 꼼꼼히 포장했다. 책과 같은 다른 짐은 이틀 전에 이미 다 챙겨서 집에 가져다 두었다. 나는 그녀의 초상화를 품에 안고, 작은 가방을 하나 멘 다음 방을 나섰다. 문을 닫자, '111'이라는 숫자가 눈앞에 나타났다. '안녕, 친애하는 111호' 나는 여기서 때로는 기쁘고, 때로는 슬프고, 때로는 그리워하고, 때로는 꿈꾸고, 때로는 노력하고, 때로는 방종하던 수많은 나날을 보냈다……. 그리고 가장 고통스러운 순간도 여기 111호와 함께였다.

기차가 덜컹대며 북쪽을 향해 내달렸다.

나는 조금 격앙된 마음으로 리바오와 함께 창가 자리에 앉아 있었다. 창밖으로 전신주가 재빨리 스쳐 지나갔다. 마른 나뭇가지만 남은 나무들은 뒤쪽을 향해 춤을 추듯 휘날렸다. 그것들을 바라보던 나는 차츰 머리가 어질어질하고 눈이 침침해졌다. 너무 고단해서는 그렇게 잠이 드는 듯했는데, 그 순간 머릿속에 한 장면이 떠올랐다.

둥그런 천장이 눈에 띄는 대강당에서 삼삼오오 무리를 지은 학우들이 입구를 통해 안으로 들어온다. 앞쪽 정중앙에는 '악연(樂緣)'이란 두 글자가 새겨진 붉은 종이가 붙어 있다. 무대 위에는 '진정핑 학우 환송'으로 시작하는 현수막이 걸려 있다. 눈부신 조명 아래, 가지런히 정렬한 합창단이 서 있고 나는 지휘하는 중이다. 독창을 맡은 테너 다이궈화의 아름다운 음성이 조용한 대강당에 울린다. 곧이어 웅장한 합창이 터져 나오며 피날레를 장식한다. 내가 우렁찬 박수를 받으며 뒤를 돌아 허리를 굽힌다. 그때 무대 옆에 있던 퉁칭화가 걸어 나온다.

"여러분, 오늘 음악회는 혁명 사업을 위해 베이징으로 거처를 옮기는 진정핑 학우와 작별 인사를 나누고 그를 환송하기 위해 마련된 자리입니다."

퉁칭화는 박수가 끊길 때까지 기다린 다음 말을 잇는다.

"모교에서 선보이는 그의 마지막 공연이기도 합니다."

나는 허리를 굽혀 인사한 후, 목이 메여 말이 나오지 않는다.

"이제 오늘이 모교 대강당에서 그의 모습을 볼 수 있는 마지막 기회입니다!"

무대 밑에서 열렬한 박수갈채가 쏟아진다…….

기차가 덜커덩 하고 크게 흔들리더니 길고 긴 기적 소리를 내며 하얀 입김을 내뿜었다. 기차가 멈추자 사람들이 하나둘씩 잠에서 깼다. 리바오가 몸을 앞으로 내밀며 마침 흰 눈이 날리는 창가를 보며 기뻐 소리쳤다.

"형, 이제 베이징에 도착한 거지?"

여전히 쓰촨 말씨를 썼다.

"응, 그럴 거야. 오늘이 1950년 새해 첫날이지?"

나 의   대 학 시 절

05 / 베이징

베이징 인민예술극원(가극원)

____ 인민예술극원

1950년 1월 2일 나와 셋째 동생 즈핑(治平)은 무사히 베이징에 도착했다. 역사와 문학작품에서 자주 거론될 만큼 전통과 신성함이 살아 숨쉬는 고도(古都)에서 나는 새로운 인생의 여정을 시작했다. 우리는 베이징 인민예술극원에 도착 보고를 올린 후, 신중국 문예의 대열에 '신병'으로 정식 등록됐다.

당시 베이징 인민예술극원은 과거 고위 관료들이 살았던 시탕쯔(西堂子) 골목에 자리했다. 시탕쯔 골목은 제법 널찍하고 깨끗했으며 왕푸징에서도 꽤 가까웠다. 관현악단(음악부)의 소재지는 12호로 큰 저택이었다. 몇 계단 올라가 서쪽에 있는 대문으로 들어간 다음 접수처를 지나 다시 몇 계단을 내려가서 앞마당으로 들어가면 남쪽으로 줄지어 있는 가옥들과 작은 마당이 나왔다. 그리 높지 않은 청회색의 벽돌담으로 안뜰과 바깥을 구분해 놓았는데, 돌담 중간에 뚫은 아치형 문으로 들어가면 공동주택이 나왔다. 공동주택에 딸린 마당은 널찍했고 북쪽 정면으로는 가옥이 늘어져 있었으며 가운데에는 커다란 대청이 있었다. 마당의 동쪽과 서쪽에는 각각 곁채가 있었고, 동쪽에는 후원으로 통하는 세련된 가옥이 자리했다. 시탕쯔 골목은 보통 이렇게 고상하고 사치스러운 커다란 사합원(四合院)으로 이루어져 있었다. 골목 동쪽 끝에 있는 1호는 중국과 서양 양식의 장점을 모아 만든 정원이 있는 다층집으로 극원 본부가 바로 이곳에 있었다. 나는 학교에 있을 때와 완전히 다른 새로운 환경과 생활에 흥분되기도, 불안하기도 했다. 그저 최대한 빨리 단체 생활에 적응할 수 있기를 바랐다.

베이징에 온 지 이틀째 되던 날, 관현악단 동지들은 나와 즈펑을 위해 환영회를 열어주었다.

나와 동생은 열렬한 환대에 무척이나 감동했지만, 일어나서 한마디 하라는 요청에는 입도 뻥끗하지 못하고 서로만 바라보았다. 나는 조금 긴장한 채 자리에서 일어났다. 그런데 내 입에서 '동지 여러분'이라는 말이 나오자마자 다들 웃음보를 터뜨렸다. 그때부터 나름 언변에 자신 있던 나도 말문이 턱 막혀서 더듬거리기 시작했다. 어렵사리 '연설'을 마친 나는 머리에서 땀이 주르륵 흘렀고 한참 동안 정신을 차리지 못했다. 나중에서야 사람들이 웃은 이유를 알았는데, 혁명단체에서는 주로 '동지들'이라고 하지, '동지 여러분'이라는 말은 거의 쓰지 않기 때문이었다. 사실 그때 나는 다른 사람을 '누구누구 동지'라고 부르는 것도 어색하고 입에 붙지 않았다. 이렇게 사소한 호칭 문제부터 좁쌀 옥수수죽, 워터우(窩頭)[1], 수수밥, 마늘 등 식단까지 갖가지 새로운 것들과 생활방식을 받아들이고 적응해야 했다. 이런 것은 혁명 '이데올로기'에 속하지 않는 그저 지역에 따른 생활습관일 뿐이지만, 그런데도 전혀 다른 낯선 세계에 와 있는 듯한 느낌이 들었다.

조직의 윗선에서는 내게 혁명을 몸소 체험할 기회를 제공하고 내 의지도 검증할 겸 나와 '차오(曹)'라는 성(姓)을 가진 고참 동지를 함께 스징산(石景山) 발전소로 보냈다. 발전소 조합에 도착하자 앞으로 지낼 곳을 마련해 주며 매일 밤 교대로 정해진 구역을 순찰하라는 명을 내렸다. 당시 베이징은 해방된 지 얼마 지나지 않아 반혁명 활동을 극도로 경계했는데, 발전소는 반드시 지켜야 하는 요충지였다. 원래는 산간 지대였기 때문에 밤이 되면 늑대들이 자주 출몰한다는 얘기도

---

1 ╱ 역주 : 옥수숫가루나 수숫가루 따위의 잡곡 가루를 원추형으로 빚어서 찐 음식

있었다. 그래서 이 지역 사람들이 사는 흙담집 담벼락에는 흰색 모르타르로 그린 큰 동그라미가 있었다. 늑대가 이 하얗고 큰 동그라미를 보면 무서워서 달아나기 때문이란다. 매일 밤 경비를 설 때마다 우리는 군용 외투를 입고 목도리를 두른 다음 손전등을 들었다. 거기다 가장 중요한 총까지 등에 멨다. 그것도 진짜 38구경 소총을 말이다! 하, 그것을 처음 등에 멨을 때, 어찌나 멋져 보이던지! 물론 조금 무섭기도 했다. 차오 동지가 "가자!" 하면 그를 따라 나갔는데, 그러면 뿌듯함이 다시 저절로 올라왔다.

물론 밤새 아무 일도 일어나지 않았다. 그저 다음 날 아침 숙소로 돌아오면 피로가 몰려올 뿐이었다. 일주일 후, 차오 동지는 다시 발령을 받고 원래 있던 곳으로 돌아갔다. 나는 그곳에 남아 야간 학교에서 문화 수업을 해야 했다. 텅 빈 야간 학교 벽돌집에서 혼자 지냈기에 불을 피워 밥을 짓는 일도 혼자 해야 했다. 그야말로 일종의 '단련'이었다. 나중에는 나를 돌봐주던 야간 학교의 직원인 라오장 (老張)의 집에서 점심을 먹었다. 나는 여태껏 마늘을 먹지 않았는데, 라오장네 식탁에는 매번 마늘이 올라왔다. 작은 온돌 식탁에 빙 둘러앉아 식사할 때마다 맨 마지막으로 자리에 앉는 라오장의 부인이 꼭 마늘을 잔뜩 가져왔다. 그리고 다들 마늘을 아주 맛있게 먹으면서 내게 왜 먹지 않느냐고 물었다. 나는 황급히 "아, 먹어요, 먹어"라고 대답하고 마늘 한 알을 까서 입에 넣고 숨을 참아가며 씹었다. 어찌나 매운지 순간 입에서 불이 나는 듯했다! 나는 냉큼 그것을 꿀꺽 삼켰다. 같이 먹고, 같이 살고, 같이 일해야 하는 단체 생활의 시련이었다. 그러다가 나도 차츰 마늘에 익숙해지기 시작했다. 마늘을 빼놓으면 딱히 먹을 게 없기도 했지만, 놀랍게도 나중에는 정말 맛있게 느껴졌기 때문이다. 특히 직접 밥을 짓고, 감자채를 볶을 때, 마늘을 넣느냐 넣지 않느냐에 따라 맛이 완전히 달랐다. 이제는 마늘 냄새가 향기롭게 느껴졌다. 이것도 노동자, 농민과 함께 생활하면서 배우고 터득한 성과 중 하나이지 않겠는가? 발전소 근무를 마치고 극원으로 돌아가 성과를 보고하는 자리에서 내가 마늘 이야기를 꺼내자, 다들 웃음을 터뜨리며 공감한다는 듯 힘껏 고개를 끄덕였다. 이 정도면 베이징에 적응했다고 봐도 되지 않겠는가?

아버지는 3월이 되어서야 가족들과 함께 베이징에 오셨다. 극원 측은 부원장이었던 진쯔광(金紫光) 동지가 직접 우리 가족을 맞이하고 거처를 마련해줄 정도로 정성을 쏟았다. 일단은 빙자(氷渣) 골목극원 미술 공장의 공동주택을 내어준 다음, 얼마 후 적지 않은 금액의 정착 수당을 지급해 주었다. 부모님은 매우 기뻐하며 며칠 동안 발품을 팔아 극단에서 가까운 시스차오(西石槽) 골목 25호에 세 칸짜리 집을 월세로 빌렸다. 둥화문(東華門) 중고 상점에서 필요한 가구도 마련했다. 드디어 우리 가족은 새 보금자리에 정착했다. 아버지의 웃는 모습을 본 게 대체 얼마 만이던지. 그날 저녁 식사를 하며 아버지는 내게 베이징의 명주(名酒)인 이과두주(二鍋頭酒)까지 한 잔 따라주시며 감동하신 듯 이렇게 말씀하셨다.

"결국은 장남이 우리 가족을 살리는구나!"

나와 셋째 남동생이 악단에서 일을 받긴 했지만, 그날 아버지가 하신 말씀을 떠올릴 때마다 부끄럽기도 하면서 불안하기도 했다. 가장인 아버지는 능력도, 자질도 충분하여 일자리가 있다면 더할 나위 없이 좋을 터였다. 당시 우리 가족을 살뜰히 챙겨준 진쯔광 부원장이 우리가 새집으로 이사한 후 며칠이 지났을 때, 가족의 안부를 물었다. 나는 그의 관심과 지원에 감사를 표한 후, 그동안 아버지가 혁명을 위해 해온 일과 일본어와 영어를 잘 구사하신다는 얘기를 건넸다. 그러면서 극단 측에서 아버지에게 적합한 일자리를 마련해 줄 수 있는지 물었다. 부원장은 황푸군관학교를 졸업하고, 예젠잉 사단에 있었던 아버지의 이력을 높이 평가하며 취업 문제를 긍정적으로 검토해 보겠다고 대답했다. 그러나 외국인이라 상부와 의논해야 한다며 이력서와 자기소개서를 요구했고 이후에 베토벤의《전원교향곡》과 관련된 일본어 자료까지 번역해 제출한 후, 소식을 기다렸다. 하지만 얼마 후 아버지의 건강이 나빠지기 시작했고, 항미원조(抗美援朝) 전쟁[2]까지 일어나면서 아버지 일자리 문제는 흐지부지되고 말았다.

온 가족이 베이징에 정착한 후, 나는 극원에 청을 넣어 넷째 남동생을 중학교에 입학시켰다. 또한 악단 내 아는 사람을 통해 여동생을 베이징에서 가장 유명

2 ／ 역주 : 6·25전쟁을 일컫는 중국 정부의 공식 명칭

한 베이만(貝滿) 여자학교로 편입시켰다. 동생들은 새로운 환경에 빨리 적응했고 새로운 친구들과 교우관계도 금방 형성했다. 극단에서 집으로 가는 골목 초입에 들어서자 전학한 지 고작 며칠밖에 안 된 여동생이 이웃에 사는 친구들과 고무줄놀이를 하면서 부르는 노랫소리가 들려왔다.

"이팔이오육, 삼이팔이오칠, 이팔이구삼십일……!"

대체 어떻게 된 셈법인지, 잠자코 듣던 나는 그만 웃음이 터져버렸다!

여동생에게 피아노를 가르치는 것은 아버지가 내게 신신당부한 일이었다. 나는 베이징에서 처음 맞는 주말에 이 일을 바로 해결했다. 그때를 떠올리면 당시 아이러니했던 일화도 하나가 떠오른다. 해방 전까지만 해도 부르주아 계급의 도련님과 아가씨들이 교내에서 멋지게 차려입고 사교댄스를 추는 모습이 아니꼽고 비위에 거슬렸는데 해방이 되고 나니 프롤레타리아 전사들이 하나같이 파트너를 끌어안고 사교댄스를 추는 게 아닌가! 사교댄스는 부르주아 계급의 전유물이 아니었던가! 중앙대학 111호 같으면 사교댄스는 부르주아 계급의 타락한 문화라고 꼬집었을 텐데, 혁명을 위해 모인 조직에서 사교댄스가 이렇게 환영을 받다니? 더구나 중앙의 지도자들도 주말마다 거의 무도회를 열었고, 극원의 여성 동지들과 악단의 단원들이 짝을 이뤄 춤을 췄다. 나와 즈핑은 둘 다 춤을 출 줄 몰라 비웃음을 사기도 했다. 급기야 청년단은 여성 동지를 보내 우리에게 춤을 가르쳤다. 계속 쑥스러워하는 우릴 보고는 사고방식이 봉건적이라고 꼬집기도 했다. 그때 나와 즈핑의 '춤 선생님'은 춤을 가장 잘 추는 리룬화(李潤華)였다. 나는 그녀를 통해 춤도 배우고 여동생의 피아노 선생님 문제도 해결했다. 알고 보니 리룬화는 상하이 음악전문대학 피아노과 졸업생이었다. 그녀는 내 부탁을 듣고는 흔쾌히 여동생을 가르쳐주겠다고 대답했다. 게다가 연습할 피아노 문제까지 함께 해결해 주었다. 당시 악단 소유의 피아노 두 대는 모두 피아노 연주자가 직접 관리했기 때문에, 여동생은 매일 정해진 시간 동안 피아노 연습을 할 수 있었다. 리룬화는 여동생이 음악학원 소년반에 입학하기 전 자기 악보까지 빌려주며 가르쳐주었다. 아버지의 당부는 이렇게 성공적으로 처리돼 여동생은 음악의 전당에 입성한 가족 중 한 명이 되었다. 아버지의 소원이 이루어지는 순간이었다!

나는 드디어 온 가족이 베이징에 뿌리를 내렸다는 사실에 가슴이 뻥 뚫린 듯 안심이 되고 후련했다. 지난 이삼 년 동안 나는 중앙대학에 재학하다가 학교를 떠났고 우리 가족은 후난에서 고립무원의 신세가 되었다가 이제야 한곳에 모였다. 나는 그제야 '혁명이 이어준 대가족'의 진정한 온기와 배려를 느낄 수 있었다.

처음에는 내가 악단에서 맡은 일이 명확하지 않았다. 원래는 합창단을 지휘했던 경험을 살리려고 했지만, 정식으로 창단하기에는 단원이 턱없이 부족했다. 악단을 워낙 좋아하기도 했고, 무엇보다 비올라 연주자가 태부족인 상황이라 내가 그 자리를 채웠다. 나는 지금까지도 처음 단원들 속에 섞여 앉았을 때 느꼈던 흥분을 잊지 못한다. 한데 합쳐진 단원들의 연주가 내 귓가에 울리는 순간, 마음이 탁 트이는 듯 색다른 느낌을 받았다. 물론 나는 수많은 악단의 음반도 들어보았고, 에브샬로모프가 지휘하고 외국인 단원들로 이루어진 교향악단에서 연주하는 곡도 직접 들어보았다. 게다가 오래전부터 중화교향악단의 연주에 푹 빠져 살았다. 그러나 단원들 옆에 나란히 앉아 각종 악기로 한 음, 한 박자 정성스레 연주한 곡은 이전의 것들과는 너무도 달랐다. 신비로운 경험이자 신성하고 행복한 작업이었다!

비록 단원이 많지 않고, 편제도 완벽하게 갖추지 못했지만 1950년 이제 막 신중국이 수립된 시점에 정식 창단한 악단은 아마 전국에서 우리가 유일했을 것이다. 단원들은 옌안(延安) 시의 중앙관현악단, 화북인민문공단 등 소규모 악단에서 활동한 연주자로 이루어졌다가 1949년 베이징으로 거처를 옮긴 후, 칭화대학(淸華大學), 베이징 사범대학 음악학부의 교사와 학생 몇 명을 영입했다. 이 밖에도 아마추어 음악 애호가나 악기를 다룰 줄 아는 학생들을 모집하여 단기 연수를 진행한 후 정식으로 악단을 결성했다. 제1차 전국 문학예술 종사자 대표 대회 후, 리궈취안 선생님이 나와 내 동생에게 각지에서 악단 성원 모집을 권유해 동생이 상하이 음악전문학원(현 상하이음악학원) 출신의 '신예 용병'을 여럿 데려오면서 악단의 몸집이 커졌다. 동시에 중화교향악단에서 광저우, 홍콩 등으로 흩어졌던 일부 단원들도 속속 베이징에 도착했다. 풍부한 경험과 뛰어난 실력을 지닌 베테랑

바이올린
협주곡을
최초로 독주한
셋째 동생

단원들이 합류하면서 작고 미비했던 악단이 빼어난 실력을 갖춘 정식 악단으로 재탄생했다. 얼마 후, 우리 악단의 지휘자 리더룬(李德倫) 선생님은 교향악의 정수를 선보이고 싶다는 마음에서 의욕적으로 다양한 시도를 시작했고 모차르트, 베토벤, 차이콥스키의 명곡 외에도 당시 꽤 인기를 끌던 소련 작곡가 카발렙스키의 바이올린 협주곡《청년》등의 곡을 가져왔다. 선생님은 이제 막 싹을 피운 한 청년을 지목하여 독주를 맡겼다. 청년은 바로 상하이 음악학원에서 온 나의 동생 진즈펑이었다! 그《청년》은 신중국 수립 후 최초로 연주한 바이올린 협주곡이라고 해도 틀린 말이 아니었다. 아버지의 꿈 하나가 이루어지는 순간이었다!

오페라《장정》을 선보일 무렵, 악단은 이미 꽤 이름을 날리고 있었는데, 여기에는 리더룬 동지와 리궈취안 선생님의 공이 컸다.

이쯤에서 세계민주청년 친목회 활동 이야기를 해야겠다. 객관적으로 볼 때, 중국 교향악단의 결성과 발전에 혁혁한 공을 세웠으니 말이다. 제1회 친목회에 참가하기 위해 결성된 중국청년문공단은 베이징 인민예술극원 소속 악단에서 선발한 '정예 부대'에 상하이, 둥베이 등지에서 온 뛰어난 청년 연주가가 합류해 만들어진 작지만 수준 높은 악단이었다. 그 후, 국제문화교류를 위한 팀을 별도로 결성해야 한다는 목소리가 커지면서 중국청년문공단을 기반으로 한 중앙가무단이 결성됐다. 그러다 발전과 조정을 거듭하며 민속 음악을 주로 반주하는 소규모 악단만을 남겨둔 채 관현악 부문은 따로 분리했다. 이후 둥베이, 상하이, 톈진 등지에서 온 우수한 연주가들을 영입하여 '중앙악단'이라는 정식 교향악단으로 변모했다. 이렇게 탄생한 신중국 최초의 국립교향악단은 중국 교향악의 발전을 이끄는 최초의 핵심 역량으로 성장했다. 이때가 1954년 이후였다.

_____ 신중국 최초의 관현악단과 리더룬

당시 일을 떠올리면, 항상 우리 악단의 지휘자, 리더룬의 모습이 눈에 아른거리곤 한다. 그는 열정적이고 소박하고 성실했으며, 늘 꾸밈없는 미소를 띠고 있어 친구 처럼 가까우면서도 존경의 대상이었다. 지휘대에 오를 때면 당당한 모습과 함께 풍부한 감성까지 고스란히 드러났고 연습 때는 농담도 곧잘 하는 유쾌한 사람이 었다. 그는 자기 일을 즐길 줄 알았는데, 비지땀을 줄줄 흘릴 정도로 힘들거나 좌 절과 마주할 때도 이를 드러낸 채 기분 좋은 웃음을 지으며 문제를 차분하게 해 결해나갔다. 엄하긴 해도 오만하지 않아 남을 깔보는 법이 전혀 없었다. 업무 외 시간에는 우리 같은 청년들에게도 익살맞고 열정적인 친구로 통했다.

'더룬 아저씨'는 목욕을 좋아했다. 오래전 시탕쯔 골목 동문 맞은편에 '보천당 (寶泉堂)'이라는 유명한 목욕탕이 있었는데, 더룬 아저씨는 자주 날 데리고 그곳을 찾았다. 처음에는 이 답답한 곳을 왜 가는지 알 수 없었지만, 나중에는 나도 그 맛에 푹 빠져버렸다. 목욕탕에서 나누는 이야기는 특유의 매력이 있었는데, '허심 탄회'라는 표현이 딱 맞을 듯싶다. 목욕탕 마루에는 침대가 있는 열차 객실처럼 누울 수 있는 평상이 서로 마주 본 채 일렬로 늘어서 있었다. 평상 두 개 중간에 는 찻상이 하나씩 놓여 있었는데, 그곳에 놓인 차반 위로 찻주전자 하나, 찻잔 두 개 그리고 재떨이 하나가 있었다. 목욕을 끝낸 후, 목욕 수건을 걸친 다음 평상에 기댄 채 차를 마시고 이야기를 나누면 마치 신선이 된 듯 편안했다. 그는 이처럼 목욕과 휴식을 함께 취하는 것을 좋아했는데, 평소 청소와 위생을 강조하는 그의 성격이 반영된 것 같다. 처음에는 탕에 몸을 '담그는' 것이 익숙하지 않아 샤워하 고 탕에 몸만 적신 다음 바로 나왔다. 물기를 닦고 차를 마시거나 담배를 피우면 서 그를 기다리면, 목욕을 마친 더룬 아저씨가 큰 수건을 걸치고 나왔다. 불룩하게 튀어나온 뱃살과 새하얀 속살을 그대로 노출한 채 볼그스름한 얼굴로 나타나면, 종업원이 따뜻한 수건을 건넸다. 아저씨는 그 수건으로 얼굴을 닦은 다음 차를 우리며 나를 향해 순박한 미소를 지어 보였다. 정말 꾸밈없는 솔직함이었다!

"어때? 시원하지?"

그가 물었다.

"왜 탕 안에 더 있지 않고?"

"아, 목욕탕은 처음이라 아직 어색해요."

우리는 거리낌 없이 자유롭게 이야기를 나눴다. 그는 내 학창 시절에 관해 물으며 내가 문학도였다는 이야기를 들었다고 했다. 그도 원래는 역사학을 전공했다며 문학도 좋아하는 학문 중 하나라고 말했다. 그는 책도 많이 읽고 박학다식했는데 외국 문학과 중국 시조도 조예가 깊은 듯했다. 역사 이야기, 특히 음악사에 대한 이야기를 꺼낼 때는 음악사 수업을 듣고 있는 게 아닌가 싶을 정도였다.

"유럽 산업혁명으로 자본주의가 생겨나고, 서양의 교향악도 크게 발전했는데……."

더룬 아저씨의 설명은 이때부터 시작됐다. 나는 그의 말이 흥미롭기도 하고 꽤 일리가 있다고 생각했다. 다만 '역사가 발전하는 과정에서 단계마다 나타나는 객관적 요소와 상호 작용은 완전히 똑같이 반복되지 않는다'는 내 의견에 그도 동의하는 듯하면서도 언제나 끝에는 '하지만'을 붙였다. 간혹 미간을 찌푸리는 모습을 보며 자신의 견해에 대단히 진지한 고찰을 하고 있구나 하는 생각이 들었다. 더룬 아저씨는 조금은 천진난만하고 사랑스러운 이상주의자로, 중국 교향악 발전에 온통 정신이 팔려 있었다. 우리는 서로 얘기가 잘 통했다. 물론 진지한 토론만 한 것은 아니었다. 그는 알쏭달쏭한 농담도 자주 던졌다. 한 번은 그가 나의 '로맨스'에 대해 물었는데, 대답하기가 조금 거북하여 "없다"라고 말했다. 더룬 아저씨가 못 믿겠다는 듯 얄궂게 웃더니 이내 진지한 얼굴로 말했다. "자네를 잘 이해하고 말도 잘 통하는 상대를 만나야 하네. 자네 같은 사람은, 음, 노래하고 춤만 출 줄 아는 여잔 절대 안 돼……. 무슨 말인지 알지?"

나는 그가 무슨 말을 하고 싶었는지 안다.

그렇게 우리는 1주나 2주에 한 번씩 '보천당'에 가서 문학, 예술 그리고 공동 관심사인 연극과 재미있는 일 등에 대해 '허심탄회'하게 이야기를 나눴다. 물론 늘 교향악 이야기로 끝을 맺긴 했다. 중국에는 교향악 작품이 부족하다는 문제 같은 것들 말이다. 매번 허뤼팅(賀綠汀)의 《만회(晚會)》,《삼길덕마(森吉德瑪)》와 마커(馬可)의 《섬북조곡(陝北組曲)》만 연주한 탓에 단원들은 이젠 아무 감흥이 없을 정도로 질린 상태였다. 그 문제로 가장 골머리를 썩는 사람은 역시 지휘자, '더룬 아저씨'일 터였다. 그는 내가 대학 4년 내내 교향악 음악감상회를 열었다는 사실에 대해 칭찬을 아끼지 않았으며, 우리가 나서서 학교에 교향악을 보급해야 한다고 주장했다. 실제로도 그는 이 신념대로 교향악을 퍼뜨리는 일에 열과 성을 다했다. 문화대혁명이 끝난 후의 어느 날, 지나가다 나와 맞닥뜨린 그는 마침 잘됐다며 자신과 함께 교향악 강의를 하자고 제안했다. 혼자서는 힘에 부쳤던 듯했다. 나 역시 그의 제안이 반가웠다. 뚱보 옆에 나 같은 말라깽이 하나가 서 있으면 완벽한 만담 콤비일 터였다.

"다들 우리를 보면 엄청 웃겠는데요?"

그도 재미있는지 킥킥 웃었다. 그리고 이 일은 나중에 이루어졌다.

1950년대 초에는 TV도 라디오도 주크박스도 없었다. 중소(中蘇) 우호회가 이따금 주말에 여는 음악감상회를 빼면 문화 활동이라고 할 만한 것이 아주 적었다. 그래서 저녁 식사를 하고 나면 다들 큰 방에 모여 연습을 하거나 장기를 두면서 독신남처럼 시간을 보냈다. 리더룬도 여기저기 왔다갔다 하면서 단원들과 이야기를 나눴다. 그가 나타나면 다들 그를 둘러싸고 악단에 대해 왁자지껄 떠들었다. 그러다 마지막에는 더룬 아저씨가 짝이 없는 단원들을 걱정스럽게 바라보며 다음에 단원을 모집할 때 꼭 성비(性比)를 고려해야겠다고 말했다. 이대로 가다가는 남자만 득시글대겠다며 "음양이 조화를 이뤄야 좋은 음악이 나온다"는 그럴듯한 이유까지 덧붙였다. 다들 박장대소를 터뜨리는데, 누군가 사람 수대로 손가락

지휘자
리더룬과 나

셈을 하더니 '여친 부재'가 악단의 '다섯 번째 문제'[3]라고 총정리했다.

　어느 날, 더룬 아저씨가 중등학교 역사, 지리 교과서를 빌려 달라고 부탁했다. 내가 용도를 묻자, 무언가 숨기듯 의미심장하게 웃으며 '고시'라고 작게 말했다. 그 후 그는 불굴의 정신과 끈기로 멀고 먼 시베리아를 건너 모스크바로 건너갔다. 더룬 아저씨는 '5대 문제'를 해결하고 중국 교향악 발전의 위한 비결을 알아내기 위해 당승이 불경을 찾아 인도로 향한 것처럼 시간과 노력을 들여 타국으로 몸소 건너간 것이었다. 이따금 그의 아내 리줴(李珏)로부터 그의 근황과 함께 재미있는 일화를 전해 듣거나 외국인 악단을 지휘하는 모습을 사진이나 신문 기사로 접하면서 나는 그가 많이 그리웠다.

　그러나 '불경'을 얻은 그가 중국에 돌아왔을 때, 우리는 예전처럼 이야기를 나누지 못했다. '산업혁명'이 아닌 '문화대혁명'이 일어나 중국 전역을 휩쓸면서 하마터면 그가 평생 몸담은 교향악의 명맥이 끊길 뻔했기 때문이다. 이 일은 한참이 지나 일어난 일이므로 나중에 다시 거론토록 하겠다.

3 ／ 역주 : 食, 衣, 住, 行에 이은 다섯 번째 문제라는 의미

_____ 오페라 《장정》

1951년 나는 베이징 인민예술극원에서 두 번째 해를 맞이했다.

3월 초, 봄이 되면 어김없이 찾아오는 베이징의 황사와 버들개지는 여간 짜증나는 게 아니었다. 그런데 그날은 녀석들이 유독 '얌전'했고 하늘은 구름 한 점 없이 맑고 깨끗했다. 우리는 삼삼오오 무리를 지은 채로 즐겁게 이야기를 나누며 시탕쯔 골목길을 따라 덩스커우(灯市口) 대연습실로 향했다. 중요한 행사가 열린다고 하여 극단 사람들이 모두 모여 있었다.

홀은 재잘거리는 사람들로 북새통을 이뤘다. 잠시 뒤 소란스러웠던 장내가 삽시간에 잠잠해지더니 우레와 같은 박수가 쏟아졌다. 고개를 들어보니 몇몇 간부가 아담한 키에 단발머리를 한 중년 여자를 에워싸고 있었다. 수수하면서도 야무진 인상의 그녀가 당당한 기세로 연단에 올랐다. 그녀는 청중을 향해 손을 흔들며 전형적인 쓰촨(四川) 사투리가 섞인 말투로 인사의 말문을 열었다.

"동지들, 안녕하십니까."

시원시원한 목소리는 단번에 내 시선을 사로잡았다. 그녀는 바로 '2만 5천 리의 대장정'을 몸소 체험한 여장부로서, 조기에 입당한 리보자오(李伯釗)였다. 그녀는 우리 극원의 원장이자 설립자이기도 했다. 이렇게 가까이에서 그녀를 보는 것은 오늘이 처음이었다.

리보자오 원장은 대형 창작 오페라 《장정》을 무대에 올리는 데 필요한 인력을 동원하고자 단상에 오른 것이었다. 그녀는 친근한 쓰촨 사투리로 2만 5천 리의 장정에 대해 격정적으로 전했다. 간략한 이야기였지만, 듣고 있으니 뜨거운 피가 끓어오르는 듯했다.

"누가 제게 그러더군요. '장정'이라는 대형 오페라를 만들기가 얼마나 어렵겠냐고요. 그래서 제가 그랬죠. '하나도 안 무서워!' 2만 5천 리를 직접 행군한 사람한테 '장정' 오페라 창작이 뭐가 두렵겠습니까? 참으로 웃긴 얘기가 아닐 수 없지요. 또 누가 마오 주석께서 무대에 오르시냐고 묻길래, 제가 당연하지 않겠느냐고 되물었습니다. 마오 주석이 없는 장정은 있을 수 없으니까요!"

우리는 간단명료하고 합리적이면서 힘이 넘치는 그녀의 말에 점점 빠져들었다. 리보자오는 장정을 함께한 이들 중에서 가장 유명한 선전 및 선동가로 명성을 날렸는데, 직접 대본을 쓰면서 연출까지 맡는 실력자이기도 했다. 후에는 소련으로 파견되어 희극 공연, 각색, 연출 그리고 무용까지 익혔다. 그는 다방면에 실력을 소유하고 있어 우리는 분명 멋진 《장정》을 선보일 수 있을 거라고 자신했다. 계획은 당장 준비에 돌입해 전력투구하며 8·1 중국 인민 해방군 건군절(建軍節) 기념으로 공연을 선보이는 것이었다.

필승의 신념으로 인력과 역량을 총동원하기로 했다. 리보자오 원장이 총지휘를 맡은 창작팀에는 시나리오를 맡은 위춘(于村)과 하이샤오(海嘯), 감독을 맡은 자오쥐인(焦菊隱)이 포함됐고, 오페라 창작 경력을 지닌 실력자 허뤼팅, 량한광(梁寒光), 정율성, 두스자(杜矢甲), 천뎬허(陳田鶴), 탕정팡(湯正方, 건강 악화로 중도에 그만뒀다), 이제 막 학교를 떠나 현장에 투입된 마오위안(茅沅), 거광루이 그리고 내가 작곡을 맡았다. 그렇게 모두 각자 맡은 일에 온 힘을 쏟았는데, 심지어 량한광은 과로로 몸이 편치 않은 상황에서도 알 수 없는 의료기기까지 머리에 쓴 채로 남은 힘을 쥐어짰다. 그런데도 갈수록 시간이 촉박해지면서 역사상 전례 없을 '막판 스퍼트 장면'이 펼쳐졌다. 시탕쯔 골목 12호, 단원들이 거주하는 사합원 마당의 하늘에는 전깃줄이 그물처럼 펼쳐져 있고 사이사이에 전등이 달려 있었다. 그 아래로 탁자 여러 개가 마치 진을 치듯 일렬로 놓여 있었다. 맨 앞에 앉은 사람이 모음악보 몇 개를 써서 다음 사람에게 넘기면, 그때부터 이른바 분보(分譜)[4] 베껴 쓰기가 시작됐다. 분보는 한 책상 한 책상으로 넘어가면서 쓰고 베끼기가 반복되었……. 그러다 간간이 이런 고성도 오갔다.

"이봐, 9쪽! 9쪽이 없잖아! 빨리 좀 해!", "21쪽은 누가 가지고 있어? 빨리 좀 합시다!"

그야말로 열기에 가득 찬 '장정'이었다!

4 ／ 역주 : 합주할 때의 각 성부(音部)의 악보

나 역시 열심히 악보를 써 내려갔지만, 한 편으로는 전전긍긍하기도 했다.

해군부 군악대를 넘겨받아 지휘했던 경험이 있긴 하지만 어쨌거나 당시 나는 이제 막 전문교육을 받기 시작한 학생이자 풋내기였고,《장정》은 그 자체로 의미가 대단한 대형 오페라였다. 악단은 연주자가 부족했으므로 나는 곡을 쓰는 와중에도 틈날 때마다 단원들과 연주 연습을 해야 했다. 내가 직접 쓴 부분을 연주할 때마다 신경을 자극하는 음이 나오면 마치 벌침에 쏘인 듯 놀라고 아팠다. 어느 때는 어릿광대가 불쑥 튀어나와 내 앞에서 우스꽝스러운 표정을 짓는 것만 같아 등줄기에 땀이 줄줄 흐르기도 했다. 물론 마음에 드는 부분도 있긴 했다. 나는 이러한 과정을 겪으면서 공부에 대한 열의를 다시금 다졌다. 다행히 열정적으로 가르쳐 주신 천홍 교수님과 난징에서 군악대를 맡았던 경험 덕분에 관악기를 어느 정도는 다룰 수 있었다. 베이징에 오자마자 알게 된 정율성은 조선인이라 금세 친해졌다. 당시 그가 내게 대합창《초원기병》의 관현악 반주를 대신 써 달라고 부탁했는데, 나는 겁도 없이 그러겠다고 했다. 덕분에 관현악곡을 직접 작곡하는 경험을 할 수 있었다. 각고의 노력 끝에 얻은 값진 배움이 큰 도움이 됐으니《장정》을 위한 '예습'을 했다고 하겠다. 이 두 번의 경험으로 기술이론에 관한 연구뿐만 아니라 실전을 통한 경험도 소홀히 해서는 안 된다는 것을 배웠다. 이것은 가장 실질적이고 효과적인 학습이었다.

내가 곡을 쓰며 밤을 새울 때면, 아버지께서 조용히 다가와 기대와 응원을 보내주셨다. 아버지도 아주 뿌듯하신 듯했다. 아버지 생각에 오페라 창작은 그야말로 엄청난 것이었다. 그런데 아들이 벌써 그 엄청난 일을 하고 있지 않은가! 물론 내가 맡은 일은 오페라 전체를 구성하는 일부분에 지나지 않았지만, 나는 아버지께 자세한 설명을 드리진 않았다. 아버지가 이런 내 모습에 흐뭇해하고 위로를 받았기에 그것만으로도 족했다. '아버지, 제가 나중에 아버지를 위해 완벽한 오페라를 만들어 드릴게요' 나는 에브샬로모프의《맹강녀》를 본 후에 특히 오페라《장정》을 쓰면서 언젠가는 나만의 오페라를 만들겠다고 다짐했다. 그리고 그 꿈이 반드시 이루어질 것이라 확신했다!

당시 모두가 우러러보던 저우(周) 총리, 주더(朱德) 총사령관, 예젠잉, 천이(陳毅), 펑전(彭眞) 등 지도자들도 하나같이 우리 오페라에 큰 관심을 가졌다. 그들은 종종 찾아와 격려의 말을 전하기도 했다. 그럴 때면 리보자오 원장도 피로를 잊은 채 잔뜩 상기된 얼굴로 득의양양한 미소를 지어 보였다. 물론 깊은 감동을 받은 단원들도 응원의 기운을 받아 더욱 힘을 냈다. 한 번은 저우 총리가 밤새 연습 중인 우리를 갑자기 찾아와 연습이 끝날 때까지 자리를 지킨 적이 있었다. 연습이 끝난 후, 단원들과 이야기를 나누며 준비상황과 애로사항 등을 물었고 마지막에는 우리와 함께 덩스커우에서 둥쓰파이루(東四牌樓)까지 걸어가 야식을 먹기도 했다. 깊은 밤, 텅 빈 거리에서 우리는 저우 총리를 둘러싼 채 이야기를 나눴고 이따금 정적을 깨뜨리며 웃기도 했다. 저우 총리는 둥쓰파이루에 늘어선 훈툰(馄饨)[5] 노점 앞에 도착해서야 뒤따라오던 차를 타고 우리에게 손을 흔들었다. 그때 일을 떠올릴 때마다 마치 아름다운 장면을 보듯 마음마저 포근해진다!

드디어 오페라 《장정》이 그 역사적인 베일을 벗었다. 마오 주석 역을 맡은 위스즈(于是之)가 위풍당당한 기세로 무대 중앙에 설 때마다 우레와 같은 박수가 터져 나왔다. 박수 소리는 악단의 연주와 다두허(大渡河)의 세찬 물결을 표현한 음향효과를 압도하고도 남았다. 마오 주석이 뒷짐을 진 채 하늘 배경막에 그려진 용솟음치는 다두허를 한참 동안 바라보다 뒤돌아섰다. 그리고는 꼿꼿이 서 있는 열여덟 명의 용사들을 향해, 다시 지도자를 숨죽이고 바라보는 관중을 향해 오른팔을 휘두르며 힘찬 목소리로 외쳤다.

"승리는 우리 것이다! 전진!"

하늘을 찌를 듯한 명령이 떨어지자마자 웅장한 연주가 울려 퍼졌다. 마오 주석이 무대에 오른 것은 그때가 처음이었다. 오페라 《장정》은 성공리에 막을 내렸다! 이 작품은 내가 혁명에 가담한 후 처음으로 창작한 오페라 작품이기도 했다.

---

5 ／ 역주 : 밀가루로 만든 얇은 피에 돼지고기, 야채 등을 넣어 만든 만두를 뼈나 닭고기를 우린 국물에 넣어 끓인 음식

_____ 첫 번째 표창과 입단

각고의 노력 끝에 선보인 《장정》이 호평을 받으면서 극단 사람들도 희색이 만면했다. 이렇게 기쁨을 만끽하는 와중에도 우리는 일부 문제점을 간추려 보완하는 작업을 빼놓지 않았다. 내 보직에도 변동이 있었는데, 극단에서 새로 설립한 예술처로 바뀌었다.

예술처는 광범위한 분야를 다루기에 업무의 범주도 제법 큰 부서였다. 부서의 수장은 옌안시에서 온 볜쥔(邊軍)으로 오래전부터 문예 창작 활동을 해 온 '베테랑' 작가였다. 아직 인력 편성이 되지 않은 때, 처음 열린 전체 회의에서 그가 이런 말을 했다.

"우리는 예술과 관련되는 일이라면 뭐든 다 합니다. 그래서 예술처라고 부르는 것이지요."

이 말에 다들 웃었던 기억이 난다. 창작, 연구, 토론, 학습, 교류, 지도, 도서, 악보, 음향자료 등을 모두 다룬다는 이야기였다. 나는 처음에는 구체적인 업무가 내려오기를 기다리며 자유롭게 지냈다. 윗선은 '감독'이 배역을 정하듯 내게 맡길 역할을 고민하고 큐브처럼 딱 맞는 일이 떨어질 때까지 이리 비틀고 저리 비틀어 보는 중인 듯했다.

업무는 느닷없이 찾아왔다! 베이징시 문화국이 노동인민문화궁에서 신설한 아마추어 예술학교에 강의를 맡아줄 사람을 보내 달라고 요청한 것이다. 이 요청은 자연스럽게 우리 예술처로 들어왔고 내가 그 업무를 맡게 되었다. 일반인의 음악 활동을 지도하는 것은 내게 아주 익숙한 데다 열과 성을 다했던 일이기도 했다. 대학 시절, 방과후에 자주 했던 활동과도 비슷한 구석이 있었다. 아마추어 예술학교에는 미술과, 무용과, 음악과, 문학창작과가 있었다. 나는 음악과의 주임을 맡게 됐는데, 야오원(陶雯)이라는 조교가 나를 도왔다. 그녀는 후난 사람으로 아주 유능하고 적극적이며 아이디어도 많았다. 우리는 학생과 노동자로 구성된 합창단을 만들었고, 음악 이론과 지휘 수업도 개설하여 나중에는 비정기적으로 교향악 음악감상회도 열었다. 음악감상회는 꽤 인기가 있었고 음반도 많아 감상회를 여는 데는 문제가 없었다. 다만, 중국 작품이 너무 적다는 게 흠이었다. 엄밀히 말하면, 적다기보다는 거의 없다는 표현이 더 맞을 듯하다. 매번 감상회가 끝난 후 적극적으로 참여하는 애호가들이 강단으로 와서 이 문제를 제기하는 바람에 나는 꽤나 난처했다. 이 문제는 그로부터 반세기 남짓이 지난 지금도 완전히 해결되지 않았다. 지금 생각해 보면, 베이징시 문화국이 이제 막 해방을 맞은 시기에 대중의 문화생활과 예술교육 보급을 위해 기울인 노력과 가시적인 성과는 칭찬받을 만한 일이었다. 아마추어 예술학교 음악과에서 교육을 받고 후에 전문 음악가가 된 인물로는 중앙음악학원 작곡과 주임이었던 작곡가 다이훙웨이(戴宏威), 작곡가 왕옌차오(王燕樵), 음악 이론가이자 중앙음악학원 원장을 역임한 위룬양(于潤洋) 등이 있다. 그 밖에 스징산 발전소에서 일하던 노동자(이름은 잊어버렸다)가 작곡가로 데뷔해 당시 제법 유행했던 대중가요를 여러 곡 쓰기도 했다. 아버지는 어린이 합창단을 위해 한때 자주 불린 조선 동요 《샤오바이촨(小白船, 반달)》을 중국어로 번역했는데, 그 곡도 아마추어 예술학교에서 전파한 것이었다. 베이징 아마추어 예술학교의 활약은 단연코 돋보였다.

그해에 나는 베이징시가 선정하는 우수 문예 종사자로 뽑혔다. 당시 시상대에 오른 나는 가슴에 꽂은 붉은색 꽃보다 훨씬 더 얼굴이 빨갰고, 심장은 장내를 뒤흔드는 타악기 소리보다 더 시끄럽게 쿵쾅댔다! 그 상은 내가 혁명을 위해 일한 대가로 평생 처음 누리는 영예였다!

그리고 같은 해에 공산주의 청년단 가입 승인을 받았다. 당시에는 신민주주의 청년단으로 불렀다.

1950년 초 베이징에 온 지 얼마 지나지 않아 바로 입단 신청서를 냈다. 사실 난징이 해방을 맞은 직후 합창단을 인계받으면서 공산당의 일원이 된 듯했고 그래서 더욱 헌신적으로 일했다. 당시 수많은 젊은이에게 공청단 입단은 시대적 흐름이자 혁명에 대한 열정이었고, 현실에 대한 이성적인 선택이기도 했다. 하지만 나는 계급 의식과 정치 신념에 대한 자각이 있는 혁명가는 결코 아니었다. 나도 지향하는 바는 있었지만, 명확한 정치적 신조 없이 그저 실생활과 학생운동 과정에서 '공산당은 전제정치를 뒤집고 모두가 평등하고 자유로운 신(新) 사회를 건설하기 위해 투쟁하는 인민의 조직'이라는 두루뭉술한 인식이 생긴 것이 고작이었다. 심지어 개인적으로는 혁명에 대해 낭만주의나 영웅주의적 상상까지 입혔다. 그리고 한동안 국방색 또는 회색 간부복을 입고 검은 헝겊신이나 해방화[6]를 신은 채 허리에 벨트를 차고 간부 모자를 쓴 옌안시 출신의 노장 동지에게 존경심과 호기심을 가졌다. 그들은 분명 한 편의 드라마 같은 인생을 살았을 것이고 순결하고 고결하고 정직하고 선량한 사람들이 틀림없을 터였다. 그들은 당원(또는 단원)이자 내가 신뢰할 수 있는 사람들이었다. 나는 '지부 서기' 또는 '당의 소그룹 조장' 등의 직무를 맡은 사람들에게 남몰래 존경심을 품곤 했다. 첼로를 연주하던 여성 동지가 있었다. 평소 말수도 적고 차분하며 온화한 사람으로 머리카락을 양 갈래로 땋아 내린 채 이따금 수줍게 웃던 사람이었다. 이름은 루치(路奇)로 회색 간부복을 입고 '서기'를 맡았다. 나는 늘 그녀가 우여곡절이 많은 혁명의 삶을 살았을 거라고 상상하곤 했다. 그녀와 달리 우리 청년단의 지부 서기 구다오(谷倒)는 전형적인 지식인 청년으로 순박하고 학생티가 많이 났다. 그가 내 손을 꼭 쥐고 잔뜩 흥분한 목소리로 "진정펑 동지, 입단 승인이 떨어졌어요, 축하합니다!"라고 말했을 때, 어째 그가 나보다 더 좋아하는 것 같았다. 나를 '동지'라고 불렀다는 사실에 마음이 뜨거워졌다. 비로소 내가 청년단에 입단했다는 사실을 실감했고, 나는 지금도 청년단의 일원이다.

그 시절을 떠올리면 다시 그때로 돌아간 것만 같다. 생기발랄하고 찬란했던 그 시간으로! 문득 현실이 아닌 듯한, 무언가 잃어버린 듯한 느낌이 든다. 세월이 흘러 다시는 청춘으로 돌아갈 수 없다는 황혼의 탄식 같은 것이 아니다. 그저 일생 동안 수없이 잃어버린 시간에 대한, 수없이 깨진 상상과 희망에 대한 나름의 회한이랄까.

나는 해방 후 베이징에서 단원들과 함께 보냈던 시절이 너무도 그립다. 때마침 그때는 몹시도 추운 겨울이었다. 한파로 찬 바람이 불고 눈이 날렸지만, 마음만큼

---

6 / 역주 : 베로 만든 초록색 신발, 중국 인민 해방군 병사가 신었음

은 따뜻했다. 주말이면 단원들과 스사하이(什刹海)에 가서 넘어지고 또 넘어지면서 스케이트를 탔다. 스케이트장은 온통 활기찬 웃음소리로 가득 찼다. 아가씨들이 깔깔대는 소리가 확성기에서 흘러나오는 음악과 뒤섞였다……. 아, 이것이야말로 청춘이 아니겠는가?

서로를 친근하게 '동지'라고 부르면서 열정적으로 연습하고 공연하던 순간, 워터우와 절인 무를 먹고, 통마늘의 매운맛에 눈물을 찔끔 흘렸던 순간 등이 새록새록 떠오른다. 소그룹 회의에서 지적받으면 잘못을 솔직하게 인정하고 자아비판을 했고, 눈물을 보일 때마다 조장이 그들의 어깨를 토닥이며 "울지 마. 다 큰 어른이 울기는. 잘못을 알았으니까 됐어. 다들 네가 많이 노력한다고 생각해……"라고 말하곤 했다.

그렇다! 우리는 모두 좋은 동지였다.

나는 여느 때처럼 연습실로 향했다. 연습실에 거의 도착했을 때쯤, 몇십 명이 '부―, 부―우', '앙―앙―' 하며 악기를 조율하는 소리가 들렸다. 높고 낮은 소리가 뒤섞여 연습실 상공에 흩날렸는데, 그러다 아주 천천히 모이고 모여 금세 하나의 순수하고 정확한 'A'음을 만들어냈다. 그 순간, 나는 문득 이런 생각이 들었다. '전국 각지에서 모인 이들이 같은 목표를 위해 하나가 되는구나.' 아, 이 얼마나 순수하고 한결같은 'La'인가. 여러 사람의 마음이 하나로 녹아들고 당에 대한 믿음과 친밀감으로 하나가 되는 것과 같았다.

그런데 감히 상상조차 못 했던 일이 일어났다. 그로부터 얼마 지나지 않아, 좋은 동지였던 몇몇이 돌연 '적'으로 탈바꿈했다. 그것도 아주 교활하고 잔인한 적으로. 그들은 타인의 가슴을 찢어발기는 잔혹한 방법으로 소중한 청춘을 모욕하고 학대하고 훼손했으며 생기발랄하고 순결한 세월을 더럽혔다! 대체 왜? 무슨 이유로 그렇게 잔혹하고 무정한 일을 저질렀단 말인가? 아아, 그만, 그만두자. 지금은 아직 그 이야기를 꺼낼 때가 아니다. 고통의 흔적은 마치 거머리처럼 내 마음 곳곳에 기생하면서 한 번 툭 치기라도 하면 제멋대로 기어 나오곤 한다. 하아, 이제 다시 열정 가득한 그 시절 이야기로 돌아가 보자.

_____ 헝가리 가무단

1952년은 업무적인 부분에서 표창을 받고 정치적인 부분에서 공청단에 가입한 해였다. 그리고 그해에 생각도 못 한 '낭만적인 사건'이 일어났다. 짧은 시간이었지만 그 기억을 지우고 싶지 않다. 그 일에 대해 나는 회한보다는 약간의 죄책감을 가지고 있다. 이미 반세기 남짓이나 지난 일이니, 그냥 '어느 할아버지의 이야기'라고 생각하며 들어주시라.

1952년 봄, 베이징은 추웠다 더웠다를 반복하며 꽤 변덕스러웠다. 남쪽 지방에는 진즉에 울긋불긋한 꽃이 피었을 테지만, 나는 아직도 군용 솜재킷을 입고 있었다. 이른 아침, 극단 사무실에서 내게 진쯔광 동지를 만나 보라는 통지를 보냈다. 진쯔광 동지는 극단의 사무장으로 리보자오 단장 부재 시 '단장 대행'을 맡아 일을 처리했다. 작고 뚱뚱한 체구에 얼굴은 볼그스름하니 혈색이 좋았다. 그가 나를 반갑게 맞으며 문화처로 안내했다. 그곳에서 잠시 맡을 업무가 있다는 말도 덧붙였다.

그리고 바로 다음 주에 헝가리 국립가무단이 중국으로 순회공연을 왔다. '사회주의 대가족' 가운데 소련을 제외하고 최초로 형제 국가에 대형 예술단체를 보낸 공연이었다. 행사는 문화부가 주최하고 당시 의전국 국장이었던 톈한(田漢) 동지가 총책임을 맡았다. 그는 행사 진행을 위해 관련 부처에서 영어나 러시아어를 할 줄 알고, 서양 문화예술에 조예가 있는 젊은 동지를 차출하여 의전팀, 기술인력팀 등을 만들었다. 당시 차출된 멤버에는 베이징 군구문공단(軍區文工團) 소속 탕장(唐江), 매너 좋고 영어를 능통하게 구사하는 여성 동지, 펑쭝푸(馮宗璞)[7]가 있었다. 펑쭝푸는 헝가리 국립가무단의 예술 총감독, 마리야의 일을 도왔고, 나는 지휘자 야로호를 수행하며 악단 연주 연습과 일부 대외 교류 활동을 도왔다. 헝가리 민족, 특히 예술을 하는 사람들은 열정적이고 활발했기에, 우리는 며칠 만에 아주 친한 사이가 됐다.

7 / 얼마 후 그녀가 철학가 펑유란(馮友蘭)의 딸이라는 사실을 알게 됨

헝가리 가무단의 공연은 꽤 인기가 있었는데, 사람들은 그중에서도 '병무(甁舞)'가 나오는 장면을 가장 좋아했다. 경쾌한 민간 무곡이 흐르면 생기발랄하고 어여쁜 농촌 소녀들이 화려한 치마를 입고 물병이나 물동이를 머리에 인 채로 노래하고 춤추며 서로 놀리기까지 했다. 물을 길으러 가는 길을 해학적으로 표현한 장면이었다. 공연이 끝나면 관중들이 "라라, 랄라라……"하며 주제곡을 흥얼거리는 소리를 들을 수 있었다.

가무단 악대에는 연주가가 스물한 명뿐이었다. 악기는 현악(바이올린, 첼로, 콘트라베이스), 클라리넷, 민간 피리 그리고 중국의 대형 양금(揚琴)을 똑 닮은 쳄발로(Cembalo)가 있었다. 수석 바이올리니스트가 악단 앞에 서서 합주를 이끌고 지휘했다. 단원들의 연주 솜씨는 유려했고 표정에는 풍부한 감정이 담겨 있었다. 헝가리의 색채가 짙게 묻어나는 연주였다. 생생하고 멋진 민간 음악을 연주할 때는 물론이고 클래식의 대가 프란츠 리스트(Franz Liszt)의 명작《헝가리 랩소디 2번》을 연주할 때는 마치 대형 교향악단이 만들어내는 소리 같았다. 절정 부분에서는 용솟음치는 음악의 바다에 떨어진 듯한 느낌마저 들었다! 이것이 진정한 헝가리 그 자체였고 헝가리 민족의 뜨거운 피가 흐르는 악단이었다!

다행히 나는 거의 매일 오전에 홀에 앉아 가무단의 합창 연습을 지켜볼 기회가 있었다. 나는 그렇게 생동감 넘치는 합창 연습을 본 적이 없었다. 수십 년이 지난 지금도 그들이 졸탄 코다이(Zoltan Kodaly)가 헝가리 민요를 주제로 만든 무반주 합창곡《황혼》을 부르던 모습을 기억한다. 단원은 약 40여 명에 불과했지만, 기가 막힌 화음이었고 그러면서 독특한 분위기까지 자아냈다. 합창 소리를 듣고 있노라면 환상적인 세계에 깊숙이 빠져드는 듯했다.

예술 부문 총감독은 중국 노래 두 곡을 선정하여 나더러 단원들을 가르쳐 달라고 부탁했다. 중국어로 불러야 한다는 말도 덧붙였다. 어렵지만 굉장히 유쾌한 작업이었다. 합창 단원들은 중국어 발음을 곧잘 따라 했는데,《둥팡훙(東方紅)》은 그럭저럭 쉽게 넘어갔지만, 두 번째 곡《그 머나먼 곳(在那遙遠的地方)》은 그리 간단하지 않았다. 그런데도 단원들은 그 곡을 유독 좋아했다. 내가 아는 모든 영어 단어를 총동원해서 가사의 내용을 대략 번역했는데, 다들 풍부한 상상력으로 내용을 금세 파악했다. 그래서 지휘할 때 내가 특별히 주문하지 않아도 단원들이 곡을 잘 해석해서 불렀다.

그들은 쉬는 시간에도 서로 중국어 발음을 비교해 보곤 했다. 그때 메조소프라노를 맡은 여성 단원 하나가 따로 나를 찾아왔다. 머리카락을 곱게 땋아 올린 그녀는 보통의 피부색에 까맣고 빛나는 눈동자를 가지고 있었다. 그녀는 내 앞에서 노래한 다음 잘못된 발음을 고쳐 달라고 했다. 노래하는 목소리가 따뜻하고 질박하여 깊은 인상을 남겼다. 시간이 지나고 나서 그녀가 혼혈이라는 사실을 알게 됐다. 우이나지 마리야라는 이름을 가진 그녀는 단원 중 나이가 가장 어렸고 본래 부다페스트 음악원의 학생이었다. 마리야는 성격이 활발하고 명랑한 데다 예뻤다. 합창단에서도 너 나 할 것 없이 모두 그녀를 좋아했다. 마리야는 틈만 나면 나를 찾아와 중국어를 배우고 이야기도 나눴다. 지휘자는 농담하듯 이렇게 말하기도 했다.

"마리야, 중국어 배워서 중국으로 시집가면 되겠네."

그럼 마리야는 웃으며 이렇게 대답했다.

"You are right!"

순회공연은 베이징에서 시작해 우한, 광저우, 항저우, 상하이 등 여러 지역으로 이어졌기에 우리는 전용열차에서 보내는 시간이 많았다. 마리야는 일이 없을 때마다 혼자 내가 묵는 개인실에 찾아와 중국어를 배우기도 하고, 내게 헝가리어를 가르쳐주기도 했다. 그녀는 영어를 곧잘 하고, 표현력도 좋았기 때문에 의사소통에 문제가 없었다. 마리야는 장난기가 가득했던 어린 시절 이야기와 그녀의 집, 부다페스트, 다뉴브강에 대한 이야기를 들려주었다. 물론 음악 얘기가 빠질 순 없었다. 한 번은 그녀가 불러준 헝가리 민요에서 동양적인 색채를 느낄 수 있었다. 어쨌거나 우리는 할 수 있는 모든 이야기를 나누었다. 어느 날 마리야가 무심결에 내게 결혼을 했느냐고 물었다. 내가 안 했다고 하자 살며시 웃으며 냉큼 말머리를 돌렸다. 나는 마리야가 나를 좋아한다는 사실을 감지했다. 그녀는 나와 둘이 있을 기회를 놓치는 법이 없었다. 나도 그녀의 똑똑하고 활기찬 모습이 좋았다. 순회공연은 마치 여행을 다니는 것 같은 느낌이었고 사람들과 우정을 쌓기에도 좋았다. 남쪽 지방의 순회공연을 마치고 베이징으로 돌아온 우리는 이틀 동안 휴식을 취한 후 다시 북쪽으로 올라갈 채비를 했다. 선양(瀋陽), 창춘(長春)에서 공연을 끝낸 후, 곧장 만저우리(滿洲里)로 가서 바로 귀국길에 오르는 일정이었다. 베이징을 떠나기 전, 환송회가 열렸다.

환송회는 순회공연의 성공을 축하하고 석별의 정을 나누는 자리였다. 가무단의 단원들, 중국 측 간부 몇 명 그리고 의전을 맡았던 동지들이 각자 잔을 들고 노래를 부르며 서로 축배를 제안했다. 늦은 밤까지 즐거운 시간을 보낸 우리는 아쉬운 마음을 뒤로한 채 환송회를 마쳤다. 마리야는 술이 조금 과했는지 내게 방에 데려다 달라고 청했다. 그녀는 방에 들어가자마자 돌연 내 품으로 파고들며 길게 입맞춤을 했다. 그리고는 몸을 돌려 내 품에 기댄 채로 얼굴을 가리고 흐느꼈다. 나는 순간 어찌할 바를 몰랐다. 무슨 말을 해야 좋을지 몰랐던 나는 그저 마리야의 어깨와 등을 가볍게 어루만졌다. 작은 목소리로 그녀의 이름을 부르며 아이 달래듯 다독인 다음 그녀를 부축해 침대에 눕혔다. 마리야는 진짜 아이처럼 금세 잠이 들었다.

이튿날 아침, 나는 뷔페식당에서 마리야와 마주쳤다. 그녀는 말짱한 얼굴로 접시를 든 채 내게 다가와 멋쩍게 웃어 보였다. 개구쟁이처럼 스푼으로 내 손등을 톡톡 두드리고 나를 힐끗 바라보고는 그대로 가버렸다. 어젯밤에 아무 일도 없었다는 듯이 천연덕스럽게 행동했지만, 그녀의 웃음과 눈길에는 예전과 다른 무언가가 담겨 있었다.

창춘에서 마지막 공연을 마친 후, 호텔로 돌아왔다. 내일 바로 만저우리로 가서 귀국길에 올라야 하기에 다들 일찍 잠자리에 들었다. 조용한 밤, 누군가가 방문을 두드렸다. 예상대로 그녀가 들어왔다. 어쨌거나 한 번은 진지한 대화를 나눠야만 했다.

우리는 잠시 숨을 고르며 조용히 서로를 바라보았다.

마리야가 먼저 입을 뗐다. 간결하고 솔직하게 자신의 마음을 전했다. 우리 둘 다 장황한 설명을 할 정도로 영어 실력이 좋진 않았고 그나마 마리야가 나보다 조금 나았다. 그녀는 마음의 결정을 내린 듯 얼핏 비장한 느낌마저 들었다. 그녀는 나를 사랑하고 중국이 좋다고 했다. 귀국한 후에 부모님과 상의하여 중국에 오겠다고 말한 뒤 잠시 뜸을 들이다가 힘겹게 말을 이었다.

"당신 때문만은 아니에요. 중국에서 공부할 수도 있고, 일을 할 수도 있잖아요. 나는 꽤 괜찮은 합창 단원이니까. 그렇게 생각하지 않나요?"

그녀는 일부러 편안한 미소를 지어 보였다.

"당신도 나를 사랑한다면, 우리 결혼해요. 당신에게 시집갈래요."

이 말을 끝으로 긴 한숨을 내뱉었다. 그녀는 자기 진심을 전하는 데 큰 용기를 냈고 이제 그 무거운 짐을 내려놓은 듯했다.

나는 마리야의 솔직한 고백에 무척이나 감동했다. 그녀의 진심, 순수함이기도 한 감정이 소중하게 다가왔다. '내 사랑은 스스로 쟁취하겠다'는 의외의 순애보적 성격도 알게 되었다. 나도 똑똑하고 열정적이고 순박하고 예쁜 그녀가 좋았다. 그렇지만 이건 그녀에게 구애하거나 결혼하고 싶은 그런 감정은 아니었다. 이런 마음을 완곡하게 전할 만큼 영어 실력이 좋지 않아서 혹시나 그녀의 마음을 다치게 할까 걱정했다. 내가 아끼는 그녀에게 상처 줘야 한다는 생각에 괴로웠고 어떻게 위로해야 좋을지 몰라 답답했다. 그래서 계속 "그래, 알아. 나도 널 좋아해. 보고 싶을 거야. 편지하자, 응? 편지……"라는 말만 반복했다. 마리야는 줄곧 내 품에 안긴 채로 눈물을 흘렸고, 우리는 그렇게 서로에게 기댄 채로 한참을 침묵했다.

이튿날 새벽, 중국 측 담당자들은 대부분 창춘 공연이 끝난 후 철수하고, 의전 팀에서는 나만 남게 되었다. 플랫폼에는 나, 헝가리 대사와 수행원 한 명 그리고 통역사만이 서서 가무단의 귀국을 배웅했다. 가무단 단원들은 분주히 움직이며 기차에 올라탈 준비를 했다. 그때 갑자기 후다닥 뛰쳐나온 마리야가 내게 편지 한 통을 건네며 나를 지그시 바라보았다.

나는 북받치는 마음을 가라앉히며 마지막 인사를 건넸다.

"마리야, 잘 가!"

"잘 있어요!"

그녀는 꽉 잠긴 목소리로 눈물을 흘리며 나를 한 번 끌어안더니 재빨리 뒤돌아 단원들을 향해 뛰어가 냉큼 기차에 올랐다. 기적소리와 함께 기차가 천천히 움직였다. 단원들이 창밖으로 손을 뻗어 우리를 향해 흔들었다. 어느 손이 마리야의 것이었을까……?

편지 안에는 마리야의 사진이 들어 있었고 사진 뒤에 그녀의 머리카락이 한 올 붙어 있었다. 사진 속에는 까맣고 반짝이는 왕눈이 소녀가 나를 지그시 바라보고 있었다…….

아무래도 내가 마리야의 뚝심과 감정을 과소평가했던 것 같다. 그녀는 헝가리로 돌아간 후에도 내게 계속 편지를 보내왔다. 그녀의 편지는 헝가리 대사관으로 보내졌고 대사관에서 내게 수령 통지를 보냈다.

극단으로 돌아온 나는 조직에 업무 보고를 올렸다. 보고에는 마리야와 있었던 일도 포함됐다. 이 일은 헝가리 대사관과 중국 외교부가 논의한 뒤, 심지어는 저우 총리께도 전해졌다. 그 후, 외교활동과 관련된 통보와 함께 규정 하나가 추가됐다. 하지만 나는 앞으로 다시는 연락하지 않는다는 조건으로 그저 '비판 교육'을 받는 것에 그쳤다.

처음에는 의기소침한 채로 남은 미련 때문에 힘들었다. 단지 마리야 때문만은 아니었다. 아마 누구나 많든 적든 이런 비슷한 경험을 한 적이 있을 것이다. 새로운 일에 열정을 쏟고 휴일을 맞은 듯 재미있는 나날을 보내다 갑자기 평범한 일상으로 내동댕이쳐졌을 때 드는 기분 말이다. 마치 꿈에서 갑자기 깼을 때 느껴지는 상실감 같은 것이기도 했다. 이런 그리움과 회상은 마음속을 오랫동안 떠돌았다. 특히나 강한 인상을 남긴 사람이나 장면은 더 길게 그리움으로 남았다.

나는 투르게네프의 소설을 읽으면서 열정과 사랑이 본질적으로 다르다는 사실을 깨달았다. 사랑은 순결하고 영원한 것으로 함께 있지 못하더라도 한마디 말도 나누지 못한데도 영원히 마음 깊숙한 곳에 남는다. 마치 룽룽처럼. 그러나 열정은 모래사장을 향해 집어삼킬 듯 달려드는 거대한 파도와 같다. 힘차게 솟아올랐다가 탄식 한 번으로 단숨에 가라앉아 다시 드넓은 바다로 회귀하는 파도를 닮았다. 파도가 지나간 자리에는 아무 흔적도 남지 않는다……. 마리야도 이 사실을 깨달았으리라 믿는다.

나는 오랜 시간을 들여 마지막 편지를 썼다. 짤막한 편지였다. 그녀에게 우리 사이에 있었던 일을 잊으라고 하지도 않았고, 그렇게 할 필요도 없었다. 나는 그저 영원히 행복하기를 바란다는 마음을 전했다.

그때 쉬즈모(徐志摩)가 쓴 《우연(偶然)》이란 시의 한 구절이 떠올랐다. '그대가 기억해도 좋지만, 가장 좋은 건 잊어버리는 것이라오. 우리가 만났을 때 비추던 그 찬란한 빛을'

_____ 간주곡

문득 내 생각과 감정을 정리할 시간이 필요하다는 생각이 들었다. 오페라 《장정》을 쓰는 작업부터 헝가리 가무단을 배웅하기까지 줄곧 흥분에 휩싸여 있었고 그만큼 정신적 에너지도 많이 소모됐다. 날마다 시간에 쫓기며 꽉 찬 하루 일정을 보내고 나면 까닭 모를 공허함이 찾아왔고 파편화된 기억만 남았다. 내게는 마음을 정리하고 치유할 시간이 필요했다. 그렇게 마음을 깨끗이 닦아내고 생각을 정리한 후에 다시 살아가야 했다.

그간의 경험으로 보아 마음을 가라앉히는 최고의 방법은 독서였다. 나는 오랫동안 책을 제대로 읽지 못했다는 사실에 깜짝 놀랐다! 마침 당분간은 급한 업무가 없어 자유롭게 시간을 쓸 수 있었다. 이제야 비로소 책을 읽을 여유가 생긴 것이다.

1952년은 제법 평온한 해였다. 일도 그렇게 많지 않았는데 예술처는 유독 더 한가했다. 예술처장 벤췬은 "일이 적을 때는 그 시간을 배움의 기회로 삼아야 훗날 힘을 발휘할 수 있다"라고 말했다. 나는 그 말을 귀담아듣고 실행에 옮겼다.

예술부에서 일하면 책이나 악보를 빌리기가 수월했다. 그저 고르기만 하면 됐으니까. 시탕쯔 골목의 서쪽 끝으로 나가면 길 맞은편에 소련, 체코와 폴란드 등 동유럽 국가의 서적, 악보, 음반 등을 구비해 놓은 국제 서점도 있었다. 서점 내에는 내부 직판처가 있었는데 내가 옛날부터 가장 즐겨 찾는 곳이었다. 이 밖에도 가까운 거리에 둥안(東安) 시장이 있었는데, 시장 서쪽에 줄지어 선 중고책 서점과 왕푸징 거리에 위치한 신화(新華)서점 2층도 있었다. 책과 악보를 뒤적이며 한가로이 시간을 보내기에 가장 좋은 곳이었다. 특히 둥안시장에서는 구하기 힘든 예전 악보와 음반을 저렴하게 건지는 행운을 만나기도 했다.

국제서점에 자주 들락날락한 덕분에 제법 친해진 점원이 서점에서 체코 전축을 수입했다는 정보를 귀띔해줬다. 형태와 색상이 고상하고 설치 및 사용법도 간편했는데, 특히 삼중 합판을 눌러 만든 아치형 커버를 밀어 올릴 수도 있고 잡아당길 수도 있는 혁신적인 제품이었다. 당시 나는 저음 공명이 아주 뛰어난 'MEIDUO' 브랜드의 라디오를 할부로 구입해 가지고 있었는데, 그것과 체코 전축을 연결해 가정용으로는 최상의 음향 설비를 갖추게 됐다. 이로써 집에서도 완벽한 음질로 교향곡을 즐길 수 있었다.

나는 삶의 '간주곡' 같은, 그리 길지 않은 시간을 음악을 듣고 책을 읽으며 보냈다.

시대가 시대이니만큼 당시에 나는 소련의 문학작품을 가장 많이 읽었다. 제일 인상 깊은 작품은 미하일 숄로호프의 《고요한 돈강》으로 내가 예전부터 꼭 한 번 읽어보고 싶어 했던 책이기도 했다. 숄로호프는 톨스토이의 《전쟁과 평화》 같은 웅장한 짜임새와 격식, 도스토옙스키의 세밀하고 핵심을 찌르는 심리묘사, 자신만의 독창적인 서술 기법으로 코사크족의 성격과 운명을 깊이 있게 풀어나갔다. 《고요한 돈강》을 좋아하는 이유는 현실주의라는 바탕 위에 내가 편애하는 낭만주의 색채가 짙게 깔려 있기 때문이기도 했다.

러시아의 문학과 예술에 대한 나의 사랑은 어린 시절 투르게네프의 작품을 접하면서 시작되었고 그때부터 풍요롭고 아름다운 문학의 세계에 눈을 떴다. 푸시킨, 톨스토이, 도스토옙스키, 안톤 체호프, 고리키 등 무수한 명작에 매료되었고, 차이코프스키, 모데스트 무소르그스키, 니콜라이 림스키코르사코프, 드미트리 쇼스타코비치 등 러시아 음악도 열렬히 사랑했다. 지금도 러시아 음악에 대한 나의 마음은 변함이 없다. 러시아 음악은 깊고 풍부한 감정을 독특한 개성과 색다른 스타일로 녹여낸다. 물론 내 취향에 맞아서 더 좋아하기도 한다. 나와 가장 넓은 공감대를 가진 음악가는 바로 악단의 수석 바이올리니스트인 차오빙판과 천푸쥔(陳復君)이었다. 천푸쥔은 러시아어를 전공하고 소련에서 유학 생활을 했으며, 이후에 다시 음악원에 들어가 음악학을 전공했다. 그녀는 성격과 기질은 물론 말하는 태도까지 명랑하고 솔직한 '러시아 스타일'이었다. 나는 그녀가 쓰촨 느낌이 물씬 나는 후난 말씨를 쓸 때마다 친근한 느낌을 받았고, 늘 그녀를 누나라고 불렀다. 그녀가 예술처에 들어오자 찬란히 빛나는 햇살이 비추는 듯했다.

그해 예술부는 조금 '추상적인' 기관이었고 나는 그게 거기에 걸맞게 유연하게 활동했다. 합창단에서는 지휘자로 활동하고 곡을 써야 할 때는 작곡가로 변신했다. 악단의 연주가가 부족할 때는 임시로 비올라 연주가가 되었다가 누가 음악 지도나 강의를 부탁하면 교사 역할도 했다. 한마디로 어디서나 누군가가 부르면 마다하지 않고 힘써 도왔다.

당시에 특강도 맡았는데, 내게 강의를 요청한 기관들은 수업이 끝날 때마다 보수를 넣은 봉투를 건넸다. 당연한 일이었음에도 나는 무시당한 기분이 들어 보수를 완곡히 거절했다. '혁명을 위한 일'을 한 것이지 돈을 바라고 한 일이 아니었기 때문이다. 후에 극원 사무실에서 내 앞으로 강의료가 도착했다며 와서 받아 가라고 했다. 그러면서 이는 정당한 노동의 대가이니 앞으로는 거절하지 말라고 당부했다. 지금 생각해 보면 참 웃긴 일이다.

예술부처는 정해진 출퇴근 시간이 없었다. 그래서 시간을 자유로이 분배하여 책을 읽고 음악을 듣거나 창작 활동을 하고 연습에 몰두할 수도 있었다. 나는 급한 업무가 없을 때면 상상의 나래를 펼치곤 했다. 예술처 한쪽 벽면에 큼지막한 전국지도가 붙어 있었는데, 종종 의자에 기댄 채 그 지도를 바라보며 끝없이 넓은 곳을 향해 홀로 정신 여행을 떠났다. 아쉽게도 지도에서만 이루어지는 여행이었지만 말이다.

나는 아무런 근심 걱정 없이 자유롭게 배우고 생활하던 그 시절에, 이제는 다시 없을 그 시절에 감사함을 느낀다. 무엇보다 좋은 친구들을 사귀었고 특히 벤쥔을 알게 된 것에 감사한다.

그 짧은 시간은 내게 더없이 소중한 '간주곡'이었다.

＿＿＿＿ 토지 개혁

'토지 개혁'이란 말에는 짙은 흙내음과 함께 신비롭고 강력한 흡인력이 느껴진다. 아마도 딩링(丁玲)의 《태양이 쌍간허를 비춘다(太陽照在桑乾河上)》에 나온 그 웅장한 토지 개혁 장면이 내게 깊은 인상을 남겼기 때문이리라. 거기에 '소부르주아 지식층'에 대한 나의 상상이 더해져 토지 개혁이 무척이나 낭만적으로 느껴졌다. 이런 이유로 베이징 토지 개혁 공작단이 결성된다는 소식을 듣고 가슴에 열정을 가득 품은 채 참가 신청을 했다.

우리 베이징 인민예술극원의 소그룹(조장은 감독 자오쥐인(焦菊隱)이 맡았고, 조원으로는 작가 덩유메이(鄧友梅), 배우 리빈(李濱), 악단 연주가 차오빙판, 장옌(蔣衍) 그리고 내가 있었다)은 화둥(華東) 지역에 속해 안후이(安徽) 지역의 토지 개혁을 맡았다. 우리는 먼저 기차를 타고 푸양지구(阜陽地區)로 가서 각지에서 모인 토지 개혁단과 함께 관련 정책을 공부한 후, 각각 흩어져 현장으로 향했다. 우리 그룹은 화이허(淮河)에서 소형 기선이 끄는 나무배를 타고 완난현(皖南縣)으로 갔다. 단기(團旗)가 한겨울의 매서운 바람에 쉬지 않고 펄럭였고, 소형 기선 끝부분에서는 세찬 물보라가 일었다. 뱃머리에 우뚝 선 우리는 마치 전선을 향해 달려가는 전사들처럼 의기양양했다.

완난현에 도착한 후, 우리 여섯 명은 각각 다른 토지 공작조에 편성된 후에야 안휘 지역 토지 개혁 제1기 작업에 돌입했다.

내가 편성된 공작조의 조장은 치(祁) 씨 성을 가진 산둥 사람으로 이른바 '토지 개혁 전문 농가'로 불리는 토지 개혁 공작대 동지였다. 그는 사소한 일에 구애받는 법이 없었고 일 처리가 깔끔한 데다 재치까지 겸비한 사람이었다. 나는 그의 기록원(하는 일은 비서와 유사했다)으로서 그림자처럼 따라다니며 각종 절차와 주요 단계들을 기록했다. 우리는 빈곤 농가를 찾아가 고충을 조사하거나 빈농과 소작농 가운데 열성적인 농사꾼을 모아 단체를 만들었는데, 그때마다 나는 치 조장의 예리한 안목에 깜짝 놀라곤 했다. 사람들과 편하게 대화하는 듯 보여도 몇 번 이야기를 주고받고 나면, 누가 어떤 사람인지 금세 파악했다. 누구는 이렇고 누구는 저렇고 누가 성실하고 누가 입만 산 뺀질인지 알려주었고 그의 판단은 십중팔구 맞아떨어졌다. 비판투쟁집회가 열릴 때면, 그는 담배를 피우고 과쯔를 까먹으면서 사람들을 세심하게 관찰했다. 그러다 갑자기 내게 누가 어떤 사실을 폭로했는지 적으라고 지시했고 회의가 끝나면 그 사람을 불러 사실을 확인했다. 확인을 끝내고 그 사람을 돌려보낼 때면 "개수작 부리기는! ××놈!"이라고 욕지거리를 내뱉거나 내게 "적어 둬!"라고 말하곤 했다.

세월이 많이 흘러 기억이 흐릿하지만, 어쨌거나 나는 긴장된 분위기 속에서 한 계단씩 착실하게 토지 개혁의 임무를 수행했다. 나는 빈농중농회를 열고, 빈농을 방문해 그들의 고충을 듣고, 개혁에 적극적으로 참여하는 이들의 상황을 파악하고, 조사 자료를 작성했다. 또한, 지주 및 부농과 토지 분배를 두고 설전을 벌였고, 회계 업무나 토지 분배 방안도 수립했다. 그렇게 격렬하고 첨예하게 대립하면서 지치고 흥분되는 날들을 보냈다. 마지막 단계로 토지를 측량하고 분배할 때는 겨울이라 논에 풀 한 포기 자라지 않았다. 토지 측량조가 어딜 가든 어린아이와 부녀자들이 그 뒤를 졸졸 따라다니며 흥에 겨운 듯 무언가를 재잘거렸다. 일부 오래된 간부들은 쉬엄쉬엄하면서 이따금 상황에 맞춰 회의를 열었고, 우리 젊은 신참들은 여전히 넘치는 의욕으로 흥분을 감추지 못했다.

제1기 작업이 진행되는 동안 나는 치 조장을 따라 사방으로 바삐 다니며 현황을 조사하고 파악했다. 그 지방의 사람들과 함께 먹고 자고 일하며 농민들의 고충을 직접 보고 들었다. 당시는 농한기에 접어들어 주로 거름을 모으거나 땔감을 줍는 일이 전부였다. 농민들의 생활은 참으로 각박하고 고단했다. 고충 토로회에서 그들이 겪는 어려움을 적고 있으면 마음이 아파 계속 듣고 있기가 힘들 지경이었다. 항일전쟁으로 피난을 다녔던 때, 우리 가족은 거의 농촌에서 생활했었다. 그때의 상황과 비교해 볼 때, 안후이 지역의 농촌은 사정이 이루 말할 수 없을 만큼 어려웠다. 마땅히 부유할 것이라 생각하는 부농이나 지주들조차 쓰촨의 중농들보다 더 가난했다! 심지어 평균 점유지 기준에 따라 토지를 분배할 때는 당혹스러운 사실에 망설이기도 했다. 광활한 영토를 지닌 중국은 지역마다 자연조건이 달랐기에 이 같은 현상을 순전히 계층의 갈등 문제로만 치부할 수 없었다. 나는 치 조장에게 이에 대해 이야기한 적이 있었는데, 그 역시 한숨을 쉬며 말했다.

"아직 갈 길이 멀지."

제2기 작업에 돌입해야 할 시점에 치 조장이 베테랑 토지 개혁 대원들을 데리고 주변 현으로 전근을 가게 됐다. 치 조장과 정이 든 나는 그가 떠난다는 사실이 무척이나 아쉬웠고 그런 내 마음을 알아챈 그가 내 어깨를 토닥이며 말했다.

"2기 작업은 자네가 조를 이끌어야 해. 내가 아는 것은 이미 다 자네에게 가르쳐줬네. 자네는 잘할 거야. 자신감을 가지고 끝까지 밀고 나가게. 우리는 또 만날 기회가 있을 거야!"

나는 논두렁 위에 서서 그들을 배웅했다. 십여 명쯤 되는 베테랑들은 각자 우산을 찔러 넣은 침낭을 등에 짊어지고 천가방을 비스듬히 멘 채 커다란 법랑컵을 허리띠에 달았다. 치 조장은 꺾은 버드나무 가지를 노랫가락에 맞춰 멋스럽게 휘두르며 논두렁을 따라 발걸음을 옮겼다. 그들이 점점 멀어져갔다……. 나는 눈물을 머금은 채 수년간 고된 생활을 한 치 조장과 노장들을 향해 경례를 올렸다. 그들은 조국의 대지를 두루 다니며 묵묵히 고된 전투를 계속해나갈 것이다……

아버지의 마지막 날들

1952년 봄, 안후이성 완난현에서 제2기 토지 개혁 작업을 마친 베이징 토지 개혁 분단(分團)은 푸양에 모여 그간의 성과를 총결산했다. 대체로 모든 단원이 만족스러운 평가를 받았기에 즐거운 마음으로 친목 만찬회를 열었다. 그리고 이튿날 아침, 베이징으로 돌아가는 기차에 몸을 실었다. 간밤에 제대로 자지 못해 피곤했다. 우리 분단은 대부분이 젊은 지식층이었다. 보통 '소부르주아 지식층'으로 일컬어지는 이들은 쉽게 흥분하는 경향이 있었기에 마음과 감상을 나누느라 밤을 꼬박 새웠고, 이제야 졸음이 쏟아지는 것이었다. 눈이 스르르 감기려는 찰나, 객실에 둥팡훙(東方紅)[8]이 울려 퍼졌다. 곧이어 소프라노처럼 듣기 좋은 음색을 지닌 여승무원이 '방송용 어투'로 이렇게 말했다.

"동지들, 좋은 아침입니다! 이번 역은 본 열차의 종착역인 베이징입니다……."

그 뒤의 말은 승객들의 환호성에 완전히 묻혀버렸다. 꾸벅꾸벅 졸던 승객들은 잠기운이 싹 가셨는지 시끌벅적하게 떠들고 노래를 부르며 짐을 꾸렸다. 서로 기념 서명을 하며 작별을 고하기도 했고, 어떤 이는 토지 개혁단의 붉은 깃발을 꺼내어 펼치기도 했다.

기차역 플랫폼에서는 "금의환향을 환영합니다!", "환영합니다!"라는 소리가 쩌렁쩌렁하게 울렸다. 우리 토지 개혁 '전사'들은 악수와 포옹 등으로 열렬한 환영을 받았다. 내가 눈을 돌려 힐끗 바라보니 덩유메이가 나를 향해 '쑥스럽다'는 듯 입을 벌린 채 웃고 있었다. 아, 그 덩유메이가 맞다! 훗날 유명 작가가 된 덩. 유. 메이 말이다!

극단 동지들도 우리를 마중 나왔다. 시탕쯔 골목 12호원에 들어서자 나를 기다리고 있던 리궈취안 단장이 눈에 들어왔다. 그가 반가운 표정으로 내 손을 꽉 잡았는데 얼굴에는 초조함과 원망이 뒤섞여 있었다.

"아이고, 드디어 왔네! 얼른 집에 가봐. 아버지 병세가 위중해. 그때 내가 가지

---

8 ／ 역주 : 마오쩌둥을 위한 찬가로 그가 살아있을 당시 대대적으로 불림

말라고 그렇게 말렸는데 한사코 가겠다고 고집을 부리더니만! 다들 자네를 목이 빠지게 기다렸잖나. 어서 가보게!"

그 순간, 기쁨과 흥분이 싹 가셨다. 나는 부랴부랴 집을 향해 내달렸다. 마당 문을 벌컥 열어젖힌 다음 황급히 안으로 들어가 사립문을 열었다. 아버지는 몸을 구부린 채 작은 나무 의자에 앉아 직접 화단에 심은 꽃들을 바라보고 있었다. 내가 집을 떠나기 전에 뿌렸던 씨앗이 벌써 여린 싹을 틔운 채 아버지의 눈길을 받고 있었다.

"아버지, 저 왔어요!"

아버지가 고개를 들어 나를 보며 웃었다.

"아, 왔구나!"

이때 어머니가 나왔고 나는 곧장 어머니에게 달려갔다.

"어머니!"

어머니가 웃으며 물었다.

"이제 왔어? 밥 안 먹었지? 조금만 기다려라."

어머니는 바삐 부엌으로 향했다.

"아버지, 제가 안후이성에서 유명한 구징궁주(古井貢酒)를 가져왔어요."

아버지는 술에 관심 없는 듯 무심하게 천천히 일어났다. 내가 얼른 다가가 부축했지만, 아버지가 거부했다.

"토지 개혁은 훌륭한 일이다. 네가 그 일에 힘을 보탰다니 아주 기쁘구나……."

거뭇하고 앙상한 얼굴에 옅은 웃음꽃이 피었다. 아버지는 어머니가 담근 고추장을 젓가락으로 찍어 드실 뿐 식사는 거의 하지 않았고, 술은 반 잔 정도만 따른 채 나와 잔을 부딪치셨다. 어머니는 내가 가장 좋아하는 붕어 요리를 준비하고 계셨는데 아버지께 술을 많이 드리지 말라고 눈치를 주셨다.

아버지는 말이 없었다. 나는 그가 무슨 말을 하려는지 이미 알고 있었기에 잠자코 기다렸다.

"가오바오."

아버지는 아주 천천히 말을 이었다.

"내가 지독한 병에 걸린 것 같다. 네가 집을 떠날 때는 폐결핵 정도로 생각했는데."

아버지가 짧게 기침했다.

"폐병이면 대수롭지 않은데, 이건……."

아버지는 말을 잇지 못했다. 어떻게 말할지 생각하시는 듯했다. 한참 후, 아버지는 자조하듯 입가에 쓴웃음을 지었다. 나는 속이 타들어 가는 듯했지만, 뒷말을 재촉하지 않았다.

"네 엄마와 선양에 가서 의사 선생님을 뵀다. 충칭에 있을 때 네가 한밤중에 달려가 모셔왔던 그 조선인 의사 말이다."

내가 기억난다는 듯 고개를 끄덕이며 물었다.

"뭐라고 해요?"

병중에 안뜰에서 어머니와
함께 찍은 마지막 사진

"결핵(T.B)이 아니라…… 암인 것 같다더구나."

당시 나는 그런 병이 있다는 얘기를 들어본 적이 없어 무엇을 뜻하는지 몰랐다. 그저 잿빛처럼 검게 시든 아버지의 얼굴을 보고 위독한 상황이라는 느낌이 들었을 뿐이었다.

"치료할 수 있을 거예요."

내가 위로하듯 말했다.

"그래, 앞으로 할 일은 정해졌니?"

아버지는 쓴웃음을 짓고는 화제를 돌렸다.

"아직이요."

"음악을 해라."

아버지가 사뭇 진지한 음성으로 말했다. 아버지가 내가 음악을 한다는 사실에 찬성한다는 뜻을 내비친 것은 그때가 처음이었다.

아버지가 태도를 바꾼 데에는 내가 참여했던 창작 오페라《장정》의 영향이 컸

268

다. 나는 토지 개혁을 위해 집을 떠나기 전, 다른 작곡가들과 함께 대형 오페라 《장정》에 쓸 곡을 만들었다. 내가 참여한 부분은 관현악 편곡에 불과했지만, 팸플릿과 포스터에 아들의 이름이 인쇄된 것을 본 아버지는 자기 아들이 대형 오페라를 만들었다는 사실에 큰 기쁨과 위안을 받았다. 지금 생각하면, 아버지는 살날이 얼마 남지 않았음을 직감했던 게 아니었을까 싶다. 내가 늘 아버지의 응원을 바랐다는 사실을 알고 마지막으로 내게 용기를 북돋아 준 것이다.

그날 밤, 나는 아버지가 잠자리에 든 후 어머니와 바깥에서 한참 동안 아버지의 병에 대해 이야기를 나눴다. 어머니는 극도로 지친 모습에 절망 속에 빠진 듯했지만, 아버지 앞에서는 낙담하는 모습을 보이는 법이 없었다. 이야기를 나누던 도중에 방 안에서 아버지의 기침 소리가 들려왔다. 어머니는 벌떡 일어나 냉큼 방으로 들어간 후 아버지에게 물을 드렸다.

"어서 자."

어렴풋이 아버지의 목소리가 들렸다. 어머니는 "네"라고 대답했지만, 잠시 후 살그머니 밖으로 나왔다. 어머니는 가족에게, 장남인 나에게 그동안 꾹 눌러 온 마음을 모두 털어놓고 싶으셨던 것이다!

이튿날, 나는 혼자 셰허(協和) 병원에 가서 아버지의 주치의를 만났다. 아버지는 폐암 말기였다. 당시에도 폐암은 불치병으로 사망률이 높은 질병이었다. 가장 선진화된 방법은 속칭 '전기 치료'로 레이저를 쏴서 치료하는 것이었다. ×선으로 종양의 위치를 파악해 '파란 잉크'로 아버지 가슴에 암세포가 있는 곳을 표시한 다음 레이저로 암세포를 죽이는 방법이었다. 그러나 건강한 세포도 죽일 수밖에 없고 환자가 극심한 통증을 견뎌야 하는 방법이기도 했다.

"아버지가 강인한 분이시더군요. 자신은 반드시 살아야 한다고, 평생 바라던 일을 이루어야 한다고 하셨습니다."

하마터면 울음을 쏟을 뻔했다. 나는 의사에게 아버지의 평생소원과 말 못 할 고통을 털어놓으며 아버지를 살려 달라고 간청했다. 그도 감동을 하였는지 진지한 표정으로 내게 말했다.

"암이라는 병이 그렇게 생기기도 합니다. 정신적 스트레스와 극심한 고통이 암을 유발하기 쉽지요."

그리고 한참 동안 침묵을 지키다가 길게 한숨을 쉬며 자리에서 일어나 이렇게 외쳤다.

"최선을 다하겠습니다!"

풍부한 인생 경험을 지닌 아버지는 비밀 뒤에 숨겨진 진실을 꿰뚫어 보는 분이었다. 아버지는 진실을 알면서도 항상 태연한 모습을 보였다. 다음 날, 나는 어머니와 함께 아버지를 병원에 모시고 갔다. 우리는 마음을 졸이며 치료실 밖에서 아버지가 나오길 기다렸다. 시간은 잔인할 정도로 느리게 흘렀다. 드디어 치료실 문이 열리며 간호사가 조심스레 아버지를 부축하고 나왔다. 우리는 황급히 아버지를 부축했다. 아버지는 안색이 대단히 창백했고 눈을 살짝 감은 채로 마치 마비된 사람처럼 내게 기대어 천천히 치료실 밖에 있는 긴 의자에 앉았다. 한참 후, 의사가 나왔고 그를 따라온 간호사가 아버지에서 주사를 났다. 의사가 말했다.

"이제 조금 쉬었다가 돌아가시면 됩니다."

집으로 돌아온 후, 아버지는 반나절은 누워 있었다. 잠시 깨어난 아버지는 물을 달라고 했고, 내가 따뜻한 차를 건넸다. 아버지는 나를 보고 쓴웃음을 지으며 농담하듯 한마디를 뱉었다.

"고문이 따로 없구나."

그리고 차를 한 모금 마신 후 기력이 없다는 듯 다시 눈을 감고 금세 잠에 빠졌다. 나는 깊이 잠든 아버지를 바라보다 베이징에 갓 왔을 때 있었던 일이 떠올랐다. 아버지를 모시고 조선족 무용가 추이청시(崔承禧)의 무도회에 갔었는데 아버지가 무척이나 즐거워하셨다. 아버지는 기대에 부풀어, 꼼꼼히 면도하고 멋진 예복까진 아니어도 깔끔하게 차려입고는 일찍 극장에 도착하셨다. 막이 열리고 음악이 흐르자 아버지의 얼굴에 생기가 넘쳐흘렀다. 아버지는 마치 자신이 무대에 오른 것처럼 온 신경을 집중했다. 나는 나중에서야 그때 나온 음악이 아버지가 어릴 적부터 들은 친숙한 노래였다는 사실을 알게 됐다. 그래서였을까. 아버지는 북소리의 박자에 맞춰 조건 반사처럼 몸을 움직였고, 눈가는 눈물이 맺혀 반짝였다. 공연이 끝난 후, 아버지는 마치 넋을 잃은 듯 오래도록 제자리에 앉아 있었다. 관객들이 거의 다 빠져나간 후에도 그는 여전히 자리를 지켰다. 아마도 상상 속에서나마 고향에 다녀오신 것이리라. 아버지는 천천히 아주 긴 숨을 내뱉고는 눈물을 훔쳤다…….

어느 누가 아버지의 그때 그 마음을 표현할 수 있을까?

아마 1951년 하반기의 일일 것이다. 나는 옌볜(延邊)가무단이 베이징에서 공연한다는 소식을 듣고 표를 구해 아버지를 모시고 갔다. 공연은 노천극장이었던 중산공원 음악당에서 열렸는데, 당시 대형 공연이 열릴만한 장소는 그곳뿐이었다. 아버지는 조금이라도 빨리 공연을 보고 싶은 마음에 조바심이 났는지 일찍 출발하자고 성화였다. 우리는 입장까지 시간이 많이 남았기에 공원에서 한가로이 걸으며 담소를 나눴다. 그때 아버지가 내게 했던 말씀을, 나는 아직도 기억한다.

"한민족은 음악과 춤에 천부적인 자질을 지녔다. 너희들에게 한국어를 가르치지 못한 것이 너무 아쉽구나. 한국어는 음악적으로 아주 뛰어난 언어야. 그래서 한민족이 음악에 뛰어난 거란다."

훗날 중앙민족학원 예술과에 근무하면서 이 말의 뜻을 체감했다.

그날 아버지는 옌볜가무단의 공연이 시작되자마자 북받치는 감정에 사로잡혔다. 합창단이 퍄오유(朴祐)가 작곡한 대합창《조선 인민은 일어났다(朝鮮人民站起來了)》를 한국어로 불렀기 때문에 나는 내용을 알아듣지 못했고 아버지처럼 흥분하지 않았다. 힘 있고 여운이 남는 장음으로 곡이 끝나자 아버지는 뜨거운 피가 끓어오르는 듯 감정을 주체하지 못하고 제자리에서 벌떡 일어나 힘껏 박수를 쳤다! 나는 그런 광경을 본 적이 없었다. 아버지는 내게 무대 뒤로 가자고 보챘다.

"가서 고맙다고 인사해야지!"

나는 공연이 끝난 후에 가자고, 공연 중에는 정신이 없기 때문에 방해만 될 거라며 아버지를 간신히 뜯어말렸다. 그때 마침 조선족의 정수무(頂水舞)가 펼쳐지며 아버지의 눈길을 확 사로잡았다. 그 후로도 눈이 휘둥그레질 정도로 훌륭한 공연이 펼쳐졌다. 아버지는 쉴 새 없이 몰아치는 감동에 공연이 끝날 때까지 넋을 놓고 있다가 힘껏 박수를 쳤다. 나는 그런 아버지가 조금 부끄러워 그의 옷소매를 잡아당기며 말했다.

"아버지, 무대 뒤로 가고 싶다면서요?"

"아! 그래, 가야지! 어서 가자!"

무대 뒤는 분주했다. 나는 잠시 기다렸다가 우리 곁을 지나가는 나이 지긋한 남자 배우에게 말을 걸었다.

"이 분은 제 아버지이신데, 조선 분이세요. 공연에 너무 감동을 받으셨다고⋯⋯."

아버지는 남자 배우와 악수한 후, 잔뜩 흥분한 채 한국어로 뭐라고 말했다. 그랬더니 그 남자 배우가 다른 배우 하나를 불러 세워 무언가를 부탁했다. 잠시 후, 그가 합창단 악보를 가져와 아버지에게 건넸다.《조선 인민은 일어났다》의 악보였다.

아버지는 집에 오자마자 내게 그 악보를 쥐여 주며 불러보라고 재촉했다. 가사는 없어도 된다면서. 한 번, 두 번, 세 번 계속 불렀고 아버지는 내 노래를 들으며 악보를 자세히 살폈다. 그러다가 중간에 몇 소절을 직접 부르기도 했다. 아버지가 갑자기 멈추더니 손을 휘휘 저으며 "그만 가서 자거라!"라고 말하고는 혼자 책상 앞에 앉았다.

이튿날, 아버지는 중국어로 번역한 가사를 내게 보여주며 잔뜩 흥분된 목소리로 말했다.

"내가 중국어로 다 바꿔 놨다! 이걸 너희 극원 합창단에게 주거라. 반드시 불러야 해! 너무 훌륭한 노래야. 나는 조선인으로서 사람들이 이 노래를 부르고 들을 수 있도록 번역할 책임이 있다!"

그 곡은 우리 합창단의 단골 레퍼토리가 되면서 열렬한 사랑을 받았다. 후에 소련군 위문공연 차 뤼다시(旅大市)를 찾았을 때, 고국으로 돌아가는 일본 교포의 가족들을 환송하는 자리가 있었다. 나는《조선 인민은 일어났다》를 공연 프로그램에 넣고 합창 단원들에게 조선이 일본의 침략을 받아 나라를 빼앗긴 일과 아버지가 그 곡을 중국어로 번역했을 때의 심정을 설명했다. 단원들은 내 설명을 듣고 다들 감정이 격해졌고 실제 공연에서는 공동의 적에 대한 적개심을 불태우며 왜놈들에게 받은 치욕을 씻어내겠다는 마음으로 똘똘 뭉쳤다. 어떤 단원은 눈물을 흘리기까지 했다. '일본 놈들아, 들어라!' 지휘를 마친 나는 무대에서 내려가며 새까맣게 모여든 일본인들이 고개를 푹 숙이고 있는 모습을 보았다! 이제는 아버지에게 그날의 일을 전할 길이 없지만, 나는 우리가 조국의 원수 앞에서 그 곡을 불렀다는 사실을 말해주고 싶었다. '아버지! 아버지가 생전에 번역하신 곡을 불렀어요! 그 맹세와도 같았던 노래로 증오스러운 그들을 향해 목청껏 불렀습니다! 다들 고개를 떨궜어요!'

베이징에 온지 얼마 지나지 않았을 때, 극원에서 나를 베이징 노동인민문화궁의 아마추어 예술학교로 파견했었다. 나는 그곳에서 음악 지도를 맡았는데, 예술에 재능이 있는 초중고 학생들에게 음악과 합창을 가르칠 기회가 있었다. 당시에는 어린이가 부를 만한 노래가 너무 적었는데, 그 이야기를 들은 아버지가 내가 어렸을 때 가르쳐줬던 조선 동요《반달》을 추천했고, 나는 좋은 생각이라며 맞장구를 쳤다. 아버지는《반달》의 가사를 중국어로 번역한 후, 이해하기 쉽도록 곡명을《샤오바이촨》으로 바꿨다. 이렇게 탄생한《샤오바이촨》은 아이들의 사랑을 받으며 금세 널리 퍼졌고, 어린이 합창단이 이 곡을 녹음해 방송하면서 마침내 소학교 음악 교과서에 실리기까지 했다.

1992년 나는 한국의 초대를 받았고, 이듬해 KBS 교향악단(국립방송 교향악단)과 함께 조국 독립을 위해 헌신한 열사들에게 나의《제1교향곡》을 바쳤다. 앙코르곡으로는 내가 직접 관현악곡으로 편곡한《샤오바이촨》을 선보여 열렬한 반응을 얻었다.

1952년 초 아버지는 병환 중에 남북 구별 없이 전체 한민족을 위해 오래도록 전해지는 민요《아리랑》에 새로운 가사를 붙였고, 내가《아리랑》을 합창곡으로 편곡했다. 1953년 항미원조 전쟁 위문단 합창단이 평양 모란봉 극장에서 이 곡을 불렀다.

합창	아리랑, 아리랑,
	아라리오.
	아리랑 고개로
	넘어간다.
독창	잘 있거나. 나중에 다시 만나세.
	나는 왜놈들 잡으러 가네!
	어머니,
	잘 지내십시오. 저는 왜놈들 잡으러 갑니다!

아버지는 민요의 특징을 잘 살려 일부분을 개사했다. 《아리랑》을 합창곡으로 하면서 중간에 독창 부분을 넣었다. 우리는 이 곡을 한국어로 불렀다.

아버지가 내게 한 구절씩 가르쳐주면 내가 다시 합창단원들에게 가르쳤다. '아버지, 뼈에 사무친 한으로 이 가사와 노래를 썼겠지요. 이제 우리가 이 노래를 수많은 아이들과 아버지 동포들에게 들려줍니다. 하지만 아버지는 한 곡은커녕 한 소절도 듣지 못하니 이 안타까운 마음을 어찌할까요!'

아버지는 독립 운동가이자 혁명 군인으로 총칼이 숲을 이루고 탄알이 빗발치는 전장에서 평생 싸우다가 생명의 불꽃이 사그라드는 마지막 날에는 음악으로 자취를 남겼다. 아버지는 민족을 위해 노래하다가 음악과 함께 여생을 마무리했다고 해도 과언이 아닐 터였다.

아버지가 세상을 떠나기 며칠 전의 일이다. 막 동이 틀 무렵, 나는 아버지가 일어나셨다는 사실에 깜짝 놀라 잠기운이 싹 가셨다. 살그머니 일어나보니 바깥방 대문이 열려 있었다. 조용히 밖으로 나갔더니 홀로 화단 앞에 쪼그리고 있는 아버지의 모습이 희미하게 보였다. 아버지는 정신을 집중해 조용히 잠들어 있는 꽃들을 뚫어지게 바라보고 있었다. 어떤 소리를 들으려고 귀를 기울이는 듯도 했다. 내가 아버지 곁으로 가려는데, 인기척을 느낀 아버지가 조용히 하라는 듯 집게손가락을 세워서 입에 댔다. 이미 사방이 더없이 고요했는데도 말이다. 내가 조심스럽게 아버지 곁으로 다가가자 아버지가 내게 옆에 앉으라고 손짓했다. 그러면서 손가락으로 꽃을 가리켰다가 다시 귀를 가리켰다. 그리고는 한참이나 아무 말도 없었다. 조금씩 반짝이는 햇살이 나무 끝에 걸리고 신선한 바람이 불어왔다. 아버지는 그제야 살며시 웃으며 꽃 한 떨기를 가리켰다.

"저것 봐라. 폈다! 꽃 피는 소리, 너도 들었느냐?"

나도 들었다. 기력이 쇠했음에도 생명을 갈망하는 아버지의 마음을.

그로부터 며칠간 아버지는 제법 생기 있어 보였다. 한 번은 내게 시집을 오겠다고 했던 헝가리 아가씨의 사진을 보여 달라고 성화를 부렸다. 아버지는 사진을 유심히 살핀 다음 다시 내게 건네며 진지한 표정으로 말했다.

"가오바오, 역시 조선족 아가씨랑 결혼하는 게 좋겠구나."

"조선족 아가씨가 있어야 말이죠!"

내가 쑥스러워하며 대답하자, 아버지는 살며시 웃었다.

"그건 그렇구나."

아버지는 먼 곳을 응시하며 긴 한숨을 내뱉었다.

"한국으로 돌아갔더라면 참한 조선 아가씨를 만날 수 있었을 텐데……."

이 말을 끝으로 아버지는 한참이나 말을 잇지 못했다.

"너나 다른 애들도 내가 귀국하지 않는 것이 이상하지? 그렇지?"

나는 조용히 고개만 끄덕였다.

"설마 나라고 고국으로 돌아가고 싶은 생각이 없었겠니?" 아버지는 가만히 창밖에 있는 나무를 올려다보며 내게 되물었다.

"나야말로 귀국하고 싶은 마음이 간절한 사람이다! 가오바오, 네가 국립 제9중등학교 연설 대회에 참가했을 때, 내가 연설문 개요를 써줬던 일, 기억하니?"

나는 연설문 내용을 기억해내려고 애썼지만, 순간적으로 아무 생각도 나지 않았다.

"나는 고국으로 돌아가려고 평생을 싸웠다. 그런데 작금의 현실이 내 발목을 붙잡고 있어! 남과 북, 어느 곳으로 가든지 조국의 동포를 원수로 삼아야 하는 이 현실 말이다. 그리고, 또……."

아버지는 자리에서 일어나고 싶다는 듯 책상 가장자리를 짚으며 한껏 격양된 목소리로 말을 이었다.

"자신의 동포를 원수로 삼다니, 그게 가당키나 한 일이냐? 어디로 돌아가든 똑같아, 똑같다고!"

아버지는 떨리는 손으로 책상을 내리쳤다.

"내가 평생을 바쳐 쫓은 것은 그런 조국이 아니야, 나는 못 간다!"

말을 마친 아버지는 비틀대며 자리에 앉아 천천히 숨을 헐떡였다. 나는 아버지의 어깨를 살며시 어루만질 뿐 무슨 말을 해야 좋을지 몰랐다. 심장이 쿵쾅거렸다. 아버지는 그런 나를 보고 쓴웃음을 지었다.

"매일 뼈에 사무치는 통한으로 고통스럽게 살아온 결과가 아마 바로 이 암이겠지……."

아버지가 부드러운 목소리로 물었다.

"아비 마음을 알겠니?"

며칠 후 다시 레이저 치료를 받으러 가는 날에 아버지는 한사코 가지 않겠다고 버텼다.

"오늘은 안 가련다. 한 번쯤은 쉬어도 괜찮아."

나는 아버지의 성격상 아무리 설득해도 소용이 없다는 사실을 잘 알면서도 그냥 놔둘 순 없었다.

"아버지, 그래도 가야죠. 치료가 너무 고통스럽다는 건, 저도 알지만……."

"됐다. 오늘은 나를 따라오너라."

아버지가 천천히 대문으로 향했다. 나는 흠칫 놀라 얼른 아버지를 따라갔다. 우리는 시스차오(西施桥) 골목에 살았는데 꽤 깊은 구조를 지닌 골목이었다. 서쪽으로 나가면 미스(米市) 대로가 나왔고 동쪽으로 나가면 난(南) 골목길이 나왔다. 병원을 가려면 서쪽으로 가야 했다. 아버지는 기어코 병원에 가지 않으려는 듯 서쪽이 아닌 동쪽으로 발걸음을 옮겼다. 천천히 걷다가 모퉁이에 다다를 때쯤 조금 지쳤는지 꽃을 파는 손수레 앞에 서서 꽃을 바라보았다. 아버지가 청록색 쪽잎이 빽빽한 화분을 가리키며 물었다.

"이건 이름이 뭡니까?"

"우린 이걸 쓰부랴오(死不了)⁹라고 합니다. 지금은 온통 녹색이지만, 이내 흰색, 분홍색 그리고 옅은 자주색이 섞인 꽃을 피울 겁니다. 그러면 그 모습이 너무 아름다워서 아주 정성스레 돌보게 되지요. 그래서 '쓰부랴오'라는 이름이 붙었답니다."

아버지는 흥미로운 표정으로 꽃을 보며 꽃장수의 말을 경청했다. 그리고는 고개를 돌려 내게 물었다.

"쓰부랴오, 하나 살까?"

나도 화분을 가득 채운 푸른 쪽잎들이 꽤 마음에 들었기에 그 자리에서 바로 하나 사서 손에 들었다.

"아버지, 힘드실 텐데 그만 돌아갈까요?"

"그래, 그러자." 아버지는 천천히 뒤를 돌아 집으로 발걸음을 옮겼다.

"안녕히 가세요." 꽃장수는 인사를 잊지 않았다.

아버지는 고개를 돌리지 않고 그저 천천히 손을 들어 답했다.

역시 이른 아침이었다. 나는 정원 안에 웅크리고 앉아 '쓰부랴오'를 바라보는 아버지를 발견했다. 아버지는 내가 다가오는 걸 눈치챘는지 "아직도 꽃이 안 피었구나"라고 말했다. 아주 오래 기다렸다는 듯 원망이 섞인 목소리였다.

그로부터 며칠 후, 아버지는 온종일 누워만 있었다. 기침도 평소보다 심했고, 식은땀을 흘리기도 했다. 연신 이리저리 몸을 뒤척이며 신음했고 연신 구토를 했다. 의사가 왕진을 와서 진통제를 두 번 먹이자 간신히 잠들었다. 이틀 밤낮을 애태우며 보낸 나와 어머니는 극도로 피곤한 상태였다. 어머니가 무슨 일이 있으면 부를 테니 가서 눈을 좀 붙이라고 했다. 악단은 우리집이 있는 골목 어귀 바로 맞은편에 있었다. 그곳으로 돌아온 나는 이불도 제대로 깔지 않은 채 눕자마자 잠이 들었다. 자정이 넘은 시각, 접수실의 라오친터우(老秦頭)가 다급한 목소리로 나를 깨웠다.

9 / 역주 : '죽지 않는다'의 의미

"얼른 집에 가보게! 자네 아버지가……."

나는 불길한 예감에 벌떡 일어나 집으로 달음박질쳤다. 문을 열어젖히자 극심한 고통에 이를 악문 채로 연신 침대를 두드리는 아버지가 보였다. 어머니는 엉거주춤한 자세로 아버지를 부축한 채 수건으로 아버지의 땀을 닦아내고 있었다. 그때 아버지가 갑자기 손을 뻗어 침대맡에 있던 담뱃갑을 꽉 쥐고는 바닥에 내동댕이쳤다. 그 순간 아버지의 입에서 붉은 피가 왈칵 쏟아져 나왔다. 나는 재빨리 다가가 어머니와 함께 축 늘어진 아버지의 몸을 들어 천천히 눕혔다. 마침 도착한 의사가 우리를 물린 후, 맥을 짚고 청진기로 아버지의 숨소리를 듣더니 고개를 저었다.

오랫동안 시간이 멈춘 듯했다. 아버지는 살며시 눈을 떠 흐느끼는 어머니를 바라보았다. 그 순간 고통으로 일그러졌던 얼굴에 평온이 번졌다. 아버지는 평생 당신 곁에서 고생한 아내의 손을 꼭 잡고 가냘프지만 깊은 애정이 담긴 목소리로 말했다.

"바오전…… 울지 마오. 누가 듣겠어……."

아버지는 잠시 숨을 돌린 후 나를 바라보았다.

"가오바오."

내가 다가가자 내 손을 잡고 숨을 거칠게 내쉬며 말을 이었다.

"나중에, 나를 고국으로……."

주체할 수 없는 눈물이 내 뺨을 타고 흘러내렸다. 나는 잔뜩 젖은 눈으로 사랑하는 아버지를 바라보며 힘껏 고개를 끄덕였다. 지칠 대로 지친 아버지는 천천히 눈을 감았다. 오랫동안 기다렸지만, 아버지는 끝내 감은 눈을 뜨지 않은 채 세상과 작별했다.

어머니가 북받치는 슬픔에 오열하며 평생 가장 사랑한 사람을 꽉 끌어안고 연신 흔들었다. 극심한 고통을 뒤로한 채 자신을 위로하고 아껴 준 남자의 죽음 앞에서 어머니는 절망했다. 하지만 나는 울고만 있을 수 없었다. 어서 빨리 동생들과 친인척에게 연락해 장례를 치러야 했다.

베 이 징

시 외곽과 톈진(天津)에 흩어져 있던 동생들은 황급히 집으로 돌아왔다. 우리는 아버지의 부재를 생각해 본 일이 없었다. 영원히 우리 곁에 계실 줄만 알았기에 아버지의 죽음을 받아들일 수가 없었다. 다들 말을 잃은 듯 눈물만 흘렸다. 어머니는 파리한 얼굴로 눈물범벅이 된 여동생을 꽉 끌어안고 있었다.

나는 어머니의 강인한 면모를 새삼 깨달았다. 어머니는 울음을 그치고 비통한 마음을 애써 감춘 채 다시 일어났고, 장례를 돕기 위해 찾아온 악단 사람들에게 할 일을 알려주었다. 절망 앞에서도 침착함을 잃지 않는 어머니의 정신력은 아직도 또렷하게 기억날 만큼 강렬하게 다가왔고 지난 세월 수많은 위험과 재난 속에서도 강인했던 어머니의 모습을 떠올리게 했다.

우리는 아버지를 둥즈먼(東直門) 밖에 있는 화장터에서 화장한 후, 공동묘지에 묻었다. 묘비는 나와 셋째 동생인 즈펑이 차오양먼(朝陽門) 내의 석기(石器)를 파는 한 상점에서 구입했다. 즈펑이 나더러 직접 비문을 쓴 다음 장인에게 의뢰해 그대로 새기자고 말했다. 비문에는 '김철남지묘 1895.9.12~1952.10.7'이라고 새긴 다음 아래에 아내 이쑤쿤과 자녀인 우리 오 남매의 이름을 새겼다.

1953년 항미원조 위문단에 참가했을 때, 한국의 어느 깊은 산 속에 들어가 흙을 한 움큼을 가지고 돌아왔다. 아버지 제사 때, 그것을 묘비 앞과 무덤 주변에 뿌리며 아버지의 넋을 위로했다.

아버지의 죽음을 이야기할 때면, 늘 가슴속에 사무친 아픔과 죄책감이 온몸을 사로잡는다. 이는 나와 어머니, 우리 오 남매에게 씻을 수 없는 상처와 한을 남겼다. 문화대혁명이 일어났을 때, 공동묘지가 소리 소문도 없이 다른 곳으로 옮겨졌다. 아무런 사전 고지도 없었기에 우리는 까맣게 모르고 있었다. 나와 어머니가 성묘하러 찾아갔을 때야 남쪽 교외의 어딘가로 이전됐다는 사실을 알게 됐다. 하지만 그곳에는 이미 건물들이 떼 지어 있었고, 아버지의 묘는 찾을 길이 없었다. 나와 어머니는 그 생각을 할 때마다 부끄럽고 원통한 마음을 누를 길이 없었다. 하늘에 계실 아버지께 너무나 죄송한 마음뿐이다.

아버지는 열아홉 살부터 조국의 광복을 위해 일본의 침략자들과 싸웠다. 혈혈단신으로 중국에 온 아버지는 생명의 위험을 무릅쓰고 중국의 제1차 대혁명을 위한 동벌과 북벌에 가담했고 숱한 파란을 겪었다. 혁명에 가담한 동포들을 돕다가 국민당에 숙청 대상으로 몰리고 감시까지 당했다. 항일전쟁이 일어나고 국공합작이 이뤄져 다시 징집될 때까지 자신의 안위는 바라지 않고 오로지 전투에 모든 것을 바쳤다. 아버지는 평생 열정적이고 긍정적인 자세로 조국과 민족을 사랑했고, 동포와 가족을 아끼며 힘들게 살았다. 무일푼 신세였지만, 의지만은 변함없이 올곧고 굳건했다. 밤낮으로 조국을 그리워했지만, 남한과 북한 중에서 하나를 선택할 순 없었다. 형제가 서로를 찌르고 죽이는 현실에 절망하다가 불치병을 얻었다. 넋이라도 고국으로 돌아가면 좋으련만, 결국 타향에 묻히고 말았다. 아버지의 일생은 감동적이면서도 어딘가 가엽고 애처롭다.

104세가 된 어머니는 눈과 귀가 어둡고 말을 횡설수설할 때까지도 아버지 죽음에 대한 사무친 죄책감에 힘들어했다. 어머니는 늘 내 손을 잡아당기며 이렇게 말했다.

"가오바오…… 네 아버지가 가실 때 새 옷 한 벌 못 지어 드렸다……."

1952년 10월 7일 작고하신 아버지

아버지가 세상과 이별하실 때는 어머니와 오남매(4남 1녀)뿐이었지만, 지금은 열 명의 손자와 손녀, 그리고 열두 명의 증손자와 증손녀들이 아시아, 유럽, 미주에 흩어져 잘 살고 있으니 그야말로 하늘 높이 우뚝 솟은 거목처럼 대가족을 이룬 것이다!

'아버지! 이제 어머니와 함께 계시니까 기쁘시죠? 웃으세요! 여기서 자식들이 온 마음을 다해 두 분의 평안을 빌고 있으니까요…….'

오페라 콤플렉스, 《초원의 노래》

1946년, 난징 중앙대학에 진학하기 전, 나는 바로 그때 황위안뤄의 《추자》와 아론 에브샬로모프의 《맹강녀(孟姜女)》를 통해 오페라를 처음 접했다. 특히 《맹강녀》는 객관적인 감상자로서 접한 것이 아니라 오페라를 무대에 올리는 일원으로서 접했기에 느낀 점도 많았고 얻은 것도 많았다. 그로 인해 나는 오페라라는 무대 예술에 큰 매력을 느끼며 그것과 끊을 수 없는 연을 맺었다. 나는 극중의 여러 요소들을 오랫동안 음미하며 처음에는 마판퉈가 쓴 서사시로 비극적인 오페라를 구상했었다. 사기(史記)에는 내 오페라 창작 욕구를 불러일으키는 인물, 역사 그리고 장면들이 훨씬 더 많았다! 예를 들어, 초 패왕 항우가 해하(垓下)[10]에서 사면초가에 빠져 생이별을 목전에 둔 상황을 독창, 이중창, 합창, 교향악으로 표현하면 좋을 것 같았다. 『부질없는 이야기(多余的話)』를 읽으면서 취추바이(瞿秋白)의 일생을 고찰하였고 이를 머릿속에서 오페라로 만들었다. 사형 집행 직전, 취추바이는 펑보정(風波亭)에서 영혼의 독백을 통해 지난 일들을 돌아보고 연인에게 작별 인사를 건네고 자기 죽음을 당당히 마주하고 미래를 동경한다……. 그리고 차츰 그의 노랫소리가 배경음악처럼 국제가(國際歌)의 무반주 합창 'Humming'에 녹아든다. 그리고는 차츰 여명의 햇살이 천천히 솟아오르는 등 많은 생각이 오페라 창작에 대한 나의 상상을 자극했다.

외국 음악가가 중국의 민간 전설로 내려오는 '울음으로 만리장성을 무너뜨린 맹강녀'를 주제로 중국 전통 희곡의 특징을 고스란히 담아낸 감동적인 오페라를 만들어냈으니 우리 중국인은 마땅히 더 아름답고 웅장한 오페라를 만들어내야 한다고 생각했다.

오페라는 음악, 문학, 시가, 연극, 무용, 미술(색채, 조형), 조명 등 다양한 요소들이 결합된 가장 완벽한 종합 예술임을 깨달았다. 나는 그때부터 오페라에 마음을 완전히 빼앗겼지만, 오페라는 내게 영원히 닿을 수 없는 꿈처럼 멀고 먼 이야기였다.

10 ╱ 역주 : 안후이성 영벽현 동남쪽

그런 내가 학업을 마치고 사회에 발을 들이자마자 오페라를 접하고 오페라 창작을 시작할 기회가 올 줄은 꿈에도 몰랐다. 1951년, 베이징 인민예술극원에 입단한 지 2년이 되던 해에 나는 다른 작곡가들과 함께 오페라《장정》을 위한 곡을 썼다. 일부분이지만 대형 오페라에 내 감정을 불어넣고 한 음 한 음 소중하게 써냈다. 사실 이때까지만 해도 '겉핥기식'에 불과했다.

　　그러다 내가 오페라를 처음 접하고 꼬박 십 년이 흐른 1955년《장정》의 수록곡 중 일부를 쓰며 기술적인 부분에만 참여했던 것과 달리《초원의 노래(草原之歌)》에서는 전 과정에 참여했다. 이제야 나만의 해석을 통해 예술적인 구상을 실현할 수 있었다. 자긍심까지 느낀 의미 있는 성장이었다. 그러나 이 역시도 나 혼자서 만든 작품은 아니었다.《초원의 노래》에서 얻은 가장 큰 수확은 편곡뿐만 아니라 희곡의 전개 방식을 구현하는 데 초점을 맞추었다는 점이다. 물론 중국 오페라는 갖가지 문제가 산재해 있었다. 가령, 중국 오페라의 형식을 정립하는 문제, 오페라와 중국의 전통 희곡을 계승하는 문제, 오랜 세월 형성된 '노래를 가미한 연극(話劇加唱)'의 형식 보존 여부 및 발전 방법, 창작자와 관객 모두에게 낯선 서양 오페라의 레시터티브[11]와 교향악을 통해 희극적인 전개를 구현하는 문제 등을 꼽을 수 있다. 나는 이러한 문제에 대해 생각한 바가 있었기에《초원의 노래》를 위한 곡을 쓰면서 새로운 시도를 해보기로 했다. 물론 아주 초보적인 시도에 불과했고 기술적으로도 미숙했지만, 주요 작곡가만이 시도할 수 있는 '영역'이라는 점에 의미를 두었다. 전체적인 통일성이 전제되어야 했기에 극히 일부분에 대해서만 모험을 감행했다.《초원의 노래》를 본 사람 중 다수가 일반적인 악단의 작곡법과 달리 파격적이었다고 긍정적인 평가를 내놓았고, 나는 용기를 얻었다.

　　그때부터 온전한 나만의 오페라 창작을 위해 힘을 모았다. 극본 구상에서 음악까지 모두 내가 창작하여 평소 좋아했던 소재와 형식, 아름다운 생각들을 구현하기로 다짐했다. 이 꿈을 이루기 위해서는 많이 배우고 공부해야 했다. 사실 이미 매력적인 소재를 구상해둔 상태였다. 중학생 때 내게 큰 감동을 주었던 형

11　／　역주 : recitative, 오페라나 종교극 따위에서, 대사를 말하듯이 노래하는 형식

가(荊軻)의 노래였다. '바람은 쌀쌀하고 역수는 차디찬데, 장사는 한번 떠나면 다시 돌아오지 않네!(風蕭蕭兮易水寒, 壯士壹去兮不復還)' 오페라로 만들기에 더없이 좋은 소재였다.

그러나 오페라에 대한 나의 꿈은 다른 모든 것과 함께 산산이 부서지고 말았다! 1957년이 다가오고 있었다!

그로부터 몇 년 후, 내가 중앙민족학원 음악과에서 교편을 잡고 있을 때의 일이다. 정확한 시기는 기억나지 않지만 1956년으로부터 20여 년이 지난, 문화대혁명이 끝난 후의 일이 분명하다. 하루는 한 명의 젊은이가 나를 찾아왔는데 학생인 듯 보였다.

"저는 해방군 예술학원 작곡과 학생 OOO입니다."

여학생이 간단히 자기소개를 했다(이름은 기억나지 않는다).

"저는 대학원생인데, 지금 오페라 《초원의 노래》를 연구하고 있습니다. 선생님께서는 그 작품의 창작자 중 한 분이시니 조금 도와주실 수 있나요?"

이 말에 나는 잠시 넋을 잃은 듯했다. 《초원의 노래》라니, 까마득히 오래된 일처럼 느껴졌다. 세월이 참 많이도 흘렀으니 그럴 만도 했다……. 그 학생이 내 기억을 끄집어내지 않았다면, 그대로 잊었을지도 모를 일이다.

나는 잠시 생각한 후 대답했다.

"뤄쭝셴(羅宗賢) 선생을 찾아가 보는 게 좋겠네, 주요 제작자였으니까……."

"네, 알고 있습니다."

여학생은 급히 말을 이었다.

"하지만 뤄 선생님께서는 오래전에 돌아가셔서……."

"아……."

나는 겸연쩍은 듯 기억을 더듬으며 대답했다.

"아, 참, 그랬지. 암이었나 그랬었던 것 같은데……."

"그리고……."

여학생이 무슨 이야기를 꺼내려는 듯했다.

"아! 그럼 줘밍리(卓明理) 선생을 찾아가면 되겠어. 아, 이런, 지금 홍콩에 있겠구먼."

"저, 선생님께 《초원의 노래》의 총보를 좀 빌릴 수 있을까요?"

"총보? 나한테는 없는데. 가극원 자료실에 가서 빌리면 될텐데?"

"가봤는데, 없답니다. 제게 직접 작곡가를 찾아보라고도 했어요."

나는 쓴웃음을 지었다.

"우리가 쓴 총보는 모두 극단에 제출해야 한다네."

그리고 혹시 오해를 살까 싶어 뒷말을 이었다.

"원래 극단 소유니까. 그때는……."

나는 저작권 문제에 대해 확실히 설명할 자신이 없어 잠시 멈칫했다.

"아, 극작가가 출판한 소개서는 가지고 있는데……."

여학생은 내 말이 떨어지기도 전에 입을 뗐다.

"그건 저한테도 있어요."

그리고 우리는 둘 다 한참 동안 입을 굳게 다물었다. 여학생은 몹시 실망한 눈치였지만, 나도 어쩔 도리가 없었다. 잠시 후, 내가 달래듯 말을 건넸다.

"왜 《초원의 노래》를 연구 주제로 했나, 총보도 없는데 다른 작품을 생각해 보지 그러나?"

그 뒤로 무슨 이야기를 나눴는지는 기억나지 않지만, 어쨌거나 여학생은 낙담한 채 돌아갔다. 나는 여학생을 배웅한 후, 어떤 생각에 잠긴 채 계단 입구에 잠시 서 있었다. 그리고 방으로 돌아와 책장에서 아주 오래전에 출간된 《초원의 노래》 극본을 꺼냈다. 안에는 오페라에 쓰였던 곡들의 약보(略譜)[12]가 붙어 있었다. 빛바랜 표지를 열어 보니 속표지에 런핑(任萍)과 뤄쭝셴이 남긴 서명과 '1956년 8월' 등과 같은 문구가 적혀 있었다. 1956년이라니……. 그때 나는 팔팔한 청년이었으니 세월이 참 많이 흘렀다.

《초원의 노래》는 우리가 수많은 밤을 지새우며 한 음 한 음 심혈을 기울여 써

12 / 역주 : 숫자나 기호 따위로 음높이와 리듬을 간략하게 나타낸 악보

낸 오페라였다! 고전까지는 아니어도 오페라의 역사를 쌓아 올리는 데 일조한 작품임이 틀림없다. 《초원의 노래》의 총보를 다 모으면 한 무더기는 될 텐데! 이토록 허무하게 사라지고 없다니!

뤄중셴과 쥐밍리의 명복을 빈다. 사라진 총보(일부러 없앤 것이 아니라면)가 설사 지금 재로 변해버렸다고 해도 《초원의 노래》는 분명 이 세상에 존재한 작품이었다. 수십 년이 지난 지금도 이 작품에 관심을 기울이고 연구하고 재해석하고 싶어 하는 젊은이가 있다는 사실이 이를 증명한다. 우리는 이 사실에 위안을 얻을 수 있다.

1956년이 지나고 1957년, 오페라에 대한 나의 꿈이 산산이 조각나는 해가 왔다. 그러나 오페라에 대한 내 미련은 호호백발 할아버지가 된 지금까지 떨쳐내지 못하고 있다. 물론 이는 뒷이야기이지만 말이다.

니에얼과 시엔싱하이 기념음악회

나는 니에얼(聶耳)을 무척 좋아한다. 물론 시엔싱하이(冼星海)도 빼놓을 수 없다. 그러나 1955년 니에얼과 시엔싱하이 기념음악회의 지휘를 맡지 않았다면 니에얼과 시엔싱하이에 대해, 특히나 시엔싱하이에 대해 배울 소중한 기회를 놓쳐버렸을 것이다.

시엔싱하이의 예술적 성과는 《황하대합창(黃河大合唱)》이라는 훌륭한 작품으로 대표되는데, 이 밖에 금상첨화 같은 작품 《황하강금협주곡(黃河鋼琴協奏曲)》으로 국내외에 이름을 날렸다. 모두가 알다시피, 니에얼은 중국의 국가를 작곡한 인물이자 업계 내에서는 중국 신음악의 선구자로 불리는 인물 중 하나였다. 그가 만든 수많은 곡은 당시 대중들에게 널리 사랑받았다. 그러나 너무 일찍 세상을 등진 탓에 그의 예술적 성과도 거기서 그치고 말았다. 당시 역사적 현실이 그러했던지라 그가 만든 곡들은 대부분 암담한 사회와 압박을 폭로하고 그것에 맞서 싸우는 내용을 담고 있거나 고통과 슬픔을 표현하는 내용이 많았다. 그런 내용이 지금의 현실과는 꽤 거리가 있기 때문일까. 그의 작품은 현대인에게 주목받지 못했고, 연구나 출판으로 이어지는 경우는 더더욱 없었다.

이번 기념음악회는 이들의 기일에 맞춰 열리는 것이었지만, 마침 항일전쟁 승리 10주년을 맞은 때이기도 했는데, 니에얼과 시엔싱하이의 작품은 당연히 중요한 의미와 영향력을 지니고 있었다.

당시 나는 관현악단에 반주를 맡기고 싶었다. 그래야 더욱 웅장하고 장엄하게 곡을 표현할 수 있을 테니까. 하지만 관현악단을 위한 반주 악보가 없어 고민을 거듭했다. 그들의 곡을 더 깊이 연구한 끝에 결국 나는 기념회에서 선보일 모든 곡의 악단 반주를 직접 만들기로 했다. 그리고 이 과정을 통해 그들의 작품을 더 깊이 이해하고 사랑하게 되었다.

과거 니에얼에 대한 음악계의 평가는 주로 정치적인 부분에 집중됐다. 역사 진보에 대한 그의 공헌과 영화예술 진흥에 대한 영향을 높이 평가했고 그 부분에 대한 연구가 많이 이뤄졌다. 물론 이는 당연한 일이다. 하지만 예술적인 부분, 특히 작곡이라는 예술적 성취에 대해서도 전문적으로 더 깊은 연구가 필요하지 않을까?

나는 기념회를 준비하며 니에얼이 정확하고 섬세한 가사를 쓰기 위해 얼마나 심혈을 기울였는지 깊이 깨달았다. 성조는 물론이고 글자의 리듬과 음조의 진행 등이 선율과 감정 변화에 그대로 녹아 들어 하나가 되었다.

예를 들어 《마두공인(碼頭工人)》을 연습할 때는 먼저 단원들에게 감정을 넣어 작은 소리로 가사를 낭독해보길 청했다. 낭독을 마친 단원들은 자연스럽게 가사에 음을 붙여 노래하기 시작했다. 작았던 목소리가 점점 커지며 악보를 따라 강렬한 소리로 바뀌었고 끝에 가서는 모두가 목소리를 맞추어 노래했다. 함께 나고 자란 듯한 곡조와 가사는 우리를 부두꾼의 짓눌린 고통 속으로 데려갔다. 마음속에 켜켜이 쌓인 증오는 언어와 음조의 리듬에 따라 차츰 끓어오르며, 끝내는 열화와 같은 투쟁의 '함성'으로 변했다!

니에얼의 서정 가요 중에도 《매낭곡(梅娘曲)》과 같은 생생한 사례가 있다. 이

286

곡은 사랑을 표현한 작품이다.

'오빠, 나를 잊지 말아요, 나는 당신이 친애하는 메이냥이니……'

선율과 절묘하게 어우러지는 가사는 마치 격앙된 언어로 하소연하는 듯하고, 부드러운 선 하나를 그려내는 듯도 하다. 이별을 앞둔 사랑이 구구절절 마음을 휘감고 아름다운 선율은 짙은 난양(南洋) 지방의 색채가 묻어나 더욱 빠져들었다. 지금 불러도 목이 메는 작품이다.

누군가가 부르는 《철제하의 가회(鐵蹄下的歌女)》를 들어본 지 얼마나 오래되었는가! 가장 인상 깊었던 적은 오래전 항일전쟁 시기에 아버지가 불렀을 때였다. 강직한 사나이의 입에서 그렇게 아름다운 노래가 나오다니……. 한 글자, 한 글자가 어쩌면 그렇게 진실하고 처량하게 들리던지. 지금까지도 기억이 또렷하다.

나는 니에얼의 음악과 예술적 특징을 깊이 연구할수록 그의 작품이 값진 보물처럼 소중한 유산이라는 생각이 들었다. 그의 작품은 우리 현대 음악, 조금 축소해서 이야기하자면 중국의 현대 가곡 창작의 기준이 된다고 평가할 수 있겠다. 예술적인 면에서나 사상의 시대적인 면에서도 기준이 되고 소중한 것을 배울 수 있는 그런 작품 말이다.

지금은 《마두공인》의 가사처럼 '배불리 먹을 수 없는 두 끼를 위해' 일하거나 '아침부터 밤까지 일하는' 시대에 살지는 않지만, 《마두공인》은 니에얼이 살았던 그 시대를 사실 그대로 반영한 작품이었다. 그러므로 당시에는 물론이고 지금도 막대한 가치를 지니고 있다. 지금의 우리는 《마두공인》을 통해 그 시대의 모습을 이해할 수 있고, 이는 우리의 정신을 더 풍부하고 맑게 해준다. 이렇게 아름답고 감동적인 곡을 그저 필요 없다거나 좋아하지 않는다는 이유로 냉대하고 잊어버릴 것인가?

이쯤에서 그때 있었던 일을 이야기해야겠다. '니에얼과 시엔싱하이 기념음악회' 준비가 한창이던 어느 날, 우리는 일정대로 수도극장에서 리허설을 하고 있었다. 그런데 등 뒤 널찍한 극장에서 누군가의 시선이 느껴졌다. 한 곡을 끝낸 후, 단원들이 내게 뒤를 보라는 듯 눈짓했다. 뒤를 돌아보니 저우 총리께서 앞쪽 줄에 앉아계셨다. 나는 엉겁결에 단원들에게 박수를 유도했고, 박수로 저우 총리께 경의를 표했다.

저우 총리께서는 미소를 띤 채 계속 연습하라는 듯 손을 휘휘 저었다. 나는 몸을 살짝 구부려 인사한 후, 뒤를 돌았다. 단원들은 즉각 정숙한 분위기를 유지하며 연습에 몰두했다. 내 기억에는 연습 일정대로 시엔싱하이의 《적의 후방으로 간다(到敵人後方去)》를 불렀던 것 같다. 조금 긴장한 탓인지, 아니면 마음이 흐트러졌기 때문인지 실수로 지휘봉을 떨어뜨리고 말았다. 어찌나 부끄럽던지. 내가 마음을 다잡고 맨손으로 계속 지휘하려는 순간, 대여섯 살쯤 된 여자아이가 무대 위로 올라와 천진난만하게 외쳤다.

"아저씨! 여기 지휘봉이요!"

나는 쑥스럽기도 하고 기쁘기도 했는데, 덕분에 긴장이 좀 풀어졌다. 나는 지휘봉을 건네받으며 아이의 작은 손을 토닥였다.

"고맙다!"

"뭘요!"

아이는 아주 밝게 대답하고는 무대에서 내려갔다. 뒤에서 저우 총리의 웃음소리가 들렸다. 저우 총리가 언제 나갔는지 정확히 알 수는 없었지만, 그의 뒷모습을 눈으로 좇는 단원들 덕에 짐작은 할 수 있었다. 하지만 나는 돌아보고 싶은 마음을 꾹 누른 채 지휘에 집중했다. 그래야 한다고 생각했다. 저우 총리는 연습을 중단시키고 싶지 않아 조용히 자리에서 일어났다고 생각했기 때문이다.

기념음악회가 열린 날 저우 총리가 친히 우리를 찾았다. 저우 총리의 방문에 우리는 깊은 감동을 받았다. 다들 그가 '니에얼과 시엔싱하이 기념음악회'를 뜻깊게 생각한다고 여겨 그의 평가와 의견을 듣고 싶어 했다. 그런데 음악회가 끝난 후, 상부에서 음반 제작 지시가 내려왔다. 우리는 이것이 바로 저우 총리의 지시이자 음악회에 대한 평가라고 믿었다.

녹음 당일, 스튜디오에서 시험 녹음을 하고 있을 때였다. 방송국 국장이 저우 총리의 지시를 전달하러 왔다며 모든 단원을 향해 큰 소리로 말했다.

"방금 저우 총리의 비서한테서 전화가 왔습니다. 저우 총리께서《적의 후방으로 간다》를 부를 때, '적의 후방으로 가서 왜놈들을 쫓아내자'를 '적을 쫓아내자'로 바꾸라는 지시를 내리셨습니다. 그러니까 '왜놈'을 '적'으로 바꾸라는 말씀입니다. 아시겠지요?"

"네, 알겠습니다."

단원들이 대답했다. 나는 새로운 가사가 입에 붙도록 몇 번 연습해 보자고 제안했고, '왜놈'이란 단어를 '적'으로 바꿔 부르는 연습을 두 번 했다. 몰래 킥킥대는 소리가 나오기도 했는데, 내가 집중하라고 주의를 줬다. 분명 정책과 관련된 문제였을 터였다.

녹음은 순조롭게 끝났다. 다들 저우 총리가 음악을 중요하게 여긴다고 생각했다. 한 번 생각해 보시라. 한 국가의 총리가 바쁜 시간을 쪼개어 합창단의 연습과 공연을 보러오다니. 이는 두 작곡가의 예술적 성취와 그들의 작품이 혁명에 공헌한 바를 기리고 높이 사는 행동임이 틀림없었다. 나중에는 기념음악회를 직접 찾은 것이 '바쁜 와중에도 시간을 낸 것'이 아니라 복잡하게 뒤엉킨 수많은 업무 중 하나였다는 생각이 들었다. 그런 인물이 바로 우리가 존경하고 친애하는 저우 총리였다!

저우 총리가 서거했을 때, 천안문 광장을 뒤덮은 새하얀 천만 송이의 꽃들 가운데 어느 하나도 진실하지 않은 것이 없었다. 수많은 눈물 가운데 가슴 깊이 우러나온 존경과 비통이 섞여 있지 않은 것은 하나도 없었다. 수많은 정사(政事) 가운데 저우 총리의 피와 땀이 묻어 있지 않은 일이 하나도 없었다! 합창단의 연습이나 가사의 단어 하나에도 그의 정성이 담겨 있었다! 나는 저우 총리가 단지 기념행사에 참석하기 위해 음악회를 찾았다고 생각하지 않는다. 그는 니에얼과 시엔싱하이의 음악을 듣고 부르며 자랐고 또 싸웠을 것이다. 저우 총리는 그들의 작품이 지닌 아름다움과 현실적인 힘을 알고, 그것이 전통에 미치는 영향과 예술 면에서 지니는 의미를 알고 있었기에 그렇게 관심을 가지고 소중히 여겼던 것이다. 그런 작품을 우리가 내어버리고 잊어서야 되겠는가?

옛친구와의 재회

1956년은 한사리에 접어든 것만 같은 한 해였다. 극단의 단원들은 너 나 할 것 없이 한껏 격양된 상태였다. 문화·예술계 전반이 '백화제방(百花齊放), 백가쟁명(百家爭鳴)'[13]의 영향으로 생기를 띠었다. 건국 이래 음악 발전의 성과를 짚어보는 제1회 전국 음악제가 연내에 열린다는 소문도 있었다. 그 때문인지 우리 극단은 근래에 올린 성과 중 가장 굵직한 작품, 오페라《초원의 노래》와《류호란(劉胡蘭)》, 니에얼과 시엔싱하이 기념음악회를 바탕으로 한 음악회 등으로 프로그램을 구성해 순회공연을 하기로 결정했다. 5개 철도 노선을 따라 광저우, 항저우, 상하이, 난징, 지난(濟南)을 순회하는 일정이었다. 오페라에는 무대장치, 의상, 도구, 조명은 물론이고 기술 스태프, 배우, 연주자까지 있어야 했기에 몇 량이나 되는 전용 열차가 필요했고, 목적지에 도착할 때마다 그 지방 상황에 맞춰 무대를 준비하느라 무던히도 애를 써야 했다. 물론 다들 이번 순회공연을 소중한 기회로 여기고 열정적으로 임했다. 특히 한 번도 남부에 가본 적이 없는 사람들은 잔뜩 흥분했다. 내게 순회공연은 성장의 기회일 뿐만 아니라 고향과도 같은 난징을 찾아가 모교를 방문하고, 상하이와 항저우도 돌아볼 기회였다. 내 청춘을 되돌아볼 기회이기도 했다. 그러나 가장 기뻤던 일은 오랜 세월 떨어져 소식이 없던 '불알친구'와 우연히 재회한 것이었다. 오랜 벗과의 재회는 내 평생 중요한 의미를 지니는 일이었다. 친구는 인생의 끝 무렵에 접어든 지금까지도 천 리 길을 마다하지 않고 찾아와 나와 담소를 나눈다. 우리는 어린 시절을 회상하며 인생의 기쁨과 근심을 다 털어놓고 서로 위로하며 여생을 보내고 있다.

우리의 재회는 이런 우연이 있을까 싶을 정도로 극적으로 이뤄졌다.

공연을 위해 항저우를 찾은 지 이틀째 되던 날이었다. 나는 휴일을 맞아 몇몇 단원과 시후(西湖)를 둘러보러 나갔다가 링인사(靈隱寺)까지 훑어보고 나왔다. 그

---

13 / 역주 : 1956년 중국 공산당이 제출한 예술 발전, 과학 진보와 사회주의 문화 번영을 촉진시키는 방침

리고는 힘들고 목이 말라 링인사 밖, 길가에 있는 찻집에서 차를 마신 후, 의자에 누워 신발을 벗고 발을 대나무 의자에 걸친 채로 눈을 감았는데, 뜻밖에도 그대로 잠이 들어버렸다. 그렇게 시간이 얼마나 흘렀을까. 돌연 누군가가 내 귀에 대고 소리쳤다.

"진정핑!"

그 소리에 깜짝 놀란 나는 잠이 싹 달아났다. 눈을 비비며 보니 내 앞에 그 녀석이 서 있었다!

"어? 우쭈이?"

나는 엉겁결에 소리를 지르며 벌떡 일어났다. 생각지도 못했던 일이 벌어진 것이다! 우쭈이는 1948년 해방 전쟁 때 연락이 끊긴 뒤로 행방이 묘연했는데 이렇게 우연히 마주치다니! 우리는 잔뜩 흥분해 서로 얼싸안고 토닥였다. 우쭈이는 그렇게 한참이 지난 후에야 옆에 있던 여리고 귀여운 아가씨를 소개했다.

"여기는 내, 그러니까, 음."

우쭈이는 더듬거리며 말을 이었다.

"내 애인이야."

그때는 연인이든 아내는 다 '애인'이라고 불렀고, '부인'이나 '아내'와 같은 말은 쓰지 않았는데 우리 때 사람들은 '애인'이라는 말이 낯설어 입에 잘 붙지 않았다. 어쨌거나 뜻은 통했다.

"저는 장추신(張秋心)이에요."

그녀가 상하이 말투에 부드러운 목소리로 자기소개했다.

"아, 시처럼 아름다운 이름이네요! 저는 진정핑……."

내 말이 떨어지기가 무섭게 우쭈이가 말을 받았다.

"내가 이미 말해줬어. 방금 링인사에 가는 길에 여기를 지나갔는데 어떤 사람이 엄지발가락 쪽에 큰 구멍이 뚫린 양말을 신고는 발을 의자에 올려뒀더라고. 그때는 얼굴을 안 보고 그냥 지나갔는데, 링인사를 다 보고 나오는 길에 여기를 지나가다가 그 구멍 뚫린 양말이 또 눈에 들어오는 거야. 너무 웃겨서 자세히 보

291

니까, 이게 웬일? 진정핑! 네가 거기 떡하니 앉아 있지 뭐야! 이렇게 만날 줄이야! 그 구멍 뚫린 양말이 아니었으면 그냥 지나칠 뻔했네!"

나는 너무 부끄러워 쥐구멍에라도 숨고 싶은 심정이었다. 더구나 우쭈이의 아내 앞에서 이런 추태를 보이다니. 나는 본능적으로 엄지발가락을 오므리며 냉큼 어떻게 이곳에 있는지 물었다.

"지금은 상하이에 사는데 여기로 신혼여행 온 거야. 이제 막 결혼했거든. 너는?"

나는 내가 순회공연 중이며 어제 막 항저우에 도착했다고 답했다.

"내일 밤에 공연이 있는데, 시간 되면 보러 올래? 결혼도 축하할 겸. 어때?"

"이런, 우린 내일 아침에 상하이로 돌아가. 표도 사뒀어."

"아, 괜찮아. 다음 공연지가 상하이거든. 그때 보러 와. 오늘은 어디에 묵어? 내가 그쪽으로 갈게."

"칭타이(清泰) 호텔에 있어."

"어? 우리도 그 호텔에 있는데?"

세상에 이런 우연이 다 있을까! 우리는 이렇게 다시 만났다. 그날부터 이 글을 쓰고 있는 지금까지 무려 50년이 넘게 흘렀고, 칭무관에서 우쭈이를 처음 만나 친구가 된 지는 70년이 넘었다! 인생은 꿈과 같다고 했던가. 꿈에서 깨어나 보니 우리는 벌써 여든이 넘은 노인이 되어 있었다. 이 세상에서 나의 사랑을 가장 잘 이해한 사람은 바로 내게 룽룽의 초상화를 그려준 우쭈이였다.

상하이에 도착한 나는 우쭈이의 신혼집을 찾아가 축하 인사를 건넸다. 우쭈이는 상하이에 있는 중학교 동창 궁룽샹에게도 연락했다. 궁룽샹은 내게 연애편지를 대신 써 달라고 부탁했던 그 친구였다. 우리는 해방 직후까지는 연락이 닿았다가 중간에 끊겨버렸었는데, 그 후로 처음 만나는 것이었다. 오랜만에 만난 궁룽샹은 원래도 말랐지만, 이제는 앙상하다 못해 그야말로 피골이 상접한 상태였다. 내가 왜 몸이 그 지경이 됐냐고 묻자, 그가 한숨을 쉬며 대답했다.

"말하자면 길어."

우쭈이와 궁룽샹은 우리 공연을 좋아해 주었다. 우쭈이는 재회를 기념하는 자리를 가져야 한다며 우리에게 식사를 대접했다. 결혼 축하 파티인 셈 쳐도 될 법했다. 그날 나는 궁룽샹의 집에서 묵었는데, 그의 집에서 가까운 곳에 빈방이 하나 있어 그곳에서 둘이 밤새 이야기를 나눌 수 있었다.

궁룽샹은 해방 전에 상하이 다샤(大夏)대학에 진학, 지하당에 입당했는데 졸업 후에는 공안부에서 일했다. 한국 전쟁이 일어났을 때, 영어를 곧잘 하는 데다 당원이기도 했기에 조선으로 발령받아 지원군 포로수용소에서 미군 포로를 심문하는 일을 맡았다. 원래 위장병이 있었는데, 전방의 열악한 의료 환경과 근무 환경 때문에 위염이 심해지면서 중국으로 돌아와 수술을 받았다. 치료는 다 받았지만, 고질병이 생기면서 몸이 완전히 회복되지 않았고 몰골마저 앙상하게 변한 것이다. 하지만 그 외에는 별다른 질병 없이 건강했고, 정신도 말짱했다. 그는 상하이 영화제작소에서 당 위원회 사무실 주임을 맡고 있었다. 거기서 일하면서 영화 영화배우, 연기자들을 자주 만나는데, 문학과 예술을 사랑하고 그에 대한 독특한 견해를 가진 덕분에 감독, 배우들과 절친한 친구 사이로 지낸다는 점에서 자신이 당의 사무를 보는 여타 직원들과 꽤 다르다고 했다. 자신이 직접 쓴 극본(예를 들어, 국민당 통치 구역을 배경으로 당의 비밀 임무를 수행하는 내용을 담은 극영화《신문 파는 아이(報童)》)이 꽤 좋은 반응을 얻었다는 이야기도 덧붙였다. 그러면서 내게 베이징으로 돌아간 후, '필독서 목록'을 보내 달라고 했다. 열심히 독학해서 극작가로 전향해 볼 생각이란다.

그 이후로, 우리는 어렸을 때부터 친하게 지냈던 벗들을 찾아다녔다. 이번 순회공연이 없더라도 나중에 연락이 닿았을 수도 있지만, 그게 언제일지는 아무도 모를 일이었다. 지금까지도 중앙대학 동창 다이궈화의 소식을 듣지 못해 아쉬워하는 것처럼 말이다.

상하이에서 공연을 마친 우리는 난징으로 향했다. 난징은 중앙대학에 다녔던 그 시절이 고스란히 담긴 곳이었다. 그때의 기억이 숨가쁜 기차 소리에 맞춰 쏟아졌다. 우천 체조장에 있던 '대형 기숙사'는 분명 없어졌을 테고, 대강당은 둥난(東南)대학이 세워졌을 때부터 이어온 상징적인 건축물이니 아직 건재할 터였다.

'111호'는 아마 진즉에 없어졌겠지. 만약 아직 있다면 내가 3년의 세월을 보냈던 그곳에 꼭 한 번 가보고 싶었다. 특히 룽룽의 초상화를 걸어 뒀던 그 벽을 다시 보고싶었다. 이제 그 방에서 만날 수 있는 것은 그 벽이 전부였다. 물론 천훙 교수님도 반드시 만나 뵈어야 했다. 교수님은 분명 아직 중앙대학에 계실 터였다. 나는 천훙 교수님이 우리 공연을 꼭 보러 와주었으면 했다. 최소한 그의 학생이었던 내가 합창단을 지휘하는 모습을 보셨으면 했다. 아직 많이 부족하지만 그래도 제자가 쌓아 올린 성과를 보고 조금은 기쁨과 위안을 얻지 않을까 생각해서였다.

내가 이런저런 생각에 빠져있을 때, 기차가 난징 샤관역에 도착했다. 나는 조급한 마음에 창가에 엎드려 기차역 옆에 늘어선 건물들을 바라보았다. 다시 찾은 난징은 낯설게 느껴질 정도로 많이 변해있었다. 기차역 옆, 대형 광고판에 새겨진 미남미녀가 미소를 머금은 채 "Sorry, 이제 여기는 우리 세상이야!"라고 나를 비웃는 듯했다.

공연팀은 마중 나온 대형 승용차를 타고 곧장 시내로 향했다. 난징의 도로는 널찍했다. 예전 모습은 거의 찾아볼 수 없는 낯선 풍경이 스쳐 지나갔다. 일부 구간에는 친근한 플라타너스가 자리를 지키고 있었지만, 예전만큼 무성하진 않았다. 플라타너스가 가득했던 중앙대학 교정은 지금 어떤 모습일까.

이번에는 진슈(進修) 학원의 숙박 시설에 묵게 되었다. 그곳엔 커다란 화원이 있었고 시내에서 조금 거리가 있는 곳에 있었다. 공연장은 궈푸로(國府路)에 있는 당시의 국민대회당으로 쓰파이루 중앙대학 본부와 주장로(珠江路)의 번화가와 그리 멀지 않았다. 그 부근은 내게 깊은 인상을 남긴 장소이기도 했다. 그해의 5월 20일 시위대가 기병대에 의해 흩어졌던 곳이 바로 거기였다. 그때의 기억은 아직도 아주 생생하게 남아 있었다. 나는 모교를 찾아가 예전의 흔적을 찾아보고 싶은 마음이 굴뚝 같았다. 그리고 황런쑹(黃仍松)이 난징 사람이라는 사실이 떠올랐다. 그녀는 내가 중학생 때부터 친하게 지낸 친구였는데, 아쉽게도 지금 어디에 사는지 알 길이 없었다.

공연이 끝난 뒤, 중앙대학 예술학과 동창 하나가 무대 뒤로 나를 찾아왔다. 바로 학생회 경선에서 나를 지지하며 내 두상을 만화로 그려냈던 왕궈청이었다. 그는 졸업 후 난징에 있는 신문사에서 일했다고 했다. 우리는 빙과점에서 아이스크림을 먹으며 이야기를 나눴다. 나는 상하이에서 가진 돈을 거의 다 써버린 터라 주머니 사정이 좋지 않았기에 미안하게도 왕궈청이 돈을 냈다. 왕궈청은 이제 학생 때처럼 까불대지 않았다. 그가 내게 당에 입당했는지 물었는데, 입당 신청은 했지만, 아직 승인이 나지 않았다고 답했다. 그렇게 이야기를 나누던 도중에 왕궈청이 진심 어린 표정으로 내게 절대 자만하지 말고 당의 지도자를 중히 여겨야 한다고 충고했다. 내가 혹시 그런 충고를 들을 만한 행동을 했는지 의문이 생겼다. 나중에는 그의 충고에도 일리가 있다는 생각이 들었다. 같은 말도 언제 하느냐에 따라 그것에 담긴 의미가 달라지는 법이다. 왕궈청은 오랜 당원이자 대학 시절 내가 하는 일을 지지하고 도왔던 친구로 당시에 신문사에서 임원으로 근무하고 있었다. 그런 그가 정말 필요하다고 생각하지 않았다면 아주 오랜만에 우연히 만난 친구에게 굳이 그런 충고를 했겠는가. 더욱이 이번에 궁룽샹(그도 지하당원이었다)을 만나 이야기를 나눴을 때도 그가 무심결에 내게 이런 말을 했었다.

"정치라는 건 참 종잡을 수가 없어. 마치 컴퍼스와 같아. 한쪽 다리를 고정한 채 다른 쪽 다리로 원을 그려야 하지. 각도가 조금만 커져도 동그라미는 몇 배가 커지고 자칫 잘못하면 동그라미 안으로 말려 들어갈 수도 있지."

아울러 그는 나에게 "너처럼 자신감 넘치는 사람은 조금은 조심하는 게 좋아"라는 말도 덧붙였다.

우리 극단은 중국 공산당 창당 기념일인 7월 1일을 난징에서 보내며 축하 행사를 열었다. 단원 전체가 모여 두 간부의 연설을 들은 후, 입당 신청을 한 동지를 강단에 세우는 프로그램으로 진행됐는데, 당 지부에서 뽑은 두 명 중 한 명이 바로 나였다. 솔직히 나는 정말 그 자리에 서고 싶지 않았다. 무슨 말을 해야 좋을지도 몰랐다. 물론 결국은 단원들 앞에 서서 내 인생관의 변화(중앙대학을 다시 찾고 나니 당시 내가 가졌던 사상에 대한 모순이 떠올랐다)에 대해 이야기하면서 관념주의와 불가지론에 빠졌던 자신을 비판했다. 그리고 끈도 풀지 않은 채 신발을 벗으려고 안간힘을 썼던 일을 예시로 들었다. 청중들은 그 부분에서 모두 웃음을 터뜨렸다. 나는 내가 좀 실없는 이야기를 했나 싶기도 했다. 공산주의 사업을 위해 끝까지 헌신하고 분투했다는 다른 발표자의 이야기처럼 감동적인 부분이 없었기 때문이다. 나중에 생각해보니 학습 토론회도 아닌데 거기서 철학이나 사상 따위를 얘기한 내가 참 샌님처럼 보였겠구나 싶었다.

행사가 끝난 후, 나는 마오위안과 함께 천훙 교수님을 뵈러 갔다. 교수님은 나를 보고 무척 반가워했고 한사코 밥을 사겠다고 고집을 피웠다. 마오위안이 각색한 《요족무곡(瑤族舞曲)》을 입에 침이 마르도록 칭찬하고, 제자인 내게도 '많이 발전했다, 오케스트레이션이 훌륭하다' 등 칭찬해 주셨다. 몇 년 후, 베이징에 있던 동문에게서 천 교수님이 위독하다는 소식을 듣고 훙무롄(洪慕蓮)이 동문 대표로 병문안을 갔다. 그때 나는 교수님의 가르침에 대한 보답과 위로의 뜻으로 악단의 일부 작품을 녹음한 음반을 전해달라고 부탁했다.

병상에서 그 음반을 받으신 교수님이 흐뭇한 미소를 지었다고 말해주었다. 교수님은 내게 큰 기대를 걸고 있었다. 2002년 교수님이 임종을 맞으셨을 때, 제때 소식을 전해 듣지 못해 직접 찾아가지 못했다. 그것이 지금까지도 마음에 걸린다. 순회공연 차 난징을 찾았을 때 교수님을 뵙고 감사한 마음을 전한 것이 그나마 다행이다.

전국 음악제가 곧 열린다는 소식에 극단은 일정을 앞당기기 위해 난징 관광을 취소했다. 우리는 하루 일찍 제난으로 가서 공연을 마친 후 바로 베이징으로 돌아가기로 일정을 변경했다. 예정보다 일찍 난징을 떠나야 한다는 생각에 섭섭한 마음이 들었다. 며칠 되지도 않는 시간을 연습과 공연에 모두 할애하느라 추억이 깃든 곳을 다시 찾지 못했기 때문이었다. 중앙대학도 그저 한 바퀴 돌아보고 대강당을 잠시 조망한 것이 전부였다. 대강당의 둥근 지붕은 조금 색이 바랜 듯 보였고 예전만큼 웅장하고 화려한 것 같지 않았다. 난징을 떠나며 꼭 한번 다시 이곳을 찾겠다고 다짐했다. 일이 번번이 틀어져 그날의 다짐을 실행에 옮기지 못했지만, 노인이 되어 다리가 시원찮은 지금도 꼭 다시 난징에 가고 싶다. 그곳에서 이미 사그라진 청춘의 숨결을 느껴보고 싶다.

베이징으로 돌아온 우리는 잠시 쉴 틈도 없이 곧장 음악제 준비에 돌입했다. 각 성시(省市)의 문예 '대군'이 몰려들면서 베이징이 뜨거운 열기에 휩싸였다. 개막식과 마지막 총결산 대회 말고도 지인과 친구들을 만날 기회가 제법 있었는데, 서로 몇 마디를 나눈 것이 다였다. 첫 공연을 마친 다음부터 프로그램과 간략한 보도로만 서로의 소식을 들을 수 있었지만, 어쨌든 순조롭고 성공적으로 음악제를 마쳤다. 음악제의 클라이맥스는 바로 마오 주석을 만난 일이었다. 우리는 줄을 서서 차례로 마오 주석과 악수를 나누는 행운을 누렸다. 마오 주석과 악수하는 순간, 나는 마음속에서 존경심이 용솟음쳤고 그의 큼지막한 손에서 따스함을 느꼈다. 그리고 엉겁결에 담배 연기에 누르스름하게 변한 손가락을 힐끗 보았다. 그저 이웃집 어르신을 만난 듯 친근하고 익숙한 느낌이었다.

음악제가 진행되는 동안 서로 알고 지내던 친구들 사이에 예전부터 있었지만 이번만큼 시선을 끌지 못했던 의제가 널리 퍼졌다. 바로 음악의 테크닉을 중시해야 한다는 내용이었다. 당시 중국 음악에는 보편적인 경향이 하나 있었는데 바로 정치적 사상에 치중한 반면 전문적인 기술과 예술성을 소홀히 하는 것이었다. 이는 마땅히 주목하고 시정해야 할 사항이었다. 소문에 의하면, 이에 대해 문제를 제기한 중심인물은 모두가 존경하는 허뤼팅이었다. 나와 내가 접촉한 친구들은 모두 허뤼팅의 의견을 지지하는 쪽이었다.

베이징 인민예술극원에서 일을 막 시작했을 때, 관현악단이 연주한 중국 곡은 허뤼팅의 《만회》와 《삼길덕마》, 마커의 《백모녀조곡(白毛女組曲)》, 마쓰충(馬思聰)의 《사향곡》과 《새외무곡(塞外舞曲)》이 거의 전부였다. 허뤼팅도 원래는 극단에서 일했었다. 그는 자상한 중년 남자로 중절모를 쓰고 다녔다. 한 번은 그가 직접 자신의 작품을 지휘하러 온 적이 있었는데, 《만회》였던 것으로 기억한다. 이 곡은 당김음으로 시작되기 때문에 초반부터 강한 연주가 들어가는데 너무 힘껏 지휘한 나머지 머리에 쓴 중절모가 벗겨져 바닥에 떨어지고 말았다. 그가 자신의 반짝이는 정수리를 어루만지며 쭈그리고 앉아 모자를 찾는 모습에 우리는 폭소를 터뜨렸다. 다시 일어선 그는 우리를 보며 대수롭지 않다는 듯 웃어 보였다. 그 모습이 어찌나 친근하던지.

그는 3, 40년대에 많은 곡을 썼고, 많은 사랑을 받았다. 특히 《가릉강상(嘉陵江上)》은 항일전쟁 시기에 부르지 않은 사람이 없을 정도였다. 당시에는 그가 수많은 명곡의 작곡가라는 사실을 몰랐다. 대중에게 큰 사랑을 받은 노래로는《추수이인(秋水伊人)》,《천애가녀(天涯歌女)》,《봄날에(春天里)》,《춘니를 개간하며(墾春泥)》 같은 곡이 있다. 그가 음악의 테크닉 문제를 제기하긴 했지만, 사실 많은 사람이 비슷한 문제의식을 느끼고 있었기에 그 문제가 더 큰 반향을 일으킨 것이었다. 어떤 이들은 이에 대해 '지나친 걱정'을 하며 예민하게 반응하기도 했다. 갖가지 소문도 들렸다. 테크닉을 우선으로 하는 것은 정치사상을 부정하는 것이라는 의견도 있었고 예술을 모르는 사람이 지휘봉을 휘두른다는 비판도 있었다. 지금 생각해보면 1956년 후반기 한사리에 접어든 무렵, 시국의 필연적 결과로 '레드카드'가 나올 것을 예고한 게 아니었을까 싶다.

06 / 레드카드, 1957년

레드카드! 1957년이란 레드카드는 1956년과 작별하고 처참한 시대의 도래를 선언했다!

나는 1957년을 어떻게 기억할까? 많은 사람은 그때를 떠올리며 직접 겪은 비참한 이야기를 털어놓는다. 다들 비슷한 운명을 맞았고 체념할 수밖에 없는 과거가 되었기 때문일까. 나는 그 시절을 간절히 잊고 싶으면서도 그럴 수가 없었다. 그리고 나는 그 끔찍한 고통을 겪은 사람들에 비해 우파 중에서도 나름 '행운아'였다고 말해야 할 것이다.

1961년 내가 '우파 오명'을 벗은 후 다시 일을 시작했을 때, 하루는 아주 오랫동안 소식이 없던 중대부중의 중학교 동창 위즈항(餘誌航)이 갑작스레 나를 찾아왔다. 항일전쟁 시기, 당시 중학교 2학년이던 그는 불타오르는 애국심으로 중국공군유년학교에 응시해 항일전쟁에서 조국을 보위하는 예비군이 됐다. 그가 중대부중을 떠나던 날, 전교생과 교직원 모두 그를 환송하며 어린 나이에도 불구하고 조국을 열렬히 사랑하는 그의 마음에 감동해 눈물을 흘렸다. 위즈항은 의기양양하게 조국을 위한 발걸음을 내디뎠다. 그 후로 오랫동안 소식을 듣지 못했는데 이렇게 갑자기 나를 찾아온 것이다. 갑작스러운 만남에 기쁜 것도 잠시, 이 기쁨은 이내 고통의 눈물로 완전히 묻혀버렸다.

위즈항은 고개를 푹 숙인 채 발끝만 바라보며 눈물을 닦아냈다. 그리고 침울한 목소리로 말했다.

"…… 신장(新疆)에서 베이징까지 가까스로 왔어. 내 억울함을 풀기 위해서."

그는 한참 동안 침묵했고 나는 차분히 기다렸다. 이윽고 그가 믿기지 않을 만큼 비참하고 끔찍한 이야기를 꺼냈다. 위즈항은 오히려 반우파(反右派) 투쟁이 절정에 달했던 때에는 '사고'를 당하지 않았단다. 그러다 투쟁이 끝나갈 즈음, 군중을 설득하여 당에 반우파 투쟁에 대한 생각을 털어놓게 했는데, 그때 그들의 말을 너무 쉽게 믿었던 탓에 참극이 벌어지고 말았다.

"언자무죄(言者無罪)라고 말하는 사람에게는 죄가 없다고 했잖아? 그런데 왜 갑자기 나를 반당 분자, 우파로 몰면서 죄를 뒤집어씌우느냐고!"

위즈항이 솔직한 마음을 털어놓았다. 그는 그저 자기 생각을 몇 마디 뱉은 것뿐이었는데 반혁명죄라는 명목으로 재판도 받지 못한 채 곧바로 신장으로 끌려가 노동 개조를 받았다고 했다. 그 후, 그의 삶이 어떠했는지는 듣기만 한 나도 절대 잊지 못한다.

"…… 끝도 보이지 않는 사막에서 나는 깊고 거대한 갱도에 버려졌어. 간수 따윈 필요 없었어. 어차피 거기서 빠져나올 수 없었거든. 강하게 내리쬐는 태양 아래에서 허기에 정신이 나갈 것 같을 때는 옷 속에 있는 솜을 씹고, 목이 타들어갈 것 같을 때는 내 오줌을 받아 마셨지. 목이 터져라 소리를 질러도 누구 하나 듣는 사람이 없었어. 그렇게 죽을 날만 기다리며 숨이 끊어지려는 찰나에 놈들이 나를 밧줄로 끌어올리더라. 그리고 다시 논밭으로 끌려가 온종일 쉬지 않고 일했어……."

"…… 사람이라는 게 굶어 죽겠다 싶으면 뭐든 먹을 수 있더라. 뱀도, 쥐도, 다 대가리만 힘껏 쥐어 뜯어내 산 채로 삼켰어. 한 번은 두꺼비를 잡았는데 간수가 내 쪽으로 오는 거야. 그래서 급한 마음에 살아 꿈틀대는 두꺼비를 통째로 입에 넣었지. 두꺼비 다리가 내 입 밖에서 살려달라고 마구 버둥거리는데……."

"…… 탈출 시도도 해봤어. 그러다 잡혀서 죽도록 두들겨 맞은 다음에 독방에 갇혔어. 산비탈 옆에 관처럼 길고 좁은 구멍을 파서 감옥을 만들었는데, 철제 울타리로 입구를 막았어. 거기에 갇히면 서 있지도 못해. 그냥 계속 땅만 보고 누워 있는 거야……."

더는 못 쓰겠다. 잔뜩 쉰 목소리로 그간 있었던 일을 담담하게 털어놓는 친구 앞에서 나는 저절로 고개가 숙어졌다. 그러다 문득 그의 비극 앞에서 알 수 없는 죄책감이 들었다. 내가 노동 개조를 받았던 때가 생각났다. 위즈항이나 그와 같은 고초를 겪은 사람에게 내 고통은 비할 바가 못 되었다. 인간의 운명이란 이렇게도 달랐다. 하지만 그렇다고 내가 겪은 일이 다행일 수 있을까? 아무렇지 않을 수 있을까?

잠시 말이 없던 위즈항이 단호하게 한마디를 내뱉었다.

"나는 제대로 재판을 받아야겠어!"

그러더니 벌떡 일어나 울분 섞인 말을 내질렀다.

"내가 무슨 잘못을 했어? 대체 무슨 죄를 지었냐고?"

그가 손에 쥐고 있던 컵 안의 물을 단숨에 들이켰다.

"왕진링(王金陵)[1]을 찾아갈 생각이야. 아버지가 왕쿤룬(王昆侖)이니까 조금이라도 나를 도와줄 거야!"

나는 자신 없는 표정으로 그를 바라보았다. 아무 소용이 없다는 걸 알면서도 이미 마음을 굳힌 그를 차마 만류할 수 없었다. 그 뒤로 위즈항은 오랫동안 소식이 없었다.

나는 우파 중에서 운이 좋은 편에 속했다. 그렇다고 다른 사람보다 나은 만큼 내 고통이 없어지거나 덜해지는 것은 아니었다. 당시에 겪은 치욕과 울분은 살면서 문득문득 떠올랐고, 그때마다 불에 덴 듯 얼른 그 기억을 넘겨버렸다. 그 기억을 들여다보지 않았고 생각하지 않았다. 이걸로 내 가슴을 아프게 하고 싶지 않았고 '운이 좋았다'는 말로 자기 위안을 삼고 싶지도 않았다. 고통을 즐기는 사람

1 / 중학교 동창

이 어디 있겠는가. 그러나 일생을 되짚어 보면, 고통의 기억은 어느새 내 앞에 성큼 다가와 있다. 내게는 아물지 않는 상처로 남아 있는 기억일 것이다. 인생에서 가장 소중한 세월은 영영 사라져버렸고, 그때 일어났던 모든 일도 이제는 되돌릴 수 없다.

나처럼 '오명'을 쓴 사람들은 대부분 시작이 비슷했다. 당의 말을 곧이곧대로 믿고 정풍운동(整風運動)[2]에 열심히 힘을 보탰다. 친애하는 당이 수차 공언했던 '언자무죄, 문자족계(聞者足戒)[3]'를 믿고 적극적으로 참여했다.

당시 열정에 찬 나는 일부 문제에 대하여 의견을 제시했는데, 사실 생각해 보면 '대명대방(大鳴大放)[4]'이라고 할 것도 없었다. 그저 회의 중에 간부들이 정치나 사상 문제에 치우쳐서 교육 문제에 소홀한 것 같다고 지적했을 뿐이었다. 특히 전문 교육을 받지 않은 청년의 업무 능력이나 예술 소양을 키우기 위한 구체적인 방안이 부족했기에 나는 토론 프로그램 같은 보완책을 제안했다. 정치적인 의의만을 쫓다 보니 예술과 기술에 관한 연구가 상대적으로 부족하다는 것이 요지였다. 나는 뛰어난 실력을 갖춘 동지들이 자기 역량을 발휘할 수 있도록 해야 한다고 역설하면서 일부러 '옌안문예좌담회'에서 마오 주석이 주장한 두 가지 기준까지 인용했다.

일전에 나와 동지 몇몇은 우리집이나 천핑 집에서 각자가 만든 작품에 대해 의견을 나누거나 오페라 창작이 직면한 현실적인 문제에 관해서 토론하곤 했는데, 이는 순전히 자발적인 학술 활동이었다. 그런데 그것이 나를 필두로 하는 '헝가리의 페퇴피 구락부[5]' 같은 조직이 되어 반혁명 활동을 할 줄은 몰랐다.

처음에는 다들 열성적으로 참여했다. 대자보가 연습실 벽면을 가득 채웠고, 방언고론하는 소리와 치열하게 논쟁을 벌이는 소리가 자주 들렸다. 나는 오페라 《형가》를 쓰던 중으로 집에 있는 시간이 많아 소그룹 회의를 여는 것 외에 극원

2 / 역주 : 중국공산당이 펼친 당원 쇄신 운동
3 / 역주 : '말하는 사람에게는 죄가 없고, 듣는 사람은 경계로 삼을 만하다'는 뜻
4 / 역주 : '자기 견해를 자유롭게 밝힌다'는 뜻으로 중화인민공화국이 정풍운동 중에 내건 슬로건 중 하나
5 / 역주 : 1954년에 조직된 헝가리의 반혁명 조직

에서 동지들과 모여 이야기를 나눈 횟수는 얼마 안 됐다. 그러다가 돌연 활동이 축소되더니 소그룹 토론회도 줄어들었다. 일부 당원과 간부도 얼굴을 내미는 일이 드물어졌다. 항간의 소문에 따르면 반우파 투쟁이 새로운 국면에 접어들었다고 했다. 특히 인민일보에서 『왜?』라는 사설이 게재된 후, 대자보가 눈에 띄게 줄고 분위기도 착 가라앉았다. 더욱이 각종 소문이 끊이지 않았는데, 특히 베이징대, 런민(人民)대, 칭화대 같은 대학교에서 격동적이고 의문스러운 소식이 들려왔다. 얼마 후, 까닭 없이 이상한 느낌이 들기 시작했다. 원래는 다정했던 동지들이 나를 피하는 듯도 했고, 부자연스러울 정도로 '예의 바르게' 나를 대하는 듯도 했다. 이때부터 나는 종종 불안에 휩싸였다.

반우파 투쟁 중의 혼례

운명이 정해놓은 것일까, 아니면 어떤 극작가가 구상한 것일까. 푹푹 찌는 여름 정치적 열기에 숨이 막히던 1957년 8월, 무용학교를 졸업한 예밍밍(葉明明)이 졸업과 동시에 문화부 예술국 음무처(音舞處)에서 업무를 하달받았다. 문화부가 윈난 쿤밍에서 실시하는 무용 연출 양성반의 교사로 1년간 근무하는 것이었다. 윈난으로 가기 전, 얼마간 여유가 있었기에 그녀는 결혼을 결정했다. 하지만 사실 그때의 나는 결혼에 대해 생각해본 적이 한 번도 없었다.

나와 밍밍은 1953년 조선에서 열린 전쟁 위문단 공연에서 처음 만났다. 나는 지휘를, 밍밍은 무도팀에서 소팀장을 할 때로, 룽룽을 닮은 그녀가 친근하게 느껴졌고, 나중에는 조용한 성격과 강인한 인내심에 감명했다. 밍밍은 내게 적극적으로 마음을 드러내기도 했고 나도 기꺼이 그녀와 교제했지만, 사실 그녀에 대해 아주 잘 알지는 못했다.

이화원에서 예밍밍과의 첫 데이트

303

조선에서 돌아온 지 일주일쯤 됐을 때, 왕푸징에서 우연히 밍밍과 마주쳤다. 나는 신화서점에 가던 길이었고, 밍밍은 신발을 사러 가는 중이었다. 그녀는 키가 작아 발도 성인보다 작았기에 일반 상점에서는 맞는 것을 구하기가 어려웠다. 나는 신화서점 옆에 큰 아동 상점이 있다는 사실을 알고 밍밍과 함께 그곳에 가서 발에 꼭 맞는 붉은색 구두를 골라줬다. 당시로써는 세련된 제품이라 그녀도 나도 무척 만족스러웠다. 우리는 구두를 산 후 기쁜 마음으로 거리를 거닐며 이야기를 나눴다. 바로 그때 누군가가 뒤에서 소리쳤다.

"진정핑! 딱 걸렸어!"

가극원의 류즈(劉熾)였다. 류즈는 밍밍과 웃음꽃을 피우며 즐겁게 대화를 나누다가 흥에 겨웠는지 '둥라이순(東來順)'에서 식사를 대접하겠다며 한사코 고집을 부렸다. 잡담이 취미인 류즈는 한 끼 식사에도 쉴 새 없이 입을 놀리며 나와 밍밍에게 짓궂은 농담을 건넸다. 밍밍은 줄곧 고개를 숙인 채 아무 말 없이 웃기만 했다.

그날 식사 이후로 상황이 변한 듯했다. 류즈가 뭐라고 입방정을 떨었는지 불 보듯 뻔했다. 조선에서 만난 '인연'이 이제는 현실이 된 듯했다.

아마도 이때 즈음, 밍밍은 무용단의 민악단(民樂團)을 따라 뤼다로 공연을 하러 갔다. 나는 아직 맡은 업무가 없었기에 룽푸사(隆福寺) 병원에 입원해 치질 수술을 받았다. 하루는 병실에서 막 붕대를 갈았는데 간호사가 들어오며 말했다.

"진정핑 동지, 누가 찾아왔네요!"

누굴까 생각하며 고개를 든 순간 당혹감을 감추지 못했다. 밍밍의 아버지인 예첸위(叶淺予)였다. 사진으로 몇 번 본 것이 전부지만, 입가에 난 수염과 날카로운 눈매는 절대 잊을 수가 없었다. 하지만 그런 그도 지금 같은 상황에서는 조금 당황한 듯했다.

"밍밍이 편지를 보내왔다. 네가 어떤지 대신 좀 가보라고 하더구나. 흠, 좀 나아졌니?"

"아, 네, 거의 다 나았어요, 거의 다……."

놀란 나는 연거푸 같은 말을 내뱉었다. 감사 인사도 잊을 만큼 난처한 상황은

　　　　　레드카드, 1957년

여태껏 처음이었다. 아마 밍밍의 아버지도 마찬가지였을 것이다.

조선에 있었을 때, 밍밍이 아버지의 편지를 내게 보여준 적이 있었다. 그때 나는 "너희 아버지 재미있으시다! 너랑 건배하다니!"라고 했었다. 그때는 나와 어떤 인연이 있을 것이라고는 생각도 하지 못 했다.

밍밍의 아버지는 손에 들고 있던 과일 봉지를 내 침대맡에 내려놓고는 "그럼 난 일이 있어서 이만 가보마"라며 황급히 자리를 떴다. 나는 감사하다는 말을 전할 겨를도 없었다. 이렇게 난처할 수가……. 나중에 밍밍은 그날 있었던 일을 전해 듣고 우쭐한 표정을 지었다.

이듬해, 밍밍은 극원을 떠나 새로 생긴 무용학교에 들어갔다. 나는 그녀의 결정을 적극적으로 지지했고 독서를 권장했다. 특히 문학작품을 많이 읽으라고 조언하면서 직접 독서 계획을 세워주기도 했다. 밍밍에게 책을 읽도록 한 것은 그녀에 대한 어떤 기대감 때문이었을 것이다.

밍밍은 무용학교에 들어간 후, 교칙에 따라 매주 일요일에 쉬었는데 이따금 우리집에 와서 놀곤 했다. 그녀는 우리 어머니 앞에서 예의 바르고 조신하게 행동했으며 자진해서 집안일을 돕기도 했다. 한 번은 소파 팔걸이가 닳은 것을 보고 바늘과 실을 달라고 한 다음 묵묵히 해진 부분을 깁기도 했다. 항상 별다른 말 없이, 얼마 놀지도 않고 돌아갔는데, 그러다 익숙해지면서부터는 우리집에서 밥도 먹고 뒷정리도 한 후에야 집에 갔다. 밍밍은 어느새 가족 같은 존재가 되었고 어머니는 그 모습을 눈여겨보았다. 밍밍을 꽤 좋아하는 눈치였다.

결점이라고 할 것까진 없지만, 밍밍은 새로운 스타일에 빛깔 고운 옷을 좋아했고, 마음에 들면 꼭 사야만 직성이 풀렸다. 칠팔십 대 노인이 된 지금도 그러는 걸 보면 아마도 천성인 듯싶다.

우리집에서 그리 멀지 않은 덩스커우(燈市口) 대로에 상하이 옷가게가 하나 생긴 적이 있는데, 그곳을 지나치다가 쇼윈도에 걸린 얇은 나사[6]로 만든 흑녹색 치마를 발견했다. 고상하고 우아한 데다 스타일도 독특한 것이 확실히 예쁘긴 했다.

---

6 / 역주 : 양털에 무명, 명조, 인조 견사 등을 섞어 짠 모직물

밍밍은 그 치마에 한눈에 반해버렸고 무조건 사겠다고 고집을 부렸다. 하지만 내가 너무 비싸다는 이유로 반대하자 기분이 상한 밍밍은 집에 가는 내내 울면서 삐친 채로 한마디도 하지 않았다. 그런데 어머니가 은근슬쩍 내게 무슨 일이 있었는지 묻고는 예금에서 돈을 찾아 내게 건넸다.

"그렇게 마음에 드는 물건이 매번 있는 것도 아니잖니, 그냥 사줘."

나는 속으로 여자 마음은 다 똑같은 것 같다고 생각했다. 어쨌든 나는 그 치마를 사주었고, 솔직히 내가 봐도 무척 예쁜 치마였다. 그 일이 있고 어머니와 밍밍이 이미 한편이라는 사실을 알아챘다. 더구나 방학을 맞아 집에 온 여동생도 밍밍과 사이좋게 지냈다.

그러니 밍밍이 결혼 이야기를 꺼냈을 때, 깜짝 놀란 사람은 없었다. 나만 빼고. 사실 나는 결혼에 대해 생각해 본 일이 없었다. 밍밍과의 결혼뿐만 아니라 결혼 자체에 대해서 말이다. 내게 결혼은 룽룽과 나의 관계처럼 허무맹랑한 일이었지만, 밍밍에게는 더없이 현실적인 일이었다. 게다가 그녀는 반우파 투쟁이 한창이라는 사실에도 아랑곳하지 않을 만큼 천진난만했다. 그녀는 분명 이렇게 말했을 것이다.

"반우파 투쟁? 그게 내가 결혼하는 거랑 무슨 상관이야?"

더구나 이미 하겠다고 결정한 일이면 그것이 큰일이든 작은 일이든 반드시 해야 하는 성격이었다. 그러니 옆에서 누가 평가를 하든 조언을 하든 심지어는 언성을 높여도 아무 소용이 없을 터였다. 만약 내가 지금은 투쟁을 돕느라 결혼을 생각할 시간이 없다고 하면, 밍밍은 분명 "응, 가서 할 일 해. 나는 지금 일이 없으니까 내가 준비할게"라고 대답했을 것이다. 더구나 그녀는 마음먹은 대로 밀고 나갈 능력도 있었다. 나이는 어리지만, 일도 야무지게 했고 수완도 좋았다! 어디 그뿐인가. 밍밍은 자기 아버지에게 나와 결혼하고 싶다고 말씀드리고 승낙까지 받아왔다. 그녀 눈에는 당시의 정치 상황과 분위기가 여느 때와 다를 바 없었다. 그런 그녀를 보며 나는 불현듯 할 말을 잃고 말았다. 결혼하지 않겠다고 고집할 힘도, 언쟁을 벌일 힘도 없었다.

레드 카드, 1957년

그래서 1957년 8월 16일, 우리는 혼인 신고를 했다. 결혼 날짜를 정하고 초대장도 보냈다. 그런데 이상하게도 당시 나와 가장 가깝게 지냈던 친구 하나가 이런저런 핑계를 대며 나를 피했다. 우리집에 묵었을 때 어머니가 속옷까지 빨아줬던 친구였다. 나와의 친분을 생각하면 결

결혼식 후

혼 준비를 돕거나 작은 선물이라도 줄 법했는데 이상했다. 그러다가 그 친구와 우연히 마주쳤을 때, 내가 농담처럼 한마디를 던졌다.

"걱정하지 마, 선물 내놓으라고 조르진 않을 테니. 그냥 와서 결혼 축하주나 마셔."

그랬더니 친구가 난처하다는 듯 냉큼 되물었다.

"무슨 선물이 좋겠어?"

"예전에 네가 지냈던 그 방을 신방으로 꾸몄어. 괜찮으면 방충망이나 좀 사다 줄래?"

친구는 내 말이 끝나자마자 '이제 살았다'는 듯 냉큼 뒤돌아 가버렸고, 일을 마치고 집에 갔더니 어느새 친구는 방충망만 내려놓고는 사라진 뒤였다.

"방금 ××가 왔다 갔다. 한마디도 없이 방충망만 내려놓고 바로 갔어. 무슨 일 있다니?"

나는 무언가 마음에 걸렸지만, 억지로 웃으며 어머니께 대답했다.

"네, 일이 좀 있나 봐요."

신방에 들어가자 반짝반짝 옻칠 된 다목적 수납장이 내 시선을 사로잡았다. 나는 넋을 잃고 제자리에 멈춰 섰다. 이렇게 사치스러울 수가! 물론 지금 같으면 그렇게 값비싼 물건도 아니지만, 그때는 금방 눈에 띌 정도로 값나가는 물건이었다. 밍밍은 한결같이 예쁘면서 최신식 물건만 좋아했으니 이 수납장을 들여놓고

몹시 흐뭇했을 터였다. 하지만 나는 무슨 죄라도 지은 듯 불편한 느낌이 들었다. 특히 당시의 정치적 분위기와 전혀 어울리지 않았다. 그래서 결혼을 앞두고 처음으로 다툼이 발생했다. 밍밍은 울음을 터뜨리고 말았는데 다행히 어머니와 여동생이 밍밍 편에 서서 나를 나무랐고, 나도 묵묵히 받아들인 덕분에 평화를 되찾았다.

어쨌거나 당시 내 기분은 정확히 뭐라고 설명할 수 없었다……

결혼식 당일 오후, 둘째와 셋째 남동생, 여동생이 집에 왔다. 어머니는 당연히 잔뜩 흥분한 상태로 부엌에서 숨 돌릴 틈도 없이 분주히 음식을 만들었다. 어머니로서 아들의 결혼 피로연을 열어주는 것이니 어찌 바쁘지 않겠는가! 여동생은 형수와 밍밍을 도와 신혼방을 예쁘게 꾸몄다. 응접실은 전등을 100와트짜리로 바꾼 덕분에 환했다. 밍밍은 흰색 비단으로 된 치파오를 입고 가슴에 꽃 한 송이를 꽂았는데, 한마디 보태자면 당시로써는 무척 '핫한 차림'이었다. 나는 검은색 양복바지와 흰 와이셔츠를 입고 검은색 넥타이를 맸는데, 어째 공연 때 입는 의상과 별반 다른 것 같지 않았다. 그때, 악단 동료 몇몇이 도착해 축하 인사와 함께 선물과 꽃을 건넸다. 우리집은 한순간에 기쁨으로 가득 찼다. 조금 늦게 여동생이 장인어른과 친척 언니 예닝(叶寧) 그리고 귀여운 조카를 데리고 왔는데, 그 귀여운 장난꾸러기 덕분에 온 집안에 웃음소리가 끊이질 않았다.

피로연이 시작될 즘, 동료들은 이미 다 돌아간 뒤였고 양가 친인척과 몇몇 친구들만 남아 있었다. 어머니는 모처럼 솜씨를 발휘하여 풍성한 음식 한 상을 내오셨는데 웃음소리와 즐거운 이야기 소리로 시끌벅적한 가운데 가장 행복한 사람은 역시 밍밍이었다. 나는 어쩌다가 밍밍을 힐끗 보았는데, 결혼한 새신부인데도 앳된 티가 났고 아이처럼 애교를 부렸다. 조금 취기가 오른 나는 장인을 배웅한 다음 와자지껄한 분위기를 틈타 잔을 들고 홀로 밖에 있는 나무 그늘 밑에 섰다. 밤바람이 얼굴을 스치고 오만 가지 복잡한 생각들이 머릿속에서 뒤엉켰다.

밤이 되자 손님들은 모두 집으로 돌아갔다. 가장 수고한 어머니는 지친 기색이 역력했다. 그날은 약속이라도 한 듯 아무도 아버지 이야기를 꺼내지 않았다. 생각은 해도 입밖에는 꺼낼 수가 없었다. 어머니는 우리에게 일찍 쉬라는 말만 남긴 채 방으로 들어갔다.

밍밍이 방을 정리하는 사이, 나는 불길한 예감과 함께 계속 같은 생각이 머릿속을 맴돌았다. '오늘 왔어야 할 악단 친구들은 오지 않았어. 대체 무슨 일이지……?'

"무슨 생각해?"

"아! 어디가 좋을까? 우리 신혼여행 말이야."

순간 정신이 번쩍 든 나는 냉큼 표정을 숨기며 지도를 꺼냈다.

"음, 난 어디가 좋을지 모르겠단 말이지."

"우리 이렇게 할까? 눈을 감고 손가락이 가리킨 곳으로 가는 거야. 어때? 밍밍, 네가 먼저 해봐!"

밍밍에게 신혼여행은 분명 색다른 경험일 터였고, 이런 방법으로 신혼여행지를 결정하는 것도 꽤 재미있었다. 밍밍은 눈을 감고 손가락으로 지도 중 한 곳을 가리켰다. 내가 슬쩍 보니 손가락이 산둥을 향하고 있었다. 너무 멀었다.

"베이징에서 가까운 쪽으로 해야지. 내가 해볼게."

나는 먼저 베이징의 위치를 대충 파악한 후, 눈을 감고 손가락을 뻗었다. 눈을 떠보니 내 손가락이 쥐셴(涿縣) 옆쪽을 가리키고 있었다. 그곳은 허베이성(河北省) 내에 있어 그리 멀지 않았다.

"쥐셴! 음, 괜찮은데? 역사적으로는 꽤 유명한 곳이야."

그곳이 지금 어떤지는 몰랐다. 나는 관광 명소 따위에는 관심이 없었고, 그저 아무 데라도 좋으니 낯선 곳을 찾고 싶었다. 결혼을 준비하면서부터 든 생각이었다. 지금 이런 상황에 내가 진심으로 신혼여행을 즐길 마음이 들겠는가? 그저 신혼여행을 구실로 잠시나마 심란한 상황과 생각에서 벗어나고 싶었다. 잠깐이라도 모든 걸 잊고 싶을 뿐이었다. 쥐셴은 그런 상황에 꼭 맞는 곳이었고, 밍밍도 이견이 없었기에, 우리는 그곳을 신혼여행지로 정했다.

이튿날, 이른 아침부터 전차를 타고 베이징 남부역으로 가서 기차를 탔다. 당시는 지금과 달리 차가 사람을 기다리는 형국이었기에 역에 가면 바로 표를 살 수 있었고 좌석 번호와 관계없이 마음대로 골라 앉을 수 있었다. 우리는 창가 자리에 마주 보고 앉았다. 나도 색다른 기분이 들었으니 신부인 밍밍은 아마 더 설렜을 것이다. 명색이 신혼여행 아닌가!

그때는 까마득한 옛날이라 운행 거리가 짧은 기차에는 모두 나무로 만든 의자가 있었고, 역과 역 사이의 거리도 짧았으며 운행 속도도 느렸다. 간간이 정차할 때마다 농사짓는 아저씨, 아줌마가 오르내렸다. 다들 크고 작은 짐을 등에 지고 어깨에 멘 채 팔에는 큼지막한 바구니나 자루 같은 것을 들고 있었다. 제법 크고 깨끗했던 황춘(黃村)이라는 역을 지나 몇 정거장을 더 가니 바로 줘셴이었다. 우리는 '이곳이 맞나' 하며 기차에서 내렸는데 텅 빈 플랫폼에는 우리 둘이 전부였다. 사방으로는 온통 전답과 허허벌판뿐이었다. 대합실은 무척 말끔했다. 잠시 뒤 역장이면서 직원인 사람이 다가왔다.

"여기가 줘셴인가요?"

내가 물었다. 그는 여기가 줘셴역이라며 현성(縣城)으로 가려면 조금 더 가야 한다고 했다. 우리는 길을 물은 후 곧장 출발했다. 중간중간 쉬어 가며 걷다 보니 반나절쯤 갔을 때 작은 마을이 나왔다. 그리 길지 않은 돌길 하나가 전부일 정도로 작은 마을이었다. 작은 점포로 들어가 길을 물었는데, 점포 주인이 꽤 의심스러운 눈초리로 우리를 바라보며 저 앞에 있는 갈림길에서 다른 길로 갔어야 했다며 현성은 여기서 꽤 멀다고 했다. 나는 당황한 기색이 역력한 밍밍을 안심시키려고 일부러 아무렇지 않다는 듯 대답했다.

"구경한 셈 치죠, 뭐. 어디든 구경만 잘하면 된 거죠."

나는 이미 날이 어둑어둑해지고 있던 터라 여기서 하룻밤을 묵고 내일 다시 길을 떠나는 게 좋겠다 싶었다. 그래서 '계명조간천(鷄鳴早看天)'이란 마방(馬房)에 방을 잡았다.

결혼 예복을 입진 않았지만 그래도 눈에 띄는 차림새였으니 요즘 드라마에 나

오는 것처럼 눈이 맞아 달아난 연인으로 보일 법했다. 마방 주인의 안색이 심상치
않다는 것을 알아챈 나는 황급히 우리가 베이징에서 왔으며 원래는 저우커우뎬
(周口店)에 가려고 했는데 잘못 내려서 여기서 하루를 묵게 되었다고 사정을 설명
했다. 주인은 그제야 의심을 거두고 부근에 있는 공장에서 작은 기차를 타고 가
면 편할 것이라고 친절하게 알려주었다. 그는 우리에게 제일 좋은 방을 내어주었
다. 사실은 그저 커다랗기만 한 온돌방으로 탁자 하나, 의자 두 개가 전부였고 바
닥에는 돗자리 하나와 홑이불이 깔려 있었다. 주인이 물 주전자를 갖다주었다.
우리는 방문을 잠그고 좀 전에 갔었던 그 상점에 가서 양초 두 자루와 간식거리
를 사왔다. 여름이었지만 작은 마을의 밤은 매우 빨리 찾아왔고 벌써 서늘한 느
낌이 들었다. 아무도 없는 마방에 돌아와 초에 불을 붙였는데 방안이 어째 더 어
둠침침한 것 같았다. 요 며칠 쓰러질 만큼 피곤했던 밍밍은 이내 잠이 들었다. 나
도 눈이 뻑뻑할 정도로 고단했지만, 머릿속을 헤집는 생각 때문에 잠자리에 들지
못했다. 신혼여행은 온전히 베이징을 떠나기 위한 것이었다. 잠시나마 그곳을 떠
나 마음 편히 있고 싶었다…….

다음 날, 일찍 일어나 방값을 지불했다. 주인은 친절한 목소리로 우리에게 잘
쉬었는지 물었고, 저우커우뎬으로 가는 법도 알려주었다.

작은 기차를 타고 얼마 안 가 저우커우뎬에 도착했다. 이제야 비로소 잠시나마
현실을 잊고 멀고 먼 옛날로 여행을 떠날 수 있었다…….

당시 저우커우뎬은 지금처럼 유명한 관광지가 아니었다. 나도 원시 인류의 기
원에 대한 책을 두 권쯤 대강 읽은 것이 전부였다. 그래서 고작 6, 70만 년 전에
원시인이 살았고 20만 년 전까지 베이징 룽구산(龍骨山)에 원시인이 살았다는 기
록이 있다는 정도만 알고 있었다.

1957년에는 저우커우뎬에서 추가 발굴이 이루어졌고, 사료를 근거로 원시인
동굴을 관람할 수 있도록 정비했다. 동굴 안에는 일부 모형을 비롯하여 소개나
설명을 위한 문자, 표시 등이 있었지만, 전반적인 시설은 열악한 축에 속했고 관
광객도 적었다. 그래도 어쨌거나 원시인이 생활했던 동굴과 환경, 원시인이 만든

조잡하고 단순한 석기 등을 직접 본 것은 처음이었다. 아주 큰 채색화에는 수십만 년 전 원시인이 생활했던 숲, 산짐승과 격투를 벌이는 장면 등이 담겨 있었다. 수십만 년 전의 인류 호모 사피엔스가 지금의 우리가 될 때까지 얼마나 길고 힘겨운 세월을 견뎌왔을까!

예전에 어떤 책에서 옛 선조들이 열악한 생존 환경 탓에 대부분 열서너 살이면 사망해 사망률이 높았다는 이야기를 읽은 적이 있다. 오늘날에는 전쟁 한 번에 수십만, 수백만 명이 죽어 나가지 않는가(각종 전쟁이 거의 매년 일어난다). 인류의 조상이 생존을 위해 사투를 벌였기에 오늘날 우리가 있는 것이니, 우리는 마땅히 소중한 생명과 시간을 아껴야 하지 않겠는가!

구경하는 일도 쉽지만은 않았다. 당시 룽구산은 숲이 울창했고 물도, 수풀도 많아서 맹수나 들짐승이 출몰하는 곳이기도 했다. 물론 지금은 많이 변했지만, 그때는 그 작은 산을 넘는 것도 상당히 힘든 일이었다.

이렇게 우리의 '신혼여행'도 끝이 났다. 우리는 차를 두 번 갈아 타고 베이징으로 돌아왔다. 전혀 다른 세계에 다녀온 듯한 기분이었다.

집에 돌아왔을 때는 이미 늦은 밤이었다. 어머니가 악단에서 내일(월요일) 오전에 회의가 있으니 반드시 참석하라는 통지가 왔다고 했다. 나는 한순간에 20만 년 전에서 20세기로 훌쩍 날아온 듯했다. 인류는 지금 좌파와 우파로 나뉘어 생사를 건 투쟁을 벌이고 있었다.

내가 '우파'?

회의는 시탕쯔 골목에 있는 대연습실에서 열렸다. 대연습실은 내가 극원에 갓 들어왔을 때 있었던 마당을 개축해 만들었다. 연단 앞에는 '열성분자'들이 빽빽이 둘러앉아 있었고(내가 경험한 바에 따르면 그랬다), 일반 군중은 여기저기 흩어져 앉은 채로 연습실 절반을 채웠다. 나는 조금 늦게 도착했는데, 뒤쪽에 앉은 배우 두 명이 내게 이쪽으로 오라고 손짓하며 자리를 내주었다. 회의의 진행자가 연단에서 발언하는 중이었는데 분위기가 유달리 엄숙하고 조용했다. 청중을 설득하기 위한 발언은 보통 여러 번 반복하기 때문에 조금 늦게 자리한 나도 금방 회의의 주제를 파악할 수 있었다. 바로 '대중을 동원해 적을 색출하자'였다. 여기서 '적'은 우파, 반당 분자 내지는 반사회주의 분자를 뜻했다. 대명대방을 통해 가려낸 이들 중 누가 진정으로 당을 옹호하고 정풍운동을 돕는지, 누가 대명대방을 이용해 당을 공격하고 비방하며 사회주의를 증오하고 부르주아의 부활을 꿈꾸는지 밝혀내자는 것이었다. 진행자는 "군중의 예리한 눈으로 적의 진면목을 간파하고 그들이 누군지 용감히 고발합시다. 이제 자신을 시험할 순간입니다!"라고 외쳤다. 사람의 마음을 들끓게 하는 구호가 쩌렁쩌렁 울리는데도 연습실 안은 열렬한 박수는커녕 쥐 죽은 듯 고요했다. 그러나 이내 용기를 낸 사람들이 연이어 적의 이름을 쏟아냈다. 대부분은 예상했던 인물이었다. 주로 고학력에 서양으로 유학을 다녀왔거나 국민당 시절 어떤 일로 유명해진 자들이었다. 이윽고 연단 옆에 있는 칠판에는 '사각사각' 분필 소리와 함께 몇몇 사람의 이름이 적혔다.

회의 내내 이는 나와 상관없는 일이라 생각하면서, 오히려 이런 선거와 같은 방식으로 적을 색출한다는 것 자체에 의문이 들었다. 그냥 저렇게 이름을 휘갈겨 쓰면 적을 가려낼 수 있는 건가? 이게 무슨 조장이나 프로그램을 뽑는 것도 아니고, 뭐지? 그렇게 생각에 잠겨 있는데 갑자기 저 멀리서 누군가가 큰 소리로 외쳤다.

"진정핑은 우파다!"

나는 그 소리에 놀라 자빠질 뻔했다. 홱 하고 뒤를 돌아보니 류즈가 서 있었다! 평소 농담도 잘하고 진지한 면이 부족하다고 해도 여기서 날 지목할 만큼 눈치 없진 않았다. '류즈 동지, 동지야말로 우파 같소!'라고 한마디 되돌려주고 싶었지만, 지금은 그런 장난을 칠 때가 아니었다. 나는 화가 잔뜩 난 채로 손을 들고 일어섰다. 어찌나 화가 나는지 온몸이 부들부들 떨렸다. 내가 큰 소리로 말했다.

"반당, 반사회주의는 이 진정핑과 아무런 연관이 없습니다!"

나는 그 말만 하고 제자리에 '홱' 앉았다. 머리끝까지 화가 난 나는 왁자지껄한 소리도 전혀 귀에 들어오지 않았다. 그때 옆에 있던 동지 몇 명이 나를 쿡 찌르며 다급한 목소리로 말했다.

"어서, 어서 아니라고 말해요! 빨리!"

그때 그 수즈(淑志)라는 동지는 지금까지도 잊을 수 없다. 평소 친분이 있는 것은 아니었지만, 애가 타 눈물까지 흘리며 계속 "빨리 말하라니까요! 어서요!"라고 외쳤다. 그러나 이내 내 해명 따위는 중요하지 않다는 걸 깨달았다. 짐작건대, 류즈가 나를 우파로 지목한 것은 간부 중 누군가 그렇게 하라고 시켰기 때문일 터였다. 옌안에서 온, 유명한 영화《상감령(上甘岭)》의 삽입곡《나의 조국》을 쓴 옌안 출신 작곡가 진정평과 가깝게 지낸다며, 평소 다른 사람의 존경을 받던 류즈에게 나를 지목하는 '역할'을 맡긴 것이다. 하필 당시에 그 작곡가가 '우파'인 나에게 지휘를 맡기고 싶다고 했다. 만약 나 때문에 애가 타 울음을 터트린 배우나 나와 친한 사람을 시켜 '사회주의 건설에 적극적으로 나선 인물이자 우수 단원으로 뽑힌' 나를 우파로 지목하게 했다면, 그 말에 충분한 '힘'이 실리지 않았을 것이다. 그 역할을 류즈에게 맡긴 것은 영향력과 설득력을 고려한 결정이었다. 군중이 모인 장소에서 이런 분위기에 내게 해명을 할 기회를 줄 턱이 있겠는가. 다들 웅성대는 가운데 연단에 선 진행자가 내 이름을 칠판에 적었다. 그것도 앞줄에. 내 이름은 그렇게 십자가에 못 박히듯 칠판에 새겨졌다.

투쟁이 시작되고 지금까지 이어졌던 내 '마음의 역정'은 이제 절정에 달했다. 참을 수 없는 모욕을 당하고서도 반박이나 해명은 용납되지 않았다. 얼마 전까지만 해도 사회주의 건설에 적극적으로 나섰다고 평가받은 사람이 나였다. 청년단 내에서 우수 단원으로 뽑힌 사람도 나였다(지부에서는 내가 문화부 등 당 조직의 승인을 거쳐 뽑힌 것이라고 했다). 숙청 운동 중에는 특별 안건 전담반에서 일했고, 입당 신청을 한 이들의 대표로 뽑혀 연단에 섰으며, 니에얼과 씨엔씽하이 기념음악회에서 우수 청년 지휘자로 평가받아 소련으로 유학을 가게 될 사람도 나였다……. 여기에 이런 사실들을 열거하는 것은 나를 뽐내려는 의도가 아니다(얼굴에 철판을 깔고 이렇게 자화자찬을 늘어놓는 것도 부끄럽다). 나는 그저 내가 반당 분자가 아니라

당을 옹호하는 사람이며, 사회주의를 증오하는 우파가 아니라 사회주의 편에 선 사람이라는 사실을 증명하고 싶은 것이다! 만약 내가 거짓으로, 위장으로 속여서 그렇게 인정을 받고 표창을 받았다면, 당도 군중도 너무 쉽게 속아 넘어갔고, 나도 너무 간사하고 교활한 것이 아닌가……. 하지만 이런 설명들이 소용 있겠는가? 헛되고 우스꽝스럽기만 할 뿐이다!

나보다 더 천진한 사람이 있었으니 바로 내 아내, 예밍밍이었다. 그녀는 잘못된 일은 바로잡힐 것이며 모든 일이 다 지나갈 것이라고 여겼다. 우리가 자주 열었던 비판 및 자기비판 소그룹 회의처럼 한 번 털어놓고 나면 심각한 사항에 대해서 조사를 받은 후 다시 열심히 일하면 될 줄 알았다! "잘못을 알았으면 됐어, 그래도 좋은 동지잖아"라는 식으로 말이다. 밍밍은 물론, 사실은 나까지도 이 잔혹한 투쟁에서 특별한 호칭을 얻게 될 줄은 몰랐다. 우파 분자! 지주, 부농, 반혁명 분자, 악질 분자, 우파가 동의어인 '적'의 범주에 내가 포함되다니! 정말이지 꿈도 꾸지 못했던 일이었다. 내가 무슨 잘못을 저질렀다고 이런 오명을 뒤집어쓴단 말인가? 천진하고 자신감에 넘쳤던 예밍밍은 '정풍반우'라는 사활을 건 투쟁 중에 결혼하는 것이 무슨 문제가 되겠냐고 생각했다. 심지어는 누군가가 "교활한 진정평이 '우파'라는 사실이 들통날 것 같으니까 밍밍을 꼬셔서 결혼한 거 아니야!"라고 비웃을 때마다 정색하며 "제가 결혼하자고 했어요. 그이는 결혼 생각도 없었다고요"라고 받아쳤다. 그 말이 사실이긴 했으나 결국 나도 결혼에 동의했으니 나 역시도 내가 어떤 위기에 직면했는지 제대로 인지하지 못하고 있었다는 뜻이다.

사안의 심각성을 제대로 깨달은 것은 투쟁 기간 중 극원 전원이 문화부의 하향 의무 노동에 참여했을 때, 기차를 타기 위해 줄을 서 있었을 때였다. 나는 기차역 플랫폼 위에서 여느 때처럼 단원들과 함께 줄을 서 있었는데, 문화부의 간부 하나가 와서 얼음장처럼 차가운 목소리로 내게 다른 줄로 가라고 명령했다. 아무런 설명도 없이 완강한 태도로 말이다. 나는 망연히 그의 지시대로 다른 줄에 가서 섰다. 토지 개혁에 참여했을 때, 투쟁 대회에서 지주, 부농, 반혁명 분자 그리고 악질 분자들이 새끼줄을 이용해 따로 가려낸 대열에 섰던 일이 떠올랐다. 나와 같은 대열에 선 사람들은 하나같이 무거운 표정으로 입을 굳게 닫은 채 고개를 푹 숙이고 있었다. 각자 속한 기관이 달랐기에 그들 중 아는 사람은 한 명도 없었다. 같은 노동을 하러 가는데도 대열이 다른 것을 보면서, 문득 이 '다름'이 '정치'라는 것을 깨달았다. 즉, '적군'과 '아군'을 나눈 것이다.

그때부터 나는 정신적으로 완전히 무너졌다.

자오다오커우 정거장 위의 신부

그 후로 나에 대한 비판이 쏟아졌다. 그들은 내게 추악한 사상을 자백하라고 강요하면서 내가 당의 권력에 맞서려고 했다는 등의 모함을 늘어놓았다. 이게 무슨 귀신 씻나락 까먹는 소리인가 말이다!

그 시절 내게 남은 것은 그저 악몽 같은 시간과 황당하고 분노가 치미는 기억뿐이다. 어떨 때는 훅 하고 밀려오는 울분에 가슴이 터질 것 같다! 나는 당시 무섭거나 하지는 않았다. 다만 어이없는 상황에 분노하며 정신을 차리지 못했는데, 그때까지도 당을 믿고 당에 애정을 품고 있었기 때문이다. 당은 숭고하고 순결하다. 저것은 진짜 당이 아니다. 진짜가 아니다. 그런데, 그런데, 그런데…… 아아, 내가 무슨 말을 할 수 있겠는가? 나는 쓰라린 마음을 안고 관현악단부의 비판 회의장에서 쫓겨났다. 회의는 그것으로 끝이었다!

나는 이런 비판 회의장에서 홀로 쫓겨나 보는 것은 처음 겪는 일이었다. 어두운 밤, 희미한 가로등 밑에 서니 길이 울렁거렸다. 나는 그저 어서 집으로 가고 싶었다. 집에 가자! 집으로……. 나는 비칠대며 전차 정류소로 향했다.

그때 저 멀리 전차 정류소 가로등 밑에 외로이 서 있는 밍밍이 어렴풋이 눈에 들어왔다. 아, 그녀였다! 나는 한순간에 가슴이 뜨거워져 왁 하고 눈물을 쏟을 뻔했다.

"밍밍——!"

내가 그녀의 이름을 부르며 뛰어갔다.

"끝났어?"

밍밍이 물었다.

"끝났어! 얼른 가자!"

"차가 오려면 아직 조금 더 기다려야 해."

밍밍은 다른 말 없이 수심이 가득한 내 얼굴을 보며 한숨 섞인 한마디를 내뱉었다.

"괜찮을 거야."

전차에는 사람이 별로 없었다. 우리는 맨 뒷줄에 앉았다.

"다음부터는 나 기다리지 마. 나 혼자 가면 되니까."

내가 밍밍의 작은 손을 잡으며 말했다.

밍밍은 무언가 생각해둔 바가 있는 것처럼 웃는 듯 마는 듯한 표정으로 고개를 저었다. 아이처럼 천진난만한 얼굴이었다. 결혼한 후로 지금까지 색달랐던 '신혼여행'을 빼면 함께 외출한 적이 거의 없었고, 둘이서만 즐긴 시간도 없었다. 지금 밍밍이 할 수 있는 일은 무용 각본 및 연출 양성반 수업을 진행하기 위해 윈난으로 갈 준비를 하는 것과 행장을 꾸리는 것이 전부였다. 그녀는 그곳에서 1년쯤 있을 것 같다고 말했다. 그녀는 이따금 어린 시절을 보냈던 다포사(大佛寺) 49호에 들렀는데, 가장 끝에 자리한 독채가 그녀의 집이었다. 남쪽 담장 밑에서는 새하얀 옥잠화가 향긋한 내음을 뿜어냈고, 동쪽 담장에는 꽤 오랜 세월을 겪은 높고 곧은 홰나무가 있었다. 포도나무가 뜰 동쪽의 절반을 차지하고 있었는데, 돌보는 사람이 없어 잎은 길지만, 포도는 별로 열리지 않았고 맛도 시큼했다. 밍밍의 방은 동쪽에 있었는데 나무 그늘이 있어 그윽하고 고요했다. 주인이 출가한 후, 그 방은 텅 비어 있었다. 당시 밍밍의 부친이자 유명한 화가였던 예첸위는 자연스레 반우파 투쟁에서 중요한 역할을 맡고 있었는데, 다행히 비판의 대상은 아니었지만, 투쟁 활동으로 집을 자주 비웠다. 그래서 결혼 후에도 밍밍은 꽤 외롭고 쓸쓸하게 보냈다. 마음속으로 늘 나를 걱정하면서도 베이징과 가족을 떠날 준비를 해야 했다. 며칠 후면 바로 출발할 예정이었다.

밍밍에게 나와서 기다리지 말라고 당부했지만, 비판 대회가 끝난 후 회의장을 나올 때면 나도 모르게 멀리 있는 정류장을 바라봤고, 아니나 다를까 그곳에는 날 기다리는 그녀가 있었다. 이제 막 결혼한 새색시가 홀로 정류장에 서서 만신창이가 된 남편이 돌아오길 기다린 것이다.

밍밍이 윈난으로 떠나는 날, 우리는 현관문에 선 채로 줄곧 아무 말도 없었다. 한참 후, 내가 먼저 말문을 열었다.

"편지해."

"응."

"나도 편지할게. 여기 상황이 어떻게 돌아가는지……."

"응."

밍밍은 나를 슬쩍 보고는 이내 다시 바닥으로 시선을 돌렸다.

"걱정하지 마, 난 괜찮을 거야."

내가 일부러 웃으며 말했다.

"1년은 금방 가."

"응."

밍밍은 살며시 고개를 끄덕이는 것으로 알겠다는 대답을 대신했다. 그녀는 원체 말수가 적었다. 잠시 후, 밍밍을 기차역까지 바래다줄 차가 도착했고, 누군가가 내려서 그녀의 짐을 차에 실었다. 출발을 앞둔 밍밍은 머뭇거리며 무언가 하고 싶은 말이 있는 듯 나를 바라보았다. 그러나 누군가가 "타세요!"라고 소리치자, 그녀는 그저 살며시 웃어 보이고는 차에 올라탔다. 밍밍이 고개를 빼꼼 내밀고 나를 향해 손을 흔들었다. 그녀는 이번 '원정(遠征)'에 갖는 기대와 설렘을 숨기지 못했다.

그렇게 밍밍을 떠나보낸 나는 잠시 서 있다가 이내 집으로 돌아왔다. 이제는 나와 어머니, 둘뿐이었다.

"갔니?"

어머니가 물었다.

"네, 갔어요."

나는 방으로 들어가 결혼할 때 마련한 큰 책상에 앉아 자아비판 자료 작성에 정신을 집중했다. 그때 어머니가 큰 쟁반에 밥과 반찬을 가져와 책상 위에서 같이 식사했다.

"다 썼니?"

나는 일부러 별것 아니라는 듯 말했다.

"거의 다 썼어요, 설마 이걸 평생 쓰기야 하겠어요?"

어머니가 쓴웃음을 지어 보였다. 사실 온갖 풍파를 다 겪은 어머니는 이미 내 마음을 알고 있을 터였다. 아직 쉰 살도 채 되지 않았는데 귀밑머리에 흰머리가 몇 가닥 생겼다. 겨우 마흔이 넘은 나이에 아버지를 떠나보낸 후 고작 몇 년밖에 지나지 않아 가장 듬직한 장남이 큰 화를 입게 되었으니, 얼마나 마음이 아팠겠는가······. 어머니를 보살필 자식이 많아 다행이긴 했지만, 그동안 어머니가 겪었을 혼란과 심리적 고통을 어찌 헤아릴 수 있겠는가? 멀쩡하던 맏아들이 갑자기 봉변을 당하다니······.

그날 나는 거의 밤을 새워서 자료 작성을 끝마쳤다. 이튿날 자료를 제출하고 난 후 곧바로 비판 대회가 열렸다. 여느 때와 달리 이번에는 비판 대상이 한 명 더 있었다. 바로 관현악단의 바이올리니스트 리커밍(李克明)이었다. 본래는 관현악 단의 공청단 지부 위원으로 공산당이 대명대방을 외쳤을 때, 적극적으로 호응했 었다. 공청단 단원이자 선전 및 교육위원이었기에 대자보를 만들어 붙이는 일에 열정을 쏟아부었다. 그는 자신의 솔직한 생각을 원고에 담았다. 이만하면 반우파 투쟁에서 그가 어떤 운명을 맞을지는 불을 보듯 뻔했다. 예전에는 비판 대상별로 대회를 따로 열었는데, 오늘은 웬일인지 우리 둘을 한꺼번에 불렀다. 나는 그 자 리에서 차오빙판도 보았다. 평소 잔말이 없고 차분한 그는 내 비판 대회에서 줄곧 입을 굳게 닫고 있었다. 들기로는 반우파 투쟁 기간 내내 계속 그랬단다. 그의 침 묵은 회피가 아니라 이 상황을 이해할 수도, 받아들일 수도 없다는 뜻이었다. 비 판 대회에서 만난 우리는 잠시 서로를 응시했다. 그는 위로의 눈길로 나를 잠시 바라본 후 이내 고개를 푹 숙였다. 나중에 듣기로는 병이 들어 계속 몸이 좋지 않았단다.

비판 대회는 금방 끝났다. 우리의 죄목과 자백이 담긴 자료를 요약해 발표한 후, 단원 자격을 박탈한다는 결정이 내려졌다. 리커밍은 즉시 얼굴을 가리고 통곡했지만, 나는 그저 마음이 아프고 억울할 뿐, 그 결정이 전혀 놀랍지 않았다. 나는 고개를 푹 숙인 채 아무도 보지 않았다. 곧이어 회의장에서 나가 호출을 기다리라는 명이 떨어졌다. 리커밍은 자기 방으로 갔고, 나는 홀로 마당에서 담배를 태우며 천천히 걸었다. 마치 판결을 기다리는 죄수처럼. 바로 그때, 어디선가 나를 부르는 소리가 들렸다. 마음을 가라앉히고 소리가 난 쪽을 향해 고개를 돌렸는데, 놀랍게도 거기에 리더룬 동지가 있었다! 놀란 내가 다급히 뛰어가 물었다.

"소련에 유학 중인 것 아니었어요?"

나는 친척을 만난 듯 반가움에 마음이 따뜻해졌다. 내가 그의 포근하고 큼지막한 손을 잡자, 그가 상냥하게 웃으며 말했다.

"그 얘기는 나중에 하고, 이게 대체 어찌 된 일이야?"

리더룬은 내가 비밀 얘기라도 꺼내리라 생각했는지 나를 자신의 방으로 안내했다. 하지만 나는 가만히 앉아 있지 못하고 다시 일어섰다.

"저도 정말 무슨 일인지 모르겠어요. 처음에는 저더러 당에 관한 생각을 말해 보라고 하더라고요. 당의 정풍운동을 돕는 일이라면서. 그렇게 말하는데 그냥 입을 닫고 있을 순 없잖아요. 그래서 제 생각을 좀 말했는데, 사실 별거 아니었거든요. 그런데 나중에는 완전히 태도를 바꾸더라고요! 근데 아저씨는 왜 귀국하셨어요?"

리더룬도 조금 의아하다는 표정으로 대답했다.

"반우파 투쟁에 참여해야 하니 귀국하라고 하더라고. 이게 대체 무슨 일인지. 자넨 왜 그런 거래?"

내가 쓴웃음을 지으며 대답했다.

"전들 알겠어요? 이 지경이 된 이유는 제가 묻고 싶다고요. 그런데 아저씨는 왜 불렀을까? 혹시 비판하려고?"

그들이 이 '더룬스키'를 비판한다면 그것처럼 황당한 일은 없었다! 리더룬의 온화한 얼굴에도 혼란스러운 기색이 역력했다. 순간 나는 내 처지를 잊은 채 그에게 솔직한 심정을 털어놓았다.

"아저씨한테 무슨 문제가 있을 리 없어요. 오히려 이 투쟁이라는 게 뭐랄까, 조금……."

그러다 냉큼 화제를 바꿨다.

"아, 하지만 아저씨는 별 탈 없을 거예요. 분명히!"

"그걸 누가 알겠나……?"

리더룬은 자신 없는 표정으로 생각에 잠겼다.

"저는 이만 가야겠어요. 곧 불려갈 테니. 아저씨랑 이렇게 있는 것도 편치 않고요. 그럼 다음에 봬요."

나는 얼른 마당으로 나왔다. 담배 한 개비를 다 태우기도 전에 리(李) 씨 성을 가진 그 '우두머리'가 나를 사무실로 데려갔다.

"여기서 네가 작성한 자료를 자세히 읽어 본 후에 마지막 페이지에 서명해!"

나는 자리에 앉아 제본한 자료를 읽어 나갔다. 읽을수록 속도가 빨라졌고, 읽을수록 분노가 치밀었다! 그러다 돌연 읽기를 멈추고 이곳저곳을 가리키며 소리쳤다.

"이건 사실이 아닙니다! 나는 이런 말을 한 적이 없어요!"

나는 자료를 더 볼 것도 없이 제자리에서 벌떡 일어나 치밀어 오르는 화를 가까스로 억누르고는 말을 이었다.

"자료로 정리하는 것과 비판 대회를 여는 것은 달라요. 이건 당에서 가르쳐 준 게 아닙니까. 여기 몇 줄은 사실이 아닙니다."

리×가 냉소를 띤 채 대답했다.

"뭐, 동의하지 않아도 좋다. 그럼 오늘 모두 앞에서 변론할 기회를 주지!"

내가 그의 뜻을 모를 리 없었다. 기회? 과연 그걸 변론이라고 할 수 있을까? 어쩌면 저렇게 뻔뻔할 수가? 옳고 그름을 따지는 기회는커녕 입도 벙긋하지 못할 것이 뻔했다. 순간 내가 무엇을 해야 하는지 깨달았다. 절망감에 사로잡혀 자리에 풀썩 주저앉아 다시 자료를 들고 침착하게 말했다.

"뒷부분은 볼 필요도 없습니다!"

나는 단숨에 마지막 장까지 넘긴 후 펜을 들어 힘껏 내 이름을 휘갈겼다. 다 쓴 펜을 한쪽으로 홱 던진 후, 아무 말도 하지 않았다. 리×가 차갑게 웃으며 쏘아붙였다.

"나중에 딴말했다가는 각오하는 게 좋아!"

그리고 자료를 한데 모으며 뒷말을 이었다.

"이제 가도 좋다. 가서 상부의 처분 결정을 기다리도록! 네놈에게 시간을 좀 주도록……."

나는 그의 말이 끝나기도 전에 뒤도 돌아보지 않고 밖으로 나왔다. 문을 힘껏 닫지 않은 것이 후회스러웠다.

내게 내려진 징계는 공청단 단원 자격 박탈, 지휘자직 해임, 강등, 감봉, 하방 (下放)[7] 노동이었다. 징계를 발표할 때, 작달막하고 뚱뚱한 사오(邵)가 "영예로운 호칭도 전부 박탈해야 합니다!"라고 외쳤고, 간부들은 징계를 받은 이상 이미 박탈된 것이라고 답했다. 드디어 나의 운명이 결정됐고, 이로써 모든 것이 일단락되었다. 그러나 그들이 나를 위해 마련한 '커튼콜' 덕분에 나는 이 '정치 축제'를 평생 잊지 못하게 됐다.

폐막식

폐막식 대회에는 가극단, 무용단, 관현악단, 민악단 등을 포함한 극단 전체가 모였다. 회의장은 시탕쯔 골목 12호 마당에 있는 개축한 대연습실로, 1950년 1월

---

7 / 역주 : 지식인을 노동 현장으로 보내는 것

내가 혁명에 참여한 첫날 도착 보고를 했던 '처녀지'였다. '그래, 좋다! 이곳에서 시작했으니, 이곳에서 끝내자! 잘 있거라, 극단이여!'

폐막 대회이니만큼 총결산이 빠질 수 없었는데, 그래봤자 결국은 또 비판이었다.

나는 혼자 있을 만한 장소를 물색하다가 대연습실 북쪽에 있는 빈방을 찾아냈다. 이곳은 맨 처음에 연습실로 쓰인 곳이었다. 카펫 위에 자리를 깔고 앉았는데, 어둑어둑한 방에도 소리는 또렷하게 들렸다. 끊임없이 이어지는 비판을 들으며 나는 결론을 지었다. 난폭하고 불합리하고 비논리적인 비판을 되풀이하면서 근거없는 누명을 씌우고, 결론을 내리는 것은 내게(아마 다른 사람에게도) 아무런 가르침도, 공포심도 주지 못했고 심지어 설득력도 갖지 못했다. 더구나 비판 속에 섞인 저속한 욕지거리는 반발심만 키웠고 어떨 때는 저도 모르게 그들이 하찮게 느껴졌다. 정치적 각성과 이론적 수준을 제고하기는커녕 정반대로 거짓을 일삼는 습성과 투기심을 길러줄 뿐이었다. 비판은 적을 위협하는 데 효과가 있었는지 몰라도 살상력은 전혀 없었다. 내가 우러러본 당이 이래서는 안 됐다. 사실 나는 그때까지도 당을 존경했다. 다만 그들의 행위가 진짜 공산당이 가진 이념이 아니라고 생각했을 뿐이다.

그러나 그 폐막식 비판 대회에서 내 영혼은 갈기갈기 찢어졌다.

내 이름 석 자가 또렷이 들리고 비판이 시작됐을 때, 원래는 귀담아들을 생각이 전혀 없었다. 그런데 갑자기 누군가의 목소리가 들렸고 그 목소리는 내 가슴에 비수를 꽂았다! 바로 나와 같이 사회주의 건설에 적극적으로 나선 사람이자 우수 청년 단원으로 뽑힌 사람이었다. 나와 함께 소련 유학을 준비한 사람이기도 했다. 그가 한껏 격앙된 목소리로 외쳤다.

"당은 진정평을 위해 소련 유학까지 준비해줬는데, 무슨 억하심정으로 당을 배반하고 공격한단 말입니까!"

그가 정말 그렇게 생각했을까? 진심으로? 그는 또 한 번 내 억장을 무너뜨렸다. 내가 베이징에 도착하여 청년단에 입단 신청을 했을 때, 당에 대한 무한한 신뢰를 바탕으로 가장 진실한 자기소개서를 작성했는데, 그가 일부 단락과 문장을 인용해 제멋대로 해석하면서 뜻을 왜곡하고 비웃고 부정했다. 도를 넘어선 비판은 확실히 '살상력'이 있었다. 그가 직접 한 일이라면 마음이 무척이나 상했을 것이다. 나는 비판 대회를 조직한 사람이 짠 전략에 '탄복'하지 않을 수 없었다. 탁월한 발표자 선정은 물론 가장 예리한 무기를 이용했으니 말이다. 과연 폐막식다웠다.

이제는 집에서 얌전히 발령을 기다려야 했다. 그동안 내 동생들은 모두 큰 충격을 받고 고통에 시달렸다. 베이징에 있던 셋째 남동생이 직격탄을 받았다. 직장인 중앙악단에서도 우리가 형제라는 사실을 익히 알고 있었기에 정신적인 압박을 받은 데다 내가 감봉 처분을 받은 탓에 경제적인 부담까지 떠안게 됐다. 톈진 중앙음악학원에 있는 여동생도 내가 우파로 몰렸다는 소식을 듣고 온종일 두 눈이 통통 붓도록 울었단다. 아직 어린 여동생은 정치를 잘 모르는 순진한 소녀였고, 당에 대해서 특유의 절대적인 믿음을 가지고 있었다. 그런데 너무나 뜻밖에도 자신이 사랑하는 큰오빠가 반당 우파로 전락했으니 그 상처가 얼마나 깊었겠는가. 둘째는 당원으로서, 단원인 여동생과 마찬가지로 나와 선을 그어야 했다. 그 압박감이 오죽했을까. 이는 당연히 이해할 수 있었으니 나 때문에 동생들이 얼마나 고생했을지 상상이 간다. 유일하게 푸저우에서 군 복무 중이던 넷째 남동생만 아무런 영향도 받지 않았다.

가족 중에서도 특히 어머니가 가장 힘들어했다. 복잡한 정치 문제는 잘 몰라도 당을 절대적으로 지지했던 어머니였기에 자기 아들이 대체 무슨 잘못을 저질러 반당 분자로 찍혔는지 혼란스러울 뿐이었다. 그 탓에 가슴 속에 묻은 고통은 날로 더해갔지만, 나도 어머니에게 내가 왜 이 지경이 됐는지 제대로 설명하지 못했다. 그 시기에 우리 모자(母子)는 서로 의지하면서 매일 간담을 졸이며 살았다.

1950년 베이징으로 이주한 어머니는 줄곧 시스차오 골목에서 살았는데, 그곳에 정착한 지 얼마 되지 않아 금세 이웃들과 좋은 관계를 맺었다. 시원시원하고 사교적인 성격에 일정 수준의 교양과 지식을 갖춘 데다 그간 우여곡절을 겪으며 단련해온 덕분에 친화력은 물론 문제 처리 능력도 뛰어났다. 그래서 그리 길지 않은 시간에 이웃들의 신망을 얻었다. 1950년대 초 동네에서 각종 행사가 열렸는데 다들 어머니를 리더로 추천했다. 아버지가 돌아가신 후 1953년에 어머니는 편직 공장을 세우는 데 앞장섰고 공장에서는 당시 제법 잘 팔리는 생필품이었던 목장 갑과 목양말을 생산했다. 그 덕분에 이웃들의 소득도 늘어 동네에서 칭찬을 한 몸에 받았다. 어머니도 적지만 예금 통장을 만들어 노동의 '과실'을 차곡차곡 쌓았다. 어머니는 품삯을 받을 때마다 내가 좋아하는 붕어, 갈비, 술을 사 주셨고 덕분에 집에는 온기가 맴돌았다. 그때는 어머니가 나보다 더 바쁘셨고, 나는 집에서 '공밥'을 먹었다.

　나는 집에서 당의 명령을 기다리며 하루하루를 보냈다. 시간은 흐르고 흘러 어느덧 하얀 눈이 흩날리는 계절이 코앞까지 다가왔다. 겨울방학을 맞은 여동생이 왔는데(당시 중앙음악학원은 아직 톈진에 있었다), 요 똑똑한 녀석이 어머니를 기쁘게 해드리려고 남자친구를 데려왔다. 덕분에 나도 큰 위안을 얻었다. '반우파 투쟁'에 대해 깊이 있는 대화를 나누진 않았지만, 그 '업장(業障)'이 줄곧 우리를 억눌렀다. 내가 위안을 얻고 무거운 마음을 조금이나마 내려놓을 수 있었던 이유는 바로 여동생의 남자친구, 우빙퉁(武炳統) 때문이었다. 다들 그를 '라오우(老武)'라고 불렀다. 그는 산둥 사람으로 빈농 내지는 중농 출신이었는데, 말랐지만(지금은 뚱뚱보가 됐다) 인물이 꽤 좋았고 검소하고 똑똑한 데다 자신을 과시하는 법이 없었다. 특히 타고난 유머 감각 덕분에 무슨 얘기든 생생하고 재미있었다. 정작 자기는 웃지 않고 주변 사람들은 배꼽이 빠지도록 웃었다. 특히 어머니에게 효성이 지극했는데, 이 점은 우리 가족 모두가 인정하는 사실이었다. 한 번은 어머니가 내게 '라오우는 내 아들이다'라고도 했을 정도였다. 그는 어려서부터 혁명가들 사이에서 자란, 조직이 키워낸 좋은 재목이었다. 중앙음악학원에서 작곡을 전공했는데, 어린 나이에도 불구하고 이번에 여동생과 라오우가 우리집에 묵는 동안에는 마음이 한결 편안했고 예전처럼 온종일 풀이 죽어 있진 않았다. 확실히 당시에는 매일 머릿속이 뒤죽박죽이었고, 죽음까지 생각했었다.

훗날 그때를 돌이켜보면, 사람이란 막다른 골목에 처하면 과거에 있었거나 경험한 기이한 생각이나 상상이 신통력을 발휘하는 것 같다. 이것들은 불가사의한 힘이 되어 나를 일깨우고 절망의 늪에서 건져내어 살아갈 희망을 주었다. 예컨대, 혼자 여행하는 상상, 기차를 타고 낯선 곳에 가는 상상, 세상 끝까지 유랑하는 상상, 산중에 은거하여 독서하고 글을 쓰는 상상, 집이 되고 도서실도 되는 서점을 차리는 상상, 어릴 적 큰 나무 상자에 책을 읽으며 살아가는 목가적인 상상……. 이러한 생각과 망상들은 사실 깊은 절망감에 현실에서 도피하고 싶은 마음과 살고자 몸부림치는 마음에서 비롯됐다. 자살 충동도 느꼈지만, 솔직히 결국은 그것마저도 일종의 낭만적인 행위로 상상만 했을 뿐 삶에 대한 희망을 완전히 저버리진 않았다.

구사일생

1958년 초여름에 밍밍이 돌아왔다. 살이 조금 붙었고 표정도 밝았다. 나는 밍밍과 함께 처가에 들러 장인을 뵈었다. 장인은 당연히 내 상황을 알고 있었다. 문회보(文滙報)에서 일하는 셋째 숙부도 비판을 받았고, 셋째 숙모는 우파로 몰렸다고 했다. 피할 수 없는 주제였지만, 그저 대충 넘어갔을 뿐 깊이 파고들지는 않았다. 다만 내게 어느 곳으로 하방되는지 물었고, 나는 아직 모른다고 대답했다.

밍밍은 중앙민족가무단에 보고하러 가면서 짐도 모두 가져갔다. 주중에는 그곳 기숙사에서 생활하고 주말에만 집에 오기 때문이었다. 밍밍은 집에 돌아오자마자 내게 이렇게 말했다.

"벤쿤 단장이 자기더러 한 번 오래."

"응? 왜?"

나는 무슨 영문인지 도통 알 수가 없었는데, 밍밍이 다시 진지한 표정으로 뒷말을 이었다.

"자기 이야기를 듣고 너무 놀랐다면서 어찌 된 일인지 이야기를 좀 하고 싶대."

벤췬 단장은 내가 극단에 있던 시절 간부였던 인물로, 예술처에서 창작 사업, 예술 교류, 지도 및 자료실 등과 관련된 업무를 관장했다. 나는 오페라《장정》에 참여한 후에 곧바로 예술처로 근무처를 옮겨 음악 지도 및 교류 등의 업무를 수행했는데(베이징 문화궁 예술취미학교 음악과 주임을 맡았고, 베이징 영화학교에서 음악 분석 수업도 맡았다), 모두 그의 지도 아래에 이뤄진 것이었다. 평소에는 곡을 쓰는 류즈, 천쯔(陳紫), 두위(杜宇), 나중에 합류한 나까지, 그의 집에서 한잔하거나 작품을 논하거나 이전의 경험을 나누곤 했다. 당시 그들과 비교할 때 나는 '애송이'에 속했는데, 내 나이가 어리기도 했지만, 그들이 워낙 풍부한 경험을 쌓았기 때문이기도 했다. 모두 옌안에 살았던 '노련한 혁명가'였다. 다들 나를 친근하게 대했지만, 수장이던 벤췬 동지는 유독 나와의 대화를 좋아했다.

궁지에 몰린 상황에서 그가 나와 이야기를 나누고 싶어 한다는 이야기를 들으니 속으로는 위안이 됐지만, 입 밖으로는 전혀 다른 말이 튀어나왔다.

"그냥 말뿐이겠지……."

그러나 잠자리에 들기 전에 밍밍이 다시 신신당부했다.

"벤췬 동지가 아주 진지했다니까. 아무래도 만나보는 게 좋겠어. 월요일에 내가 출근할 때 같이 가자."

당시에는 동이 틀 때마다 아직 잠기운에 취해 있는데도 우울함과 불안감이 밀어닥쳤다. 그러면 잠에서 깨고 싶지 않아 다시 눈을 질끈 감고 꿈속으로 빠져들기만을 바랐다……. 그런데 그날은 이른 아침부터 창밖에서 지저귀는 작은 새의 노랫소리가 또렷이 귀에 박혔고, 바로 잠에서 깼다! 나는 침대에서 일어나 대충 신발을 신고 마당으로 나왔다. 상쾌한 바람이 스치는 순간 고개를 들어보니 한 줄기 햇살이 구름 사이를 뚫고 대나무 울타리에 고였고, 겹겹이 얼싸안은 담쟁이덩굴의 푸른 나뭇잎이 아침 바람에 파르르 떨고 있었다. 꿈에서 막 깨어난 듯 서로의 귓가에 무언가를 속삭이며 내게 나직이 아침 인사를 건네는 듯했다. 이토록 상쾌하고 활기찬 아침을 맞은 것이 얼마 만인지 무척 반가웠다.

나는 밍밍과 함께 벤쿤 동지를 만나러 갔다. 중앙민족가무단은 서쪽 교외에 자리한 웨이궁춘(魏公村)에 있었는데 우리가 사는 청둥구(城東區)에서 제법 먼 거리였다. 우리는 순환 전차를 타고 구러우구에서 내렸다. 곧장 차를 갈아타 시즈먼(西直門)까지 간 다음 다시 시외버스를 타고 서쪽으로 한참을 달렸다. 나중에 만든 간이 도로였는데 청나라 때 옥천산(玉泉山)의 물을 황실로 운반하기 위해 회암을 평평하게 깔아 만든 역로(驛路)였다. 이 길의 한쪽은 이화원까지 닿아 있었다. 나란히 뻗은 두 길 사이로 작은 언덕들이 4~5미터 간격으로 줄지어 있었는데, 온통 화초와 관목으로 뒤덮였고, 사이사이에 느릅나무, 대추나무, 홰나무가 서 있어 운치가 느껴졌다. 안타깝게도 몇 년 후 역로를 평평하게 만들고 회암을 옮겨 톈안먼(天安門) 광장에 깔았는데, 작은 언덕까지 없어지면서 웨이궁춘, 하이뎬황 좡역(海淀黃庄站) 일대에 남은 반얀 나무 몇 그루만이 당시의 상황을 말해줄 뿐이었다. 그곳에는 넓고 평탄한 아스팔트가 깔려 있어 역사의 진보를 보여주었다.

웨이궁춘에서 내려 길을 건너면 바로 중앙민족가무단이었다. 벤쿤 동지의 온화한 미소를 보자 오래도록 느끼지 못했던 온기가 마음속에서 용솟음쳤다. 그가 내 손을 꼭 잡고 자신의 사무실로 안내하며 예전과 같은 표징과 말투로 말했다.

"정말 잘 왔네. 밍밍한테 자네를 불러 달라고 했지만, 자네가 걱정 때문에 오지 않을 수도 있겠다 생각했어. 이렇게 왔으니, 나를 믿는다는 뜻이 아닌가."

우리는 작은 소파에 앉아 담배를 태웠다. 그가 내게 차를 내주며 말을 이었다.

"솔직히 말해서 자네 이야기를 처음 들었을 때는 정말 믿을 수가 없었네."

그가 내 앞에 찻잔을 내려놓았다. 그는 예전부터 썼던 법랑 찻주전자를 손에 들고 있었다. 몇 년 전보다 세월이 느껴지는 얼굴이었지만, 여전히 건장한 모습이었다. 옌안에 있었을 때 뛰어난 농구 선수였다고 들었다. 중동 사람의 것처럼 뭐라고 정확히 표현할 수 없는 색의 눈동자 덕분에 그는 더욱 멋져 보였다. 옌안에 있었을 때, 꽤 두각을 드러냈던 그는 얼후(二胡)를 연주하고 작곡이나 지휘도 했다. 그 후 업무상 필요하기도 했고 조직 사업에도 제법 재능이 있었기에 간부로 발탁되어 활동하기 시작했다. 맨 처음 민족가무단은 중앙민족학원 문예과에 속해 있었는데 후에 따로 분리되면서 민족사무위원회 산하 조직으로 바뀌었고, 소수민족 예술사업을 강화하기 위해 사업 부분은 문화부가 관리했다. 이에 문화부에서 극단에 있던 그를 민족가무단의 단장으로 파견했다.

나는 반우파 투쟁 중 맞닥뜨린 상황과 처분에 대해 사실대로 털어놓았다. 잠시 후, 그가 진지하게 물었다.

"음. 그래, 극단에서 어디로 하방하라는 통지는 왔나?"

"아직은 아무 얘기도 없어요."

그는 잠시 생각에 잠기더니 담배를 비벼 끄고는 단도직입적으로 물었다.

"그렇다면 먼저 하나 물어보겠네. 우리 민족가무단으로 오는 게 어떻겠나?"

내가 서둘러 대답하려는데, 그가 내 말을 막았다.

"잠깐, 생각을 좀 한 다음에 대답하게. 식사 먼저 하지. 여기 구내식당이 꽤 괜찮네. 하지만 구내식당은 이야기를 나누기 좀 불편할 테니 웨이궁춘으로 가서 먹는 게 좋겠어. 맥주도 마실 수 있고 말이지. 가세!"

우리는 한 식당에 들어가 조용한 구석 자리에 앉았다. 그가 요리 두 개, 돼지 머릿고기 한 접시, 맥주 두 잔을 주문했다. 잔을 부딪치고 차가운 맥주를 벌컥벌컥 들이켰다. 어찌나 상쾌하던지. 그가 다시 말문을 열었다.

"민족가무단에 파견된 후로 앞으로 이 분야가 크게 발전할 수 있겠다는 생각이 들더군. 시야를 넓게 가지는 게 중요해. 소규모 가무 프로그램을 만들어내는 것 외에도 소수민족의 특색을 담은 무용극과 오페라도 만들 수 있지. 소수민족의 풍속을 보면 좋은 소재가 차고 넘쳐! 정말 멋진 작품을 만들 수 있다니까!"

그는 말을 할수록 격앙됐다.

"옛것만 고집해서는 안 돼. 기존의 성과와 방식에만 안주해서도 안 되고. 더 나은 것을 위해 미래를 내다봐야 해. 그리고 혁신을 위해서는 더 많은 인재가 필요하지!"

그는 진지한 얼굴로 나를 주시했다.

"그래서 자네에게 이곳으로 오지 않겠냐고 묻는 거야. 여기서 나와 함께 일해 보자고!"

나는 일순간 흥분에 젖어 바로 대답했다.

"저야 너무 좋죠!"

그가 제시한 미래상은 내게 절망의 늪에서 빠져나올 수 있는 희망을 주기도 했지만, 내 평생을 바칠 만큼 매력적이기도 했다. 그러나 나는 이내 내가 자유롭지 못한 몸이라는 사실을 깨닫고 머뭇거렸다.

"하지만, 저는……."

"자네가 무슨 걱정을 하는지 다 알아. 그래서 우선은 의향만 묻는 거라네. 여기에 흥미가 있고 해보고 싶고 멋진 작품을 만들고 싶다면, 다른 건 걱정할 필요가 없어. 내가 다 해결해 주겠네."

그가 목소리를 죽이며 진지하게 뒷말을 이었다.

"내가 생각 없이 이런 말을 하겠나? 극원에서 함께 일 하면서 본 자네는 절대로 반당 우파가 아니야. 내 단언하지! 그럼, 그렇고 말고!"

그의 확신에 찬 한마디에 내 마음속에 세찬 파도가 일었다. 거의, 아니 이미 눈에 뜨거운 눈물이 그렁그렁했다. 벤쿼 동지가 이어 말했다.

"물론 세계관은 개조해야지. 그건 누구든 마찬가지 아닌가? 내가 보기에 자네의 문제라면 기껏해야 개인 영웅주의 정도랄까? 바꾸는 게 좋을 걸세. 나나 우리 당이 자네 하나를 개조하지 못할 리 없어! 자네가 결정을 내렸다면 아무 생각 말고 조용히 가서 연락을 기다리게."

나는 그를 따라 일어나며 대답했다.

"네, 기다릴게요! 소수민족의 특색을 담은 작품이라니, 정말 멋집니다! 기억하시는지 모르겠지만, 저도 소수민족이잖아요!"

"당연히 그 점도 고려했지!"

민족가무단 건물로 돌아온 나는 그의 사무실에서 다른 간부 두 명을 만났다. 그들은 《초원지가》와 같이 전에 내가 만든 작품이나 지휘 등에 대해 잘 알고 있었고, 내게 큰 기대감을 드러냈다. 나는 그들과 즐겁게 이야기를 나눴는데, 그날이 그해 통틀어 가장 유쾌하고 희망에 찬 하루였다.

나는 집으로 돌아가는 길에 밍밍에게 벤쿼 동지와 나눈 이야기를 간략히 전달했고, 그녀는 당연히 기뻐했다. 더구나 그녀가 내게 그런 행운을 가져다준 것이 아닌가. 나는 돌연 그날 아침 아름답게 지저귀던 작은 새가 떠올랐다. 어쩌면 그것이 내 운명이 뒤바뀔 것이라는 징조가 아니었을까. 나는 한 줄기 햇살이 내 마음에 스머드는 모습을 물끄러미 바라보았다.

그로부터 며칠 후 나는 극원의 갑작스러운 통지를 받고 마음을 졸이며 인사처로 향했다.

"중앙민족가무단으로 가라는 인사이동 공문이 내려왔습니다. 탈퇴 수속만 밟고 곧장 그쪽으로 가면 됩니다."

나는 무거운 짐을 벗는 듯하면서도 동시에 버림받는 듯한 슬픔도 느꼈다. 울고 싶기도, 웃고 싶기도 했다. 모든 것이 꿈처럼 느껴졌다. 악몽에서 깨어난 것 같았고, 그러면서 또 다른 꿈속을 노니는 것도 같았다.

과연 어떤 운명이 나를 기다리고 있을까?

07 / 만리장성 밑에서

"미래를 내다봐야 해"

_____ 벤쥔 동지

드디어 극원을 떠났다. 고통의 시간이었든 행복의 시간이었든 짧디짧은 6년이란 세월이 내 인생의 모든 것을 결정지은 듯했다⋯⋯.

영원히 잊지 못할 중앙민족가무단 단장
벤쥔 동지

그때 나는 거센 비바람에 휩쓸려 망망대해에 빠졌고 나를 집어삼킨 파도는 내가 바닷속으로 가라앉을 때쯤 다시 나를 작은 섬에 뱉어 놓았다. 이곳에는 많은 사람이 있었지만, 나는 마치 아무도 없는 외딴섬에 홀로 버려진 듯 외로웠다.

낯선 사람들 속에 들어온 나는 이상한 시선을 자주 느꼈다. 내 이마에 주홍글씨가 없다는 걸 알고는 있었지만, 나는 늘 사람들이 내 이마만 보는 듯한 착각에 사로잡혔다. 다행히 이런 시선에는 적의가 없었다. 오히려 이따금 마주칠 때면 약속이나 한 듯 입가에 옅은 미소를 띠어 호의를 내비쳤다.

나는 가무단 지부 서기 및 당원 두 명과 한방을 쓰게 됐는데, 그 바람에 대학 시절을 보냈던 111호실이 떠올랐다. 처음에는 관심의 대상이 된 것이 불편했지만, 시간이 흐르면서 다른 사람과 접촉할 일이 많아지니 차츰 괜찮아졌다. 악보를 수정할 때, 책이나 신문, 잡지 등을 빌려 읽을 때, 가극원 악단에 관한 일을 물을 때 등 남들과 대면할 일이 많았고 내 동생의 지인이거나 동생과 같은 무리에 속한 이들도 있었다.

나는 가무단 악대에서 제2바이올린을 맡았다. 연습 외에 연습실과 복도 청소, 악보 정리 등도 내 차지였다. 그러다 우연한 기회에 가무단 서기를 도와 칠판에 글을 썼는데, 내 '판서'가 꽤 마음에 들었는지 그때부터 내게 그 일을 맡겼다. 이는 '우파 분자'가 누리기 힘든 일종의 '정치적 대우'였다. 평소에는 바이올린 연습에 몰두했다. 바이올린을 켠 지도 오래된 바람에 다시 악단의 연주자로 서는 것이 조금 긴장됐다.

이후 악대의 몇몇 단원이 먼저 찾아와 내게 이야기를 건네기 시작했다. 이들 중 소수민족 음악을 잘 알고 여러 번 무용 음악을 만든 위리춘(俞禮純), 뛰어난 바이올리니스트로 유머러스한 쩌우치루(鄒啓魯)와 친구가 됐다. 이 밖에 '동병상련'의 아픔을 겪은 예전 악단 단장이자 첼리스트 자오펑(趙鋒)과도 친분을 쌓았다. 자오펑은 우파로 몰려 파면된 후 연주자로 활동했다. 이렇게 새로운 친구들이 생기면서 조금씩 활력을 되찾아갔다.

민족가무단으로 옮긴 후, 어린 시절 아버지에게 누차 들었던 말이 늘 머릿속을 맴돌았다.

"세상이 널 어디로 내동댕이치든 혼자 일어설 수 있어야 한다!"

나는 이 말의 뜻을 몸으로 느꼈다. 그 시절 아버지의 그 한마디가 나를 지탱하고 이끌었다. 자신을 믿고 지켜야만 타인의 신뢰와 이해를 얻는다. 특히 고립무원의 궁지에 빠졌을 때는 반드시 일어서야 한다. 결코 쓰러져선 안 된다. 아버지는 우리에게 어릴 때부터 다사다단한 인생을 어떻게 살아가야 하는지 알려주신 것이리라.

민족가무단은 딸린 식구가 있거나 결혼한 경우에는 단칸방짜리 숙소를 마련해 주었다. 모든 연주자에게는 닭장을 연상케 하는 협소한 악기 연습실이 하나씩 지급됐다. 나도 연주자라 연습실을 배정받긴 했지만, 개인 숙소는 받지 못했다. '우파'인 나는 '군중의 감시를 받으며 사상을 개조해야' 하므로 단체 숙소를 써야 한다는 뜻이었다. 나는 가무단의 처사에 불만이 없었지만, 예밍밍은 그냥 넘어갈 사람이 아니었다. 사실 그럴 만도 했다. 밍밍은 우파가 아니었으니 다른 사람과 똑같은 권리를 누릴 자격이 있었다. 더구나 신혼이었으니 작은 보금자리나마 따로 갖고 싶을 게 아니겠는가? 그런데 이 '우파 남편' 때문에 단원으로서 불공정한 대우를 받고 심적으로 큰 충격을 받은 만큼 그 '여진'이 만만치 않았다. 아마도 '반우파 투쟁'이 시작된 이후, 처음으로 나를 원망하는 마음이 생겼으리라.

밍밍은 말수가 적었지만, 주관이 뚜렷했고 자신감도 넘쳤다. 연약해 보이는 외모와 달리 하고자 하는 일은 했고 실수를 저지르나 후회하지 않았으며, 반성하는 일도 거의 없었다. 시간이 지나면서 그런 그녀를 이해하게 되었다. 엄밀히 말하면 체념에 가까웠지만.

그런데 밍밍의 그런 배짱이 처음으로 빛을 발하는 사건이 일어났다. 그날, 그녀가 갑자기 내 개인 연습실로 찾아와 단도직입적으로 말했다.

"여기도 침대 하나쯤은 들어갈 거야, 내가 쟀거든. 이번 주 일요일에 침대를 들여놓자!"

솔직히 처음에는 귀를 의심했다. 이제껏 가무단에 그런 일은 없었다. 개인 연습실은 업무를 보거나 연습할 때만 써야 한다는 규정이 있었기 때문이다. 더구나 나는 우파 분자가 아닌가. 그러나 대담한 그녀는 내게 배짱이 없다며 핀잔을 주었다. 침대 하나 들여오는 게 뭐가 어떻다고 그러느냐, 그러니까 누가 개인 숙소를 마련해주지 말랬느냐, 침대를 놓아도 예전처럼 연습하는 데 문제가 없지 않느냐 등 이야기가 끊이질 않았다.

밍밍에게 아무리 이야기를 해봤자 소용이 있을 리 만무했다. 마음먹은 일이라면 상대의 생각이 어떻든 혼자라도 하는 그녀였다. 더구나 우리 둘의 일이니 이렇게 개인 숙소 문제를 해결한다면, 잠시나마 편히 지낼 수 있었다.

일요일에 밍밍이 정말 침대를 가져왔다. 2층까지는 올렸지만, 아무리 애를 써도 연습실에 들어가지 않았다. 그러자 그녀가 무용단 소속의 젊은이 둘을 데려와 침대를 겨우 욱여넣었다! 이 과정에서 침대 머리맡의 옻칠이 쓸렸지만, 어쨌거나 침대가 방에 들어왔으니 나름의 보람은 있었다. 밍밍은 침실용 탁자, 전기스탠드, 심지어는 꽃병까지 가지고 왔고 작고 휑했던 연습실은 어느새 아늑한 '신방'이 되었다.

밍밍이 우쭐한 얼굴로 나를 보며 비웃듯 웃었다. 이렇게 연약해 보이는 아가씨에게 그런 줏대가 있다니, 겉으로 봐서는 도무지 알 길이 없었다. 하지만 나는 개인 연습실에 '신방'을 차린 대가로 악단 단장에게 호된 질타를 받았다.

"얌전히 자기 개조에 힘써도 모자랄 판국에 감히 규율을 어겨? 이 '우파 놈'이 눈에 뵈는 게 없구먼!"

나는 엄격한 검사를 또 한 번 거친 후 기한 안에 연습실을 비운다는 보증서도 써야 했다. 하지만 기한이 지나도 방을 비우라고 독촉하지 않았다. 아마도 윗선에서, 구체적으로는 벤쥔이 지시한 듯싶었다. 그 일로 관심을 끌었기 때문일까, 얼마 후 우리에게 개인 숙소가 생겼다. 북쪽 담장에 줄지어 선 단층집 중에서도 그늘지고 습한 첫 번째 방이었지만, 어쨌든 어엿한 '우리집'이 생긴 것이었다.

이쯤 되자 내 '우파' 문제에 대한 예밍밍의 천진한 생각에도 변화가 나타나기 시작했다. 내 상황, 처지, 대우, '우파'에 대한 사회적 시선, 일부 '우파'의 참상 등이 그녀의 생각에 영향을 미쳤다. 그때부터 밍밍은 공개적인 장소나 사람이 많은 곳에서는 온갖 핑계를 대며 나를 피해 다녔다. 어쩌다 내가 무심코 다가가 이야기를 건네면, 그녀는 내 말을 들은 체 만 체하거나 뒤돌아 가버렸다. 그것이 어떤 마음인지 알았기에 나도 금방 알아서 피해 다녔지만, 가끔 자존심이 무너질 때는 일부러 차갑고 매정하게 대했다. 밍밍은 이 문제를 갈수록 더 깊게 생각했고 나 역시 하루가 다르게 현실을 직시하며 앞으로의 일을 고민하기 시작했다.

그 무렵 중앙민족학원의 문예과가 음악무용학부로 확장 및 개편되면서 무용 연구실에 교사 인력이 필요했는데, 무용 학교에서 정규 교육을 받은 예밍밍에게 딱 맞는 자리였다. 게다가 그녀는 가르치는 일도 좋아했다. 마침 가무단 무용단에서 기본적인 실습을 끝낸 밍밍은 얼마 후 그곳으로 자리를 옮겼고, 덕분에 나와 부대끼며 겪는 여러 불편과 갈등을 어느 정도 해소할 수 있었다.

얼마 후, '대약진 운동'[1]이 나라 전체를 휩쓸었다. 철강 생산량을 획기적으로 증대시키고, 한 무(畝)의 논에서 만 근의 곡식을 생산하며, 영국을 뛰어넘어 미국을 따라잡고, 인공위성을 발사하는 것 등 생각할 수 있는 온갖 표어가 난무했지만, 누구도 책임 문제에 대해서는 생각하지 않았다. 이 거대한 폭풍에 휩싸인 가무단도 너 나 할 것 없이 대약진 운동에 참여했다. 신기하게도 유독 그때만큼은 똑똑한 사람도 쉽게 흥분해 완전히 다른 사람처럼 행동했다. 사람마다 시를 쓰고 그림을 그리고 창작을 하면서 다양한 방법으로 거센 폭풍에 힘을 보탰다. 불참은 곧 '대약진' 반대를 뜻했다. 나 역시 창작을 통해 헌정 활동에 참여했다. 다들 매일같이 새로운 동향이나 빅뉴스를 바라는 듯했기에 집회가 자주 열렸다. 그날은 건물에서 종이 울리자마자 떠들썩한 소리와 함께 사람들이 연습실로 우르르 몰려들었다. 왜소한 체구의 가무단 본부 비서가 산베이 민요인 신천유(信天游)를 부르듯 힘껏 외쳤다.

"회의를 시작합니다——!"

그는 조용해진 틈을 타 곧장 뒷말을 이었다.

"오늘은 닝샤(寧夏) 자치구 지정 축하 공연과 순회공연에 대해 논의하고자 합니다. 우리 가무단의 대약진 계획을 달성할 수 있도록 열의를 가지고 의견을 제시해주시길 바랍니다!"

나는 '우파'이기 때문에 발언권이 없었지만, 한쪽에 앉아 지켜보는 것 정도는 가능했다. 이내 열띤 토론이 벌어졌다.

---

1 / 1958~1960년대 초 사이에 일어난 노동력 집중화 사업으로 모든 인민의 힘을 모아 나라를 부강하게 만들자는 의미로 시작됨

"일 년에 300회 공연이요!"

젊은 여자 단원들이 포문을 열었다.

"하루에 한 번씩, 일 년에 365회로 합시다!"

더 큰 함성이 쏟아졌다.

"그건 너무 뻔합니다!"

많은 이들이 한층 격앙된 목소리로 소리쳤다.

"겨우 그걸 가지고 대약진이라고 할 수 있겠어요?"

"600회는 어떻습니까?"

"아니, 700회로 합시다!"

그때 누군가가 우렁찬 목소리로 힘껏 외쳤다.

"천! 대약진이니까, 천 회로 갑시다!"

우레와 같은 박수갈채가 쏟아졌다. 경쟁이라도 하는 듯했다. 어떤 사람은 농담조로 "인공위성을 쏘자!"라고 외치기도 했다.

일부 사람들, 이를테면 나 같은 사람들은 한마디도 하지 않았지만, 한껏 달아오른 분위기에 휩쓸려 누군가가 횟수를 늘릴 때마다 속으로 매일 평균 몇 번의 공연을 해야 하는지 계산하기 바빴다. 그러다 천 회 공연 얘기가 들렸을 때는 기함하고 말았다. 대약진 시기 자주 쓰던 말이 생각났다. '마음을 크게 먹을수록 땅에서 얻는 수확도 크다'

회의장은 이미 뒤죽박죽이었다. 그때 가무단 본부 비서가 손을 흔들며 외쳤다.

"조용! 조용히 하세요!"

와자지껄했던 분위기가 차츰 가라앉을 때쯤, 벤췬 단장이 자리에서 일어났다. 억지웃음을 짓고 있었지만, 표정은 굳어 있었다. 벌겋게 달아오른 얼굴에 굳은 표정이 조금 전 의장단에서 얼마나 격렬한 논쟁이 있었는지를 말해 주었다. 벤췬 단장은 여느 때처럼 오른 주먹으로 입을 막고 헛기침을 한 다음 진지한 태도로 말문을 열었다.

"동지 여러분, 여러분의 의견은 잘 들었습니다. 여러분의 열정과 포부가 얼마나 큰지 잘 느낄 수 있었습니다. 저는 대약진 운동을 옹호하고 지지합니다!"

열화와 같은 박수가 쏟아졌다. 벤첸 단장은 목을 가다듬은 다음 말을 이었다.

"대약진은 대원칙이자 방침입니다. 우리는 유물주의자로 과학적인 관점에서 세운 목표를 어떻게 달성할 것인지 계산해야 합니다. 동지 여러분, 한 가지 물어보겠습니다. 1년은 총 며칠이지요?"

"365일입니다!"

다들 질문의 의도를 잘 알지 못하면서도 학생들처럼 한목소리로 대답했다. 그런데 벤첸 단장이 다시 물었다.

"며칠이라고요?"

반복되는 질문에 다들 웅성거리기 시작했는데, 그때 누군가가 외쳤다.

"아, 알았다! 매일 한 회씩, 1년에 365회를 하자는 이야기죠?"

그러자 또 누군가가 불쑥 끼어들었다.

"에이, 명색이 대약진인데, 두 배는 돼야지. 하루에 2회씩 합시다!"

그때 우렁찬 목소리가 수군대는 사람들을 뚫고 나왔다.

"이왕 두 배로 하는 거, 딱 떨어지게 800회로 합시다!"

힘찬 박수와 함께 환호성까지 쏟아졌다. 일부 간부들은 손을 머리 위까지 들어 올린 채 손뼉을 쳤다. 벤첸 단장이 두 팔을 뻗어 한참을 진정시킨 후에야 소란이 가라앉았다. 그는 이런 상황에서도 얼굴을 찌푸리기는커녕 미소를 띤 채 차분하고 나직한 목소리로 말했다.

"동지들, 제가 몇 가지 더 물어볼 테니 다시 생각해 보고 결정하도록 합시다. 공연은 어디서 할까요? 베이징에서 몇 회나 할 수 있을까요? 우리 공연을 보러 올 사람이 몇이나 될까요?"

"다른 지역으로 공연하러 가면 되지요!"

"네, 맞습니다. 다른 곳으로 가야죠. 그럼 어디로 갈까요? 어떻게 갈까요? 걸어서?"

"기차를 타야죠!"

"그렇죠! 기차를 타야 합니다. 그럼 기차를 타고 어디로 갈까요? 둥베이? 시베이? 좋아요, 시베이로 합시다! 후허하오터(呼和浩特), 시안, 인촨(銀川) 등지로 가려면 시간이 걸릴까요, 안 걸릴까요?"

"걸립니다!"

"그렇습니다. 장소를 바꿔가며 공연하려면 무대와 배경을 만들고 연습과 리허설도 해야겠지요?"

"네!"

"그리고 제일 중요한 문제가 있습니다. 밥은 먹어야 하잖아요? 잠도 자야 하고요. 못 먹고 못 자면 무대에 설 수 있겠습니까?"

중간에 몇 번이나 끼어들려는 사람들이 있었지만, 벤쿤 단장이 생각할 틈을 주지 않고 연이어 질문을 던지는 바람에 번번이 입을 열지 못했다.

"사람이 많이 살지 않는 곳에서는 한 번 공연하고 나면 더는 관중이 없을 겁니다. 다른 곳으로 이동해야죠. 그럼 또 세트 만들고 공연 프로그램도 다시 짜고 홍보에 관람권 판매도 해야 합니다. 두세 팀으로 나눈다고 쳐도 세트 만들고, 연습하고, 숙식까지 해결하고 나면 몇 번이나 더 공연할 수 있을까요? 이런 사항을 다 고려해서 계산해 봅시다. 800회, 가능하겠습니까? 조금 더 현실적인 목표를 세워야 하지 않을까요?"

그때 누군가가 한껏 격앙된 목소리로 벤쿤 단장을 향해 소리쳤다.

"아니, 왜 찬물을 끼얹는 겁니까? 이건 대약진에 반대한다는 소리 아닙니까!"

순간 벤쿤 단장의 얼굴이 일그러졌다. 그가 묵직하고 엄숙한 음성으로 대답했다.

"동지, 애먼 사람에게 함부로 누명 씌우지 마시오!"

장내에 정적이 흘렀다. 벤쿤 단장은 숨을 고르며 마음을 가라앉힌 후 다시 말을 이었다.

"동지가 천 회 공연을 주장했지요? 열정도, 용기도 있는 발언입니다. 토론이니까 누구든 자기 의견을 말할 수 있습니다! 그럼 동지가 여기 단원들 앞에서 자세히 얘기를 좀 해보십시오. 제 질문에도 대답해 보시고요."

누군가가 손뼉을 치는 그때 가무단 간부 두 명이 일어나서 회의장을 나갔고, 몇 명이 뒤따라 나갔다. 시끌벅적한 회의장에 긴장감이 감돌며 정적이 흘렀다.

벤췬 단장이 차분한 어조로 말을 이었다.

"우리에게는 생각할 시간이 필요합니다. 그리고 우리에게는 한마음으로 열과 성을 다해야 할 다른 대약진 프로젝트도 있지 않습니까? 우리 가무단은 사상을 해방하고 미신을 타파하고 소수민족을 소재로 혁명 선열을 찬양하는 오페라를 만들어야 합니다. 위대한 혁명가인 웨이바췬(韋拔群)을 위한 오페라 말입니다!"

그의 말이 떨어지기가 무섭게 우레와 같은 박수가 터져 나왔다. 벤췬 단장은 박수 소리가 잦아들 때쯤 다시 입을 열었다.

"조만간 웨이바이췬 오페라 공연을 위한 조직 및 인력 배치를 발표하겠습니다. 이것이야말로 우리 민족가무단이 대약진에 바치는 헌정 작품이 될 것입니다!"

다시 우렁찬 박수가 쏟아졌고, 가무단 비서가 자리에서 일어나 외쳤다.

"이것으로 회의를 마칩니다!"

며칠 후, 예상대로 공고란에 오페라 창작 및 연습 계획과 함께 인력 배치표가 붙었다. 나는 예술전담팀에 배치된 인력 중 맨 끝, '보조'라는 글자 옆에 내 이름이 있는 것을 보고 무척이나 기뻤다. 사전에 이야기가 된 사항은 아니었지만, 나는 금세 벤췬 단장의 의도를 알아챘다.

나는 자료실 찾아가 웨이바췬에 관한 자료와 당시의 사료를 빌려 읽으며 남몰래 창작에 대한 열망을 불태웠다. 핵심 역할은 아니었지만, 작업에 들어가기 전에 준비를 잘하고 싶었다. 무슨 일이든 벤췬의 신뢰와 기대를 저버려선 안 된다는 생각에서였다.

내가 이 오페라 창작을 꿈꾸며 대약진이라는 거대한 날개를 빌려 하늘 높이 날아오르는 희망을 마음에 품고 있을 때, 상황이 급변하면서 낭보는커녕 청천벽력 같은 소식이 들렸다. 대약진 운동은 더욱 음험한 풍랑을 일으켰다. 8월 루산(廬山) 회의가 끝나자마자 '우경 기회주의 반대' 투쟁이 벌어졌는데, 투쟁의 칼날은 놀랍게도 내가 존경해 마지않는 펑더화이(彭德懷)에게 향해 있었다!

며칠 뒤 민족사무위원회에서 사람을 보내 반우경 운동에 참여하라는 당중앙 문건이 하달됐고 문건정신에 의해 민족사무위원회 소속 각 단체에서 우경화 대표 인물을 색출해내는 운동이 벌어졌다. 나는 '우파 분자'였기 때문에 참여할 자격이 없었고 덕분에 잠시 쉬면서 상황을 관망해야 했다.

혼란스럽고 무질서한 역사의 시기에 누구도 자신이 어떤 사람인지, 자기 운명이 어디로 향할지 장담하지 못했고, 앞으로 어떤 암초를 만나게 될지도 알지 못했다. 나는 끝없는 수렁에서 운 좋게 빠져나와 중앙민족가무단으로 내던져졌지만, 눈 깜짝할 사이에 나의 수호신이었던 벤쿼마저 거칠게 몰아친 대약진과 반우경 기회주의라는 파도에 휩쓸리고 말았다. 소수민족 예술 사업이라는 그의 원대한 계획도 소용돌이 속에 속절없이 빨려 들어갔다. '우경 기회주의' 분자로 낙인찍힌 것이다.

그날 아침, 쿵(孔) 씨 성의 악단 단장이 나더러 비판 대회에 참가하라고 명령했고, 나는 호송되는 죄수처럼 회의장으로 향했다. 저 멀리 복도 끝 회의장 문머리에 큰 그림 한 장이 붙어 있었는데, 우스꽝스러운 모습의 벤쿼이 간사하게 웃는 나를 안고 있었다. 둘 다 손에 맥주를 가득 채운 잔을 든 채 광기 어린 웃음을 짓고 있었다…… 한쪽에는 '우파 분자를 중용한 벤쿼 타도!'라고 쓰여 있었다!

민족사무위원회에서 파견한 업무팀과 당시 가무단의 지도권을 장악한 리× 동지의 주재하에 비판 대회가 시작됐다. 그들은 내게 벤쿼 곁에 서서 고개를 숙이라고 했다. 바로 어제까지만 해도 모두가 떠받들던 벤쿼 단장은 하루 사이에 조롱과 비판의 대상으로 전락해버렸다. 여러 잘못과 죄상 중에서 유독 두드러지는 것이 있었으니, 바로 '우경 기회주의의 간부 방침을 실시하면서 우파 분자인 진정핑을 중용시켰다!'라는 부분이었다.

그때 내 마음이 어땠는지는 형언할 길이 없다. 내가 볜췬 단장을 타도하는 데 무기로 쓰이다니! 그렇다고 당황하지는 않았다. 이미 오래전에 '자빠진' 운명이었으니 당황할 것도 없었다. 그러나 볜췬단장이 나 때문에 누명을 썼다는 사실이 원통해 울분이 터질 지경이었다.

그는 결국 정직 처분을 받았다. 그때 중앙위원회에서 가무단에게 즉시 인촨으로 가서 후이족(回族)의 자치구 선정 축하 대회에 참가하라는 명을 내리면서 반우경 기회주의 운동도 잠시 중단됐다. 그 외에도 닝샤, 산시(陝西), 네이멍구(內蒙) 등 시베이 지역에서 순회공연을 하며 목숨을 걸고서라도 자체적으로 설정한 대약진 목표를 달성해야 했다. 일손이 부족했기에 나도 가무단의 일원으로 편성되어 무대 설치, 장비 운반, 사전 준비를 위한 선발대 등을 맡았고 악단의 단원으로도 활동했다. 또 '예비 인력'으로서 새로운 노래에 반주를 만드는 일 등 시키는 일은 다 했다…….

베이징을 떠난 후 거치는 곳마다 크고 작은 공연이 이어졌다. 우리는 기차 객실에서도 여성 소합창, 독창 등을 선보였고 장소를 가리지 않고 무조건 공연하며 통계표에 '1회'를 추가했다! 다들 초주검이 될 정도로 피곤했지만, 무대 위에서는 팔팔 뛰어다녔다. 당시 사람들, 특히 젊은이들은 꺼지지 않는 불꽃처럼 '정신력'이 대단했다! 물론 나도 그들 중 하나였는데, 고생스럽긴 해도 국비로 시베이 지역을 돌아보며 허란산(賀蘭山), 황허빈(黃河濱), 칭하이후(青海湖), 대초원 등지를 '구경'한 셈이기도 했다. 어릴 때부터 노린내를 맡으면 구역질을 해댔었는데 이제는 '손으로 잡고 먹는 양고기'가 향긋하게 느껴졌다.

인촨을 떠나 베이징으로 돌아오기 하루 전날 밤, 다들 구기주(枸杞酒)를 한 병씩 선물 받았다. 나는 수석 바이올리니스트인 왕융(王勇)과 함께 여관에서 한방을 썼다. 우리는 술병을 열고 침대에 기댄 채 술을 홀짝이며 이야기를 나눴다. 왕융은 술이 들어가자 점점 못 하는 말이 없어졌다. 평소 자주 투덜대고 수다 떨기를 즐기는 그는 악단에서 유명한 '까칠이'였다. 그런데도 뛰어난 연주 실력 때문에 윗사람들도 그를 어쩌지 못했다. 능구렁이에다가 경력도 깊고 알고 있는 것도 많아 그날 밤 자연스레 나는 듣고, 그는 말했다.

"이보게, 라오진. 내가 뭐 하나 말해줄까? 사실 가무단 내에는 오래전부터 민족가무예술에 종사한 사람이 몇 있는데, 문화부에서 볜쿤을 단장으로 파견한 것에 늘 불만이 있었어. '우리 민자호 중에는 인물이 없다는 건가?'라면서 언짢아했지. 게다가 대약진 운동이 일어났고 공교롭게도 볜쿤이 '우파'인 자네를 데려왔어. 딱 좋은 핑곗거리가 생긴 셈이지. 사실 일반 단원들은 볜쿤을 잘 따른다고. 그러고 보니 자네도 마찬가질세. 지난번 가무단 내 대약진 창작 보고서에서 자네가 창작한 그 바이올린 독주곡 말이야. 일선에서 그걸 듣고 '이거야말로 진짜 작품이지!'라고 감탄했어. 물론 '우파'인 자네 앞에서는 말 못 했지. 이제 두고 보게. 볜쿤을 처리했으니 자네도 무사하진 못할 거야. 각오하는 게 좋아."

왕융은 쉴 새 없이 말을 하며 홀짝이다가 어느새 술 한 병을 다 비웠다. 그리고도 모자랐는지 아내 몫의 구기주를 마시기 위해 자리를 떴다. 나는 눈꺼풀이 무거워 더는 버틸 수가 없었다. 나는 다른 단원들보다 훨씬 피곤했다. 바이올린 연주는 물론이고 무대 설치 및 해체, 도구 운반, 단원 배웅 등이 모두 이 '우파'에게 맡겨진 일이었다. 나는 노동 개조를 받는 중이지 않은가!

베이징으로 돌아온 지 이틀째 되던 날, 악단 지도부에서 가무단 본부로 가라는 통지가 날아왔고, 왕융의 예상대로 나도 '처리' 당했다. 하방 노동 개조 명령이 떨어진 것이다. 장소는 만리장성 쥐융관(居庸關) 외곽에 있는 곳으로 거기서 산에 나무를 심고 양을 치는 일을 맡았다. 이 정도면 천만다행이었다. 민족사무위원회의 녹화(綠化) 사업 기지가 베이징에 있었기에 망정이지 하마터면, 아, '하마터면'이란 생각은 그만두자.

그 다음 주에 가무단 전체가 녹화사업 기지에서 하루 동안 노동을 맡았는데, 나더러 단원들이 갈 때 같이 가라며 아예 짐을 싸라고 했다.

하루가 지나고 단원들은 해가 지기 전에 가무단으로 돌아갔고 나는 홀로 남아 숙소를 배정받았다. 노동 개조 중인 나이 든 한 동지와 한방을 쓰게 됐는데 장(張) 씨 성을 가진 상냥하고 자상한 사람이었다. 그때부터 우리는 함께 먹고, 함께 자며, 함께 노동하는 '전우'가 됐다.

밍밍은 '반우경 기회주의' 사태가 일어나기 전에 민족학원 예술학부로 옮겨 교직 생활을 시작했다. 나는 하방 전에 벤쿼을 만나 보고 싶었지만, 어느 면에서든 그를 만날 때가 아닌 듯했다. 결국 그는 '우경 분자'로 규정되어 겸임 중인 중앙민족학원 예술학부 주임을 포함한 당 내외의 모든 직위에서 해임되었다. 일단 다른 처분은 없었는데, 그저 예술학부 내에서 교실 책걸상 및 과외활동에 쓰이는 체육 기구 관리를 맡은 것이 전부였다. 전해 듣기로 벤쿼은 자신이 그런 일을 맡았다는 사실에 전혀 개의치 않고 평소대로 책임감 있게 부지런히 생활한다고 했다. 낙담한 기색도 없이 여전히 성실하고 낙천적인 태도로 누구든 살갑게 대하며 학생, 교사들과 사이 좋게 지낸다고 들었다. 그는 다년간 정치 경험을 쌓은 노간부로서 모든 일에 이성적이고 침착하게 대처했고 일희일비하거나 낙심하지 않았다. 오히려 때때로 예술학부 학생이나 교사들이 무심결에 그를 '주임님'이라고 부르기도 했는데, 그럴 때면 그저 웃으며 손사래를 쳤단다.

모두 동료들의 입에서 입으로 전해진 이야기다. 벤쿼은 그런 처지가 되었어도 나를 아꼈다. 이와 관련하여 평생 잊지 못할 일도 있었다.

내가 만리장성에서 노동 개조를 시작한 후의 일이다. 당시에 불문율이 있었는데, 거의 한 달에 한 번 집에 가서 옷가지를 챙기고 아프면 병원도 가고 하루 이틀 쉬다 올 수 있다는 것이었다. 관절염과 빈혈 때문에 약을 짓고 집에 와 막 저녁을 먹으려는데 갑자기 벤쿼이 여느 때처럼 히죽 웃으며 들어오는 게 아닌가. 나는 그의 갑작스러운 방문이 너무 반가워 마음이 잔뜩 들떴다. 밍밍은 함께 식사하자며 요리와 술을 내왔다. 벤쿼은 날이 더우니 밖에 낮은 탁자와 나무 의자를 놓고 편하게 먹자고 했다. 좋은 생각이었지만 불안한 마음이 앞섰다. 밖에서 먹으면 길거리를 오가는 사람들이 우리를 볼 테고 그럼 벤쿼에게 또 어떤 불똥이 튈지 몰랐다. 내 걱정을 눈치챈 그가 입을 열었다.

"괜찮아, 밖이 시원하잖아!"

속 시원하게 이야기를 나누며 술잔을 기울인 것이 대체 얼마 만인지. 그는 내가 하방해서 어떻게 지내는지 자세히 묻고는 괭이질할 때 손바닥에 상처를 남기지 않는 요령도 알려주었다. 그리고 산에 오르기 전에는 물을 조금 마시고 먼저 배불리 밥을 먹으라고 당부하며, 물을 충분히 챙겨서 다녀야 한다는 말도 덧붙였다. 나와 함께 노동 개조를 받는 장 씨가 대단한 인물이란 사실도 말해주었는데, 원래 장 씨는 펑더화이의 비서였단다. 성실하고 정직한 사람으로 중앙 민족사무위원회 지도부에 있었는데, 이번 반우경 기회주의 사태로 하방했다면서 나더러 잘 보고 배우라고 했다. 볜췬은 자기 일에 대해서는 언급하지 않았고, 그저 "견뎌내야지. 아무 일 없을 거야. 걱정하지 말게"라고 한 것이 전부였다. 그렇게 이야기를 나누던 도중, 그가 잠시 말을 멈추고 습관적으로 오른 주먹을 입에 갖다 댔다. 진지하게 할 이야기가 있다는 뜻이었다.

"진정핑, 자네 항소 자료나 성명서를 쓰는 것이 좋겠어. 간단하고 명료하게. 그저 '이번 반우파 투쟁에서 내게 내려진 결정은 사실과 다르며 재심사를 요구할 권리가 있다'라고 몇 줄만 쓰면 충분해. 다 쓰면 인사처로 보내서 수취를 부탁하게. 수취인에게 등록해달라고 하고. 음, 다른 사람에게는 말하지 말게. 오늘은 사실 이 이야기를 하려고 온 거야."

나는 잠시 생각한 후 머뭇거리며 대답했다.

"그때 리×가 진술을 번복하면 엄벌에 처한다고 했어요! 그 자료에 서명까지 했는데, 어쩌죠?"

볜췬은 잠시 망설이더니 한층 더 진지한 표정으로 또박또박 힘주어 말했다.

"그럼 그 거짓 결론을 받아들일 건가? 진정핑, 이 사람아, 앞을 내다볼 줄 알아야지. 역사는 길고 멀어. 당을 믿고 미래를 내다봐야 한다고! 그때가 되면 자네의 성명서가 있고 없고는 천지 차이일 거야. 그들은 자네가 남긴 말 한마디 한마디를 고스란히 남겨둘 거라고! 그리고 거짓 결론을 받아들이는 것은 당에 대해 무책임한 짓이야! 알겠나?"

그는 자기 처지는 생각도 안 했다. 내게 항소를 제안한 사실이 탄로 나면 우파를 꼬드겨 진술을 번복하게 했다는 죄까지 뒤집어쓸 텐데 말이다! 그가 이런 사실을 모를 리 있겠는가? 알면서도 당을 믿었고, 그렇게 하는 것이 당에도 이롭다고 믿었던 것이다.

벤쥔은 이야기를 마친 후 술잔을 들었고, 우리는 단숨에 한 잔을 비웠다. 그가 작은 나무 의자에서 일어나 엉덩이를 툭툭 털었는데, 내 앞에 커다란 사람이 우뚝 서 있었다. 그가 안쪽을 향해 소리쳤다.

"밍밍! 잘 먹고 가네!"

밍밍이 뛰어나와 감동한 목소리로 말했다.

"정말 감사해요. 이런 시국에 여기까지 와주시고."

벤쥔이 손을 흔들며 농담조로 말했다.

"허허, 진정핑을 보려면 내가 와야지 어쩌겠나."

나와 밍밍은 황혼에 물든 하늘 아래 멀어져 가는 벤쥔의 뒷모습을 오래도록 묵묵히 바라보았다. 마음속에서 저절로 한마디가 불쑥 튀어나왔다.

"그야말로 진정한 공산당원이야!"

처벌을 받고도 평소처럼 성실히 일하고 당당하게 걷고 누구 앞에서도 태연하게 웃을 수 있는 것은 그가 당을 굳게 믿기 때문이다. 누가 보아도 이상적인 공산당원이었다. 나는 그의 앞에 서면 저절로 머리가 수그러졌다. 그는 당의 사업을 위해 상급 부처에 정정당당히 항소하면서 일개 '우파 분자'를 비호해 주었다. 나를 개조해 당을 위해 더 많은 일을, 더 잘 하도록 만들 자신이 있었던 것이다. 그는 대약진의 광풍 속에서도 실사구시의 정신을 잃지 않았다. 위험을 무릅쓰고 논쟁을 벌였고 극단적이고 맹목적인 좌파를 경계했다. 막대한 대가를 치르면서까지 말이다.

물론 그는 끝내 억울한 누명을 벗고 복직했다. 안정 국면에 들어서자 자신이 '민자호'에서 일하는 것은 적절치 않다며 전근을 요청해 결국은 동방가무단 단장으로 임명돼 옌안에 있던 시절 함께했던 옛 전우이자 유명한 성악가인 왕쿤과 함께 일했다. 이는 나중 일이지만 영원히 잊지 못할 이야기이기도 했다.

나의 노동 개조 사부

산속 생활은 단순했다. '단순하다'는 표현 외에 어떤 말이 어울릴지 모르겠지만, 이 표현을 고른 이유는 '단(單)', 그러니까 간단하다, 단일하다, 복잡하지 않다, 단조롭다 등이 당시 내 생활과 굉장히 근접했기 때문이다. 거기에 '순(純)'을 붙여 '단'에 깨끗하고 순박하다는 뜻을 더하고 싶었다. 일과는 물을 길어 짊어지고 산에 올라 나무를 심는 일이 전부였다. 별반 다를 게 없는 하루에서 굳이 다른 점을 찾자면, 춥고 덥고 맑고 비 내리는 날씨뿐이었다.

그곳에서는 바깥의 격렬한 투쟁을 볼 수도 느낄 수도 없었는데, '위대한 대약진' 열풍도 마찬가지였다. 머리가 땡할 만큼 어지러운 소용돌이에서 튕겨 나온 듯 세상과 단절된 느낌이라 몸은 고단해도 마음만은 홀가분했다.

나는 그때처럼 일찍 자고 일찍 일어나며 규칙적인 생활을 한 적이 없었다. 산골짜기는 아침이 조금 늦게 찾아왔다. 창문을 열면 희뿌연 안개가 '훅' 하고 들어와 잠기운에 몽롱한 내 눈꺼풀을 적셨다. 전날의 노동으로 인한 피로는 하룻밤이 지나도 여전했고, 몸은 오히려 더 무거웠다. 잔기침 소리에 뒤를 돌아보니 장 씨가 나를 등진 채 작은 책상 앞에 앉아 서예 연습에 몰두하고 있었다. 내가 입을 떼기도 전에 그가 먼저 말을 건넸다.

"일어났나?"

"네."

"어서 씻고 오게. 아침 먹어야지. 오늘은 날씨가 아주 좋을 것 같구먼."

처음 얼마 동안은 날이 저물어 일을 마치고 숙소로 돌아올 때까지 그림자처럼 그를 졸졸 따라다녔다.

우리가 일 년 내내 하는 일은 바로 녹화 작업, 즉 산에 나무를 심는 것이었다. 그곳 녹화사업 기지에 정착한 인력은 몇 안 됐는데, 까무잡잡하고 홀쭉하면서 야무진 이족(彝族) 출신의 전임 간부 마(馬) 대장, 노동과 잡일을 맡은 티베트족 청년 다이셴(戴賢), 숙식을 관리하면서 노동도 겸했던 남녀 한 쌍 그리고 '노동 개조

범'인 나와 장 씨가 전부였다. 기껏해야 대여섯 명밖에 안 되는 사람들은 산에 들어가 흩어지면 끝없는 산, 관목, 풀숲에 묻혀 서로 만날 일 없이 조용한 시간을 보냈다. 이따금 그리 멀지 않은 곳에서 괭이가 돌에 부딪히는 소리나 모래흙이 쏴쏴 굴러떨어지는 소리가 나기도 했다. 또 어느 때는 꿩이 '빽!' 하고 울면서 갑자기 날아들었다가 곧장 나를 스치고 저 멀리 사라지기도 했다. 이런 요소가 고요함을 배가시켰다. 적막하지만 친근하고 활력이 있었다. 오랜 고요함은 나를 광활한 산야와 하나가 되게 했다.

우리는 각자가 고른 언덕에서 마땅한 곳을 찾아 규정된 거리와 깊이에 맞게 물고기 비늘 모양으로 구덩이를 파고는 씨를 뿌리고 물을 주었다. 전체적으로 구덩이를 파고 씨를 뿌린 다음 물을 주고, 나중에 다시 구덩이를 살펴 씨를 더 뿌리고 물을 주는 과정이었다. 가장 고생스러운 부분은 산으로 물을 길어 와 구덩이마다 일일이 물을 주는 것이었다. 한 번 상상해 보시라. 빈손으로 산에 오르는 것도 지쳐 쓰러질 만큼 힘든데 25~30킬로그램 정도 되는 물까지 짊어지니 어떻겠는가? 더구나 숙소에서 20미터 이상 떨어진 갯바닥까지 가서 물을 구해 와야 했으니 내게는 그야말로 혹독한 시련이었다. 멜대에 어깨가 쓸려 벌겋게 부어오르고 시큰거리고 허리를 펼 수 없을 만큼 아파도 끝까지 참고 견뎌야 했다. 이를 악물고 거친 숨을 몰아쉬며 한 걸음 두 걸음 힘든 걸음을 내딛다 보면 어느새 언덕에 다다랐다. 태산처럼 무거운 짐을 내려놓고 비 오듯 쏟아지는 땀을 닦은 후, 담배에 불을 붙여 깊게 한 모금을 빨아들였다. 날숨과 함께 내뱉은 담배 연기가 하늘로 날아갔다……. 캬아, 그때의 상쾌함과 뿌듯함이란 말로는 설명할 수 없다!

나의 사부이자 노동 개조 동지인 장 씨가 내게 비법을 전수해 주었다.

"멜대를 어깨에 올려놓고 일어나면 어떤가, 아프지? 그러니 몇 걸음 못 가서 허리가 구부러져 발을 내디딜 수가 없어지지. 그렇게 해서는 영원히 무게를 감당하지 못해. 금방 탈이 날 거야."

장 사부가 자문했다.

"그럼 어떡해야 할까?"

그는 한참 동안 나를 바라보다가 목을 꼿꼿이 세우며 말을 이었다.

"허리를 쭉 펴면 되지!"

"그럼 어깨가 너무 아프잖아요?"

"다른 방법이라도 있나?"

그가 되물었다.

"……"

나는 고개를 저으며 속으로 그건 내가 묻고 싶은 말이라고 생각했다.

"문제가 어디에 있다고 생각하나?"

그가 내 어깨를 가리키며 웃었다.

"어깨가 아파서 허리가 구부러지는 거야, 그렇지?"

나는 고개를 끄덕이며 무슨 묘안을 가르쳐주려나 보다 싶어 귀를 기울였다. 장 사부가 찬찬히 말을 이었다.

"그 문제를 해결하려면 딱 한 가지 방법밖에 없어. 허리부터 손을 대야지. 허리는 반드시 꼿꼿이 펴야 해! 아무리 어깨가 아파도 말이지. 안 아플 수가 있나? 사람은 허리를 곧게 펴면 정신이 바짝 드는 법이야. 그 상태로 처음에는 물을 조금 적게 담아 무게를 줄이고 천천히 무게를 늘려가면 돼."

그러다 돌연 톤을 높여 단언했다.

"무슨 일이 있어도 허리를 곧게 펴야 해. 그렇게 끝까지 버티고 참는 거야. 그게 가장 중요해! 천천히 조금씩 무게를 늘려가면 허리도 차츰 펴질 테고 나중에는 어깨도 그렇게 많이 아프지 않게 될 걸세. 그럼 문제가 해결되는 거지. 시간이 흐르면 갈수록 몸이 가벼워지면서 중간에 쉴 필요도 없이 상반신을 비틀어 멜대를 다른 쪽 어깨에 올려놓을 수 있게 돼. 왼쪽, 오른쪽 번갈아 메면 훨씬 편해지지 않겠나? 나중에는 산에 오르면서 노래를 흥얼거리게 될지도 모를 일이네."

나는 그의 말에 '쿡' 하고 웃음을 터뜨렸다. 그는 습관적으로 오른 손바닥을 턱에 대고 위로 올리며 입가에 튄 침을 닦아냈다. 그리고 실눈을 뜬 채 웃으며 말했다.

"말은 쉬워도 행동으로 옮기기는 어렵지. 그 경지에 오르려면 매일 단련해야 해. 하루 이틀 사이에 되는 일이 아니야. 자네가 짐을 잘 짊어지고 산에 오르는 날이 오면 자네가 해방되는 날도 곧 올 걸세. '노동 개조'는 자네를 뛰어난 짐꾼으로 만들기 위한 것이 아니라 자네의 의지를 더 굳게 만들고자 하는 거라네. 내 말 알겠나?"

순간 눈앞에 있는 노인이 그렇게 정답게 느껴질 수가 없었다. 얼굴에 패인 주름마다 지혜가 담긴 듯했고, 두 눈에는 상냥한 마음이 담겨 있었다. 마치 구들 위에 앉은 듯 침대 위에서 책상다리한 그가 두 손을 무릎에 올려 둔 채 허리를 곧게 펴고 사뭇 진지한 얼굴로 말했다.

"내일부터 나와 같이 다니세. 자네는 내가 베테랑처럼 보이지? 아, 이제는 나도 힘에 부쳐. 처음에는 나도 자네와 다를 바가 없었네. 역시 오랜 선배 동지가 많이 도와줬지."

시간이 흐르면서 확실히 익숙해졌지만, 그래도 '상반신을 비틀어 멜대를 다른 쪽 어깨로 보내는' 경지에는 이르지 못했다. 더더구나 노래를 흥얼거리는 일은 꿈도 못 꿨다. 그저 예전만큼 고되진 않았다는 게 정확하겠다.

녹화 기지가 자리한 산골짜기에는 간이 주택이 하나 있었는데, 위층은 숙소로 민족사무위원회 계통의 조직들이 의무 노동을 올 때 썼다. 평소에는 공실이라 나와 장 사부가 그중 방 하나를 같이 썼다. 그곳에서 자긴 했지만, 아래층에 농기구, 농약, 비료, 사료, 농약 살포기 등이 가득했기에 그것들을 지키는 것이기도 했다. 주택 앞쪽 마당 아래쪽에 자리한 단층 건물은 관리 본부로 식당, 주방, 회의실, 사무실 그리고 상주 직원의 숙소가 있었다. 평소에는 그곳에 모여 식사하고 회의를 하거나 라디오를 듣고 신문을 읽기도 했다. 도로 맞은편에 있는 커다란 언덕이 우리의 일터로 언덕은 만리장성까지 길게 이어져 있었다.

장 사부는 매일 일찍 일어났는데, 내가 눈을 뜰 때쯤이면 벌써 창가 앞에 있는 작은 책상에서 서예 연습을 하고 있었다. 내 침대는 북쪽을 향했는데 산골짜기에는 강풍이 자주 불었고 그때마다 유리창이 덜컹덜컹 했다. 나는 침대 머리맡 창문 밑에 작은 책상을 하나 놓았다. 책상 위에 올려놓은 '진열품'이 장 사부의 것과 조금 달랐는데 '중국과 서양'으로 구분된 듯했다. 장 사부의 책상에는 문방사보, 신문, 잡지 『홍기(紅旗)』 그리고 마오 주석과 마르크스의 저서가 놓여 있었고, 내 책상에는 마오 주석의 책 한 권, 문학 작품 몇 권, 잉크 한 병이 놓여 있었으니 책상 주인들의 취향이 영 딴판이라는 사실을 한눈에 알아볼 수 있었다. 장 사부는 처음에는 내가 서양 음악을 주로 하는 사람인 줄 알고 중국 문화를 잘 모를 거로 생각했단다. 그래서 무심코 나를 시험해 보기도 했는데, 그가 신문에 있는 글자 하나를 가리키며 내게 물었었다.

"이 글자, 어떻게 읽지?"

내가 쓱 보고 '펑(抨)이요, 펑지(抨擊)의 펑'이라고 대답하자 그가 인정한다는 뜻으로 고개를 끄덕였었다. 이후에 그 일을 떠올리며 한바탕 웃음을 터뜨렸다. 그는 내가 '우파'라는 사실을 알면서도 내가 저지른 잘못을 캐묻거나 내 관점에 대해 왈가왈부하지 않았다. 그저 어쩌다가 벤쿤의 이야기가 나왔을 때, 내가 벤쿤을 숭상하는 것을 보고는 저도 모르게 한숨을 쉬며 확신과 안타까움이 섞인 목소리로 한마디를 뱉을 뿐이었다.

"참 좋은 동지지……."

한 번은 내가 항미원조 위문단에서 《류해감초(劉海樵)》를 공연할 때 펑더화이 총사령관을 만났던 일화를 조금 과장되게 말해준 적이 있었다. 장 사부는 좁쌀눈을 가늘게 뜨고 한쪽 입꼬리만 올린 채 웃으며 고개를 끄덕일 뿐 아무 말도 없었다. 하지만 그 표정으로 볼 때 분명 '예끼! 이 교활한 사람 같으니, 내 일을 다 알면서 일부러 나를 떠보겠다?'라고 말하는 듯했다. 나는 그가 펑더화이 총사령관을 보호하기 위해 이곳에서 '개조'라는 징벌을 받고 있다는 사실을 잘 알고 있었다. 장 사부는 그룹 학습에 열심이었다. 그룹 구성원은 대체로 문화적·정치적 이론 수준이 낮고 직급도 낮은 편이었지만, 그는 그래도 이 시간을 중요하게 생각했다. 그는 마오 주석의 저서에 대해 아는 것이 많았고 발표할 때 자주 인용하기도 했다. 혁명 역사에 대해서는 자주 논했지만, 현재 정세에 대해서는 일절 언급하지 않았다.

장 사부는 쉽든 어렵든 모든 일을 성실하고 꼼꼼하게 처리했기에 다들 칭찬이 자자했다. '어르신'이라고 불릴 만큼 나이를 먹었는데도 일할 때는 몸놀림이 민첩했다. 손이 투박한 그는 늘 똑같은 간부복에 무명 셔츠를 입고 헝겊신이나 해방화를 신을 만큼 차림새도 수수했다.

그는 나보다 먼저 이곳을 떠났다. 집중학습을 받으러 간다면서, 길을 떠나기 전에 내게 말했다.

"자네는 꽤 잘하고 있어. 지금처럼 자신을 단련하는 것도 좋은 경험이 될 거야. 자네들은 이런 기회가 별로 없으니까 기나긴 역사의 과정을 걸어간다고 생각하게. 자네에게 부정적인 생각이 있다는 거 알고 있네. 하지만 더 멀리 보고 열심히 해야 해. 우리는 같은 계통에서 일하니까 다시 만날 날이 있을 걸세."

과연 우리는 훗날 다시 만났다. 문화대혁명이 끝난 후, 중앙민족학원 부원장 자리에 앉은 그가 내게 음악과 학부장을 맡아 달라고 했다. 하지만 그때는 나도 누명을 벗은 상태였고, 극단으로 돌아가고 싶지 않아 중국영화악단의 교향악단에서 지휘를 맡기로 마음먹은 상황이었다. 나는 지난날 장 사부에게 받은 도움과 내게 보여준 신뢰가 너무나 고마웠지만, 내가 지도자로 설 만한 재목이 아니라는 사실을 잘 알았다. 그때 그는 또 한 번 좁쌀눈을 가늘게 뜨고 미소 지으며 아쉽지만 이해한다고 했다. 그 후로 민족학원에서 초빙교수로 일하면서 가끔 그와 마주칠 때면 유쾌한 얘기를 나누곤 했다. 함께한 시간은 그리 길지 않았지만, 옛 친구를 만나는 듯했고 헤어지기 아쉬운 기분도 들었다. 그가 세상을 떠나고 오랜 세월이 흘렀지만, 여전히 그와 함께했던 시간을 잊지 못한다. 작은 눈을 가늘게 뜬 채 친근하고 자상하게 짓던 그 미소도. 그는 존경과 사랑을 받아 마땅한, 훌륭한 공산당원이었다.

목계영 점장대 밑에서 오리를 기르다

장기 공사인 식수(植樹) 사업이 녹화 기지의 주 임무였지만, 그 외에 부수적인 노동도 있었다. '산을 끼고 있는 곳에서는 산에 기대어 살고, 강을 끼고 있는 곳에서는 강에 기대어 산다'고 했던가. 그곳은 만리장성 밑에 자리한 산골짜기였기에 나무를 심고 양을 칠 수는 있었지만, 강은 고사하고 물도 거의 없었다. 다만 군데군데 작은 시내, 도랑, 못 등은 있었기에 물고기를 기르진 못해도 오리는 가능했다.

그렇게 오리를 기르라는 명에 따라 나는 오리 사육사가 되었다. 3년 동안 대기근이 이어진 터. 오리를 기르는 목적은 녹화 기지의 노동력을 이용해 소속기관 간부들에게 육식을 제공하기 위한 것으로 꽤 괜찮은 복지정책이었다.

다 큰 오리는 헤엄치며 놀다가 알아서 먹이를 구할 테니 연못에 풀어 두면 그만이지만, 갓 태어난 새끼 오리는 기르는 게 여간 녹록지 않았다. 백 마리가 넘는 새끼 오리들이 쉴 새 없이 꽥꽥대며 날뛰는 통에 나는 늘 정신없이 바쁘게 움직여야 했다. 그러다 어렵사리 집을 지을 때 쓰고 남은 그물창으로 오리 우리를 만든 다음 한 방에 스무 마리 정도씩 넣어두고 각기 따로 모이를 주었다. 그런데 모이를 주면 오리들이 패싸움하듯 죽기 살기로 모이 쟁탈전을 치렀는데, 그 모습이 다윈이 주장한 '약육강식과 적자생존'을 그대로 재현한 듯했다. 배부르게 먹은 오리들이 잘 때가 되면 다시 위기가 찾아왔다. 따뜻한 곳을 찾아 한데 뭉쳐 안쪽으로 들어가겠다고 서로 야단법석을 떠는데, 결국 못 들어간 녀석은 다른 놈을 밟고 위로 올라갔다. 그러면 또 밑에 깔린 녀석이 더는 못 참겠다는 듯 무리를 비집고 나와서 다시 무리 위로 기어 올라갔다⋯⋯. 이렇게 비집고 들어가고, 깔리고, 다시 나와서 위로 올라가고 하는 과정이 끊임없이 반복되면서 가장 용감하거나 가장 얌전한 놈이 열에 한두 마리꼴로 희생됐다. 모이를 줄 때도 먹이를 향해 벌떼처럼 몰려들면서 상대적으로 약한 오리들이 죽어 나갔다. 대략 계산하면 하루 평균 사망률이 20~30%쯤 됐다. 죽은 오리의 절댓값이나 평균 비율을 보며 '고난의 시기'에 굶어 죽는 사람과 비교하는 것 자체가 어불성설이지만, 어쨌든 그들이 떠오르는 건 어쩔 수 없었다.

처음 오리를 키울 때는 제대로 잠을 잔 날이 거의 없었다. 물론 모이만 제때 준다면 오리가 죽든 말든 내 책임은 아니었다. 하지만 마치 '살려주세요——!'라고 외치는 듯한 소리가 나를 붙잡는 바람에 참다 참다 결국은 자다가도 일어나 녀석들을 살폈다. 나는 손으로 '오리 더미'를 흩뜨려 밑에 깔린 녀석을 구해줬는데, 그때마다 압사당한 오리를 꺼내 밖으로 홱 던져야 했다. 그때의 그 느낌은 정말이지…….

'적자'로서 생존한 '강자'들은 갈수록 털이 수북해지고 걸을 때도 비틀대지 않았다. 나는 날씨가 포근해지자 오리들을 방사하기로 했다. 먼저 산골짜기에서 시내나 못이 있고 지면이 제법 평평한 곳을 골라 그곳에 펠트 천과 집을 짓고 남은 자재로 우리를 만들었다. 그리고 큰 바구니로 오리들을 우리 안으로 옮긴 후, 잠시 그 안에 가뒀다. 다시 긴 막대 몇 개와 갈라진 대나무로 먹이통을 만든 다음 그 안에 모이를 고르게 뿌리고 정해진 시간에 우리 문을 막아둔 널빤지를 치웠다. 그러면 오리떼가 물밀 듯이 나와서 먹이통을 향해 돌진했는데, 그렇게 진지를 점령한 녀석들은 목숨을 걸고 모이를 먹고 또 먹었다! 그렇게 먹이 한 톨 남기지 않고 깨끗하게 먹어치운 후에는 뒤뚱대며 근처에 있는 작은 도랑으로 들어가 물을 마시고, 장난을 치고, 소화를 시켰다. 그렇게 나날이 살도 찌고 몸집도 커졌다…….

시간이 빠르게 흘러간 만큼 오리들도 쑥쑥 자랐다. 나는 혼자 개척한 땅에 무척이나 애착이 갔다. 매일 오리들과 함께 시간을 보냈다. 채소를 잘게 다져서 사료에 섞는 등 할 일을 하고 나면 잠깐 짬이 나 독서를 했다. 그곳은 책 읽기에 딱 좋은 곳이었다.

거기에는 정말 괜찮은 장소가 있었다. 작은 집이라고 해도 믿을 만큼 거대한 암석 하나가 산골짜기 한가운데에 우뚝 서 있었는데, 가장자리에 겹겹이 패인 구덩이를 밟으면 꼭대기까지 오를 수 있었다. 거기서 서쪽으로 눈을 돌리면 저 멀리 칭룽샤(青龍峽)까지 눈앞에 펼쳐졌다. 칭룽샤 협곡은 이곳을 거쳐 동쪽 쥐융관까지 구불구불 이어졌고 더 멀게는 난커우(南口)까지 갔다. 전해지는 바로는 그

거대한 암석이 목계영(穆桂英) 장군의 점장대(店將臺)였다고 한다. 평평한 암석 꼭대기에는 정가운데에 깊고 둥근 구멍이 있는데 바로 사령기의 깃대를 꽂는 자리였단다. 횡횡 부는 서풍에 사령기가 펄럭이고, 완전무장한 목계영 장군이 늠름하고 씩씩한 자태로 팔을 휘두르며 산하를 가리키는 모습, 그 얼마나 장엄하고 비장했을까! 이제는 모든 것이 세월에 묻혀 비 오는 날이면 둥근 구멍에 빗물이 가득 찰 뿐이었다. 나는 암석 꼭대기까지 올라가 넓고 평평한 곳에 누운 채로 실눈을 뜨고 파란 하늘을 바라보며 생각에 잠겼다. 아무 생각 없이 고독에 빠졌어도 그저 마음만 차분해질 뿐 처량하게 느껴지진 않았다. 차츰 무념무상에 들면 마치 시공간이 한데 뒤엉켜 그대로 멈춰 버린 듯했다.

면회

_____ 친인

여름이 됐다.

어느 일요일 밍밍이 나를 방문했다. '면회'라는 말이 더 적절할지도 모르겠다. 어쨌든 그녀는 나를 보며 여기 참 찾기 어렵다고 말했다. 시즈먼 역에서 장자커우로 가는 기차를 타고 쉬융관 역에 내린 다음, 역 뒤편에 놓인 경사진 오솔길을 따라 산골짜기 아래까지 걸어와야 한다. 거기서 다시 외문국(外文局), 농업 과학원 등의 녹화 지대를 가로질러 서쪽으로 난 울퉁불퉁한 자갈길을 가다 보면 작은 언덕이 있는데, 여길 올라가야만 도로변에 있는 민족사무위원회의 녹화 기지 본부가 나왔다. 장거리 버스가 통해야 그나마 좀 다닐 만한 곳이었다.

나는 마중을 나갔다가 밍밍을 숙소로 데려왔다. 그녀는 숙소를 휙 둘러보더니 생각보다 괜찮다고 하면서 습관적으로 방을 정리했다. 침대보도 여름에 쓰는 얇은 것으로 바꿔주었다. 정리를 마친 후, 밍밍이 가방을 풀었다. 가방 안에서 향긋한 장조림 냄새가 확 풍겼다. 내 앞으로 온 편지도 몇 통 있었는데, 개중에 우쭈이

355

의 편지도 한 통 있었다. 황급히 편지를 꺼내려는데 밍밍이 나를 막으며 말했다.

"나중에 천천히 봐. 시간 많잖아. 차 시간을 맞추려면 조금 후에 바로 가야 한 단 말이야."

나는 미안한 마음에 겸연쩍게 웃으며 편지를 내려놓고 물 한 잔을 건넸다. 밍밍은 앞으로 내게 어떤 처분이 내려질지 모르는 데다 셋째 남동생도 중앙악단에서 먼 곳에 있기에 어머니가 여동생과 둘째 남동생이 다니는 중앙음악학원 부근으로 이사하고 싶어 한다고 했다. 나중에는 외롭지 않게 외할머니를 모시고 모녀 둘이 같이 산다고. 이사하면 둘째 남동생과 여동생이 어머니를 돌보기가 더 편할 거라는 말도 덧붙였다. 밍밍은 내게 의견을 물었고, 나는 이사하는 편이 어머니에게는 물론이고 내게도 좋은 일이라 생각했다. 어머니를 잘 모시지 못한 것에 대한 죄송한 마음을 덜 수 있으니 말이다.

나는 밍밍의 생각을 묻지 않았고 그녀 또한 아무 얘기도 꺼내지 않았다. 딱히 물어볼 마음이 없었던 나는 그냥 상황을 지켜볼 생각이었다. 그렇게 우리는 침묵을 지켰다. 그때 밍밍이 손가방에서 '헝다(恒大)' 담배 한 보루를 꺼내 건네며 말했다.

"너무 많이 피지는 마. 지금은 물자가 부족해서 물건을 구하기가 어려워. 구매 증서도 있어야 하고."

"요즘은 담배 많이 안 해. 번거로울 텐데 다음부터는 가져오지 마."

이 담배는 밍밍이 장인을 따라 정협예당(政協禮堂)에 갈 때 특별히 공수해온 물건이었다.

그녀가 힐끗 시계를 봤다.

"가자. 내가 키우는 오리들 좀 보고 가. 가는 길에 배웅해줄게."

나는 먼저 내가 나무를 심었던 곳으로 데리고 갔다. 왠지 뿌듯한 마음이 들어 몇 년이 지나면 울창한 나무가 언덕을 가득 채울 것이라고 말해 주었다. 다음으로 도로의 다른 쪽에서 산골짜기 아래로 향했다. 내 '오리 양식장'이 자리한 곳이었다. 우리는 암석 위에 나란히 앉아 쉬면서 오리들을 구경했다. 밍밍은 서로 쫓고 쫓기며 장난치거나 먹을 것을 찾아다니는 새끼 오리들을 흥미롭게 바라보았다.

"정말 귀엽다."

시간이 다 되어갈 때쯤, 밍밍이 자리에서 일어나며 말했다. 발걸음을 돌려 걷다가 잠시 뒤 그녀가 다시 뒤를 돌아봤다.

"조심해——!"

무심코 발을 내디딘 밍밍이 웅덩이에 고인 물을 밟으려는 찰나, 내가 와락 끌어당기며 외쳤다.

산길을 따라 언덕에 오른 밍밍은 정류장에 도착했을 때 이마에 땀이 송골송골 돋아 있었다.

"힘들지?"

"괜찮아."

밍밍이 땀을 닦아내며 대답했다. 더위에 새빨갛게 달아오른 얼굴이 조선에서 행군하며 산에 올랐을 때와 같았다.

정류장에서 표를 사고 잠시 침묵이 흘렀다. 이내 기차가 왔다. 기차에 오르기 전, 내가 그녀를 끌어안았다. 밍밍은 내게 기댄 채 잠시 서 있다가 기차가 '뿌우' 하고 경적을 울리자 재빨리 올라탔다. 나는 멀어지는 기차를 하염없이 눈으로 좇았다. 석양에 붉게 물든 하늘, 기차는 저 멀리 있는 터널 속으로 자취를 감췄다. 기차가 남긴 하얀 안개도 터널 밖에서 모락모락 피어오르다가 차츰 사라졌다…….

나는 온종일 산속에서 홀로 말없이 지내는 적막한 생활에 차츰 익숙해졌다. 대자연의 정적은 도시의 소란과 상대되는 것으로 생각했지만, 나중에는 그 정적도 저마다 목소리를 가지고 있음을 몸으로 느꼈다. 대자연의 적막 속에서도 활기찬 생기를 느낄 수 있었는데, 마치 절정에 빠져들 듯 사람의 마음을 사로잡았다. 그러나 나는 어쩔 수 없는 세속인이라 대화할 상대가 필요했다. 물론 생기 넘치는 대자연에서 심리적인 위안을 얻었지만, 단 몇 마디라도 좋으니 절망적인 미래에 대한 내 착잡한 심정을 털어놓을 수 있는 사람이 절실했다. 이는 생존을 위한 욕구였기에 혼잣말하다가 어느새 자신과 대화하고 있었다. 오랫동안 혼자 감금되거나 사람들로부터 격리당한 사람은 고독이 가장 고통스러울 것이다. 오랫동안 남과 대화하고 교류하지 못하면, 사고력이 퇴화하거나 멍청이가 되기도 한다. 이를 뒷받침할 만한 실제로 있었던 예를 하나 들겠다. 다행히도 끝이 좋았던 예다.

내 장인인 화가 예첸위는 '문화대혁명' 중에 4인방에게 모함을 당해 친청(秦城) 감옥 독방에 갇히게 되었다. 3년을 외양간에서, 7년을 감방에서 보내며 고독과 침묵의 위험성을 알아챈 그는 고심 끝에 한 가지 방법을 생각해냈다. 머릿속으로 장편 소설을 써서 매일 정해진 시간에 벽에 대고 자신이 쓴 소설을 생생하게 연기하는 것이었다. 간수에게 호통을 들으면서도 끝까지 멈추지 않았다. 자신의 사고력과 언어 능력을 지키기 위해서였다. 울적한 기분을 풀고 생명에 대한 의지를 불태우기에도 좋았다. 그런데도 몇 년 후 출소하는 그를 보러 갔을 때, 말이 어눌하고 느려진 걸 알 수 있었다.

물론 내 형편은 그보다 훨씬 나았다. 광활하고 아름다운 대자연에서 마음대로 쏘다녔으니 내 '노동 개조' 생활은 비교적 자유로웠다고 할 만했다. 다만 마음 깊숙한 곳에는 누군가와 마음을 터놓고 대화하고 싶은 마음이 굴뚝같았다. 시경(詩經)에서 '새가 짹짹 울며 친구를 찾다'라고 하듯 대화 상대가 절실했다. 밍밍이 나를 보러 왔을 때, 고작 한두 시간 머문 것이 전부였지만, 그 후로 외로움이 밀려올 때마다 그때를 회상하면 마음이 조금 따스해졌다. 그때부터 친구나 지인이 찾아오기만을 기다렸는데, 이런 마음이 때때로 나를 예민하게 만들었고 가끔은 환청도 들렸다. 마치 저 멀리서 '진정핑, 누가 찾아왔어—!'라고 외치는 것만 같았기 때문이다.

_____ 노친구

그러던 어느 날 또 내 이름을 부르는 소리가 들렸다. 나는 또 환청이라 치부하고는 밥 달라고 채근하는 오리의 먹이통에 사료를 덜어놓고 우리 문을 열었다. 문이 반쯤 열리자 이미 문 앞에 모여있던 녀석들이 물밀듯이 밖으로 나와 곧장 먹이통을 향해 내달렸다. 손으로 흐르는 땀을 닦는데 누군가 뒤에서 큰 소리로 외쳤다.

"진정펑!"

뒤를 돌아보고 화들짝 놀라 나 역시 큰 소리로 외쳤다.

"우이!"

조금 전 내가 들었던 소리는 환청이 아니었다. 시즈후에서 우연히 다시 만났던 일이 데자뷔처럼 떠올랐다. 진짜 우이였다! 그런데 그는 먹이 쟁탈전을 벌이는 오리들에게 정신이 팔려 놀랍다는 듯 소리쳤다.

"허! 그것참! 야아, 저놈들……!"

"우이! 네가 여긴 어쩐 일이야?"

"내가 못 올 데라도 왔어?"

그는 그제야 일어나 나를 향해 함박웃음을 지었다. 나는 너무 기뻐 어쩔 줄 몰랐다. 꾀죄죄한 두 손을 내밀며 눈앞에 선 우아하고 위엄이 넘치는 예술가를 바라보았다.

"그럼 얘기들 나누게. 나는 이만 가네."

나는 그제야 다이셴이 우이를 이곳으로 데려왔다는 사실을 깨달았다. 다이셴은 우리 녹화 기지에 상주하는 직원으로 까무잡잡한 피부에 건강한 티베트족 젊은이였는데, 수더분한 성격에 유머 감각도 뛰어났다. 나는 황급히 고맙다는 인사를 전한 후 다시 우이에게 눈길을 돌렸다. 우이는 여전히 오리들이 먹이를 두고 다투는 모습을 흥미롭게 감상하는 중이었다. 그가 시원스레 감탄사를 질러 댔다.

"이제야 '극악무도'의 진짜 뜻을 알 것 같아!"

우이가 입술을 삐죽이며 미친 듯이 날뛰는 오리들을 가리키며 말했다.

"쯧! 진짜 극악무도해!"

그리고는 상하이 어투로 같은 말을 반복했다.

"언제 왔어?"

"방금."

"아니, 베이징에 언제 왔냐고."

"아, 일주일쯤 됐어. 전국 농업전시회 디자인을 맡아서 초청을 받아 온 거야.

일은 거의 다 끝냈어. 짬이 난 김에 너희 집에 갔다가 네가 좋은 데로 이직했다는 얘기를 들어서. 뭐, 그래서 왔어."

"언제 가야 해? 기차 시간이 있을 텐데."

우이가 나를 향해 웃음을 지어 보였다.

"오늘은 안 가. 너랑 놀아야지. 왜? 싫어?"

그는 반가워하는 내 모습에 일부러 더 놀리듯 물었다.

"좋았어, 숙소로 가자."

"야, 여기 오리들은 어떡하고?"

"얘네들은 어디 안 가. 여기가 집이라는 걸 알거든. 먹을 것도 있고. 조금 이따가 와서 우리 안으로 들여보내면 돼. 나 손 좀 씻을게."

우이는 여기가 꽤 마음에 든 눈치였다. 화가의 안목으로 주변을 쓱 돌아보더니 이렇게 말했다.

"중난산(終南山) 밑에 말을 풀어놓는다는 말은 들어봤는데, 너는 만리장성 아래에 오리를 풀어놨네!"

우이는 재주도, 호기심도 많고 성격도 무던하고 유머러스하여 어려서부터 그와 함께 있을 때면 모든 근심이 싹 사라지는 듯했다. 중대부중에서 공부하던 시절, 식욕이 왕성했던 우리는 늘 배가 고팠지만, 돈이 없었다. 그러던 어느 일요일, 허기를 참지 못한 우이가 갑자기 소리쳤다.

"아! 그러면 되겠다!"

그는 상자를 열고 한 번도 입지 않은, 인단트론(indan throne)으로 염색한 두루마기를 꺼내 둘둘 말았다.

"가자!"

우리는 재빨리 학교를 빠져나와 신시가지의 초입부터 동쪽 끄트머리 정류장 부근에 있는 전당포까지 쭉 훑고 나서야 두루마기를 팔고 돈 몇 푼을 손에 쥐었다. 그리고 전당포를 나서자마자 곧장 상하이 '삼육구' 식당을 향해 내달렸다. 갈비 국수 두 그릇을 걸신들린 듯 입에 욱여넣었다. 세상에 이렇게 맛있는 음식이 있다니, 여태껏 살아온 보람이 느껴지는 순간이었다!

"나 지금 소매 부분을 먹고 있어!"

우이가 면발을 후루룩 빨아들이며 말했다.

"나는 옷깃!"

내가 받아쳤다. 잠시 후, 국물 한 방울 남기지 않고 그릇을 깨끗이 비운 우리는 만족스러운 표정으로 입을 닦았다. 그때 느꼈던 국수 맛이 아직도 느껴지는 듯하다.

밤이 찾아왔다. 나는 장 사부에게 친구가 찾아왔다고 알린 후, 다른 빈방으로 향했다. 전등이 없었기에 창밖에서 들어오는 옅은 달빛만이 방을 비췄다. 우리는 침대에 기대어 나란히 앉은 채 이불을 반쯤만 덮었다. 포근했다. 눈이 마주치면 괜스레 웃음이 터져 나왔다가 결국엔 눈물을 쏟았다……. 잠시 침묵이 흘렀다. 우이는 그제야 내게 우파로 몰리게 된 과정을 물었다. 그는 내 이야기를 들으며 간간이 질문을 던지거나 격분했고 "젠장!", "황당무계하네!"라고 욕설 섞인 고함을 내질렀다……. 그렇게 내 이야기가 다 끝났을 때, 그는 한참이나 아무 말도 없었다. 마음이 답답해진 우리는 담배만 뻑뻑 피워댈 뿐 누구도 적막을 깨지 않았다. 그러다 결국은 우이가 조심스레 물었다.

"제수씨는 어때?"

우이가 밍밍을 물어볼 줄 알았다. 나는 착잡한 마음을 갈무리한 후 되물었다.

"네가 보기엔 어때? 여기 오기 전에 만났다며?"

우이가 잠시 생각하더니 대답했다.

"음, 별말 없길래 나도 안 물어봤어. 물어보기도 좀 그렇고. 그래도 괜찮아 보이긴 했어."

내가 말을 이었다.

"지난번에 여기 왔었어. 우리 둘 다 얘긴 안 했는데, 상황이 안 좋아지면 마음의 준비는 해야겠지."

"그래도 너 정도면 괜찮은 편이야. 상하이 쪽은 신장이나 베이다황(北大荒)으로 하방된 사람도 여럿이야. 여기 와서 네 상황을 보니까 그나마 마음이 조금 놓인다."

"너의 형은 잘 지내?"

"너랑 똑같아. 허난(河南) 대학에서 누명을 쓴 바람에 농장으로 보내졌지. 형은……."

"형이 왜?"

"형수와 헤어졌어."

우리는 한참 동안 침묵을 지켰다. 1955년 나는 우리 극단에 음악을 열렬히 사랑했던 쭈머우 형을 추천했다. 면접관들은 모처럼 뛰어난 베이스가 나타났다며, 만장일치로 합격시켰다. 그가 남당(南唐)의 군주 이욱(李煜)이 쓴 시 『우미인(虞美人)』을 바탕으로 만든 독창곡은 지금 들어도 걸작이다. 문화부의 승인은 받았지만, 고교부(高敎部)에서 그가 법학계의 고학력자라는 이유로 승인을 거부했기에 결국은 없던 일이 되어 버렸다. 당연히 아쉬움이 컸지만, 극원에 들어왔더라도 분명 나와 엮였을 테고 결국엔 같은 운명을 맞이했을지도 몰랐다.

한숨 섞인 시간이 흘렀다. 그때 우이가 벌떡 일어나더니 짐 보따리에서 술 한 병과 멸치 통조림 두 캔을 꺼냈다.

"말은 그만하고, 술이나 마시자! 이 통조림은 상하이에서 가져왔어. 베이징이나 상하이나 시중에서는 술을 구할 수가 없어."

우이는 내가 술을 좋아한다는 사실을 잘 알고 있었기에 한약방에서 약주를 사 올 생각까지 한 것이었다.

"으흐, 아쉽게도 구기자주는 다 팔렸더라고. 남은 건 제일 비싼 이 호골주(虎骨酒)뿐이었지. 그것도 딱 한 병밖에 안 팔더라."

누린내에 비릿한 냄새까지 나긴 했지만 어쨌거나 술이 있어 더 따뜻한 밤이었다.

우이는 이번 '운동'을 도무지 이해할 수 없다고 했다.

"전에는 '삼반(三反)'[2], '숙반(肅反)'[3]하더니, 반우파 운동 후에 또 반우경 운동을 하네. 앞으로 또 무슨 운동을 할지 누가 알겠어? 휴, 훗일은 나중에 생각하고 일단은 지금 이 고비를 잘 넘겨야지."

바람 소리마저 두려워 모두가 몸을 사리던 시절, 자신에게 '불똥'이 튀는 것을 두려워하지 않고 멀리서 찾아온 우이에게 말로 다 설명할 수 없는 위안을 얻었다. 다만 고맙다는 말은 그저 마음속에 묻어 두었다.

그날 밤은 제대로 잠을 이루지 못한 채 날이 밝아왔다. 나는 묘목에 물을 주기 위해 멜대를 짊어지고 산에 올라야만 했다. 우이에게 더 쉬고 있으라고 다녀오겠다고 인사하고 방을 나왔다. 물을 길어 짊어지고 도로까지 올라와 잠시 쉬고 있는데, 마침 우이가 내게 다가왔다. 그는 내가 이를 악물고 물을 나르는 모습을 보고 마음이 안 좋았는지 자기가 멜대를 지겠다고 했다. 내가 안 된다고 말려도 막무가내로 떼를 썼다. 결국은 우이가 멜대를 어깨에 지고 일어섰다. 육체노동과는 거리가 먼 우이는 얼굴이 시뻘겋게 될 때까지 용쓰고 나서야 한 발을 내디뎠다. 이내 허리가 굽고 휘청거렸지만, 몸을 제대로 가누지 못하는 상황에서도 몇 걸음 더 움직였다. 그러다 갑자기 멈추더니 멜대를 내려놓고 거친 숨을 몰아쉬었다. 나는 우이가 허리를 삐끗하면 어쩌나 걱정하며 냉큼 달려가 멜대를 건네받았다. 우이가 난감하다는 표정을 지었다.

"헉헉, 아이고! 안 되겠다, 이건 진짜 안 되겠어. 너 정말 제대로 개조됐네? 대단해, 희망이 보여!"

창백한 얼굴로 숨을 헐떡이는 그를 보고 있자니 코가 시큰했다.

우이는 돌아가 내게 편지 한 통을 보냈다. 몸조심하고 나쁜 생각은 하지도 말라며 상하이에서 기다리겠다고 적혀 있었다. 산골짜기에서 우이와 함께한 시간은 단 하루에 불과했지만, 그 짧디짧은 만남은 평생 잊지 못할 기억이 됐다. 절망에 빠져 보내는 긴 시간 동안 나는 그와 함께하며 즐거웠던 순간을 자주 떠올렸다.

2 / 역주 : 독직(瀆職), 낭비, 관료주의에 반대하는 운동
3 / 역주 : 반혁명 분자 숙청 운동

먹이를 두고 다투는 오리들을 보며 '극악무도'하다고 소리쳤던 일을 떠올리며 속으로 웃음을 터뜨리기도 했다.

2천 년 전, 공자는 탄식하듯 말했다. '먼 곳에서 찾아온 벗이 있으니, 이 또한 즐겁지 않겠는가' 나는 그 말의 참뜻을 깨달았다. 표면적인 의미보다 더 깊은 깨달음이었다!

내가 상하이에 가서 우이를 만난 것은 그로부터 20년이 지난 후였다.

목가

중추절을 앞둔 시기, 풍성한 털에 살이 붙은 오리들은 이제 꽤 힘있게 걸었고, 조잘대던 울음소리도 우렁찬 '꽥꽥'으로 바뀌었다. 그날은 대장이 오리를 가지러 사람이 온다며 오리들을 먹인 후 풀어주지 말고 우리 안에 가둬 두라고 했다.

점심 때쯤 되자 트럭 한 대가 들어왔다. 내가 오리들을 트럭으로 몰아오면 그들이 한 마리씩 오리의 목을 쥐고 숫자를 세면서 트럭 안으로 던졌다.

"……마흔일곱, 마흔여덟, 마흔아홉……."

살아남은 오리도 그리 많지 않은 데다 포동포동하다 싶은 녀석들은 몇 마리 안 됐다. 대부분이 뼈만 앙상해 씹을 만한 고기도 몇 점 안 될 터였다. 오리들은 '꽥꽥!' 하며 필사적으로 울어댔는데, 그 소리가 마치 살려달라고 애원하는 듯했다. 대장은 다 함께 저녁으로 먹을 오리 두 마리를 남기라고 했다. 식사 시간, 나는 정해진 양대로 워터우 한 개, 옥수숫가루 죽 한 그릇, 큼지막한 무장아찌 하나를 들고 식당을 빠져나와 숙소로 갔다.

선선한 가을바람이 부는가 싶더니 눈 깜짝할 사이에 산은 온통 붉게 물들었다. 한낮에는 여전히 더웠지만, 내의 하나만 입고 그 거대한 암석 위에 앉아 쉴 때면 산골짜기에서 불어오는 그 선선한 바람이 금세 싸늘해졌다. 시간은 참으로 빨리도 갔다.

외부에서 양들을 보내올 거라는 소문은 있었지만, 그날 정말로 양들이 우리 산골짜기를 찾아왔다. 양 떼를 몰고 온 사람은 덥수룩하게 구레나룻을 기른 사내로 양피 담요를 걸친 모습이 강호의 영웅처럼 호탕한 기백이 느껴졌다. 그는 열서너 살쯤 된 아이도 하나 데려왔는데 검붉은 두 뺨에 까만 눈을 반짝였다. 말하는 것이 꼭 고함을 지르는 것 같았는데, 나는 그 아이가 무척이나 마음에 들었다. 그 아이가 이곳에 남는다면 분명 나와 좋은 친구가 될 터였다. 그들은 지친 몸을 이끌고 관와이에서 장자커우를 지나 곧장 칭룽사를 따라 양 떼를 우리 녹화 기지까지 몰고 온 것이었다. 대장은 그들을 식당으로 초대했다. 워터우, 짠지, 대파에 옥수숫가루 죽까지, 달그락하는 소리와 후루룩 소리가 산골짜기를 울렸다. 사내가 허리에 쑤셔 넣어 둔 묘한 색깔의 작은 호리병을 꺼내 마개를 딴 후 입에 대자 진한 술 냄새가 방 안을 가득 채웠다. 술 냄새에 반색한 나를 보며, 그가 웃음을 띤 채 호리병을 들어 흔들었다. '한 모금 하겠나'라는 사인에 나는 웃으며 고개를 저었다.

대장이 다이셴을 불러와 그 사내에게 소개한 후, 다이셴에게 말했다.

"일단 양들을 외양간에 넣고 몇 마리인지 세어 봐. 앞으로는 진 씨한테 시키고."

그리고 다시 나를 향해 말했다.

"너무 걱정할 것 없어. 일단은 다이셴이 같이 다니면서 도와줄 테니까. 다이셴은 양을 쳐 본 경험이 있으니 잘 배우고. 지금 바로 따라가도록."

나는 시키는 대로 하는 것에 이미 익숙해진 터라 별로 할 말도 없었다. 다만 사내와 함께 온 그 아이가 곁에 남아 주었으면 했다. 나는 천하를 누비듯 자유로운 남자와 아이가 참 마음에 들었고 부럽기도 했다. 마치 소설 속에 나올 법한, 완전히 다른 세계에 속한 사람 같았다. 처음 만난 사이였지만, 금세 친근하게 느껴졌다. 그들의 세계는 낯설면서도 나를 끌어당기는 무언가가 있었다. 돌연 이 세계는 다양하고 넓다는 사실을 깨달은 듯했다. 이제는 내가 '타의'에 의해 그들과 같은 목자(牧者)가 되어야 했다.

목자라는 단어에는 시적인 정취가 느껴진다. 푸른 초원, 파란 하늘과 하얀 구름, 복잡한 속세를 떠나 유유자적하는 삶 등이 떠오른다. 여태껏 시, 전설, 동요, 화폭 등에 묘사된 목자는 다 그랬다. 그런데 내가 그들처럼 양을 치는 운명을 맞이한 것이다.

처음 며칠간은 다이셴이 나를 도와 양들을 몰아 산에 올랐다. 이른 아침부터 늦은 밤까지 다양한 요령을 배웠다. 처음에는 흩어지는 양 떼를 보며 혹여 양을 잃어버리기라도 할까 긴장했다. 산허리까지 올라가면 잡초가 무성하고 탁 트인 지대가 나왔는데, 그곳이 바로 다이셴이 고른 '방목지'였다. 내가 우두머리 양을 가로막으면 양들은 그곳에 '주둔'한 후 먹이를 구하기 위해 각자 주변으로 흩어졌다. 고요하고 한적한 광경이 눈앞에 펼쳐졌다.

하루를 마무리하며 마지막으로 하는 일이 가장 힘들었는데 바로 양을 외양간으로 몰아넣으며 수를 세는 것이었다. 양 떼가 앞다투어 문을 향해 돌격하면 도무지 수를 헤아릴 틈이 없었다. 다이셴이 있을 때는 둘이니까 그나마 좀 나았는데, 혼자 하려니까 순간순간 발끈했다. 사람들은 양이 온순한 동물이라고 생각하지만 천만에! 고집을 부리며 버티기 시작하면 뿔을 잡아뗄 작정을 하고 달려들어도 양들은 꿈쩍도 안 한다. 숫자에 약한 나는 셌던 놈을 또 세거나 처음부터 다시 세기 일쑤였다. 두세 마리가 동시에 외양간으로 뛰어 들어가면 속된 말로 '동공 지진'이 일어났다.

이른 아침, 외양간 문을 열면 밤새 굶어 배가 홀쭉해진 양들이 얌전히 우두머리 양을 따라 나오며 알아서 대열을 맞췄다. 그러나 산에 올랐다 하면 까불까불한 양 몇 마리가 번갯불에 콩 볶아 먹듯 무리에서 빠져나와 길가에 있는 풀을 뜯어 먹기 시작했다. 그럴 때면 녀석들에게 고함치거나 흙무더기를 던져 무리 속으로 데려와야지 그냥 두었다간 대열이 엉망이 된다.

정해 둔 곳까지 이동해 양들을 진정시킨 다음 '식사'를 하도록 했다. 녀석들의 식사 시간은 풀을 씹는 소리만이 나직하게 들릴 뿐 무척 조용했다. 나는 그늘진 곳을 찾아 채찍과 등에 짊어진 보따리를 내려놓고 휴식을 취했다. 푸른 초원에

만 리 장 성 밑 에 서

눈처럼 새하얀 면양까진 아니어도 무성한 나무와 절벽이 어우러진 풍경에 산양도 한 폭의 그림 같기는 매한가지였다. 서너 시간이 지나면 우두머리 양이 알아서 다른 곳을 찾아갔고, 양 떼도 천천히 그 뒤를 따라 풀이 있는 곳으로 이동했다. 아무런 방해도 없는 그 시간이 책을 보기에 가장 좋은 때였다. 피곤할 때는 양들을 흥미롭게 관찰했다. 평온하고 화목한 듯 보이는 양들의 세계에도 비밀스러운 싸움이 존재했다. 심지어 어떨 때는 숫양 두 마리가 뿔과 뼈가 부러지고 머리가 깨져 피가 흐르기도 했는데, 물론 이는 아주 드문 일로 서열 싸움을 벌일 때만 일어났다. 평소에 보는 광경은 주로 이랬다. 약하거나 어린 양이 풀이 가득한 곳을 먼저 차지하면, 튼실한 양이 천천히 다가와 뿔로 살짝 밀었고, 약자는 냉큼 비켜섰다. 심지어는 뿔을 쓸 필요도 없이 그저 위협적으로 다가오기만 해도 '눈치 있게' 뒷걸음질치며 자리를 내주기도 했고, 오히려 뒤늦게 온 녀석이 당연하다는 듯한 태도로 태연하게 풀을 뜯었다. 이 모든 것이 평온한 분위기에서 이루어졌지만, 진짜 약육강식의 세계를 엿본 것 같은 느낌이었다.

양들의 최후도 분명 오리와 같을 것이다. 물론 생존 기간에 양과 오리는 각자 다른 개체로써 살 테지만, 굶주림에 대한 생리적인 반응이나 생명 위협에 대한 위기감 등은 똑같이 느낄 것이다. 이 점은 오리, 양을 포함한 모든 생물과 인간도 마찬가지다. 다만 인간은 가장 높은 수준의 문명을 이루었기에 약육강식의 법칙을 초월할 수 있었던 것이리라. 자연의 법칙을 알면서도 짐승이 아닌 인간이기에 다를 수 있는 것이다.

양을 치던 시절, 마음이 극도로 약해진 때가 있었다. 양들이 그늘진 곳에 엎드려 휴식을 취할 때면, 나는 홀로 산봉우리까지 올라갔다. 절벽 꼭대기에는 세찬 바람이 휘몰아쳤다. 거기서 아래를 굽어보면 무성한 수풀이 사방으로 끝없이 펼쳐지며 구름과 안개 속으로 숨어들었다. 문득 나의 이번 생도 눈앞에 보이는 것처럼 아득하다는 생각이 스쳤다. 신기하게도 그 짧은 순간에 지난 일들이 모두 떠오르면서 사회에서 버려지고 사람에게 버림받았다는 생각이 들었다. 음악, 문학 등 예술에 대한 이상은 이미 나와 동떨어진 세계처럼 느껴졌다. 내가 사무치게 그리워하는 그녀도 환영에 불과했다. 진정한 삶이 시작되기도 전에 막다른 골목에 이르렀음을 깨달았다. 절벽 끝을 향해 다가섰다. 그것이 내게 남겨진 유일한 선택지인 듯했다. 더는 발 디딜 곳이 없는 벼랑 끝에 서 있었다. 마지막 한 발을 든 순간, '와르르' 하는 소리와 함께 절벽 끝에 털썩 주저앉았다. 풍화로 잘게 부스러진 돌조각들이 폭포처럼 떨어지며 먼지바람을 일으켰다. 머리에 식은땀이 흐르고 심장이 미친 듯이 쿵쾅거렸다. 얼이 빠진 나는 꿈쩍 않고 한참이 지나서야 정신이 들었다. 벼랑 끝에 있던, 풍화 작용으로 거의 가루가 된 돌조각이 나를 살린 것이다. 마음 깊은 곳에 아직 삶에 대한 미련이 남은 탓이기도 했다……. 제정신이 돌아오자 돌연 공포가 밀려왔다. 나는 조심스레 두 손으로 바닥을 짚고 몸을 웅크린 후 뒤로 물러섰다. 제대로 자리를 잡고 앉은 후, 한참을 넋이 나간 듯 있다가 천천히 몸을 일으켰는데 두 다리가 후들후들 떨렸다. 나는 길고 길게 숨을 내쉬었다…….

산꼭대기에 있던 태양이 골짜기 바닥으로 떨어질 즈음, 나는 몽롱한 상태에서도 양 떼가 쉬고 있는 곳으로 내려갔다. 벌써 잠에서 깬 녀석들은 집에 가길 기다리듯 조용히 제자리에 서 있었고, 어떤 녀석은 주변을 배회하며 마음대로 풀을 뜯고 있었다. 내가 맥없이 채찍을 휘두르자 우두머리 양이 앞장서서 천천히 좁은 길로 내려갔다. 양 떼는 배불리 먹어 통통해진 배를 끌고 얌전히 그 뒤를 따랐다.

맨 끝에 선 나는 녀석들과 달리 배가 홀쭉했다. 허기가 돌자 신경이 살아났고 다리에 힘이 빠졌다. 갈수록 몸에 기운이 없었다. 허기가 몸 곳곳에 스며들자 이마와 등에 식은땀이 흐르고 구토가 났다. '내려가면 먹을 게 있어, 조금만 더 내려가면……' 이 말을 되뇌며 간신히 정신을 차리고 산에서 내려와 양 떼를 외양간에 몰아 넣었다. 그리고 처음으로 양 떼의 수를 세기는커녕 제일 끝에서 꾸물대는 한 놈을 무릎으로 밀어 넣고 문을 닫은 다음 후딱 주방을 향해 내달렸다. 워터우를 한 입 베어 문 다음 몇 번 씹지도 않고 냉큼 꿀꺽 삼켰다. 이어 그릇을 꺼낼 틈도 없이 국자로 솥에 있는 옥수숫가루 죽을 게걸스럽게 마구 퍼마셨다! 그제야 몸속에서 생명의 기운이 퍼지는 것을 느낄 수 있었는데, 정해진 양만 먹을 수 있어 끓어오르는 식욕을 잠재우는 데 애를 먹었다. 엄청난 허기를 직접 경험한 후 수천, 수만 명의 사람이 기아에 허덕이다 죽어간다는 사실이 도무지 믿기지 않았다. 나는 그때 며칠간 제정신을 차리지 못하고 몽롱한 상태로 지냈다……

곧 겨울이 다가왔다. 내 마음도 날씨처럼 갈수록 차가워졌고 계속 우울했다. 장 사부가 떠나고 홀로 방을 쓰면서 고독이 더욱더 짙어졌다. 이따금 양 떼를 몰고 멀리 가서 사람의 발길이 많이 닿지 않은 곳까지 올라갔다. 한 번은 양을 잃어버리는 사고가 나기도 했다. 작은 양 한 마리가 풀을 뜯고자 바닥에서 수 미터 떨어진 절벽, 튀어나온 돌 위로 올라간 것이다. 녀석은 거기서 더 위로 올라가지도, 밑으로 내려오지도 못하고 두려움에 떨며 '매에—' 하고 울고 있었다. 다행히 내가 녀석을 발견하고 황급히 다이셴에게 도움을 청했다. 다이셴이 절벽 위에서 밧줄을 메고 녀석이 있는 곳까지 내려와 녀석을 줄에 매달아 내려보냈다. 부들부들 떠는 작은 양을 품에 안고 있자니 녀석이 사랑스럽고 애처로웠지만 안심이 됐다. 그런데 나중에는 오리를 트럭에 태워 보낼 때처럼 양 떼를 보내며, 결국은 사람의 입속으로 들어갈 텐데 양을 구한 게 기뻐할 일이었나 생각이 들었다.

모든 생물의 가장 중요한 본능은 바로 먹을 것을 찾아 생명을 유지하는 것이다. 이는 생명의 기원과 발전에 대한 다윈과 파브르의 연구에서도 빠지지 않는 사실이자 인류 발전과 떼려야 뗄 수 없는 자연의 법칙이기도 하다. 언제쯤 태양광에서 생존을 위한 열량을 흡수할 수 있을까. 그러면 굶주림도, 빈곤도, 전쟁도 없이 부족함 없는 생활을 할 수 있을 텐데. 물론 이는 그저 환상에 불과하다.

그 시기의 상념은 대학 시절 생명의 의미를 두고 머리를 싸맸던 때를 떠올리게 했다. 팔순이 넘어 이 글을 쓰고 있는 지금까지도 나는 그 문제를 풀지 못했다. 그러나 삶은 진실한 것이고 희망과 욕구가 있기에 여태껏 살아왔다. 아마 속으로 삶은 의미 있고 가치 있는 것이라고 여겼을 터다. 그러니 나는 계속 살아가야 한다. 그 누구의 말처럼 '미래를 내다봐야' 하니까.

369

08 / 민족학원

운명은 참으로 변덕스러웠다. 내가 모든 것을 포기하고 북방의 황량한 사막으로 끌려갈 날을 기다리고 있을 때, 갑작스러운 도움의 손길이 나를 민족가무단이란 '천국'으로 밀어 넣었다. 그런데 그것이 한때 피었다 지는 꽃처럼 덧없이 사라질 줄을 또 누가 알았겠는가. 나는 숨을 고를 새도 없이 다시 깊은 산골짜기로 끌려가 양들과 함께 세상에 버려진 듯 단절된 시간을 보냈다.

확실히 그 시절에는 누구도 자기 운명을 예측하지 못했다. 그러니 내가 뜬금없이 어느 대학으로 떠밀려 강단에 섰을 때 심정이 어떠했겠는가. 정말 조금도 실감이 나지 않았다. 혹시 무언가 잘못된 것은 아닐까, 당장이라도 착오였다며 강단에서 날 끌어내리는 건 아닐까, 아니면 그저 터무니없는 꿈을 꾸고 있는 것일까. 오만가지 생각이 다 들었지만, 학생들 앞에서 강의하는 내 목소리가 똑똑히 귀에 박혔다. 꿈이 아니었다! 1960년 10월 어느 화창한 오전에 실제로 벌어진 일이었다.

'진 선생님'

그날부로 나는 중앙민족학원의 선
생님이 되었다. '우파'라는 눈에 보
이지는 않는 낙인이 찍힌 젊은 선생
이었다.

진찰을 받고 약을 타러 시내에
들른 나는 갑작스레 '억류'됐다. 원
래는 가무단에서 업무 점검을 받는
시점이었는데, 정식 지휘자가 없어
급한 불부터 끄자는 식으로 나를
그 자리에 앉혔다. 마침 민족학원

1962년 중앙민족학원 예술과로 전근해 교편을 잡은 나

문예과도 당의 명령에 따라 음악, 무용, 미술 등을 아우르는 종합 학과로 통합 개
설된 상황이었다. 당시 민족학원도 입학생을 모집하면서 교원이 부족해 골머리를
앓고 있었다. 그때는 벤쿼 동지의 '우경화' 문제도 완전히 해결된 시점이었다. 가무
단과 예술과를 동시에 책임지고 있던 벤쿼 동지가 인력 부족을 해결하기 위해 나
를 불러들였고, 그래서 내가 남게 되었다.

운명은 변화무쌍했다. 이번 생의 운명은 얼마나 더 변덕을 부려야 직성이 풀릴
것인가. 이번에도 벤쿼 동지가 나를 깊은 수렁에서 건져 주었지만, 그래도 앞날은
여전히 예상할 수 없었다.

어쨌거나 이제 나는 선생님이 되었다. 내가 가르칠 대상은 극단이나 교향악
단의 단원이 아닌 천진난만하고 귀여운 아이들이었다. 다양한 민족 출신의 아이
들이 한데 섞여 있었지만, 다들 중국어를 할 줄 알았다. 물론 각자의 개성이 담
긴 중국어였다. 다들 평범한 옷에 민족마다 전통적으로 좋아하는 색상과 스타일
의 장신구를 매치하길 좋아했는데, 덕분에 굉장히 특색 있는 집단이 되었다. 각자
다른 민족의 언어를 구사했지만, 내가 그들에게 가르칠 것은 바로 인류 공통의 언
어인 음악이었다.

내가 교무실에 들어가자마자 교무주임이 구세주를 만났다는 듯 "아, 마침 잘 됐어요! 잘됐어! 선생님이 대신 수업 좀 해주세요. 임시로요"라고 외쳤다. 기초음 악과 예비반 교사가 아직 오지 않은 모양이었다. 나는 그렇게 교실로 끌려갔는데, 가는 내내 내게 과목과 학생들에 관해 이야기를 해주었다. 간단히 말해, 학생들 은 아직 초급반으로 기본 음악 이론에 대한 수업을 몇 번 들었고, 선생님이 바뀌 었는데 아직 오지 않았다고 했다. 우(悟) 선생이 내가 언짢을까 봐 노심초사하며 말했다.

"이번 수업만 대신 해 주시면 됩니다. 기본 음악 이론으로요. 화성에 대해 알려 주실 차례예요."

나는 그녀의 설명을 들으며 예술과에 교원이 부족하다는 사실을 피부로 느꼈 다. 내가 다 이해하니 걱정하지 말라고 했더니, 그녀가 난처한 웃음을 지어 보였 다. 이것이 내가 선생이 된 후 처음으로 맞이한 시험이었다.

_____ 첫 수업

오랜 세월이 흘렀지만, 중앙민족학원에서의 첫 수업은 지금도 생생히 기억난다.

내가 음악과 예비반 1학년 교실에 들어서자 재잘대던 학생들이 순식간에 조용 해졌다.

"선생님, 안녕하세요!"

아이들이 풋내나는 목소리로 인사했다. 왠지 모르게 콧등이 시큰했다. 나는 얼른 마음을 추스르고 유쾌한 미소를 지었다.

"안녕! 내 이름은 진정펑이고 조선족이란다."

내가 강단 위에 놓인 출석부를 들었다.

"이제 출석을 부를게."

아이들은 자기 이름이 불릴 때마다 자리에서 일어났다. 위구르족, 몽골족, 티베 트족, 조선족 등을 비롯하여 여태껏 들어보지 못한 민족이 많았는데, 학생들 이름도 무척 특이해서 외우기가 쉽지 않았다.

내가 한 여학생에게 물었다.

"너는 어떤 악기를 다루니?"

"바이올린이요."

"바이올린, 좋아해?"

여학생은 자랑스럽다는 듯 대답했다.

"네, 아주 좋아해요."

활기차고 자신감 넘치는 모습에 자극받은 나는 마음이 한결 가벼워졌다. 내가 웃으며 아이를 응원했다.

"고향에 있는 가족들이 좋아하겠구나! 열심히 배워서 가족들에게 멋진 연주를 들려주자!"

"네, 선생님! 열심히 할게요!"

역시나 자신감 넘치는 대답이었다.

"좋아, 얼마나 잘하는지 내가 꼭 들어보마!"

아이들이 웃으며 짝짝 손뼉을 쳤다. 아이는 부끄러운 듯 얼굴을 붉혔지만, 희색이 만면한 모습이었다.

훗날 그 아이의 실력이 일취월장했다는 소식을 전해 들었다. 첫 수업 이후로는 그 반에서 수업하지 않았기에 직접 실력을 확인할 기회가 없었다.

몇 해 전, 그러니까 21세기에 들어선 후의 일이다. 작년에 그 아이가 원난의 어떤 예술단을 따라 베이징에 공연하러 왔다는 소식을 들었다. 바이올린 합주도 포함됐는데 그 아이가 합주를 리드했단다. 나는 그 소식을 나중에 동기에게 듣고 무척이나 반가웠다.

"하지만 이제 곧 노부인이 되겠던데."

동기가 웃으며 말했다. 그럴 만도 했다. 그간 얼마나 많은 세월이 흘렀는가! 공연 소식을 미리 알았더라면 분명 꽃을 사서 연주를 들으러 갔을 텐데. 얼마나 잘하는지 직접 보겠다고 약속하지 않았는가? 첫 수업은 교과과정에 따라 진행되었다.

"누가 화성이 뭔지 말해볼까?"

잠시 후, 한 남자아이가 자신 없는 목소리로 대답했다.

"여러 목소리를 합치는 거요."

나는 얼른 맞장구를 쳤다.

"그렇지! 다양한 목소리를 한데 합치는 거야. 이제 직접 한 번 해보자."

나는 반 아이들을 세 개 조로 나눈 다음 각자 도, 미, 솔 음에 맞춰 '우' 하고 소리를 내도록 했다.

"좋아. 이제 같이해보는 거야. 가볍고 길게."

나는 피아노로 음을 짚어준 후, 호흡을 가다듬으라고 신호했다. 아이들은 곧장 '우' 하고 3화음을 냈다. 자기 목소리로 낸 길고 깨끗한 소리가 조화롭게 섞이는 것을 들은 아이들은 두 눈을 반짝이고는 기대감에 부푼 얼굴로 나를 바라보았다.

"정말 멋지다!"

티베트족 남학생 하나가 웃으며 소리쳤다.

"라마 사원에 있는 것 같아!"

나는 그 아이의 상상력을 진심으로 높게 평가했다. 화음 연습은 이제부터 시작이었다. 이번에는 음을 바꿔서 불러보게 했다. 듣기에 불편한 화음이 나오면 그 중 한 음을 바꿔서 듣기 좋게 만들었다……. 수업을 들은 아이들은 다양한 감상에 젖어 작게 웅성거렸는데, 대부분 만족스러운 얼굴이었다. 나도 마찬가지였다.

"자, 다양한 목소리가 합쳐지니까 어때? 듣기 좋지?"

"네!"

"다들 화성이 뭔지 알았고 좋아졌다고 하니, 이제는 다른 걸 배울 거야. 화성이 어떻게 만들어지는지, 어떻게 쓸 것인지 하나씩 천천히 배워나가는 거지. 어때?"

"좋아요——!"

학생들의 기쁨과 기대감이 담긴 이 말은 내게 가장 큰 응원이었다. 일을 마친 후에 느껴지는 이런 기쁨을 대체 얼마 만에 맛본 것인지 모르겠다. 그래서 나는 그때의 첫 수업을 영원히 잊지 못했다. 이후에는 그 아이들과 수업할 기회가 없었지만, 바로 그 아이들이 내가 잊지 못할 시작을 선물했다. '시작이 반이다'라는 말이 있지 않던가. 앞으로도 열심히 하면 뭐든 잘 될 것만 같았다.

_____ 자신을 되찾아야 해

나는 금세 마음의 준비가 부족했음을 깨달았다. 여러 학년의 다른 수업을 무려 다섯 개나 맡은 것이다. 게다가 수업 말고도 가무단 관현악단에 연습할 곡목도 뽑아주어야 했다. 미하일 글린카의 《카마린스카야》를 골랐는데, 민족 고유의 색채가 강한 작품이니 분명 다들 좋아할 터였다. 할 일이 너무나 많았지만, 당시 내 심정으로는 무엇이든 흔쾌히 받아들일 수 있었다.

나는 밤낮으로 쉬지 않고 일에 매달렸다. 그만큼 일을 갈망했고, 나를 되찾고 싶었다. 잃어버렸지만, 지금 필요한 그것을 되찾아야 했다. 무엇보다도 삶에 대한 열정과 자신감 회복이 절실했다.

하루 일정이 빡빡했지만, 놀랍게도 민족가무단의 합창단에게 합창곡을 세 곡이나 만들어 주었다. 이만하면 나 자신을 칭찬할 만했다. '배움에 싫증을 내지 않으며, 남은 가르치면서 권태를 느끼지 않는다(學而不厭, 誨人不倦)'는 공자의 말은 사실이었다. 남을 가르치면서 권태를 느끼지 않을수록 배움에 싫증을 느끼지 않는 법이다. 그 시기에 나는 절박한 심정으로 책을 읽었다. 음악 서적은 물론이고 문학, 철학, 미학, 심리학 등 분야를 가리지 않고 닥치는 대로 읽었다. 이 중에는 예전에 배웠거나 읽었던 책도 있었고 심지어 사전도 있었다. 당시에는 모든 책이 보물 같았다.

사전 이야기가 나왔으니 당시 여동생에게 사전 때문에 미안했던 일화를 소개해야겠다. 지금도 그 일을 떠올리면 마음에 찔린다. 어느 일요일 중앙음악학원 부속 중등학교에 재학 중인 여동생이 큰오빠를 보겠다고 먼 길을 무릅쓰고 민족학원을 찾았다. 즐겁게 이야기를 나누며 한나절을 보내니 어느덧 돌아갈 시간이었다. 그때 여동생이 내게 음악 사전이 꼭 필요하다며 한 권 내어 줄 수 있겠냐고 물었다. 나는 두 권을 가지고 있었지만, 막상 내주기가 망설여졌다. 두 권 다 음악 사전이지만 하나는 음악가를 소개하는 책이고, 다른 한 권에는 연주 기법, 표정, 속도 등과 관련된 전문 용어가 수록된 데다 러시아어 표기까지 있었다. 두 권 모두 당시 내가 맡았던 수업에 필요한 자료이기도 했다. 배려심이 깊은 여동생은 내가 망설이는 것을 보고는 얼른 "아, 괜찮아. 내가 서점에 가서 찾아볼게"라고 했다. 물론 지금은 어디서든 쉽게 구할 수 있지만, 당시 서점에는 마오 주석, 마르크스, 레닌의 서적이 즐비할 뿐 전문 사전은 눈 씻고 찾아봐도 없었다. 여동생은 사전 이야기를 꺼내기 위해 분명 큰 용기를 내야 했을 것이다. 나도 수업에 꼭 필요한 사전을 내주기 어려웠기에 눈 딱 감고 직접 찾아보겠다는 여동생을 말리지 않았다. 그로부터 긴 세월이 흐른 지금도 그 사전 두 권을 소장하고 있다. 낡아빠진 사전은 지금도 가끔 쓸 데가 있었는데, 그때마다 여동생의 부탁을 들어주지 못했던 일이 떠오른다. 지금은 누구든 쉬이 구할 수 있긴 하지만, 어쨌든 나는 여동생에게 미안한 마음이 남아 있다.

이후 몇 년이 지나 음악학원의 피아노를 새것으로 교체하면서 기존의 낡은 피아노를 교원에게 싼값에 판매한다는 소식을 들었다. 나는 여동생이 피아노를 갖고 싶어 하는 것을 알고 있었고, 이는 아버지가 여동생에게 약속했던 일이기도 했다. 나 혼자서는 힘들어도 형제들이 힘을 모으면 피아노를 선물할 수 있었다. 아버지의 오래된 염원을 이뤄드릴 기회이기도 했다. 나는 밍밍, 동생들과 상의한 후, 열렬한 지원을 받으며 마침내 여동생에게 피아노를 선물했다! 여동생이 피아노 뚜껑을 열고 반짝반짝 빛나는 건반을 눌러 첫 소리를 낼 때, 이 화음은 하늘에 계신 아버지에게 전달될 것이다. 아버지는 분명 환한 미소를 지을 것이다…….

어렸을 때부터 나는 꿈이 많았다. 제일 처음에는 음악가나 작가가 되고 싶었고 서점 주인이 되고 싶기도 했다. 그러나 교사가 꿈인 적은 한 번도 없었다. 그런데 지금은 교사가 되어 있다. 더구나 일생을 되돌아볼 때 교사는 참으로 아름다운 직업이었다.

만리장성 밑에서 양과 오리를 기르고 나무를 심으며 살았던 나는 사회에게 배제되었다는 생각에 낙담하고 절망했다. 그런데 생각지도 못하게 학원에서 교편을 잡게 되어 구원받은 느낌이었다. 모든 것이 감사했고 열심히 해야겠다고 다짐했다. 그런데 시간이 흐르면서 교사라는 직업을 진심으로 사랑하게 되었다. 직업이 바뀌었지만, '적응 기간'도 없이 이내 내가 하는 역할에 몰입했다. 더구나 천진난만하고 순

음악원 피아노 교수 겸 부속 중학교 교장으로 있는 피아니스트 아이핑

한 데다 착한 마음씨를 가진 소수민족 아이들과 함께 공부하고 생활하며 인류의 가장 아름다운 창조물인 음악을 즐겼다. 그 시간이야말로 나의 상처를 따스하게 보듬어준 봄바람이자 햇살이었다.

아쯔의 행복

민족학원으로 거처를 옮긴 지 얼마 되지 않았을 때, 우연히 재미있는 만남을 가진 적이 있었다. 어느 일요일이었다. 해야 할 일도, 정리할 일도 많았고 마음을 다스릴 시간도 필요했기에 어머니를 뵈러 가는 대신 안부 편지만 써서 우체국으로 향했다.

웨이궁촌 우체국은 작은 편이었는데, 일요일이면 외국어학원과 우리 학교의 학생 및 교사가 많이 들렀다. 조금 늦게 도착한 나는 우표를 사기 위해 줄을 서야 했다. 잠시 후, 여자아이 하나가 해진 천 가방을 가슴에 품은 채 들어와 맨 끝에 있는 내 뒤에 섰다. 수줍은 듯 나를 보며 묵례했다. 어딘지 초조한 듯 보이는 아이를 안심시키며 말했다.

"조금만 기다리면 돼. 금방이야."

줄을 선 사람들이 조금씩 앞으로 움직였는데, 그 아이가 머뭇거리며 "선생님……"하고 불렀다. 다시 입을 닫은 아이는 잠시 뒤에 더듬더듬 말을 이었다.

"저 좀 도와주실 수 있어요?"

전형적인, 소수민족의 중국어였다. 내가 웃으며 대답했다.

"그럼, 무슨 일이지?"

"소포를 어떻게 부치는지 못 알아요."

아이가 나를 향해 천 가방을 살짝 들어 보이며 걱정하듯 말했다.

"이거, 부칠 수 있어요?"

내가 미소 띤 얼굴로 아이의 머리를 톡톡 치며 대답했다.

"그것보다 먼저 '못 알아요'가 아니고, '몰라요'라고 해야지. 알겠니?"

아이가 수줍어하며 대답했다.

"네, 알겠어요."

내가 대답했다.

"이렇게는 못 보내. 꼼꼼하게 포장한 다음 주소, 받는 사람 이름을 정확하게 써야지. 우편 요금도 내야 하고."

아이는 내 말을 듣더니 가슴에 품은 물건을 더 꽉 끌어안았다. 아이가 약간 주눅이 든 표정으로 말했다.

"그, 그럼 안 부칠래요. 아니, 다음에 부칠게요."

이제 곧 내 차례였다. 내가 황급히 나가려는 듯한 아이를 불러 세웠다.

"잠깐만! 기다려 보렴. 이거 먼저 보내고 도와줄게."

아이는 잠시 망설이더니 제자리에 서서 기다렸다. 무의식적으로 한쪽 발꿈치로 다른 발의 발등을 비비고 있었다. 나는 편지를 부친 후 아이에게 가서 말했다.

"어디 보자."

아이가 작은 천 가방을 내게 건넸다. 가방 안에는 신발 한 켤레가 들어 있었는데, 무용수를 아내로 둔 터라 그것이 발레 슈즈라는 사실을 단박에 알아챘다.

"이거 발레 슈즈구나? 네 거니?"

아이는 살짝 긴장한 표정을 지으며 고개를 끄덕였다.

"이것 말고도 또 있어요. 예전에 받은 거요. 낡았지만 아직 신을 수 있어요. 조금만 고치면……."

"그럼 이건 누구한테 보내는 거야?"

그 순간 아이가 갑자기 두 손을 들어 손등으로 눈을 가린 채 아무 대답도 하지 않았다. 말을 잘못했나 싶어 난처해진 내가 아이의 손을 잡으려는데, 아이가 손을 내렸다. 아이는 축축해진 손등을 등 뒤에 닦으며 나직이 대답했다.

"아궈(阿果)에게 주려고요. 제 동생이요…… 동생은 신발을 신어본 적이 없어요……. 저도 신발이 생겨서 너무 행복했거든요. 그래서 동생도 신어봤으면……." 아이의 눈이 반짝반짝 빛났다. 여동생이 신발을 신고 행복해하는 모습을 상상하는 듯했다.

"넌 어느 민족 출신이니?"

"이족(彝族)이요. 쓰촨 량산(凉山)에 있어요. 시더현(喜德縣)이라고, 높은 산 위에서 살아요."

"이름이 뭐지?"

"아쯔(阿孜)예요. 문예과 무용반이에요."

"무용을 좋아하니?"

"네, 좋아해요. 학교에서 절 초대했어요!"

아쯔는 득의양양한 표정으로 몸을 쭉 폈다. 나는 아쯔를 도와 소포 발송장을 작성한 후, 우체국 직원에게 노끈, 바늘, 실을 얻어 꼼꼼히 포장했다. 아무것도 모르는 아쯔는 그저 호기심 가득한 눈으로 내가 하는 일을 지켜봤다. 나는 아쯔에게 소포를 계산대에 올려두라고 한 뒤, 우편 요금 내는 것을 도와주고 영수증을 아쯔에게 건넸다.

"잘 보관하렴. 아마도 2~3주 후면 아궈가 아쯔 언니가 보낸 새 신발을 신고 굉장히 행복해할 거야!"

아쯔가 환히 웃으며 내 손을 잡았다. 그렇게 웃는 얼굴로 나를 바라보며 걷던 아쯔가 말했다.

"아저씨가 우리 선생님이면 좋겠어요!"

"응? 나 선생님이야! 음악 선생님. 아저씨 아내가 예밍……."

아쯔는 내 말이 끝나기도 전에 신이 나서 폴짝폴짝 뛰었다.

"와, 정말요? 너무 좋아요! 저, 노래하는 것도 좋아해요. 부를 줄 아는 노래도 진짜 많아요."

아쯔는 말이 끝나기가 무섭게 노래하듯 입을 크게 벌렸다가 쑥스러웠는지 이내 다시 물었다.

"선생님 성이 어떻게 되세요?"

"진 씨야."

원래는 내 아내, 예밍밍이 무용과 선생님이라는 사실을 말해주고 싶었는데 그 말을 꺼낼 틈도 없이 아쯔가 걸음을 멈추고 내게 꾸벅 절을 했다.

"진 선생님, 감사합니다!"

우리는 서로 마주 보며 미소 지었다.

"저는 이만 연습하러 갈게요. 진 선생님, 또 봬요!"

"잘 가렴, 아쯔!"

나는 폴짝폴짝 뛰어가는 아쯔를 바라보며 언젠가는 알게 되겠지 하고 생각했다. 이는 내가 민족학원에 온 지 얼마 되지 않았을 때 한 소수민족 아이와 우연히 만났던 이야기다. 작은 에피소드에 불과하지만, 선명할 만큼 기억이 또렷했다. 밍밍에게 물으니 그녀도 아쯔를 안다고, 민족무를 열심히 배운다고 했다. 나는 아쯔와의 짧은 만남을 통해 소수민족이 지닌 순박함, 그들의 고향과 생활 등에 대해 많은 것을 알게 되었고, 한 번도 신발을 신어본 적이 없는, 아쯔처럼 귀엽고 가여운 이족 꼬마 아가씨들을 떠올렸다…… 문득 아쯔처럼 학교에 다니는 행운을 누리지 못하는 아이가 많겠구나, 생각이 들었다. 그것을 떠올릴 때마다 말로 표현할 수 없는 감정이 휘몰아쳤다. 이 일은 내가 훗날 《양산거변(涼山巨變)》이라는 무용 극을 만드는 데 알게 모르게 영향을 끼쳤다. 극 중에서 여자 노예인 주인공의 이름은 바로 '아귀'였다.

우수 교사 대표

내가 문예과에 합류한 때는 이미 개학한 뒤였다. 문예과는 규모를 넓히는 중이었다.

　다양한 수업을 많이 맡았는데 그중에는 간부 연수반의 작곡 과목, 본과 관현악법, 관현악 합주, 합창 과목 등이 포함됐다. 임시로 맡았던 예비반 수업은 더는 하지 않아도 됐지만, 공통 과목인 음악 감상 수업이 추가됐다. 그 밖에 민족가무단 악단의 훈련 및 연습도 있었으니 한마디로 '과부하' 상태였다.

　처음에는 뒤죽박죽 정신이 없었다. 작곡반을 위한 오케스트레이션 교재와 범례를 만들어야 했고, 악단 합주 수업을 위한 작품도 골라야 했다. 구성이 갖춰지지 않은 악단에 어울릴 만한 작품을 고르는 일은 무척 어려웠기에 거의 다시 손을 대야 했다. 심지어는 부보도 직접 만들어야 했는데, 학생을 시키면 너무 느린 데다 실수도 잦았기 때문이다. 학과 내 자료실에서 구할 수 있는 LP나 카세트테이프가 내가 소장하고 있는 것보다도 적어 음악 감상 수업에 쓸 곡을 고르는 데도 어려움이 따랐다. 침식을 잊었다고 할 만큼 거의 매일 밤 젓가락을 내려놓자마자 펜을 들었다. 그러나 사람이란 오래된 우울감에서 벗어나면 아무리 바빠도 힘든 줄 모르는 건지, 극도의 흥분이 나를 지탱했다. 물론 내가 그토록 분발하는 데는 '감사'의 요소도 큰 몫을 했다. 하지만 "당신을 믿고 맡긴 당에 감사해야 한다", "당신 같은 죄인을 버리지 않은 당에 감사해야 한다" 등의 경고에 가까운 당부를 들을 때면, 나도 모르게 반감이 들었다. '내가 알아서 감사하게 놔두면 안 되나?' 속으로 생각했다. 나는 속죄하는 마음으로 일하는 것도, 어떤 보상을 바라거나 뽐내고자 일하는 것도 아니었다! 성격상 성실하게 일하는 것뿐이었고, 원래부터도 일을 좋아하는 사람이었다. '우파'로 몰리기 전에도 그랬고, 지금도 역시 그렇다! 잘난 체하려고 일하는 게 아니라 삶의 가치이기 때문에 일하는 것이다! 내 에너지와 능력의 한계가 어디인지 모르지만, 어쨌거나 힘닿는 데까지 끊임없이 '귀찮은 일을 사서' 할 것이다. 늘 새로운 것을 만들고 창의적인 방식과 방법을 고민하면서 열정적으로 시험해 볼 생각이다. 사는 동안은 무언가를 창조해야 하지 않겠는가!

나는 실천이야말로 가장 효과적인 학습법이라고 확신한다. 음악은 듣는 예술로, 이론에만 머물러서는 실질적인 창작이 불가하다. 결국, 유일한 방법은 직접 듣는 것이다. 들어야만 선택과 판단을 할 수 있다. 귀에서 시작해 마음으로 듣고 자신이 창작물을 통해 나타내고자 하는 감정과 이미지를 확인할 수 있다. 나는 내가 맡은 모든 수업에 이 원칙을 적용하고자 노력했다.

학생들은 나의 이런 교수법을 좋아했다. 예비반 아이들에게 '화성'이 무엇인지 알려주었을 때처럼 먼저 학생들에게 직접 불러보게 함으로써 스스로 들어보도록 했다. 물론 이는 가장 간단한 사례일 뿐이다.

'관현악 편성법' 수업에서 '악기법'을 강의할 때는 새로운 악기가 나올 때마다 민족가무단의 연주자나 학과 내에서 해당 악기를 담당하는 주요 과목 교사를 초청했다. 그들은 내 부탁을 받고 직접 악기를 소개하는 것은 물론 다양한 연주 기법과 해당 악기의 특징이 잘 드러나는 곡을 일부분 들려주기도 했다. 학생들은 듣고 자유롭게 질문했다. 그들은 악기에 관한 각종 문제와 그 해답을 알려주었고, 초청 연주자 본인이 가장 인상 깊었던 곡을 들려주는 것으로 끝맺음했다. 그 시간은 학생들에게 잊지 못할 기억을 선사했다. 초청 강의가 끝나면 마지막에 내가 다시 강단에 올라 이론적으로 정리하고 수업을 마쳤다. 이 교수법은 구체적이고 효과적이며 흥미를 자극했기에 인기가 많았다. 물론 연주자를 초청할 때마다 감사와 존경의 뜻을 더 많이 전해야 했다. 사실 초청을 받은 이들도 타인의 존중을 받는 일에 자부심을 느끼며 기뻐했다.

'관현악 편성법'을 가르칠 때는 강의와 함께 '모음 악보와 LP 감상'이라는 기존 방식을 따르면서 학생들에게 악단 합주 수업 청강을 주문했다. 악단의 연습 실황 자체가 가장 효과적이고 생생한 교재였기 때문이다. 학생들은 여러 작곡가가 작품에 녹여낸 다양한 기교의 효과를 직접 듣고 느껴보거나 일부 단락에 대한 해석도 들어볼 수 있었다. 나는 학생들이 관현악 편성법 수업 때 과제로 만든 곡 중에서 제법 우수한 작품을 골라 완전한 곡으로 만들어 보도록 돕고, 그것을 합주 수업의 연습곡으로 넣었다. 자신이 종이에 쓴 곡이 소리로 변해 연주되는 것을 들으면 본인은 물론이고 같은 반 학생들도 자극을 받아 더 열심히 하리라 믿었다. 악단 입장에서도 새로운, 특히 소수민족의 특색이 담긴 곡이 생기는 셈이었다. 그것이 꼭 뛰어난 작품은 아니라 할지라도 말이다. 내 생각에 '관현악법'은 기술 이론 수업이자 관현악곡 작곡 수업이기도 했다.

나는 민족학원과 소수민족 지역의 객관적인 사실에 근거하여, '작곡계의 거장' 배출이 아닌 학생들이 현재 소수민족 지역의 음악 사업에 발맞춰 성장하도록 가르치는 데 초점을 두었다. 또한 악단 합주 수업의 임무는 독주 전문 음악가가 아닌, 합주 음악 예술을 이해하고 그것에 적합하면서 뛰어난 연주자를 길러내는 것이었다.

관현악 전문교육 과정이 생기면서 합주 수업의 악단이 기본적인 규모를 갖춘 관현악단으로 재탄생했다. 물론 단원들의 수준 차이 문제가 있긴 했다. 그때는 음악, 무용, 미술을 종합적으로 다루는 학과 내지는 학원에 관현악단이 생겼다는 것이 소수민족을 소재로 한 최초의 대형 무용극《양산거변》, 발레 무용극《초원영웅소저매(草原英雄小姐妹)》, 대형 오페라《목조적전설(木雕的傳說)》을 무대에 올리고 가무 연회를 여는 데 실질적인 토대가 되리라 전혀 예상하지 못했다. 물론 이는 여러 해를 거치며 진행된 일이었다.

그동안 시시각각 변하는 정치 상황에 따라 내 삶도 요동쳤는데, 그것을 내 삶의 패턴이라고 봐도 무방했다. 뜨겁게 타오르는 불꽃처럼 온 힘을 다해 일할 때면 꼭 무엇인가가 돌연 내게 찬물을 끼얹었다. 마치 누군가가 내 삶 중간중간에 '작은 비극'을 끼워놓은 듯 말이다.

아마 1960년이나 1961년이었을 것이다. 베이징 시에서 학교별 우수한 교사 대표를 추천 및 선발하는 행사를 열었는데, 인민대회당에서 표창장 수여식을 거행할 예정이었다. 나는 '우파'로 몰린 후에는 그와 같은 행사에 관심을 두지도, 발을 들여놓지도 않으며 일절 간섭하지 않았다. 그런데 전혀 예상치 못한 일이 벌어졌으니, 바로 내가 우수 교사 대표로 뽑힌 것이다. 동창 하나가 내게 축하 인사를 건넸는데, 나는 그저 농담으로 여기며 함부로 말하지 말라고 주의를 줬다. 그런 일은 생각만 해도 두려워 가슴이 두근거렸기 때문이다.

간부들도 뜻밖의 결과에 당황하긴 마찬가지였다. 그러면서도 대놓고 어찌하진 못했는데, 대다수 사람이 내 우파 문제를 모르고 있었기 때문이다. 결국은 나를 따로 불러 이야기를 나눈 후, 다른 이를 선발하기로 결정했다. 나는 그제야 안도의 한숨을 내쉬었다. 그들 입장에 완전히 동의하는 데다 내가 우수 교사 대표로 뽑힐 만한 실력과 자격을 갖추지 못했다고 여겼기 때문이다. 나는 그 일이 처음부터 일어나지 않았다면 좋았으리라 생각했다. 어떤 영예를 누리거나 면죄받기 위해 일한다는 생각은 한 번도 하지 않았다. 일은 내가 살아가는 이유였다. 특히 아쯔를 통해 소수민족의 세계를 엿본 후로는 그들을 위해 힘닿는 데까지 최선을 다해 일했고 삶의 의미도 발견했다. 일을 열심히 잘하는 것은 '완벽주의' 성향을 지닌 나의 신념이기에 내게 주어진 일이라면 열정을 가지고 대했다!

한편으로는 '우파' 문제에 대한 해결도 자주 생각했다. 그림자처럼 나를 졸졸 따라다니는 '우파'라는 꼬리표는 대체 언제까지 붙이고 살아야 하나?

그 일이 있고 나서 며칠 동안, 내가 예민해진 탓인지 몇몇 친구가 멀지 않은 곳에서 나를 보면 바로 하던 말을 멈추는 듯한 느낌이 들었다. 반대로 어떤 친구들은 유독 친근한 태도로 내게 대수롭지 않은 이야기를 건넸다. 나에 대한 배려와 유감을 전하고 싶었기 때문일 것이다. 사실 대다수인 소수민족 아이들은 정치적인 일을 전혀 몰랐기에 아쯔처럼 상냥하게 나를 불렀다.

'진 선생님'이라고.

09 / 양산거변

민족학원에서 교편을 잡은 지 2년쯤 지나자 가르치는 일도 궤도에 올랐다. 그러나 바로 그때 새로운 일이 생겼다. 1963년 3월 학부장으로 부임한 지 얼마 되지 않은 탕하이(唐亥)가 전체 학과 회의에서 중앙민족사무위원회가 우리 과에 중요한 임무를 맡겼다고 발표했다. 바로 1년 안에 양산 이족의 노예 해방을 다룬 대형 무용극《양산거변》을 만들어 무대에 올리는 것이었다.

3개 학과의 교육 질서와 계획을 완전히 뒤집는 임무이자 예술학부가 생긴 후로 처음 오르는 시험대였고, 실질적인 훈련의 기회이기도 했다. 원래는 1960년에 민족사무위원회가 중앙민족가무단에 맡긴 일이었는데, 최초 심사 때 간부들 사이에서 대대적인 수정이 필요하다는 의견이 많이 나왔단다. 아마 평소에 공연도 많은 데다 인력도 부족했기 때문이었을 것이다. 그래서 음악, 무용, 미술 역량을 모두 갖춘 민족학원 예술학부에 일을 인계하고 각본가이자 연출가인 천충(陳冲), 작곡가 양비하이(楊碧海)와 힘을 모으기로 했다. 이는 향후 전세를 좌우할 대형 프로젝트였다.

"잘하면 대단한 것이고, 잘못하면 큰일 나는 겁니다!"

예술학부에 새로 부임한 탕하이 학부장은 일찍이 신사군(新四軍)[1]에 있다가 후베이 지역에서 문예 분야, 주로 연극 분야의 지도부로 일했다. 말주변이 좋고, 대담하며 결단력이 있는 그는 정치판에서도 잔뼈가 굵은 사람이었다. 민족사무위원회에서 대형 무용극을 예술학부에 맡겼다는 사실이 꽤 뿌듯한 듯 보였고, 그것이 자신의 출셋길에 미칠 영향도 잘 아는 듯했다. 그는 대중 앞에서 이렇게 공언했다.

"양산거변은 잘하면 대단한 것이고, 잘못하면 큰일 나는 겁니다!"

예술학부는 《양산거변》을 위한 창작 전담팀을 구성하고 곧장 관련 작업에 착수했다. 모든 수업은 중단되었다. 매일 오전 한 시간 동안 이루어지는 기본 연습을 제외하고 나머지 시간은 전담팀이 짜 놓은 연습 일정에 따라야 했다. 나는 악단과 합창단 편성 및 훈련, 합주 연습을 맡았다. 실제로는 예술학부 전체가 하나의 가무단이 된 듯했다.

며칠 후, 탕하이가 내게 개별 면담을 요청했고, 굳은 얼굴로 말했다.

"누차 숙고한 끝에 업무 협의상의 편의를 도모하고자 자네를 창작 전담팀에 넣기로 했네. 그럼 악단과 무용 연습의 협업이 훨씬 순조로울 거야. 절차상으로 말이지, 알겠나? 곡을 쓸 때는 무용 연출가와 협조하도록. 진정평, 자네는 이번에 중책을 맡았어. 이 시련을 잘 견뎌 내야 해. 자네에게 이번 기회를 준 당에 감사하고, 책임감 있는 태도로 잘해보게!"

"……"

순간 마음이 뭉클했다. 나는 굳은 결심을 내보이듯 힘껏 고개를 끄덕였다.

"여기, 무용극 오리지널 각본과 수정 요강, 지난번 심사 좌담회에서 논의된 사항을 적은 자료야. 가져가서 꼼꼼하게 읽어 보도록 하게."

그가 내게 자료 뭉치를 건네며 다른 일에 관해 물었다.

---

1 / 역주 : 중국 공산당의 주력군

"듣자 하니 자네가 상하이 영화 제작사에서 시나리오를 썼다는데, 맞나?"

"곧 수정하러 가야 합니다."

나는 그의 의중을 눈치챘다.

"그 일은 일단 제쳐두게. 우리 무용극 극본부터 잘 살펴보고 수정할 부분에 대해서 생각해 봐. 지금은 그게 급선무야."

나는 서류 뭉치를 손에 쥔 채 고개를 끄덕였다. 단지 무용극 음악에 그치지 않고, 그 이상의 것을 책임지게 됐으니 꽤 번거로운 작업이 될 터였다.

그날 밤, 밤새도록 극본을 읽은 후, 심사 좌담회의 기록을 두 번이나 살폈다. 당시 좌담회에 참석한 사람은 류춘(劉春), 싸쿵러(薩空了), 위신칭(余心淸), 장산(江山), 쉬빙(徐冰), 극단에서 일했을 때 만났던 문화부 예술국 국장 저우웨이즈(周巍峙) 등 모두 문화 선전, 소수민족 사업, 통일 전선 분야의 지도층이거나 권위자였다. 기록에 따르면, 전체적인 틀은 그런대로 괜찮지만, 대대적인 수정이 필요하다는 의견이 대다수였다. 가장 큰 문제는 급변의 시기에 당의 지도와 민족 정책을 어떻게 구현할 것인가, 노예 사회에서 사회주의 사회로 단숨에 넘어가는 부분을 어떻게 표현할 것인가였다. 예술적인 부분에서는 민족의 색채를 더 살리는 쪽으로 수정해야 한다고 적혀 있었다. 그 밖에도 도식적이고 단조로운 스토리도 문제였는데, 기본적으로 모두 당시 문예계에서 비판하는 전형적인 문제들이었다. 다만, 이 중에서 저우웨이즈가 줄거리, 배역의 전형적인 의미와 독창성에 특히 주목해야 한다고 의견을 제시했는데, 이는 천충이 쓴 오리지널 각본에서 가장 중요한 부분이었다. 좌담회 기록을 모두 살펴본 결과, 곳곳에 있는 난제에 한숨이 절로 나왔다. 이것은 무용이지, 영화나 소설이 아니었다.

나는 도서관에 가서 여러 자료를 뒤적이며 사전 준비에 돌입했다. 이족 관련 자료, 노예 사회와 그 역사에 관한 자료, 장정 시기에 홍군이 이족 거주지를 지나며 기록한 사료까지 모두 읽었다.

며칠 후, 의견을 묻는 탕하이에게 좌담회에서 나왔던 의견을 다 이해했다고 밝혔다. 그러면서 우리를 양산으로 보낸다는 얘기를 들었다. '그곳 생활을 체험한 후에 새로운 발견이나 영감을 얻을 수 있을 것이다. 그래야 현실적으로 의미 있는 의견을 제시할 수 있을 것 같다'는 말을 덧붙였다. 다만 그에 앞서 예술의 형식마다 각기 한계성이 존재한다는 문제를 제기했다.

"만약 '격변'을 통해 드러내고자 하는 주제가 사회주의 국가인 중국에서 당이 이끄는 노예해방을 통해 사회주의로 단숨에 도약할 수 있다는 메시지이거나 당의 정책을 명확히 알리는 것이라면, '무용극'의 예술 형식이 지닌 한계성으로 볼 때, 적합하지 않습니다. 반면에 무용극으로 결정되었다면, 무용극으로 할 수 없거나 표현하기 힘든 것은 배제해야 합니다. 그래서 저희가 양산 체험을 할 때, 무용극 형식으로 잘 표현할 수 있는 소재와 자료를 검토하는 것이 중요할 것 같습니다."

탕하이는 내 생각을 이해하는 듯했지만, 가타부타 말이 없었다.

"민족사무위원회에서 조만간 우리를 양산에 보내기로 했으니, 거기 가서 각본을 어떻게 수정해야 할지 다시 생각해 보세. 자네는 긴장을 풀어선 안 되네. 할 수 있는 부분부터 하고, 거기에 자네가 고려한 문제도 포함시키게. 단, 그것이 최종 결정이 아님은 명심하고."

양산에 가다

우리는 4월에 쓰촨 청두로 향했다. 탕하이 학부장이 직접 방문단을 이끌었고, 예술학부에서는 무용 각색 및 연출을 맡은 자오쯔둬(趙自鐸), 주연 배우 츠런쌍무(慈仁桑姆)·진선수(金沈淑)·마웨(馬躍)·리위산(李毓珊)·츠푸쯔(池福子)·팡윈친(方雲琴)·둥리신(董麗馨)·바오샹신(寶嚮新), 작곡 교사 샤중탕(夏忠湯)·톈롄타오(田聯韜)·뤼사오언(呂紹恩), 미술 디자인을 맡은 장자옌(張嘉言) 선생, 관현악단 단장 딩쭝량(丁宗亮), 지부 서기 리창윈(李昌云), 수석 진수쯔(金淑子)와 마빙산(馬炳山), 스텝 자오민(趙敏) 등 주요 단원 서른여 명이 참가했다.

항일전쟁이 일어났던 시절, 길고 긴 피난길의 종착지였던 쓰촨 청두를 다시 둘러볼 수 있다는 사실에 가슴이 두근거렸다. 1940년에 청두를 떠났으니 장장 23년 만이었다. 그때는 나도 어린아이였다. 우리는 시난(西南) 민족학원에 묵었다. 나는 짐보따리를 내려놓자마자 오늘 일정이 없다는 사실을 확인한 뒤 곧장 전에 살던 신난먼으로 향했다. 예전과 달리 신난먼 바깥 진강(錦江) 양쪽으로 각양각색의 건물이 늘어서 있었다. 물어물어 간신히 그 다리를 찾아냈는데, 예전처럼 나무다리가 아니라 시멘트로 만들어진, 아스팔트가 깔린 대교였다. 난타이 소학교는 진즉 없어졌는지, 심지어는 길을 묻는 내게 그런 학교가 있었냐며 되묻기까지 했다. 나는 강가에 자리한 분식집으로 들어가 강과 인접한 창가 자리에 앉은 다음 훈툰 한 그릇을 주문했다. 만두를 입에 넣으며 세월처럼 속절없이 흐르는 강물을 바라보았다……. 순간 서글픔이 밀려들었다. 철부지였던 그때 그 천진난만한 아이는 어딜 간 걸까?

분식집을 나와 다리 어귀를 배회하던 나는 난간에 엎드려 고개를 숙인 채 흐르는 강물을 바라보며 추억에 젖었다. 칭무관은 아직 그대로일까? 장자 교정, 시냇가의 작은 다리, 교실 창가 앞…… 그곳이 얼마나 그립던지.

그날 밤, 청두시 지도부에서 환영회를 베풀었다. 내가 가장 좋아하는 술인 루저우다취(瀘州大麯)를 마셨는데 순간 고삐가 풀리는 바람에 얼큰하게 취하고 말았다. 취기가 오른 나는 마음 가는 대로 현지인과 쓰촨 어투로 지난 이야기를 나눴다. 환영회가 끝나고 방에 돌아와서 이내 곯아떨어졌다.

여긴 어디지? 나는 꿈속에서 여기저기 룽룽의 이름을 부르며 찾아다녔다…….

이른 아침에 한방을 썼던 무용 연출가 자오쯔둬가 웃으며 내게 어제 술이 과했는지 잠꼬대가 심했다고 했다. 내가 어땠을지 충분히 짐작이 갔다.

거기서 우리는 후한 대접을 받았다. 지도부의 특별 배려로 주요 창작자 중 일부는 내일 비행기를 타고 먼저 가고 나머지는 이후에 차를 타고 산에 오르기로 했다. 나는 운 좋게 비행기에 올라탔다.

수송기라 그런지 타기에 편하지는 않았다. 공중에서 오르락내리락하다가 갑자기 뚝 떨어지는 듯한 느낌 탓에 계속 마음을 졸였더니 속이 울렁거렸다. 천둥처럼 엄청난 엔진 소리가 끊임없이 이어졌다. 갈수록 춥고 머리가 어질어질했다. 착륙 직후에는 제대로 서 있기도 힘들었다. 비칠대며 비행기에서 내리자 고막이 찢어질 듯 아팠는데, 옆 사람이 고함을 질러도 먼 곳에서 들리는 소리처럼 아득했다. 이런 증상은 반나절이나 계속됐다.

새로 지은 듯한 자오줴(昭覺) 현성(縣城)은 그리 크진 않았다. 대로 하나가 현 가운데에 놓여 있었고 양쪽으로 합작사, 작은 상점, 주류 및 담배 판매점, 곡식과 기름을 쌓아 둔 창고, 자전거 수리점 같은 것들이 자리했다. 소형 승용차는 보이지 않았지만, 대형 버스는 새것이었다. 주(州)·현(縣) 정부 관계자와 우리가 묵은 곳은 다가구 주택이었다. 이른 아침 시가지로 나가 주변을 둘러봤는데, 오가는 사람이 그리 많지 않았다. 이족 사람은 모두 '차얼와(查尔瓦)'라는 전통 의복을 입는데 목에서부터 종아리까지 내려오는 기다란 망토 같은 것이었다. 옷 색깔은 검은색과 남색이 주를 이뤘다. 대부분이 짚신을 신었는데, 운동화나 해방화를 신은 사람도 일부 있었다. 맨발로 다녀 발바닥에 굳은살이 박인 사람도 적지 않았다. 남녀를 막론하고 큰길에 웅크리고 앉은 사람이 자주 눈에 들어왔는데, '차얼와'가 온몸을 덮고 있어 버섯처럼 보였다. 그 밖에 신기한 점이 또 있었다. 업무차 이곳을 찾은 '향촌 간부' 몇몇도 우리와 똑같은 방을 썼는데, 침대와 이불이 있는 방에서 굳이 침대 위를 놔두고 옆에 기댄 채 웅크리고 앉아 '차얼와' 속에서 잠을 청했다. 현 내 간부에게 들으니, 이족은 과거에 움집처럼 생긴 토담집에서 살았는데, 이들은 집 중앙에 난로를 피우고 앉아 식사도 하고 담소도 나누며 생활했다고 한다. 밤이 되어도 난로 옆에 누워 잔열로 몸을 덥히며 잠이 들었는데, 워낙 편안하게 단잠을 잔 터라 시간이 흐르면서 습관으로 굳어졌고, 그래서 침대가 오히려 불편하고 잠도 잘 오지 않는다고 했다. 물론 천천히 바뀌기는 할 터였다.

소수민족 지역에서 생활하며 그들과 가깝게 지낸 것은 그때가 처음이었다. 어느 날 거기서 민요를 가장 잘 부르는 할머니 댁을 찾아갔는데, 중국어를 할 줄 아는 마을 간부와 함께 갔다. 할머니는 사흘 내내 쉬지 않고 '고가(苦歌)'를 부를 수 있다고 했다. 휴대용 녹음기가 없는 데다 할머니도 워낙 연로하여 한 곡을 부르고 나면 꼭 부끄러운 듯 손사래를 치며 "아이고, 잊어버렸어! 기억이 안 나……"라고 했다. 할머니의 구성진 노랫소리를 듣고 있으면 먼 옛날 비루했던 노예들의 삶 속으로 빠져드는 듯했다. 할머니는 지금까지 전해 내려오는 어린 노예의 노래를 불렀다. "후이——, 이인(彝人)은 강가의 돌, 한인(漢人)은 물이라. 물은 흘러가고 돌아오지 않는데, 돌은 영원히 그 강가에 남아 있네……" 이가 다 빠진 할머니 입에서 나오는 노랫가락을 들으며 나는 비통한 사색에 잠겼다.

할머니의 열 살 남짓한 손자와 친해졌는데, 중국어를 할 줄 아는 그 아이가 내게 이족 사람에 관한 이야기를 들려주었다.

산속은 물이 귀해 자연스레 얼굴과 손을 자주 씻지 않게 됐다고 했다. 손등은 햇볕에 그을려 거무칙칙했지만, 손바닥은 깨끗하고 하얬다. 주식인 '잔바(糌粑)'를 만들 때, 반죽을 손바닥으로 빚는 데다 마지막에 손에 붙은 반죽은 혓바닥으로 핥기 때문이었다.

그들은 신발도 신지 않는다. 아니, 아쯔가 내게 말해준 것처럼 신발이 없다. 다만, 주인이 노예에게 주는 신발이 있었으니 그게 바로 '나막신'이었다! 길이가 두 자쯤 되는 두꺼운 나무 가운데를 움푹하게 파서 그곳에 발을 넣고 쇠사슬로 묶었다. '너는 영원히 내 노예야, 도망갈 수 없어!'라는 뜻이 담긴 신발이기도 했다.

이튿날, 자오줴현 간부가 우리를 역사박물관 같은 교양원(教養院)으로 안내했다. 교양원은 회랑으로 둘러싸여 있었는데, 방 안에는 노예 사회에서 주인이 쓰던 사치스럽고 음란한 생활용품이 전시되어 있었다. 이를 제외하고는 모두 어린 노예의 비참한 삶을 보여주는 사진, 그림, 낡아빠진 차얼와, 곰팡이가 낀 잔바, 곡식알 등이었다. 회랑 안에는 노예가 썼던 각종 노동 기구, 주인이 어린 노예를 벌할 때 썼던 야만적인 형틀, 한 사람이 선 채로 간신히 들어갈 만한 감옥, 가죽 채찍, 가시나무, 큰 칼, 쇠사슬, 나막신 등이 전시되어 있었다. 형을 집행할 때 생겼을 핏자국은 시커멓게 변해 있었다……. 보기만 해도 몸서리가 나고 의분이 차올랐다. 해설사의 설명을 들으며 한 바퀴를 도는데, 여 동료 몇몇이 훌쩍이기 시작했다.

그 뒤로 며칠간 노예 생활을 했던 집을 찾아가 그들과 직접 이야기를 나눴는데 분위기가 꽤 좋았다. 이따금 멀리서 들려오는 웃음소리가 양산 산골짜기까지 흘러가 삶에 색다른 빛깔을 더해주었다.

우리는 어린 노예들과 진술한 교류를 나누며, 우리의 생각과 달리 해방 후 자유를 얻었음에도 그들의 사상과 감정이 완전히 낙관적으로 바뀌지 않았음을 발견했다. 마음 깊숙이 자리 잡은 원한과 고통이 여전히 그들의 혈관을 통해 흐르고 있었다. 대대손손 노비로 살던 습관이 삶 속에 깊이 스며들어 그리 민감하게 생각하지 않게 됐지만 그때 느낀 공포와 경계심이 자신도 모르는 마음속 어딘가에 잔류해 있기 때문일까. 그들에게 주인은 증오와 두려움의 대상이자 반항과 굴복의 대상이었다. 앞으로 긴 시간을 들여 노예제도를 철저히 타파하고 역사의 그림자를 깨끗이 지워야만 그들의 생각이 바뀌고 진정한 자유를 맛볼 수 있을 것이다. 내 맥박이 격변하듯 뛰는 듯했다……

양산에서 보낸 시간은 그리 길지 않았지만 내게 깊은 인상을 남겼다. 대양산(大凉山)과 소양산(小凉山)은 무척 아름다웠다. 쓰촨의 어메이산(峨嵋山)처럼 푸르고 수려하지도, 전에 가보았던 형산처럼 웅장하지도 않았지만, 원시 그대로의 망망한 매력을 지녔다. 수묵화나 산수화의 아름다움이 아닌 판화 내지는 대형 유화의 아름다움이었다. 색채로 비유하자면 다양한 명암을 지닌 황갈색에 불꽃처럼 빨간색이 섞인 모습으로 부드럽고 경쾌한 녹색과 유쾌한 붉은색은 별로 없었다. 우리가 속한 차량 행렬이 구불구불한 길을 따라 한참을 달렸다. 길가에 자리한 언덕 위로 작은 묘목들이 자라나고 있었다. 아! 그것들이 자라 양산에 녹색과 붉은색을 더해주리라.

베이징으로 돌아온 후, 쉴 틈도 없이 곧장《양산거변》극본 수정에 관한 논의를 시작했다. 구조적인 부분을 대대적으로 수정했는데, 등장인물을 넣거나 빼는 등 변동이 있었고 주제를 표현하는 데 집중했다. 줄거리는 꽤 감동적이었는데, 특히 여주인공 아귀의 운명을 극적으로 다뤘다. 전반적으로 환골탈태한 듯 새로운 각본이 탄생했다. 물론 직접 양산을 찾아가 이족과 함께 생활한 것이 가장 주효했다. 탕하이는 결국 내게 무용극 문학 각본의 집필을 맡겼다.

음악 부문에서는 훌륭한 단락 일부만 남기고, 새로 쓴 각본에 따라 곡을 만들기 시작했다. 안무가는 현재 상황을 보더니, 제시간에 훌륭한 작품을 만들 수 있을 거라 자신했다.

상황이 '매우' 좋은 것은 아니었지만, 전반적인 작업에 돌입한 것만은 분명했다. 모두 자신감에 넘쳤고, 성공에 대한 기대감에 부풀었다. 나는 창작과 연습이 끊임없이 이어지는 상황에서 격동적인 하루하루를 보냈다.

그 시기에 나와 밍밍 사이에서 첫 아이가 태어났다. 태어난 순서에 따라 음계 이름을 붙여주자고 했던 동생들과의 약속대로 아이의 이름을 지었다. '파파'였다.

급변하는 정세

현실이 우리를 따라 움직여주지 않아도, 우리는 현실에 따라 움직여야만 했다.

베이징을 떠나 쓰촨 양산에 간 지 한 달이 채 되지 않는 시간에도 역사는 변화를 거듭했다. 해방 초기에는 '중국과 소련 인민의 견고한 우정, 만세', '소련 형님에게 배우자'라는 구호를 부르짖었고, '일변도(一邊倒)! 우리에게 필요한 것은 일변도다!'라는 말까지도 당당히 외쳤다. 소련의 문학, 영화, 음악, 발레 등은 당시 중국에, 특히 청년들의 마음속에 '홍매화(紅莓花)'를 가득 피웠다. 그러나 이오시프 스탈린(Joseph Stalin)이 서거하고, 나키타 흐루쇼프(Nikita Khrushchyov)가 정권을 잡은 뒤부터, 그러니까 대략 1960년대 초부터 중·소 간에 정치 노선을 둘러싼 첨예한 논쟁이 공개적으로 벌어졌다. 소련은 중국을 돕고자 보냈던 전문가들을 모두 철수시켰고, 양국의 유학생들도 모두 고국으로 돌아가야 했다. 양국 관계는 악화 일로를 걸었고, 그간 목놓아 외쳤던 '일변도'도 '수정주의를 반대한다는 뜻으로 '반수방수(反修防修)'로 바뀌었다. 투쟁은 필연적으로 이데올로기와 관련된 여러 분야로 확대됐는데, 가장 먼저 못매를 맞은 것은 역시 문화예술이었다. 우리가 양산에서 돌아왔을 때는 마침 반수정주의 투쟁이 절정에 이른 시점이었다.

당시 중국 대학에서, 특히나 음악 관련 학과의 경우 작곡 교재는 대부분 소련에서 들여온 것을 사용했다. '화성학' 교재는 90퍼센트가 소련 음악 이론가 이고르 블라디미로비치 스포소빈(Igor Vladimirovich Sposobin)의 것이었고, 음악 형식론, 작품 분석, 관현악 편성법 등도 이고르 블라디미로비치 스포소빈, 바사렌코(Vasilenko), 아라포프(Arapov)와 같은 소련 음악가 '일변도'로 소련 음악을 맹목적으로 숭배하는 현상까지 빚어졌다. 이를 두고 일각에서는 '소련 유학은 성지 순례와 같다', '중국의 음악 학원은 모스크바 음악 학원의 분원이다'라고 비웃기도 했다. 사담이지만 나도 '성지 순례길'에 오를 뻔했었다.

당이 제시한 '반수방수'는 이데올로기와 관련된 전면적인 계급 투쟁의 의미를 담고 있었다. 대학교에서는 이를 현실과 연계하여 외국 문물을 숭배하고 외세에 빌붙는 이른바 부르주아와 수정주의자를 비판하고, 외국의 관습적 속박을 타파하며 부르주아적 낡은 사고방식이나 행동을 수정하고, 민족문화를 드높여야 했다.

탕하이는 민족사무위원회와 회의를 끝내자마자 교사 전체 회의를 소집했다. 다들 심상치 않은 낌새를 눈치챘는지 일찍부터 회의실에 모여 조용히 기다렸다. 잠시 후, 탕하이와 당 총지부 서기 멍티(孟婭)가 들어왔다. 주재자인 멍티는 회의에서 이렇게 말했다.

"다들 신문을 통해 이번 투쟁의 의미를 잘 알고 있을 겁니다. 오늘 특별히 전체 회의를 소집한 것은 저희가 일선에서 《양산거변》에 열정을 쏟고 있기 때문입니다. 모두 투쟁 과정에서 교육에 집중하시고 각 연구실 지부는 관련 준비에 만전을 기하길 바랍니다. 이제부터는 탕 학부장님께서 《양산거변》에 관한 업무지시를 전달하겠습니다."

탕 학부장이 자리에서 일어나며 손짓했다.

"무용극 예술 전담팀만 남고 다른 동지들은 이만 나가봐도 좋습니다."

교사들이 자리를 뜨기 시작했는데, 나는 눈치도 없이 자리에 앉아 있었다.

"진정핑."

탕하이가 대놓고 내게 말했다.

"자네도 그만 가 봐."

순간 얼떨떨했지만, 이내 깨달았다. 나는 회의실을 나가면서 완성된 극본을 그의 앞에 놓고는 밖으로 나가 문을 닫았다.

그날 오후, 마음을 정했는지, 탕하이가 《양산거변》의 관계자를 전부 소집하여 진행 중단을 선언했다. 그가 또 지시를 내렸다.

"《양산거변》을 창작하는 동안에도 외국 문물을 맹목적으로 숭배하고 외세에 빌붙는 수정주의 사상을 비판해야 합니다. 우리 과에서 이런 사대주의를 대표하는 인물을 중점적으로 비판해야 하고요."

그가 말하는 '대표 인물'이 누군지는 명확했다. 서양 관현악단을 만들고, 관현악 편성법을 가르치며, 서양의 교향악 작품을 전파하는 사람이자 우파로 낙인찍힌 인물, 《양산거변》 악단의 지휘자인 '진 선생'이 아니겠는가? '그'가 바로 수정주의자에다 외국 문물을 맹목적으로 숭배하는 대표 인물이었다!

비판은 현실과 연계하고 구체적인 실천과 결합해야 했다. 나는 지휘자 자격이 박탈되고 전담팀 팀원에서 제외되었으며 서양 문물을 소탕하는 데 앞장서야 했다. 안타깝지만, 관현악단도 나로 인해 '희생양'이 되었다. 바이올린은 고음을 내는 고호(高胡)와 이호로 바뀌었고, 비올라는 중호(中胡)로, 첼로는 '혁호(革胡)'로 바뀌었다(혁명의 '혁'인지 피혁의 '혁'인지 모르겠다). 콘트라베이스는 대체할 만한 악기가 없어 남겨두는 수밖에 없었다. 피콜로와 플루트는 방적(梆笛)[2]과 죽적(竹笛)[3]으로 대체하면 될 것이고, 오보에는 관악기로, 클라리넷은 개량한 팬파이프로 대체할 수 있었다. 금관 악기는 작은 태평소로, 타악기는 종류를 가리지 않고 모두 중국의 징과 북으로 바뀌었다. 거기에 이족 악기인 마포(馬布)와 월금(月琴)을 비롯하여 비파(琵琶), 대완(大阮), 양금(揚琴)도 추가되었다. 사실 이런 악기로는 민족의 특색을 살린 악단을 만들 수도 있었지만, 모든 악기를 뒤섞어 놓으니 악기의 편성

2 / 역주 : 피리의 일종
3 / 역주 : 대나무로 만든 피리

395

이 뒤죽박죽 엉망이었다. 서양 관현악단과 민족 악단은 예술 스타일에서 대체되지 않을 뿐더러 각자 다른 장점이 있다. 서양 악기를 배우는 학생들도 당혹스럽기는 마찬가지였는데, 주요 과목이 모두 바뀌어 처음부터 다시 배워야 했다. 기존의 주요 과목을 맡았던 교사들도 갑작스러운 변화에 불만을 품고 어찌할 바를 몰랐다. 작곡하는 사람도 골머리를 앓았는데, 완성된 관현악 총보를 새로 편성된, 말 그대로 '끼워 맞춘' 악단에 맞춰 다시 써야 했기 때문이다. 음역, 음량 조율, 음색의 조화 등 어디 하나 명확한 규칙 없이 난장판이었다. 관현악곡이었던 《탕군무곡(蕩裙舞曲)》은 본래 매우 아름다워 배우와 악단 단원 모두가 좋아했는데, 새로 쓴 곡을 듣고는 다들 실망한 나머지 이런저런 불만을 토로했다.

교육은 계속 이어졌다. 나의 '자가 진단'은 아무 내용도 없는 허울과 같았는데, 대체 어떤 것을 비판해야 좋을지 몰랐기 때문이었다. 나는 서양 관현악을 전공했고, 관현악이라는 주옥같은 예술학부 작품을 사랑했다. 게다가 당이 내게 가르치라고 했던 것도 관현악이었다. 그러니 그것을 잘 가르치려면 당연히 관현악 작품들과 위대한 음악가들에 대해 열심히 공부해야 하지 않겠는가? 나는 민요도, 항일 가곡도, 황허대합창도 사랑했고, 니에얼의 《마두공인》을 듣고 뜨거운 눈물을 흘리기도 했다! 내가 외국 문물을 맹목적으로 숭배하는 사람이라면 이것은 어떻게 설명할 것인가? 그래, 좋다! 잘못했다고 말은 할 수 있다. 하지만 무엇을 잘못했냐고 물으면 나도 내가 무엇을 잘못했는지 몹시 알고 싶다고 대답할 수밖에 없다. 나는 단 한 번도 무분별하게 외국 문물만 동경한 적은 없었기 때문이다. 그런 해괴한 논리와 저속한 비난은 듣기만 해도 역겨웠다. 내가 '부르주아'라고? 그러나 인정할 수 없어도 인정해야 했다. 이미 우파로 몰린 터라 솔직히 딱히 상관은 없었다. 단지 《양산거변》이 걱정이었다.

비판과 검증이 끝난 후 2주간 교육을 받았다. 이쯤 되니 탕하이도 조급증을 냈다. 나는 또 명령에 따라 지휘자로 섰는데, 새로 쓴 곡을 듣고 난 탕하이가 가슴이 벌렁댔는지 "이렇게 해서 되겠어?"라고 물었다. 무용수와 연출가 등은 모두 자리에 앉아 합죽한 채로 속만 태웠다. 새로 쓴 《탕문무곡》을 연주할 때는 직접 연주하는 단원 중 누군가가 '쿡' 하고 웃음을 터뜨렸고, 이는 전염병처럼 순식간에 번져 한바탕 웃음바다를 이뤘다. 그러나 오직 한 사람, 나만은 감히 웃지 못했다.

"되겠어, 안 되겠어?"

"진정핑, 나 좀 보세."

탕하이가 나를 불렀다. 나는 그를 따라 사무실로 들어가 문을 닫았다.

"이렇게 해서 되겠어?"

탕하이가 물었다. 안 되겠다고 말할 용기는 없었지만, 그렇다고 될 거라고 말할 수도 없는 노릇이었다. 나는 다른 사람의 생각을 들어보는 것이 좋겠다는 결론을 내렸다.

"작곡가와 감독을 불러서 어떻게 생각하는지 물어보는 게 어떨까요?"

그렇게 한자리에 모인 우리의 의견은 대체로 비슷했다. 중화하자는 것이었다. 한참 동안 악기 편성을 두고 논의했다.

"그럼 이렇게 하지. 진정핑, 자네가 악단 책임자니까 어떻게 조정할지 생각해서 결정하도록 해. 악단 구성이 끝나야 작곡도 하지."

탕하이가 마무리를 지었다.

"아, 그럼 당 총지부와 관(關) 주임에게도 이야기해 주셔야 합니다. 제가 일을 한다는 걸, 두 분이 꼭 아셔야 하니까요."

"알겠네."

나는 또 이렇게 애매하게 복직했고, 이후에 누군가 내게 농담조로 말했다.

"진 선생님은 오뚝이 같아요!"

"응? 그게 무슨 뜻이지?"

"말 그대로예요!"

그가 얄궂게 웃고는 뛰어갔다.

모든 것이 다시 시작됐다. 재정비된 악단은 예사롭지 않은 기세를 떨쳤다. 민족대학음악학원이 관현악을 전공하는 본과 및 연수반 학생을 토대로 민속 기악을 공부하는 일부 학생을 추가하여 구성한 1세대 악단이라고 봐도 무방했다. 단장은 딩쭝량이 맡았고, 지부 서기는 예상대로 리창원이 맡았다. 그는 졸업 후, 옌볜가무단 단장과 옌볜예술학원 원장을 맡았다. 당시 악단에서 중역을 맡은 사람은 진수쯔 수석, 윈난가무극원 교향악단 단장을 역임한 마빙산, 마츠언(馬慈恩), 펑칭(彭青), 푸청구이(普成貴), 천리선(陳立身), 니전춘(倪振春) 등이었다. 민족 전통의 스타일과 색채를 강조하고자 악단 음향의 조화와 규율을 해치지 않는 선에서 이족 악기인 마포, 월금 등 일부 민족 악기를 추가하였다.

다양한 미학의 추구 및 다양한 형식을 정치 문제로써 대하거나 비판해서는 안 된다. 예술 작품을 통해 어떤 사상을 선양하는 것은 또 다른 성질의 문제이자 복잡한 문제로 누군가가 주관적으로, 또 무모하게 결정지을 수 없다.

'결말'에 대한 이야기

수많은 변화와 난관을 뛰어넘은 《양산거변》은 결국 훌륭한 작품으로 탄생했다. 무대 경험이 전혀 없고 솜씨도 서투른 어린 학생들이 교사의 지도를 따라 땀과 눈물을 흘리며, 울다 웃고, 웃다 울며 만들어낸 작품이었다. 참여한 모든 사람이 온 마음과 힘을 다해 완성한 것이었다! 모두가 기뻐서 어쩔 줄을 몰랐다. 제일 처음 탕하이가 《양산거변》은 잘 되면 대단한 것이고, 잘못되면 큰일 나는 것이다'라고 했었던가. 결국은 '대단한 것'이 됐다! 이를 이룬 사람도 대단했다!

가장 대단한 사람은 연출가나 주연 배우가 아니었고 탕 학부장도 아니었다. 물론 나도 아니었다. 그는 바로 악단에서 콘트라베이스를 연주한, 뚱뚱하고 나이도 제일 많은 성악 교사였다. 목소리가 어찌나 큰지 쩌렁쩌렁 울리는 데다 배짱도 두둑했고 열정은 더더욱 대단해 어느 것 하나 따지지 않고 달려들었다. 일전에 내가 한 번 이런 이야기를 한 적이 있다.

"우리 악단은 저음이 너무 약해요. 그게 참 아쉽다니까요."

그가 이렇게 물었다.

"음? 저음 악기는 또 있잖아? 내가 본 것 같은데?"

내가 무심결에 대답했다.

"악기는 있는데 사람이 없잖아요. 학생 둘은 이미 다 악단에 있고."

그가 자진하고 나섰다.

"그래? 그럼 내가 할게! 예전에 배운 적이 있어. 연습하면 될 거야!"

"그럼 정말 좋죠!"

그렇게 대답하긴 했지만, 사실은 그냥 하는 말이라고 생각했다. 그런데 이게 웬걸. 며칠 후, 오케스트라 박스 맨 끝에 뚱뚱한 사람이 하나 서 있는 게 아닌가! 그는 반백 살을 넘어 예순을 바라보는 나이에도 근면 성실한 자세로 콘트라베이스를 품에 안고 억척스레 연습에 매진했다. 남이 쉴 때도 그는 콘트라베이스를 손에서 놓지 않았다. 그는 바로 예술학부 성악 연구실 주임이자 우렁찬 웃음소리의 주인공인 쑹청셴(宋承憲)이었다!

《양산거변》은 모두의 마음과 힘이 모여 밤낮없이 매진한 결과 완성되었다. 정식 리허설은 민족사무위원회, 학원 지도부, 교사, 학생 및 관중이 자리한 대강당에서 열렸다. 열렬한 대합창으로 무대의 막을 내리는 순간, 관중석에서 우레와 같은 박수갈채가 쏟아졌다. 관중, 학생, 교사 등 너 나 할 것 없이 무대와 오케스트라 박스로 밀려들어 배우, 악단 연주자를 향해 환호성을 지르며 한바탕 소란을 피웠다. 나는 그 열기에 마음이 뒤흔들렸지만, 흥분을 감추고자 줄곧 고개를 숙인 채 악보를 정리했다. '진 선생님, 수고하셨어요!'라는 소리가 계속 들려왔다. 끝내는 나도 감동을 주체하지 못하고 오케스트라 박스에서 나와 아이들에게 둘러싸였다.

"진 선생님――!"

누군가가 애타게 나를 불렀다. 소리가 난 곳을 바라보니 아쯔가 인파를 비집고 들어올 엄두를 못 내고 소리만 지르고 있었다. 아쯔는 너무 어린 데다 아직 초보 수준이었기에 이번 작품에는 참가하지 않았다.

"정말 멋져요! 최고예요……!"

아쯔가 소리쳤다. 그리고 익살맞게 두 손으로 트럼펫 모양을 만든 다음 한 말이지만 두 가지 의미를 담아 소리쳤다.

"아.궈.가. 신발. 받았대.요——!"

내가 이내 알아듣고 대답했다.

"잘됐구나!"

우리는 기분 좋게 큰 웃음을 지었다. 돌연 양산에 갔을 때 뵈었던, 내게 민요를 불러주었던 할머니가 떠오르며 두 눈에 눈물이 그렁그렁 차올랐다. 이 글을 쓰는 지금도 그렇다…….

민족궁극장에서 선보인 《양산거변》은 많은 호평을 이끌어 내며 대성공을 거뒀다. 몇 번의 공연을 끝내고 하루를 쉬고 난 다음 날이었다. 출근 중에 탕하이가 나를 사무실로 불렀다는 소식을 들었다. 민족사무위원회와의 회의를 끝내고 온 것이었는데, 안색을 보아하니 분명 무슨 문제가 생긴 듯했다. 심각한 문제인지 한참이나 말이 없었다. 이런 적은 많이 없었는데. 그는 나를 자리에 앉힌 뒤 담배한 개비를 건넸다. 그리고 내 쪽으로 성냥갑을 밀었다. 나는 어리둥절한 표정으로 그를 바라봤다.

"음, 오해하진 말게. 이해는 되는 상황이니까——."

탕하이는 이 말만 하고 입을 닫았다.

오해와 이해라니, 앞뒤가 맞지 않았다. 이렇게까지 그를 난처하게 만든 일이라면 분명 좋은 일은 아닐 터였다. 탕하이는 한참이 지난 후에야 말을 이었다.

"요점만 말하자면 일주일 후에 인민대회당에서 중앙 지도부를 모시고 《양산거변》을 공연하게 됐네. 다만, 한 가지, 자네는…… 못 가게 됐어."

순간 공기가 얼어붙는 듯했다.

"내가 어떻게든 해보려고 했네. 자네뿐만 아니라 공연의 질을 위해서 말일세. 그런데 안 통해."

그때의 내 심정은 '예상 밖'이라는 절벽에서 떨어지는 도중에 돌연 돋아난 날개가 나를 잡아당겨 훌쩍 날아오르는 것에 비유할 수 있었다. 더는 아무것도 듣고 싶지 않았지만, 그가 곧장 뒷말을 이었다.

"자네가 《양산거변》에 얼마나 공을 들였는지, 또 자네가 얼마나 많이 기여했는지, 내 다 알아. 오늘 이 일은 결코 자네의 공헌에 대한 평가가 아니야."

그가 한숨을 쉬더니 나직하지만, 분명히 말했다.

"이건 정치라네. 기율이자 규정이야."

나는 할 말이 없었고, 있어도 하기 싫었다. 이튿날부터 진지하고 착실하게 관주임에게 지휘 업무를 인계하기 시작했다. 악단은 이미 능숙한 수준까지 올라 있었다. 다만 연습실 분위기가 유독 어둡고, 여느 때와 달리 주변이 아주 조용했다. 나는 누구와도 그 문제에 관해 이야기하기를 꺼렸다. 그러나 나를 걱정하는 마음에 내게 무슨 말이라도 건네고 싶어 한다는 것을 잘 알고 있었다. 나는 공연 중에 작은 실수도 없기를 바라며 인계 작업에 각별히 신경 썼다. 《양산거변》이란 작품을 사랑했기 때문이다. 단원들은 하나같이 내 마음을 이해하는 듯했는데, 연습이 끝난 후, 딩쭝량 단장이 경쾌한 목소리로 내게 말했다.

"진 선생, 걱정하지 말아요! 우리, 자신 있어!"

많은 단원이 연습실을 떠나며 진심 어린 표정으로 내게 인사를 건넸다.

"선생님, 푹 쉬세요!"

그 아이들의 따뜻한 마음과 살뜰한 관심이 무척 고마웠다.

공연 당일 밤, 나는 집에서 아들과 놀아 주었다. 갓 돌쟁이가 된 파파와 함께 하는 것이 얼마 만인지. 내 마음을 아는 밍밍은 그 일에 대한 언급을 일절 하지 않고 푸짐한 저녁상을 차려주었다. 평소에 보기 힘든 고기와 이과두주에 붕어까지 있었다. 모처럼 평온한 분위기에서 저녁 식사를 했다. 술을 꽤 마셨다고 생각하며 병을 들어 봤는데, 아직도 3분의 2나 남아 있었다. 그런데도 나는 정신이 아득해졌다.

아마도 이것이 내 운명이었던 것 같다. 먼저는 우수 교사 대표로 뽑혔는데도 인민대회당에 들어가지 못했다. 내 신분은 '인민'이 아니었기에 그 영광을 다른 사람에게 줄 수밖에 없었다. 이번에는 천신만고 끝에 훌륭한 무용극을 완성했는데도 인민대회당에서 열리는 공연의 지휘자로 설 수 없게 됐다. 마찬가지로 나는 인민의 '문'으로 들어갈 수 없기 때문이다!

노동과 창조의 기쁨은 누릴 수 있더라도 그 창조의 결과는 누릴 수 없었다. 그래도 여기까지는 괜찮았다!

운명의 장난은 그칠 줄을 몰랐다. 그로부터 30년 후, 적지 않은 나이에도 분투하며 몽골족의 동화 같은 사랑 이야기를 소재로 한 오페라 《목조적전설》을 만들어냈다. 극본과 가사는 사스가 창궐하던 시기에 방에 틀어박혀 고심 끝에 쓴 것이고, 음악은 내가 지도했던 학생이자 몽골족 출신의 작곡가 쓰런나다미더(斯仁那達米德)가 만들었다. 게다가 처음부터 내가 악단 연습은 물론이고 모든 배우의 아리아까지 관여했다. 나는 그 작품을 깊이 사랑했고 온 마음과 정성을 다 바쳤다. 그렇게 2년 가까이 고생하며 첫 공연을 눈앞에 둔 시점, 별안간 신체검사 통지를 받았는데 놀랍게도 폐암 말기 판정을 받으며 당장 수술해야 하는 상황에 맞닥뜨렸다. 팔순을 앞둔 노년에 만든 대형 오페라는 마땅히 내가 직접 지휘하며 선보여야 했다. 시작부터 끝까지, 창작의 전 과정을 함께하는 행복을 맛보아야 했다. 그러나 나는 또 손을 떼고, 수술실에 누워 고통스러운 순간을 맞이해야만 했다……. 다행히 죽을 고비를 넘기고 퇴원하여 공연을 지켜볼 수 있었지만, 이번 생에는 끝내 고통스러운 창작 끝에 얻는 아름다운 결말을 맛보지 못할 터였다. 이것이 나의 운명이리라.

그러고 보니 《양산거변》에 참여하기 전, 작업했던 영화 시나리오 『마두금 이야기(馬頭琴的故事)』의 이야기도 해야겠다. 원래 내 친구인 궁릉샹이 다루고자 했던 소재였는데, 쓰기가 생각보다 어려웠단다. 특히 몽골족에 대해 잘 모르는 데다 음악도 잘 몰랐기에 내게 그 소재로 시나리오를 써보라고 추천했다. 나는 몽골족의 민간 전설 속에 나오는 이야기를 읽고, 그것이 음악으로 표현하기에 좋은 소재라는 생각에 강렬한 창작 욕구가 솟구쳤다. 이에 다양한 자료를 수집했고 민족학원 내의 몽골족 교수 나순(納順)과도 친구가 됐다. 저명한 몽골족 역사 전문가인 그에게 몽골족의 풍습 등 다양한 측면에서 의견을 구했고, 몽골족 민요 등도 수집했다. 결국 한 남자아이와 하얀 망아지의 두터운 우정에서 몽골족 마두금(馬頭琴)⁴이 탄생하는 이야기를 생각해냈다. 분명 한 편의 감동적인 영화가 탄생할 터였다. 궁룽상이 나를 도와 상하이 영화제작소 문학부 주임 스팡위(石方禹)에게 초고를 전달했다. 스팡위는 당시 장편 시『화평적최강음(和平的最强音)』을 쓴 저명한 시인이었다. 그는 초고를 읽고 난 뒤 큰 관심을 보이며 직접 나를 만나 의견을 나누고 싶다는 뜻을 전해왔다. 이에 나는 여름방학을 이용해 상하이로 갔다. 우리는 이내 친구가 됐고, 심도 있는 이야기를 나눴다.

그는 당시 내가 만난 사람 중에서 처음으로 '예술 창작은 계급투쟁이란 공식으로 조여서는 안 된다'고 용감하게 발언한 사람이었다. 나는 마치 창작의 자유를 얻기라도 한 듯 금세 원고를 다듬어 보냈고, 그에게 꽤 만족스러운 평가를 받았다. 후에 문학부에서 몇몇 감독을 초대해 좌담회를 열었는데, 그중 딩란(丁然)과 장쭈머우(張祖謀), 두 명의 감독이 그것으로 영화를 찍기로 했다. 공장에서 시나리오 인쇄까지 했다. 그 외에도 추가 의견을 나눴는데, 다들 참신하다는 평을 내놓았고, 스팡위도 자신감이 넘쳤다. 스팡위와의 우정은 후에 그가 문화부 영화국 국장을 맡을 때까지도 이어졌는데, 그때는 나도 영화 악단으로 이직한 후였다. 회의에서 악단 단장으로 있는 왕리핑을 만났을 때 내 이야기가 나왔는데, 그가 입당 문제를 잘 해결하기를 바란다는 뜻을 내게 전해달라고 했단다. 어려운 일이 있으면 바로 자기를 찾아오라는 말도 전했다. 나는 그저 20여 년 전, 중도에 무산된 시나리오를 통해 알게 된 '우파' 친구에게 관심과 배려를 보여준 그에게 마음속으로 감사했다. 모두 지난 일이었다.

그해 여름방학, 상하이에서 베이징으로 돌아온 나는 다음 단계를 기다렸다. 그후에 어떻게 됐을까? 먼저는 내게 말이 나오는 영화를 찍으려면 '설비'가 필요하

---

4 ／ 역주 : 몽골족의 현악기로 머리 쪽에 말의 머리가 새겨져 있음

다며 해외에서 들여와야 하니 기다리라고 했다(평행기라고 했던가?). 나중에 궁
룽샹이 내게 전하길, '우파'가 쓴 작품이라 지도부에서 금지했단다. 이제는 놀랍지
도 않은, 똑같은 '시작과 결말'이었다.

솔직히 그 영화가 중도에서 무산된 것은 무척 안타까운 일이었다. 내 개인적
'손실' 때문이 아니라 참신한 소재에 아름답고 감동적인 영화가 탄생할 것이 분명
했기 때문이다. 중국에서 보기 드문 동화 같은 이야기를 담아낼 수 있었는데……

다만 바라기는…… 아니다! 그만두자. 이제 와서 말해봤자 무슨 소용인가.

내가 창작과 지휘에 참여한 무용극《양산거변》

10 / 전대미문

서막

여름방학이 끝나고 새 학기가 시작되는 때, 학원에서 수업 중단을 선언했다. 그리고 전체 교직원과 학생이 정치·조직·경제·사상을 정돈하는 '사청운동(四淸運動)'에 참가했다. 동원 보고서는 이것이 국가의 운명을 결정짓는 첨예하고 복잡한 계급투쟁이라고 강조했다.

학과마다 교육에 대한 공문서를 배치하고 그에 대한 각오를 다지며 준비에 만전을 기했다. 그리고 위풍당당하게 광시 싼강(三江) 동족(侗族) 자치현으로 향했다. 세 줄기 강물이 한데 모여 흐르는 곳에 자리한 현성(縣城)으로 아름다운 산수와 무성한 삼나무 숲은 물론 동족 특유의 정교함을 여실히 보여주는 목조 건물과 대교도 있었다. 모두 쇠못 하나 쓰지 않고 온전히 목재 장부와 장붓구멍을 연결해 만들었다고 한다. 예전에 실제로 '바자이(八寨)'라고 불리는 '풍우대교(風雨大橋)'를 본 적이 있다. 정교하고 아름다운 목조 가드레일에 민족의 특징을 고스란히 드러내는 그림이 새겨진 교각으로, 다리 전체가 아름답고 기다란 회랑 같아 저절로 감탄을 자아냈다. 현성 안에 그런 건축물이 많다고 했는데 더 화려하고 홀

룡한 것도 있단다. 그러나 아쉽게도 우리는 소수민족의 지혜를 엿볼 수 있는 예술을 감상하러 온 것이 아니라 냉혹한 투쟁을 위해 온 것이었다.

음악과 무용을 전공하는 소수민족 학생들에게 '사청운동'은 그저 농민과 함께 일하고 생활하고 배우는 '삼동(三同)'일 뿐, 정치적 인식을 가지고 있는 사람은 몇 안 됐다. 게다가 다수의 학생이 그 농민들의 자녀였다. 그 외에는 지방 공작단을 도와 자료를 갖다주는 등의 잔심부름을 했다. 토지 개혁에 참여할 당시에는 빈농과 중농을 모아 지주와 맞섰는데, 이번에는 간부와 맞서야 했다. 간부 중에는 토지 개혁에 적극적으로 참여했으며 핵심 인물이었던 사람이 적지 않았는데, 정치판에서 꽤 단련된 사람들이라 툭하면 '운명 공동체'를 들먹여 골머리를 앓았다.

농촌에 파견되어 일을 시작한 지 얼마 되지 않아 학부장 탕하이 동지가 이끄는 '사청문화공작선전대'가 결성된다는 소식이 들렸다. 그리고 며칠 후, 창작과 연기에 재능 있는 교사와 학생에게 파견 통지가 날라왔다. 내게는 그보다 먼저 프로그램을 만드는 데 매진하라는 명이 떨어졌다. 하지만 마땅한 경험도 자료도 없었기에 매일 현 내의 문예대와 선전과에 가서 도움을 구하고 자료를 뒤적이며 작업하다 보니 역시나 현실을 반영한 작품을 만들기가 어려웠다. 다행히 '차이다오(彩調)'라는 문예대의 광시 지방 전통극을 보고 영감을 얻어 현지 민요와 차이다오를 각색하여 짧은 오페라 《탁신대(拆神臺)》를 만들었다. 노부부로 분한 루성펑(蘆勝澎)과 부자메이(卜嘉美)는 대사와 노래를 통해 쓰린 과거를 회상하고 행복한 오늘을 생각하는 내용을 표현했다. 극 중 노부부는 미신을 타파해야 한다는 점을 깨닫고 고사를 지낼 때 쓰던 신단(神檀)을 헐어버린 후 기쁜 마음으로 그곳에 마오 주석의 사진을 놓는다.

선전공작대는 그 짧은 극으로 뜻밖의 명성을 얻으며 현 내 지도부의 표창까지 받았는데, 읍내에서는 한때 마오 주석의 대형 사진이 없어서 못 팔 정도였단다. 탕하이 학부장은 만족스러운 결과에 한껏 우쭐대며 유능한 일꾼 몇몇을 이끌고 산을 넘고 물을 건넜다. 중대한 임무를 띤 선전공작대는 시골 마을 곳곳을 찾아 선전 공연을 펼치며 열렬한 환영을 받았다. 탕하이는 일이 원하던 대로 진행되자

전 대 미 문

사청운동을 위한 작품이 더 필요하겠다고 판단하고, 내게 지주가 간부를 타락시키는 내용의 극을 더 만들라고 지시했다. 이에 다시 자료를 수집하고 밤을 새우며 극본을 쓰고 동시에 연습도 했다. 예밍밍이 연출을 맡고, 리메이화(李美華), 부자메이, 마쯔충 등이 배역을 맡았다. 그런데 작품 완성을 눈앞에 뒀을 때, 돌연 긴급 통지가 날아왔다. 탕하이와 진정펑은 신속히 현으로 돌아오라는 내용이었다. 황급히 현으로 돌아온 우리는 당시 외빈이 묵던 숙박 시설에 묵었는데, 어째서 우리 과에서 나와 탕하이만 불렀는지 의아하기만 했다. 학원 당위원회 비서, 원장, 몇몇 학부장 그리고 교수가 서로에게 어찌 된 일인지 물었지만, 답을 아는 사람은 한 명도 없는 듯했다. 점심을 먹고 난 후, 콧바람 좀 쐬고 싶어 낮잠을 미뤄둔 채 길을 나섰다. 숙소 주변으로 유유히 흐르는 룽강(融江)이 특히 마음에 들었기에 한가로이 강가를 거닐었다. 그러다 순간 마음이 동해 옷과 신발을 벗고 강물에 뛰어들었다. 물밑은 시원하고 상쾌했는데, 헤엄치면 칠수록 마음이 홀가분해졌다. 나는 시간도 까맣게 잊은 채 물길을 따라 계속 헤엄쳤다. 기슭에 닿았을 때는 이제 막 노을이 드리우는 참이었다. 숙소에는 아무도 없었는데, 종업원에게 물으니 다들 당 간부학교 강당에서 열리는 회의에 갔다고 했다. 이런 낭패가 있나! 황급히 당 간부학교로 달려가려는데 저쪽에서 삼삼오오 무리를 지은 사람들이 숙소로 돌아오고 있었다. 그들은 나를 보더니 화들짝 놀랐다. 나를 찾다가 강기슭에서 발견한 내 신발을 보고는 진정펑이 처벌이 두려워 강물에 몸을 던졌다고 생각했단다. 문화대혁명의 낌새조차 알아차리지 못했던 그때, 나와 문화대혁명을 연관 지어 생각했다니 참으로 우습지 않은가.

현 내에도 우리를 불러들인 이유를 아는 사람은 없었다. 그들은 그저 명령대로 우리는 류저우시(柳州市)로 보내는 것이라고 말했다. 류저우시에 도착한 우리는 귀빈 대접을 받으며 실컷 먹고 마셨다. 게다가 지방특산품까지 선물 받았다. 그날 밤에는 류저우시 가무단의 악단과 여배우를 초청해 무도회까지 베풀었다. '우파'인 내게 이게 무슨 호사인가 싶었다. 그렇지만 나도 다른 사람들처럼 즐거운 마음으로 어머니와 아들에게 줄 바나나와 파인애플을 샀다. 그리고 이튿날 아침, 전용

열차를 타서 베이징으로 돌아갔다!

　우리는 베이징역에 도착하자마자 넋을 잃었다! 플랫폼 위로 몰려든 한 무리의 학생이 우리에게 짐을 모두 정거장 앞에 있는 공터에 쌓아두라고 명령했다. 그들이 호명할 때마다 떠밀려 비틀대며 지정된 대형 버스에 올라탔다.

　"무슨 일이지? 대체 어떻게 된 거야?"

　우리는 어리둥절해서 서로 쳐다보기만 할 뿐 입도 벙긋하지 못했다. 우리를 태운 버스는 천안문을 지나쳤다. 천안문은 여전히 넓고 엄숙했으며, 사진 속 마오 주석의 미소도 여전히 인자하고 부드러웠다. 구름 한 점 없이 푸른 하늘과 찬란한 햇빛도 그대로였다. 차량 행렬은 곧장 동쪽 교문을 지났는데, 큰 운동장에 붉은 기가 펄럭였고, 징과 북소리가 요란하게 울렸다. 나는 여기저기서 끊임없이 울리는 구호에 귀를 기울였다.

　"천린(陳林) 타도! 쑹윈(宋筠) 타도! 페이샤오퉁(費孝通) 타도! ……."

　붉은색 완장을 두르고, 허리에 넓은 벨트를 찬 채 고래고래 악을 쓰는 무리가 눈에 들어왔다. 그들을 무어라고 불러야 할까? 학생? 학우? 폭력배? 아니, 전부 틀렸다! 그들이 '홍위병(紅衛兵)'이자 '혁명 소장(小將)'이라는 존칭을 가졌다는 사실을 나는 나중에야 알았다. 홍위병이 차 문 앞에서 큰소리로 호명할 때마다 한 명씩 차례대로 차에서 내렸는데 그들이 등을 떠미는 바람에 휘청휘청 했다.

　"한쪽으로 가서 서, 똑바로!"

　버스 안에 있는 사람들은 하나같이 놀라 사색이 된 채로 다리를 벌벌 떨었다. 나는 어땠냐고? 나라고 다를 게 있겠는가. 그렇게 하나둘씩 이름이 불려 차에서 내렸는데, 끝에 가서는 나만 버스 안에 남게 되었다. 나는 속으로 나를 잊어버린 것이 분명하다고 생각했다. 탕하이도 이미 끌려가고 없었다. 나는 아무 일도 없으려나 보다 생각하는 중에 버스가 움직이기 시작했다. 요행을 기대한 나는 차창 밑으로 머리를 푹 숙인 채 조금씩 밑으로 미끄러져 내려갔다. 거의 눕다시피 했을 때, 누군가가 큰소리로 호통쳤다.

　"진정펑! 나와! 어딜 도망가려고!"

나는 오들오들 떨리는 몸을 일으켜 세웠다. 차에서 내리려는데 기다란 빗자루 하나가 내 얼굴을 향해 불쑥 들어왔다.

"이거 들고 어서 행렬을 쫓아가!"

나는 냉큼 빗자루를 받아들고 경극에서 기를 흔드는 졸개처럼 행렬의 뒤를 따랐다. 길 양쪽에 선 군중의 함성이 한데 뒤섞였다.

"…… 타도하자! ……를 끌어내자!"

고개를 푹 숙인 채 행여 대열을 놓치기라도 할까 노심초사하고 있는데, 별안간 누군가가 나를 향해 잉크병을 던졌다. 정면으로 맞은 나는 온몸이 피처럼 붉은 잉크에 물들었다. 마침 나는 새로 산 하얀색 와이셔츠를 입고 있었다!

그들은 교정을 한 바퀴 돌며 우리를 조리돌린 후 대강당 입구에 세웠다. 그곳에는 학생 식당에서 쓰는 등받이가 없는 나무 의자가 놓여 있었다. 우리는 명령에 따라 의자에 올라갔다. 다들 고개를 숙이고 허리를 구부린 채 휘청휘청거렸다……. 나는 그 자세에서 곁눈질로 옆 사람을 힐끗 보았는데, 다들 목에 팻말을 하나씩 걸고 있었다. 왜 나만 팻말이 없는지 의아해하던 중 별안간 목이 아팠다. 누군가가 내 목에도 팻말을 매단 것이다! 나는 내 팻말에 무어라 쓰여 있는지 몹시 궁금했다. 다른 사람의 팻말에는 각각 이름이 쓰여 있었다. '이렇게 많은 사람이 고개를 숙인 채 줄지어 서 있다니, 혹시 총살되는 건 아니겠지? 그러려면 무슨 설명이라도 있어야 하잖아?' 그때 누군가가 큰소리로 명령했다.

"지금부터 차례대로 자기 이름을 밝힌다!"

맨 뒤에서 행렬을 쫓던 나는 역시 제일 끝에 서 있었는데, 의자가 비스듬히 기우는 바람에 밑으로 떨어지고 말았다. 그들은 내가 떨어졌거나 말거나 상관하지 않았고 나도 다시 의자에 올라가지 않았다. 그 결과 뜻밖에도 나는 자기소개를 하지 않아도 됐다. 그 후로는 뭐라고 하는지 제대로 듣지 못했는데, 마지막에는 그들 중 하나가 버럭 소리쳤다.

"이제 꺼져!"

우리는 냉큼 집으로 향했다. 정신 없는 상황 속에서도 나는 아직 우리집은 기억하고 있었다. 한참 씨름하다가 겨우 자물쇠를 풀고 숨이 막힐 듯 먼지로 가득 찬 집으로 들어갔다. 다행히 조리돌림을 당할 때 받은 빗자루가 있어 대충 먼지를 쓸어 냈다. 나를 엿보는 이웃들의 시선을 한 몸에 받으며 밖에 있는 수도꼭지 앞에서 속바지만 남기고 옷을 다 벗었다. 붉은 잉크로 범벅이 된 새 와이셔츠를 힐끔 쳐다본 후, 돌돌 말아 쓰레기 더미 쪽으로 뻥 차버렸다.

대충 씻고 집에 들어가는데, 집 앞 층계에 놓인 큼직한 보온병이 눈에 들어왔다. 누가 갖다 두었는지 뜨끈뜨끈한 물이 가득 들어 있었다. 마음이 훈훈해지더니 눈가에 눈물이 고였다. 언제든 따뜻한 마음씨를 가진 사람은 있구나.

그때 확성기를 통해 '악질분자'들은 운동장에서 짐을 가져가라는 방송이 나왔다. 나는 속으로 '짐이 있었나' 하며 고개를 갸우뚱했다. 그때까지도 나는 이것이 전대미문 대혁명의 시작일 뿐이라는 사실을 인지하지 못했다.

이 '서막'에서 내게 정해진 역할이 있다면 그저 깃발을 흔드는 졸병인 '우파'였다. 이는 '대머리에 붙은 이'처럼 뻔한 사실이었다. 물론 고생은 하겠지만, 앞으로 어찌 될지는 알 수 없었다. 나는 침대에 누워 눈을 크게 뜬 채 집안의 먼지 냄새를 맡으며 상황을 가늠하기 시작했다.

'문화대혁명? 대혁명?' 그렇다, 이것은 '대혁명'이었다! 프랑스에서도 '대혁명'이 있었다. 프랑스 대혁명 당시 단두대에 올라간 마리 앙투아네트는 실수로 사형 집행인의 발을 밟고는 대뜸 습관적으로 "미안해요. 일부러 그런 건 아니었어요"라고 사과했다. 그녀도 참……

천지개벽

이것도 대혁명이었다. 보통의 혁명이 아닌 문화대혁명! 나는 늘 뜬금없는 상상을 했다. 그래서 그때도 세상 전체가 대단한 연극판의 서막을 알리는 북소리가 진동하듯 하늘에 울려 퍼지는 느낌이었다.

다음 날 아침, 일어나자마자 어머니와 파파를 보러 시내로 향했다.

여동생이 다니는 음악학원 인근에는 바오자(鮑家) 거리가 있었는데, 어머니는 그곳에 위치한 18호 공동주택으로 이사한 후였다. 당시 홍위병 '소장'들이 교대로 집을 뒤지며 다녔는데, 18호 주택에 사는 모 중학교 교장이 이 일로 봉변을 당했다. 소장들은 교장의 선친이 남긴 민국혁명역사 기념품을 반동의 증거로 들이밀었다. 가련한 이웃들, 특히 어머니는 밤낮으로 불안과 두려움에 떨었다. 1차 혁명전쟁이 일어났을 때, 아버지는 국민혁명군 황푸군관학교 교도단에 있었고 이후에 예젠잉 단장이 이끄는 3연대로 옮겼다. 이에 따라 북벌과 항일전쟁 당시의 역사적으로 의미 있고 귀중한 사진이 많이 남아 있었다. 어머니는 혹시나 홍위병들이 그 사진을 걸고넘어질까 전전긍긍했다. 여동생과 매부는 당황하고 혼란한 상황에서 어머니를 생각하여 예전 사진을 모조리 태워버렸다! 내가 운명처럼 여겼던 룽룽의 마지막 사진 두 장도 그때 불에 타 영원히 사라졌다! 지금도 그 생각만 하면 마음이 아프다. 수천 수백 년이 넘게 내려온 민족 문화의 정수는 또 얼마나 많이 이 '불길' 속에 한 줌의 재로 사라졌겠는가!

타블로이드판 신문 곳곳에는 가지각색의 어록 및 표어와 눈부신 전적이 매일 보도되었다. 날이 밝기 전, 잠에서 깬 것도 안 깬 것도 아닌 상태에서 귓가에 '와르르, 와르르' 소리가 들리는 듯했다. 그 소리를 들을 때면 꼭 망상에 빠졌다. 지구가 우지끈 소리를 내며 무수한 파편으로 변해 끝없는 우주에 흩어지고 박살나는 망상을……

집중 개조

민족학원의 조반파는 둘로 나뉘었다. 하나는 '동방홍공사(東方紅公社)'[1]로 '지파(地派)'에 속했고, 다른 하나는 '항대공사(抗大公社)'로 '천파(天派)'에 속했다. 관점은 좀 달라도 비판과 투쟁 대상인 인물은 일치했기에 그를 둘러싼 갈등과 충돌이 자주 발생했다. 그러다 어느 쪽에 속하는지 모를 '전략가'가 묘안을 냈다. 학원 내의 '악질분자', 즉 비판과 투쟁 대상 인물을 통합 관리하자는 것이었다. 이렇게 하면 그들의 노동 개조를 효과적으로 감독할 수 있는 데다 비판 및 투쟁 대상과 시간을 통합적으로 관리할 수 있었다. 천파와 지파가 합의하면서 소위 통합 훈련대가 결성됐는데, 사실은 노동 개조대로 '우붕(牛棚)'[2]이라고 불렸다. 통합 훈련대는 노동자 출신의 홍위병이 관할했다.

보잘것없는 '우파'인 나까지 모조리 끌어와 서문 안쪽에 자리한 대형 감방에 가뒀다. 감방은 단층집 몇 채로 만든 것이었다. 감방 안에는 남쪽과 북쪽의 벽을 따라 나무 평상이 두 줄로 놓여 있었는데, 한 명당 요 하나 크기의 면적만 차지할 수 있었고 대야와 세면도구는 각자 자기 자리 밑에 놓았다. 감방 중앙에는 길게 붙인 책상이 놓여 있었다. 침대는 의자로도 썼다. 각자 책상마다 서랍 안에는 마오 주석의 저서, 수첩, 그릇, 젓가락, 컵, 비상약 등 각자의 전 재산이 들어 있었다. 커다란 감방에 창문이라고는 북쪽에 하나 있는 게 다였다. 밤이 되면 문 양쪽에 소변통을 하나씩 두고는 문을 잠갔다. 그 문을 기준으로 수감자를 동쪽과 서쪽, 두 무리로 나눴는데, 각 무리의 대장은 문 양쪽에서 잤다. 우리를 관리하는 사람은 새파랗게 젊은 노동자 출신의 홍위병, 톈쩡시(田增喜)였다. 샤오톈(小田) 또는 샤오톈터우(小田頭)라고 불리는 그는 민족학원 버스 운행반의 반장으로 땅딸막하고 다부진 체격에 전형적인 테너처럼 낭랑한 목소리를 지니고 있었다. 말투는 사리에 맞고 간결했다. 이따금 자기가 재밌거나 저속하다고 생각하는 이야기를 불쑥 꺼냈는데, 그럴 때면 속임수에 걸려들지 않도록 각별히 신경 써야 했다. 무

1 / 역주 : 문화대혁명 시기 양 갈래로 나뉘어진 홍위병 조직
2 / 역주 : 문화대혁명 당시 지식인을 학대해 가둬 놓은 외양간

심결에 웃기라도 하면 "뭐가 웃겨?"라고 핀잔을 들어야 했기 때문이다.

아침 9시가 되면 천파와 지파의 홍위병이 각자 비판할 대상을 끌고 갔다. 남은 사람들은 잡초 뽑기, 도로 청소, 각 학부와 강의동의 쓰레기 및 화장실 청소 등의 노동을 했다. 청소를 마치면 대자보를 보러 가야 했다. 11시 반쯤 되면 알아서 감방으로 복귀했고, 다 같이 모여 점심을 먹었다. 매월 일 인당 생활비로 삼십 위안을 받았으니 식사가 어땠는지는 말할 필요도 없었다. 점심을 먹고 난 후 한 시간쯤 쉬고 나면 다시 오전과 똑같은 오후를 보냈다. 밤 아홉 시가 되면 소등하기 전에 마오 주석의 저서를 읽고 토론을 하거나 반성 자료를 작성했다. 매일 정해진 시간표대로 규칙적인 생활을 하다 보니 뜻밖에도 불면증이 다 나아 있었다. 하루하루 불안에 떨던 시기에도 잊지 못할 일들은 많았다.

노동할 때는 서로를 감독하도록 둘씩 짝을 지어 지정된 장소에서 쓸고 닦고 폐품을 옮기는 등의 일을 했다. 내 짝은 바로 차분하고 침착한 성격의 '대우파(大右派)' 페이샤오퉁이었는데, 장쑤성과 저장성 사투리 때문에 대우파를 '다유파이'가 아닌 '두유파'라고 발음했다. 한 번은 교류차 외지에서 온 조반파가 우리 '악질 분자'를 찾아와 각자 자기소개를 시켰다. 이때, 페이샤오퉁이 태연하게 큰 소리로 자신을 '두유파'라고 소개했다. 물론 사투리 때문에 알아듣지 못한 사람도 있었다. 그가 우파로 몰린 데는 늘 진지하고 철저한 성격이 큰 몫을 했을 터다. 화장실을 청소할 때면 오물이나 물때를 조금이라도 남기는 법이 없었는데, 심지어는 손으로 후빌 때도 있었다. 덕분에 우리가 청소한 화장실은 트집을 잡으려야 잡을 수가 없었다. 나 역시 완벽주의 성향이 있던 터라 그와 잘 맞았다. '두유파'는 화장실 청소를 마치고 나면 늘 알아듣기 힘든 사투리로 "자, 그럼 이제 우리 노동의 성과를 누리도록 하지!"라고 말했다. 우리는 각자 구덩이를 하나씩 차지하고 통쾌하게 '큰일'을 본 후 물을 내렸다. 그리고 뒤돌아 바지를 추스르며 힘써 일궈낸 '성과'가 깨끗이 씻겨 내려가는 모습을 보고 하하 웃었다.

하루는 운동장에서 잡초를 뽑는 일을 했는데 짧고 질긴 잡초는 땅에 단단히 박혀 있어 뽑기가 쉽지 않았다. 다들 각자 맡은 자리에 쪼그리고 앉거나 땅에 철

퍼덕 앉아 잡초를 뽑았고, 개중에는 아예 땅에 엎드린 사람도 있었다. 나이가 많은 판광단(潘光旦) 교수는 한쪽 다리를 절단하여 허벅지 끝부분만 남아 있었기에 평소 겨드랑이 밑에 지팡이 두 개를 끼고 몸을 지탱했다. 잡초를 뽑을 때는 땅에 궁둥이를 붙이고 앉는 수밖에 없었고 위치를 바꿀 때는 기어가는 방법뿐이었다. 퇴근을 알리는 호루라기가 울리면 다들 일어나 엉덩이에 묻은 흙을 털고 제자리로 돌아갔고 넓디넓은 운동장에는 판광단만 남아 힘겹게 몸을 일으켰다. 그러면 역시나 노년의 나이인 페이샤오퉁이 다가가 그의 선생님이었던 불구가 된 노인을 있는 힘껏 일으켜 세운 후 지팡이를 건넸다. 판광단과 함께 천천히 멀어져가는 뒷모습은 깊은 감동을 자아냈다. 문득 시간이 흘러 홍위병들이 이들처럼 나이 들어 연로한 선생님을 어떻게 대면할지 궁금해졌다. 아직도 그때의 장면들이 생생하게 떠오른다.

페이샤오퉁이 내게 농담처럼 말했다.

"나는 자네들의 '대표'고, 자네들은 나의 '토대'야."

대우파인 그는 마오 주석을 직접 만났는데, 마오 주석이 그에게 우파임을 인정하냐고 물었다고 한다. 우리는 소우파에 불과했으니, 당연히 그가 우리의 '대표'가 됐다. 나는 사상 학습 시간에 그와 같은 책상을 썼는데, 그는 글을 쓸 때면 꼭 담배를 태웠다. 그가 내뿜는 담배 냄새가 향기로워 담배 이름을 물었다.

"이건 'Half and Half'라는 담배인데 지금은 살 수 없을 거야. 음, 하지만 상하이에서 나오는 '광명패(光明牌)'란 살담배³가 이거랑 비슷해. 그건 살 수 있지."

관리자의 허락을 받고 시내에 있는 병원을 찾았을 때, 페이샤오퉁에게 4위안을 빌려 광명패를 샀다. 담뱃대는 이미 가지고 있었다. 역시 그의 말이 맞았다. 우리 '대표'에게 감사의 마음을 전하고 그때 빌린 4위안도 갚아야 했으나 지금까지도 그럴 기회가 없었다.

어느 날 오후 모두 일을 나갈 때 샤오톈이 짐짓 엄한 목소리로 내게 명령했다.

"진정펑은 남아서 대자보를 쓰도록!"

3 ／ 역주 : 직접 종이에 말아 피우는 담배

전 대 미 문

그리고 다들 자리를 뜨고 나면 내게 음악 지휘를 가르쳐달라고 부탁했다. 2박자와 4박자, 어깨에 힘을 빼고, 동작은 크게 또 작게, 강하게 또 약하게⋯⋯. 그는 열심히, 겸손한 자세로 배웠다. 어쩌다 틀리면 겸연쩍게 웃었는데, 그 모습이 꽤 귀여웠다. 그렇게 잠시 지휘 연습을 하고 나면 내게 대자보를 쓰라고 시켰다. 종이, 먹물 그리고 원고까지 필요한 물품은 다 마련되어 있었다. 처음에는 빨리 쓰고자 노력했는데 나중에 생각하니 구태여 빨리 할 필요가 있었나 싶다. 글씨 공부하는 셈 칠 수도 있었는데 말이다. 원고는 온통 마오 주석의 어록이었는데, 하도 베끼다 보니 토씨 하나까지 다 외울 지경이었다.

이런 것을 두고 거래라고 할 수 있을까? 발각되면 간부를 '끌어들여 타락시켰다'는 죄를 뒤집어쓰지 않을까? 그는 진정한 '아마추어 음악 애호가'인 데다 듣기 좋은 테너 목소리를 지니고 있었다. 하이(high) C 음까지 편안히 내는 참으로 아까운 재목이었다.

정확히 어느 해인지는 기억나지 않지만 '문화대혁명' 후반기에 문화부에서 소수민족의 합동 공연을 기획했다. 민족학원도 당연히 참가했는데, 음악 지휘는 내가 맡았다. 민족궁극장에서 공연을 마친 후, 진행자가 고위 간부의 지시가 있었다며 각 부문의 공연 책임자에게 회의 참석을 위해 남아 있으라고 전했다. 민족학원에서는 뜻밖에 내가 남았다. 회의가 끝난 후 학원으로 돌아가려는데 나를 기다리고 있던 텐찡시가 차로 학원까지 데려다주었다. 샤오톈이 운전하며 투덜거렸다.

"젠장, 이게 뭐야? 내가 기사가 됐잖아? 제길, 다음 문화대혁명에는 내가 뭐 하나 봐라!"

나는 화가 나서 식식거리는 모습을 보고 하마터면 웃음을 터뜨릴 뻔했다. 그리고 차에서 내리며 진심을 담아 "화내지 말아요. 고마워요"라고 말하자 그가 웃으며 대답했다.

"별말씀을요."

그리고 가속 페달을 밟고 가버렸다. 물론 이는 훗날의 일이었다.

비판

내가 저지른 '범행'은 진즉에 대자보를 통해 알고 있었고, 비판 집회에서 새롭게 추가된 것은 없었다. 단지 그것에 양념을 쳐서 크게 부풀린 다음 대중 앞에서 죄를 인정하라고 호통쳤다. 그럴 때 우물쭈물하면 육체적인 고통이 뒤따랐다. 갖은 모독과 비방은 물론이고 내가 쓴 문장을 잘라서 멋대로 해석하며 터무니없는 말을 퍼부을 때면 울화가 치밀었지만, 그저 묵묵히 삼키는 수밖에 없었다.

들자 하니 내 죄목은 꽤 많은 듯했다. '외국 문물을 맹목적으로 숭배한 선동자', '부르주아 예술 사상의 권위를 선양한 자', '소련 수정주의 문화 팔이', '부르주아의 부귀영화를 쫓은 개인주의자', '사회주의에 반대하고 자본주의의 부활을 꾀한 반동분자' 등이었다. 그중 내게 가장 큰 충격을 준 것은, 내가 수업 중에 외국 문물을 치켜세웠다는 것이었다. 게다가 학생들을 집으로 끌어들여 음반을 듣게 하고 번지르르한 말을 늘어놓으며 아이들을 타락시켰다나. 학생을 미로에 빠뜨리려고 집 열쇠까지 내어주었다는 것이다. 다시 말해, 진정평이 학생들을 꼬드겨 당이 아닌 자기 말만 듣도록 하여 당에서 젊은 세대를 빼앗고 우파 판결을 뒤집기 위해 갖은 수단을 다 썼으니 절대 용납할 수 없다는 이야기였다.

"진정평, 타도!"

"죄를 인정하나? 모두 사실이지? 얌전히 인정해, 안 해? ……"

그들은 질문 공세를 퍼부으며 나를 추궁했다. 사실 나는 진즉부터 연신 고개를 끄덕이며 '자백'하는 중이었다. 내가 딴말을 할 수 있겠는가? 비판 집회가 끝난 후 숙소로 돌아와 자리에 눕자 온갖 생각이 꼬리에 꼬리를 물었다. 뭐랄까, 그 죄목은……. 에잇! 내가 서방의 고전 작품을 치켜세웠다는 말은 맞다. 하지만 그저 학생들이 많이 배우고 소양을 쌓기를 바라는 마음에서 그런 것이지 그들을 끌어들이고 타락시켰다는 것은 어불성설이다. '자기 집 열쇠까지 내주었다'는 말도 맞다. 그러나 그것 역시 단지 내가 집에 없을 때도 학생들이 우리집에 와서 자유롭게 음악을 듣고 악보를 볼 수 있도록 한 조치였을 뿐이다. 물론 학생들이 우리집 화로를 이용해 찐빵이나 고구마를 구워 먹었다는 사실도 알고 있었다. 하지만 설령 우리집에서 이과두주를 마신다고 한들, 또 뭐 어떻겠는가? 이 아이들은 집도 없고 가족도 없으니, 이런 소소한 즐거움이라도 있으면 좋지 않겠느냔 말이다! 나는 늘 학생들을 친구처럼 대했을 뿐 그 행동에 어떤 목적이나 의도는 결코 없었다. 정말이다!

아쯔가 여동생에게 신발을 부쳤던 일이 자주 떠올랐다. 변방에 있는 고향에서 아이들은 고된 삶을 살고 있었다. 이 점에서는 아내와 뜻이 맞았다. 3년에 달했던 대기근 시기, 밍밍은 빈혈에 걸린 무용반 학생을 집으로 데려와 밥을 먹이며 영양 보충을 시켰다. 빈혈이 있으면 연습 때 현기증이 나기 때문이었다. 우리집에도 좋은 요리나 보양 식품 같은 건 없었지만, 그래도 학생 식당보다는 기름기가 많고, 맛도 더 있고, 더 배불리 먹을 수 있었다. 이렇듯 그저 학생들을 돕고자 하는 따뜻한 마음이었을 뿐인데, 그들을 타락시켰다니? 이게 범죄라니? 단 한 번도 학생들을 끌어들이겠다는 생각을 한 적이 없는데 당에서 젊은 세대를 빼앗으려 했다니? 내가 빼앗아서 뭘 하겠는가? 선동해서 뭘 하겠는가? 정말 말도 안 되는 얘기다! 나 자신조차 당의 지도하에 있지 않은가? 게다가 마음속에 있는 음모를 진술하라니……. 계속 이어지는 생각에 머리가 지끈거렸다. 솔직히 말해서 헛웃음만 나왔다.

바보 같은 노인네가 종알종알 쓸데없는 하소연을 늘어놓는다 생각 마시라. 당시 상황은 정말 그러했다. 아마도 누군가는 더 고상하거나 핵심을 찌르는 이야기를 할 수도 있겠지만, 아무리 고상하게 표현해봤자 그때 모든 것이 엉망진창이었다는 사실은 매한가지이지 않은가? 아니면 목을 매달거나 강에 투신하는 사람이 왜 있었겠는가?

어떨 때는 내 죄목이 책 한 권, 아니 열 권을 훔친 것으로 바뀐다면 얼마나 좋을까, 하고 천진한 상상을 하기도 했다. 하지만 설사 그렇다고 해도 다를 것이 있겠는가? 아니, 전혀!

노동 만세!

해방군이 학교에 진주한 후 정세가 많이 바뀌었다. 먼저 당장 폭발할 것 같던 두 파(派) 사이의 갈등이 누그러졌다. 문화대혁명 후기의 '파벌싸움'은 가슴 아프면서도 어리석기 짝이 없었다.

통합 훈련대가 해산되어 각자 집으로 돌아간 우리는 숨죽인 채 사태를 지켜봤다. 하지만 이 기간에도 '소요파(逍遙派)'는 매일 노동을 해야 했다. 나는 진심으로 '노동 만세!'를 외치고 싶었다. '노동'은 내가 살아있음을, 나라는 생명이 어떤 가치를 창조하고 있음을 느끼게 했다. 작품 창작이나 교육 등을 노동으로 치부하지 않는다면 말이다.

사실 일하던 시기에는 잠시나마 정신적 고통에서 벗어날 수 있었는데 심지어 어느 때는 홀가분하고 유쾌한 기분에 빠지기도 했다. 이는 '그들'의 의도와 전혀 다른, 공교롭게도 육체노동 그 자체만이 내게 줄 수 있는 것이었다.

노동자, 그러니까 '프롤레타리아(proletariat)'는 확실히 지식층과 달랐다. 훨씬 '착하다'고 할까. 그들은 노동 중에 어떤 방법으로 우리에게 고통과 공포를 선사할지 고민하지 않는 듯했다. 그들과 함께 노동하면서도 '네게 벌을 주겠다, 괴롭히겠다, 뜨거운 맛을 보여주겠다' 같은 의도는 좀처럼 느끼지 못했다. 그저 우리가 가면 짧은 인사를 건넸다.

"왔나?"

"네."

"그래, 그럼 이거 하게."

"네!"

이것이 전부였다.

그날 노동 현장에 도착했을 때, 노동자가 담 윗부분에 놓인 발판에 서 있었다. 그는 내게 '벽돌 건네는 법'을 가르쳐 주었다. 두 손으로 벽돌 한 장을 평행을 이루도록 받쳐 들고 배 앞까지 가져온 다음 양팔에 고르게 힘을 줬다. 그 자세로 사부를 응시하다 위로 던지면, 벽돌이 휙 하고 날아갔는데, 사부가 그것을 한 손으로 날렵하게 잡아채 곧장 벽 위에 척 쌓았다! 그리고 흙손의 앞뒷면으로 벽돌을 몇 번 가볍게 두드려 남은 시멘트가 벽돌 틈새로 빠져나오게 한 다음 그것을 흙손으로 다시 발라 가지런히 정리했다! 곧이어 다음 벽돌을 받기 위해 나를 향해 손을 내밀었다. 처음에는 너무 긴장한 탓에 두 번이나 비뚤게 던졌고 결국 그의 손을 빗나갔지만, 그렇게 계속하다 보니 갈수록 요령이 생겼다.

"그렇지, 바로 그거야!"

그가 기쁜 표정으로 소리쳤다. 마치 서커스를 하는 기분이었는데, 성공할 때마다 무척 통쾌했다. 하지만 차츰 두 팔이 무거워졌고, 시큰시큰한 게 힘이 빠져 명중률이 곤두박질쳤다.

"휴식!"

그 숙련공이 소리치며 나무 발판에서 껑충 뛰어내렸다. 땀을 닦고 입에 담배한 개비를 문 다음 내게도 건넸다. 나는 담배를 건네받아 불을 붙이고 깊게 한 모금 들이마셨다. 아, 얼마나 상쾌하던지.

"어때?"

숙련공이 웃으며 물었다. '담배가 어떠냐고 묻는 건가?' 정확히 무엇을 묻는지 몰랐지만, 친근감을 표시하는 쪽에 가까웠다. 그 숙련공은 오랜 친구처럼 내게 못하는 말이 없었다. 그가 내게 "우리 선생님께서는 성이 어떻게 되시나?"라고 물었을 때 나는 잠시 멈칫하다가 진 씨라고 대답했다.

"아, 진 선생이셨구먼. 진 선생, 꽤 하네!"

이 '꽤 한다'라는 말에는 문자 자체의 뜻을 뛰어넘는 무언가가 담겨 있었다. 나를 인정한다는 뜻이었고 나아가 형제로 생각한다는 뜻이었다.

"나는 딩(丁) 씨야. 저기 있는 웨이(魏) 씨가 반장이고."

며칠 후, 담쌓기를 끝낸 딩 씨는 다른 곳으로 갔고, 용접 작업 중인 웨이 씨가 눈에 들어왔다.

"왔어?"

웨이 씨는 내게 짧은 인사를 건넨 뒤 곧이어 작업에 몰두했다. 나는 호기심 어린 눈으로 그가 용접하는 모습을 지켜봤다. 불꽃이 '지지직' 하며 사방으로 튀었다. 내가 용접에 흥미를 보이자 그가 말했다.

"아, 배운 사람들은 기술을 빨리 익히던데, 자네가 한 번 해보게."

"어렵나요?"

"안 어려워. 자, 해 봐. 내가 가르쳐 줄 테니."

용접은 재미있었다. 용접 마스크로 얼굴을 가리고 집게로 용접봉을 집은 다음 용접 부위에 몇 번 갖다 대면 '틱, 틱' 하고 불꽃이 튀었다. S형, 사선형, 동전을 포개 놓은 모양 등 용접 양식도 꽤 많았는데, 가장 어려운 일은 고개를 치켜들고 머리 위에 있는 것을 용접하는 것이었다. 그렇게 용접 일을 하며 하루를 보냈는데, 일을 마칠 시각 아직 용접을 다 끝내지 못한 나는 중간에 그만두기가 싫었다.

"먼저 들어가세요. 조금만 더 하면 끝나요……."

"괜찮겠어?"

"그럼요!"

지직, 지지직. 드디어 한 토막을 끝냈다. 나는 스위치를 끄고 혼자 퇴근했다. 길을 걸으면서도 도로 가장자리의 틈새를 보면서 '지직, 지지직' 하고 땜질을 하고 싶었다. 용접의 매력에 푹 빠져버린 것이다. 그날 퇴근길에는 아무런 걱정이 없었다. 그저 피곤하기만 했다!

그렇게 2, 3주간 연이어 용접 일을 했더니 "진 씨가 이제 8급공⁴쯤은 되겠어!"라고 농담 섞인 말을 들을 정도로 실력이 좋아졌다. 이에 녹화대(綠化隊)에서 만났던 장라오(張老), 양우(養吳) 동지의 말이 떠올랐다.

"노동 개조는 자네를 짐꾼으로 만들기 위한 게 아니야!"

그러니까 '8급공'이든 '7급공'이든 그런 것은 노동 개조의 목적이 아니라는 말이었다. 그럼 내가 뭘 할 수 있단 말인가? 내가 무엇을 하길 바라는 것일까?

---

4 / 역주 : 노동자를 구분하는 등급 중 최고 등급

계급 대오 정리

시간은 그렇게 흘렀다. 그리고 그날, 일을 마친 나는 퇴근길에 올랐다. 머릿속에서는 아직도 '직, 지직' 하는 납땜 소리가 들렸다. 문을 열고 들어가자마자 심각한 표정의 밍밍이 눈에 들어왔다. 나는 그 표정을 보고 즉각 '8급공'은 못 될 것이란 사실을 직감했다. 무슨 일이 일어난 것이 분명했다……

"왜 그래?"

"당신, 내일 아침 짐을 싸서 9호동으로 오라는 통지가 왔어."

"왜 그러는지는 모르고?"

"응, 이유에 대해서는 아무 말도 없었어. 다만 오늘 학과 내 군선대(軍宣隊)[5]에서 말하길 내일부터 전체 학교를 대상으로 계급 대오 정리 작업에 돌입한다고 했어."

바로 그때, 내 질문에 답이라도 하듯 쩌렁쩌렁한 확성기 소리가 들렸다. 방송은 여느 때처럼 마오 주석의 어록으로 시작됐다.

"어떤 이가 혁명 인민 쪽에 서서……"

그리고 문화대혁명과 관련한 새로운 상황에 대해 개술했다. 마지막으로 한껏 격양된 음성이 귀에 박혔다.

"앞으로 계급 대오를 빈틈없이 정돈해 잠재적인 적과 위험을 철저히 쓸어버릴 것입니다……"

그때는 나도 한 번쯤은 그런 '정돈'이 필요하겠다고 생각했다. 한 번 생각해 보시라. 그렇게 '위대하고', 역사상 전례가 없는 '대혁명'을 통해 이전 세계를 박살 내고, 국가 주석부터 천만 명이 넘는 말단 간부, 지식층, 일반인까지 10억 명이 넘는 사람들을 온통 어지럽혔으니 깨끗이 정리할 필요가 있지 않겠는가? 1957년에는 전체에서 5%를 우파로 잡아내야 한다는 목표가 내려왔는데, 이번에는 어떨까? 10%? 15%? 아니면……? 그런 생각 끝에 별안간 '그럼 나는 대체……?'라는 의문이 들었다.

---

5 ／ 역주 : 인민 해방군 마오쩌둥 사상 선전대의 준말. 문화대혁명 시기에 각 학교·문화 단체에 파견되어 학생과 직원을 지도하였음

이튿날, 짐을 챙겨 9호동으로 향했다. 그곳에 모인 사람은 나까지 총 여섯 명이었다. 학부 내의 공산당 및 공청단 전임 간부 쭤즈궈(左治國)가 우리를 3층 건물 안에 있는 작은 방으로 데리고 갔다. 우리는 지정된 침상에 앉아 조용히 그의 말을 기다렸다. 그는 '아침에 일어나면 함부로 행동하지 말고 집에 가도 안 되며, 외부인과 접촉해도 안 된다, 매일 정해진 시간에 쉬고 학생 식당의 지정 장소에서 세 끼 식사한다' 등의 몇 가지 규정만 공표했다. 그리고 2인 1조로 시키는 노동을 하면서 서로를 감시할 것과 평소에는 방 안에서 지도부의 명령을 기다리거나 조사를 받고 교대 자료를 작성할 것을 주문했다. 우리는 이게 대체 무슨 일이냐고 묻고 싶었다. 이게 뭘까? 감금 취조?

돌이켜 보면 그때가 문화대혁명이 일어난 이래로 내가 가장 의기소침하고 비관적이었던 시기였다. 문화대혁명은 이미 성공적으로 끝난 상태인 듯했다. 이전 단계에서는 기세가 맹렬했는데 실권파, 고위 관료, 집권 세력을 몰아내려고 했기 때문에 성과가 크면 클수록 흥이 올랐다. 우리처럼 보잘것없는 사람들은 그저 혁명 분위기를 띄우기 위한 존재에 불과했다. 그러나 지금은 이미 대세가 굳어진 상태로 타도해야 할 대상을 모두 색출한 시점이었다. 다만 '혁명 계급'도 덩달아 뒤죽박죽이 되어 혼란스러웠기 때문에 누가 누구의 목숨을 바꿨는지 알 수 없었다. 그러니 낱낱이 조사하고 정리해야만 했다. 이 '청산'은 분명 여러 번 체로 거르듯 면밀한 조사를 통해 빠뜨리거나 그냥 지나치는 것이 없어야 했다. 그렇게 숙청의 바람이 전국을 휩쓸었으니 누가 빠져나갈 수 있었겠는가? 그리하여 예술학부 9호동에 '감방'이 생겨난 것이었다. 운동 초기, 공선대(工宣隊)[6]가 열을 지어 지명할 때 자신의 정치 신분을 밝혔던 것은 무효로 됐고, 이 감방에 들어온 여섯 명이야말로 '정리' 작업을 통해 걸러 낸 사람이었다.

우리 중 아마 '혁명 노장'인 탕하이 학부장만이 침착함을 잃지 않았을 터다. 어느 때는 당시 '당 정돈' 운동이 어떠했는지에 대해 급류처럼 쉴 틈 없이 말을 쏟아냈지만, 그의 말을 듣는 사람은 아무도 없었다. 이호로 유명한 교수이자 과

6 ／ 역주 : 노동자 마오쩌둥 사상 선전대의 준말

전 대 미 문

거 국민당 당원이며, 지부 서기인 듯한 천전뒤(陳振鐸)는 시종일관 말이 별로 없었는데, 이따금 우파 화가 위우장(吳武章)에게 낮은 목소리로 "담배 좀 줄일 수 없어? 방도 좁고 사람도 많은데……"라고 불만을 토로하곤 했다. 나는 조선족이면서도 작곡을 전공하는 학생 우진더(吳金德)가 어떤 '반역죄'를 저질렀는지 잘 몰랐다. 당시에는 소련, 북한, 미국, 한국이 탕후루에 꽂힌 열매처럼 바싹 달라붙은 상황이었기에 분명히 말하기가 어려웠다. 나는 괜한 의심을 사고 싶지 않아 그의 반역죄에 관해서 관심을 두지 않았다. 그리고 잘생긴 티베트족 청년 샤오양(小楊)이 있었다. 건장한 체격에 명랑한 성격을 지닌 그는 운동의 달인이었다. 원래는 공산당 및 공청단 사무실의 공청단 전임 간부로 인도네시아 화교인 피아노 교사와 결혼했다. 다들 그를 두고 '부잣집 여인'과 결혼한 것이 큰 화를 불러 '계급 이기분자'[7]로 몰렸다고 말했다. 하지만 구체적인 죄목이 무엇인지는 나도 잘 몰랐다. 이 다섯 명에 '우파'란 누명을 쓴 나까지 해서 총 여섯 명이 '용의자'였다. '정치 신분'은 아주 애매모호했다. 그럼 나도 정돈 대상에 속하는 것은 아닐까? 일찍이 공선대가 학교에 들어왔을 때, 학과 교사들을 줄 세워놓고 한 명씩 차례대로 성명, 출신, 정치 신분 등을 물었던 적이 있었다. 내 차례가 됐을 때 나이, 민족, 직업 등은 거침없이 대답했지만 '정치 신분'을 묻는 말에는 낑낑대며 대답을 못 했다. 그러다 결국 우물거리며 '누명을 벗은 우파'라고 대답했다가 현장을 웃음바다로 만들었다. 정치 신분으로 인한 정신적 스트레스는 상당했다. 내 아이까지 영향을 받는 일이었기 때문이다!

운동 초기, 예밍밍은 대자보를 통해 그녀가 친청(秦城) 감옥에 간힌 대화가 예첸위의 딸이라는 사실을 고발당한 적이 있었다. 정작 본인은 정치 문제에 연루되지 않았지만, 적어도 '자녀를 잘 교육할 수 있다'는 점을 분명히 해야 했다. 우파 남편까지 있었으니 스트레스가 대단했을 것이다. 하지만 밍밍은 늘 근면 성실하게 학생들을 가르쳤고, 그들의 존경을 받았으며, 동료와도 사이가 좋았다. 운동이 시작된 후 큰 풍파가 연달아 일면서 밍밍을 둘러싼 문제들은 이내 묻혔다. 그러나

7 ／ 역주 : 당과 의견이 다른 사람

이번의 '계급 대오 정돈'은 혁명을 계속하기 위한 것으로 모든 사람이 도마 위에 오를 수 있는 운동이었다. 그러니 이번 운동에서는 밍밍도 쉽사리 넘어가지 못할 터였다. '문화대혁명' 이후로 오늘 저녁에 당장 무슨 일이 일어날지 짐작조차 못 하는 혼란이 계속됐으니 그저 내 아이가 무탈할 수만 있다면 그것으로 족했다. 당시 나는 노동 개조대에 있었기에 집은 오로지 밍밍이 혼자 책임져야 했는데, 그때는 때마침 둘째 아이 솔솔이가 태어난 지 얼마 되지 않은 시점이기도 했다. 이 사회에서 '계급 성분'은 한 사람에게 아주 중요한 문제였다. 아이의 성장과 삶, 운명에도 막대한 영향을 미친다. '개새끼'라고 불릴 아이는 얼마나 깊은 상처를 받겠는가? …… 대체 내가 무슨 죄를 지었나? 무슨 죄를 지었기에 내 아이까지 고통을 받아야 한단 말인가…….

혈육의 정

인간을 절망으로 몰아넣는 음산한 감방에 수감된 후, 매일 애를 태우는 생활이 시작됐다. 나는 시시각각 무언가를 기다리고 기대하면서 어떤 운명이 닥칠지 노심초사했다. 눈을 부릅뜬 채로 밤을 지새우며 서서히 밝아오는 창밖을 바라보았다. 그렇게 또 새로운 날이 밝았고, 가족이 너무나 그리웠다…….

그러던 어느 날, 창밖을 내다보고 있던 샤오양이 별안간 격앙된 목소리로 3동 앞 사거리를 가리키며 나를 불렀다.

"진정핑! 어서 이리 와 봐! 밍밍, 밍밍이 왔어! 아이를 안고 있다고!"

나는 그의 말이 떨어지기가 무섭게 창가를 향해 냅다 뛰었다.

"어디? 어디야?"

그리고 급한 마음에 사방을 둘러보다 결국 그녀를 발견했다. 밍밍은 솜 외투로 감싼 솔솔을 품에 안고 있었고, 파파는 엄마의 옷자락을 잡은 채 얌전히 옆에 서 있었다. 나는 황급히 창을 열어 목청껏 소리쳤다.

"밍밍——! 밍밍——!"

그러나 어쩐지 내 목소리가 들리지 않는 듯했다. 밍밍은 몸을 숙여 파파에게 무어라고 말한 뒤 솔솔을 안고 소매점으로 들어갔다. 파파는 모자가 달린 솜 외투를 입은 채 길가에 혼자 서 있었는데, 두꺼운 외투 때문에 팔뚝이 불룩해져 오므릴 수가 없었다.

나는 거의 울다시피 하며 목이 터져라 외쳤다.

"파파——, 아빠 여기 있어! 파파——!"

파파는 여전히 내 목소리가 들리지 않는 모양이었다. 나는 이성을 잃고 소리치며 창문턱으로 기어오르기 시작했다. 바로 그때, 누군가가 내 다리를 꽉 끌어안고 감방 안으로 힘껏 잡아당겼다. 감방에 있는 이들이 한목소리로 외쳤다.

"진정펑! 안 돼! 이러면 안 돼……!"

탕 학부장이 나를 창가에 놓인 자기 침대에 앉히더니 내 어깨를 토닥이며 말했다.

"진정, 진정해……."

그 순간 나는 어린아이처럼 그의 품에 얼굴을 묻고 목놓아 울었다…….

며칠 후, 우리더러 각자 다른 동료와 방을 쓰라는 통지가 내려왔다. 그렇게 우리는 따로 떨어지게 되었는데, 단속이 예전처럼 그렇게 심하진 않은 듯했다. 나는 클라리넷을 가르치는 루윈칭(陸雲慶) 선생과 같은 숙소에 묵었다. 예전에는 그와 말을 섞을 일이 거의 없었다. 그는 공청단 단원으로 성격이 좀 괴팍했는데, 처음 같은 숙소를 쓰게 됐을 때는 몇 마디 정도 나눴지만, 적응한 뒤로는 서로 침묵을 지켰다.

어느 날 밤, 전혀 예상치 못한 일이 일어났다. 맏아들 파파가 나를 찾아온 것이다! 파파는 문 앞에 서서 "아빠?" 하고 부르고는 쭈뼛대며 나를 바라보았다. 나는 아이를 꽉 끌어안고 새어 나오는 울음을 집어삼키고자 안간힘을 썼다…….

파파가 생필품과 자기 옷가지를 내게 건네고는 한참 뒤에 우물거리며 말했다.

"엄마가 아빠랑 같이 지내라고 했어요. 엄마는 동생을 본다고."

나는 "응" 하고 대답했다. 그 말뜻은 금세 알아챌 수 있었다. 다는 아니지만, 파파도 조금은 알고 있었을 것 같다.

밤이 됐다. 나는 파파와 한 이불을 덮고 누워 작은 몸을 어루만졌다. 무척 따뜻했다.

"아빠가 매일 밤 작은 다람쥐 얘기해준 거 기억나니?"

내가 파파의 귓가에 대고 속삭였다.

"응."

파파가 힘껏 고개를 끄덕이며 손을 뻗어 나를 끌어안았다.

"아빠 허리가 시큰거리고 아프네. 네가 무릎으로 좀 눌러 줄래? 힘껏."

내가 옆으로 돌아누우며 물었다. 파파는 무릎을 구부린 다음 내 허리를 힘껏 내리눌렀다. 어찌나 시원하던지 앓는 소리가 나직이 새어 나왔다.

"시원해요? 이건요? 어때요?"

아이가 무릎에 힘을 잔뜩 주며 친절히 물었다. 굵은 눈물이 뺨을 타고 흘러 나는 아무 말도 할 수 없었다. 여든 살이 넘은 지금도 그때 그 따스한 종아리와 매끈매끈한 무릎을 똑똑히 기억한다……. 파파는 벌써 철이 든 것 같았다. 그날 이후로 나는 아들과 함께했던 그 짧은 며칠을 자주 떠올렸다. 어린아이였던 파파는 어느덧 지금은 쉰 살이 다 됐고, 슬하에 자녀도 있다.

파파와 며칠을 함께 보내며 밍밍이 스트레스를 견디지 못해 이혼을 생각하는 게 아닐까 짐작했다. 밍밍은 차분하고 가냘픈 겉모습과 달리 고집스럽고 주관이 뚜렷했으며 늘 냉정하고 이성적으로 생각해 결정을 내렸다. 지금 이것 역시 그녀의 선택이었다. 물론 일찍부터 자신의 요구를 조직에 전달했을 터였다. 추측건대, 조직에서도 관련 작업을 진행하며 갈등을 조금씩 풀어가고자 먼저 파파가 나와 함께 지내도록 허락한 것이리라. 나는 그녀의 결정을 이해할 수 있었다. 구체적으로 직시하지 않았고 먼저 문제를 제기하지도 않았지만, 그것은 '영혼을 뒤흔드는' 대혁명 가운데 내게 가장 뼈아픈 충격을 안겼다. 물론 아이들을 위한 결정이었을 테니 충분히 납득이 갔다.

_____ 증거를 보여주시오

내가 조금 변한 것 같은 느낌이 들었다. 예전보다 말수도 줄고 조금 까칠해졌다. '어차피 이렇게 됐잖아'라는 식으로 생각해서 그랬는지, 나도 잘 몰랐다. 다만 생생한 기억 속 그날의 일은 내가 전에 없이 대담하고 고집스러워졌다는 사실을 방증했다.

어느 날, 국어 교사이자 특별 안건 전담반의 책임자인 취웨신(瞿月新)이 다른 성에서 외부 조사를 나온 중년 남자 둘을 데리고 나를 찾아왔다. 취웨신은 그들에게 내 상황을 설명한 뒤, 내게 주의를 줬다.

"질문에 성실히 대답하세요. 그 어떤 것도 숨기거나 거짓으로 대답하면 안 됩니다."

그리고 그들이 직접 나와 대화하도록 한쪽으로 가서 앉은 다음 『참고소식』을 읽으며 우리를 지켜봤다. 나는 그들이 어디 소속이며, 왜 왔는지 전혀 아는 바가 없었다. 그들은 내가 난징 중앙대학교에서 수학하던 시절에 참여했던 학생 운동과 동아리 활동에 관해서만 질문했는데, 다만 그들이 언급한 문제와 관련된 이들 중 내가 아는 사람은 단 한 명도 없었다.

"다들 당신이 자기를 안다고 하던데?"

"기억이 안 납니다."

"다들 당신이 만든 조직이나 활동에 참여한 적이 있다고."

"서사라는 과외 음악 단체를 만들어 운영했습니다. 인원이 많았고 들락날락하는 사람도 많았습니다. 학부마다 관련 조직이 있었고요. 그러니 아마 다들 저를 알고 있을 겁니다. 하지만 저는 그런 이름을 들어본 적이 없습니다."

"거짓말!"

"거짓말이라뇨, 모두 사실입니다."

순간 화가 치밀었다.

"감히 말대답을 해?"

"그럼 거짓말을 하라는 겁니까?"

"당신이 지금 거짓말을 하고 있다는 증거가 있어."

"그래요? 좋습니다. 어디 보여주시죠."

내가 상대방을 똑바로 응시하며 대답했다.

"아니, 내 질문이 먼저야. 내 질문에 다 대답하고 나서 당신이 거짓을 고하고 있다는 증거를 보여주지."

…… 그렇게 다시 질문이 이어졌다. 모든 질문에 대답하기까지 족히 한나절이 걸린 듯했다. 그들이 수첩을 덮고 일어나 나가려는데 내가 벌떡 일어나며 말했다.

"잠깐만요, 아직 가시면 안 됩니다. 취웨신 선생님, 이분들이 제가 거짓말을 한다면서 그 증거를 보여주겠다고 하셨습니다. 그러니 그 증거를 봐야겠습니다. 그래야 확실하지요. 취웨신 선생님 앞에서 같이 보면 더 좋고요. 자, 이제 증거를 보여주시죠."

그들은 당황한 기색이 역력했는데도 생떼를 썼다.

"있어도 당신한테는 못 보여줘!"

"선생님께서 제가 거짓말을 하고 있다는 걸 증명하시겠다면서 증거를 보여주겠다고 하셨잖습니까?"

"당신한테 증거를 보여줄 필요는 없어."

"좋습니다. 그럼 저는 안 볼 테니 여기 취 선생님께는 꼭 보여주십시오. 자신이 한 말에 책임을 지셔야죠."

나는 집요하게 물고 늘어졌다. 이대로 가다가는 일이 커질 것을 직감한 취웨신이 딱딱한 분위기를 누그러뜨리고자 끼어들었다.

"본인이 사실이라는데 그만하시지요. 저도 같이 있었으니 오늘은 여기까지 합시다. 그 증거는 제가 보겠습니다. 그럼 두 분은 먼저 나가보시지요."

취웨신 동지가 태도를 분명히 밝혔기에 나도 더는 고집부리지 않았다. 그들은 화가 나서 씩씩거리며 나갔고, 그들을 뒤따르던 취웨신이 나에게 나직이 당부했다.

"조심하세요."

나는 화풀이라도 한 듯 속이 후련했다.

_____ 집으로 돌아가다

계급 대오 정리 운동이 끝나갈 무렵, 우리 여섯 명도 하나둘 '수감' 생활을 마치고 집이나 연구실로 돌아갔다. 그중 나는 가장 나중에 풀려났다.

그때 군선대 지도자가 할 이야기가 있다며 나를 불렀다. 지금 예밍밍의 일을 수리하고 있는데, 먼저 가족들이 내 문제와 정책에 대해 전반적이고 정확하게 인식해야 한다고 했다. 나는 지금 내가 어떤 상황에 놓여 있는지 깊이 묻지 않았다. 나는 단지 거(葛) 선생님 집에 맡겨 둔 둘째 솔솔을 데려오고 큰아들 파파도 집으로 보내 아이들이 정상적인 생활을 하길 바란다고만 의사를 표시했다. 이것 말고는 바라는 게 없었기에 나에 대한 것은 요구하지 않았다. 군선대 간부인 왕자칭(王家慶) 동지가 내 말을 주의 깊게 듣더니 묵묵히 나를 바라봤다. 그리고 짧은 한마디를 뱉었다.

"알겠습니다. 걱정하지 마세요."

이상하게도 그의 말이 무척 믿음직했다. 그는 자신이 한 약속을 그대로 지켰다.

며칠 후, 린(林) 씨 성을 지닌 군선대 소속 여성 동지가 나를 도와 집으로 짐을 옮겨주었다. 집에 들어서자마자 어색한 기운이 느껴졌는데, 린 동지는 이런 상황이 익숙한지 자연스럽게 행동했다. 그녀는 밍밍이 건네는 찻잔을 받아 들고 웃으며 인사한 다음 나를 향해 말했다.

"잘 사세요. 아이들은 엄마도 아빠도 필요하죠. 내일부터 연구실로 출근하시고 평소대로 생활하시면 돼요."

린 동지는 찻잔을 내려놓고 일어섰다.

"밍밍 동지, 그럼, 일 보세요. 저는 이만 가볼게요."

우리는 그녀를 현관까지 배웅했다. 그녀는 내게 응원의 미소를 보이고는 군인답게 성큼성큼 발걸음을 옮겼다. 이제 집에는 나와 밍밍, 둘만 남았다. 우리 중 누구도 입을 열지 않았기에 둘 사이에 어색한 공기가 흘렀다. 내가 막 말을 건네려는 찰나, 밍밍이 방으로 들어가며 한마디를 던졌다.

"따듯한 물을 준비할 테니 씻어요. 그리고 거 선생님 댁에 가서 솔솔을 데려오세요."

밍밍은 비닐봉지 하나를 손에 들고 집을 나섰다.

"먹을 것 좀 사 올게요. 오는 길에 파파도 데려오고."

밍밍은 걸음을 재촉했다. 나는 그녀의 뒷모습을 응시하다 별안간 울컥하고 목울대가 뜨거워졌다. 그녀가 무작정 내 연습실에 침대를 들여놓았던 일이 떠올랐다……. '모든 일은 내 생각대로 한다' 이것이 바로 그녀의 스타일이었다.

나는 집으로 돌아왔다. 예전과 다를 바가 없는 듯했지만, 무언가 달라진 듯도 했다. 그 후로 한동안 우리집은 아직 아물지 않은 상처처럼 시간이 필요했다. 밍밍과 나는 서먹서먹하게 지내며 늘 서로를 조심스럽게 대했다. 대부분 아이들을 보살피고 놀아주며 서로에 대한 마음을 전했을 뿐, 직접 소통하는 일은 드물었다. 그래도 느리지만, 상처가 치유되고 있었다. 내 기억으로는 그해 국경절, 어머니 댁을 찾아가 형제들과 한자리에 모였을 때 비로소 모든 앙금이 눈 녹듯 사라지며 봄이 왔다.

나는 시련을 겪은 가족이야말로 서로가 주는 진정한 온기를 느낄 수 있다는 사실을 깨달았다. 한때 어머니 곁에서 밤을 지낼 때마다 나는 늘 단잠을 잤다. 가장 편안하고 달콤한 잠이었다. 꼭 엄마 품속에 안긴 아이처럼 말이다.

누구든 그런 조용하고 평안한 삶을 바라고 갈망할 것이다!

11 / 오칠노선

1969년 국경절, 모처럼 맞은 명절에 밍밍은 아침부터 분주히 움직이며 아이들을 예쁘게 차려입혔다. 할머니를 뵈러 가는 길이었다. 앞마당에 들어서자 안쪽에서 시끌벅적한 소리가 들렸다. 먼저 온 동생들이 함박웃음을 지은 채 이야기꽃을 피우고 있었다. 어머니의 수척한 얼굴에도 보기 드문 미소가 번졌다.

그때는 그 누구도 '대기근 시기'나 '천재지년(天災之年)'과 같이 불길한 말은 입에 올리지 않았지만, 다들 마음속 한쪽에 염두에 두고 있었기에 가족이 한자리에 모인 순간을 더욱 소중하게 생각했다. 그러나 어머니가 정성스레 만드신 삼겹살찜, 붕어구이, 피망 볶음을 먹고 내 오랜 친구인 이과두주까지 석 잔 마시고 나니 알 수 없는 용기가 생겼다. 다들 마음속에 묻어둔 말을 속 시원히 터놓을 수 있는 시간이라 생각하며, 각자 고민을 풀어놓기 시작했다.

"너희 쪽도 '오칠간부학교[1]'로 간대?"

"결정된 거야? 발표 났어?"

"어느 간부학교로 가는데?"

그러다 누군가가 농담을 던졌다.

---

1 / 역주 : 마오쩌둥의 오칠지시(五七指示)에 따라 창립되어 간부를 훈련 및 교육하는 학교

"앞으로는 오칠간부학교 졸업이라는 학력이 승진하는 데 주요 지표가 될지도 몰라."

"졸업은 무슨, 집안 기둥뿌리 다 뽑힐 텐데. 신농민이 돼야지, 졸업은!"

역사적으로 죄인을 수도에서 변방으로 강제 이주시키는 유배라는 형벌이 있었다. 또한, 대이동이라는 것도 있었다. 항일전쟁 시기 수많은 사람이 피난길에 오른 것처럼 말이다. 우리가 쓰촨 청두로 피난 갔을 때 시골에 자리를 잡았었는데, 그곳에 살던 꽤 많은 농민이 전쟁을 피해 왔거나 조정에서 거부당해 내륙이나 다른 성에서 쓰촨으로 이주해 농사일을 하게 된 것이었다. 그들은 집에서 쓰촨 말이 아닌 다른 말을 썼기에 무슨 말을 하는지 알아듣지 못했다. 내가 물은 적은 있으나 선조의 일이라 자기들도 잘 모른다고 했다.

우리는 이야기에 흠뻑 빠져 시간 가는 줄도 몰랐다. 날은 벌써 어둑어둑해져 있었다. 아이들이 졸린 듯 연신 하품을 해대는 것을 보고서야 집에 가야겠다는 생각이 들었다. 어머니는 헤어지기가 아쉬웠는지 계속 "할머니라고 불러 보렴", "한 번만 더" 하며 솔솔을 품에서 놓지 않았다. 우리는 진즉 외투를 입고 짐을 든 채 한쪽에 서 있었는데 차마 솔솔을 냉큼 데려갈 수가 없어서 그저 계속 웃는 낯으로 멍하니 기다렸다. 그 모습을 본 어머니가 마음을 굳게 먹었는지 우리에게 아이를 건네며 격앙된 목소리로 말했다.

"다들 그 뭐냐, 오칠노선? 거기 가! 아이는 내가 볼 테니!"

우리는 어머니가 툭 던진 말에 한바탕 폭소를 터뜨렸다. 그 말을 농담으로만 여겼으니까. 그러나 사실 그해에 정말로 많은 사람들이 그 대도, 즉 노선을 따라 걷다가 집과 가족을 모두 잃었다.

'1호 명령'

국경절을 보내고 며칠 후 학교 혁명위원회에서 전체 교직원 및 학생을 대상으로 회의를 열었다. 그 자리에서 군선대 지도자 리리(李力) 동지가 '오칠지시(伍七指示)'[2]의 내용과 린(林) 부주석이 마오 주석의 오칠지시에 근거해 내린 1호 명령을 발표했다. 더불어 전 간부에게 결단과 실행을 촉구하며 간부학교로 내려가 재교육을 받을 것을 선포했다. 대중이 궁금해하는 여러 가지 구체적인 사항에 대해서는 언급하지 않았고, 그저 '오칠노선'은 혁명을 계속하기 위한 길이다', '각 학부와 학과는 마오 주석의 오칠지시를 학습하고 일주일 안에 출발 준비를 마쳐라'라는 말만 했다.

그 직후 학교에는 극도의 흥분과 혼란, 긴장감이 흘렀고 모두가 분주하게 움직였다. 각종 의심과 의문, 침울한 분위기가 암암리에 퍼져 나갔다. 신발이 젖은 사람은 물을 건너는 게 두렵지 않다고 했던가. 나 역시 '젖은 신발'을 신은 사람이지만, 아이들을 생각하면 어쩔 수 없이 마음이 무거웠다. 그러나 한편으로는 '계급 대오 정돈'을 통해 '군중'이라는 정치 신분을 갖게 된 것이 기쁘기도 했다. 다만, '군중' 앞에 '혁명'이 붙을지는 더 두고 봐야 했다. 일반인과 같은 신분을 가졌다는 것은 매우 중요한 사실이었다. 이제는 건너야 할 물이 강이든 하천이든, 구불구불하든 깊든 모조리 이 '오칠노선'에 닿아 있었다.

나는 속으로 이 '오칠노선'이 '좋은 방법'이라고 생각했다. 계급 대오 정돈까지 끝낸 단계에서 '대혁명'으로 어지러워진 판국을 어떻게 수습한단 말인가? 좋다! 죄다 오칠간부학교로 가라! 가서 다 같이 살아보는 것이다. '진짜 금은 제련을 두려워하지 않는다'고 하지 않던가. 자신은 혁명파라고 목청을 높였는가? 좋다, 그럼 오칠노선을 따라가라! 그 발걸음이 끝까지 확고할지 지켜보겠다. 다른 사람이 혁명파가 아니라고 지적했는가? 그렇다면 그 사람도 데려가라. 당신과 같은 차와 같은 배를 타고 하나의 길을 쫓다 보면, 명확한 결과를 볼 수 있지 않겠는가? 역시

---

2 / 역주 : 1966년 5월 7일, 마오쩌둥이 린뱌오(林彪)에게 보낸 편지에 따른 주요 지시

다들 군말 없이 따르니 이제부터는 차분히 수습하면 될 것이다.

그 시기에 공동주택을 돌아다니다 보면 어디서든 드라마에 나오는 장면처럼 부산스러운 광경이 펼쳐졌다. 집집이 대문을 활짝 열어놓고 들락날락하며 물건을 날랐고, 입구 공터에는 트렁크와 바리바리 싼 짐보따리를 놓아두었다. 쓸모는 없지만, 버리기 아까워 가지고 있던 물건을 전부 꺼내 고물상에 팔기 좋게 한쪽에 쌓았다. 학교나 유치원에 갈 필요가 없어진 아이들은 잔뜩 흥분해 소리를 지르거나 노래를 부르며 이리저리 뛰어다녔다. 그러다 고물 더미에서 오래전에 버린 깃발, 장총, 큰 칼날, 나무총 같은 것을 발견하고는 신바람이 나서 휘두르고 노래를 부르며 폴짝폴짝 뛰다가 기마 자세를 취한 채 《위호산(威虎山)》을 불렀다.

"숲의 바다를 건너고, 설원을 뛰어넘어……."

그것 참 떠들썩한 광경이었다. 그에 반해 어른들은 대부분 쯧쯧 혀를 차며 눈살을 찌푸렸다. 피곤과 근심에 찌든 모습이었다.

밍밍과 나는 집을 내팽개치고 '사청운동'을 갔던 경험이 있었기에 무엇을 두고, 무엇을 가져갈 것인지 금방 결정할 수 있었다. 대형 가구는 버린 셈 치고 어떻게 되든지 그냥 제자리에 두기로 했고, 소형 가구와 잡동사니는 일단 작은 방에 쌓아 놓았다. 그러고 나서 밍밍이 식구들의 옷가지를 계절별로 챙겼는데, 본인과 내 옷을 트렁크 두 개에 나눠 넣고, 두 아이의 옷은 한 트렁크에 담았다. 둘둘 말 큰 침구도 두 개 챙겼다. 앞으로 할 일을 배정받을 때, 오칠간부학교에 정착할 준비를 하라는 지시가 있었기에 취사도구 일체와 학용품 및 사무용품도 조금 챙겼고, 아이들이 볼 책도 빼먹지 않았다. 그리고 아쉬운 마음에 심혈을 기울여 『루쉰 전집』에서 몇 권을 뺐고, 『삼국연의』와 『수호전』도 쌌다. 원래는 『홍루몽』을 가지고 가고 싶었지만, 혹시나 문제가 될까 싶어 그만두었다. 이것만으로 나무상자 하나가 가득 차 짐이 또 하나 늘었다.

그러던 어느 날, 우리 공동주택에 헌책과 고물을 사는 고물상이 왔다는 소식을 듣고 한데 묶어둔 악보와 서적 더미를 2인용 유모차에 싣고 집을 나섰다.

"그게 다 뭔가?"

고개를 들어보니 군 대표 리리 주임이 옆에 서 있었다. 시찰에 나선 듯했는데 그러다 내가 짐을 잔뜩 싣고 가는 모습을 보고 궁금증이 난 것이다.

"책입니다."

"아, 책."

그가 무슨 생각에 잠긴 듯 멈칫하더니 한마디를 더 건넸다.

"책이라니, 책은 좋은 것이잖나!"

아깝다는 표정이었다. 책을 버리는 것에 찬성하지 않는다는 뜻이었다. 사실 그가 엉겁결에 입 밖에 낸 '잠언'에 별다른 뜻은 없었을 테지만, 그때 나는 그것이 무언가를 암시하는 것처럼 느껴져 그의 의중을 파악하느라 진땀을 뺐다. 당시 나는 돌아올 수 없는 길을 가는 심정으로 이를 악물고 마음을 다잡았다. 그래야 홍위병의 가택 수색에서 살아남고 이후에도 계속 불린 이 보물들을 버릴 수 있었다. 리리 동지의 한마디는 내게 깨달음을 주었다. 반드시 후회할 길은 가지 않는게 좋았다. 나는 잠시 멈춰 서서 그가 저 멀리 지나가는 모습을 보고 나서야 보물이 실린 유모차를 끌고 집으로 돌아갔다. 그 후로 2년이 채 되지 않은 어느 날, 다시 그 책더미 앞에 선 나는 그때 리리 동지를 만나 다행이었다고 생각했다.

그는 군선대의 지도자이자 당시 민족학원 혁명위원회의 주임이기도 했는데, 직업 군인이지만 본질적으로는 지식인에 속했다. 일찍이 그의 부친인 리커눙(李克農)이 오랫동안 중공 지하 조직의 지도부였다는 사실을 들었는데, 박학다식하고 재주도 뛰어나 저우 총리의 유능한 조수였다고 한다. 리리 동지가 군선대의 통신병 부대를 이끌고 학교에 들어온 후, 처음으로 강단에 올라 사람들 앞에서 연설했을 때, 그는 문인의 풍모를 지닌 무장 같은 인상을 풍겼다. 그래서 그가 책에 그토록 민감한 반응을 보인 것은 자연스럽고 당연한 일이었다. 그를 보고 있으면 장양우(張養吳) 동지가 떠올랐다. '노동 개조는 우리를 짐꾼으로 만들기 위한 것이 아니다'라고 했던 장 동지처럼, 리리 동지도 지식인이 책을 내다 버리고 '오칠노선'을 걷는 것에 찬성하지 않았다. 다만 그때는 자기 생각을 대놓고 드러낼 수 없었던 것이다. 아마 나는 남들보다 둔감한 편인 듯하다. 그때 '유배'는 단지 '이사'한 정도의 느낌만 들었고 눈치 빠른 사람이 지적해 주어야 상황을 파악할 수 있었다.

첸강 간부학교

후베이 첸강현(潛江縣)으로 향하는 인파는 어린 시절 항일전쟁 때의 피난 생활을 연상시켰다. 기차, 여객선, 노인, 어린아이, 탈진, 실망……. 머리 위에 폭탄을 퍼붓는 전투기는 없지만, 갖은 시련과 한 치 앞도 내다볼 수 없는 불안감에 시달려야 했다.

도중에 두 살배기 솔솔이가 병이 나 열이 올랐다. 아이는 줄곧 엄마 품속에 얼굴을 파묻고 있었다. 나는 밍밍이 아이를 돌보며 쉬도록 침대를 내주었다. 아이도 아이지만, 출발 전에 준비하느라 가장 지친 사람은 바로 밍밍이었다. 그녀는 한눈에 봐도 많이 야위어 있었다. 그래서 이참에 아이와 쉬도록 했다. 파파는 벌써 철이 들었는지 얌전히 일을 거들거나 침대에 기댄 채 동화책을 봤다. 나는 밤에도 잠을 이루지 못하고 창가에 서서 담배를 피우는 일이 잦았다. 그렇게 서서 침대에 있는 모자(母子)를 바라볼 때면 나도 모르게 진한 혈육의 정이 느껴졌고, 동시에 집안의 먹구름을 몰고 온 나 자신이 너무 원망스러웠다. 아이들은 아직 어리기에 느끼는 바가 많지 않을지 모르지만, 밍밍이 속으로 얼마나 많은 생각을 했을지 짐작하고도 남았다. 아, 이번에는 또 무엇이 우리를 기다리고 있을까……?

며칠간의 여정 끝에 드디어 첸강 범인(犯人) 개조 농장이자 우리의 '오칠간부학교'에 도착했다. 먼저 도착한 선발대는 이미 우리를 안치할 준비를 마친 상태였다.

학부와 학과는 군대 조직처럼 편성되었고 이 중 예술과는 제3중대로 배치됐다. 우리는 군선대 대원을 따라 기다란 단층집 앞에 멈춰 섰다. 각 반장이 식솔을 거느린 우리처럼 가족 전체가 온 사람을 먼저 방으로 들여보냈는데, 여럿이 잘 수 있도록 길게 놓인 침상을 가리키며 식구 수에 따라 두 자리나 세 자리를 내어주었다. 자리 배정이 끝난 후, '이웃집' 사이사이에 공간을 분리하기 위해 밧줄을 매고 거기에 침대보나 깔개를 얹었다. 우리는 지정된 자리에 짐을 풀고 깔개를 깐 다음 아이들부터 침대에 앉혔다. 나와 밍밍은 다른 물건들을 정리했는데, 생필품만 꺼내고 다른 것은 잘 묶고 자물쇠를 채워 방 안에 두었다. 모든 집이 자리를 잡고 나니 하나의 대가족이 탄생했다. 밤에 가림막을 치면 작은 닭장이 다닥다닥 붙어 있는 듯 보였다. 밤이 깊어지면 방 안 곳곳에서 가지각색의 잠꼬대 소리와 코 고는 소리가 울려 퍼졌다. 천장에 있는 어둑어둑한 전등만이 이 황당무계한 '난민 수용소'를 비췄다. 이런 공동생활을 통해 다양한 사람을 관찰할 수 있었다. 사람마다 다른 성격, 외모, 기질은 드라마 등장인물의 소재나 영감을 얻기에 충분했다. 평소에는 생각도 못 할 '재미있는 에피소드'들이 정말 많았다. 사람은, 참 흥미롭다!

우리 예술학부가 속한 제3중대의 중대장은 원래 예술과의 음악 연구팀장이자 당 지부 서기였던 허진샹(何金祥) 동지였다. 모두 그를 '라오쭤(老左)'[3]라고 불렀는데, 그가 지독한 원칙주의자였기 때문이다. 품행이 단정하고 성실하며 일도 열심히 했지만, 대인관계는 그리 좋지 못했다. 남에게 잘못해서라기보다는 모든 일을 급진적으로 처리하며 갈등을 빚었기 때문이다. 워낙 성격이 까다로워 사소한 일에도 한두 마디씩 잔소리를 해서 듣는 사람의 기분을 상하게 했다.

우리의 일정은 거의 비슷했다. 아침이면 노동을 나갔고 매주 월, 수, 금요일 저녁에는 시사나 마오 주석의 저서를 공부한 다음 모여서 토론을 했다. 이는 당연히 문제될 게 없었다. 당시 많은 사람이 식솔을 모두 데리고 왔는데, 노인이야 제 앞가림을 한다 쳐도 아이들이 문제였다. 솔솔처럼 두세 살밖에 안 된 어린아이들이 적지 않았다. 어른들이 모두 일하러 나가면 아이들은 누가 돌본단 말인가? 지도부도 이 문제 때문에 걱정이 이만저만이 아니었다. 처음에는 여성 동지 몇 명이 교대로 곡식 건조장 옆에 있는 창고에서 아이들을 돌봤는데, 전문 보육 교사가 아닌 데다 마땅한 시설도 없어 탈이 나기 일쑤였다. 따라서 이 방법은 장기적인 해결책이 될 수 없었다. 이에 군선대는 첸강 유전 총지휘부에 도움을 구했고, 결국 그쪽에 있는 유치원에 간부학교 아이들을 위한 유아반을 증설했다. 유치원은 간부학교와 5~6킬로미터쯤 떨어진 곳에 있었다. 어른들은 매주 월요일 아침 트랙터로 아이들을 유치원에 등원시키고, 토요일 오후에 데려오기로 결정된 후에야 한숨을 돌렸다.

3 / 극단적인 좌파

그때부터 매일 월요일 아침 7시가 되면 확성기가 울렸다.

"유치원에 갈 아이들은 모두 집합하세요!"

아이들은 이 소리를 들으면 구령을 맞추듯 일제히 '앙' 하고 울음을 터뜨렸다. 아이들의 울음소리는 간부학교를 가득 채웠다.

"엄마! 엄마……!"

"안 갈래! 나, 안 갈래!"

어른들은 솜뭉치처럼 옷으로 싸맨 아이를 트랙터에 앉은 아주머니에게 억지로 안겼다. 트랙터가 '털털털' 소리를 내며 움직이면, 아이들의 울음소리가 모터 소리와 뒤섞여 고막이 터질 지경이었다! 어른들은 트랙터가 살을 에는 추운 바람을 가르며 춥고 황폐한 흙길을 따라 멀어지는 모습을 눈으로 뒤쫓았다. 그 모습에 젊은 엄마들은 눈물을 감추지 못했다.

생활 전반을 관리하는 군선대의 라오우(老鳴) 동지는 배웅하는 어른들 속에 섞여 한참을 침묵하다 한숨을 쉬며 말했다.

"에휴, 됐어. 아이들을 맡길 곳이 있다는 것만으로도 얼마나 다행인가? 걱정하지 말게들, 큰아이 등교 문제도 곧 해결될 거야. 어쨌거나 하나씩 해결해야 할 문제네. 자, 이제 그만 일하러 가세."

우리가 이곳 간부학교 농장에 온 것은 결국 개조받기 위해서였으니, 상부 지시에 따를 뿐 별다른 도리가 없었다. 이 틀에서 분수를 지키고 최선을 다하고 만족하며 살 수밖에…….

여기서부터 시작

때는 마침 겨울이었다. 작년에 심은 목화는 이미 수확을 마쳤고 원래 있던 노동개조 범인은 전부 다른 곳으로 옮겨졌다. 이로써 공터와 논밭은 중앙 민족사무위원회 오칠간부학교에 넘겨졌는데, 우리가 이곳에 온 첫 '오칠전사(伍七戰士)'였다. 저 멀리 바라보면 끝없이 펼쳐진 목화밭이 보였고, 바싹 마른 진갈색의 목화대가 무수히 서서 수확을 기다리고 있었다. 목화대는 보통 두세 손가락만 한 굵기에 뿌리가 땅속 깊이 박혀 있어 뽑으려면 그것을 세게 잡고 몇 번 힘껏 흔든 다음 확 잡아당겨야 했다. 나중에는 '발구(拔鉤)'라는 기구를 썼다. 길이가 서너 자쯤 되는 둥글고 두꺼운 나무 막대 끝에 10센티미터쯤 되는 쇠갈고리를 박은 것으로 그 갈고리가 목화대 밑부분을 물면 그것을 비틀면서 잡아당겼다. 곧이어 진흙이 가득 묻은 뿌리가 나타나는데 그 즉시 목화대를 밭고랑에 놓고 발로 밟았다. 말은 쉬워도 매우 고된 일이었는데, 악력과 완력은 물론이고 허리와 다리 힘까지 동시에 써야 했다. 특히 여성 동지들은 반나절이 채 되지 않아 허리가 시큰거리고 팔도 저리고 손바닥도 화끈거렸다. 그때마다 잠시 서서 고개를 들면, 끝이 보이지 않을 만큼 넓게 펼쳐진 밭이 눈에 들어와 숨이 턱 막혔다.

농장 책임자는 목화 재배의 전 과정은 바로 여기서부터 시작된다고 했다. 먼저 시든 목화대를 뽑아 땔감으로 쓰고, 봄이 되면 땅을 갈아엎은 다음 씨를 뿌리고 모종을 솎은 후 비료를 준다. 특별히 여름에는 농약을 뿌리고 목화가 나지 않은 가지를 치는데, 이러면 다래가 차츰 익어가며 목화송이가 된다. 가을이 되어 목화송이가 터지면 그것을 따서 햇볕에 말린다.

우리는 이 모든 과정을 겪었다. 돌이켜보면 그때의 한 장면 한 장면이 '겨울, 봄, 여름, 가을'의 네 악장으로 이루어진 교향곡 '사계'처럼 느껴진다.

봄이 오기 전, 우리가 할 일은 역시 마른 목화대를 뽑고 밭을 정돈하는 것이었다. 그 외에 지도부는 간부학교 건설에 힘을 썼다. 앞으로 이곳은 우리가 오래 머물며 사상을 개조할 '성지(聖地)'이자 새로운 삶의 '터전'이 될 터였다.

지도부는 각 중대에서 젊고 기운이 팔팔한, 의욕도 솜씨도 있는 동지들을 선발해 기초건설대와 수송대 조직을 꾸렸는데 여기에는 무용대의 재주꾼 류더화(劉德華), 장원광(張文光) 선생 등 십여 명이 포함됐다. 먼저 주거 환경 개선에 주력했다. 과거 형기를 마친 사람이 이곳에 남아 장기간 일하며 가족과 함께 지낸 집을 개조하여 약 7~8제곱미터쯤 되는 반 칸짜리 집 두 채를 만들었다. 그리고 이를 아이가 있는 집에 내주었다. 덕분에 단체 숙소가 조금이나마 넓어졌다. 우리집도 '반 칸'을 얻었는데, 두 사람이 잘 수 있는 곳에 아이들이 쓸 이층 침대가 놓여 있었다. 먼지투성이에 쥐 똥이 가득하고, 곰팡내가 진동하는 축축한 '반쪽짜리' 집에 들어갔을 때, 우리는 고급 별장이나 5성급 호텔에 온 듯 기뻐했다.

그 후로 1년이 채 되지 않아 간부학교는 의무실과 매점을 갖추었고 주방을 증축하여 보일러까지 설치해 정해진 시간에 뜨거운 물을 사용할 수 있었다. 여름에는 수도관을 설치하고, 인공 수로 옆에 간이 샤워 시설까지 설치하여 일을 마치고 바로 들어가 씻었다. 그 밖에 상상도 못 할 시설이 하나 있었으니 바로 '양주장'이었다. 간부학교에 술을 빚는 공장을 세운다? 발상 자체로도 놀라운 일이지만 그곳에서 빚는 술은 은은한 나무 향이 배 있으면서도 도수가 높았는데, 저렴한 데다 규정도 없었기에 매점에서 불티나게 팔렸다.

사람은 손만 쓰면 어떤 상황에서든 필요한 것을 만들 수 있는 모양이다. 이것이 바로 '자력갱생'의 정신인가. '오칠' 정신이라고 감히 말은 못 하지만, 어쨌든 사람은 쉽게 만족하는 존재라는 것 하나는 알 수 있었다. 다만 전제는 말로 다 할 수 없는 고통과 절망을 느껴야 한다는 것이다. 운명이 정해준 대로 따라야 하는 상황에서 조금씩 여건을 개선해주면 힘들었던 지난날을 떠올리며 만족감을 느끼고 현실을 받아들인다. 인간은 망각의 동물이 분명하다……

어쨌거나 나아진 살림에 훈훈해진 마음처럼, 한결 따스해진 햇볕과 함께 봄철 파종이 다가왔다. 파종 작업은 농기계 경작대가 밭을 두 번 갈아엎고 쟁기로 밭고랑을 만드는 것으로 시작됐다. 씨 뿌리는 일은 수월한 편이라 콧노래까지 흥얼거릴 정도였다. 생기 넘치는 연녹색 싹이 빼꼼 얼굴을 내밀면 숨만 쉬어도 그 생명력이 고스란히 느껴지는 듯했다. 그러나 목화 싹도 사람을 비롯한 모든 생물처럼 생장할 공간과 충분한 양분이 필요했다. 이들의 경쟁도 잔혹하기는 매한가지였다. '솎아내기'라고 일부 싹이 잘 자라도록 하기 위해 일정 비율의 싹을 뽑아내야 했기 때문이다. 허리와 다리를 계속 구부려야 했기에 마음보다는 몸이 아픈 일이었다. 장시간 싹을 솎아내다 보면 아예 항복하고 무릎을 꿇은 다음 그 자세로 움직였다. 나중에는 샤오양이 밭고랑에 엎드려서 움직이는 법을 가르쳐줬는데, 편한 자세이긴 했지만 차마 볼 수 없을 정도로 우스꽝스러웠다. 아무튼 일정대로 싹을 솎는 일을 마쳤다. 밭 가장자리에서 병사들이 검열을 받듯 가지런히 선 푸른 싹을 보면 나도 모르게 손을 흔들었다. 그저 잘 자랐으면 하는 마음이었다. 이는 고작 첫걸음을 뗀 것에 불과했다.

온종일 계속된 고된 노동 속 밍밍과 나

한여름이 되자 작물의 키가 내 허리까지 닿았다. 비료를 주고 가지치기까지 끝내면 가장 고약한 농약 뿌리기가 기다리고 있었다. 기온이 40도를 웃도는 불볕더위가 기승을 부리는 때였다. 한번은 누군가가 직접 기온을 측정했다. 점심 때 온도계를 해가 있는 쪽으로 잠시 놓아두었는데 수은주가 순식간에 꼭대기까지 치솟았다. 온도계의 최고 온도가 50도가 아니라면 분명 더 올랐을 터였다.

그런 폭염에 팬티와 러닝셔츠 위에 목에서 복사뼈까지 연결된 두꺼운 캔버스 재질의 작업복을 입고 귀를 덮는 모자에 고무로 된 장화까지 신어야 했다. 거기서 끝이 아니다. 거즈를 세 겹으로 겹쳐 만든 마스크까지 써야 했다. 이렇게 복장 착용을 완료하면, 말 그대로 질식사할 것만 같았다. 이에 농약 뿌리기는 중대에서 체력이 좋은 일꾼을 선발해 맡겼는데 개중에는 나 같은 지원자도 있었다.

복장을 다 갖추고 나면 12~18킬로그램이나 되는 농약을 담은 농약 분무기를 짊어지고 무사처럼 전장으로 향했다. 사람의 허리 정도까지 자란 목화대 숲에 들어가면 밭고랑을 지나다니며 기관총을 쏘듯 연신 좌우로 '치익, 치이익' 농약을 뿌렸다. 농약은 안개처럼 튼튼히 자란 목화대와 갓 맺은 다래에 내려앉아 목화붉은씨벌레를 비롯한 해충을 모조리 없애버렸다!

숨이 막힐 정도의 찜통더위와 엄청난 피로감을 이 악물고 버텨야 했다. 겨우 두 바퀴를 돌고 나면 농약을 보충하고 우리도 물을 마셨다. 장화를 벗어 거꾸로 들면 땀이 주르르 흘러내렸다. 그러나 아무리 물을 마셔도 다시 무장하고 전투에 뛰어드는 데는 더 큰 용기와 굳건한 의지가 필요했다.

농담이 아니라 첫날부터 쓰러지는 사람이 나왔다. 그러나 계급 대오 정돈 때 수감 생활을 했던 샤오양, 우진더 그리고 나는 어째 싸울수록 용감해졌다. 나는 교사 중에서도 나이가 가장 많았지만, 전투에는 일가견이 있었다.

고개가 저절로 숙어질 만큼 감사했던 것은 매일 일을 마치고 작업복을 벗은 다음 곧장 간이 샤워실에 들어갈 수 있다는 사실이었다! 우리가 목화에 농약을 뿌리는 것처럼 수도꼭지도 우리의 머리, 등, 가슴에 시원한 물을 뿌려주었다. 크으! 얼마나 시원하고 상쾌한지! 그 느낌은 말로는 표현이 안 됐다. 그저 연신 발을 동동 구르며 흡사 야만인처럼 '으아——!' 하고 감탄사를 연발할 뿐이었다.

첸강의 겨울은 베이징처럼 매섭진 않았지만, 여름의 태양은 엄청난 위력을 과시했다. 실오라기 하나 걸치지 않은 채로 있어도 견디기 힘들었다. 어떤 이는 농담으로 이런 말도 했다.

"이런 날씨에는 목화밭 이쪽으로 들어가서 저쪽으로 나오는 사이에 '완숙'이 될 거야."

하지만 그 '괴력'의 태양이 오랫동안 나를 괴롭혔던 고질병, '이동성 류머티즘 관절염'을 고쳐준 듯했다. 이 병은 피곤하면 바로 증상이 나타났다. 양손의 열 손가락이 순서대로 붓고 아프다가 다음에는 양 무릎이 아팠다. 심할 때는 잠자리에서 몸을 뒤집는 것조차 힘들어 다른 사람의 도움을 받아야 했다. 그러다가도 한번 죽 돌고 나면 또 아무렇지 않았다. 한방, 양방 가리지 않고 수많은 정형외과를 전전했지만, 이 지독한 놈은 좀처럼 나를 놓아주지 않았다. 막 간부학교로 내려왔을 때, 이 고질병 때문에 자주 휴가를 냈었는데, 나중에는 그것도 눈치가 보여 억지로 참고 버텼다.

그런데 이상하게도 한여름 무더위를 견디는 내내 감감무소식이었다. 밍밍이 말해주지 않았더라면 언제부터 통증이 사라졌는지조차 몰랐을 터였다. 나중에 의사에게 물으니 경도와 위도로 볼 때, 첸강 일대가 태양의 자외선이 가장 강한 곳이라 장시간 노동으로 자외선에 노출되어 물리치료를 받은 것 같은 효과를 얻은 것이라고 했다. 꽤 일리가 있는 설명이었다. '전화위복'까진 아니어도 '오칠간부학교'에서 큰 수확을 얻은 것만은 분명했다.

하루하루가 흘러 기승을 부리던 폭염도 차츰 물러났다. 마지막으로 이곳에서 저곳까지 가지치기 하고 잎을 꺾으며 무성한 목화 숲에서 빠져나와, 밭머리에 짐을 내려놓고 담배를 피울 때면 불어오는 바람에서 서늘한 기운이 느껴졌다.

가을은 느리게 다가왔다. 익어가는 목화만큼 '오칠전사'들도 성숙해졌다. 푸른 싹이었던 목화는 조금씩 자라 다래를 맺었고 이내 풍만한 목화송이로 변했다. 목화송이는 가을의 문턱을 지나며 조용히 터지더니 새하얀 솜을 토해냈다. 천 만 송이의 눈꽃은 햇살 아래에서 찬란하게 미소 지었다……. 눈부시게 빛나는 목화 사이로, 그에 못지않게 아름다운 아가씨들이 지나다니며 목화를 땄다. 머리에 다양한 빛깔의 스카프를 두르고 가슴 앞쪽으로 천가방을 멘 채 목화를 따며 노래를 불렀다. 대화는 고함으로 이루어졌다. 사적인 이야기 소리가 하늘에 울려 퍼지면, 곳곳에서 피식 웃는 소리가 터져 나왔다. 배경음악만 있었더라면 영화의 한 장면이 될 법했다.

물론 남자들도 손 놓고 있진 않았다. 역시 가슴 앞쪽에 천가방을 멨는데, 그 모습이 꼭 유치원에 다닐 때 본 듯한 '모지리' 같았다. 아이들도 신바람이 나서 이 노동 놀이에 참여했다. 목화로 가득 찬 큰 자루를 등에 메거나 품에 안은 채 건조장으로 옮겼다. 몇몇은 질질 끌기도 했다. 코 밑에 하얀 목화 실이 묻은 아이도 있었다.

기쁨? 즐거움? 그렇다! 바로 그 순간, 지난 사계절 힘겨웠던 노동과 한 해의 피로가 싹 잊혔다. '한평생인지 한순간인지 모를' 투쟁, 비판 집회에서 받은 모욕, 집을 향한 그리움, 베이징으로 돌아가고픈 바람, 속절없이 사라진 꿈들…… 이 모든 것이 잠시나마 희미해졌다. 물론 예술에 대한 꿈은 진즉 사라졌다. 그 순간, 노동을 통해 얻은 희열은 오랜 시간 이어진 칠흑같이 어두운 수렁에서 만난 유일한 빛이었다. 노동으로 자신의 존재를, 더 좋게 말하면 생명의 가치를 증명할 수 있기 때문이었다.

요동치는 정세

1971년 가을의 끝 무렵, 핵폭탄급 소식이 평온했던 간부학교를 강타했다. 정치가 린뱌오가 나라를 배반하고 도망치다 몽골 운데르한에서 추락사했다는 소식이었다. 문화대혁명이라는 '전대미문'의 거센 폭풍을 겪은 이들도 이 충격적인 소식에는 어찌해야 좋을지 몰랐다. 어제까지만 해도 이 나라의 부주석이자 마오 주석의 후계자로서 '필승불패' 마오쩌둥 사상의 기치를 높게 들었던 사람이 당과 나라를 배신하고 마오 주석을 배반하다니! 이게 가당키나 한 일인가? 분명 유언비어일 것이다! 그것도 악질적인 유언비어! 그러나 그것이 의심할 바 없는 사실로 밝혀지자 순식간에 천하가 발칵 뒤집혔다. 쾌재를 부르는 이도 악담을 퍼붓는 이도 있었고, 정치 분석을 즐기는 사람들은 쉬지 않고 입을 놀리며 린뱌오가 당과 나라를 배반하고 권력을 장악하고자 했던 조짐이 진즉부터 있었다고 아는 체를 했다……. 이에 린뱌오가 내렸던 '1호 명령'에 의문을 가지기 시작했다. 그가 '오칠 지시'를 이용해 모든 간부를 하방시키고 간부학교로 쫓아내려는 엄청난 음모를 꾸몄다는 것이다! 일각에서는 곧 베이징으로 돌아갈 수 있다고 추측했다! 돌고 돌다가 결국 원점으로 되돌아가는 것, 이는 모두가 바라는 일이긴 했다.

예상대로 베이징에 있던 혁명위원회 주임 리리 동지가 간부학교에 온 지 얼마 지나지 않아 베이징으로 돌아가 '개문판학(開門辦學)'[4]을 한다는 소식이 전해졌다. 그리고 얼마 후, 사람들의 기대 속에서 베이징으로 돌아가는 사람의 첫 번째 명단이 공표됐다.

그 명단에는 예밍밍도 포함됐다. 지난 번 간부학교로 내려가라는 통지를 받았을 때와 완전히 달랐다. 무엇보다 내 생각과 마음이 그때와 판이했다. 물론 밍밍과 아이들이 베이징으로 돌아가게 되었으니 기쁘지 않을 수 없었다. 정말 다행이었다. 내가 남는 것 또한 당연하고 자연스러운 일이었다. 다만, 가족과 헤어져야 하니 아쉬운 마음이 드는 것은 어쩔 수 없었고, 밍밍 혼자 두 아이를 돌보며 일도

---

4 / 역주 : 문화대혁명 기간 중 교육혁명의 하나로 채택되었던 학교 운영 방법. 교실 안에서의 수업뿐만 아니라 공장 · 농촌에 내려가 학문과 실제를 연계시키고자 한 방식

해야 하는 상황이 걱정스러웠다. 그것이 얼마나 무거운 짐인지는 말할 필요도 없었다. 하지만 그 무거운 짐을 밍밍은 벌써 진 적이 있었다. 간부학교 생활은 고달프고 힘겨웠지만, 이미 혹독한 시련을 겪어본 데다 두 사람이 함께 메고, 지고, 끌며 서로를 감싸 주었기에 견뎌낼 수 있었다. 희망찬 미래 같은 건 없었지만, 그래도 가족이 한데 뭉쳐 지낸 시간이었다.

돌이켜보면 밍밍은 강인한 여자였다. 그 특유의 강인함으로 묵묵히 모든 것을 견뎌냈다. 여위고 체구도 작아 고초를 견디지 못할 것처럼 보이지만, 아무리 힘든 노동도 군말 않고 의연히 감당했고 선두에서 가장 무거운 짐을 지었다. 집은 말할 것도 없었다. 큰 일이든 작은 일이든 뚜렷한 주관을 가지고 책임을 다했다. 사계절 내내 네 식구의 먹고 입는 것을 책임졌다. 고집이 세서 억지를 쓰거나 짜증을 부리는 때도 있지만, 어쨌거나 결국에는 문제를 해결했다. 베이징으로 돌아가면 힘들어도 마음은 좀 편안해질 터였다. '개문판학'에는 밍밍처럼 기초 전공에 정통하면서 꼼꼼하고 성실한 교사가 필요할 것이었다. 나와 밍밍은 명단에 대해 아무런 말도 하지 않았지만, 둘 다 내가 그 명단에 포함되지 않은 것에 대해 불만이 없었다. 다만 처자식과 헤어져야 했으니 착잡한 것이야 당연한 일이었다. 물론 이때부터 나는 쓸모가 없는 사람이 된 것 같아 속상하고 우울했다.

잘 익은 목화가 터지며 새하얀 솜을 토해냈다. 그것을 따다가 건조한 후 창고에 넣는 작업을 서둘러야 할 때였다. 자칫 비라도 내리면 목화가 다 젖고 떨어져 막대한 손실을 입는다. 목화 따는 일은 그리 힘들지 않아 할 수 있는 사람이 많았다. 고개를 들어 멀리 바라보면 넓디넓은 녹색 바다에 새하얀 목화가 흩어져 목화를 따는 가지각색의 사람들을 더욱 돋보이게 했다. 고요한 가운데 곳곳에서 수시로 웃고 떠드는 소리가 들려왔는데 그것이 즐거운 분위기를 돋우었다.

나는 일부러 무리에서 벗어나 조금 떨어진 조용한 곳을 찾은 다음 목화를 따며 시름에 잠겼다……. 밍밍과 아이들은 이번 일만 끝나면 베이징으로 돌아간다. 나는 그것이 기쁘고 마음이 놓이면서도 처자식과 헤어져야 하는 숙명 때문에 슬프고 처량했다. 그렇게 꼬리에 꼬리를 무는 상념에 빠져 있는데, 갑자기 나타난

445

무언가에 놀라 정신이 번쩍 들었다. 내 뒤에서 '스스' 소리가 났는데, 이 소리가 점점 가까워지고 있었다. 반사적으로 그쪽을 향해 고개를 돌렸는데, 아니, 이게 웬일인가. 계급 대오 청산 운동이 끝났을 때 나를 집에 바래다주었던 군선대 샤오린 동지가 가슴 앞쪽에 천 가방을 메고 능숙한 솜씨로 목화를 따며 나를 향해 다가오고 있었다! 그녀는 내가 자신을 발견한 것을 알아채고 힘껏 소리쳤다.

"진 선생님—— 잠시만요!"

샤오린은 내가 잠시 서서 기다리는 사이 금세 나와 밭고랑 하나를 사이에 두고 나란히 섰다.

"진 선생님, 꽤 빠르시네요. 듣자 하니 열심히 하신다고요?"

"노동 개조 중이니까요. 그런데 왜 여기서 목화를 따고 있습니까?"

"노동 개조 중이니까요."

그녀는 일부러 내 말을 그대로 빌려 쓰며 분위기를 부드럽게 만들었다. 나는 웃으며 '아' 하고 대답한 후 하던 일을 계속했다.

"왜요, 안 믿기세요?"

"동지는 군인이잖아요. 노동자, 농민, 군인은……."

"다른 것도 배워야죠. 지금 농사를 배우는 거예요."

샤오린은 재치 있게 대답한 후, 곧 진지한 표정으로 말을 이었다.

"저도 지식인 가정 출신이에요, 아버지가 교수시거든요."

"아, 교수님의 자제였군요. 그럼 혹시……."

하마터면 그녀의 아버지도 비판을 받으셨었는지 물을 뻔했는데, 다행히 입 밖으로는 나오지 않았다.

"저는 학생 때부터 선생님을 알고 있었어요."

샤오린이 내 말허리를 잘랐다.

"《상감령》의 영화 음악 지휘를 맡으셨잖아요, 맞죠? 저는 음악을 무척 좋아해요. 선생님 공연도 본 적이 있고요."

"다 지난 일입니다."

나는 살짝 곰팡이가 슨 목화를 아무렇게나 집어 던졌다. 군선대 소속 동지가 나를 알고 있을 줄은 몰랐다. 솔직히 조금 기뻤다. 하지만 그런 이야기는 정말 내키지 않았다. 나는 입을 굳게 다문 채 목화를 따며 앞으로 이동했다. 그렇게 잠시 침묵이 흐른 뒤, 샤오린이 사뭇 진지한 얼굴로 입을 열었다.

"선생님 심정이 어떨지, 저도 압니다. 선생님이 처하신 상황도요. 제가 선생님께 말씀드리고 싶은 것은, 간단히 말하자면, 노동 개조는 당연히 해야 하는 일이지만 선생님께서 미래를 비관적으로만 보신다면, 선생님 말씀처럼 그런 것들은 과거가 되어버릴 거란 말입니다. 하지만 낙관적인 마음을 가진다면, 분명히 새로운 성취를 이루실 수 있을 거예요. 과거에서 끝나지 않고요. 저는 선생님께서 자신의 이상을 잃지 않으셨으면 좋겠습니다."

잠시 후, 그녀는 더 확신에 찬 목소리로 말을 이었다.

"의기소침하게 지내지 마세요. 자신을 믿으셔야 합니다. 저는 선생님께서 다시 지휘봉을 잡으신 모습을 보고 싶고, 선생님의 음악을 다시 듣고 싶습니다. 꼭 그렇게 되실 겁니다."

마지막 말에서 그녀의 진심이 느껴졌다. 군선대 소속 동지가 나와 같은 '우파'를 이토록 진솔하게 대하고 삶에 대한 용기를 북돋아 주리라고는 전혀 예상치 못했다. 그녀도 분명 감정이 격해진 상태였을 것이다. 군인이고 군선대인 데다 열정이 넘치는 젊은이였으니까.

"저는 곧 베이징으로 돌아갑니다. 예밍밍 동지도 머지않아 떠나니까, 선생님과 이야기를 좀 나누고 싶었어요. 이제 됐습니다."

그녀는 긴장이 풀어졌는지 한숨을 내쉬었다.

"……."

나는 아무 말도 하지 않았다. 끓어오르는 마음이 내 목소리를 타고 그녀에게 전해질까 두려웠기 때문이다. 묵묵히 밭머리까지 걷고 나서는 무슨 말이라도 해야 했기에 마음을 애써 진정시키며 한마디를 내뱉었다.

"고맙습니다. 내게 해준 말, 꼭 기억하지요……."

샤오린은 내 대답이 마음에 들었는지 웃으며 고개를 끄덕였다. 그녀가 밭두렁에 올라서는 걸 보고는 이제 가는구나 했는데, 돌연 천진한 여자아이처럼 웃으며 나를 향해 힘내라는 듯 주먹을 불끈 쥐어 보였다.

이튿날, 샤오린은 다른 군선대 대원 두 명과 함께 리리 동지를 따라 베이징으로 갔다. 그리고 이듬해 나 또한 베이징으로 돌아갔을 때 군선대 일부 조직이 철수한 탓에 샤오린을 다시 만나진 못했다. 그러나 그날 내게 건넨 짧지만, 진심 어린 말은 오래도록 내 마음에 남아 내게 지대한 영향을 끼쳤다.

1973년 봄, 내가 베이징으로 귀가 명령을 받았을 때, 간부학교에는 몇 사람 남아 있지 않았다. 두 번째, 세 번째로 하방 온 사람들 몇몇이 전부였기에 무척 썰렁했다. 아무래도 간부학교를 거두려는 듯싶었다.

이번에 베이징으로 돌아온 사람은 예닐곱 명쯤 됐는데, 학교에서 기차역으로 차를 보내 우리를 맞이한 후 곧장 숙소로 데려다주었다. 나는 차에서 짐을 내리자마자 곧장 집으로 줄달음쳤다.

현관문은 잠겨 있었다. 몇 번이나 밍밍을 불러도 대답이 없었다. 이상한 생각이 들어 즉시 뒷문으로 뛰어갔다. 그런데 밍밍이 머리에 스카프를 두르고 의자 위에 올라선 채 뒷문을 향해 쌓은 낮은 담에 펠트지를 대고 못을 박고 있었다. 발 밑에는 묽은 진흙더미가 있었다. 밍밍은 내가 왔다는 걸 눈치채지 못했는데, 오히려 파파와 솔솔이 앞서거니 뒤서거니 하면서 나를 향해 뛰어왔다.

"아빠——!", "아빠!"

나는 손에 벽돌 조각을 든 아이들을 보고 급히 물었다.

"뭐 하고 있니?"

"부엌방 만들기요!"

아이들이 우쭐대며 큰 소리로 대답했다. 밍밍도 의자에서 내려왔는데, 내가 놀란 토끼 눈을 하고 있는 걸 보고는 득의양양한 미소를 지어 보였다.

'오칠지시'가 제 효력을 나타내는 걸까. 밍밍과 아이들은 작은 부엌을 만드는 중이었다. 엄마가 두 아이를 데리고 뒷문에서 말이다! 세상에, 혀를 내두를 만큼 놀라운 광경이었다!

우리가 사는 공동주택에 숙소로 쓸 건물 공사가 한창이었는지라 사방에 벽돌과 기와 조각이 나뒹굴었다. 밍밍이 그걸 보고 마음이 동했던 듯싶다. 큰 펠트지 두 장으로 부엌 지붕을 만들고, 밑에 세 면으로 낮은 담을 쌓아 U자 형태를 띠었는데 입구와 집 뒷문을 연결했고, 안쪽에는 3~4제곱미터쯤 되는 공간이 있었다. 바닥에 벽돌을 깔면 아궁이와 작은 찬장을 놓을 수 있었고, 마침 수도꼭지도 후문 쪽에 있었다. 부엌이 생기면 원래 부엌으로 썼던 작은 방을 아이들의 침실이나 서재로 쓸 수 있었다. 대단히 좋은 일이자 위대한 일이었고 '오칠지시'를 통해 얻은 큰 수확이었다!

나는 즉시 소매를 걷어붙이고 이 위대한 거사에 뛰어들었다. 장정 하나가 힘을 보태자 진행 속도도 빨라졌고 아이디어도 많아졌다. 두 아이도 열성적으로 도왔다. 물론 아이들이 가져온 벽돌 조각을 세심히 골라 써야 했다. 이후 일주일이 채 되지 않아 새 부엌이 완성됐다. 우리는 새 부엌에서 완공을 축하하는 작은 파티를 열었다. '부식 구매 자금'으로 '이과두주' 한 병을 사서 매부 라오우도 초대했다. 나는 그가 현관으로 들어오자마자 뽐내듯 술병을 들어 올리며 말했다.

"이게 뭔지 한 번 보라고!"

그런데 내 말이 채 끝나기도 전에 술병이 병마개에서 저절로 분리되며 바닥에 떨어져 와장창 깨치고 말았다! 사방에 향긋한 술 내음이 퍼졌다. 내가 너무 놀라 넋 놓고 서 있는데, 라오우가 힘껏 소리쳤다.

"아, 얼른 엎드려서 핥아야죠! 지금 안주 기다립니까?"

그 후로 이 일화는 우리집에서 한 편의 '고전'이 됐다. 다음 세대는 이것이 뭐가 재미있냐고 할지 모르겠지만 말이다.

이웃과 친구들이 모두 와서 축하의 말을 건넸다.

"아이고, 신혼집이 따로 없네!"

그야말로 기쁘고 경사스러운 일이었다! 둔한 새도 진흙과 풀로 집을 짓는데, 하물며 사람은 어떻겠는가?

겉보기에는 모든 것이 평화로웠다. 일부 학교에서 학생을 모집했고, 신문을 통해 경기 회복 소식도 접했다. 특히 때때로 저우 총리의 소식과 행방에 대한 보도 등에 모두 예의 주시했다. 이제 막 활력을 찾고 희망을 품으려는 때, 별안간 대학 입시 고사에서 백지 답안을 낸 장톄성(張鐵生)이 '조반영웅(造反英雄)'으로 떠오르는 사건이 발생했다. 곧이어 어떤 소학생이 교사의 존엄과 부르주아 교육 노선을 철저히 숙청해야 한다는 글을 신문에 게재했다. 줄지어 일어나는 사건들로 의견이 분분했는데, 다들 '문화대혁명'처럼 또다시 거센 폭풍이 닥칠까 봐 마음을 졸였다. 다행히 민족학원에는 파란이 일지 않았는데, 심지어 일부 교사와 학생은 백지 영웅과 조반 '여걸'을 두고 몰래 비웃으며 진지하게 생각하지 않았다. 물론 나중에야 안 사실이지만, 고위층 내부의 치열한 투쟁에서 비롯된 현상이 일반인들에게까지 불똥이 튀면서 우리를 불안에 떨게 한 것이었다.

군선대는 별다른 방해를 받지 않는 듯 정상적으로 소수민족 지역에서 학생을 모집했다. 얼마 후, 예술과에서 '개문판학' 소대(小隊)를 조직했는데, 학부 지도자이자 군 대표인 왕자칭(王家慶) 동지가 소대를 이끌었다. 목적지는 베이양뎬(北洋淀)이었다. '베이양뎬'이란 지명은 많이 들어본 듯 익숙했는데, 항일을 소재로 만든 영화가 바로 그곳을 배경으로 했던 듯싶다. '개문판학'이라는 방식은 노동자, 농민, 군인 출신의 학생들에게 일반 학교와 다른 참신한 점이 있었는데, 나와 일부 교사들은 그것이 싼강 사청문화 공작대와 별로 다를 바가 없다고 느꼈다. 함께 일하고 생활하고 배우는 것, 농민과 대화를 나누고 깨달은 바를 적는 것, 소그룹에서 자신이 얻은 수확에 관해 토론하는 것, 작품으로 만드는 것, 공연하는 것 등을 실천하는 것이었다. 구체적인 내용은 이미 잊어버렸지만, 어쨌거나 계급 투쟁에 관한 것이었고, 대상은 '자본주의 노선을 따르는 실권파'였다. 일반 대중 앞에서 공연하는 입학생들은 의욕이 대단했다. 나는 이런 방식을 반복하면 분명 발전할 수 있으리라 생각했다. 학원의 정규화를 타파한 후, 혁명에 대한 열정으로 지금의 '새로운 방식'을 찾아냈는데, 앞으로는 또 어떻게 발전할 것인가? 아마 더 크고 수준 높은 예술 작품을 만들고 무대에 올림으로써 교육 혁명을 실천한 성과를 내보이며 더 '업그레이드'될 터였다. 당시 상황으로 볼 때 '모범극'이 가장 적합할 것임에 틀림없었다.

아나나 다를까. 베이양뎬에서 돌아온 후 얼마 지나지 않아 다음 학기에 모범 발레 무용극을 선보인다는 소식이 들려왔다. 몽골족을 소재로 한 《초원영웅소저매》였다. 더구나 녜뤄춘(乜若春)과 멍샤오옌(蒙小燕)이 주연을 맡고, 내가 악단 지휘를 맡는 것까지 이미 결정되어 있었다. 혼란스럽고 암울했던 시기, 간만에 날아든 희소식에 다들 펄쩍 뛰며 기뻐했다.

1973년부터 일 년간 중앙민족학원은 별 탈 없이 평온했고 국내 정세에 따라 차분히 '교육 개혁'에 착수했다. 예술과는 사제(師弟) 간, 소위 '천파'와 '지파'로 불렸던 두 세력 사이에도 커다란 갈등이 없었다. '문화혁명'이 막바지에 접어든 시기, 민족학원은 일반 학교보다 외부나 지도부의 공격이나 훼방이 적었다. 소수민족 정책 덕분인 듯했다. 민족학원에는 전국에서 온 여러 소수민족의 자제들이 모여 있으니 자칫 잘못해 갈등이나 오해를 빚을 경우 골치 아픈 문제가 될 터였다. 일례로 운동 초기 조반파가 티베트족의 수령급 인물인 판첸 어르더니를 잡아들여 밧줄로 꽁꽁 묶은 다음 외지에서 온 조반파에게 보인 사건이 발생했다. 당시 엄청난 반향을 일으켰는데, 상부에서 즉시 사람을 파견하여 그를 풀어주고 호송했다. 그 후로 다시는 그와 같은 일이 일어나지 않았다. 한마디로 소수민족이 한데 모인 민족학원은 맹렬한 정치 투쟁 속에서도 별도의 정책으로 다뤄야 했던 것이다.

이 정책이란 것도 사람이 관장하는 법이다. 민족학원이 '문화혁명' 초기의 거센 폭풍을 견뎌내고, 군선대가 학교에 주둔한 후로 상황이 조금씩 안정되기 시작했다. 민족학원에는 통신부대가 진주했는데, 기술부대에 속한 조직이었기에 '지식인'이 핵심층으로 자리 잡고 있었다. 이에 민족학원 교사 및 학생과 쉬이 공감대를 형성했고, 의사소통도 원활했다. 단적인 예가 바로 간부학교에 가기 전, 군 대표 리리 동지가 무심결에 내게 '책이라, 좋은 물건이잖나!'라고 했던 것이다. 곰곰이 생각해보면, 그 한마디가 내 책과 악보를 살렸고, 미래에 대한 희망을 깨우쳐

주었다. 그것은 지식인의 사상을 지녀야 자연스럽게 내뱉을 수 있는 말이었다.

민족학원 지도자 리리 동지는 물론이고 특히 학부 지도자인 왕자칭 동지가 대형 발레 무용극《초원영웅소저매》에 대단한 열의를 보였다. 둘 다 문학과 예술을 사랑했는데, 왕자칭 동지의 딸이 방과후에 플루트를 배우는 것이 그 사실을 증명했다. 본래 교육 사업에 종사한 것도, 예술을 가르친 것도 아니었지만 부대 내의 문화선전공작단, 문예대 등에서 영향을 받아 문학과 예술을 사랑하는 마음을 가지게 되었다. 이에 작품 창작과 공연이란 방식이 교육 혁명이란 기치 아래에 오랜 관습을 타파하는 새로운 교육 방법과 형태로 자리했다. 이 같은 방식은 비교적 쉽게 가시적인 '성과'를 얻었는데 발레 무용극《초원영웅소저매》의 성공이 바로 그 예였다. 그러니 작품 창작과 공연은 교육 혁명이란 목표를 달성하기 위한 하나의 접근 방식이라고 말할 수 있었다.

그러나 나는 이러한 교육 개혁에 의문이 들었다. 물론 당시의 객관적인 상황으로 볼 때, 무용극은 성공을 거뒀고 새로운 '개문판학'에 든든한 기반을 마련해 주었다. 그 후로 성악 및 기악 프로그램 등을 선보였고 새로운 '개문판학' 실시를 선언했다. 연출대는 위풍당당하고 기쁨에 찬 얼굴로 '개문판학의 노선'을 향해 성큼성큼 발을 내디뎠다. 먼저는 바이양뎬(白洋淀)으로 가서 소기의 성과를 거뒀고, 후로는 더 큰 무리를 이끌고 광활한 서북지역으로 건너가 새로운 교육 혁명을 위해 분투했다.

12 / 역사의 한 단락

십 리 창안길 배웅

청천 하늘에 날벼락 치듯 갑자기 저우 총리의 부고가 확성기를 통해 세간에 울려 퍼졌다. 충격에 빠진 이들은 절망하며 가슴 깊숙한 곳에서부터 비통한 울음을 터뜨렸다! 그 순간 많은 사람이 그들의 희망과 버팀목을 잃었다…….

1월 8일, 수많은 사람이 비통한 표정으로 출관을 기다리고 있었다. 참 이상하게도 요 며칠 혼자 다니는 사람 없이 모두가 한데 모여 있었는데, 그러면서도 다들 말없이 종이로 하얀 꽃이나 상장(喪章)을 만들었다. 마치 그래야만 자신의 슬픔을 다독일 수 있다는 듯.

나는 출관 하루 전에 입성해서 먼저 어머니 댁으로 갔다. 그리고 이튿날, 이른 아침부터 서둘러 창안가(長安街)로 향했다. 길 양쪽은 저우 총리를 배웅하기 위해 모인 사람들로 인산인해를 이뤘다. 나는 중산공원 서문까지 계속 걷다가 길가에 모인 사람들 속을 간신히 비집고 들어갔다. 인파로 뒤덮인 거리는 놀라우리만치 고요했고, 침통한 분위기가 흘렀다. 내 뒤에는 할아버지 어깨에 목마를 탄 서너 살 된 남자아이가 있었다. 아이는 두 손으로 할아버지의 머리를 감싸 쥐고 있었다.

"조금 이따 차가 나오면 '저우 할아버지, 안녕히 가세요'라고 소리치는 거야. 알겠지?"

아이의 할아버지가 나직이 당부했다.

"왔다, 왔어……!"

순간 저 멀리 동쪽에서부터 세찬 파도가 밀려오듯 사람들이 애도하는 소리와 울음소리가 들려왔다. 소리는 갈수록 커졌다…….

"저우 총리님! 사랑합니다!", "저우 총리님, 편히 쉬세요!", "영원히 당신을 그리워할 겁니다!"…… 십 리에 달하는 창안가를 가득 채운 사람들이 뜨거운 눈물을 흘리며 평생 이상을 좇았던 저우 총리의 마지막 가는 길을 함께했다. 영구차는 이내 자리를 떴지만, 사람들은 죽음이 우릴 갈라놓을 수 없다는 것을 알고 있었다.

'총리여, 들으셨습니까? 외항선, 보트, 기차, 자동차의 긴 경적이 당신을 애도하고 있습니다. 총리여, 보셨습니까? 천안문 광장에 우뚝 선 열사기념비 주변이 바다의 물보라처럼 새하얀 꽃들로 둘러싸인 모습을! 한 송이 한 송이마다 당신을 사랑하고 그리워하는 눈물이 가득 배 있습니다!'

저우 총리가 서거한 지 1년이 지났을 때는 이미 '4인방'[1]을 숙청한 후였다. 저우 총리 서거 1주년을 기념하기 위해 베이징 문예계의 동지들이 모여 낭송 음악회《저우 총리여, 어디 계십니까?》를 열었다. 베이징의 문화 예술 종사자와 학생들이 이 음악회에 참가하고자 수도 체육관으로 몰려들었다. 시인, 성악가, 피아니스트 등 모두가 저우 총리에 대한 사람들의 그리움, 조국에 대한 사랑과 근심을 마음껏 쏟아냈다. 성악가 궈란잉(郭蘭英)이 부른《수금편(繡金匾)》과 티베트족 가수 차이단줘마(才旦卓瑪)가 부른《당에 들려주는 민요(唱支山歌給黨聽)》는 저우 총리가 생전 가장 즐겨 듣던 곡이었기에 부르는 사람도, 듣는 사람도 마음이 먹먹해졌다. 뜨거운 눈물을 흘리다가 끝내 목놓아 우는 사람도 적지 않았다.

음악회가 끝난 후, 나는 홀로 집에 돌아갔다. 미친 듯이 들뜬 마음 탓에 밤을 꼬

---

1 ／ 마오쩌둥의 부인 장칭, 마우쩌둥의 동료 왕훙원, 장춘차오, 야오원위안을 칭하며, 문화대혁명을 충성스럽게 이룸

박 새웠는데, 그때 저절로 한 시나리오 구상이 떠올랐다. 이튿날부터 펜을 잡고 시나리오를 써 내려가기 시작했다. 자료를 모으고 관계자를 만나 이야기를 나눴다. 그렇게 두 달을 집필에 매진한 끝에 《격상화개(格桑花開)》의 초고를 완성했다. 저우 총리가 생전에 즐겨 듣던 티베트족 민요 및 우정을 나누었던 티베트족 가수 융시(雍西)의 이야기를 기반으로 엮은 시나리오였다. 초고를 완성한 후에도 티베트 동포에 대한 저우 총리의 관심과 사랑을 표현하기 위해 수정을 거듭하여 티베트족 가수의 운명을 다룬 시나리오를 완성했다. 1980년 드디어 시나리오를 탈고했다. 내 오랜 벗, 룽샹이 나를 대신해 시나리오를 상하이영화제작소에 보냈다. 영화 《오타금화(伍朵金花)》의 감독 류충(劉瓊)이 내 시나리오를 보고 무척 마음에 든다며 영화 제작을 제안했다. 이후 직접 베이징에 와서 나와 시나리오의 세부적인 부분에 대해 논의하며 새로운 요소를 구상하기도 했다.

아마도 숙명이었던 듯하다. 마침 그해에 티베트 문화 사업을 이끄는 간부 한 명이 단원들을 거느리고 북유럽을 돌며 공연을 하고 있었는데, 프로그램 심의차 베이징에 왔다. 나는 그의 의견을 들을 좋은 기회라는 생각에 티베트족 친구를 통해 그를 소개받았고 시나리오 복사본을 가지고 가서 그의 의견을 물었다. 이틀 뒤, 그가 나를 보자고 불렀는데, 대뜸 내 시나리오가 티베트 '문화대혁명'의 실정에 전혀 맞지 않는다며 영화로 만들면 안 된다고 했다. 찬물을 뒤집어쓴 듯한 기분이었지만, 고민 끝에 류충에게 사실대로 털어놨다. 다만 시나리오에 쓰인 내용은 내가 직접 사람들에게 들은 내용과 신문 보도 자료를 바탕으로 했다는 말도 덧붙였다. 인적 증거도, 물적 증거도 있었지만, 티베트 문화 사업을 이끄는 사람의 말을 무시할 수도 없는 노릇이었다. 결국 류충에게 피해를 줄까 봐 걱정스러운 마음에 내가 먼저 시나리오를 포기했다. '뱀에게 물리면 삼 년을 새끼줄만 보고도 놀란다'고 하지 않던가. 문화대혁명을 겪은 마당에 정치적 모험을 감행할 필요는 없었다. 류충은 그냥 버리기에는 너무 아깝다며 시나리오를 수정해 보자고 했지만, 마침 내가 영화 악단으로 자리를 옮겨 녹음 및 작곡에 여념이 없었던 터라 결국은 흐지부지되어 버렸다.

하! 그런데 이것 또한 운명의 장난이었다! 얼마 후, '4인방'이 전국에 퍼뜨린 '암세포'를 색출해 처단하는 작업이 이뤄졌다. 그런데 한 티베트족 친구가 말하길, 그 문화계의 '거물'이 내 시나리오에 등장하는 인물 중 하나라고 하는 게 아닌가! 시나리오 내용 중에 그와 관련된 것이 있었다는 말이었다. 이때 그는 이미 직위해제된 후였다. 그러나 이미 오랜 시간이 흘렀고, 류 감독도 은퇴한 데다 나도 다른 작품을 만드느라 여유가 없었기에 그저 "됐어!"라는 말로 아쉬운 마음을 갈무리했다.

다시 1976년으로 돌아가자. 1976년은 중국 현대사에서 굉장히 중요한 해였다. 이 시나리오에 등장한 저우 총리는 분명 훗날 격상의 노랫소리와 함께 스크린을 채울 것이다.

한 시대의 끝

1976년 1월 저우 총리가 서거한 후, 촛농이 채 마르기도 전에 중추절의 검은 구름이 또다시 하늘을 가렸다. 올해가 채 가기도 전인 9월 9일에 확성기에서 또 한 번 충격적인 소식이 흘러나왔다.

"우리의 친애하는, 위대한 지도자 마오 주석께서 오늘 새벽에 서거하셨습니다!"

날벼락을 맞은 사람들은 순간 어찌할 바를 몰랐다. 매일 '마오 주석, 만세!'를 외쳤는데, 그 위대한 사람이 세상을 떠나다니, 이루 말할 수 없을 만큼 복잡한 심경이었다.

학원 방송을 통해 지시를 전해 들은 사람들은 속속 대당강으로 모였다. 아무도 앉지 않고 전부 무거운 표정으로 서 있었는데, 여기저기서 흐느끼는 소리가 연신 울려 퍼졌다. 강단 위에서 누군가 낭독하고 있었지만, 그것을 제대로 듣는 사람은 아무도 없는 듯했다……. 젊은 여성 동지들은 손수건에 얼굴을 파묻은 채 훌쩍였다. 나는 울지는 않았지만, 침울한 마음에 고개를 푹 숙이고 있었다. 나도 내가 무슨 생각을 하는지는 잘 몰랐지만, 머릿속이 복잡했다. 오랜 세월이 지났다. 그동안 마오 주석은 내 마음속에 어떤 추상적인 개념이나 신성한 우상으로 승화되어 있었다.

그러나 그것은 결코 생각처럼 간단한 일이 아니었다. 일반 사람들은 '4인방'을 뼈에 사무치도록 미워했지만, 복잡하게 뒤얽힌 권력 투쟁에 대해서는 항간에 떠도는 소문 외에는 추측만이 전부였다. 전보다 마음은 좀 편해졌지만, 쉴 새 없이 바뀌는 정세를 여전히 관망하는 것이 고작이었고, 이것이 현실이기도 했다. 다만, 텔레비전을 통해 죄인들이 심판을 받는 장면을 지켜보는 순간만큼은 다들 기쁨에 겨웠다!

그 무렵, 역사는 묵묵히 한 시대의 끝을 향해 달려가고 있었다.

누명 시정 통보서

1979년 3월 20여 년 전 나를 쫓아냈던 극원에서 방문 통보를 받았다. 당 위원회 사무실에 들어가니 여성 동지 하나가 나를 맞이했다.

"진정핑 동지, 맞으시죠?"

"동지?"

"음, 네, 맞습니다. 통지를 받고 왔어요."

"정말 오랜만……"

"22년 만입니다."

우리는 책상을 사이에 두고 마주 앉았다. 그녀가 서랍에서 큰 서류철을 하나 꺼내 열더니 거기서 크라프트지로 된 편지 봉투를 꺼내 책상에 올려놓았다. 그리고 그것을 나를 향해 밀며 진지한 목소리로 말했다.

"시정 증명서입니다."

그녀가 편지 봉투에서 종이 한 장을 꺼내 보였다. 나는 그것을 보기만 했을 뿐 만지지 않았다.

진정핑 동지는 1957년 착오로 인해 우파 분자로 분류되어 공청단에서 제명. 3급으로 강등되었다.

중공중앙 1978년 55호 문건정신에 의거, 재조사한 결과와 상부의 승인에 따라 진정핑 동지는 반당 반사회주의 우파 분자가 아님을 밝히며 기존의 결론을 철회한다.

1. 대중 앞에서 재조사 결과를 발표하고 그의 정치적 명예를 회복시킨다.
2. 공청단 제명 조치를 철회하고 퇴직 단원으로 처리한다.
3. 강등되기 전 등급으로 예우한다.
4. 그를 우파로 표기한 자료를 일체 소각한다.
5. 착오로 판명된 정치 신분으로 인해 불이익을 받지 않도록 관련 기관에 재조사 결과를 통지한다.

본 시정 증명서에 따라 관련 자료를 처리하고 우파 분류가 미친 영향을 제거해 주십시오.

중앙가극무극원
재심사 소조
1978. 12. 11

이 종이 한 장이 지난 내 22년간 꼬리표처럼 따라다닌 우파 분자라는 정치적 누명에 종지부를 찍었다.

"시정 관련 자료들은 모두 이 안에 있습니다. 저희가 동지의 직장과 관련 기관에 별도로 해당 사항을 전달할 것입니다."

그녀가 서류철을 정리하며 말했다.

"기타 관련 자료는 저희가 전부 소각 처리하겠습니다."

"알겠습니다. 그럼 이만."

내가 편지 봉투를 들고 일어서며 대답했다.

"여기, 서명하세요."

아, 그렇지. 서명해야지. 그녀가 건네는 펜을 받아 들고 수취서에 대충 서명한 후 펜을 책상에 툭 내려놓는 순간, 내가 우파임을 시인하는 자료에 서명한 후 사무실을 나갔던 그날이 머릿속에 떠올랐다.

역 사 의 한 단 락

나는 1929년에 태어나 항일전쟁, 해방전쟁, 토지 개혁, 항미원조를 겪고 이어 여러 차례의 개조 운동을 체험한 후 우파가 됐다. 그리고 오늘에서야 억울한 누명을 벗었다. 아니 누명을 벗었다기보다는 잘못된 것을 바로잡았다고 보아야 마땅하겠다. 내가 받은 것은 시정 통지였으니 말이다. 과연 누구의 잘못을 바로잡은 걸까? 누가 잘못을 저질렀기에 시정이 필요했을까? 내가? 아니면……? 어쨌든 그 잘못된 것이 바로잡혔다. 1979년, 마침 내가 반백 살이 된 해였다!

나는 줄곧 이 '시정'이라는 말이 잘 와닿지 않았다. 20년이 넘는 세월 동안 한 사람이 청춘을 다 보내고 반백 살이 되도록 오명을 꺼안은 채 살았다. 생각만 해도 통탄할 일이 아닌가? 그런데 몇몇 이들은 이를 유리잔 하나가 깨진 것보다 더 아무렇지 않은 일로 여겼다! 누구든 남의 발을 밟으면 '미안하다'고 사과하지 않겠는가? 그런데 나는 사과를 받았다는 느낌이 전혀 없었다. 오히려 은혜를 입었다는 느낌이었다. 내가 너무 세상 물정을 몰라서 그런 것일까?

13 / 새로운 페이지를 열며

쿠오바디스

1979년 내 인생에 두 번째 봄이 찾아왔다. 1929년 4월에 태어나 항일전쟁을 겪은 후, 스무 살이 되던 해인 1949년 4월 난징에서 해방을 맞았다. 이것이 내 인생의 첫 번째 봄이었다면, 두 번째 봄은 1979년 4월 베이징에서 또 한 번의 해방을 맞이한 날이었다. 공교롭게도 역시 4월의 어느 봄날이었다.

그해 4월 4일 나는 쉰 살이 됐다. '대수(大壽)'라고 불리는 나이이기도 했다! 옛날 중국인은 반백 년을 사는 일이 드물었기에 '대수'라고 말할 만했다. 내가 이 나이까지 살아있다니 그야말로 하늘에 감사해야 할 일이었다. 그것도 다시 '인민'으로서 말이다! 그날, 밍밍이 유독 기분 좋은 얼굴로 나더러 아버지를 뵈러 가자고 했다. 장인과 함께 셋이 대화하던 중, 향후 계획과 이직 문제에 대한 이야기가 나왔다.

"그래, 어디로 갈지 정했나?"

"아마 영화악단으로 갈 것 같은데, 아직 확정된 건 아닙니다."

장인이 잠시 생각하더니 진지한 얼굴로 나를 바라보았다.

"하나 물어봄세. 이직하는 김에 민족 음악을 해보는 게 어떻겠나?"

"예? 제가요?"

뜻밖의 질문에 놀란 나는 엉겁결에 속말을 그대로 내뱉었다.

"못해요. 배운 것도, 계속 해온 일도 다 서양 음악인데요."

"물론 처음에는 좀 어렵겠지. 새로 배워야 하니까. 하지만 모두 같은 음악이지 않나. 노력만 하면 되지 않겠어?"

무척 난처했다. 장인은 진심으로 하는 말인 듯했지만, 그렇다고 전공을 바꿀 수는 없는 노릇이었다.

"어떤가? 한 번 생각해 보겠나?"

장인이 이미 내 대답을 알고 있다는 듯 물었고 나는 용기를 내어 대답했다.

"정말 못합니다. 벌써 제 나이가 쉰이에요. 지금 와서 뭘 바꾸겠습니까?"

장인은 웃으며 한마디를 내뱉었다.

"변변치 못하구먼."

때마침 밍밍이 말했다.

"식사하세요!"

장인은 희색이 만면한 얼굴로 벌떡 일어나며 대답했다.

"오, 고급요리를 했나 보네!"

식탁을 둘러보니 몇 가지 요리 가운데에 훙사오러우(紅燒肉)[1]가 담긴 큼직한 접시가 놓여 있었다. 그것이 바로 장인이 말한 '고급요리'였다! 농담이 아니라, 그가 고급요리가 있다며 손님을 붙잡을 때마다 식탁에는 이 훙사오러우가 있었다. 일반 가정집 밥상 위에 흔히 올라오는 반찬이 내 장인, 예첸웨이에게는 '훌륭한 요리'였다. 그만큼 그의 삶은 소박하고 겸손했다. 널리 알려진 그의 좌우명은 '삶 속에서는 만족할 줄 알고, 예술에서는 자기를 끊임없이 갈고 닦아야 한다'였다. 나는 내 쉰 살 생일에 그 좌우명의 뜻을 깨달았다. 그가 내게 한 '변변치 못하다'는 말은 나에 대한 기대감의 표현이자 앞으로 작곡할 때 민족 음악을 염두에 두기를 바라는 마음이었다.

---

1 / 역주 : 간장과 향신료를 넣은 삼겹살찜으로 평상시에 즐겨 먹는 흔한 반찬

그날 밤, 어머니 댁에서 내 생일 잔치 겸 셋째 동생의 송별회가 열렸다. 셋째 동생 리바오(즈핑)네 집은 며칠 후 베이징을 떠나 홍콩으로 이주하게 됐는데, 어머니에게는 대단히 중요한 일이었다.

리바오는 결혼 생활이 순탄치 못했다. 학창 시절 만났던 여자친구는 나도 상하이에서 한 번 만나본 적이 있었다. 둘이 함께 있는 모습이 워낙 풋풋했기에 내게는 아름다운 기억으로 남았다. 그러나 리바오가 베이징으로 온 후, 여자친구에게 다른 사람이 생겼고 둘은 헤어졌다. 나는 즈핑이 얼마나 큰 상처를 입었을지 짐작이 갔다. 그 후, 낭만적인 여자가 즈핑을 열렬히 쫓아다녔는데, 얼떨결에 그녀와 결혼했다가 결국은 이혼하고 말았다. 첫 번째 결혼으로 슬하에 1남 1녀, 도도(누나)와 레레(동생)를 두었다. 밍밍이 형제들이 아이를 낳으면 순서대로 음계 이름을 붙여주자고 제안했는데, 형제들도 만장일치로 찬성했다. 일단은 할머니에게 아이들을 맡겼는데, 나와 밍밍도 한동안 어린 레레의 '아빠와 엄마'가 되어줬다. 즈핑은 몇 년간 홀로 외롭게 보냈다.

밍밍은 그런 즈핑이 안쓰러웠는지 그와 어울릴 만한 사람을 물색하고 다녔다. 그런데 마침 덩루이팡(鄧瑞芳)이라고 새로 부임한 여교사가 눈에 띄었다. 무용 수업 때 피아노 반주를 해줬는데, 화교인 데다 아직 싱글이었고 온화한 성격에 말수가 적었다. 밍밍은 둘이 잘 어울리겠다 싶어 즈핑에게 이야기를 꺼냈는데, 즈핑도한 번 만나보겠다고 했고, 덩루이팡도 좋다고 했다. 둘이 영화를 보게끔 자리를 마련해준 뒤로는 알아서 만남을 지속했고 결국 결혼에 골인했다. 즈핑의 재혼은 집안의 경사이자 축복이었는데, 특히 어머니는 한시름 덜었고 도도와 레레에게도 온전한 가족이 생겼다.

그로부터 약 2년 후, 홍콩에 살던 덩루이팡의 아버지가 미국으로 건너가면서 홍콩 집을 딸에게 남겼고, 부부가 상의한 끝에 일을 그만두고 홍콩으로 건너가 그곳에 정착하기로 했다. 우리가 어머니 댁에 모였을 때는 이미 모든 준비를 마친 후였다. 다들 먼 길을 떠나는 두 내외를 배웅했다. 바이올린을 배우는 도도와 바순을 배우는 레레는 학기를 마친 후에 홍콩으로 가기로 했다.

새 로 운 페 이 지 를 열 며

송별회가 끝난 후, 나는 혼자 즈핑을 배웅하러 나섰다. 조용하고 깊은 밤에 우리는 널찍한 창안가 푸싱교(復興橋) 위를 거닐었다. 둘 다 묵묵히 담배만 태웠는데, 아마 지난 일을 떠올리는 듯했다. 결국 내가 먼저 입을 열었다. 홍콩에 오래 거주할 작정인지, 중앙악단 일은 그만두는 것인지 묻자 즈핑이 확신에 찬 표정으로 고개를 끄덕였다. 오랜 고민 끝에 내린 결정이며, 이곳에는 가슴 아픈 기억이 많아 계속 살고 싶지 않다고 했다. 환경이 바뀌면 마음이 한결 편안해질 것 같다고 덧붙였다. 충분히 이해할 수 있었다. 나 역시 '거처' 문제로 고민하고 있었으니까. 극원은 본래 내가 꿈꾸던 곳이었지만, '반우파 투쟁'을 겪은 후로 돌아갈 수 없다는 생각이 굳어졌다. 상상하기 어려운 환경과 사람, 일을 다시 마주할 자신이 없었다. 즈핑도 역시 이런 내 마음을 잘 알고 있었다.

"그럼 영화악단으로 갈 생각이야?"

"응, 그렇게 될 것 같다."

"민악대(民樂隊)로는 가지 마. 형이 좋아하는 일을 해야지."

"관현악단으로 갈 거야. 근데 넌 왜 연주자를 그만두려는 거야?"

"악단에서 연주하는 거 너무 힘들어."

"힘들어? 설마…… 지휘가 더 힘들 것 같은데?"

즈핑은 잠시 머뭇하더니 사뭇 진지한 어조로 말을 이었다.

"지휘랑 연주는 달라. 지휘는 능동적인 노동이잖아. 힘들어 보이긴 하지만 사실 정신적인 피로감은 그리 크지 않을 거야. 연주자는 수동적인 노동을 하니까 조금씩…… 특히 마음이……."

즈핑은 무언가 포기하는 듯 말을 잇지 않고 입을 닫았다. 즈핑의 마음을 알 것 같았다. 특히 무엇에 억눌린 듯 마음이 답답한 사람이라면 수동적인 노동으로 피로감이 쌓일 법했다. 나는 즈핑이 왜 도피를 선택했는지 납득할 수 있었다. 나와 즈핑은 모두 '쿠오바디스', 즉 어디로 갈 것인지, 그 선택의 기로에 놓여 있었다.

나는 헤어질 때 한마디를 건넸다.

"가족들 보러 가끔이라도 와야 해."

즈핑이 고개를 끄덕였다. 버스가 정류장에 서자 즈핑이 반쯤 태운 담배를 던지고 내게 손을 흔든 후 차에 올라탔다. 나는 어둠 속으로 사라지는 버스를 가만히 바라보았다…….

즈핑 내외는 홍콩에서 몇 년 살다가 덩루이팡의 아버지가 돌아가시는 바람에 미국으로 건너갔다. 그곳에서 아버지의 유산을 물려받고 정착했다. 그때부터 가족들이 뿔뿔이 흩어져 각각 미국과 홍콩에 살기 시작했다. 부부는 미국 새크라멘토에 살았고 포토그래퍼로 전공을 바꾼 도도는 뉴욕에 살았다. 레레만 홍콩에 남았다. 레레는 뛰어난 실력으로 홍콩 악단에서 종신 바순 수석 연주자가 됐다. 레레는 행복한 가정을 꾸렸는데, 첼로를 전공한 아내 류이(劉儀) 사이에 똑똑하고 어여쁜 1남 1녀를 낳았다.

결국 나는 중국영화교향악단으로 이직했다. 영화악단과의 인연은 1955년으로 거슬러 올라간다. 항일전쟁 승리 10주년을 기념해 문화부에서 개최한 니에얼과 시엔싱하이 기념음악회에서 중앙가극무극원 합창단과 영화교향악단이 합동 공연을 선보일 때, 내가 지휘를 맡았었다. 그 후로 얼마 뒤, 영화악단에서 영화《상감령》의 음악을 녹음할 때도 내가 지휘를 맡았다. 나는 영화악단 단장 왕한칭(王漢淸)과 몇 차례 만나며 친구가 됐는데, 그때도 영화악단으로 오라고 재차 권유했다. 사실 영화악단은 수준이 높고 역사도 꽤 깊었다. 당시에는 가장 완벽한 편제와 악기를 지니고 있었으며 분위기도 좋았기에 분명 매력적인 일터였다. 다만 그때는 내가 오페라에 푹 빠져 있었기에 그의 제안에 응하지 않았고, 그렇게 20년이 흘렀다.

왕 단장은 긴 세월이 흐른 뒤에도 내게 러브콜을 보냈고, 나도 영화음악을 꽤 좋아했기에 두 번의 논의 끝에 결정을 내렸다. 그러나 이번에는 민족학원 예술학부장이 내 이직을 반대했고, 한동안 대치 상태가 지속되었다. 그러다 내가 나서서 양쪽의 책임자를 초청해 삼자대면하기에 이르렀다. 결국은 민족학원 예술학부 책임자는 내가 민족학원에서도 수업을 겸한다는 조건으로 이직을 수락했고 모두가 만족스러운 결과를 얻었다.

이미 지난 일이지만, 만약 20년 전에 영화악단으로 이직했다면 나는 전혀 다른 삶을 살았을지도 몰랐다. 이 세상은 참 아이러니하다. 내가 영화악단으로 일터를 옮긴 후 처음 맡은 일은 바로 영화 《위발군(韋拔群)》의 OST였는데, 우파라는 누명을 쓴 후 볜췐 동지의 도움으로 민족가무단에 정착했을 때 처음 받았던 일도 오페라 《위발군(韋拔群)》의 음악 지휘였다. 이것 참 드라마틱한 우연이지 않은가? 다만 그때는 '반우경 운동'에 휩쓸리는 바람에 없던 일이 되어버렸다. 그런데 20년이 지난 후에 다시 《위발군》 OST의 지휘를 맡게 되었으니, 잃어버린 세월을 보상받는 느낌도 들고 새로운 삶의 여정이 시작되는 듯한 기분도 들었다.

《창바이산의 봄》

영화악단으로 이직했기 때문일까, 아니면 '우파'라는 누명을 벗었기 때문일까. 어쨌거나 이때를 기점으로 내면의 변화를 감지했다. 창작에 대한 욕구가 뜨겁게 타올랐고, 글의 구상은 물론 어휘 선택도 거침없이 술술 풀렸다. 하나를 끝내면 곧바로 다른 작품에 착수했고, 어떨 때는 동시에 두 작품을 쓰기도 했다. 어림짐작이지만, 내 작품 중 70~80%는 바로 이 시기에 쓰인 것이다.

이 당시 내가 썼던 작품을 언급하자면 민족학원 음악과에서 작곡을 전공한 학생, 바이즈윈(白知运)의 이야기를 빼놓을 수 없다. 그는 당시 중국 중앙방송(CCTV) 제작 센터에서 음악 편집자로 일했는데, 이따금 TV 프로그램에 쓸 음악을 직접 만들기도 했다. 1980년, 《창바이산의 사계》라는 대형 특집 프로그램에서 창

백두산 천지에서

바이산(백두산)의 봄, 여름, 가을, 겨울을 표현하는 음악 편집 일을 맡았는데, 그때 내 생각이 났단다. 그는 이번 프로그램에 쓰일 음악은 한민족의 색깔을 일정 부분 담아내면서도 또 그것에 너무 얽매여서는 안 된다고 했다. 더 중요한 점은 새로운 스타일과 형식을 지닌 음악이어야 한다는 것이었다. 그래서 한민족의 스타일을 이해하는 조선족이자 비교적 광범위한 관현악 작곡 기법을 알고 있는 내게 곡을 써 달라고 부탁했다. 그는 내가 기존의 틀을 벗어나 참신한 곡을 만들어낼 것이라 확신하는 듯했다.

이에 내게 창바이산에 함께 갈 것을 청했다. 때는 이른 봄이었다. 산 중턱까지 올라가자 아직 정상인 천지에 닿지 않았는데도 눈꽃이 날리기 시작했다. 우리는 어쩔 수 없이 온천이 있는 작은 여관에서 하룻밤을 묵었다. 이튿날 새벽, 창문을 열자 새하얀 눈에 뒤덮인 울창한 숲이 눈에 들어왔다. 순수하고 깨끗한 모습에 넋을 놓은 나는 숨을 죽인 채 한참이나 바라보았다. 적막이 감도는 중에 이따금 숲속 깊은 곳에서 새의 노랫소리가 들려왔다. 그 맑고 투명한 세상의 아름다움은 어떤 말로도 표현할 길이 없었다. 점심때까지 기다렸다가 정상으로 향했는데, 끝없이 펼쳐진 푸르고 맑은 천지 변두리에 서서 제각각 다른 높이의 산봉우리가 구불구불 이어진 모습을 조망했다. 그 순간 오랜 세월 울분을 삭이고 삭였던 내 몸이 아득한 저 하늘의 끝을 향해 날아오르는 듯했다. 훗날 바이즈윈이 그때를 회상하며 이렇게 말했다.

"오랫동안 억압받은 진 선생님께서 그 순간 짜릿한 해방감을 맛보실 줄 알았어요. 분명 그 순간에 걷잡을 수 없는 영감이 샘솟을 거라는 것도요."

그때부터 우리는 힘을 모았다. 《창바이산의 봄》은 당시 내 생각과 감정을 가장 잘 보여주는 작품이다. 여러 차례의 실험과 논의 끝에 나와 바이즈윈 사이에 암묵적인 약속 하나가 이루어졌는데, 간단히 말해 곡을 만드는 것은 내가, 곡을 사용하는 것은 바이즈윈이 관장하는 것이었다. 즉, 나는 프로그램을 위한 짧은 곡을 만드는 것 말고도 내 구상에 따라 완전히 독립된 작품을 만들 수도 있었다. 이를 모두 녹음한 후에는 바이즈윈이 프로그램에 필요한 것과 음악의 구성을 고

새로운 페이지를 열며

려하여 일부를 골라 썼다. 그리하여 나는 내가 쓴 곡들을 독자적인 음악 작품으로 남길 수 있었다.

현실적으로 작곡가가 심혈을 기울여 써낸 곡과 악보의 음표들이 실제로 연주되는 것은 말처럼 쉬운 일이 아니었다. 우리는 꽤 오랫동안 함께 일했고,《창바이산의 사계》시리즈와 중일 합작 특집 프로그램《실크로드》를 포함한 많은 대형 TV 프로그램 작품을 완성했다. 나는 그중에서 열 곡이 넘는 곡을 독자적으로 썼다. 완성도가 있는 작품으로는 음시(音詩)인《창바이산의 봄》과《가을의 노래-첼로와 악단》, 교향 모음곡《실크로드 스냅》, 악단 소품곡《정사(情思)》,《향사(鄕思)》,《변방의 가을빛(塞外秋色)》등이 있다.

그 후로 몇 년간 녹음과 몇몇 음악회 외에 거의 TV나 영화를 위한 곡을 만들었는데, 드라마《애지상(愛之上)》,《브라마푸트라강》,《한국독립운동역정》과 영화《네 명의 친구(四個小伙伴)》,《고슴도치 소나타(小刺猬奏鳴曲)》,《청산으로 가다(到青山那邊去)》,《생재유도(生財有道)》등에 내가 작곡한 곡이 삽입되었다.

예술계 종사자 일부와 악단 연주자들은 내가 영화와 TV 프로그램을 위해 작곡한 곡을 좋게 평가하면서도 그렇게까지 공들일 필요가 있냐고 했다. 한 프로그램을 위해 수십 개의 파트를 만들고, 심지어 어떤 파트는 완벽한 한 곡에 가까웠으니 그런 의문을 가지는 것도 무리는 아니었다. 악기 편성을 정교하고 복잡하게 할 필요도, 화성에 신경을 써서 많은 변화를 줄 필요도 없다고, 너무 애쓰지 말라고 조언하는 사람도 더러 있었다. 한마디로 파트를 열 몇 개쯤 만들어놓고 바꿔가며 쓰면 될 것을 '어리석게' 온갖 정성을 다 쏟는다는 말이었다. 또 누군가는 내가 영화 음악에서는 아직 '초짜'라 그런다며 시간이 지나면 요령이 생겨 훨씬 수월해질 거라고도 했다.

모두 일리가 있는 말이지만, 나는 그렇게 생각하지 않았다. 사실 나는 열심히 공부하는 중이었다. 그간 많은 시간이 헛되이 지나갔음을 생각할 때, 이는 공부하기 더없이 좋은 기회였다. 다양한 장르와 스타일의 음악을 만들고 현대 기법에 민속 기악을 응용하는 실험을 할 수 있었으며 내가 만든 곡의 연주까지 직접 들을 수 있었다. 또한 영상에 음악을 더함으로써 더 멋진 작품이 탄생하는 것도 지켜볼 수 있었다. 그러니 삽입곡을 만드는 작업은 내게 일이면서 공부이기도 했다. '부지런함으로 어리석음을 보완한다'는 내 신조가 발현된 결과이기도 했다.

새로운 분야에 발을 들인 후, 잇따라 다른 프로젝트(한국, 홍콩, 필리핀 등)를 진행했다. 특히 딩제(丁潔) 같은 무용가 및 무용학원 청년무용단 등과 함께 내용을 정한 다음 《나림달(娜琳達) - 편(翩)》, 《불사조(不死鳥) - 일보이사탁(一普爾莎卓)》 등의 독립적인 음악 작품을 만들었고, 나란히 무용창작대회 음악작곡상을 수상했다. 나는 이 곡을 만들면서 그간 여러 차례의 시도를 통해 검증된 다양한 기법을 활용했는데, 그것이 성공적인 결과를 가져온 적도, 실패로 끝난 적도 있었다. 어느 쪽이든 훗날 내 첫 번째 교향곡 《국상》을 쓰는 데 든든한 기반을 마련해주었다. 《국상》은 돌아가신 아버지에게 한 약속을 지키기 위한 곡이자 보답이었고, 동시에 한민족음악의 스타일과 특징을 더 깊이 이해하게 된 계기이기도 했다. 나는 민족학원에서 오랫동안 일하며 조선족 학생과 교사를 많이 만났고, 그들과 친구의 연을 맺으면서 민족에 대한 감정이 더욱 깊어졌다. 특히 타국으로 망명해 일생을 분투한 아버지의 비장한 운명과 우리 자식들에게 아낌없이 주신 사랑과 기대가 한민족에 대한 나의 사랑을 더욱 굳건히 해주었다. 사실 아버지는 나와 내 형제들의 마음속에 음악에 대한 사랑을 심어준 장본인이었다. 한민족에 대한 내 감정은 사실 아버지에 대한 사랑과 그리움이라고 보는 것이 더 정확할지도 모른다. 그런 까닭에 나는 한민족 교향 음악의 발전을 위해 무언가 하고 싶다는 강한 열망에 사로잡혔다. 최근 몇 년간 곡을 쓰는 것 외에 대담한 구상과 계획이 머릿속에 자리잡기 시작했는데, 바로 한민족으로 구성된 관현악단을 결성하는 것이었다.

내가 정말 자유의 몸이 되긴 했나 보다! 이렇게 대담하고 심지어는 건방지다고 할 만한 꿈을 품다니!

《교향악의 봄》

_____《교향악의 봄》 음악회

1987년 베이징에는 여느 때보다 조금 일찍 봄이 찾아왔다. 춘절을 보낸 후부터 뼛속을 에는 듯한 차가운 바람이 사라지고, 장안가 길 양쪽에 선 백양나무도 싹을 틔우기 시작했다.

나는 통지를 받고 류부커우(六部口)에 새로 생긴 베이징음악당으로 향했다. 3층 회의실에서 음악가협회 주최로 회의가 열렸는데, 베이징 주요 악단의 지휘자들이 모여 교향악 보급 사업과 교향악 애호가 학회 설립을 논의하는 자리였다. 나는 거의 모든 참석자와 아는 사이였는데, 특히 열정 넘치는 리 할아버지, 리더룬을 발견하고 무척이나 기뻤다. 교향악 보급은 그가 평생을 바친 꿈이었기에 오늘 참석한 사람 중에서 가장 기쁘고 흥분할 만했다.

당시는 교향악 보급 문제를 논의하기에 적합한 시기였다. 숨 막히는 십 년을 보낸 후 정신 활동에 대한 욕망이 왕성히 일어나고 있었다. 교향악은 보편적인 대중의 욕구를 만족시키기에 충분했다.

중국 《교향악의 봄》 개막식 연출 지휘자로 무대에 선 나

열띤 회의 끝에 만장일치로 교향악 애호가 학회를 설립하기로 했고, 베이징 시의 모든 전문 악단이 모여 수도체육관에서 교향악 합동 공연을 펼치기로 했다. 다들 교향악에 찾아온 봄에 환호했고, 그래서 이번 음악회의 이름을 《교향악의 봄》이라고 지었다!

《교향악의 봄》을 선보인 당일의 풍경이 어떠했는지는 내가 서술할 필요 없이 신문 기사를 그대로 인용하겠다. 그것이 더 객관적이고 사실적이며 자세하기 때문이며, 이 역시 거사의 한 부분이었기 때문이다.

마침 1987년 3월 16일 『요망주간(瞭望周刊)』에서 내게 보낸 당시의 상황을 상세히 담은 논평이 있어 여기에 옮긴다.

중국 음악사의 쾌거 _ 음악회 《교향악의 봄》 취재기

인진디(殷金娣)

800명의 전문 연주가로 이루어진 초대형 교향악단은 과연 어떤 모습일까? 웅장한 장면과 화려한 연주가 기대되는 음악회가 열린다.

3월 1일 오후와 밤, 베이징 수도체육관에 평생에 한 번 있을까 말까 한 웅장한 장관이 펼쳐졌다. 드높은 기세는 사람들에게 잊지 못할 기억을 남겼다. 중앙악단교향악대, 중국방송교향악단, 베이징교향악단, 중국영화단교향악대, 중국가극원교향악단, 중국발레무단관현악대, 중국가극무극원교향악대, 총정치부군악대, 총정치부가무단관현악대, 총정치부가극단관현대, 이포문공단(二炮文工團), 중앙음악학원부중 소년선봉대 교향악단 등 총 십여 개 문예 단체의 연주가 800여 명이 모여 만든 초대형 교향악단이 《교향악의 봄》이란 제목의 음악회를 선보였다. 한창 발전을 거듭하고 있는 중국 교향악의 현 모습을 감동적으로 전달했을 뿐만 아니라 중국 교향악의 연주 수준과 실력을 여실히 드러낸 자리였다.

이날, 18,000명을 수용하는 수도체육관은 수많은 청중으로 초만원을 이뤘다. 청중 대부분은 청년이었는데, 모두 유행에 맞춰 근사하게 차려 입은 모습이었다. 800명의 연주가는 각각 제1바이올린 그룹, 제2바이올린 그룹, 제3바이올린 그룹, 제1첼로 그룹, 제2첼로 그룹 및 현악기, 관악기, 타악기 그룹 등 부문별로 나누어 운동 경기에 쓰였던 자리에 가득 들어앉았고, 그 바람에 군악대의 나팔수들은 남쪽 관람석까지 밀려났다……

800명의 연주가 중에는 고희를 넘긴 베테랑도, 젊고 유능한 청장년 연주가도, 아직 앳된 티가 가시지 않은 소년선봉대 소속 연주가도 있었다. 그렇게 네 세대가 한데 모여 전에 없는 성황을 이루었다. 그들이 첫 번째 곡, 중국의 저명한 작곡가 리환즈(李煥之)의 《춘절서곡(春節序曲)》을 한마음으로 연주하자 관중석에서 우레와 같은 박수가 터져 나왔다. 경쾌하고 아름다우면서 중국의 색채를 고스란히 담은 《춘절서곡》은 봄날의 조수처럼 밀려와 듣는 이를 화목한 춘절 분위기 속으로 데려갔다. 유명한 지휘자 리더룬도 즐거운 기색이 역력했다. 그는 지휘봉을 높이 들고 두 번째 곡 《1812년》이란 장엄한 서곡을 지휘했다. 이 곡은 차이콥스키가 1812년 러시아 원정을 배경으로 만든 광장 교향곡으로 웅장하고 화려하며 당당한 기세를 뽐내는데, 당시 나폴레옹이 러시아를 침공했다가 반격을 받고 결국 완패한 과정을 생생히 표현했다. 이번 음악회에서는 중국 특유의 타악기를 이용해 군대의 징과 북소리를 흉내 냈는데, 말 그대로 '효과 만점'이었다.

초대형 교향악단은 두 시간 동안 스무 곡에 달하는 국내외 명곡을 연주했다. 심장이 두근대는 행진곡도, 심금을 울리는 왈츠도, 가볍고 활기찬 폴카도, 장엄한 교향곡도 있었고 베토벤, 차이콥스키, 드보르자크, 비제 등 세계 유명 음악가의 작품도, 리환즈, 정웨이청(鄭偉成), 리퉁수(李桐樹), 원타오(溫濤) 등과 같은 중국 작곡가의 걸작도 연주했다. 오랫동안 큰 명성을 누린 지휘자 리더룬, 한중제(韓中杰), 정샤오잉(鄭小瑛), 위안팡(袁方), 볜쭈산(卞祖善)과 상당한 지휘 경력을 갖춘 청장년 지휘자 쉬신(徐新), 류위빈(劉玉賓), 마원(馬文), 뤼수중(呂勁中), 진정핑, 왕언티(王恩悌)가 지휘를 맡았고, 상하이 음악학원 지휘과를 갓 졸업한 20대 청년 지휘자 탄리화(譚利華)도 열두 명의 지휘자 중 최연소 지휘자로 이름을 올렸다. 덕분에 이번 음악회는 다양한 지휘 스타일을 접할 수 있는 자리였다.

리더룬에 의하면, 교향악 열풍은 우연한 결과가 아니다. 최근 몇 년간 이어진 안정적인 정세를 기반으로 중국 공산당 중앙 위원회가 실시한 개혁개방 및 대내 활성화 정책의 결과이자 예술 분야에서 실시한 백화제방, 백가쟁명 등 일련의 정확한 정책의 결과이다. 근래 들어 중국의 바이올리니스트, 성악가, 작곡가가 국제 콩쿠르에서 잇따라 수상하는 쾌거를 이루면서 교향악 발전에 탄탄한 기반을 마련해주었다. 교향악 애호가 학회의 설립은 장차 더 계획적이고 목표 지향적으로 교향악 사업의 발전을 이루어 나갈 것이다.

아마도 나는 이 《교향악의 봄》 덕분에 북경 조선족으로 구성된 교향악단인 '아리랑 필하모닉 악단'을 결성하겠다는 결심을 굳혔던 듯싶다. '아리랑 필하모닉 악단 결성'은 교향악에 대한 나의 사랑을 구현하는 것이자 대학 시절 시작한 교향악 '보급' 활동의 맥을 잇는 것이기도 했다. 물론 그때는 '보급'이란 개념 없이 그저 더 많은 이가 무한한 아름다움을 지닌, 삶을 사랑하게 만드는 예술을 즐기기를 바랐다. 나는 노년에 이르기까지 이 꿈을 이루기 위해 교향곡을 만들었다. 물론 미흡하고 완벽하지 않지만, 교향악에 대한 나의 사랑을 고스란히 담고 있다.

_____ 베이징 '아리랑 필하모닉 악단'의 탄생

지금 같았으면 상상도 못 했을 일이다. 감히 시작은 했더라도 결코 끝을 보진 못했을 터다. 더구나 그런 생각은 '허황한 개꿈'이라며 비웃음을 살지도 몰랐다.

그러나 우리는 해냈다! 그 '허무맹랑한' 꿈을 현실로 만들었고, 조선족으로 이루어진 관현악단을 탄생시켰다.

나는 먼저 면밀히 단원 후보를 물색했다. 중앙민족학원 예술과 악단에 소속된 조선족 학생들을 위주로 한다 치고, 성부(聲部)와 악기 등도 따져보니 잘하면 될 법했다. 다만 관건은 역시 자발적으로 참여할 의사가 있는 연주자가 있느냐였다. 나는 대강 짐작으로 헤아려 본 후, 이런 일에 열의가 있으면서 아는 것도 많은 조선족 학생 장쑤민(姜素民), 안렌스(安蓮實), 진용즈(金永植), 우진더(吳金德)와 민족가무단 소속 진정슝(金正雄) 등에게 내 생각과 계획을 솔직히 터놓았다. 전에 얘기한 적이 있었던 만큼 모두가 내 생각에 적극적으로 찬성했다. 그리고 베이징에서 악기를 연주하는 조선족 동지[2]를 나보다 더 잘 알고 있었기에 각자 아는 사람에게 연락해 보기로 했다.

그 후로 얼마 지나지 않아 민족학원 예술과 소강당에서 회의가 열렸다. 참석 인원은 놀랍게도 40명이 넘었다. 내가 대략적인 구상과 계획을 전달하면서 조선족 관현악단 창단에 대한 생각을 물었다.

뜻밖에 한 사람도 빠짐없이 찬성했고, 일단 창단한 후에 문제를 해결하는 것

2 ／ 음악 학원의 학생, 악단이나 가무단에 일하는 연주자

조선족 '아리랑 필하모닉 악단'의 탄생

이 좋겠다는 의견도 냈다.

우리는 악단 편제에 맞춰 현시점에서 부족한 성부와 악기를 점검했다. 콘트라베이스, 팀파니나 첼레스타 등의 타악기가 부족했고, 특히 하프가 꼭 필요했다. 일부 악기를 연주할 사람이 부족하다는 문제도 있었다. 몇몇 문제는 단원들이 각자 연락을 취해보기로 했고 나머지 문제는 내가 학과 지도부와 영화악단에 도움을 구하면 해결될 듯했다. 마지막으로 음악가 협회의 승인을 받고 정식 악단으로 등록할 때 쓸 이름이 필요했는데, 내가 제안한 '아리랑'이란 이름이 만장일치로 채택됐다. 이로써 1990년 9월, '베이징 조선족 아리랑 필하모닉 악단', 줄여서 '아리랑 악단'이 탄생했다.

'아리랑 악단'은 활기가 넘치고, 열정적이지만, 키우기는 무척 힘들었다!

그 후로 한동안 영화악단에서 수업을 빼먹지 않는다는 조건으로 녹음 일을 최대한 적게 받고, 거의 모든 시간과 정성을 '아리랑 악단'에 쏟아부었다. 일단 중앙민족사무위원회의 원정이(文正一) 동지를 만났고, 베이징 음악가 협회를 찾아가 지원과 승인을 받았다. 다시 민족학원과 상의해 대형 악기와 연습 장소를 빌렸으며(전기 사용은 무료였다), 영화악단에서 하프, 트롬본 등의 악기를 빌렸다. 그리고 운 좋게도 베이징음악당의 아낌없는 지원을 받았는데, 그들은 소수민족 교향악 발전 사업을 위해 공연장과 모든 서비스를 흔쾌히 무료로 제공해 주었다. 이렇게 악단 구성 및 공연을 위한 여건이 마련되었지만, 역시 가장 중요한 것은 훌륭한 실력을 갖춘 악단을 만드는 일이었다.

밍밍은 밤늦게 들어와 잠만 자고 나가는 나를 두고 집을 돌보지 않는다며 불만을 터뜨렸으나, 내가 악단 등록에 필요한 돈을 모으는 데 도움을 아끼지 않았다. 그녀가 없었다면 악단은 '출생증명서'를 받지도, '호적'에 이름을 올리지도 못했을 테고, 음악당에서 공연하는 일은 꿈도 꾸지 못했을 터였다.

매주 한 번의 연습을 위해 단원들은 고생을 마다하지 않았다. 다들 베이징 각지에 흩어져 살았는데, 민족학원 연습실에서 가장 먼 곳에 사는 단원은 난커우진(南口鎭)에 사는 이포문공단 소속 추이스셴(崔時弦)이었다. 그는 매번 첼로를 등에 짊어진 채로 자전거를 타고 나타났다. 시산바다추(西山八大處)에 사는 전우문공단 소속 난잉더(南英德)와 콘트라베이스 연주자 등 세 명은 이른 아침 차를 타고 왔다가 밤이 늦어서야 다시 차를 타고 돌아갔다. 오는 길이든 가는 길이든 차를 한 번 놓치면 최소 한 시간을 기다려야 했다. 이미 은퇴한 퍄오팅나이(樸廷乃) 동지는 연습에 나오기 위해 방송악단에서 서쪽 교외까지 자전거를 타고 오기도 했다. 그는 "내 선조께서 조선족이셨어. 한국어를 할 줄은 몰라도 듣는 것은 즐긴다고. 비올라 연주자는 몇 안 되잖아. 그러니까 절대 빠지면 안 되지!"라고 했다. 여기서 모든 단원의 이야기를 일일이 거론할 순 없지만 다들 '아리랑 악단'을 위해 무척이나 애썼다. 꽤 어려운 곡도 있었지만, 아직 능숙하지 못한 단원들은 본인이 알아서 미리 연습을 해왔다. 이렇게 40~50명이나 되는 단원들이 연습에 참여하기 위해 사비를 들여 차비를 충당하고, 휴일도 포기하면서 아침 일찍 서쪽 교외에 있는 민족학원으로 모였다. 물은 공짜로 마실 수 있었지만, 점심은 알아서 해결해야 했기에 웨이궁촌 식당에서 대충 때우거나 허기진 배를 움켜쥐고 집에 가서 끼니를 해결하곤 했다. 연습이 오후까지 이어지는 날에는 점심 식사 후에 쉴 곳도 필요했다. 내가 '기여'할 수 있는 일이라고는 그저 좋은 담배를 사서 단원들과 나눠 피우는 것뿐이었다.

우리는 무엇을 위해 사서 고생을 했을까? 돈을 위해? 만약 돈을 벌겠다는 심산이었다면 연습에 참석하지도 않았을 터다. 사랑 때문이다. 자기 민족을, 음악을, 악단을 사랑했기 때문에, 우리의 악단이 '아리랑'이었기 때문이다. 평소에 한 번 모이기도 힘든 고향 친구의 사투리를 듣는 것도 즐거움의 요소가 되었다. 퍄오 동지가 '좋다잉!' 하는 그런 것 말이다!

단원들은 자기 민족을 빛내는 일이라는 생각에 자부심을 느끼고 있었다. 그때는 모두가 한뜻으로 똘똘 뭉쳐 두터운 민족의 정을 느꼈기에 거리낄 것이 없었다!

일례로 악단 연주자들은 보면대 앞과 뒤, 바깥쪽과 안쪽 등 악대 배석에 신경을 많이 쓰는데 그때는 누구도 자리를 두고 따지지 않았다. 나는 교사이자 지휘자로서 단원들의 실력을 빠삭하게 알고 있었지만, 특별한 목적을 위해 결성된 악단이라는 점을 고려해 자리 배정을 하지 않았다. 단원들이 이미 서로의 실력이 어떤지를 잘 알고 있었기 때문이기도 했다. 연습 첫날, 쉬이롄이 첼로를 들고 들어왔다. 마침 연습실에는 나뿐이었기 때문에 자리가 텅 비어 있었는데, 그녀의 실력으로 볼 때 첫 번째 풀트(pult) 수석 첼리스트 자리에 앉아도 무방했다. 그러나 그녀는 망설임 없이 두 번째 풀트 바깥쪽 자리에 앉은 다음 첼로를 꺼냈다. 나는 속으로 그 아이의 겸손함과 진중함에 감탄했다. 그녀는 국립악단의 부수석 첼리스트였다. 수석 자리에 앉은 사람은 그녀보다 나이가 많고 경력도 꽤 쌓은 선배였으니 조선족이 중시하는 웃어른 공경의 예를 지키면서 균형도 맞췄다고 볼 수 있었다. 단원들은 자발적으로 양보하고 서로 사랑하면서 화목하게 지냈고, 민족 음악 발전이라는 꿈을 향해 마음을 모았기에 무슨 문제든 순조롭게 해결했다.

1991년 6월 23일, 베이징음악당에서 아리랑 악단의 첫 번째 정식 공연이 열렸다. 베이징 방송국 음악 편집장 장친(張勤) 동지가 공연 실황을 녹음했다.

팸플릿과 홍보용 책자의 디자인 및 인쇄물은 내 아들 진쉬(金朔)가 자진해서

군악대 수석인 넷째 동생 진런핑

맡았고, 공연 시작 전, 관객에게 공연 프로그램, 지휘자, 연주자 등을 소개하는 일은 중앙방송 한어부(韓語部)의 진행자가 맡았다.

공연 당일, 귀빈으로 중앙 민족사무위원회 주임 원정이 동지와 해방군 후근총부(后勤總部) 부장이자 조선족인 자오난치(趙南起) 동지를 모셨는데, 단원들이 가장 기다린 손님은 리더룬, 벤쭈산, 탄리화와 같은 교향악계의 거장이나 저명한 작곡가인 영화악단 단장 왕리펑, 리하이후이(李海暉) 등이었다. 이들이 초대한 뜻밖의 손님, 공연차 중국에 온 프랑스 음악가, 지휘자, 피아니스트가 참석해 자리를 빛냈다.

공연은 뜨거운 반응을 끌어내며 순조롭게 끝났다. 그 어떤 공연보다 훌륭했고 만족스러웠으며 감동적이었다. 내가 작곡한 교향곡의 제1악장을 끝으로 음악회도 끝이 났다. 완벽에 가까운 클라이맥스였다.

나는 열렬한 박수갈채가 쏟아지는 가운데 무대 뒤로 향했다.

"아버지, 정말 멋진 곡을 쓰셨네요!"

솔솔이 나를 맞이하며 진심 어린 한마디를 건넸다. 하늘에 맹세코 이는 내가 지금, 이 순간까지 자주 떠올리는 가장 기쁘고 위안이 되는 찬사였다. 아버지로서, 빈말하는 법이 없는 아들의 진심이 담긴 칭찬을 들었으니 평생토록 잊지 못하리라.

리더룬을 비롯한 음악계의 저명한 거장과 외국에서 온 귀빈들이 무대에 올라 축하 인사를 전하자 단원들은 한껏 흥분하며 기뻐했다. 특히 리더룬이 단원 한 사람 한 사람과 악수하며 "자네, 조선족이었어?"라고 물었는데, 단원들이 고개를 끄덕일 때마다 입을 함박만 하게 벌리고 웃음을 지었다. 이번 음악회를 돕고자 영

476　　　　　새 로 운 페 이 지 를 열 며

화악단에서 온 몇몇은 서둘러 무대 뒤로 향했는데, 트롬본 연주를 도와준 '기분 파' 천위청(陳玉成)만이 두터운 민족의 우애에 감동했는지 "나 조선족에 가입할래 요! 나도 조선족으로 쳐 주세요!"라고 외치며 순식간에 장내를 웃음바다로 만들 었다.

포토그래퍼 샤오쑹(小宋)이 사진을 찍자며 나를 무대 위로 불렀는데, 리더룬이 나를 보자마자 내 손을 꼭 잡으며 "잘했어!"라고 외쳤다. 나는 그 말에 담긴 뜻을 잘 알았다. 그것은 악단의 연주나 작품을 두고 한 말이 아니라 악단 결성을 두고 한 말이었다. 교향악의 발전을 응원하는 진심에서 우러나온 말이었다. 40년 전, 보천당 목욕탕에서 교향악의 무한한 발전을 염원하며 실오라기 하나 걸치지 않 은 알몸으로 허심탄회하게 이야기를 나누었던 때와 같았다. 지휘자 벤쭈산도 음 악주보 1991년 제28호에 '아리랑 필하모닉 악단의 성공적인 공연에 박수를 보낸 다'라는 글을 실었는데, '…… 중국 현대음악 발전사에 더할 나위 없는 희소식이 자 위대한 시도였다'고 평했다.

그 후로도 민족가무단극장, 베이징무용학원, 농업대학, 민족문화궁 등에서 공 연을 이어갔는데, 연주가 날로 성숙해졌고, 단원들 간의 호흡도 더 잘 맞았다. 우 리는 한민족의 노래뿐만 아니라 마오위안(茅沅)의 《요족무곡(瑤族舞曲)》을 비롯한 《사향(思鄕)》, 《경풍수(慶豐收)》, 《신강오곡(新疆吾曲)》 등의 중국 본토 작품을 연주 했고, 세계 명곡도 연주하며 해설을 곁들여 호평을 끌어내기도 했다.

그러나 활활 타오르던 불꽃도 언젠가는 꺼지듯 뜨거운 열정도 현실 앞에서는 차츰 사그라질 수밖에 없었다. 각자의 일, 가족, 건강, 경제적 부담 등의 현실적인 문제로 악단은 곤경에 빠졌다. 평생 영화악단의 도움을 받을 수도 없는 노릇이었 다. 단원들은 미안한 표정으로 탈퇴를 요청했지만, 결국 이별은 필연적인 것이자 역사 발전의 규칙이기도 했다. 나는 고민 끝에 악단의 성격을 '학회'로 바꾸기로 했다. 다만 악단 편제는 그대로 두었는데, 경제적 후원이 있을 때는 집중적으로 공연하고 평소에는 학술 활동을 주로 했다.

1995년 7월, 항일전쟁 50주년을 기념해 '항일전쟁 중의 조선족 음악'이란 주제로 학술좌담회를 열었다. 옌지(延吉), 하얼빈, 랴오닝(遼寧), 상하이, 베이징 등지에서 온 조선족 음악가와 중국음악가협회 지도부 뤼지(呂驥)와 쑨선(孫愼), 평론가 량마오춘(梁茂春), 작곡가 정율성의 딸 정소제(鄭小提) 동지 등이 3일에 걸친 좌담회에 참석했다. 진융즈 동지의 후원으로 숙식은 우리 악단에서 제공했고, 차비는 참석자가 부담했다. 좌담회는 상당한 성과를 거두었는데, 몇몇 동지가 장문의 글, 사료, 논문 등을 발표했다. 관련 내용이 신문으로 보도되기도 했다. 다만 아쉬운 사실은 내가 거처를 옮기면서 당시 좌담회 자료를 모두 분실했다는 점이다. 다시 되돌릴 수 없는 일이니 참으로 유감스럽다. 그렇게 시간이 흐르며 '아리랑 악단'도 역사의 한 페이지가 되었다.

'아리랑 악단'은 각고의 노력에도 끝내 유지하지 못했지만, 민족 음악에 대한 수많은 조선족 음악가의 열정을, 조선족 음악 문화 발전에 조금이라도 힘을 보태고자 했던 마음을 여실히 보여주었다.

새 로 운 페 이 지 를 열 며

14 / 아버지의 고향과 옛친구

첫 번째 이야기

1992년 3월의 어느 날이었다. 이른 아침, 전화벨 소리에 잠에서 깬 나는 비몽사몽
간에 전화를 받았다.

"여보세요——."

"진정핑 선생님이십니까?"

"그렇습니다. 어디이신지요?"

"한국입니다."

순간 정신이 또렷해졌다. 다만, 다음에 들리는 한국어는 알아들을 방법이 없었
기에 그의 말을 끊을 수밖에 없었다.

"죄송하지만, 저는 한국어를 모릅……."

그 찰나 전화기 너머의 그 사람도 중국어를 모를 거란 생각에 어찌해야 좋을
지 몰라 우물거리는데, 갑자기 수화기에서 여자 목소리가 들렸다. 그녀는 '외국인
이 하는 중국어'로 느리지만, 또박또박 말했다.

"김철남 선생님께서 부친되십니까?"

"네, 그렇습니다!"

나는 그녀의 말을 알아들을 수 있다는 사실에 흥분했다.

"한국 정부에서 선생님의 부친께 훈장을 수여하고자 합니다. 선생님께서 한국으로 오셔서 부친의 훈장을 대신 받으셨으면 하는데, 제 말이 이해되시나요?"

"이해됩니다!"

나는 점점 더 흥분이 차올랐다.

"정식 서한을 보내드릴 테니 규정대로 수속을 밟으시면 됩니다. 아시겠죠?"

나는 알겠다, 고맙다고 대답했다. 그리고 전화를 끊자마자 어머니께 내달렸다. 어머니의 손을 꼭 잡고 방금 들은 소식을 모두 전했지만 어머니는 한참이나 말이 없으셨다. 내 말을 이해하지 못했다고 생각하고 다시 설명하려는데, 어머니가 혼잣말을 중얼거렸다.

"…… 잘됐어. 정말 잘됐는데, 당신이 안 계시네요, 먼저 가버렸으니……."

뜨거운 눈물이 어머니의 두 뺨을 타고 흘러내렸다. 어머니는 여든셋이었고, 아버지가 우리를 떠난 지 꼬박 40년이 된 때였다. 당시 중국과 한국은 수교 전이었기에 중국에 있는 한국 관련 사무처는 젠궈(建國) 빌딩에 자리한 상무대행처가 전부였다. 수속 절차도 무척 까다로워 4월 초가 되어서야 끝이 났고 짐을 꾸리고 선물을 준비하는 데도 꽤 시간이 걸렸다.

4월 8일 오전, 톈진에서 비행기를 타고 두 시간 남짓 만에 인천에 도착했다. 그때는 베이징에 국제공항이 없었다. 현대식으로 지어진 인천국제공항은 내게 깊은 인상을 남겼는데, 아버지가 살아있어 다시 고향 땅을 밟았다면 아마 내가 느꼈던 모든 감정을 고스란히 느끼셨으리라. 인파를 따라 공항에서 빠져나오니 김신 형의 큰아들 김진(金振)이 나를 맞이했다. 직접 차를 몰고 왔단다. 그와는 몇 년 전 상하이에서 만난 적이 있었는데, 중국어를 조금 할 줄 알았다. 그는 자기 아버지가 한성에 있는 김구기념관에서 나를 기다리고 있다고 했다. 우리를 태운 차는 쭉 뻗은 도로를 빠르게 달렸다. 그리고 이내 한강이 보였다. 한강을 지나면 한성, 한국의 수도인 서울이었다.

아 버 지 의 고 향 과 옛 친 구

나는 반갑게 맞아주는 김신 형과 재회했다. 형은 여전히
탄탄한 가슴 근육에 건장한 체격을 자랑했고 얼굴도 약간
벌겠다. 그는 항일전쟁 후기에 중국 공군에 입대했다가 얼
마 후 훈련차 미국으로 파견됐다. 2차대전 종식 후, 부친 김
구 선생 및 한국임시정부를 따라 한국으로 돌아왔고, 장군
으로 진급해 공군 총참모장을 지냈다. 그래도 그는 내게 충
칭 칭무관 중대부중 시절을 함께했던 수영의 달인이자 아버
지가 나를 학교에 보내며 돌봐 달라고 부탁했던 큰형이었다.
형의 얼굴을 보자 지난 기억이 물밀 듯이 떠올랐다. 그날 밤
형이 나와 혁명 열사 이달(李達) 선생의 딸 이소심(李素心) 오
누이를 초대해 함께 마음껏 지난 이야기를 나누었다. 그 자
리에서 내 친할머니가 다시 고국 땅을 밟은 지 얼마 지나지
않아 병으로 세상을 떴다는 사실을 전해 들었다. 할머니는
내가 어렸을 때부터 할머니가 중국을 떠나 고향으로 돌아가

김신 선생과 나

실 때까지 특별한 분으로 내 가슴에 각인되어 있었다. 개성이 뚜렷하고 지혜로웠
던 할머니는 유머 감각이 있었고, 아이들의 못된 장난도 너그러이 받아주었으며
우리를 무척 귀여워했던 풍부한 감성의 소유자였다. 중국어는 몰라도 마음으로는
눈앞에서 벌어지는 일들을 다 알고 있었다. 아버지의 모친이면서도 유세를 부리
는 일이 없었다. 어쨌든 할머니는 우리집의 뿌리였다! 지금도 가끔 할머니의 웃는
얼굴과 나직이 흥얼대던 자장가가 불현듯 떠오르곤 한다. 이제 할머니는 나의 아
버지이자 그분의 아들과 함께 있다. 삼촌은 한국전쟁에서 목숨을 잃었다. 나는 중
국에서 삼촌의 사망 소식을 전해 들었는데, 어머니가 나더러 이번에 한국에 가면
삼촌의 행방을 다시 수소문해보라고 일렀다. 삼촌의 죽음은 명백한 사실이었지
만, 말로는 다 못 할 아쉬움이 남았다. 조국의 독립을 위해 항일전쟁이 승리로 끝
날 때까지 분투했으나 결국 동포의 총에 맞아 목숨을 잃었으니, 이 얼마나 가슴
아픈 일인가……!

481

훈장 수여식까지는 아직 이틀이 남아 있었기에 김신 형이 우리를 독립기념관과 38선 위의 한 기차역으로 안내했다.

독립기념관에는 일본의 침략을 받았을 때부터 제2차 세계대전이 끝날 때까지 반세기가 훨씬 넘는 세월에 관한 역사적 사실이 파노라마, 일부를 확대한 사진, 그림 및 여러 실물, 자료 등을 통해 상세히 전시되어 있었다. 어찌나 생생한지 후안무치한 왜놈들이 오랜 세월 한국을 침략해 벌인 파렴치하고 잔인한 행각을 직접 보고 느낀 듯했다. 우리도 불굴의 희생정신을 보여준 무수한 선열들과 대대로 용감히 항거한 민중들에게 참배했다. 근대에 찍은 단체 사진에서는 아버지의 모습도 찾아볼 수 있었다. 그렇게 몇몇 전시관을 돌아본 후 밖으로 나와 다시 환한 하늘과 마주했을 때, 마치 두 세기, 두 세계를 지나온 듯한 느낌이 들었다. 우리의 아버지들을 대신해 훈장을 받기 전, 독립기념관을 돌아보며 당시의 역사를 되짚어 본 것은 매우 의미 있는 일이었다.

다음 날 아침, 우리를 데리러 온 김 씨 아가씨가 차를 대기시켜 놓고 '38선'에 가야 하니 서두르라고 말했다. 차로 2시간쯤 걸린다고 했는데, 도착했을 때는 이미 점심시간이 가까운 시각이었다. 그곳에는 도서 자료실, 대형 지도 모형실 등 여러 관련 시설이 있었는데, 모두 해설사를 둔 데다 벽에 중문과 영문 해설이 붙어 있어 전시 내용을 거의 다 이해할 수 있었다. 다른 곳에는 관련 도서 자료, 제사 지낼 때 쓰는 향촉과 종이꽃, 전통 간식 및 작은 공예 기념품을 파는 전문 상점이 있었다. 우리는 수행원을 따라 한 바퀴 돌며 관련 시설을 훑어본 후, 높이 3~4미터에 끝이 보이지 않을 만큼 옆으로 쭉 뻗은 철조망으로 향했다. 철조망 너머부터는 북한이었다. 그 모습에 저절로 항미원조 때가 떠올랐다.

철조망을 사이에 두고 이쪽과 저쪽, 그러니까 남한 땅과 북한 땅바닥 이곳저곳에 제사용품이 뿔뿔이 놓여 있었는데, 바람에 떠밀려 어지럽게 흩어진 것도 있었고, 분명 두고 간 지 얼마 되지 않았을 성싶은 싱싱한 꽃이 놓여 있기도 했다. 수행원의 말로는 청명, 단오, 추석 그리고 설날이면 남한과 북한 사람들이 노인에서부터 아이까지 손에 손을 잡고 이 38선으로 제사를 지내러 온다고 했다. 어떤 사람은 부모님과 가족의 이름을 목놓아 부르기도 하고, 어떤 사람은 눈물을 흘리며 노래하기도 한단다. 우리는 차디찬 철조망 앞에서 묵념하듯 한참이나 고개를 숙인 채 묵묵히 서 있었다. 그때 확 불어오는 바람에 날린 검은 재가 버려진 철로 위로 내려앉았다. 철로의 한쪽은 한성 쪽에서부터 구불구불 이어져 있었는데, 원래는 북한의 북단 신의주까지 통했지만, 지금은 철조망 앞에서 끊겨 있었다. 그곳에서는 정북방을 향해 멈춰 선 기차가 생기를 잃은 채 다시 달리게 될 날만을 기다리고 있었다……

나는 한마디도 입 밖에 내지 않았지만, 마음속에는 하고 싶은 말이 가득했다. 마음이 쓰리고 무거웠다. 누구에게든 묻고 싶었다. 대체 무엇을 위한 분단이란 말인가?

무정한 38선, 그로 인해 반세기가 넘도록 이어진 잔혹한 투쟁, 수많은 사람과 가족이 겪어야 했던 비극. 그것은 내 아버지가 속을 태우다 병들어 죽게 된 이유이기도 했다. 오늘날 가지각색의 이해관계와 입장이 뒤섞여 있음에도 불구하고 모두가 한목소리로 '통일'을 외친다. 정치에 무지한 나도 결국은 참지 못하고 눈살을 찌푸리며 묻게 된다.

'대체 어쩌려고?'

내일이면 아버지를 대신해 건국훈장 독립장을 받는다. 아버지가 받아 마땅한 훈장이다! 아버지가 일본 제국주의 침략에 반대하고 조국의 해방과 독립을 위해 평생을 싸운 끝에 얻는 것이다. 나는 그런 아버지가 무척이나 자랑스러웠지만, 그가 38선의 아픔을 가슴에 품은 채 가셨다는 사실도 잘 알고 있었다.

훈장 수여식은 13일 오전 9시 한성대회당에서 열렸다. 우리는 정중한 태도로 대회당에 들어갔다. 소박하고 엄숙한 분위기의 무대에는 태극기와 공간을 가득 채운 생화뿐이었다. 대회당에는 천여 명이 자리했는데, 무대 앞쪽 몇 줄에는 가지런히 교복을 입은 초중고생이 앉아 있었고, 무대 밑 오케스트라 박스에는 관현악단이 있었다.

훈장을 받기 위해 온 십여 명은 모두 외국에서 온 혁명 열사의 후손으로 무대에 오르기 쉽게 첫 번째 줄 무대 계단 앞쪽에 앉았다. 모두 초면이었지만 정중하고 친근하게 고개를 끄덕여 인사했다.

9시 정각이 되자 사회자가 무대에 올라 훈장 수여식의 시작을 알렸다. 첫 번째 순서로 모두가 일어서서 애국가를 제창했는데, 악단이 연주하는 도입부에 맞춰 내가 큰 소리로 따라 부르자 함께 온 외빈들이 놀란 표정을 지었다. 옆자리에 앉은 사람들도 호기심 어린 눈으로, 대단하다는 듯한 표정으로 나를 바라보았다. 저절로 우쭐해지는 순간이었다. 항일전쟁 때, 한국어로 애국가를 가르쳐주신 아버지 덕분이었다. 한국에서 아버지의 동포와 함께 한목소리로 애국가를 부르고 있자니 가슴이 벅차오르면서 적진을 향해 돌진하는 아버지의 모습이 머릿속에 생생히 그려졌다. 아버지는 그렇게 한평생을 조국을 위해 싸웠다. 무대에 올라가 한 줄로 서자 정운찬 총리가 금빛 찬란한 훈장이 담긴 남색 벨벳 상자를 내게 건넸다. 나는 그것을 손에 든 순간 마음속으로 외쳤다. '아버지, 조국의 국민들이 아버지에게 주는 훈장이에요. 조국의 독립을 위해 평생을 싸운 아버지에게!' 이미 예상했던 순간이었지만 실제로 아버지의 훈장과 마주하니 벅찬 감격이 가슴을 가득 채웠다!

한국 정부가 아버지에게 수여한
건국훈장 독립장

어머니께 바치는 아버지의 훈장

이 훈장은 아버지가 어머니와 우리 후손에게 남긴 가장 귀중한 기념이자 보상이었다. 베이징으로 돌아가 그것을 어머니의 손에 건넸을 때, 남편에 대한 존경과 사랑이 가득 차 흘러넘치는 미소를 보았다. 어머니는 떨리는 두 손으로 살며시 훈장을 감쌌다. 마치 사랑하는 남자 김철남을 어루만지듯 쓰다듬었다. 그날, 온 가족이 둘러앉아 웃음꽃을 피우며 금빛 찬란한 훈장, 수(綬)[1], 증서 등을 돌려보았다. 분명 아버지도 그 자리에서 우리와 함께하며 미소지었으리라.

그런데 훈장 수여식이 끝나고 대회당을 나서는 때, 누구도 예상치 못한 인생의 희비극이 벌어졌다.

훈장 수여식이 끝나고 나자 마침 따스한 아침 햇살이 비쳤다. 한껏 흥분한 김신 형이 우리더러 대회당 밖에 있는 웅장하고 넓은 계단에 올라서라고 한 다음 기자에게 기념사진을 찍어달라고 했다. 그렇게 막 사진 몇 장을 찍었는데, 생전 처음 보는 노부인 둘이 불쑥 튀어나와 내 앞에 섰다. 둘 다 숨을 헐떡이며 내게 사진 한 장을 들어 보였다.

"여기, 이 사람이 누군지 알아요?"

나는 건네받은 사진을 살펴보다 깜짝 놀라 소리쳤다.

"앗? 아버지? 제 아버지예요!"

그 순간 집에서도 이 사진을 본 적이 있다는 사실이 떠올랐다! 나는 애써 마음을 가라앉히며 노부인들을 향해 말했다.

"여기 이 분이 제 아버지예요!"

"누구라고요?"

"제 아버지, 아.버.지!"

급한 마음에 한국어가 튀어나왔다.

"아이고——!"

순간 노부인 둘이 홱 달려들더니 내 팔을 잡고 소리쳤다.

"아이고! 아이고——!"

1 / 역주 : 훈장 등을 다는 데 쓰이는 끈

그녀들은 연신 내 팔을 치며 탄성을 내뱉었다. 이때 다가온 김신 형이 정중하게 무슨 일인지 물었다. 그리고 노부인이 한바탕 늘어놓는 이야기를 가만히 들으며 가끔 저도 모르게 웃음을 지었다. 그 후에 형이 노부인에게 무어라고 말하니, 다들 웃으며 줄곧 알겠다. 고맙다고 답했다. 두 분은 내 손을 꼭 잡고 또 한바탕 이야기를 쏟아낸 뒤에 김신 형의 배웅을 받으며 자리를 떴다.

　　내가 어리둥절한 표정으로 형을 바라보았지만, 형은 그저 예전에 아버지와 알던 분들이라며 나중에 다시 말해주겠다고 했다. 그렇게 우리는 김신 형의 차를 타고 숙소로 돌아왔다.

　　그날 밤, 김신 형과 단둘이 이야기를 나눴다.

　　"네 아버지가 중국으로 망명하기 전, 그 노부인 댁에서 가정 교사를 했던 모양이야. 그러면서 그 자매와 좋은 친구로 지냈나 봐. 이번에 신문을 통해 훈장 수여식이 있다는 소식을 접했는데 네 아버지 이름이 있는 걸 보고 너무 기뻐서 너를 보러 한걸음에 달려왔대. 네가 김철남의 아들이 맞는지 확실히 물어보고 맞다면 너를 집으로 초대하고 싶었다고 했어. 내가 내일 널 보내겠다고 말했어. 내일 그쪽에서 사람을 보낼 거야."

　　"하지만 저는 조선말을 못 하는데 어떡하죠?"

　　나는 의사소통 문제가 가장 걱정이었다.

　　"최윤신(崔允信)에게 너와 같이 가서 통역해달라고 부탁해 놓을게."

　　형이 내 어깨를 토닥이며 덧붙였다.

　　"가 봐. 가서 네 아버지의 옛친구들을 만나 보는 거야. 내일 그쪽에서 너를 데리러 온다고 했어."

　　나는 고개를 끄덕였다. 조금 흥분되고 궁금하기도 했지만, 조마조마하기도 했다. 아무 선물도 준비하지 못했는데, 이제 와서 준비하기에는 너무 늦은 시간이었다.

　　이튿날 오후, 젊은 부부 한 쌍이 나를 데리러 왔다. 윤신 이모가 그들은 아버지가 가정 교사로 일했던 집의 네 자매 중 둘째 서현자의 손자와 손자며느리로 결혼한 지 얼마 안 된 신혼부부라고 했다. 윤신 이모는 예전에 중국에서 우리집

아 버 지 의 고 향 과 옛 친 구

아버지의 옛 친구와 함께한 축하의 자리

에 묵었던 적이 있었는데 중국어와 중국의 풍습을 꽤 많이 알고 계셨고 어머니의
오랜 친구이기도 했다.

나는 나를 데리러 온 신혼부부에게 축하 인사를 전한 뒤, 선물이 없어서 미안
하지만, 행복하기를 바라며 곧 좋은 소식이 있기를 바란다고 덧붙였다. 윤신 이모
의 통역을 들은 새댁은 부끄러운 듯 남편 뒤로 숨었다.

그들을 따라 어느 집에 도착하니 복도에서부터 부드러운 합창 소리가 들렸다.

"돌아오오, 돌아오오, 나의 혈육이여······."

어디선가 자주 들어본 듯한 노래인데? 아, 맞다! 아버지가 부드러운 저음으로
자주 불렀던 노래다! '돌아오오, 돌아오오······'까지는 기억이 나는데 다른 부분은
모두 잊어버렸다. 응접실로 들어가니 긴 소파에 앉은 노부인 몇 명이 눈에 들어왔
다. 고상한 색상의 치마를 입고 있었는데 새로 장만한 전통 예복 같았다. 모두 아
버지의 그 사진을 정성스레 든 채 마음을 다해 노래하고 있었다.

어제 대회당으로 나를 찾아왔던 그 부인도 있었는데, 그녀가 나를 노부인들
사이에 앉힌 후, 내게 사진 한 장을 건넸다. 나는 그 사진을 손에 든 채로 나직이
그녀들을 따라 노래했다. 노래가 끝나자 모두 사진을 내려놓고 나를 에워싸며 한
껏 격양된 목소리로 말했다.

"어서 와요. 잘 왔어요, 잘 왔어⋯⋯."

나는 연신 허리를 굽혀 인사했다. 그들 중 한 노부인이 내 손을 끌고 자리에 앉혔는데, 나는 그녀가 서현자 할머니라는 사실을 단박에 알아챘다. 그녀가 다정한 눈빛으로 나를 자세히 살폈고 나는 쑥스러운 마음에 고개를 돌리고 싶었다. 이때 그녀가 자매들에게 무어라고 말했다. 내가 알아듣지 못하는 상황에서 다들 웃음을 터뜨렸다. 이 난처한 상황을 벗어나고자 아버지의 사진을 들고 가슴을 쑥 내민 채 웃으며 말했다.

"저는 아버지처럼 잘생기진 않았어요. 아버지가 진짜 미남이죠."

윤신 이모가 내 말을 통역하기도 전에 다들 함박웃음을 지으며 "맞아, 맞아!" 를 연발했다. 현자 할머니만이 웃지 않고 사진을 뚫어지게 바라보다 다시 나를 보았다. 그때 복도 쪽에서 카랑카랑한 여자 목소리가 들렸다.

"누가 오셨다고요?"

말이 떨어지기가 무섭게 누군가 방안으로 불쑥 들어왔다(그 순간 홍루몽에서 임대옥이 가씨 집을 처음 방문했을 때 만난 왕희봉이 떠올랐다). 윤신 이모는 "현자 할머니의 딸인데, 이름은 영자고 지금 이화여자대학교 교수로 있어"라고 귀띔해 주었다. 그 뒤를 따라 들어온 사람은 그녀의 큰아들인 유창희로 역시 교수라고 했다. 우리는 반갑게 인사를 나누며 악수했고, 그들은 유창한 영어로 환영한다고 말했다.

만찬이 시작됐다. 나는 현자 할머니와 윤신 이모 사이에 앉았고, 현자 할머니가 주인석에 앉았다. 다양한 음식이 상 위에 오르자 현자 할머니가 입을 열었다.

"오늘 저희 집에 오신 진 선생을 진심으로 환영합니다. 자, 모두 건배!"

모두 막걸리를 채운 잔을 들어 건배했다. 현자 할머니가 젓가락으로 내 접시에 생선 한 조각을 올려주며 말했다.

"어서 들어요. 당신 아버지가 가장 좋아했던 준치예요!"

편안한 분위기에서 대화가 시작됐다. 먼저 통역을 맡은 윤신 이모에게 많은 말이 쏟아졌는데, 나는 알아듣진 못해도 나를 보는 그들의 눈빛에서 대부분 내 아버지와 나, 우리집에 대해 얘기하고 있구나, 짐작할 수 있었다.

대화는 아버지에 대한 것을 주제로 이루어졌다. 당시의 역사적 배경, 내 어머니와 우리 형제에 관한 이야기 등이 오갔다. 현자 할머니는 거의 아무 말도 하지 않다가 아버지의 암 얘기가 나오자 한숨을 푹 내쉬었다. 그때 눈치 빠른 큰아들이 얼른 화제를 음악으로 돌렸다. 그러자 노부인 넷이 눈빛을 반짝이며 아버지가 바이올린을 켤 줄 알았으며 노래도 가르쳐 주었다고 했다. 이에 우리집도 그랬으며 자식들이 모두 음악을 하고 있다고 답했다……. 우리 가족의 상황을 잘 아는 윤신 이모가 바통을 넘겨받아 혼자 쭉 이야기를 이어갔다. 이 틈에 현자 할머니의 딸이 집을 구경시켜 주겠다며 나를 데리고 뒤뜰 화원으로 데리고 갔다. 우리는 복도에 앉아 한국어, 영어, 중국어에 손짓과 표정을 섞어가며 긴 이야기를 나누었다. 그녀는 중요한 이야기를 할 때는 같은 내용을 여러 언어로 반복하기도 했다. 우리가 나눈 대화 내용은 대충 이러했다.

"김철남 선생님께서 젊었을 때 교회에서 일하며 공부하셨대요. 제 가족은 다 기독교인이었고 어머니는 교회에서 성가대까지 하셨어요. 후에 김철남 선생님이 우리집에 가정 교사로 오셨고 선생님께 영어와 음악, 그러니까 노래를 배웠대요. 선생님께서 종종 바이올린 연주를 들려주시기도 했고요. 어머니께서 어려서부터 선생님을 좋아하셨고 이는 이모들도 다 알고 계셨어요. 선생님께서 떠나신 후에도 어머니는 계속 선생님을 그리워하고 걱정하며 기도하셨어요. 선생님께서 중국으로 망명하신 후에도 어머니께 편지를 보내셨는데, 그때 보내 주신 사진이 바로 우리가 가지고 있는 그 사진이에요. 그러다 연락이 끊겼는데, 전쟁 때문이기도 했고 저희 집도 여러 번 이사해서 그랬을 거예요. 어머니는 그 후에 할아버지가 정해 주신 짝과 결혼해 여기 서울 시내로 이사하셨어요. 두 분은 금실이 좋아 슬하에 두 아들과 저를 두셨는데, 아들 하나는 미국에 있어요. 그러다 몇 년 전에 아버지께서 돌아가시고, 자식들도 다 결혼해 어머니 혼자 남았는데, 큰이모만 미혼이시라 여기서 어머니와 함께 살고 계세요."

"…… 어머니는 늘 선생님을 그리워하셨어요. 하루는 어머니가 우울해 보여서 며칠 어머니와 함께 있었는데, 그때 이 사진을 보여 주시면서 모든 이야기를 해

서현자 할머니와 함께한 자리

주셨어요. 사진 속의 선생님은 훤칠하셨죠. 혹시 선생님 왼쪽 어깨에 있는 상처를
보신 적이 있나요? 아, 못 보셨구나. 아마 그 잇자국이 남아 있었을 거예요. 어머
니가 알려 주셨는데 선생님께서 마지막 인사를 하러 오셨을 때 다들 선생님을 문
앞까지 배웅했대요. 어머니는 계속 울면서 선생님 손을 잡고 있었다네요. 문 앞에
서 선생님을 배웅한 지 얼마 되지 않아 북받치는 감정을 주체하지 못한 어머니가
또 선생님을 쫓아가서 와락 껴안고는 선생님의 왼쪽 어깨를 꽉 물었대요. 그러면
그 남자가 여자를 영원히 잊지 못한다나? 호호. 이젠 다 지나간 일이지만요……
어머니는 이번에 신문에서 김철남 선생님께서 훈장을 받으신다는 소식을 접하고
슬퍼하면서도 어딘가 상기되어 보였어요. 아들이 선생님을 대신해 훈장을 받으러
온다는 걸 아시고 우리더러 꼭 그 아들을 데려오라고 하셨고요. 김철남 선생님의
혈육을 꼭 두 눈으로 직접 보셔야겠다면서요. 사실은 제 가족 모두가 선생님의
자제분을 뵙고 싶어 했어요. 김철남 선생님은 어머니의 친구이자 저희의 친구이
시기도 하니까요. 또 우리나라를 위해 목숨을 바치신 순국열사시고요. 대회당에
찾아가셨던 분은 제 셋째 이모와 넷째 이모세요.”

　　그때 마침 그 넷째 이모가 우리를 불렀다. 응접실로 가니 모두가 과일을 먹고
있었다. 현자 할머니가 나를 옆에 앉힌 뒤 잘 깎은 사과 하나를 건넸다.

　　“윤신 씨가 자네 가족 이야기를 모두 해 줬어. 어머니께서 좋으신 분이라고. 한

　　　　　　　　　　　　　아 버 지 의 고 향 과 옛 친 구

국말도 좀 하신다고 말이야. 어머니는 건강하신가? 자네 형제들도 모두 음악을 한다면서? 정말 잘됐어! 자네 아버지는 노래도 잘하고 바이올린도 켤 줄 알았는데."

윤신 이모가 옆에서 현자 할머니의 말을 통역해 주었는데, 사실 그 전에 반은 알아듣고, 반은 짐작하여 대강 비슷하게 알아들었다. 앞서 현자 할머니의 딸에게서 지난 이야기까지 들은 터라 현자 할머니를 더 잘 이해할 수 있었다. 나는 그녀에게 친근한 느낌이 들었고, 한편으로는 그녀를 위로하고 싶은 마음도 들었다. 나는 그처럼 사랑을 품고 사는 것이 얼마나 고통스러운지를 잘 알고 있었다. 왜냐하면……

현자 할머니의 아들은 유머 감각이 풍부한 사람이었다. 자신의 어머니와 내 아버지 사이에 있었던 일을 여동생이 내게 이야기했으리라 짐작했는지, 나를 향해 의미심장한 웃음을 짓고 돌아서서 진지한 얼굴로 모두에게 말했다.

"어머니가 몇 년 동안이나 외출하지 않으셨는데, 이번에는 꼭 한 번 나가셔야겠답니다. 내일 친히 '워크힐클럽(Walk Hill Club)'으로 진 선생님을 모신답니다."

전해 듣기로 '워크힐클럽'은 서울에 있는 최고급 클럽이었다. 순간 불현듯 마주한 과거와 진실한 사랑, 아름다운 낭만의 역사와 온 가족의 마음이 한꺼번에 느껴져 깊이 감동했다. 몰아치는 감정에 머리가 어질어질했고 무슨 말을 해야 할지 몰랐다……. 나는 조금 얼이 빠진 듯 연신 "감사합니다", "그렇군요"라는 말만 해댔고, "이 사진은 아버지도 계속 가지고 있었어요. 저도 본 적이 있어요"라는 말도 여러 번 했다. 현자 할머니는 뭉클한 마음을 숨기려는 듯 고개를 숙이고 있었는데, 무심결에 본 할머니의 눈가가 반짝였다.

이튿날 현자 할머니의 손자 류정 부부가 차를 끌고 나와 윤신 이모를 데리러 왔다. 현자 할머니의 아들은 클럽 입구에서 우리를 맞이한 후 세련되고 휘황찬란한 방으로 데려갔다. 문미(門楣)에는 소용돌이 모양의 영문 폰트로 'Rose Hall'이라는 금빛 글자가 새겨져 있었고, 장미 화환 장식도 있었다. 그가 익살스럽게 웃으며 내게 물었다.

"왜 이 방을 골랐는지 아세요?"

나는 일부러 모르겠다는 표정을 지으며 물었다.

"왜 이 방을 골랐는데요?"

그러자 그가 웃으며 되물었다.

"그러게요, 왜 그랬을까요?"

우리는 서로 마주 보며 회심의 미소를 지었다. 문을 열고 들어가니 앉아있던 사람들 모두 일어나 우리를 맞이했다. 나는 주인석에 앉은 현자 할머니에게 몸을 굽히며 배운 지 얼마 안 된 서툰 한국어로 인사했다.

"안녕하십니까."

그녀는 내 발음이 웃겼는지 미소를 지어 보였고, 곁에 앉으라는 듯 옆에 있는 의자를 두드렸다. 이내 모두가 자리에 앉았다. 긴 식탁에는 새하얀 식탁보가 깔려 있었고 가운데에는 아름다운 장미 한 떨기가 놓인 반짝이는 큰 수정 접시가 있었다. 노부인 네 명을 비롯하여 그 아들과 딸까지 열 명 남짓이 자리했고, 사람들 앞에는 반짝이는 식기와 크고 작은 유리잔이 놓여 있었다. 우리는 조곤조곤 이야기꽃을 피웠다. 그때 천장에 매달린 샹들리에가 갑자기 반짝 하며 방안을 환히 비췄다. 현자 할머니가 느릿느릿 일어나 나를 향해 고개를 끄덕인 다음 작고 낮은 소리로 말했다.

"오늘 우리는 중국에서 온 손님을 환영하기 위해 이곳에 모였다. 바로 우리의 오랜 친구, 김철남 선생의 아드님인 김정평 선생을 위해 말이지."

나는 박수를 받으며 자리에서 일어나 인사했다. 현자 할머니는 마음을 추스르듯 잠시 머뭇거렸다.

"김철남 선생이 중국으로 건너간 이유는 한국의 독립이었다. 우리는 그 사람을 그리워했고, 다시 돌아오기를 바랐지. 하지만, 이미 이 세상을 떠났어. 김정평 선생은 아버지를 대신해 독립 훈장을 받기 위해 온 것이야. 나라는 다행히 그를 잊지 않았어. 그건 우리도 마찬가지고."

모두 감명을 받았는지 박수 소리가 꽤 길게 이어졌다. 현자 할머니의 딸이 격앙된 어머니에게 다가가 그녀를 살며시 부축했는데, 할머니가 살짝 고개를 젓자

아 버 지 의   고 향 과   옛 친 구

조용히 그녀의 뒤로 가서 섰다. 현자 할머니는 가볍게 숨을 내쉰 다음 기도하듯 느릿느릿 말을 이었다.

"이제 나는 아들, 딸도 있고, 다 큰 손자는 이제 결혼도 했지. 남편도 먼저 가버렸고."

그녀는 잠시 머뭇거렸다.

"조국의 독립을 위해 떠난 철남도 이제 세상에 없는데. 그런데 왜 하나님은 나를 부르시지 않지? 왜 아직 나를 부르시지 않아? 왜……?"

그리고 한참이나 정적이 흘렀다. 다들 숨을 죽이고 그녀를 기다렸다.

"아……."

드디어 그녀가 입을 열었다.

"이제 알겠어. 하나님이 자비를 베푸신 거야."

할머니가 뒤를 돌아 나를 바라보았다.

"자네를 만나보라고, 철남의 아들을 만나보라고! 정말 다행이야! 자네를 직접 만났으니! 이제는 안심하고 갈 수 있겠어."

할머니는 하늘을 바라보듯 천천히 고개를 쳐들었다……. 방안은 숨소리마저 들릴 정도로 고요했고, 공기마저 얼어붙은 듯했다. 나는 현자 할머니의 말을 통역하려는 윤신 이모를 향해 조용히 손을 저었다. 그녀의 한마디 한마디를 모두 이해할 수 있었다. 철남이란 이름을 부를 때 잔물결 같던 그 떨림조차 분명히 느꼈으니까.

"이제 나도 가야지, 나도 갈 때가 됐어."

그녀가 탄식처럼 한마디를 거듭 내뱉었다.

"정말 참으로 기쁘구나!"

나는 왈칵 쏟아지려는 눈물을 애써 참고 현자 '어머니'의 손을 꼭 잡아 자리에 앉혔다. 그리고 곧장 자리에서 일어섰는데, 이내 저절로 말이 튀어나왔다.

"하나님께서 그러십니다. 아직 때가 아니라고요. 할머니는 아직 갈 때가 아니라고 하시네요. 할머니가 그러셨죠. 제 아버지가 여러분과 조국의 품을 떠난 것은 한국의 독립 때문이라고요. 맞습니다."

나는 잠시 입을 닫고 북받치는 마음을 다스렸다.

"그런데 아버지의 꿈이 아직 이뤄지지 않았어요. 남북으로 나뉜 조국이 온전한 하나가 되어야만 아버지의 꿈이 이뤄지는 거예요. 그리고 증손자도 보셔야죠! 그때가 되면 행복하게 천국으로 가실 겁니다. 지금은 아니에요. 하나님께서 지금은 할머니를 데려가시지 않겠답니다!"

윤신 이모가 내 말을 다 통역하기도 전에, 열렬한 박수가 쏟아졌다. 내가 잔을 들어 한 바퀴 돌린 다음 현자 할머니 앞에서 멈춘 후 한껏 격앙된 목소리로 외쳤다.

"할머니의 건강과 장수를 위하여!"

그리고 잔에 담긴 술을 단숨에 들이켰다. 현자 할머니도 술을 한 모금 마셨고, 다른 사람들도 모두 잔을 비운 후 오래도록 힘껏 손뼉을 쳤다. 현자 할머니는 내 손을 꼭 잡고 자애로운 눈빛으로 한참이나 나를 바라보았다.

"고맙네, 고마워. 자네 아버지도 분명 기뻐하실 거야!"

그렇다. 분명 아버지도 기뻐하실 터였다. 당신이 젊었을 때 뜨겁게 사랑했던 사람, 현자를 아들이 만나리라고는 생각도 못 하셨을 것이고, 이듬해 현자와 당신 아내가 만나리라고는 더더욱 예상치 못하셨을 테니까. 물론 이것은 나도 전혀 예상하지 못한 바다. 하늘의 뜻이 아니었나 싶다.

이제는 이 세상에 진정한 사랑이 존재한다는 사실을 믿게 되었다. 땅 밑의 뜨거운 마그마처럼 무수한 세월이 지나도 결국은 종유석과 같은 진기한 꽃으로 피어나 정적 속에서도 아름다웠던 그 사랑 이야기를 조용히 전해줄 거라고 믿는다.

두 번째 이야기

이듬해 한국의 초청을 받은 나는 서울로 가서 한국 KBS 교향악단과 함께 내 《첫 번째 교향곡》을 선보였다. 국제관례에 따라 부인을 대동할 수 있었지만, 어머니는 아니었다. 나는 어머니가 얼마나 실망했을지 충분히 짐작이 갔다. 어머니는 늘 한국에 가고 싶어 했다. 그러면서 "나는 꼭 네 아버지의 조국에 가봐야 해. 네 아버지는 이미 가고 없으니 내가 대신 고국 땅을 밟아야지……"라는 말을 자주 하셨다. 나는 김신 형과 한국 측에 어머니의 뜻을 알렸는데, 모두 환영한다는 뜻을 밝혔다. 다만 당시는 중국과 한국이 수교하기 전이라 반드시 상대국의 정직 초청 서한이 있어야만 비자를 받을 수 있었는데, 순국열사의 유족이라는 신분 덕에 순조로이 수속을 밟았다. 어머니는 기뻐 어쩔 줄을 몰랐는데, 특히 한국에 도착했을 때, 공항에서 국가급 내빈에게 제공하는 간편 수속 혜택을 받자 굉장히 좋아했다. 아버지 덕에 깍듯한 예우를 받는다고 생각하셨던 것 같다. 어머니는 서울에 있는 아버지의 옛 친구인 고 박세창 선생의 부인 댁에 묵으셨다. 바로 지난번에 통역을 맡아준 윤신 이모의 집이었다. 이모는 중국에 있을 때 우리집에서 지낸 적이 있었고 아버지가 중매를 서서 어머니와 친한 친구 사이였다. 오랜만에 한국에서 친구를 만난 두 분은 더없이 기뻐했다.

윤신 이모는 아버지의 사촌 동생 김경두의 행방을 수소문한 후 나와 어머니를

서울에서 만난 어머니(중)와 셋째 작은아버지(좌)

데리고 그를 찾아갔다. 한 노인이 어머니를 발견하고 펄쩍 뛰며 소리쳤다.

"아, 바오전!"

그리고 어머니의 손을 꼭 잡고는 연신 흔들고 토닥이며 한껏 흥분해 어쩔 줄을 몰랐다.

"앉아서 이야기해요. 앉아서."

그는 어머니의 말을 듣고서야 정신을 차렸다.

"아, 그래요. 그래야지, 형수님, 앉으세요. 자, 다들 앉읍시다."

어머니가 다가가 그를 부축해 자리에 앉혔다. 우리는 다다미에 둘러앉았다. 그의 아들과 며느리도 함께 앉아 어르신들의 '옛이야기'를 들었다. 그는 줄곧 어머니의 손을 꼭 잡은 채 한국어에 한자를 섞어가며 당시 어머니가 '운영'했던 그 '만남의 광장'에 대해 이야기했다.

"아이고, 그때 사람들이 죄다 자네 집에 묵는 바람에 자네 어머니가 엄청나게 고생했어. 다들 '바오전! 바오전――!' 하면서 무슨 일만 있으면 자네 어머니를 불러댔지. 아이고, 자네 어머니는 정말 대단한 사람이야. 다들 바오전을 좋아하고 존경했다니까. 하하, 그때는 자네 어머니가 굉장히 젊었는데도 다들 얌전히 말을 잘 들었다니까."

아저씨는 옛날 생각이 났는지 갑자기 내 손을 잡고 일부러 묘하다는 표정을 지으며 말했다.

"가오바오, 자네 그거 아나? 그때 자네 집에서는 식사 때마다 방울을 흔들어야 했다니까! 하하하……."

그는 눈을 가늘게 뜬 채, 듬성듬성한 이를 다 내보이며 입을 크게 벌리고 웃었다. 그리고 어머니의 손등을 툭툭 토닥이며 말을 이었다.

"자네 어머니는, 정말이지, 사령관 같았어. 하하……."

그러다 별안간 잠시 침묵하더니 벅찬 가슴을 부여잡고 말했다.

"정말 보고 싶었어!"

어르신의 눈가에 이슬이 맺혔다……. 당시 졸업하자마자 결혼한 어머니는 어린

신부였다. 그래서 그녀의 내면에 이토록 강인한 힘과 뜨거운 열정이 자리하고 있으리라고는 사실 아무도 짐작하지 못했다. 유약해 보였고, 온실 속에서 자란 화초처럼 응석받이로 보였지만, 사랑하는 남편이 정치적 곤경에 빠지자 넘치는 기지로 차분하고 용감히 처신했으며 남편을 구해야 한다는 일념으로 동분서주했다. 아마 아버지도 전에는 몰랐을 어머니의 일면일 터였다.

이번 한국 여행에서는 악단에 가서 연습하거나 호텔 방에서 악보를 외우는 등혼자 하는 일이 많았다. KBS 교향악단과의 합동 공연이 이번 여행의 주목적이었기 때문이다. 나는 속으로 이번 방문 공연에 응한 것에 대해 너무 대담했다고 자책했다. 아직 검증되지 않은, 설익은 작품을 가지고 와서 한 국가의 최우수 악단에게 '시금(試金)'을 맡기다니, 경솔한 행동이었다. 물론 그 작품으로 어떤 예술적 성과를 이뤄내겠다는 마음은 없었다. 그저 한민족 스타일을 담은 교향곡 형식으로아버지와 순국열사에 대한 사랑을 표현하고, 불굴의 투쟁 정신을 찬미하고자 했다! 이러한 바람과 생각은 아버지가 내게 심어주신 것이다. 아버지는 다시 조국 땅을 밟지 못하고 타향에 묻혔다. 나는 그 사실을 떠올릴 때마다 가슴이 저릿했다.

나는 KBS 교향악단 지휘석에 서서 먼저 한국어를 모른다는 사실을 터놓고 단원들의 양해를 구했다. 마침 현악기 부수석 연주자가 어렸을 때 중국에서 살았기에 필요할 때마다 통역을 맡아주었다. 다행히 대부분의 내용은 전문 용어나 영어로 해결할 수 있었다.

총 3악장에 걸친 교향곡의 연습 시간은 2.5단원에 리허설 한 번이 고작이었는데, 나는 짧은 연습 시간이 무척이나 마음에 걸렸다. 그래도 악단 실력이 워낙 출중했기에 자신감을 얻었다. 다만 한 가지, 단원들은 내가 곡을 쓰며 적용한 음악언어의 스타일과 내용을 낯설어했고, 그 때문에 내 지휘와 하나가 되지 못했다. 따로 노는 듯한 느낌에 지휘봉을 마음껏 흔들 수도 없었다. 단원들은 대부분 유럽이나 미국에서 공부한 유학파로 거의 모든 서유럽 클래식을 능숙하게 연주했다. 그래서 클래식을 연주할 때는 빠르고 거침없었다. 단원 중에 중국 상하이악단에 있다가 KBS 교향악단으로 온 류슈쑹(劉秀松)이란 조선족 연주자가 있었는데,

중국에 있을 때부터 나를 알았단다. 류슈쑹은 KBS 교향악단은 자기 민족이 만든 교향곡을 연주한 적이 없다고 했다. 한 번은 현대파 기법으로 작곡한 곡을 시험 삼아 연주한 적이 있었는데, 다들 코웃음을 쳤다고 했다. 그가 아는 바로는 내가 만든 곡이 KBS 교향악단이 연주하는 최초의 민족 교향악 작품이었다. 내 곡에 쓰인 음악 언어가 낯설긴 해도 받아들일 수 있을 거라고 했다. 사실 지휘를 하면서 직접 느낀 점이 있었는데, 그저 지휘자를 따라갈 뿐 적극성이 부족해 힘이 든다는 것이었다. 이는 기술적인 문제가 아니라 장시간 연습을 통해 해결해야 하는 부분이었다.

여하튼 결국에는 제시간에 준비를 마쳤다. 공연 당일, '불발탄'이 몇 번 발견되고, 어떤 부분에서는 성부가 제때 들어오지 않아 식은땀을 흘렸지만(무대에서 쓰러지지 않은 것이 다행이었다), 전반적으로는 꽤 괜찮았다. 연주가 끝나자 박수 소리가 끊이지 않았다. 나는 한국인이라면 모두가 알 만한 동요《반달(중국어로는 '샤오바이촨')》을 관현악곡으로 편곡해 경쾌하게 연주하도록 했고(공연 시작 전에 딱 한 번 연습했다), 그제야 기쁘고 즐거웠던 공연의 막을 내렸다.

음악회가 끝난 후, 무대 뒤 휴게실은 시끌벅적했다. 나는 김신 형, KBS 교향악단 김동정 예술 총감독 그리고 작곡가 협회 최영섭 회장의 열렬한 축하를 받았다. 어머니는 내가 꽃다발을 받고 악수와 포옹을 나누며 기념사진을 찍는 모습을 바라보며 흐뭇한 마음에 입을 다물지 못했다. 밍밍은 꽃다발을 품에 가득 안은 채 소녀처럼 활짝 웃었다. 그때 가장 행복한 사람은 아마 어머니였을 것이다. 어머니가 이 순간을 얼마나 바라고 기다렸는가! 아버지도 분명 저 위에서 우리를 내려다보시며 엄지손가락을 세운 채 늘 그랬듯 '멋지다!'라고 하실 터였다.

공연이 끝난 후, KBS 측에서 여러 행사에 초대했는데, 그중 가장 인상 깊고 도움이 됐던 것은 한국 작곡가 협회 최영섭 회장의 초대를 받고 참석한 '교향악 축제'였다. 한국은 매년 봄에 예술의 전당에서 연달아 음악회를 개최하는데 그중 한 공연이 오래도록 기억에 남았다. 음악회가 끝난 후에는 시원한 맥주와 함께 온갖 언어가 혼재한 회식 자리를 가졌다. 거기서 나는 한·중 양국의 교향악이 지닌 문제가 꽤 비슷하다는 사실을 발견했다. 다만 창작에서는 다른 점이 있었는데, 한국은 애국가의 작곡가이자 해외에서 생활하는 안익태 선생의 작품을 제외하고는 자기 민족이 만든 악단 작품이 거의 없다고 했다. 국내에서는 대중음악이 가장 큰 사랑을 받고 있으며, 그 외에는 현대파 작품을 듣는 이가 주를 이루지만 그마저도 찾는 이가 극히 적단다. 반대로 서양의 고전 교향악을 전파하는 일은 홀륭히 수행하고 있는데, 거의 모든 시·도·군에서 상당한 실력을 갖춘 교향악단을 두고 있었다. 이들의 실력은 이번 '교향악 축제'를 통해 충분히 엿볼 수 있었다. 다만 최영섭 회장이 내가 작곡한 곡과 같은 유형의 교향곡은 한국에서 접한 적이 없다며, 이런 쪽으로도 노력을 기울여야겠다고 했다. 또 지금 유행하는 대중음악은 큰 사랑을 받고 활기를 띠고 있다며, 예술의 발전은 대중이 스스로 선택하는 것으로 생각한다고 덧붙였다. 나는 아리랑 악단 음악회에서 《그리운 금강산》을 불렀는데, 관객들 반응이 굉장히 좋았다고 말해주었고, 이에 최 회장은 무척 흐뭇해했다.

한국을 떠나기 전에 어머니와 현자 할머니의 만남이 성사됐다. 둘은 만나자마자 오랜 친구를 만난 것처럼 서로를 얼싸안았다. 두 분은 계속 팔짱을 낀 채로 알아듣진 못하지만 이해할 수 있는 말로 이야기를 나누었다. 윤신 이모는 중간에 끼어들기가 힘들었는지 아예 통역을 포기했다.

응접실로 들어가니 다들 자리에 앉아있었다. 현자 할머니가 밍밍의 두 손을 꼭 잡고 가까이 잡아당긴 다음 자세히 살피고는 소리쳤다.

"아이고! 정말 예쁘고 귀엽네요!"

윤신 이모는 그제야 통역할 기회를 얻어 밍밍에게 현자 할머니의 칭찬을 전했다. 나와 밍밍은 어머니가 가져온 선물을 하나씩 탁자 위에 꺼내 놓았다. 현자 할머니는 그때마다 연신 고맙다고 인사했다. 끝으로 어머니가 직접 커다란 비단 함에서 쑤저우 자수가 새겨진 화려한 이불을 꺼내 놓자 현자 할머니와 이모할머니들이 일제히 탄성을 질렀다.

현자 할머니는 한껏 상기된 얼굴로 자수가 새겨진 이불을 껴안고 어쩔 줄 몰랐다. 그때 오히려 어머니가 언니처럼 먼저 입을 열었는데, 매끄럽진 않지만, 감정이 가득 담긴 한국어로 말을 건넸다.

"꼭 한번 만나고 싶었는데, 오늘 드디어 이렇게 만났네요. 그이가 남긴 그 사진은 저도 본 적이 있어요. 그이는 현자 씨와 현자 씨 가족을 무척 그리워했어요. 오늘 이렇게 만났으니, 그이도 굉장히 좋아할 거예요……."

밍밍을 비롯한 다른 이들은 선물을 정리한다는 핑계로 자리에서 물러났고, 나는 멀리서 어머니와 현자 할머니가 손을 잡고 이야기꽃을 피우는 모습을 바라보았다. 그때 두 분 사이에는 이해하지 못할 말이 없었다. 나는 그들을 바라보며 생각했다. '진정한 사랑은 질투하지 않는 것이구나. 두 명이 한 사람을 사랑한다는 것이 꼭 서로의 마음을 상하게 하지는 않는구나.' 삶은 현실이고, 흐르는 강물처럼 세월도 흘러가 원망, 번민, 절망, 회한, 기대가 모두 사라지고 나면 남는 것은 기억뿐이었다. 그날은 다시 얻을 수도 다시 잃을 수도 없는, 두 분의 처음이자 마지막인 만남이었다.

2년 후 출중한 바이올리니스트가 된 둘째 동생 중핑의 아들 진후이(金輝)가 한국의 초청을 받고 미국에서 출국했다. 그는 서울교향악단과 함께 차이콥스키의 바이올린 협주곡을 연주했는데, 그때 현자 할머니를 뵀다. 현자 할머니는 무척 반가워하며 자신이 김철남의 아들은 물론이고 손자까지 만났다는 사실에 놀라워했다. 할머니는 무대에서 바이올린을 연주하는 영민하고 준수한 젊은 음악가를 보며 당시의 철남을 떠올렸으리라. 할머니는 하나님이 자신을 굽어살피셨다며 이제 눈을 감아도 여한이 없다고 했다. 그래서였을까. 현자 할머니는 아버지가 선물한 그 사진을 진후이에게 건네며 할머니에게 전해달라고 했다. 원래의 주인에게 돌려주겠다는 뜻이었고, 이제 행복하게 생을 마감할 수 있다는 뜻이기도 했다.

그 후, 나는 새로운 세기가 시작되는 2000년에 3·1 독립운동 기념회에 초청받아 다시 한국을 찾았다. 내친김에 현자 할머니를 뵈러 갔는데, 뜻밖에도 할머니는 나를 알아보지 못했다. 가족들 얘기로는 2년 전부터 노인성 치매를 앓으셨는데 증상이 갈수록 악화하고 있다고 했다. 그 다음 해, 김신 형의 편지로 현자 할머니의 부고를 접했다. 셋째 작은아버지도 이미 세상을 뜨고 난 후였다. 2014년 7월, 어머니가 돌아가셨을 때, 김신 형이 대형 화환을 보내주었는데, 뜻밖에도 2년 뒤인 2016년에 형의 부고까지 받게 됐다. 한국의 독립을 위해 투쟁한 순국선열 백범 김구 선생의 후손이자 우리 가족에게 가장 큰 관심을 보여준 좋은 형 김신마저 세상을 떠났으니, 아버지의 조국이자 고향이며, 아버지를 낳고 길러준 한국에서 이제 다시는 옛 친구를 만나지 못할 것이다.

서울에서 아버지의 옛 친구를 만난 어머니

피날레

오페라 《목조적전설》의 탄생
_____ 은퇴, 그리고 다시 시작하기

1993년 나는 중국영화악단에서 퇴직했다.

일반적으로 퇴직은 한 사람의 일생이 막을 내렸다는 것을 의미한다. 물론 생명이 다했다는 뜻이 아니라 사회 활동에서 손을 뗀다는 이야기다. 더 콕 집어 말하면 이제 당신은 늙어서 일하기에 적합하지 않으니 젊은 세대에 맡기라는 뜻이다. 다만 생계에는 문제 없도록 퇴직금을 줄 테니…….

퇴직 통보를 받았을 때, 왠지 모르게 너무 갑작스럽다는 느낌이 들었다. 나는 예전 그대로 바뀐 게 없는 듯했기 때문이다. 내가 퇴직이란 말에서 받은 가장 직접적인 느낌은 평생 열렬히 사랑한 일을 놓고 수많은 세월을 매일 함께한 악단의 동료들을 떠나야 한다는 것이었다. 단 하나의 악기 소리조차 더는 듣지 못한다니! 모든 제약에서 벗어나거나 자신을 지탱해준 감정과 희망이 사라지면 사람은 고독을 느끼고 심지어는 삶의 의미를 잃는다.

나의 마지막 오페라 《목조적전설》

    다만 퇴직 후 찾아오는 감정들을 나는 다른 사람보다 조금 늦게 느꼈다. 영화악단에서는 퇴직했지만, 아직 중앙민족대학 음악학원에서 수업을 맡고 있었기 때문이다. 40여 년간 함께한 집단에서 계속 일하고 있었다는 말이다. 누군가는 내게 '오뚜기' 같다고 했지만, 나는 내가 세르반테스가 말하는 '물레방아 바퀴'와 닮았다고 생각한다. 쉴 새 없이 돌며 땅에 물을 대는 물레방아 바퀴는 높은 곳에 있기도, 밑바닥까지 내려가기도 하며 쉬지 않고 돌고 돈다⋯⋯.

    1961년 만리장성 산기슭에서 양을 치기 위해 채찍을 잡았던 나는 민족학원에서 교편을 잡고 새로운 삶을 살았다. 나 자신을 임시 고용되거나 강요당하는 노동자로 여긴 적이 없었다. 불공평한 대우를 받고 갖은 모욕과 억울한 일을 당하고 절망에 빠졌지만, 정상적으로 일할 수 있는 여건만 주어지면 제대로 해냈다(내 일에 대해서만큼은 제발 아무런 '색깔'도 입히지 말아 주었으면 좋겠다!). 이는 내가 삶을 대하는 방식이었다. 학생들과는 친구처럼 지내며 내가 가진 것을 그들과 나누었고, 수업에서든 편한 자리에서든 학생들이 조금이라도 도움을 얻기를 바랐다. 내 실패의 경험과 밝히기 부끄러운 이야기까지 꺼낸 것은 바로 그런 마음에서였다. 이렇게 일한다면, 퇴직으로 인한 상실감은 없을 것이다.

    영화악단에서 퇴직한 일은 내게 깊은 깨달음을 남겼다. 더 진지하고 절박한 태도로 내 생명과 삶을 대하게 된 것이다. 앞으로 살아갈 날이 그리 많지 않다는 사실을 깨닫게 된 것이다. 내가 동료들에게 농담 삼아 하는 말이 있다.

"생명 통장에 잔고가 별로 없어. 이제는 동전 한 닢이라도 가치 있게 써야 한다니까."

_____ 소원

내 피땀이 어리고 수많은 역경을 함께하고 내 삶에 가치를 부여한 학교를 떠나기 전에 나는 학교에 바치는 아름답고 실질적인 선물이자 내가 평생 바랐던 일을 해야 했다. 바로 소수민족을 소재로 한 대형 오페라를 제작하는 것이다.

생각을 정리하고 나니 마음이 편하고 차분해져 곧장 작품 구상에 돌입했다. 퇴직이란 것은 사람을 더 빨리 늙게도, 젊었을 때 하지 못한 일을 하게끔 재촉하기도 하는구나!

그 후, 나는 구체적인 데이터, 인력 조건, 무용극 《양산거변》이나 발레무용극 《초원영웅소저매》 등 창작 이력을 바탕으로 내 경험과 바람까지 더해 학교 지도부에 소수민족을 소재로 하는 대형 오페라 창작을 제안했다.

수차례에 걸친 설명과 연구 끝에 작품 창작의 현실 가능성 및 의의에 주목한 총장이 찬성의 뜻을 밝혔다. 다만 학교 전체에 영향을 미치는 대형 프로젝트인데다 반드시 경제적 지원이 뒷받침되어야 하기에 여러 사람의 승인이 있어야만 최종 결정을 내릴 수 있었다.

당 위원회 서기 쑹제(宋杰) 동지가 가장 열정적인 지지 의사를 보냈고, 이후에 그는 프로젝트 진행의 관건이 되는 경비 지원 문제까지 맡아 이곳저곳 분주히 다니며 허가 신청을 냈다.

이 덕분에 금방 작품 창작에 돌입했다. 물론 가장 시급한 것은 시나리오였다. 우리는 몇몇 동지가 제안한 다양한 주제, 플롯, 소재 등을 두고 논의를 반복한 다음 톈촨(田川), 류스룽(劉詩嶸), 영화학원 문학과 주임 류이빙(劉一兵) 등 오페라 분야의 전문가 및 극작가와 쥐치훙(居其宏), 한커(韓克), 가오서우신(高守信)과 같은 이론가를 초청해 개별적으로 의견을 나눴다. 이후 개략적인 시나리오 몇 개를 두고 분석하고 선발하는 작업 끝에 만장일치로 내 시나리오를 꼽았다. 더불어 주제에 대한 의견을 나눴는데, 나는 그중에서 계급 투쟁이라는 틀에 구애받지 말아야 한다는 의견에 주목했다. 40년 전인 1963년 『마두금 이야기』를 썼을 당시에는 시인 스팡위 등 극히 소수만이 몰래 털어놓았던 문제점이 이제는 모두가 지적하는 문예 창작의 고질병이 됐다. 이것이야말로 사상해방의 징후였다. 나는 몽골족 및 말뚝과 관련된, 사랑에 얽힌 민간 전설에서 영감을 받아 시나리오를 썼다. 줄거리는 비교적 단순하다. 먼 옛날, 고아인 남녀 한 쌍이 있었다. 어릴 때부터 서로 사랑에 빠져 영원히 함께할 것을 맹세하며 나무 한 그루를 심었다. 그러나 불행하게도 여자아이가 병에 걸려 죽고 말았는데, 옛정을 잊지 못한 남자아이가 나무에 그녀의 모습을 새기고 평생 그녀를 그리워했다. 그 마음에 감동한 신이 나무로 만든 조각상에 생명을 불어넣어 사람으로 만들어 주었고, 둘은 행복한 나날을 보냈다. 그런데 그 청년을 사모해온 부족의 공주가 그 모습을 보고 질투의 화신으로 변해버렸다. 극의 갈등은 여기서부터 시작된다. 결국은 공주는 여자의 모습이 새겨진 나무를 불살라 버리는데, 청년이 그 불길 속에 뛰어들어 죽고 만다. 하늘 높이 치솟는 불꽃 속에서 그들은 서로를 꽉 끌어안은 채 재가 되어 푸른 하늘로 솟아오른다……. 유목민의 애환과 절개가 담긴 사랑 노래가 울려 퍼지며 막을 내린다.

시나리오는 호평을 이끌어내며 모두의 지지를 얻었다.

_____ 또 뜻밖의 일

본래는 몽골족 시인에게 작사를 맡기고 싶었으나 줄곧 마땅한 사람을 찾지 못해 결국은 학교 지도부에서 내게 그 일을 맡겼다. 마침 사스가 창궐했을 때라 두문불출하고 작사에만 집중했고, 내친김에 시나리오도 손봤다.

처음 오페라 창작을 건의했을 때는 당연히 직접 작곡을 맡을 생각이었다. 그러나 차분히 생각해볼 필요가 있었다. 시나리오와 작사는 물론이고 지휘, 악단 연습 심지어는 배우들의 노래 지도까지 내가 다 해야 했다. 사람의 체력에는 한계가 있고, 시간은 더더욱 유한한 것이었다. 어떤 일을 제대로 잘하려면 모든 것을 자기가 도맡겠다는 '욕심'을 버려야 한다. 더구나 작곡과의 젊은 교사 중에는 쓰런 나다미더라는 괜찮은 작곡가가 있었다. 경험은 많지 않지만, 그가 몽골족이라는 사실이 가장 중요했다. 몽골 스타일에서는 그가 나를 가르쳐야 마땅했다. 이에 어쩔 수 없이 작사를 맡으면서 작곡에는 참여하지 않겠다고, 필요하다면 쓰런에게 오페라 음악 예술에 관한 의견을 제시하는 정도의 도움을 줄 수는 있다고 했다. 결과적으로 이는 옳은 결정이었다. 쓰런의 음악은 수많은 호평을 이끌어냈다. 처음에는 곡이 완성될 때마다 내게 가지고 와서 봐 달라고 부탁했기에 함께 고민했지만, 나중에는 내 조언이 필요 없겠다 싶었다. 그 곡들은 쓰런의 작품이니 혼자서 연구를 거듭하며 완성해야 했다.

작업 후반부에는 중앙가극무극원에 있는 기자 출신 장리(蔣力) 동지를 초대해 시나리오에 대한 의견을 듣고 중국 오페라계의 여왕 천위(陳蔚) 감독을 섭외해줄 수 있는지 물었다. 그는 여주인공을 맡을 배우까지 섭외했는데, 바로 가극단 소속의 훌륭한 배우 유훙페이(尤泓斐)였다. 이 모든 것이 가능했던 이유는 쑹제 동지가 오페라 연습과 공연을 위해 열심히 발품을 팔아가며 상당한 액수의 경비를 모아준 덕분이었다. 이로써 작품을 위한 모든 여건이 마련되었으니, 이제 작품을 무대에 올릴 수 있을지 말지는 내가 얼마나 노력하느냐에 달려있었다. 나는 나 자신조차 잊을 만큼 오로지 작품 창작과 연습에 매달렸다. 그랬기에 학교에서 건강검진을 받으라는 통지가 왔을 때 마음이 썩 내키지 않았다. 그렇지만 성화에 못 이겨 결국 병원으로 향했다. 처음에는 순조로웠는데, 마지막 '관문'으로 흉부 사진을 찍을 때 전속력으로 달리는 차에 'stop!' 하고 제동을 거는 일이 일어났다.

"진정펑 동지, 아직 옷 입지 말고 잠깐 기다리세요."

나는 순간 멈칫했지만, 전혀 개의치 않았다. 촬영실에서 나오니 누군가가 나를 기다리고 있었는데, 그는 자신을 '×주임'이라고 소개했다.

그가 친절한 말투로 말했다.

"지도부 연락처를 좀 알려주시겠습니까?"

"무슨 일입니까? 저한테 바로 알려주시면 되는데."

그가 망설이는 모습에 내가 싱긋 웃으며 말했다.

"암인가 보네요?"

"그런 말은 한 적이 없는데요. 음, 내일 협력병원에 가서 정식으로 폐 검사를 한 다음 결과는 그쪽에서 직접 들으시는 게 좋겠습니다."

이튿날 간부 진찰소 주치의 퉁왕쥔(同王軍) 동지를 찾아가 상황을 설명했더니 즉각 영상의학과에 연락해 폐 사진을 찍을 수 있도록 해주었다. 잠시 후, 그녀가 사진을 가지고 왔다. 의사 두 명이 내 폐 사진을 보고는 폐암 진단을 내렸다. 그리고 냉큼 셰허병원 흉부외과에 전화를 걸었다.

셰허병원의 진단 결과 확진을 받았다. 폐암이었다.

나는 가족이나 학교 지도부 등 그 누구에게도 이 사실을 밝히지 않았다. 괜히 주변 사람을 불안하게 만들까 봐 나 혼자 그 짐을 지려 했다. 하지만 뜻대로 되지 않았다. 내일 펫시티(PET CT) 촬영을 위해 셰허병원 영상의학과에 9천 위안을 내야 했기 때문이다. 지금껏 수중에 9백 위안 이상이 넘는 돈을 둔 적이 없는데, 이를 어쩐단 말인가? 나는 어쩔 수 없이 아들 솔솔에게 전화해 셰허병원에서 기다릴 테니 즉시 돈을 구해 오라고 했다. 다른 말은 하지 않았다.

병원에 온 아들에게 간략히 상황을 설명하며 엄마나 다른 사람에게는 절대 말하지 말라고 당부했다. 솔솔은 은행에 다녀오겠다며 기다리라고 했다. 그리고 한참 후 돌아와 돈을 이미 다 냈으며 내일 8시에 와서 펫시티 촬영을 하면 된다고 했다.

나보다 똑똑한 솔솔은 사실 '은행'에 다녀오겠다는 구실로 자리를 피한 다음 내가 폐암에 걸렸다는 사실을 미미 누나에게 알렸다. 미미는 내 여동생의 딸이었다. 여동생도 전에 암에 걸렸었는데 완치된 후 그녀의 암을 치료해준 의사와 친구가 됐다. 미미는 즉각 그 의사, 중국 폐암 연구 및 치료 학회의 학회장 즈슈이(支修益)에게 연락했다. 그는 막 퇴근하려던 참에 미미의 전화를 받고 즉시 나를 쉬안우(宣武) 병원으로 불러 진찰을 받게 했다.

그렇게 순식간에 상황이 바뀌었다. 즈 선생님의 진료실에는 나 외에도 아들 솔솔, 조카딸 미미, 내 여동생과 매부까지 있었다. 즈 선생님은 내가 가져온 사진을 보고 셰허병원 장 의사와 통화해 여기 쉬안우병원에서 환자를 치료할 테니 이미 지불한 9천 위안을 돌려달라고 했다. 그리고 내게 말했다.

"폐암입니다. 말기에 가까워요. 더 미뤘다간 방법이 없습니다. 지금 즉시 입원해서 검사를 받고 수술 날짜를 정해야 합니다."

나는 크게 낙심했다. 폐암 때문이 아니라 오페라 때문이었다. 어찌해야 하나 잠시 차분히 생각하는데 또 아버지가 떠올랐다. 무슨 일이 있어도 오페라 연습 등 모든 사항을 잘 인계해야만 했다. 나는 마음을 굳힌 후 용기를 내어 의사에게 부탁했다. 일정대로 모든 검사를 받을 테니 입원을 조금 미룰 수 있겠냐고, 책임자로서 오페라 일을 먼저 처리해야 한다고, 그러고 나서 일주일 내에 입원하겠다고 했다.

"저도 정말 다른 방법이 없습니다."

즈 선생님이 진지한 표정으로 잠시 생각하더니 고개를 끄덕였다.

"좋습니다. 그렇게 하지요. 일주일 안에 모든 검사를 마치고 그 다음 주에 입원해서 수술합시다. '조직 검사'는 하지 않겠습니다. 너무 고생하실 테니까요. 그럼 하시던 일을 잘 마무리하고 오세요."

우리는 그제야 한숨을 돌렸다. 이후에 알게 된 사실이지만 병원장과 관련 과 주임이 모여 치료 방안을 논의하는 자리에서 일부 의사가 혈전을 먼저 치료해야 한다며 수술 시기를 두고 의견이 분분했단다. 그런데 즈 선생님이 단호하게 즉시 수술해야 한다는 입장을 고수하였고, 심지어는 "환자를 여러분의 아버지라고 생각해 보십시오. 저를 믿으세요. 이번 기회를 놓치면 너무 늦을지도 모릅니다"라고 설득했다. 결국은 모두가 그의 의견에 동의했다고. 그는 한숨을 돌릴 새도 없이 곧장 수술 준비에 돌입했다.

그날부터는 '형기(刑期)'가 시작된 것과 다름없었다. 아버지는 암으로 세상을 떠났고, 여동생도 몇 년 전에 암에 걸렸다가 구사일생으로 목숨을 건졌다. 즈 선생님은 여동생의 생명의 은인이었고 이제는 나를 구하기 위해 소매를 걷어붙였다. 지금 생각해도 이상한 점은 당시 폐암 진단을 받고도 놀라거나 허둥대지 않았다는 사실이다. 그저 오페라를 무사히 무대에 올려야 한다는 생각에 마음을 졸였을 뿐이었다. 나는 절대 중간에서 포기할 수 없었다. 다행히 진단을 받기 전에 시나리오와 작사를 마친 상황이었다. 이제는 최후의 결말이 부디 과거에 여러 차례 겪었던 결말과 같지 않기만을 바랄 뿐이다! 만약 또 운명이 장난을 친다면, 이번 생이 너무 안타깝고 아쉬울 것이다!

내가 오페라 제작진과 악단을 떠나자 동료들이 내 소식을 알게 됐다. 입원 당일, 오랜 동료 몇 명이 찾아왔고, 나는 몰래 병원을 빠져나가 그들과 함께 식사했다. 아마 그것이 '최후의 만찬'이라고 생각한 이도 있었을 것이다. 그러고 나서 싼우(三伍) 담배 한 갑을 사서 동료들과 나눠 핀 후, 잠자리에 들기 전 창가에 엎드려 마지막 한 개비를 태웠다. 수술대 위에서든 밑에서든 내일부터는 절대 금연이었다. 즈 선생님이 신신당부했기 때문이다.

"수술 후에 한 개비만 피워도 더는 치료를 못 합니다. 제 말 명심하세요."

원래는 유언 몇 마디를 써볼까 했는데, 평소 한 번도 생각해본 적이 없었기에 머릿속이 뒤죽박죽이었고 무슨 말을 남겨야 할지 몰랐다. 사실 아무 일도 없을 때 누가 유서 쓸 생각을 하겠는가? 아무튼 그건 지금도 마찬가지다. 세세하게 쓰자니 못 쓰겠고, 한마디만 남기자면 그냥 '잘 살아라' 정도랄까. 골똘히 생각하던 나는 한숨을 내뱉었다.

내 생명을 구한 명의 즈슈이

"관두자!"

월요일 아침, 수술 침대가 병실로 들어왔다. 침대에 누운 채로 수술실까지 가자고 했지만, 나는 고개를 절레절레 흔들었다.

"일단 수술실 입구까지 걸어간 다음 거기서 침대에 눕는 거로 합시다."

그래서 우리는 그늘지고 서늘한 지하실을 지나 엘리베이터를 탔다. 나는 복도를 따라 수술실 앞까지 간 후에야 얌전히 침대에 누웠고 그대로 수술실로 들어갔다. 수술대에 올라간 나는 의료진의 말에 따랐고 즈 선생님과 몇 마디 농담도 나누었다. 주사를 맞고 나니 차츰 의식이 몽롱해졌다. 오페라 연습이 시작될 시각이었다.

......

결국 나는 살았다. 심지어는 회복도 빨랐다. 의료진은 뜻밖이라며 놀라워했지만 나는 그 이유를 알고 있었다. 오페라에 대한 염려 때문이다. 나는 이렇게 갈수 없었다. 끝내 직접 지휘하지는 못하더라도, 작품 창작의 전 과정을 함께하지 못하더라도, 《목조적전설》이 탄생하는 모습을, 그것을 세상에 선보이는 순간을 두 눈으로 직접 봐야만 했다. 도깨비 같은 결말은 늘 이렇게 나를 따라다녔다!

병상에서 겪었던 일은 여기서 언급하지 않겠다. 그때의 고통을 떠올리고 싶지 않아서다. 어쨌거나 나는 버텼고 끝내는 목숨을 건졌다. 이 기회를 빌려 내가 삶과 창작의 행복을 계속 누릴 수 있도록 힘써 준 즈슈이, 왕뤄톈(王若天) 및 모든 의사와 백의의 천사에게 진심으로 감사한다는 말을 전한다. 약속하건대, 더 가치 있는 삶을 살고자 노력하는 것으로 그들에게 보답하겠다. 이 약속은 꼭 지키겠다!

내 아들 솔솔에게도 감사해야겠다. 아들에게도 감사할 수는 있지 않은가? 솔솔은 가족에게 알리지 말라는 내 말을 어기고 돈을 마련해 오겠다는 핑계로 자리를 뜬 다음 재빨리 미미 누나에게 고모를 살려냈던 즈 선생님을 불러 달라고 했다. 제때 나를 구원의 길로 데려간 것이다. 완치 판정을 받고 퇴원할 때, 아들은 의료진이 제안한 여러 방안을 냉정히 분석했는데, 노인은 암세포 확산 속도가 느리다는 즈 선생님의 소견을 토대로 극심한 고통을 동반하는 화학 치료 대신 집에서 쉬며 보양하는 길을 택했다. 그 덕분에 나는 고통에서 벗어나 지금껏 평안하게 살았고 그랬기에 이 글도 쓸 수 있었다.

나는 오페라《목조적전설》의 진행 상황을 살피고자 서둘러 퇴원했는데, 완성 단계라는 이야기를 듣고 한시름 놓을 수 있었다. 물론 끝까지 참여하지 못한 일은 아쉬움으로 남았다. 이런 결말은 아마도 내 숙명인 듯했다.

2006년 1월 민족궁 극장에서 오페라《목조적전설》이 정식으로 막을 올렸다. 나는 초연을 보고 들었고 무대에 올라 배우 및 연주자들과 악수를 하며 축하와 감사의 뜻을 전했다. 그런데 생각처럼 강렬한 기쁨이나 희열은 없었다. 이미 무대에 올린 작품에서 낯선 느낌을 받았다. 그것을 만들 때 상상했던 많은 것들이 모두 없어진 듯했다. 이게 끝인가? 더 아름답고 감동적일 수는 없었을까?

오페라《목조적전설》은 호평을 받으며 막을 내렸다.『인민음악』2006년 6월 호 사설란에《목조적전설》에 높은 점수를 준 리지티(李吉提) 교수의 논평이 실렸다. 리 교수의 논평은 격려이자 우리가 더 깊이 이해하고 공부해야 할 부분에 대한 지적이었다.

나는 작품의 전반적인 구상과 시나리오를 맡은 사람으로서 사랑이라는 주제 및 전설 특유의 색채와 스타일을 충분히 표현해내지 못했다는 점에 아쉬움이 남았다. 음악, 노래를 포함한 공연 자체에 대해서는 더 순박하고 내재적인 아름다움을 살렸으면 좋았겠다는 생각이다. 남자 주인공 바터얼(巴特尔)이 불타는 나무를 향해 달려들어 죽는 장면이 작품의 클라이맥스였는데 정말이지 너무 엉성했고, 새로울 것이 없었다. 끝부분의 음악은 전설의 심오한 시적 정취와 간절한 사랑을 제대로 표현하지 못했다. 아쉬움은 많았지만, 이제는 언제 올지 모를 다음 기회를 기다리는 수밖에 없었다. 그래도 호평을 받았으니 내 생에 마지막 오페라를 만들 겠다는 욕심은 채웠다고 하겠다! 다만 학교에 또 오페라 작품을 만들어 공연하자는 말은 못 하겠지? 나도 이제 백발이 성성한 노인이 됐으니《목조적전설》을 내가 평생 쫓은 오페라 창작이란 꿈의 결말로 여기는 수밖에.

'안녕, 나의 오페라여!'

집으로 돌아온 후

_____ 아, 나의 집이여

따스한 집으로 돌아온 나는 가지런히 정리된 침대에 몸을 뉘었다. 침대 옆에는 솔솔이 사 온 산소 호흡기가 놓여 있었다.

"어떻게 쓰는 건지 아시겠어요? 아주 쉬워요. 이 관을 코에 넣고 여기를 누르면 돼요."

솔솔이 버튼을 가리키며 한번 해보라고 했다. 그때 밍밍이 충차오지탕(虫草鷄湯) 한 그릇을 가져와 침대맡에 놓으며 뜨거울 때 얼른 마시고 한숨 푹 자라고 말했다.

"이제 신문 그만 보고 쉬어요."

밍밍은 이 말을 남긴 채 솔솔과 함께 나갔다. 나는 그들의 뒷모습을 눈으로 쫓았다. 문이 닫히자 방안이 순식간에 조용해졌다.

나는 밍밍이 두고 간 탕을 마셨다. 직접 만들어 신선하고 맛있었다. 잠시 신문을 보는데 눈이 뻑뻑했다. 퇴원하기 위해 아침 일찍 일어나 짐을 챙긴 탓에 피곤했는지, 이내 잠이 들었다.

잠이 반쯤 깼을 때, 문득 이미 해가 지고 있음을 알아챘다. 내가 곤히 자는 것을 보고 깨우지 않은 듯했다. 나는 그대로 가만히 누워있었다. 정신이 든 순간 제일 먼저 떠올린 것은 《목조적전설》이나 연습 같은 것이 아니었다. 그저 내가 있는 방을 자세히 살폈다. 벽에는 예첸위가 그린 작품 두 점이 걸려 있었는데, 우리는 그중에서도 《양산무보(凉山舞步)》란 그림을 유독 좋아했다. 피아노는 창가 앞, 컴퓨터 옆으로 옮겨져 있었고, 소파도 새것으로 바뀌어 있었다. 나는 책장 옆에 놓인 화분으로 눈길을 돌렸다. 오, 창가에는 '시클라멘'이 심어진 작은 화분 두 개도 있었다. 밍밍이 좋아하는 꽃이었다. 응접실에는 늘 꽃이 놓여 있었는데, 테라스에서는 그보다 더 많은 꽃이 알록달록한 빛깔을 뽐냈다. 이 방은 본래 서재이자 응접실이었는데 햇볕이 잘 드는 남향이라 요양하기에 적합했다. 그래도 나는 잠시만 머물다가 원래 있던 방으로 옮길 요량이었다. 음향기기는 이 방처럼 큰 곳에 놓아야 제 몫을 하기 때문이다. 나중에 밍밍에게 얘기해봐야겠다고 생각했다.

가정이란 꾸려나가야 하는 것이다. 우리집은 그 일을 밍밍이 맡았다. 살림은 할 줄도 몰랐고 하고 싶은 생각도 없었다. 평생 돈을 관리한 적도 없었다. 서툴다는 말을 듣는 것은 괜찮지만, 괜히 손댔다간 난리가 날 것이 분명했다. 이런 나를 게으르다고 생각할 수도 있겠으나 그것도 정확한 표현은 아니다. 그저 그런 부분에서는 밍밍에게 의존하는 게 익숙해졌다고 하는 편이 맞겠다. 갈등과 말다툼을 피하기 위한 방편이기도 했다. 그냥 내 일만 열심히 하자는 생각이었다.

예전에는 밍밍이 우리의 쥐꼬리만 한 월급을 쪼개고 또 쪼개서 네 식구를 먹이고 입혔다. 손재주도 좋아서 가지각색의 스웨터를 짰다. 그녀가 손수 짠 스웨터를 입고 외출하면 그렇게 어여쁠 수가 없었다.

집안 형편이 가장 어려웠던 시기에는 나 몰래 옷을 파는 일도 했었다. 한 번은 유모를 들이기 위해 자신이 아끼던 금반지까지 내다 팔았다. 밍밍의 할머니가 생일 선물로 준 반지였다. 밍밍이 개띠였기에 반지에는 강아지 모양이 새겨져 있었다.

가족을 지키기 위해 모든 걸 쏟아부은 밍밍을 빼놓고는 우리집을 얘기할 수 없다. 교사로서 평판이 좋았고 늘 성실했다. 밍밍은 우리집에 남들의 시선으로부터 보호할 수 있는 튼튼한 토대를 마련해 주었다.

그녀가 더욱 분발할 수밖에 없었던 데에는 또 다른 중요한 이유가 있었다. 바로 '우파' 누명을 쓴 남편을 뒀다는 사실이었다. 이 무거운 정신적 압박은 그리 쉽게 지울 수 있는 것이 아니었다. 그녀는 시련을 꾹 참고 견디며 내게도 고개를 빳빳이 들고 힘을 내라고 일렀다. 수업이든 회의든 연습이든, 절대 궁상맞은 꼴로 나가서 사람을 만나면 안 됐다. 무시당하는 일이 없도록 반드시 단정하게 차려입어야 했다. 집을 나서기 전이면 늘 그렇듯 밍밍이 예리한 눈길로 나를 위아래로 훑었다. 오죽하면 '진정펑이 어딜 봐서 우파냐?'라고 하는 사람까지 있었을까. 사실은 옷차림에 신경 쓴 것이 아니라 자신감을 가져야 한다는 뜻이었는데, 어떨 때는 너무 까다롭게 굴어 귀찮은 마음에 짜증을 낸 적도 있었다. 한 번은 오랜 친구가 우리집에 놀러 왔는데 대화 중에 내가 밍밍을 가리키며 투덜거렸다.

"아, 진짜 경찰이 따로 없다니까!"

그러자 친구가 일부러 진지한 표정을 지으며 "경찰이 없으면 이 나라가 어찌 되겠어?"라고 대답했다. 밍밍은 친구의 말이 떨어지자마자 웃음을 터뜨렸다.

곰곰이 생각해보면 '사청운동' 때부터 우리집은 줄곧 '와해 직전'인 상태였다. 역시나 내가 먼저 곤혹을 겪었고, 어머니가 여동생 집과 가까운 곳으로 이사하고 나서는 그나마 사정이 좀 나아졌다. 밍밍의 아버지이자 저명한 화가 예첸위는 '대혁명'이 일어나자마자 끌려가 비판과 노동 개조를 받았고 친청 감옥에서 나올 때까지 3년은 수용소에서, 7년은 감옥에서 보냈다. 그리고 다이아이렌은 밍밍의 계모였는데 친부모자식처럼 서로를 아끼고 보살폈다. 다이아이렌이 반동 권위자로 몰려 양돈 농가로 노동 개조를 떠나면서 집까지 싹 털리고 말았다. 그러니까 밍밍은 아버지, 어머니 그리고 남편까지 모두 감옥에 갇히거나 비판을 받는 통에 혼자서 두 아이를 건사해야 하는 지경에 놓였다. 더구나 '자식을 잘 개조할 수 있다'는 사실을 증명해내야 하는 정치적 부담까지 져야 했다. 그녀는 어쩌면 감옥에 갇히거나 노동 개조를 받은 우리보다 더 힘들었을지도 모른다. 이제는 다 지나간 일이고 상황도 바뀌었으니 당시를 떠올리며 애달픈 마음을 달래줄 법도 하건만 밍밍은 그런 말을 일절 입에 담지 않았다.

과묵하다고 해서 밍밍이 약자는 아니었다. 그녀는 제법 고집도 셌고 주관도 뚜렷했는데, 그 점은 장인을 닮았다. 나도 '남성우월주의' 사상을 가진, 늘 내가 옳다고 여기는 사람인지라 둘 사이에 치열한 설전은 당연한 것이었다.

우리는 정치, 예술 또는 원칙적인 문제 때문이 아니라 집안일 또는 각자의 일을 처리하는 관점이나 방식, 심지어는 별것도 아닌 일로 갈등을 빚었다. 우울과 번민에 시달렸던 그 시기에는 의견 충돌이 일어나기 십상이었고 끝내는 언성을 높여 다퉜다. 그러다 막판에는 내가 "당신이 'always right'지!"라고 소리를 지르고 한참 동안 서로를 거들떠보지 않는 것으로 다툼이 끝났다. 밍밍은 기어이 자기 생각대로 일을 처리했는데, 사실은 거의 다 그녀의 승리였다.

신혼 때 땋은 머리 때문에 말다툼을 한 적이 있었다. 밍밍은 유행이니까 해보고 싶었는지, 아니면 다른 이유 때문인지 어쨌거나 그날 파마머리를 하고 나타났다. 내가 애지중지하는, 유일하게 룽룽과 닮은 양 갈래로 땋은 머리를 싹둑 잘라버린 것이다. 나는 원래도 파마머리를 싫어했다. 어렸을 때는 파마머리를 '까치집'이라고 부르기도 했다. 어쨌거나 이제 밍밍의 청순했던 모습은 온데간데없었다. 나는 꼬불꼬불한 밍밍의 머리를 보자마자 크게 낙담해 발끈 성을 낸 후 침묵으로 일관했다. 그렇게 꼬박 일주일이 넘도록 입을 굳게 닫고 할 말이 있으면 메모를 남겼다. 어떻게 마음이 풀렸는지는 기억나지 않지만, 아마도 그때 일은 서로 함구한 채 흐지부지 넘겼을 것이다.

우리는 영감과 할매가 된 지금도 가끔 실랑이를 벌인다. 내 생각에 밍밍은 유머 감각이 부족하고 자기주장이 너무 강하다. 다만 다투고 나서 잠깐 대치한 후에는 아무 일도 없었던 사람처럼 "어이, 당신 전화요!" 한다. 역시 이런 상황도 'always'다. 부부는 오랜 세월을 함께하며 하나가 되니 다퉈봤자 제 발을 밟는 듯 아프고 제 얼굴에 침을 뱉는 꼴일이다. 그러니 그만하는 수밖에.

_____ 아이들

두 아들은 내가 전전긍긍하며 살았던 '대혁명 시대'에 유일한 정신적 위안이자 미래의 희망이었다. 억압받던 삶도 이제는 다 지난 일이 됐고, 아이들도 숱한 풍파를 겪으며 장성해 가정을 이루고 자식도 낳아 삶을 꾸려나가고 있다.

한 배에서 태어났는데도 성격은 제각각이다. 첫째 파파는 열정적이고 명랑하며 머리가 좋고 배우기를 좋아한다. 예술 분야, 주로 서양 문화에 대한 조예가 깊은데 자부심이 강한 편이지만, 그렇다고 남들을 불편하게 할 정도는 아니었다. 둘째 솔솔(아명을 따서 이름을 '진쒀'라고 지었다)은 영리하고 고집이 세며 자신감이 넘치면서 내향적이다. 예술 분야에서는 중국 전통 스타일에 관심이 많아 창의적인 발상을 하면서 사변(思辨)에도 능하다. 평소에는 별로 말을 하지 않다가도 이따금

아버지의 4대 자손 _ 나의 아들과 손자

직언을 서슴지 않는다. 논쟁이 벌어지면 결코 양보하는 법이 없다. 물론 이것들은 아이들에 대해 내가 받은 느낌이나 인상이지 전부는 아니다. 아버지만큼 아들을 잘 이해하는 사람은 없다고 하지만, 시시각각으로 변하는 세상에 각자 겪은 바도 다르니 생각도 다를 터였다. 이에 두 세대, 심지어 세 세대 간의 생각이 제각기 다르다. 다만 아이들이 어렸을 때부터 장성할 때까지 곁에서 지켜본 '아버지'로서 단언컨대 둘 다 성실하고 준수하며 자신감이 넘치고 자존심도 세다. 부모를 살뜰하게 챙기지만, 그 효심을 과시하지 않고, 부모로서 자기 아이에게도 아낌없이 정성을 쏟는다. 물론 시대적, 정치적 환경과 물질적인 여건도 차이가 있다. 생각해보면 부모인 우리도 그런 상황에서 아이들에게 마음을 다했다.

우리 부부와 솔솔 내외는 같은 공동주택에 사는데 건물 두 채가 각각 남쪽, 북쪽에 자리해 서로를 마주 보고 있었다. 그 사이로 꽃밭과 농구장이 있는데 창가에 앉아 글을 쓸 때면 솔솔 부자(父子)가 농구장에서 드리블하며 내는 '통통' 소리와 웃음소리가 들리곤 한다. 아래를 내려다보면 가슴이 따뜻해지는 광경이 눈에 들어온다. 그 모습에 체육을 참 좋아했던 어린 솔솔이가 떠오른다. 솔솔이는 지역 운동회에서 상을 받은 적이 있었는데 체육학교에서 나온 사람이 솔솔이를 영입하고 싶다는 뜻을 밝혔지만 내가 거절했다. 당시 솔솔에게 바이올린을 가르치고 있었는데 실력이 금방금방 늘었기 때문이다. 하지만 사실 솔솔은 혼자 그림을 그리거나 서예, 조각하기를 좋아했는데, 솔솔의 동물 스케치를 본 그의 외할

아버지가 재능을 알아보고 그림을 가르친 덕에 중앙민족대학 미술학부에 입학했다. 전공 교수와 나는 솔솔이 서예에 타고난 재능을 지녔으며 그림과 서예를 융합하는 데 뛰어나다는 이야기를 여러 차례 나눴다. 졸업 후 인민출판사에서 미술편집자로 일했는데 무엇인가에 얽매이기를 싫어해 매일 사무실에 앉아있어야 하는 일을 그만두고 자유로운 창업을 택했다. 솔솔의 아내, 정리헝(鄭立衡)은 영어를 전공했는데 똑똑하고 명랑하며 눈치가 빠르다. 문학과 예술을 좋아하고 새로운 사물을 잘 받아들인다. 나는 그들 부부가 영특하고 사랑스러운 두 아이에게 온 마음을 쏟는다고 느꼈다. 솔솔이 집은 따뜻하고 행복한 가정이다.

영국에서 거주한 지 30년이 넘은 파파는 얼굴 한 번 보기가 힘들었다. 파파가 영국으로 건너간 것은 우연한 기회였다. 다이아이렌이 영국에서 공부했을 때 알고 지낸 'Dartington College of Arts'의 총장과 그의 부인이 중국 방문에서 그녀를 만났는데, 그 자리에서 밍밍의 큰아들 파파가 첼로를 공부한다는 이야기가 나왔다. 그런데 마침 총장의 부인이 첼로를 가르치는 교수였고, 파파의 연주를 듣고 싶어 했다. 그의 연주를 들은 총장 내외는 전액 장학금까지 약속하며 파파를 학교에 입학시켰다. 80년대 초였던 당시에는 그야말로 동화에나 나올 법한 일이었다. 영국으로 건너간 파파는 비(非) 영국연방 유학생에 대한 장학금 지급 취소 등 영국 정부의 정책이 바뀔 때마다 어려움을 겪었다. 당시 나와 밍밍은 정말이지 마음이 타들어 가는 듯했다. 파파 혼자 머나먼 타국에서 고생하는데 아무런 도움도 줄 수 없었기 때문이다. 다행히 파파를 총애하는 총장 내외가 도와주었고, 파파도 이를 악물고 끝까지 버텨냈다. 졸업 후에는 다시 버밍엄대학교 음악학부에서 복수 전공으로 첼로와 지휘 석사과정을 밟았다. 고급 교사 자격을 취득한 후 교육과 함께 악단에서 지휘하며 생활비를 벌었다. 이후에 자신을 열렬히 쫓아다닌 영국 여자아이와 결혼해 가정을 꾸렸고 슬하에 세 아들을 두었다. 첫째 루키(Luke)는 영화대학을 졸업한 후 혼자 다큐멘터리 영화를 제작했고 우수단편상까지 받았다. 둘째 조니(Jonny)는 대학생이고, 셋째 오스카(Oscar)는 작년에 '영국 & 프랑스 소년 회화 창작 대회'에서 금상을 수상했다. 이혼 후 파파 혼자 세 아이를 키웠으니 마음고생이 이만저만이 아니었을 것이다. 나와 밍밍은 파파와 손자들을 보러 영국에 갔었다. 그때 파파를 따라 프랑스와 이탈리아를 둘러보며 파파가 서양 문화 예술에 조예가 깊다는 사실을 확인했다. 그게 참 기쁘고 위안이 되었다. 손자들과는 언어가 통하지 않아 서먹서먹했다. 분명 피붙이인데도 간극을 메우지 못했기에 늘 마음이 좋지 않았다.

내가 늘그막에 누린 가장 큰 행복은 솔솔의 아이들을 자주 보는 것이었다. 역시 모두 남자아이인데 첫째는 주양(九羊), 둘째는 판스(凡十)로 각각 다좡(大壯)과 다쇠이(大帥)라는 아명을 가졌다. 나는 이 영민한 녀석들 덕분에 자주 깜짝 놀라곤 한다. 한 번은 솔솔와 며느리가 볼일이 있어 갓 두 돌 된 다쇠이를 나와 밍밍에게 맡겼다. 처음에는 잘 놀았는데 얼마 못 가 울면서 엄마를 찾았다. 나더러 엄마에게 전화를 걸어 달라고 졸랐는데 이 늙은이는 휴대폰이란 물건을 다룰 줄 몰랐다. 아이는 내가 허둥대는 꼴을 보고 울음을 그치더니 진지한 표정으로 내게 지시했다.

"여기, 여기를 당겨요!"

화면이 나타나자 이어서 외쳤다.

"이제 밀면 돼요!"

그랬더니 놀랍게도 전화가 걸렸다. 아이는 휴대폰에 대고 "엄마! 얼른 와, 얼른 와!"라고 소리쳤다. 그것 참 울지도 웃지도 못할 상황이었다! 다쇠이는 유치원 생일 때 춘절만회 무술 단체공연 프로그램에서 무술 사범과의 대련을 맡았는데 전문가처럼 멋진 모습으로 열렬한 박수를 받았다. '다쇠이'라는 이름에 걸맞은 모습이었다! 누군가 녀석이 즉흥적으로 아무렇게나 피아노를 치는 모습을 보면 어떤 피아니스트가 '연주'를 하나보다 생각할지도 모르겠다! 지금은 플루트를 배우기 시작했는데 얼마나 갈지는 두고 봐야 할 일이다.

첫째 다좡은 금세 커서 철이 들었는데, 고집이 세고 자존심도 강했다. 내향적인 성격에 감정을 중시하는 아이였다. 소학교 축구단의 단장이자 학교 팀의 대표로 축구장의 푸른 잔디 위를 누비며 골드컵을 거머쥐었다. 명실상부한 '다좡'이었

피 날 레

다! 방과후에 피아노를 배우다 클라리넷으로 바꿨는데 유명한 리창원(李昌云) 교수를 스승으로 모셔 실력이 금세 늘었다. 어떨 때는 이제 막 숙제로 내준 곡을 이미 연습했던 곡처럼 능숙하게 연주하기도 한다. 그럴 때마다 리 교수가 기뻐하며 다창의 등을 토닥인단다. 나는 두 손자가 음악을 하는 데 그리 큰 희망을 품지는 않는다. 유행을 좇아 특기생으로 진학하고자 배우는 것이기 때문이다. 두 손자는 내 장기 친구이기도 한데, 늘 내가 졌다고 인정하면서도 속으로는 이긴 것보다 더 기뻤다!

아, 하루가 다르게 커가는 손자들을 지켜보고, 그 아이들이 가정을 이루고 일에서도 성공하는 모습을 보는 것! 이것이 내 간절한 바람이다. 만년에 누리는 가장 큰 행복은 바로 이 두 천사에게서 온다!

여기까지 쓰고 나니, 글재주를 뽐내며 하하 웃고 싶어진다!

_____ 계속되는 공부

시종일관 유유자적 즐기며 사는 법이 없던 사람이 좀 길게 쉬다 보면 온갖 잡생각이 떠오르며 마음을 잡을 수가 없게 된다. 하고 싶은 일이 너무 많기 때문이다.

새로 이사한 집은 여건이 상당히 좋아 방 하나를 내 서재로 쓸 수 있었다. 나는 몸이 조금 나아지자마자 책, 악보, 테이프 및 예전에 내가 썼던 원고, 서신, 차기(箚記) 등을 정리하기 시작했다. 이렇게 보니 과거의 나는 계산도 질서도 없었던 사람이었나 보다. 가장 가슴 아픈 일은 원고, 자료, 악보 및 테이프 일부를 책장 맨 밑 작은 함에 넣어 두었었는데 이사하면서는 잊어버렸고 후에는 폐암 치료를 받느라 제때 가져오지 못했다. 그런데 밍밍이 집을 세놓은 후 세든 사람이 제멋대로 폐품으로 팔아버렸다. 그 사실을 알게 됐을 때는 이미 너무 늦은 터였다. 내 뼈와 살 같은 물건을 잃은 나는 마음이 너무 아팠다. 그 후로 오랫동안은 아예 그 생각을 머릿속에서 지웠다. 떠올리기만 해도 가슴이 욱신거렸기 때문이다! 그래도 다행히 아직 일부는 가지고 있었고 후에 추가로 구입해 하나둘 늘었다.

그것들이 뒤죽박죽 섞여서 정리하려 해도 말끔하게 정리가 안 됐다. 그러다 우연히 여러 가지 잡다한 것을 적어둔 공책에서 종잇조각 하나가 툭 떨어졌다. 주워서 훑어보는데 휘갈겨 써 놓은 글 하나가 눈에 들어왔다. '자기 삶의 의지를 다스리지 못하는 사람이 가장 불쌍한 사람이다' 나는 그 종이를 든 채로 서서 한참 동안 생각에 잠겼다. 그렇다. 그것은 분명 언젠가 나 자신을 반성하며 쓴 글로 손이 가는 대로 공책에 끼워 둔 것이었다. 이제 와서 그 문장을 마주하니 온몸에 소름이 쫙 돋았다.

'그래, 나는 이런 사람이야!'

너저분하게 쌓여 있는 것 중에는 괜찮은 아이디어, 의미 있는 깨달음, 음악에 대한 아름답고 개성 있는 생각 등등 쓸만한 것이 적지 않았다. 대충 쓴 다음 방치해둔 탓에 완성되지 못하고 '잔해'가 되어버린 것이다. 이 잔해들은 얌전히 종이상자 안에 누워있다가 내가 그들을 멋진 작품으로 만들 시간과 힘이 없을 때 내 앞에 나타난 것이다. 하, 이제 이것들을 어쩐다?

나는 시간을 들여 '잔해'들을 살폈는데, 그 바람에 지난 일들이 떠올랐다……. 잔해 중에는 내 감상이나 바람, 미완성 산문이 적힌 일기장도 있었다. 마음이 복잡해지기 시작했다. 종이상자에서 마지막으로 관현악 총보 한 무더기를 꺼냈는데, 그것을 쓰다듬는 순간 모든 것이 정지된 듯했다. 마음으로 느껴지는 총보의 무게는 너무 무거웠다. 마음으로 느끼기에. …… 잠시 생각에 빠져 있던 나는 별안간 정신이 또렷해졌다. 무엇을 해야 할지, 무엇을 먼저 해야 할지 알 것 같았다.

얼마 후, 나는 마음의 준비를 마쳤다. 퇴원 후 계속 일해야겠다는 생각에 마음이 두근대기 시작하는 순간이었다.

제일 처음 할 일은 관현악 작품 중 일부를 골라 수정하고 그것을 인쇄해서 책으로 엮거나 출판하는 것이었다.《목조적전설》후반 작업 중 가사를 쓸 때 '사스'를 피해 장인어른 댁에 처박혀 있었는데, 당시 타이핑을 집중적으로 배웠다. 나는 중국어 병음을 배운 적이 없어 가사를 컴퓨터에 입력하려면 태블릿을 이용해야 했는데 그래도 그 정도는 수월한 편이었다. 그러나 악보는 그렇게 간단히 해결되지 않았다. 다양한 악보 입력 프로그램 중 하나는 반드시 배워야만 했다. 컴퓨터로 악보 만드는 법을 알려주어 이 늙은이를 '업그레이드'시켜 준 이는 내 학생이자 지우(知友)인 바이즈원 선생이었다. 그를 통해 시벨리우스(Sibelius)라는 악보 프로그램을 익히기 시작했는데, 연습 문제로 꼬박 하루 만에 한 면에 악보가 입력된 A4 용지 한 장을 손에 들었다. 마치 '출판된' 듯 말끔히 인쇄된 악보와 마주했을 때, 어쩌나 흥분되던지! 하지만 정말이지 너무 어렵고 힘들었다. 휴, 이런 말은 하지 말자. 꼭 끝까지 해야 한다! 여든이 넘은 노인이라도 끝까지 해야 한다! 내 첫 번째 교향곡을 깔끔한 모습으로 남겨야 한다!

한 번 보시라. 이것이 내가 끝까지 노력해 얻어낸 결과물이다. 물론 이것은 수백 페이지에 달하는 교향곡 악보 중 한 페이지에 불과하다!

나는 퇴직 후에 세웠던 개략적인 계획을 모두 실천했다. 오페라 시나리오 및 전 곡 작사를 마쳤고, 폐암 수술을 받았으며, 영화 《격상화개》 시나리오 작업도 완료했다. 컴퓨터에 500페이지가 넘는 총보를 입력했는데, 잘못 입력해 폐기한 것까지 치면 그것의 몇 배는 될 터였다. 그것으로 관현악곡 선집 두 권과 3악장에 걸친 교향곡 한 부를 만들어 출판했다. 그 외에도 글을 쓰거나 편곡 작업을 했다. 그러면서 삶을 충실하게 살고 있다는 생각에 위안을 얻었다. 과시욕의 발현이 아닌 나 자신을 격려하기 위한 일이었다. 어쩌면 내가 정성스레 작업한 결과물들이 아무런 가치가 없을지도 모르지만, 나는 구체적인 행동과 가시적인 성과로, 노년에 휴식이라는 즐거움만 있는 것이 아니라 일하면서도 똑같이 기쁨과 행복을 맛볼 수 있다는 사실을 증명했다!

그리고 이 책도 있다. 이 책은 컴퓨터를 쓰지 않고 한 글자, 한 글자 직접 손으로 쓴 것이다. 썼다가 고치기를 반복하며 40~50만 자 이상 되는 원고를 완성했는데 직접 쓴 글자는 적어도 그것의 두 배는 될 것이다. 손으로 쓴 다음 또 태블릿을 이용해 컴퓨터에 입력했다. 하하! 아흔을 바라보는 늙은이에게 그야말로 우공이산의 정신이 필요한 일이지 않은가!

내게 퇴직이란 그저 작업 공간과 소속 조직이 집으로 바뀌는 것을 의미했다. 더구나 내게 주어진 임무를 완수하려면 아직 멀었다. 넘어지고 부딪치며, 울고 웃으며, 기뻐하고 슬퍼하며 살아온 나의 인생을 나는 계속 살아가고 싶다. 막다른 곳에 닿을 때까지 할 수 있는 일을 하면서 말이다.

여기서 이 말은 꼭 해야겠다. 내가 이렇게 아무런 방해 없이 안심하고 일에 전념할 수 있었던 것은 밍밍의 내조 덕분이다! 밍밍이 사소한 것까지 모든 집안일을 맡아 해준 덕분이다!

또 하고 싶은 말이 있다. 나는 하고 싶은 일도 보완해야 할 것도 너무 많아 잠 못 이루는 밤이 부지기수였다……. 이것은 줄곧 나를 곤혹스럽게 만드는 문제다.

'갈 길은 아득히 멀기에 나는 쉬지 않고 구하고 찾을 것이다'

잊지 못할 음악회

원래 이전에 있었던 일이나 이 글의 마무리로 쓰기 적합하기에 여기에 적는다.

뜻밖에도 학교에서 내 교직 생활 46주년과 함께 여든 번째 생일을 축하하기 위해 음악회를 기획했다. 처음에는 나를 보러 온 장쑤민과 왕리의 생각인 줄 알고 냉큼 "쓸데없는 일 벌이지 맙시다"라고 쏘아붙였다. 그간 학교에서 누군가를 위해 생일 기념 등의 행사를 열어준 적이 한 번도 없었기 때문이다. "학교 측에서 내린 결정이에요. 선생님과 상의하라고 저희를 보낸 거고요"라며 학교에서 작성한 초안을 보여주었다. '진정평 교수님의 교직 생활 46주년 기념 및 여든 번째 생신 축하 음악회'라고 쓰여 있었다. 나는 그제야 농담이 아님을 깨달았다.

나는 내 뜻을 학교 측에 전해달라고 했다.

"정말 감개무량한 이야기지만, 마음만 감사히 받겠습니다."

여러 차례의 설득과 만류 끝에 마지막으로 쑹제 서기가 입을 열었다.

"저희도 신중히 생각해서 결정한 일입니다. 이건 선생님 혼자만의 일이 아니에요. 모든 교사를 격려한다는 차원에서 생각할 문제입니다. 교육적으로도 의미 있는 일이고요."

그의 말처럼 학교 지도부에서 충분히 고려해 결정한 사안을 계속 거절만 하는 것은 도리가 아니라고 생각했다. 마땅히 감사하는 마음으로 받아들여야 했다. 다만 딱 한 가지 요구 조건이 있었다. 현수막에 '교수' 대신 '선생님'이라고 써 달라는 것이었다. 나는 '선생님'이란 호칭을 참 좋아한다. 다른 교사를 대신해 첫 수업을 진행했던 그때가 무척 그리웠는데, 내가 교실에 들어가자 아이들이 친근한 목소리로 "선.생.님, 안녕하세요!"라고 인사했었다. 그 아이들의 목소리가 지금까지도 마음속에서 메아리친다. 그 후 '선생님'은 평생 가장 아름답고 친근하며 존경의 뜻이 담긴 호칭이 되었다.

이리하여 결국 2009년 5월 27일에 음악회를 개최하기로 합의했다. 학교 측은 나를 위해 영화악단 지도부, 음악계 친구 몇 명 그리고 가족들을 음악회에 초대했다.

음악회가 시작되기 전, 관객 앞에서 인사할 기회가 주어졌다. 나는 깊은 감사의 뜻을 표하면서 교사 생활을 통해 얻은 인생의 가치와 깨달은 바도 나누었다. 학교와 동료에 대한 사랑을 표현하며 그들에게 밝은 미래가 있기를 축원했다. 말을 마치자마자 우레와 같은 박수가 쏟아졌다. 동료들이 벌떼처럼 몰려와 곱고 아름다운 꽃다발을 건넸다. 수많은 꽃송이 사이로 웃음 띤 얼굴들이 보였다. 학장님의 축사도 있었는데, 역시 과분한 칭찬이 주를 이뤘다.

드디어 음악회가 시작됐다.

관객으로서 무대 아래에 앉는 것이 처음이었던 나는 친애하는 중앙 소수민족 청년필하모닉 악단의 수석 안렌스 선생이 단원들을 이끌고 질서 있게 입장하는 모습을 바라보았다. 안렌스 선생은 학생악단과 한때 명성을 떨쳤던 중국 여자 필하모닉 악단의 수석이기도했다. 씩씩한 청년과 아가씨들이 무대를 가득 채웠다. 사회자가 청춘의 뜨거운 열정을 가득 담아 음악회의 시작을 알리자, 내 후계자 장쑤민 선생이 당당한 모습으로 지휘석에 올라섰다. 그가 지휘봉을 휘두르자 악단 연주자들이 열정적으로 내가 쓴 곡을 연주하기 시작했다. 한 곡, 한 곡이 살붙이처럼 익숙하고 친근했다. 연주를 듣고 있으면 순식간에 지나간, 악단과 함께한 수십 년의 세월이 주마등처럼 지나갔다. 함께 연습하고 공연하고 즐기며, 서로를 비판하고 칭찬했던 우리였다. 끝으로 '중국 소수민족 청년필하모닉 악단'을 결성했을 때부터 지금까지의 장면 장면들이 생생히 머릿속에 그려졌다. 그들 모두가 훌륭히 성장했다. 두드러진 공헌을 한 사람 중에는 국가 교향악단의 핵심 연주가인 첼리스트 쉬위롄(許玉蓮), 길림성가무극단악단의 수석 진수쯔, 윈난교향악단의 부단장 마빙산, 새로운 클라리넷 연주 기법을 개발했으며 국제적으로도 명망이 높은 리창원 교수 등이 있다. 리 교수의 학생인 진광르(金光日)는 벌써 중국 클라리넷 학회의 부회장이 됐고, 국제 대회에서 우승한 가오위안(高遠)과 해외에서 명성을 떨치는 오보에 박사 퍄오창톈(朴長天) 등도 그의 제자다. 가장 젊은 톈쉐(田雪)도 이미 중국광푸영화교향악단의 독주 바이올리니스트다. 여기에서 일일이 거론할 순 없지만, 그들 모두가 나름의 공헌을 했다. 지금 무대에서 연주하는 아이들도 훌륭히 자라나고, 또 성숙해져 가겠지……

여든 번째 생일 축하 음악회에서 관객들과 한목소리로 부른 《샤오바이촨》

모든 연주가 끝났을 때, 내가 무대에 올라가 지휘자와 악단에 있는 모든 연주자에게 감사의 인사와 함께 꽃을 건넸다. 박수 소리와 환호성을 들으며 나는 고령으로 몸이 쇠약해진 탓에 음악회에 오지 못한 어머니를 떠올렸다. 그리고 내게 처음으로 음악을 일깨워 준 나의 아버지가 생각났다. 장내에 앉은 내 동생들과 조카들이 눈에 들어왔고, 나와 굴곡진 삶을 함께해준 평생의 반려자 밍밍과 그 옆에 앉은 아들 솔솔, 며느리 샤오정, 손자 주양도 보였다. 그야말로 대가족이었다! 그 대가족이 나를 향해 웃으며 박수치고 있었다.

나는 마지막으로 한 곡만 지휘하고 싶다고 청했다. 그것으로 모든 사람에게 감사한 마음을 전하고 싶었다.

"좋아요!"

장내에 관객들의 목소리가 울려 퍼졌다. 나는 환호성을 들으며 40여 년을 함께했던 그 지휘석에 올라섰다. 아직《샤오바이촨》을 기억하시는가? 우리 가족, 아버지와 어머니 그리고 어린 시절의 이야기가 담겨 있는《샤오바이촨》! 나는 여든 살이 넘은 노인답지 않은 경쾌한 동작으로 지휘봉을 휘두르며 음악의 파도를 일으켰다. 악단 연주가들은 모두 청춘의 미소를 띤 채로 흥에 겨워 연주했다. 나는 뒤를 돌아 가족들에게 먼저 노래를 부르도록 했다. 관객들도 함께 부를 수 있도록! 나도 목청을 활짝 열고 큰소리로 노래했다. 아버지가 중국에 퍼뜨려 수많은 아이의 사랑을 받은 곡이었다.

푸른 하늘 은하수 하얀 쪽배에
계수나무 한 나무 토끼 한 마리
돛대도 아니 달고 삿대도 없이
가기도 잘도 간다
서쪽 나라로
서쪽 나라로…….

더 하고 싶은 말

'…… 돛대도 아니 달고 삿대도 없이, 가기도 잘도 간다…….'

어린 손자들의 맑고 앳된 목소리가 작은 배처럼 내 마음에 둥둥 떠다닌다. 너희 증조부가 이 할애비한테 가르쳐 준 노래라고 알려주고 싶다. 이 할애비가 젊었을 때 소년궁 합창단에게 가르치고 부르도록 했는데 그것이 전파를 타면서 아이들이 모두 부르게 되었다고. 어린 손자가 천진난만한 표정으로 나를 향해 말하는 듯하다.

"이 노래, 엄마가 가르쳐줬어요!"

아, 그렇다! '엄마'가 가르쳐준 노래겠다. 너희 엄마도 어렸을 때 너희처럼 이 노래를 불렀을 테니. 허 참, 이 노래가 얼마나 오래됐는지, 아이들이 상상이나 하겠는가? 내가 대여섯 살 때부터 불렀다고 치면 2017년인 지금까지 거의 한 세기에 달하는 세월이 아닌가 말이다! 사람의 일생은 한순간과 같다더니!

나이를 먹으면 옛일을 떠올리기 좋아하는 것 같다. 기쁘고 행복한 기억이든, 억압받고 슬픈 기억이든, 추억은 늘 아름답다. 민요 하나가 떠오른다.

슬픔의 노래로 기쁨을 말하고,
기쁜 중에 슬픔을 노래하니,
아── 이것이 생명이네,
이것이 인생이네!

그렇다. 기쁨과 슬픔은 인생의 양면으로 이것들을 하나로 합해야만 완전한 인생이 만들어진다. 나는 이 글을 쓰면 쓸수록 그 사실이 더욱 마음에 와닿았다. '추억'은 짧은 삶의 연장이고, '꿈'은 힘겨운 인생살이에 대한 보상이며, 각양각색의 '환상'은 삶을 살아가게 하는 희망이라는 사실을 깊이 깨달았다.

이 책은 극히 평범하지만, 나의 삶 그 자체이다. 내가 쓴 것은 자서전도, 소위 말하는 회고록도 아니며 가족사는 더더욱 아니다. 살면서 떠오르는 기억, 인상 깊었거나 느낀 바가 있었던 일, 그 일과 관계된 사람들에 관해 쓴 글이다. 물론 여기에 쓴 내용이 전부는 아니다. 그리고 내가 쓴 것은 그저 당시의 내 생각과 감정일 뿐 현실의 나는 결코 아니다. 과거 내가 했던 일 중에는 부끄러운 것도 있지만, 그냥 있는 그대로 담았다.

이 글을 쓰며 많은 친구의 도움과 응원을 받았다. 어떤 친구는 "원고를 보는데 울컥하더라"라고 했고, 어려서부터 함께 한 동창은 마치 그때로 돌아간 듯하다고 했다. 지난 일을 떠올리며 마음이 시큰하기도 기쁘기도 했다며 어서 빨리 탈고하기를 기다리겠다고 덧붙였다. 이미 아흔을 넘긴 중학교 선배 천롄팡(陳廉方)은 초고를 본 후 내게 편지 한 통을 보내왔는데, 나는 그 편지를 읽고 뜨거운 눈물을 흘렸다.

그녀의 편지를 여기에 옮긴다.

정핑에게

내가 보낸 글 잘 받았니? 치과 치료는 잘 받고 있어? 좀 나아졌고? 꼭 계속 치료해야 해. 내가 보낸 글은 나중에 천천히 봐도 되니까 푹 쉬어. 네가 부쳐 준 『잊을 수 없는 세월』 상·하권, 다 봤는데 정말 잘 썼더라. 거의 매일 봤다니까. 손에서 놓을 수가 없어서 몇 날을 깊은 밤까지 봤어. 어젯밤은 12시까지 읽었는데, 드디어 두 권을 다 봤어. 네가 중대부중을 졸업한 후부터 지금까지 어떤 일을 겪었는지 다 알게 됐지. 수많은 우여곡절을 겪으면서도 결국은 다 견뎌냈네. 정말 다행이다. 특히 천진난만하고 아름다운 아가씨 예밍밍이 말로 다 못 할 시련을 겪으면서 절개를 굳게 지키는 좋은 아내가 되었다는 사실이 무척 감동적이었어.

있잖아, 내가 간직하고 있던 작은 기념 책자에서 네가 기념으로 짧게 써 준 글을 발견했다? 그때 너는 나보다 한 학년 아래였는 데다 평소에 자주 만나지도 않았는데 어떻게 나한테 네 글이 남아 있는 건지, 참 이상해. 혹시 너는 뭐 기억나는 거 있어? 사진을 찍어서 보낼 테니까 한 번 봐봐.

……

이제 곧 춘절이네. 얼른 완쾌되길 바라고 가족 모두 행복하길 빌게.

렌팡

이 책에 있는 많은 사진은 마음이 따뜻한 친구들이 나를 위해 모아 준 것들이다. 어떤 친구는 자신이 보물처럼 아끼는 사진을 내게 보내며 절대 잃어버리지 말라고 신신당부했다. 나이 들어 할아버지, 할머니가 된 내 친구들에게 청춘이 담긴 기념사진이 얼마나 소중하겠는가! 아쉽게도 내 젊은 시절과 어렸을 때 사진은 문화대혁명의 뜨거운 불길에 불타 버렸다.

책에 벤췬 동지의 사진을 싣고자 사방으로 알아보았는데 다들 그에게 진심 어린 찬사를 보냈지만, 아쉽게도 사진은 가진 것이 없다고 했다. 그러다 마침내 정웨이(鄭維) 동지를 통해 벤췬의 아들 벤장(邊疆)의 연락처를 얻었다. 그러나 공교롭게도 지금 상하이에서 출국 준비 중인데 벤췬의 사진은 베이징 집에 있다고 했다. 이제 포기하는 수밖에는 없겠구나 했는데, 밤중에 전화벨이 울렸다. 벤장이 내일 아침 일찍 비행기를 타고 베이징에 가서 내게 사진을 전해준 다음 바로 다시 상하이로 와 캐나다로 떠나겠다고 했다. 아! 이렇게 기쁠 수가! 나는 어렵사리 구한 벤췬의 사진을 손에 들고 그의 친근하고 꾸밈없는 얼굴을 바라보며 잔뜩 격앙된 목소리로 말했다.

"동지들이 얼마나 보고 싶어 하는지 아세요?"

이 책은 많은 사람의 마음을 움직였고, 모두가 내게 뜨거운 기대감과 자신감을 내비쳤다.

최근에 꽤 젊은 친구 하나가 내 초고를 읽었는데, 만감이 교차했는지 나를 찾

에 필 로 그

아와 자신의 감상을 전했다.

"20세기 소학생 때부터 항일전쟁, 학생 민주화운동, 해방전쟁을 겪고 신중국이 설립되는 모습을 지켜본 사람. 토지개혁과 여러 차례 정치운동에 참여하고 문화대혁명을 겪기까지 수많은 고난과 역경을 이겨내고 개혁개방을 맞이한 사람. 그들 중에 아직도 굳은 의지를 가진 사람이 몇이나 될까요? 아마 손에 꼽을 정도로 적겠죠! 그런데 그중에서도 펜을 들어 두 세기에 걸친, 70~80년이나 되는 세월의 이야기를 쓸 수 있는 사람은 그보다 더 적을 겁니다! 다행히 아직 건재하신 선생님께서 선생님의 말씀대로 평범한 한 사람이 겪은 이야기를 쓰셨죠. 맞아요. 위인, 영웅, 스타, 저명인사 등등 그런 사람들이 쓴 글은 차고 넘칩니다. 그러나 선생님께서 쓰신 글은 평범한 개인의 이야기죠. 평범한 사람들이 우리 사회의 주를 이루기에 이 책을 통해 역사를 이해하고, 다른 각도에서 그 시기에 있었던 구체적 사실들을 이해할 수 있는 겁니다. 선생님이 쓰신 책이 평범한 사람의 이야기이기 때문에 저희(그는 원래 내 학생이었다)가 현실을 인식하는 데 도움을 줄 수 있다고 생각해요. 곧 역사의 뒤안길로 사라질 선생님 세대의 사람들, 평범한 공헌을 했고 인생의 온갖 쓴맛을 다 보았으나 이름이 알려지지 않은 수많은 지식인의 사상, 일, 사랑, 가족에 대해, 또 그분들의 기쁨과 희망, 고통과 상실을 조금이나마 이해할 수 있을 거예요. 그러니까 선생님은 무척 가치 있는 책을 쓰신 겁니다."

그의 말을 들은 나는 감동했을 뿐만 아니라 양심의 가책도 느꼈다. 그가 지적한 부분을 조금 일찍 인식했더라면 더욱더 열심히 썼을 텐데. 하지만 이 책이 어떻게 쓰일 것인지에 대한 생각 없이 글을 썼기에 이 책이 오히려 더 진실한 내용으로 채워졌을지도 모르겠다.

이제 퇴고를 눈앞에 뒀으나 용기를 내어 말하자면 내 삶은 아직 끝나지 않았다. 만약 하늘이 내게 시간을 준다면 아직 더 가야 할 길이 있다. 눈을 감기 전까지 하고 싶은 일들이 아직 더 있다.

나는 아직 정리해야 할 음악 작품이 있다는 사실을 잊지 않았다. 모두 내가 고생하며 마음을 다해 낳은, 각자의 생명을 지닌 작품들이다. 그리고 개중에는 줄

곧 조용히 책장과 서랍 속에 처박혀 있었던 것들도 있다. 내가 가고 나면 누가 그
것들을 아껴주겠는가? 그래 봬도 사람의 마음을 읽어내어 위안을 주는 작품들이
다. 그 가운데는 가장 소중히 여기는, 내 사랑의 고백, 격정, 절망 그리고 기대를
표현한 곡이 있다. 그 곡은 내내 미완성으로 남아 있다. 마치 영원히 완성되지 못
할 것처럼. 그 곡의 선율들은 종종 조용한 밤에 거대한 파도처럼 솟아올라 내 마
음을 때린다. 아, 이제 때가 됐다. 이제 그 곡을 완성해야 한다. 아마도 이는 내 인
생에서 하나의 아쉬움으로 남을 터다.

이 책의 마지막을 쓰는 지금 무척이나 서운하다. 마치 옛 친구와 짧은 대화를
나눈 것처럼 느껴진다. 마음속에는 입 밖에 내지 못한 말들이 아직도 많은데 헤
어져야 하는 그런 심정이다. 하아, 하지만 그만 보내줘야겠다.

2017. 7. 7.
여명이 밝아오는 시간에

에필로그

추도사

존경하고 사랑하는 어머니를 추모하며

사랑하는 나의 어머니는 2014년 7월 7일 별세하셨다.

어머니는 아버지께서 가장 아끼고 사랑하던 동반자이면서 누구보다 용감했던 전우였다. 어머니는 한(韓)민족의 혁명에 당신을 잊을 만큼 큰 지지와 열정을 가지고 사셨다. 자식 또한 어느 것 하나 모자람 없이 지극정성으로 돌보고 가르치셨다.

우리는 어머니의 모든 것을 마음에 새길 것이며, 영원히 존경하고 사랑할 것이다.

어머니의 영정

2대의 가족사진

3대의 가족사진

잊을 수 없는 세월

독립운동가 김철남과 그 일가의 삶

초판 1쇄 인쇄 2021년 03월 17일
초판 1쇄 발행 2021년 03월 22일

지 은 이 김정평
옮 긴 이 김혜영
감　　수 서성애

펴 낸 이 류원식
책임편집 성혜진
디 자 인 신나리

펴 낸 곳 린쓰
주　　소 (10881) 경기도 파주시 문발로 116
등　　록 제406-2016-000123호
전　　화 031-955-6111
팩　　스 031-955-0955
이 메 일 newonseek@gmail.com

* 이 책은 (주)태산의 저술지원을 받아 출간되었습니다.

ISBN 979-11-960549-7-7 (03990)

린쓰 '이웃쪽린의 글쓰기' 린쓰입니다.
머릿결을 부드럽게 해주는 린스처럼 삶의 윤기를 더할 이웃의 목소리를 담겠습니다.